PC
aufrüsten & reparieren

Martin Koch, Björn Fröhlecke, Gordon Hölsken,
Ingo Notthoff, Michael Plura

DATA BECKER

Copyright	© 2003 by DATA BECKER GmbH & Co. KG
	Merowingerstr. 30
	40223 Düsseldorf
	1. Auflage 2003
Produktmanagement und Lektorat	Ulrich Dorn
	(udorn@databecker.de)
Umschlaggestaltung	Inhouse-Agentur DATA BECKER
Textmanagement	Jutta Brunemann
	(jbrunemann@databecker.de)
	Korrektorat: Sibylle Feldmann
Produktionsleitung	Claudia Lötschert
	(cloetschert@databecker.de)
Druck	Media-Print, Paderborn
E-Mail	buch@databecker.de

ISBN 3-8158-2282-3

Wichtiger Hinweis

Die in diesem Buch wiedergegebenen Verfahren und Programme werden ohne Rücksicht auf die Patentlage mitgeteilt. Sie sind für Amateur- und Lehrzwecke bestimmt.

Alle technischen Angaben und Programme in diesem Buch wurden von den Autoren mit größter Sorgfalt erarbeitet bzw. zusammengestellt und unter Einschaltung wirksamer Kontrollmaßnahmen reproduziert. Trotzdem sind Fehler nicht ganz auszuschließen. DATA BECKER sieht sich deshalb gezwungen, darauf hinzuweisen, dass weder eine Garantie noch die juristische Verantwortung oder irgendeine Haftung für Folgen, die auf fehlerhafte Angaben zurückgehen, übernommen werden kann. Für die Mitteilung eventueller Fehler sind die Autoren jederzeit dankbar.

Wir weisen darauf hin, dass die im Buch verwendeten Soft- und Hardwarebezeichnungen und Markennamen der jeweiligen Firmen im Allgemeinen warenzeichen-, marken- oder patentrechtlichem Schutz unterliegen.

Liebe Leser,

wie in jedem Jahr haben wir auch dieses Mal wieder eine Menge Arbeit in die neue Ausgabe von „PC aufrüsten und reparieren" gesteckt. Nur so ist es uns möglich, Ihnen Hilfen und Anleitungen, Tipps und Tricks zur aktuellen Computerhardware zu präsentieren, die jeden von uns dann und wann in Atem hält. Immer, wenn zusätzliche Hardware eingebaut und konfiguriert werden soll, lauern trotz aller Fortschritte einige Stolperfallen, die das Aufrüsten zu einer unangenehmen und Zeit raubenden Angelegenheit machen können.

In unserem Buch finden Sie deshalb zu jeder Kategorie von PC-Hardware alle nötigen Anleitungen und eine Menge Hintergrundwissen, um alle Arbeiten schnell und problemlos erledigen zu können. Diesmal haben wir ein besonderes Augenmerk auf PC-Systeme gelegt, die als Komplettangebot von Supermarktketten wie Aldi oder Plus verkauft werden. Jedes Mal, wenn es etwas Spezielles zu wissen gibt, das Ihnen die Arbeit an so einer Art von Computersystem erleichtert, geben wir wertvolle Tipps und Hinweise.

Für die Behebung der wichtigsten Schwierigkeiten nach dem Einbau oder nach der Treiber-Installation besitzt jedes Kapitel einen Troubleshooting-Teil mit den Lösungen zu häufigen Problemen, und für diejenigen unter Ihnen, die es ganz genau wissen möchten, finden Sie auch theoretisches Hintergrundwissen, das den Umgang mit dem PC allgemein erleichtert.

Bedanken möchten wir uns an dieser Stelle bei den Firmen Alternate und Asus, die uns die Hardware zum Testen und für die zahlreichen Abbildungen im Buch zur Verfügung gestellt haben.

Wir hoffen, dass Ihnen dieses Buch gute Dienste leisten wird und alle Fragen rund um Ihren PC beantworten kann.

Viel Spaß beim Aufrüsten und Reparieren wünscht

Ihr DATA BECKER Lektorat

Inhalt

3. RAM: Speicher für mehr Speed und Leistung

4. Grafikkarte aufrüsten und mit dem System abstimmen

5. Treiberprobleme und Ressourcenkonflikte lösen 138

7. DVD und CD-ROM: Laufwerke, Brenner und deren Einbau 223

8. Der optimale PC für Hi-Fi, TV, Video und DVD

Stichwortverzeichnis 631

1. Das Gehäuse –
Die Haut Ihres PC

Während Ihr PC auf oder unter dem Tisch steht und seinen Dienst verrichtet, hat das Gehäuse mehrere Aufgaben zu erfüllen: Es versorgt den Rechner mit Strom, sorgt für die Kühlung der Bauteile und bietet den Komponenten Schutz und Zusammenhalt. Außerdem schirmt es das Innere elektromagnetisch ab, denn Ihr PC wäre ohne Abschirmung ein guter Radiosender.

Normalerweise erledigt das Gehäuse seine Aufgabe unauffällig und zuverlässig, aber wenn eine Aufrüstaktion ins Haus steht, bekommt man zwangsweise damit Kontakt. Nachdem Sie beim ersten Anschließen des Rechners im Wesentlichen die Anschlüsse auf der Rückseite und dann den Netzschalter kennen lernen, geht es im Weiteren darum, den grauen Kasten zu öffnen und Teile auszutauschen. Aber wir können Sie von vornherein beruhigen: Ein PC ist als frei erweiterbares System konzipiert, das Öffnen und Schließen des Gehäuses muss ohne Probleme möglich sein und ist deshalb mit eingeplant. Zudem sind alle Teile im Innenraum relativ übersichtlich und ohne größere Schwierigkeiten erreichbar. Wir zeigen Ihnen in diesem Kapitel, wie das Innere Ihres PCs aufgebaut ist, wie verschiedene PCs geöffnet werden und wie Sie die wichtigsten Servicearbeiten bei einem Defekt selbst ausführen können.

1.1 Gehäusetypen und Anordnung der Komponenten

Obwohl PCs im Handel in unterschiedlichen Gehäuseformen angeboten werden, ist der interne Aufbau in jedem Fall – mehr oder weniger – identisch. Die ATX-Spezifikation, die für den Bau von PCs derzeit maßgeblich ist, schreibt die Anordnung der Komponenten und die Bauform aller Strukturelemente vor. Das hat den Vorteil, dass Sie sich immer darauf verlassen können, den gleichen Anblick vorzufinden, wenn Sie einen Computer aufschrauben.

Dennoch macht es natürlich einen Unterschied, für welche Art von Gehäuse Sie sich beim Kauf entscheiden: Je nach Bauweise – ob Tower, Desktop oder Slimline-Gehäuse – hat ein entsprechend aufgebauter PC unterschiedliche Platzbedürfnisse und bietet unterschiedlich umfangreiche Aufrüstmöglichkeiten.

Wir stellen Ihnen in diesem Abschnitt sowohl den inneren Aufbau als auch die Eigenschaften der verschiedenen Gehäusetypen vor.

Der innere Aufbau Ihres Computers

Um Ihnen zunächst einmal einen Überblick darüber zu geben, welche Komponenten in jedem PC stecken, haben wir einfach das Innenleben eines herkömmlichen Rechners fotografiert und beschreiben anhand des Bilds Funktion und Lage jedes Bauteils.

Nach ATX-Bauweise finden sich die wichtigsten Komponenten immer an der gleichen Stelle, je nach Gehäusetyp ist die Anordnung jedoch einmal waagerecht (wie im Fall eines Desktops) und einmal senkrecht (bei Tower-Gehäusen) ausgerichtet.

Der offene PC mit seinen Komponenten.

- Der Prozessor ist Motor und Gehirn Ihres PCs. Im Bild ist er unter seinem Kühler verborgen, nach dem Abnehmen des Kühlkörpers ist die eigentliche CPU in ihrem Sockel zu sehen.

- Das Mainboard beherbergt neben dem Sockel für die CPU auch die Steckplätze für Erweiterungskarten und Speichermodule, den Chipsatz, der alle zentralen Funktionen des Computers steuert, und Schnittstellen für alle Laufwerke und die Peripherie.

- Die Grafikkarte sitzt in einem speziellen (AGP-)Steckplatz und sorgt für die Ausgabe aller Informationen auf einem Monitor.

- Die Speichermodule stellen alle Daten für die Berechnung durch den Prozessor zur Verfügung. Durch Hinzufügen von zusätzlichen Modulen kann der Arbeitsspeicher nach Bedarf erweitert werden.

▪ Das Netzteil versorgt alle Komponenten mit Strom und saugt mithilfe eines Lüfters die erwärmte Luft aus dem PC.

▪ Optische Laufwerke für DVDs und CDs sorgen dafür, dass Medien mit großen Datenmengen eingelesen und beschrieben werden können. Sie werden in den dafür vorgesehenen 5¼-Zoll-Laufwerkschächten montiert.

▪ Die Festplatte ist das Langzeitgedächtnis des PCs, in dem Daten auch nach dem Ausschalten des Rechners erhalten bleiben. Das Laufwerk ist kompakter als ein CD-Brenner oder DVD-ROM und wird in einen kleineren 3½-Zoll-Festplattenkäfig eingebaut.

▪ Das Diskettenlaufwerk dient dem Austausch von kleinen Datenmengen und sitzt ebenfalls in einem 3½-Zoll-Schacht an der Front des Gehäuses.

▪ Der Lüfter im unteren Bereich der Gehäusefront transportiert Frischluft ins Innere des PCs, um eine bessere Kühlung aller Komponenten zu gewährleisten.

ATX: Die konstruktiven Merkmale

Beim ATX-Format sind einige Standardeigenschaften verbindlich, die den Umgang mit den PC-Komponenten und dem Gehäuse ziemlich erleichtern.

▪ Im Gegensatz zu den älteren Baby-AT-Boards werden ATX-Mainboards mit der langen Seite zur Gehäuserückwand, also quer, eingebaut. Das hat (neben anders platzierten Bohrungen) zur Folge, dass die CPU größeren Erweiterungskarten nicht mehr im Weg ist.

▪ Alle Anschlüsse der nach außen führenden Schnittstellen sitzen direkt auf dem Mainboard. Es werden also die Anschlusskabel und die dafür vergebenen Slots eingespart. Für diese Steckerleiste, deren Anordnung halbwegs standardisiert ist, ist in der Gehäuserückwand eine Öffnung mit einer passenden Blechblende vorgesehen.

▪ CPU und Speicherbänke sitzen in unmittelbarer Nähe des Gehäuselüfters. Damit ist immer eine gute Abführung der Wärme gewährleistet, die von diesen Bauteilen besonders stark ausgeht.

▪ Die Stromversorgung des Mainboards wird mit einem einzigen Stecker angeschlossen, der nur in der richtigen Ausrichtung in seinen Steckplatz passt.

▪ Der Ein-/Ausschalter an der Gehäusefront unterbricht nicht die Stromzufuhr des Netzteils, sondern sendet über das Mainboard einen entsprechenden Impuls. Damit ist es möglich, über die Software den Computer auszuschalten, zum Beispiel beim Herunterfahren von Windows. Ein separater Schalter direkt am Netzteil sorgt für eine komplette Unterbrechung der Stromversorgung.

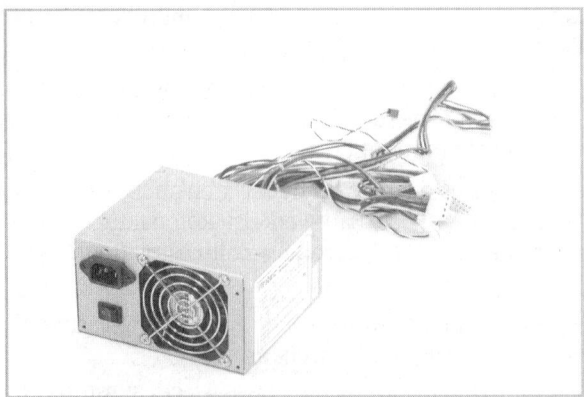

*Ausgebautes
Netzteil.*

- Netzteile für ATX-Gehäuse sind in Bezug auf ihre Abmessungen und die Bohrungen für Befestigungsschrauben normiert, was den Austausch defekter Netzteile erleichtert.

Desktop – Der Klassiker

Wenn man sich einen PC vorstellt, hat man meistens dieses Bild vor Augen: ein rechteckiger Kasten auf dem Schreibtisch, auf dem der Monitor Platz findet. Voilà, Sie denken an das Desktop-Gehäuse.

Die Desktop-Form ist wohl der älteste Ansatz, einen PC unterzubringen, und so gehört diese Form – neben Tower und Mini-Tower – zu den Standardausführungen.

Vorteile eines Desktop-Gehäuses

Ein Vorteil dieser Ausführung ist die gute Ergonomie. Das Gehäuse ist in direkter Reichweite auf dem Schreibtisch und leistet nebenbei Dienste als Monitorständer. Dadurch ist der Platzbedarf auf dem Tisch auch nicht so groß, und außerdem sind die Anschlüsse am PC gut erreichbar. Ebenso gibt es keine Probleme mit der Länge des Tastaturkabels. Im Desktop haben ein völlig normales Mainboard und einige zusätzliche Laufwerke Platz, aber je nach Ausführung kann es auch mal eng werden. Die Erweiterungskarten können ganz normal senkrecht in die Slots gesteckt werden, sodass sich ein Austausch weniger kompliziert gestaltet als beim Slimline-Gehäuse. Der Einbau zusätzlicher Karten ist natürlich ebenfalls einfacher.

Slimline – Schlank und elegant

Die kleinste Version des PCs ist das Slimline-Gehäuse, der kleine Bruder des Desktop-Gehäuses. Obwohl es grundsätzlich die gleiche Form hat, ist es deutlich flacher. Besonders häufig ist diese Bauform bei Markengeräten (zum Beispiel von Siemens oder HP) anzutreffen.

Nicht selten wird aufgrund der engen Platzverhältnisse im Inneren vom Hersteller eine Speziallösung mit besonders kompakt konstruierten Komponenten realisiert. Dieser Umstand macht ein späteres Aufrüsten oft schwierig (im Fall von Festplatte oder CD-ROM) oder unmöglich (im Fall des Mainboards). Es sei denn, Sie kaufen die Original-Boards des Herstellers ...

Nachteile eines Slimline-Gehäuses

Die Bauhöhe ist bei Slimline-PCs so klein, dass Erweiterungskarten nicht mehr aufrecht in das Gehäuse passen. Deswegen wird über Adapterbrücken die Anordnung so verändert, dass die Karten waagerecht in die Slots gesteckt werden. Dabei ist die Anzahl der Steckplätze aber ziemlich klein, je nach Gehäuse finden nur vier Karten (meist zwei ISA, zwei PCI) Platz. Diese Form bringt also immer dann Nachteile mit sich, wenn der PC nachträglich verändert werden soll. Der eindeutige Vorteil von Slimline-Gehäusen ist dagegen der geringe Platzbedarf und die hübsche Optik. Kein anderes Gehäuse ist so flach und elegant.

Mini-Tower – Für Individualisten

Der Mini-Tower ist die senkrecht stehende Version des Dektop-Gehäuses – jedenfalls könnte man bei seinen Abmessungen daran denken.

Grundsätzlich bietet er auch die gleichen Möglichkeiten beim Ausbau, denn er hat im Inneren ähnlich gute Platzverhältnisse aufzuweisen.

Zu den Nachteilen gehört, dass bei Aufstellung unter dem Tisch der Weg von der Tischplatte bis zum Tastaturanschluss so weit ist, dass viele Tastaturkabel für diese Entfernung zu kurz sind. Oft fehlen da nur ein paar Zentimeter. Dann müssen Sie das Gerät vielleicht weiter nach hinten schieben, wordurch es wiederum noch unzugänglicher wird, kurz gesagt:

Nachteile eines Mini-Tower-Gehäuses

Weniger gut sieht es hingegen bei der Aufstellung des Mini-Tower aus. Wenn Sie ihn auf dem Tisch unterbringen möchten, müssen Sie ihn neben den Monitor stellen, das kostet natürlich eine Menge Platz. Unter dem Tisch ist auch nicht der Weisheit letzter Schluss, denn jedes Mal, wenn Sie eine Diskette oder CD einlegen möchten, müssen Sie sich bücken.

Diese Aufstellung kann lästig werden.

Abhilfe schafft hier ein spezieller Computertisch oder ein Unterbau in Form eines Beistelltischs, wenn Sie den nötigen Platz haben. Für beengte Platzverhältnisse ist der Mini-Tower jedenfalls nicht die optimale Lösung.

Midi-Tower – Ein Einschub mehr

Der Midi-Tower unterscheidet sich vom Mini-Tower eigentlich nur dadurch, dass er einen Einschub für 5¼-Zoll-Laufwerke mehr hat. Dadurch ist er ein paar Zentimeter höher. Das kann allerdings bedeuten, dass der Tastaturanschluss ein kleines Stückchen höher sitzt. Unter Umständen passt Ihr Tastaturkabel dann wieder. Das müssen Sie notfalls ausprobieren.

Big-Tower – Für das Power-System

Big-Tower-Gehäuse sind von vornherein für große Ansprüche ausgelegt, denn sie bieten viel Platz für Erweiterungen. Dabei sind die Verhältnisse so großzügig, dass Sie unter Umständen zum Beispiel sogar einen Einschub zwischen CD-ROM-Laufwerk und CD-Brenner freilassen können, um für eine bessere Wärmeabfuhr zu sorgen.

*Big-Tower-
Gehäuse.*

Big-Tower – Die beste Wahl

Dazu kommt, dass Big-Tower in der Regel mit einem stärkeren Netzteil (300 bis 350 Watt) ausgestattet sind, das für eine ausreichende Stromversorgung sorgt, wenn viele Erweiterungen eingebaut sind. Die Aufstellung unter dem Tisch macht keine Probleme, weil Disketten- und CD-Laufwerk bequem in Reichweite liegen, das gilt auch für den Tastaturanschluss, der wesentlich höher angebracht ist. Der einzige wirkliche Nachteil, den ein Big-Tower mit sich bringt, ist sein Preis, denn er ist deutlich teurer (ca. 50 Euro) als seine kleineren Brüder.

Wenn Sie Ihren Computer sehr ambitioniert nutzen und wenn Sie auf eine gute Erweiterbarkeit angewiesen sind, ist diese Bauform die erste Wahl.

1.2 PC-Gehäuse ohne Anstrengung öffnen

Um ein PC-Gehäuse zu öffnen, muss lediglich der Deckel entfernt werden, der oft aus einem einzelnen, U-förmigen Blech besteht. Desktop-, Slimline- und Mini-Tower-Gehäuse unterscheiden sich da recht wenig. Lediglich Midi- und Big-Tower-Gehäuse besitzen in der Regel einen aus mehreren Teilen zusammengesetzten Deckel, der den Zugang erleichtert. Im Abschnitt ab Seite 25 finden Sie eine Beschreibung, wie ein solcher mehrteiliger Deckel abgenommen wird. Hier jedoch zunächst die Vorgehensweise für einen einteiligen Deckel:

1 Entfernen Sie vor dem Öffnen alle Kabel an der Rückseite des PCs, insbesondere das Stromkabel.

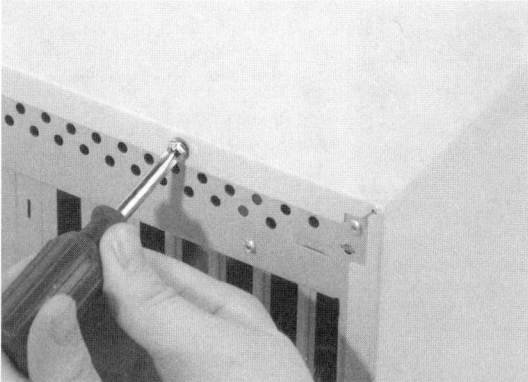

2 Lösen Sie die Schrauben, die den Deckel mit dem Gehäusechassis verbinden.

3 Ziehen Sie den Deckel etwas nach hinten. Blechlaschen auf der Innenseite verbinden den Deckel mit der Gehäusefront und dem Chassis. Er muss so weit gezogen werden, dass diese Laschen freikommen.

4 Heben Sie den Deckel nach oben ab.

Sonderfall Marken-PC

Bei einigen Marken-PCs, so unter anderem von Siemens-Nixdorf, ist die Verankerung des Deckels geringfügig anders gelöst: An Stelle von Schrauben gibt es zum Beispiel eine Arretierung, die nur durch Anheben der Deckeloberseite gelöst wird. Allerdings befindet sich an der Gehäusefront ein Schloss, mit dem das Zurückziehen des Deckels verhindert werden kann. Um ein solches Gehäuse zu öffnen, benötigen Sie zwar keinen Schraubenzieher, aber im Zweifelsfall den Schlüssel, mit dem das Gehäuseschloss geöffnet werden kann.

Gehäuse mit mehrteiligem Deckel öffnen

Um Ihnen das Hantieren mit einem großen und relativ schweren Blechteil zu ersparen, greifen viele Hersteller bei Midi-Tower- oder Big-Tower-PCs auf mehrteilige Gehäusedeckel zurück. In diesem Fall brauchen Sie meistens nicht alle Teile abzunehmen, um an die Komponenten des PCs heranzukommen, sondern nur eine Seitenwand.

1 Entfernen Sie alle Kabel an der Rückseite des PCs, insbesondere das Stromkabel.

2 Lösen Sie die Schrauben, die die Seitenwand am Gehäusechassis festhalten.

3 Ziehen Sie die (von der Rückseite aus gesehen rechte) Seitenwand ein kleines Stück nach hinten, bis sie sich aus ihrer Arretierung gelöst hat, und nehmen Sie sie ab.

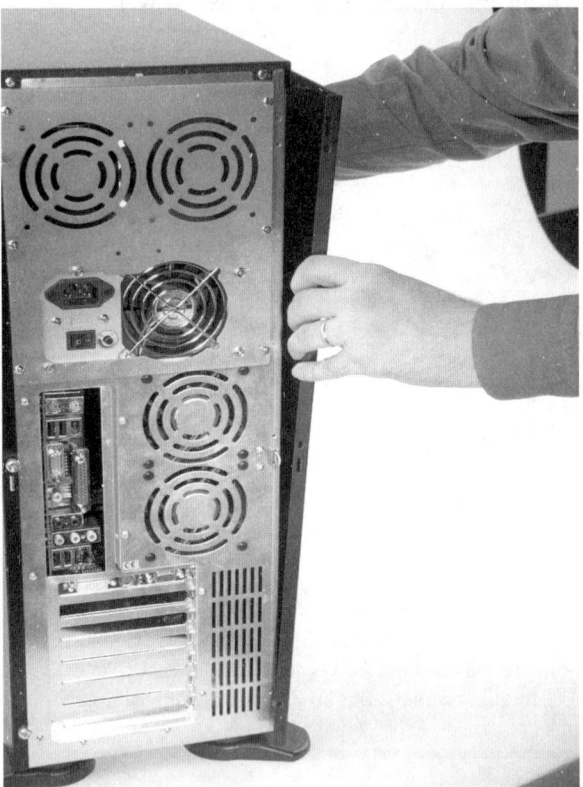

4 Falls Sie zum Beispiel beim Wechsel eines Laufwerks von beiden Seiten an die Innereien des PCs herankommen müssen, wiederholen Sie die Arbeit mit der anderen Seitenwand. Zum Auswechseln einer Erweiterungskarte o. Ä. genügt das Abnehmen nur einer Wand.

1.3 Troubleshooting: Nach dem Öffnen des Gehäuses

Auch wenn sich direkt nach dem Öffnen eines PCs im Regelfall keine unmittelbaren Probleme ergeben, sind doch hin und wieder Arbeiten an den Bauteilen des Gehäuses, am Diskettenlaufwerk oder am Netzteil auszuführen. Im folgenden Abschnitt erfahren Sie, wie Sie die Basis Ihres PCs im Fall eines Defekts wieder in Ordnung bringen oder auch für einen neuen Laufwerkeinbau vorbereiten.

Laufwerkblenden schnell entfernt

In dem Zustand, in dem Ihr PC ausgeliefert wird, sind alle 5¼-Zoll-Einschübe für zusätzliche Laufwerke mit Metall- und Plastikblenden abgedeckt, um eine möglichst gute Abschirmung des Inneren zu erreichen.

Soll ein zusätzliches DVD-Laufwerk oder ein CD-Brenner eingebaut werden, müssen als Erstes diese Blenden vor einem der Einschübe entfernt werden.

Diese Arbeit erledigen Sie mithilfe eines Klingenschraubenziehers aber in wenigen Minuten.

> **Vom Gehäuseinneren unterstützend eingreifen**
>
> Normalerweise lassen sich die Laufwerkblenden ohne größere Probleme von der Außenseite des PCs aus entfernen. Es kann aber sehr hilfreich sein, wenn Sie mit einer Hand von der Innenseite aus bei den Arbeiten unterstützend eingreifen können. Und da Sie ohnehin ein zusätzliches Laufwerk einbauen möchten, empfiehlt sich also zu Beginn das Öffnen des PCs. Wie das geht, können Sie weiter vorn in diesem Kapitel nachlesen.

Entfernen der Blenden

Wie bereits erwähnt, sind die Laufwerkschächte durch eine Metallblende, die in das Chassis des Gehäuses integriert ist, und eine Kunststoffblende an der Frontabdeckung des PCs abgedeckt. Dabei kann die Kunststoffblende zunächst einmal relativ einfach herausgenommen werden:

1 Versuchen Sie, mit einem Klingenschraubenzieher zwischen die Blende vor dem gewünschten Laufwerkschacht und das unmittelbar darüber/darunter gelegene Exemplar zu greifen. Das ist nicht weiter schwierig, denn die Blenden sind einigermaßen biegsam. Hebeln Sie die Blende etwas nach vorn, und wenn Sie mit den Fingern dahinter fassen können, ziehen Sie sie in der Mitte so weit heraus, bis sie am Rand aus ihrer Arretierung springt. Dazu ist meist ein wenig Kraft nötig. Vermeiden Sie es, zu stark mit dem Schraubenzieher zu arbeiten, um keine Kratzer/Druckstellen auf den verbleibenden Blenden zu hinterlassen.

> **Abnehmen der ganzen Frontblende**
>
> Falls die Kunststoffblenden zu stramm sitzen, ist es manchmal einfacher, die gesamte Verblendung der Gehäusefront abzunehmen. Meist ist die Verkleidung nur mit einigen wenigen Laschen am Chassis befestigt und kann durch Zurückbiegen der Arretierungen mit wenigen Handgriffen entfernt werden. Danach haben Sie Zugriff auf die Rückseite der Laufwerkblenden und können dort direkt die Verankerung lösen.

2 Jetzt können Sie bereits auf die Metallabdeckung blicken, die den Laufwerkschacht auf Seiten des Gehäusechassis verschließt. Hier ist jetzt leider ein bisschen Gewalt vonnöten, denn die Blende ist fest über zwei Sollbruchstellen mit dem Metallrahmen verbunden. Greifen Sie mit dem Schraubenzieher in das Loch bzw. in die Schlitze in der Mitte der Blende und beginnen Sie, das Blech in horizontaler Ebene zu drehen. Das geht zu Anfang ein wenig schwer, unter Umständen müssen Sie mit den Fingern oder dem Schraubenzieher am Rand der Blende nachhelfen, wenn Sie die ersten Millimeter geschafft haben. Jetzt ist es – wie bereits erwähnt – sehr hilfreich, von beiden Seiten Zugriff zu haben, um je nach Drehrichtung die Kante des Blechs greifen zu können.

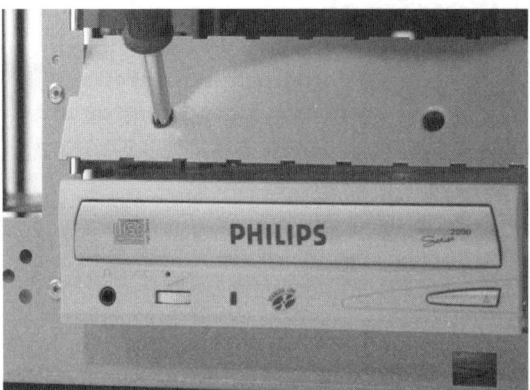

3 Wenn Sie die Blende um ca 90 Grad verdreht haben, kehren Sie die Drehrichtung um und biegen sie in die andere Richtung. Bereits zu diesem Zeitpunkt beginnen die Sollbruchstellen nachzugeben, und der Widerstand sollte spürbar nachlassen. Spätestens, wenn Sie die Metallblende zwei- bis dreimal um 90 Grad in entgegengesetzte Richtungen verdreht haben, bricht sie recht mühelos aus ihrer Halterung aus.

Austausch eines defekten Floppy-Laufwerks

Mittlerweile wird das 3½-Zoll-Diskettenlaufwerk natürlich nicht mehr so häufig benutzt, da die CD und die ZIP-Diskette als Medium zum Datenaustausch mittlerweile an erster Stelle stehen.

Dennoch kann es natürlich vorkommen, dass das Floppy-Laufwerk mit der Zeit kaputtgeht, sei es durch einen mechanischen oder elektronischen Defekt, sei es durch Alterung.

> **Vorsicht, scharfe Kanten!**
> Bei den hier beschriebenen Arbeiten bekommen Sie sehr engen Kontakt zu einer Reihe von Blechkanten, die unter Umständen recht scharf sein können. Benutzen Sie im Zweifelsfall Arbeitshandschuhe, um sich vor Schnitten und Verletzungen zu schützen.

In diesem Fall bleibt Ihnen nichts anderes übrig, als das Laufwerk auszutauschen, wenn Sie auch weiterhin Disketten für kleinere Sicherungsjobs oder den Datentransport benutzen möchten.

Ausbau des defekten Laufwerks

1 Lösen Sie die Schrauben an der Gehäuserückseite und nehmen Sie den Deckel bzw. beide Seitenteile ab, um Zugang zum Inneren des PCs zu bekommen. Wie das genau geht, können Sie weiter vorn im Kapitel nachlesen. Ziehen Sie nun sowohl das Daten- als auch das Stromkabel an der Rückseite des Floppy-Laufwerks ab.

> **Achtung : Markieren hilft**
> Merken Sie sich dabei die Ausrichtung des Datenkabels, denn im Gegensatz zu Festplatten und anderen IDE-Laufwerken gibt es hier keine Faustregel, wie das Kabel aufgesteckt werden muss. Vielleicht markieren Sie die Oberseite des Steckers mit einem Filzstift o. Ä.

2 Lösen Sie die Schrauben, mit denen das Laufwerk im Schacht festgehalten wird.

Wenn Sie nicht an alle Schrauben herankommen, müssen Sie im Zweifelsfall den Laufwerkkäfig ausbauen. Dazu ist üblicherweise eine Arretierungsschraube herauszudrehen, danach können Sie den Käfig nach hinten aus seiner Halterung ziehen und abnehmen. Jetzt können Sie alle Schrauben lösen und das Floppy-Laufwerk herausnehmen.

3 Ziehen Sie das Laufwerk aus dem Schacht.

Einbau des neuen Laufwerks

Der Einbau vollzieht sich natürlich in umgekehrter Reihenfolge:

1 Positionieren Sie das neue Floppy-Laufwerk so im Laufwerkschacht, dass die Gewindebohrungen im Gerät mit denen im Gehäuse bzw. Laufwerkkäfig übereinstimmen.

2 Bringen Sie alle vier Befestigungsschrauben an. Bevor Sie sie endgültig festziehen, überprüfen Sie den Sitz des Laufwerks. Die Vorderseite sollte bündig mit der Gehäusefront abschließen.

3 Bauen Sie gegebenenfalls den Laufwerkkäfig ins Gehäuse ein.

4 Bringen Sie Strom- und Datenkabel an. Von den vier möglichen Steckern am Floppy-Kabel müssen Sie den am äußersten Ende verwenden. Achten Sie darauf, dass das Kabel die gleiche Ausrichtung hat wie vor dem Einbau.

5 Schließen Sie den PC.

Die LED am Laufwerk leuchtet dauerhaft

Normalerweise leuchtet die Lampe an der Vorderseite des Floppy-Laufwerks nur dann, wenn darauf zugegriffen wird und während eines kurzen Betriebstests nach dem Einschalten des PCs. Sollte die Lampe nicht ausgehen, sondern dauerhaft leuchten, haben Sie beim Zusammenbauen das Floppy-Kabel verkehrt herum angesteckt. Ziehen Sie das Kabel noch einmal ab und drehen Sie den Stecker herum, danach funktioniert das Laufwerk einwandfrei.

Probleme bei der Laufwerkerkennung: Die richtigen BIOS-Einstellungen

Normalerweise sollte kein Problem mit der Erkennung eines Diskettenlaufwerks auftreten, denn nahezu jeder PC ist mit einem solchen Laufwerk ausgestattet, und dementsprechend sind in nahezu jedem BIOS die richtigen Einstellungen vorhanden.

Dennoch kann es vorkommen, dass zum Beispiel das BIOS nach einem Übertaktungsversuch gelöscht werden musste, und in diesem Fall muss das Diskettenlaufwerk von Hand eingetragen werden.

Wechseln Sie dazu während der Einschaltmeldung des Rechners ins BIOS-Setup. Wie das geht (und weitere Details zur Bedienung des BIOS), können Sie weiter hinten im Buch in Kapitel 9 nachlesen.

Wechseln Sie ins *Standard CMOS Setup* und tragen Sie dort unter *Drive A* den Wert „1.44M, 3.5" ein. Danach wird Ihr Diskettenlaufwerk beim Systemstart erkannt und automatisch ins System eingebunden.

Ein defektes Netzteil wechseln

Normalerweise erledigt das Netzteil seine Aufgabe, den PC mit Strom und Kühlung zu versorgen, ohne größere Störungen.

Aber wenn trotzdem irgendetwas am Netzteil kaputt ist (zum Beispiel der Lüfter), hilft eigentlich nur noch das Austauschen des ganzen Teils, denn eigene Reparaturen sind in diesem Fall absolut tabu.

Achtung Lebensgefahr!

Im Inneren des Netzteils befinden sich Kondensatoren, die gefährliche Spannungen auch noch nach dem Ausschalten speichern und bei Berührung unter Umständen tödliche Stromschläge abgeben können. Glücklicherweise ist aber der Austausch bei ATX-Gehäusen relativ leicht zu bewerkstelligen, und Ersatznetzteile sind nicht allzu teuer.

AT-Gehäuse halten Probleme bereit

Leider sind AT-Gehäuse in dieser Beziehung nicht so pflegeleicht. Das liegt zum einen daran, dass hier die Form und Größe des Netzteils nicht genormt ist. Sie müssen unter Umständen suchen, bevor Sie genau das passende Teil finden.

Die andere Stolperfalle ist der Netzschalter. Bei älteren Gehäusen sitzt der Schalter direkt am Netzteil, sodass Sie einen Ersatz finden müssen, der den Schalter an exakt der gleichen Stelle, in gleicher Form und Größe hat.

Bei Gehäusen neueren Datums sitzt der Schalter an der Gehäusefront und ist mit einer Kabelwurst mit dem Netzteil verbunden. Wenn dieser Kabelstrang am Schalter aufgesteckt ist, lässt er sich leicht abnehmen und ein neuer aufstecken. Wenn die Kabel angelötet sind, müssen Sie den Schalter wohl oder übel mit austauschen.

Ausbau des alten Netzteils

Der Austausch des Netzteils beginnt zuallererst damit, dass Sie das Netzkabel aus der Steckdose ziehen. Erst danach geht's los.

1   Damit Sie an alles herankommen, müssen Sie das Gehäuse öffnen. Dazu enfernen Sie die Schrauben an der Gehäuserückseite und nehmen den Deckel ab. Die Details können Sie weiter vorn in diesem Kapitel nachlesen.

2   Jetzt ziehen Sie der Reihe nach alle Stromkabel von den Laufwerken ab. Die Stecker können nur in einer Ausrichtung angebracht werden und sind alle gleichberechtigt, sodass Sie sich keine Sorgen wegen der Zuordnung machen müssen. Einzig und allein das Kabel für das Diskettenlaufwerk hat einen kleineren Stecker, den erkennen Sie aber sofort.

Zuletzt ziehen Sie den/die Stecker vom Mainboard ab. Bei ATX-Boards ist das nur ein einzelner Stecker, der ebenfalls verpolungssicher ist – die sorglose Variante. AT-Boards haben an dieser Stelle zwei Stecker nebeneinander, die absolut identisch aussehen. Hier besteht die Gefahr, dass Sie sie beim Wiedereinbau vertauschen.

Es gibt allerdings ein Merkmal, anhand dessen Sie sich die richtige Position ganz leicht merken können: Die vier schwarzen Massekabel an den beiden Steckern sitzen immer nebeneinander in der Mitte. Im Zweifelsfall markieren Sie einfach die beiden Stecker mit Klebeband und einer Beschriftung, die Ihnen verrät, wo jeder Kabelstrang hingehört.

Bei AT-Boards müssen Sie noch die Kabel vom Netzschalter in der Gehäusefront abziehen. Wenn das nicht möglich ist, weil die Kabel verlötet sind, müssen Sie den Schalter ganz ausbauen und zusammen mit dem Netzteil ersetzen.

3   Jetzt brauchen Sie nur noch die Befestigungsschrauben zu entfernen, und danach können Sie das Netzteil mit allen Kabeln herausnehmen.

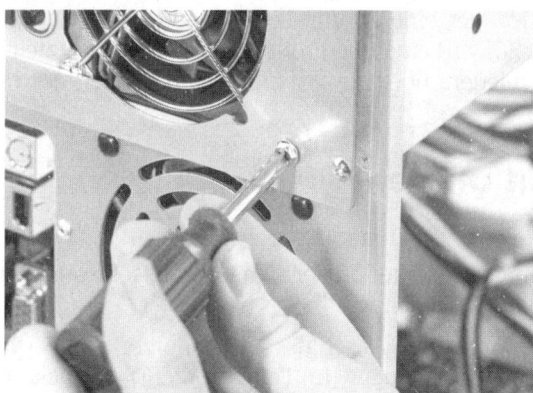

Das neue Netzteil einbauen

Der Einbau vollzieht sich ganz genau in umgekehrter Reihenfolge:

1   Setzen Sie das Netzteil ein und befestigen Sie es mit den Schrauben.

2   Stellen Sie alle Kabelverbindungen wieder her.

3 Überprüfen Sie, ob alle Verbindungen sicher aufgesteckt sind. Haben Sie keins übersehen? Bei AT-Boards müssen die beiden Stecker in der richtigen Position sitzen (die schwarzen Massekabel in der Mitte).

4 Führen Sie einen Probelauf bei offenem Gehäuse durch.

5 Schließen Sie das Gehäuse.

Strombedarf der einzelnen PC-Komponenten

Je nach Ausstattung benötigt Ihr Rechner unterschiedlich viel Strom. Für ein kleines Slimline- oder Desktop-Gehäuse, in dem nicht viele zusätzliche Geräte wie CD-Brenner oder mehrere Festplatten Platz haben, reicht normalerweise ein Netzteil von 220 bis 250 Watt. Ältere PCs, in denen noch keine moderne Sockel-CPU wie ein Athlon XP oder ein Pentium 4 ihren Dienst versehen, sind deshalb in der Regel mit einem 250-Watt-Netzteil ausgestattet.

Aktuelle Prozessoren haben jedoch einen enormen Stromverbrauch, allein die CPU hat eine Leistungsaufnahme von bis zu 72 Watt. Ebenso werden Grafikkarten mit 30 Watt und mehr versorgt, jede Festplatte und jedes optische Laufwerk benötigt ca 14 Watt. Da ein Netzteil die aufgenommene Leistung (also zum Beispiel 300 Watt) nur teilweise an die Bauteile des PCs weitergeben kann und die Leistung zudem auch noch auf mehrere Anschlüsse verteilt werden muss (3,3 Volt, 5 Volt, 12 Volt), kann es bei starker Beanspruchung zu einem Einbruch auf einer der Spannungsschienen kommen. Das führt jedoch zu Abstürzen und Instabilitäten des Computers. Deshalb gilt in allen Fällen die Faustregel: Je mehr Leistung das Netzteil hat, desto besser. Mehr als etwa 350 Watt sind aber selbst bei üppig ausgestatteten Rechnern kaum notwendig. Häufig angebotene 450- oder sogar 550-Watt-Netzteile kosten mehr Geld, als dass sie irgendeinen Nutzen bringen würden.

Eine Sonderstellung in diesem Zusammenhang nehmen Pentium 4-Rechner ein. Diese CPU benötigt einen eigenen Anschluss, der eine 12-Volt-Leitung des PCs direkt an die Spannungsregler des Prozessors legt. So wird eine übergroße Belastung des Netzteils auf den 3,3- und 5-Volt-Anschlüssen vermieden, über die fast alle Komponenten des Rechners versorgt werden.

Wenn der Rechner nicht an geht

Daran können mehrere Umstände schuld sein:

■ Das Netzteil ist durch den kleinen Netzschalter an der Gehäuserückseite ausgeschaltet. Nach dem Einschalten geht der PC wieder an.

■ Das Stromkabel sitzt nicht richtig in seinem Anschluss, Sie benutzen ein Verlängerungskabel, das nicht richtig angeschlossen oder (im Fall von Mehrfachsteckdosen) defekt bzw. nicht eingeschaltet ist. Überprüfen Sie alles mithilfe eines anderen elektrischen Geräts.

■ Es hat eine Überspannung oder einen Kurzschluss in der Leitung gegeben, zum Beispiel verursacht durch ein anderes Haushaltsgerät. In diesem Fall reagiert eine kleine Sicherung innerhalb des Netzteils und schaltet alles ab. Sie können den Computer dadurch zum Leben erwecken, dass Sie das Netzteil ausschalten, den Netzstecker herausziehen und ein paar Sekunden warten. Danach sollte die Sicherung des Netzteils den Strom wieder freigegeben haben, und der Computer geht wieder an.

- Die Feinsicherung im Inneren des Netzteils ist durchgebrannt. In diesem Fall könnten Sie die Sicherung im Fachhandel austauschen lassen. Lassen Sie sich aber auf jeden Fall einen Kostenvoranschlag machen, denn unter Umständen ist die Reparatur teurer als ein neues Netzteil. In diesem Fall hilft dann nur der Austausch (siehe ab Seite 32).

- Das Netzteil ist defekt. Wie der Austausch durchgeführt wird, lesen Sie ab Seite 32.

1.4 Wichtige Ausstattungsdetails im Blick

Wenn Sie einen neuen PC kaufen, wird Ihnen der Verkäufer garantiert etwas über die Taktrate des Prozessors oder die Grafikkarte erzählen, aber mit aller Wahrscheinlichkeit schweigt er sich über die Qualität des Gehäuses oder über Probleme mit einem Pentium 4-Netzteil aus.

An dieser Stelle lässt sich aus Sicht des Händlers leicht Geld einsparen, denn die wenigsten Kunden fragen nach scharfen Kanten oder wackeligen Gehäusedeckeln, damit wird man ja erst konfrontiert, wenn etwas kaputtgeht oder der PC aufgerüstet werden soll. Andererseits ist ein hochwertiges Gehäuse ein gutes Zeichen dafür, dass der Händler Ihnen einen sorgfältig zusammengebauten PC verkauft. Nicht zuletzt sorgen einige Ausstattungsdetails ganz konkret dafür, dass Ihr Computer länger lebt und stabil läuft, weil sie wirkungsvoll Staub fernhalten oder für gute Kühlung sorgen.

Netzteil und Lüfter für Leistung und Kühlung

Das Netzteil ist das Kraftwerk Ihres PCs: Es sorgt für die Stromversorgung des Mainboards, der Laufwerke und aller anderen Komponenten. Auch hier gibt es Unterschiede bei der Verarbeitung und Ausstattung, die nicht ganz augenfällig sind. Am einfachsten zu erkennen (anhand des Aufdrucks) ist zunächst einmal die Leistung, die das Netzteil aufbringen kann. 300 Watt sind für den stabilen Betrieb eines aktuellen Computers unerlässlich. Achten Sie auf die Verarbeitung der Kabel und Stecker. Sind die Stecker für die Laufwerke sauber entgratet? Sitzen die Stecker fest auf den Kabelenden? Sind die Kabel sauber gebündelt oder hängen sie kreuz und quer?

Wichtig für eine leise und dauerhafte Kühlung des Gehäuses ist der Lüfter, der im Netzteil eingebaut ist. Achten Sie darauf, dass Sie nach Möglichkeit ein Exemplar mit Kugellagern erhalten, denn die sind wesentlich leiser und langlebiger.

Extrawurst: Der Pentium 4 stellt Ansprüche

Computer, die mit einem Pentium 4-Prozessor ausgestattet sind, benötigen hinsichtlich des Gehäuses etwas andere Bedingungen: Aufgrund des hohen Energieverbrauchs der CPU, der mit einer großen Wärmeentwicklung verbunden ist, können normale ATX-Gehäuse weder für genug Strom noch für genug Kühlung sorgen. Obwohl ein Pentium 4-Mainboard auch im ATX-Format gebaut wird, sorgen einige zusätzliche Spezifikationen dafür, dass es am Ende dann doch nicht passt:

- Um die benötigte Leistung für den Prozessor liefern zu können, muss ein Pentium 4-Netzteil einen zusätzlichen Anschluss aufweisen: ein vierpoliges Kabel mit zwei 12-Volt-Leitungen (und zwei Massekabeln), die direkt mit den Spannungsreglern der CPU verbunden werden. Wenn Sie ein Pentium 4-System in ein neues Gehäuse verpflanzen möchten, muss dort also unbedingt ein geeignetes Netzteil vorhanden sein.

■ Um die große Wärme der CPU abführen zu können, müssen überdurchschnittlich große und schwere Kühlkörper verwendet werden. Das allein stellt eigentlich kein Problem dar, aber beim Transport des PCs treten durch Erschütterungen derart große Kräfte auf, dass bei einer herkömmlichen Befestigung der Prozessor mitsamt Sockel aus dem Mainboard gerissen werden kann. Deshalb muss der Kühler durch zusätzliche Befestigungspunkte direkt mit dem Mainboard verschraubt werden.

Wichtig: Abstandhalter, die den Kontakt zum Gehäuse verhindern

Das allein widerspricht noch nicht der ATX-Spezifikation. Aus produktionstechnischen Gründen haben einige Mainboard-Hersteller jedoch angekündigt, dass sie sich nicht an die von Intel vorgegebenen Spezifikationen für Pentium 4-Mainboards halten wollen und eigene Wege gehen werden. Dabei kommen zum Beispiel zusätzliche Metallplatten zum Einsatz, die zur sicheren Befestigung des Kühlers auf der Rückseite des Mainboards angebracht sind. Ein Gehäuse, dass an dieser Stelle einen fest angebrachten vernieteten Abstandhalter besitzt, kann ein solches Mainboard nicht aufnehmen. Achten Sie beim Neukauf eines Gehäuses darauf, dass die Abstandhalter, die den Kontakt des Mainboards zum Gehäusechassis verhindern, aus Kunststoff und herausnehmbar sind.

■ Einige Hersteller, wie zum Beispiel Fujitsu-Siemens, statten ihre Pentium 4-Rechner sogar mit einer Art Dunstabzugshaube aus, die die warme Luft durch einen Schlauch vom Prozessorkühler weg direkt aus dem Gehäuse saugt. Bei einem Umbau müssen Sie in einem neuen Gehäuse einen anderen, geeigneten Kühler für die CPU verwenden, denn bei der Fujitsu-Siemens-Konstruktion ist auf der CPU nur ein passiver Kühlkörper ohne eigenen Ventilator angebracht.

Spezielle Ausstattungsmerkmale eines PC

Alle Ausstattungsmerkmale, die jetzt aufgezählt werden, dienen in erster Linie dazu, Ihnen das Leben zu erleichtern, wenn Sie am PC schrauben. Vielleicht vergleichen Sie das mit den Ledersitzen und der Klimaanlage im Auto.

Ausstattungsmerkmale	Beschreibung
Klappdeckel	Gehäuse mit Klappdeckel waren eine Zeit lang relativ verbreitet, sind aber heute nicht mehr oft zu finden. Besonders bei Desktop-Gehäusen findet man diese Ausführung: Der Deckel wird nur mit zwei Schnappriegeln links und rechts verschlossen und kann bei Bedarf per Knopfdruck entriegelt und aufgeklappt werden. Besonders wertvoll, wenn Sie häufig basteln.
	In die gleiche Kategorie fallen wohl auch Tower-Gehäuse, deren Seitenwände einfach ausgeklinkt und abgenommen werden können.
	Eine Vorstufe zu dieser Komfortvariante sind Rändelmuttern, mit denen das Gehäuse verschlossen ist. Hier kann man den PC ebenfalls schnell und ohne Werkzeug öffnen.
Separate Mainboard-Träger	Beim Mainboard-Tausch ist ein separater Mainboard-Träger besonders angenehm. Er erspart Ihnen die fummelige Montage des Mainboards im Inneren des PCs. Sie können den Träger ausbauen, „im Freien" bei Platz und Licht das Mainboard daran festschrauben, alle Einstellungen vornehmen und dann die gesamte Einheit wieder einbauen.

Ausstattungsmerkmale	Beschreibung
Zusatzlüfter	Bei qualitativ höherwertigen (und höherpreisigen) Gehäusen verbirgt sich hinter der Front ein zweiter Lüfter, der zusätzlich für die Zufuhr von Frischluft sorgt. Der Ventilator im Netzteil saugt nämlich nur die warme Luft nach draußen. Der zusätzliche Lüfter hat mehrere Vorteile: Er verbessert zum einen die Luftzirkulation im Gehäuse, was besonders bei stark aufgerüsteten Rechnern sehr nützlich ist. CD-Brenner, Festplatte, Grafikkarte und CPU sind nämlich wahre Heizungen, die oft mit einem eigenen Lüfter ausgestattet sind. Zum anderen wird Luft von der Vorderseite des Computers zugeführt, die meistens besser belüftet ist als die Rückseite. Wenn Ihr Rechner zum Beispiel vor einer Heizung steht, zählt dieses Argument doppelt.
Entnehmbare Halter für Festplatten	Außerhalb des Gehäuses ist der Einbau der Festplatte in einen abnehmbaren Käfig viel leichter zu bewerkstelligen. Vor allen Dingen kommen Sie ohne Probleme von beiden Seiten mit dem Schraubenzieher an die Befestigungsschrauben. Hinterher brauchen Sie so einen Käfig nur noch in seine Aufhängungen zu schieben. Eine (gut zugängliche) Arretierungsschraube sorgt für die Sicherung.
Staubschutz	Vielleicht haben Sie schon einmal in einen Computer geschaut, der mehrere Monate im Einsatz war? In der Regel findet sich im Inneren ein repräsentativer Querschnitt des Staubs in Ihrem Arbeitszimmer. Deswegen finde ich einen abnehmbaren Staubfilter vor den Lüftungsschlitzen besonders nützlich. Oft hinter einer zusätzlichen Verkleidung verborgen, sorgt ein feinmaschiges Sieb dafür, dass sich die Verschmutzung in Grenzen hält. Meistens finden Sie ein solches Sieb im Ansaugbereich eines Zusatzlüfters.
Abschirmung	Sofern die Seitenwände oder der Gehäusedeckel aus Kunststoff bestehen, sollten die Innenseiten mit einer Metallfolie verkleidet sein, die für eine elektromagnetische Abschirmung sorgt. Diese Metallfolie hat ringsherum über elastische Blechzungen elektrischen Kontakt zum Gehäusechassis. Ebenso in diese Kategorie fallen Blechblenden, die unbenutzte Laufwerkschächte nach außen abschließen. Damit ist ungestörtes Radiohören bei der Arbeit möglich.

Wackelige Deckel und scharfe Kanten

Das sind die augenfälligsten Mängel beim Computergehäuse: wackelige Deckel und scharfe Kanten. Schlecht miteinander verschweißte Teile können einen einfachen Einbau einer Festplatte zum Abenteuer werden lassen.

Das beginnt damit, dass Sie am Gehäusedeckel ziehen und zerren müssen, um ihn überhaupt abzubekommen. Dann geht es mit scharfkantigen Teilen im Inneren weiter, die Ihnen die Finger bestenfalls nur zerkratzen. Der Käfig, in den die Festplatte eingebaut wird, passt nach der Montage nur widerwillig an seinen Platz, und das Schließen des Deckels gerät zur Fummelei. Diesen Ärger sparen Sie sich mit einem gut verarbeiteten Gehäuse. Achten Sie darauf, dass der Deckel aus dickem Stahlblech ist, gut passt und insgesamt einen soliden Eindruck macht.

Die Löcher an Deckel und Gehäuse müssen genau übereinander liegen, damit sich die Befestigungsschrauben ohne Mühe eindrehen lassen.

Im Inneren geht die Inspektion weiter: Alle Bleche sollten sauber verschweißt und entgratet sein, besonders edel sind eloxierte Bleche, die sich ganz glatt anfühlen. Begutachten Sie dabei auch den Bereich um die Slotbleche. Hier ritzt man sich besonders gern, wenn man Steckkarten einsetzt. Den gleichen soliden Eindruck sollten auch alle Kunststoffteile bei Ihnen hinterlassen. Sie sollten gut passen und keine Gussgrate aufweisen.

Passt alles? – Notwendiges Montagezubehör

Damit alles im PC seinen Platz und Halt findet, ist einem neuen Gehäuse ein Beutel mit einer Menge Montagezubehör beigepackt. Dazu gehören in der Regel unter anderem:

- Abstandhalter für das Mainboard
- Montageschienen für die Laufwerkschächte
- ausreichend viele Gehäuse- und Festplattenschrauben
- sauber gekennzeichnete Kabel für die verschiedenen LEDs, das Tastaturschloss samt Schlüssel, den Lautsprecher, den Reset-Schalter etc.
- ausreichend viele Slotblenden
- Abdeckungen für nicht gebrauchte Laufwerkschächte

Achten Sie darauf, dass alle losen Teile vorhanden und am besten in einen Beutel eingeschweißt sind. So kann nichts fehlen.

1.5 Exkurs in die Welt der Case-Modder

Mit einem schnellen PC allein kann man unter den Spielefreaks schon lang niemanden mehr beeindrucken. Letztlich gibt sich jeder die Mühe, möglichst viel Leistung aus seinem Rechner herauszukitzeln, und ab einer gewissen Leistungsklasse machen sich die Unterschiede in der maximalen Framerate nur noch messtechnisch bemerkbar. Umso stärker wächst der Drang, sich auf andere Art und Weise von der Konkurrenz abzuheben. „Case-Mods" sind individuelle Verschönerungen am Computer, die aus der grauen Einheitskiste ein rasant gestyltes Einzelstück mit Leuchteffekten und technischen Verbesserungen machen.

Die Anzahl der möglichen Veränderungen am heimischen PC ist einfach unüberschaubar, aber ebenso variiert der Schwierigkeitsgrad und die Durchführbarkeit der teilweise Atem beraubenden Mods. Da gibt es hellere und andersfarbige LEDs, die relativ einfach an die Verkabelung des Gehäuses angeschlossen und in die Gehäusefront eingesetzt werden können, die Seitenteile können mithilfe von Edelstahl-Applikationen aufgewertet werden, oder das Äußere des PCs wird gleich ganz mit Schleifpapier, Haftgrund und Lackspray auf poppigen Hochglanz gebracht. Doch damit nicht genug: Spezielle Lüftungsgitter verschönern die Lufteinlässe verschiedener Kühler, Fenster in den Seitenwänden ermöglichen einen ständigen Blick ins Innere, Kaltlichtlampen und Leuchtschnüre lassen alles in gruseligem Leuchten erstrahlen. Der Fantasie sind keine Grenzen gesetzt, Limits existieren nur durch das erhältliche Zubehör und die Betriebssicherheit des Computers.

Einstiegsdroge: Fertiges Modding-Zubehör

Natürlich haben nicht nur die begeisterten LAN-Gänger mitbekommen, dass sich ein neuer Trend in der Computerszene abzeichnet. Die Zubehörindustrie hat die steigende Anzahl der Case-Mods ebenfalls wahrgenommen und bietet Zubehör in jeder Form und Größe an. Damit kann der Aufwand bei den ersten Modding-Versuchen zumindest hinsichtlich des Arbeitsaufwands in angenehmen Grenzen gehalten werden. So bieten sich zum Beispiel fertige, mit Fenstern versehene Seitenteile an, um dem eigenen Tower-Gehäuse wichtige Einblicke zu gewähren, eine sound-empfindliche Neonröhre und ein Aufkleber-Kit für die Plexiglasscheibe komplettieren eine erste Ausbaustufe, die bereits einen schicken Eindruck hinterlässt. Natürlich lässt sich für den perfekten Eindruck auch die Optik der PC-Komponenten deutlich verbessern: Neonfarbene Stromkabel, runde „Airflow"-Datenkabel und blau chromatierte „Thumbscrews" (Flügelmuttern), die die Montage von Steckkarten, Laufwerken etc. auch ohne Schraubenzieher ermöglichen, machen den Blick ins Innere zum Erlebnis. Natürlich sind in diesem Zusammenhang auch schicke Kupferkühler oder farbig lackierte Platinen ein Blickfang.

Beleuchtete Gehäuselüfter, die einen zusätzlichen Effekt hinter den Lüftungsgittern erzeugen, sind ebenfalls ohne großen Aufwand zu montieren. Durchsichtiges Hartplastik, aus dem Lüftergehäuse und -turbine gefertigt sind, ermöglichen in Kombination mit eingebauten LEDs eine tolle Optik. Ob die Kühlleistung und die Geräuschentwicklung des jeweiligen Lüfters genauso gut sind, bleibt dann aber Gegenstand einer Probe aufs Exempel.

Zu guter Letzt lassen sich alle Lüfter mit fertig gestylten Edelstahlgittern verschönern, die zum Beispiel in Form des „Strahlungs"- oder „Biohazard"-Symbols an jeglichen 60- oder 80-mm-Lüfterrahmen geschraubt werden können. Wesentlich preiswerter, aber mindestens genauso schick, ist einfacher Fliegendraht aus dem Baumarkt, mit dem die Lüfteröffnungen an Gehäusefront und -rückseite verkleidet werden können. Im Inneren lassen sich alle glatten Flächen mit Platten aus Riffelblech verkleiden, das normalerweise als Bodenbelag für Treppen etc. eingesetzt wird. Ebenfalls mit Baumarktzubehör zu realisieren ist ein Tragegriff, der einfach mittig an den Gehäusedeckel angeschraubt wird. Dafür müssen allerdings Löcher gebohrt werden, was aufgrund der anfallenden Metallspäne nur am leeren Gehäuse durchgeführt werden sollte. Wer jetzt auch noch mithilfe eines Frontpanel-Kits sämtliche Multimedia-Anschlüsse nach vorn in einen 5¼-Zoll-Laufwerkschacht verlegt, hat ohne Ausbau der Komponenten oder Aufschneiden von Blechen bereits einen Computer zusammengestellt, der sich deutlich von der Masse der grauen Einheitskisten abhebt. Richtig professionell wirkt dagegen schon ein Doppel-Thermometersatz (zum Beispiel von Lian Li), mit dem die Temperatur an zwei verschiedenen Stellen im Inneren des PCs angezeigt werden kann. Vielleicht kann man damit noch keinen Hardcore-Modder beeindrucken, aber bei der nächsten Spieleparty im Freundeskreis fällt man schon damit auf.

Coole Beleuchtungseffekte für das Gehäuse

Da LAN-Partys meist im Halbdunkel stattfinden und auch zu Hause beim Spielen selten Festbeleuchtung herrscht, erregen Beleuchtungseffekte natürlich besonders viel Aufmerksamkeit. Fertige Neonröhren und Kaltlichtlampen sind aber nur der Anfang, richtig cool sind ultrahelle LEDs, die die Standard-LEDs an der Gehäusefront ersetzen. Bei Bedarf lässt sich nahezu jede Schaltfunktion per Leuchtanzeige dokumentieren. Der Einbau und die Verschaltung sind allerdings Arbeiten für den etwas erfahreneren Bastler, denn hier geht es nicht mehr ohne Bohr- und Lötarbeiten vonstatten. So stimmen die Außendurchmesser der neuen LEDs nicht ganz mit denen der Standardexemplare überein, sodass erst die Löcher aufgebohrt werden müssen, dasselbe gilt, wenn noch gar keine Löcher vorhanden sind. Die Verschaltung erfordert etwas Geschick im Umgang mit Kabel und Lötkolben und einen richtig geplanten Schaltplan. LEDs können nämlich jeweils nur eine bestimmte Betriebsspannung vertragen, sodass entweder gleich mehrere in Reihe geschaltet werden oder Vorwiderstände benutzt werden müssen, um eine korrekte Spannungsversorgung zu gewährleisten.

Etwas einfacher in der Handhabung, leider sehr teuer, aber ebenso effektvoll ist „Glowire", Leuchtschnur, die beliebig gebogen und verlegt werden kann. Damit lassen sich Schriftzüge formen, die Konturen des Gehäuses nachziehen, Bilder und Symbole legen, der Kreativität sind kaum Grenzen gesetzt. Bei dieser Art von Schnur handelt es sich um ein einfaches Kupferkabel, das von einer elektro-luminiszierenden Substanz und einer wasserdichten Hülle ummantelt ist. Mithilfe eines Inverters wird ein elektrisches Wechselfeld an das Kabel angelegt, was die Schnur zum Leuchten bringt. Das Wechselfeld hat eine Spannung von 120 Volt und eine Frequenz zwischen 300 und 4000 Hz. Je höher die Frequenz eingestellt wird, desto heller leuchtet die Substanz in der Ummantelung. Inverter und Schnur werden ausschließlich in Sets verkauft, die je nach Länge zwischen 30 und 50 Euro kosten.

Vergleichen lohnt sich

Bevor jetzt ein einzelner Händler im Internet für den umfassenden Einkauf des begehrten Zubehörs bemüht wird, hilft ein gründlicher Vergleich alternativer Angebote vor unangenehmen Überraschungen. Eine gesunde Mischkalkulation ist nämlich die Basis jedes Zubehörgeschäfts, und so gibt es bei den meisten Anbietern ausgesprochen günstige Artikel, aber auch relativ teure Angebote. Der Händler mit den günstigsten Lüftern kann bei Beleuchtungen teuer sein, der Shop mit billigen Beleuchtungskits verlangt dafür hohe Preise bei Dämmkits und fertigen Gehäusen. Zumindest drei bis vier Internetshops sollte vor einem Kauf zum Vergleich herangezogen werden, drei bekannte Anbieter sind Listan (*www.listan.de*), PC-World (*www.pc-world.de*) und BlackNoise (*www.noiseblocker.de*). Und in vielen Fällen muss es wirklich nicht das teure Zubehör aus dem Computerfachhandel sein. Mechanische Komponenten wie Schrauben und Kabel oder Farben gibt es, wie bereits erwähnt, billig im Baumarkt zu kaufen.

2. PCs ohne großen technischen Aufwand leiser machen

Moderne PC-Systeme sind wahre „Hitzköpfe". Neben dem Prozessor verursachen, Grafikkarte, Festplatte/n und die auf dem Mainboard verbauten Chipsätze eine hohe Abwärme. Zudem tragen moderne Brenner, DVD-Laufwerke und Speicherbausteine dazu bei, dass es im Gehäuse heiß hergeht, sodass diese Komponenten zum Teil ebenfalls eine aktive Kühlung benötigen. Dabei verursacht diese aktive Kühlung bisweilen einen solchen Lärm, dass die Arbeit am PC in Stress ausarten kann.

Wer acht und mehr Stunden vor dem PC verbringt, setzt sich hier einer echten Lärmbelästigung aus. Wir zeigen Ihnen, wie Sie den Geräuschpegel eines jeden PCs, teilweise mit einfachsten Mitteln, veringern können. Zudem erfahren Sie, wie Sie nicht nur den Lärmpegel senken, sondern auch an den entsprechenden Stellen Ihr System optimal kühlen und so zu einem stabileren PC-System gelangen. Oft ist eine mangelhafte Kühlung für Systemabstürze und sogar für den Frühausfall einzelner Komponenten verantwortlich. Wir stellen Ihnen unterschiedliche Kühlsysteme vor und sagen Ihnen, welches das richtige für Ihren PC ist. Denn es ist nicht damit getan, einen Kühlkörper einfach nur auf dem Prozessor zu platzieren, viele weitere Faktoren spielen bei der Kühlung eine wichtige Rolle.

2.1 Unzureichende Kühlung und Lärmquellen

Bevor Sie daran gehen, Ihren PC leiser zu machen, gilt es erst einmal zu ermitteln, wo Sie ansetzen sollten. Es gibt hier die typischen Lärmquellen, auf die wir später eingehen. Von PC zu PC, abhängig von der Bauweise und den eingesetzten Einzelkomponenten, kann schon der Austausch nur eines Lüfters oder z. B. der Einsatz eines Lüfterreglers dafür sorgen, dass der PC deutlich leiser wird. Oft ist es aber auch erforderlich, mehrere Maßnahmen zu ergreifen, um zum Ziel zu gelangen.

Neben der Verringerung der Lautstärke sollten Sie nicht vergesssen, dass die Kühlung für den PC lebensnotwendig ist und dass sie durch die Maßnahmen, die wir zur Lärmdämmung ergreifen, nicht negativ beeinträchtigt werden darf. Zum einen ist es wichtig, an entsprechenden Stellen im PC optimal zu kühlen, und zum anderen, die Abwärme aller Komponenten aus dem Gehäuse zu befördern, wofür in der Regel der Netzteillüfter sorgt. Neben der Kühlung des Netzteils selbst befördert er einen Teil der anfallenden Wärme aus dem Gehäuse und sorgt dafür, dass die Luft im Gehäuse zirkuliert, so durch Lüftungsöffnungen nach außen gelangt und Frischluft in das Gehäuse gesogen wird.

Vielfach ist die gesamte Kühlung handelsüblicher PCs unzureichend, und im Speziellen werden die einzelnen Komponenten, insbesondere der Prozessor, nur mit billigen Kühlkörpern und Lüftern versehen, die zwar unter normalen Bedingungen eine ausreichende Kühlung gewährleisten, in bestimmten Situationen (z. B. im Sommer) unzulänglich sein können. Der Netzteillüfter schafft es oft nicht, die Wärme ausreichend abzuführen oder für die nötige Luftzirkulation im Gehäuse zu sorgen.

Alle Lärmquellen auf einen Blick

Für die Gesamtgeräuschkulisse, die ein PC verursacht, ist die Kombination aller aktiv gekühlten Komponenten – die Festplatte/n und Laufwerke wie CD-ROM, DVD-ROM etc. – verantwortlich. Vielfach ist es aber nur ein Lüfter oder ein Laufwerk, dass alles andere übertönt. Im Folgenden listen wir die möglichen Verursacher für Lärm im PC-System auf:

Lärmquelle Lüfter im PC-Netzteil

Störfaktor Nummer eins ist in der Regel der Lüfter im PC-Netzteil. Zum einen werden hier häufig nur billige Lüfter eingesetzt, und zum anderen werden Geräusche beim Austritt durch die Lüftungsschlitze/Öffnungen im Gehäuse erzeugt. Je nach Bauart dieser Öffnungen kann hier ein sehr penetranter Geräuschpegel erzeugt werden. Auch Temperatursteuerungen, die heute selbst in „billigeren" Netzteilen eingesetzt werden, bringen kaum etwas.

Lärmquelle Prozessorlüfter

Eine weitere, meist unüberhörbare Geräuschkulisse verursacht der Prozessorlüfter. Zum einen wird in Standard-PCs von der Stange auch hier an der Qualität des Lüfters gespart, und zum anderen kommen oft sehr schnell drehende Lüfter zum Einsatz, um die Wärmeabfuhr von leistungsstarken Prozessoren zu realisieren.

Lärmquelle Grafikkartenlüfter

Der nächste Störenfried sitzt bei fast allen aktuellen PCs in Form eines kleinen, schnell drehenden Lüfters auf der Grafikkarte. Für die Qualität dieses kleinen „Quirls" gilt Gleiches wie für Netzteil und Prozessorlüfter; in der Regel ist die qualitative Ausführung mangelhaft.

Häufig der Fall: laute Grafikkartenlüfter in qualitativ minderwertiger Ausführung.

Als weitere Lärmquellen kommen zusätzliche Lüfter, die z. B. auf dem Mainboard-Chip sitzen, aktiv gekühlte CD-Brenner und/oder Festplatten in Frage. Letztgenannte Komponenten finden sich mit einer Kühlung versehen jedoch eher selten in PCs von der Stange.

Lärmquelle Festplatten

Zu guter Letzt sind die in PCs verbauten Laufwerke wie Festplatte/n, CD-/DVD-Laufwerke und Brenner durch Betriebsgeräusche für eine hohe Lärmkulisse verantwortlich.

Mangelhafte Kühlung in Standard-PCs

Bevor wir nun etwas gegen den Lärm unternehmen, widmen wir uns zunächst einmal der mangelhaften Kühlung in Standard-PCs. Stellt sich heraus, dass eventuelle Systemabstürze auf nicht ausreichende Kühlung zurückzuführen sind, können Sie bei einem eventuellen Eingriff ins System gleich zwei Fliegen mit einer Klappe schlagen: den PC leiser und gleichzeitig stabiler machen.

Wie macht sich mangelhafte Kühlung bemerkbar?

Unzureichende Kühlung macht sich in der Regel durch ein instabiles System und sporadische Systemabstürze bemerkbar. Dabei muss nicht unbedingt die Kühlung des Prozessors versagen, auch eine durch zu hohe allgemeine Umgebungstemperaturen zu heiß gewordene Grafikkarte, das Mainboard oder die Festplatte können ausfallen. Letzteres Problem lässt sich oft relativ leicht lokalisieren.

Die Festplatte bleibt entweder ganz hängen, und die HDD-LED bleibt dauerhaft an, oder es kann zu Schreib- und Lesefehlern kommen. Doch zur Festplattenkühlung später mehr. Das häufigste Problem für Systemabstürze durch Überhitzung ist eine zu hohe allgemeine Umgebungstemperatur.

Sporadische Systemabstürze, Warnsignal für schlechte Kühlung

Meist ist dies nicht auf die Kühlung der einzelnen Komponenten zurückzuführen.

Montage eines zusätzlichen Gehäuselüfters

Abhilfe schafft hier z. B. die Montage eines zusätzlichen Gehäuselüfters, für den oft ein Platz im Gehäuse vorgesehen ist, diverse Steckkarten mit Lüftern oder spezielle Lüftereinschübe, die sich in einem 5¼-Zoll-Einbauschacht unterbringen lassen. Ist eine zusätzliche Kühlung erforderlich, müssen Sie natürlich unter dem Gesichtspunkt der Geräuschentwicklung zu leisen Komponenten greifen. Eben erwähnte zusätzliche Lüfter für Steckplätze oder einen 5¼-Zoll-Schacht sind in der Regel nicht mit den besten Lüftern bestückt. Folglich kommt, wenn es leise sein soll, nur ein zusätzlicher leiser Gehäuselüfter oder eine ausreichende Kühlung über das Netzteil in Frage, doch dazu später mehr.

2.2 Schritt für Schritt zum leisen PC

Die möglichen Lärmquellen im PC haben wir bereits aufgelistet, nun geht es daran, mit möglichst einfachen Mitteln Schritt für Schritt den Geräuschpegel zu minimieren. Je nachdem, welche Komponente in Ihrem System für eine hohe Geräuschkulisse verantwortlich ist, können Sie nur speziell diese Komponente „leise tunen" oder aber alle Schritte nachvollziehen, um Ihren PC flüsterleise und sicherer zu machen.

Netzteillüfter als Lärmverursacher

Eine sinnvolle Maßnahme, um im Gehäuse für mehr Frischluft zu sorgen und zusätzlich den PC deutlich leiser zu machen, ist es, den Netzteillüfter gegen ein leises, leistungsfähigeres Modell auszutauschen. Hier bieten sich unterschiedliche Lüftermodelle an (siehe Tabelle zu leiseren Lüftern auf Seite 52 in diesem Kapitel).

Allerdings ist der Tausch des Netzteillüfters nur elektrotechnisch versierten Menschen zu empfehlen und gehört zu den aufwendigsten Eingriffen, die in diesem Kapitel beschrieben werden.

Oftmals muss im Inneren des Netzteils gelötet werden, um einen anderen Lüfter in Betrieb zu nehmen.

> **Achtung, Lebensgefahr!**
> An dieser Stelle der ausdrückliche Hinweis: Tauschen Sie den Netzteillüfter nur in Eigenregie aus, wenn Sie Erfahrung im Umgang mit Elektronik haben. Der Eingriff kann für Laien lebensgefährlich werden!

Vor dem Umbau und dem Kauf eines neuen Lüfters ist es sinnvoll, das Netzteil zu öffnen und nachzuschauen, ob der Lüfter mittels Steck- oder Lötverbindung mit der Netzteilplatine verbunden ist. Handelt es sich um eine Lötverbindung, wird der Eingriff noch um einiges schwieriger, und Sie sollten überlegen, ob sich der Umbau lohnt.

In der Regel handelt es sich im Netzteil um einen 80-x-80-mm-Lüfter, nur in seltenen Fällen verbauen Hersteller hier Lüfter mit anderem Format. Sollten Sie sich entschließen, Ihren Netzteillüfter auszutauschen, ist äußerste Vorsicht angebracht. In einem ausgeschalteten Netzteil kann auch nach mehreren Stunden noch tödliche Spannung anliegen. Also: Wagen Sie sich nur selbst an diesen Eingriff, wenn Sie Erfahrung im Umgang mit Elektronik haben und, wenn nötig, auch mit einem Lötkolben umgehen können.

Den Netzteillüfter austauschen

Wie bereits erwähnt, gehört der Austausch des Netzteillüfters zu den technisch aufwendigsten Arbeiten, die in diesem Kapitel beschrieben werden. Trauen Sie sich diese Aktion nicht zu und Ihr Netzteil ist so laut, dass Sie es als die Lärmquelle empfinden, die in Ihrem System am meisten stört, greifen Sie lieber zu einem Netzteil von der Stange, oder ziehen Sie einen Fachmann zu Rate. Der Austausch des Netzteils ist nicht so aufwendig wie der Einbau eines leiseren Lüfters.

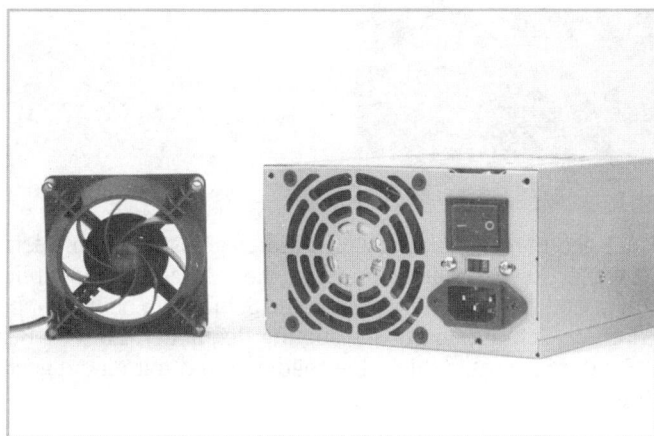

Das Netzteil soll hier als Beispiel mit einen leisen Verax-Lüfter modifiziert werden.

1 Öffnen Sie den PC wie in Kapitel 1 beschrieben. Bauen Sie das Netzteil aus dem PC aus. In der Regel ist das Netzteil mit vier Schrauben an der Rückseite des Gehäuses befestigt. Nachdem Sie die Schrauben gelöst haben, können Sie das Netzteil im Gehäuseinneren herausnehmen. Vorher sollten Sie alle Kabelverbindungen zum Mainboard, zu den Laufwerken etc. lösen. Markieren Sie sich am besten jede Kabelverbindung mit einem Stück Klebeband, das Sie beschriften. Bei dem Netzteil in der Abbildung muss zusätzlich noch eine Blende entfernt werden.

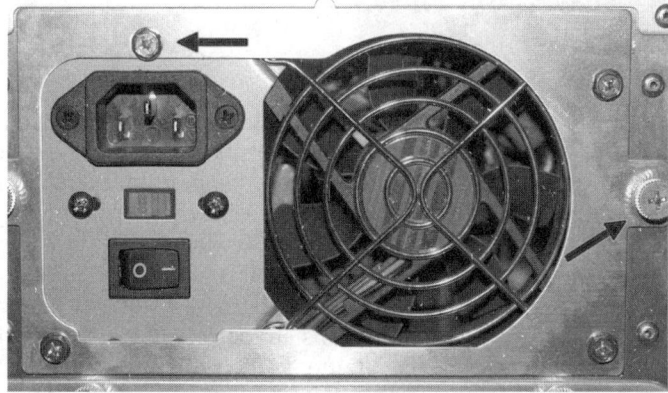

2 Um das ausgebaute Netzteil zu öffnen, müssen Sie in der Regel ebenfalls vier Kreuzschlitzschrauben lösen. Dann lässt sich die Blechabdeckung des Netzteils abnehmen. Die Schrauben sitzen meist sehr fest, sodass Sie einen guten Schraubenzieher benötigen. Sind die Schrauben mit einem minderwertigen Werkzeug erst einmal

rund gedreht, lässt sich das Netzteil nur noch mit erheblich höherem Aufwand (Schrauben ausbohren) öffnen.

3   Nachdem Sie das Netzteil geöffnet haben, muss der Lüfter gelöst werden. Meist ist der Lüfter wiederum mit vier Kreuzschlitzschrauben, die von außen zu erreichen sind, befestigt. Da einem neuen Lüfter in der Regel keine Schrauben beiliegen, benötigen Sie die herausgedrehten Schrauben zu Befestigung des neuen Lüfters. Beachten Sie auch hier, dass Sie die Schrauben nicht beschädigen und mit einem geeigneten Schraubenzieher lösen.

4   Nun müssen Sie die Stromverbindung des Lüfters zum Netzteil lösen. Verfolgen Sie dazu die Kabel vom Lüfter aus zur Platine des Netzteils. Oft ist die Verbindung durch dicht beieinander liegende Kabel nicht sofort zu erkennen. Im Idealfall handelt es sich bei der Verbindung zur Platine um eine Steckverbindung über einen herkömmlichen 3-Pol-Molexstecker. In dem Fall können Sie den Stecker einfach abziehen. Ist die Verbindung mittels Lötpunkten zur Platine des Netzteils hergestellt, wird es kniffliger, und Sie müssen gegebenenfalls das gesamte Netzteil zerlegen. Hier sollten Sie, wie bereits erwähnt, überlegen, ob sich dieser Aufwand lohnt oder ob Sie nicht gleich ein Netzteil mit einem leisen Lüfter kaufen sollten.

5 Bauen Sie den neuen Lüfter in das Netzteil ein und verbinden Sie den Stroman-schluss mit der Platine. Achten Sie beim Schließen des Gehäuses darauf, dass Sie keine Kabel einklemmen. Nachdem das Netzteil geschlossen ist, sollten Sie, bevor Sie es wieder in das Gehäuse einbauen, einen Probelauf durchführen. Stellen Sie da-zu eine Verbindung zum Mainboard und mindestens einem Laufwerk her, da das Netzteil nur unter Last anläuft. Funktioniert der Lüfter ordnungsgemäß, bauen Sie das Netzteil wieder in den Rechner ein.

Leise Netzteile von der Stange

Wollen Sie nicht selbst in Ihr Netzteil eingreifen, bietet der Handel Netzteile an, die mit hoher Leistung (über 300 Watt) aufwarten und mit leistungsfähigen Lüftern, die dazu sehr leise arbeiten, ausgestattet sind.

In diesem Bereich genießen Netzteile von z. B. Enermax, Antec und Zalman einen sehr guten Ruf.

Diese Netzteile kosten zwar in der Regel ein paar Euro mehr als Standardnetzteile, über-zeugen jedoch nicht nur durch ihren geringen Geräuschpegel, sondern auch durch quali-tativ hochwertige Bauteile. Bedingt dadurch liefern diese Netzteile eine konstantere Spannung als 08/15-Geräte und bieten genügend Leistungsreserven für zusätzliche Komponenten.

Mittlerweile hat der Handel sich auf die neuen Ansprüche eingestellt und bietet leistungsstarke und extra leise Netzteile an (hier Super Silent Netzteil von Antec, www.antec-inc.com).

Entkopplungsrahmen

Eine Geräuschquelle in modernen Computern sind neben den oft lauten Lüftern eines Netzteils auch die auf das Gehäuse übertragenen Vibrationen der Netzteillüfter. Hier bietet der Handel Entkopplungsrahmen für Netzteile an. Die schwingungsgedämmte Aufhängung des Netzteils vermindert hörbar die Übertragung von Vibrationen auf das PC-Gehäuse. Das Prinzip dieser Anti-Vibrationsrahmen ist simpel und dennoch sehr effektiv. Der Rahmen wird zwischen Netzteil und Gehäuserückwand montiert und verhindert so die Übertragung der Netzteilvibrationen auf die Rückwand des PC-Gehäuses. Die Rahmen sind aus Silikon gefertigt und passen bei allen gängigen ATX Netzteilen (*www. pccooling.de*).

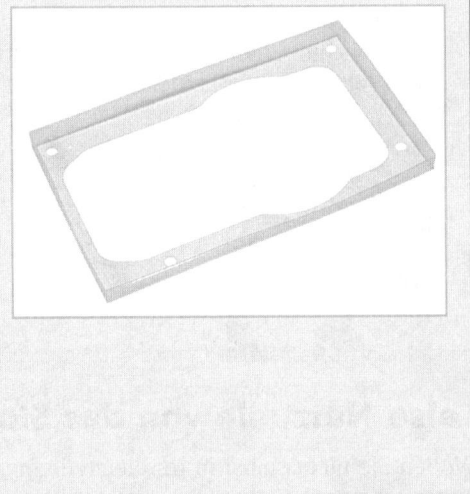

Prozessorkühler als akustische Störquelle

Eine weitere akustische Störquelle in PCs geht von der Prozessorkühlung aus. Bei der Prozessorkühlung gibt es grobe Unterschiede zwischen AMD- und Intel-Prozessoren.

So benötigen AMD-CPUs eine deutlich aufwendigere Kühlung als ihre Intel-Pendants. Intel-CPUs sind, egal ob Celeron, Pentium III oder Pentium 4, die Kühlung betreffend genügsamer als Athlon Thunderbird, XP, Duron oder der neue Athlon XP mit Thoroughbred-Kern. Zudem nehmen Letztgenannte eine mangelhafte oder ausgefallene Kühlung sehr übel. Selbst ein kurzzeitiger Betrieb ohne Kühlung kann eine AMD-CPU sofort zerstören.

Vorsicht bei AMD-CPUs

Betreiben Sie einen AMD-Prozessor auch für kurze Zeit niemals ohne Kühlung. Eine sofortige Zerstörung der CPU ist die Folge. Da dieser Schaden in der Regel offensichtlich ist, erlischt jeglicher Garantieanspruch.

Fällt die Kühlung bei Intel-Prozessoren aus, kommt es im Fall von Celeron und PIII-Prozessoren zu Systemabstürzen, die CPU wird in der Regel aber nicht beschädigt.

Der Pentium 4 wartet sogar mit einer Technik, Thermal Design genannt, auf, die im Prozessorinneren dafür sorgt, dass bei mangelhafter Kühlung einfach die Leistung „einen Gang zurückgeschaltet" wird. Wird der P4 also einmal wärmer, als er sollte, läuft er nur langsamer, das System stürzt jedoch nicht, ab und der Prozessor nimmt keinerlei Schaden.

Werkelt ein Pentium 4 mit Intel-Boxed-Kühler in Ihrem System, brauchen Sie sich um die Prozessorkühlung nicht zu kümmern. Diese arbeitet zuverlässig und leise.

Bis auf wenige Ausnahmen (Intel Pentium 4 mit Boxed-Kühler, siehe Abbildung) ist es leider die Regel, dass bei kompletten Rechnersystemen aus dem Elektronikmarkt oder vom Discounter an der Prozessorkühlung gespart wird. Anders als bei Markenrechnern, wie z. B. von DELL oder Maxdata, kommen hier Billigst-Kühlkörper und -Lüfter zum Einsatz.

Als wahre Turbinen stellen sich hier oft Lüfter heraus, die auf AMD-Prozessoren werkeln, da wie schon erwähnt die Kühlung hier bedingt durch die höhere Wärmeentwicklung effektiver sein muss. Um hier oder auch bei lauten Intel-Lüftern Abhilfe zu schaffen, gibt es mehre Möglichkeiten, auf die wir im Folgenden eingehen.

Leise Prozessorkühlung: Tipps und Tricks

Um das Betriebsgeräusch der Prozessorkühlung zu senken, gibt es mehrere Möglichkeiten. Die billigste Variante ist es, die Drehzahl des Prozessorlüfters einfach durch so genannte Fan-Connector-Adapter zu reduzieren.

Dabei handelt es sich um ein einfaches Adapterkabel mit einem zwischengeschalteten Widerstand. Diese Adapter reduzieren die übliche 12-Volt-Spannung des Prozessorlüfters auf 9, 7 oder 5 Volt. Ausgestattet mit einem 3-Pol-Molexstecker kosten diese Adapter rund 2 Euro.

> *Es geht auch günstig: Leise Prozessorkühlung ab 2 Euro*

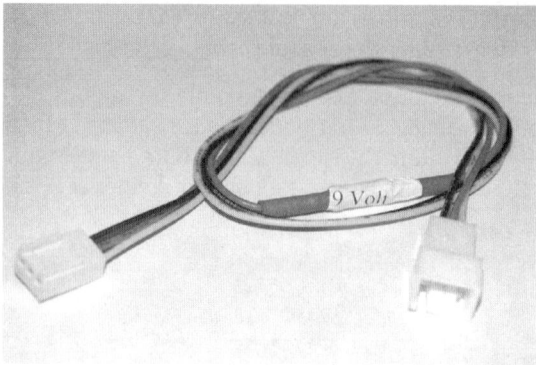

Die günstigste Möglichkeit, die Drehzahl zu reduzieren: Fan-Connector-Adapter.

Einen Schritt weiter geht z. B. die Firma Zalman, die für ca. 9 Euro einen Lüfterregler mit Lüfterüberwachung anbietet, der ebenfalls zwischen Mainboard und Kühler montiert wird. Diese Adapter reduzieren die Geräuschentwicklung von CPU-Lüftern mit hoher Drehzahl. Der Nachteil ist, dass sich eine Drehzahlreduzierung zum einen negativ auf die Kühlleistung auswirkt und zum anderen dazu führen kann, dass die Drehzahl im BIOS nicht richtig oder gar nicht mehr erkannt wird.

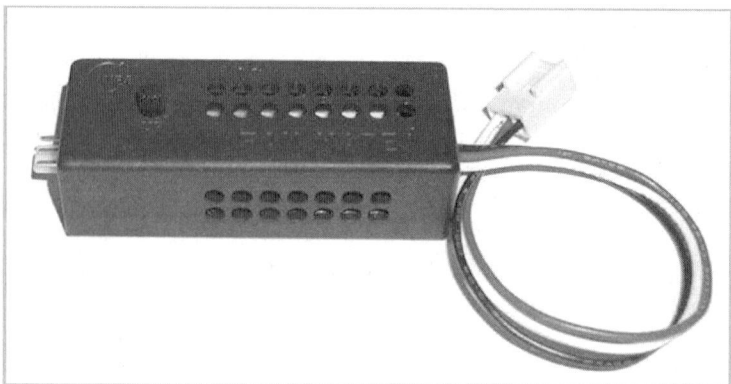

Lüfterregler mit Lüfterüberwachung, eine kostenkünstige Möglichkeit, für Ruhe zu sorgen.

Eine weitere Möglichkeit, nicht nur den Prozessorlüfter zu regeln und zu überwachen, stellen Lüftersteuerungen dar, die in einem 5¼-Zoll-Schacht untergebracht werden. Hier finden sich Modelle, die eine stufenlose Regelung von bis zu zwölf Lüftern ermöglichen. Zudem bieten einige Modelle eine Temperaturregelung an und melden den Betriebszustand der einzelnen Lüfter entweder über eine oder mehrere LEDs oder ein eingebautes Display. Die Kosten für diese Lüftersteuerungen liegen je nach Ausstattung zwischen ca. 40 und 80 Euro.

Bedingt durch diesen hohen Preis und einen nicht zu unterschätzenden Installationsaufwand bieten sich derartige Lüftersteuerungen eher für ambitionierte Bastler und Overclocker an. Die günstigste Variante, bei einem schnell drehenden Lüfter den Lärmpegel zu senken, bleibt also eine einfache geregelte Lüftersteuerung oder der Fan-Connector-Adapter. Hier müssen Sie unbedingt darauf achten, dass der Prozessor auch in Extremsituationen wie z. B. im Sommer noch ausreichend gekühlt wird (Überwachung im BIOS oder mit entsprechenden Tools).

Austausch des Prozessorlüfters

Eine weitere kostengünstige Möglichkeit, für eine leise Prozessorbelüftung zu sorgen, ist der Austausch nur des Prozessorlüfters. Dies hat den Vorteil, dass der Kühlkörper auf der CPU verbleiben kann und Sie nur den alten Lüfter entfernen und den neuen montieren müssen. Zunächst müssen Sie dazu die Größe des vorhandenen Prozessorlüfters ermitteln. Schrauben Sie dazu Ihren PC wie in Kapitel 1 beschrieben auf und werfen Sie einen Blick auf den Prozessorlüfter.

In der Regel werkelt hier ein Lüfter in der Größe zwischen 50 und 65 mm. Zum einen können Sie einen leisen Lüfter in der gleichen Größe zu kaufen, oder Sie kaufen einen größeren Lüfter, für den dann ein Adapter erforderlich ist. Ein so genannter Fan-Adapter ermöglicht es Ihnen, einen 80 x 80-mm-Lüfter auf einem Kühlkörper zu installieren, auf dem normalerweise nur ein 60-x-60-mm-Lüfter Platz findet. Der Vorteil eines größeren Lüfters liegt darin, dass er bei geringerer Drehzahl und somit auch geringerer Geräuschentwicklung mindestens die gleiche Menge Wärme, in der Regel eher mehr Wärme, abführen kann als ein kleinerer Lüfter.

Ein so genannter Fan-Adapter ermöglicht es Ihnen, einen Lüfter von 80 x 80 mm auf einem Kühlkörper zu installieren, auf dem normalerweise nur ein 60-x-60-mm-Lüfter Platz findet.

Die Installation eines Fan-Adapters ist denkbar einfach. Zunächst müssen Sie den Lüfter von Ihrem Prozessorkühlkörper entfernen. Nun befestigen Sie den Fan-Adapter an Stelle des Lüfters. Meist liegen den Adaptern die nötige Schrauben bei. Ist dies nicht der Fall, verwenden Sie einfach die Schrauben Ihres alten Prozessorlüfters. Nun können Sie auf dem Fan-Adapter einen Lüfter in der Größe 80 x 80 mm montieren.

Größere Lüfter bewegen bei geringerer Drehzahl mehr Luft. Allerdings gibt es auch kleine leise Lüfter (links 80 x 80 mm, rechts 60 x 60 mm).

Achtung: Hohe Spannung und Probleme bei 80-mm-Lüftern

Montieren Sie einen 80-mm-Lüfter als Prozessorkühlung, bietet es sich an, den Strom für diesen Lüfter mittels eines Adapters direkt vom Netzteil zu beziehen. Auch 80-mm-Lüfter bieten zwar in der Regel einen 3-poligen Molexanschluss, sodass Sie den Lüfter direkt mit dem Mainboard verbinden können, häufig brauchen diese größeren Lüfter aber mehr Strom, als der Mainboard-Anschluss liefern kann. Im Extremfall kann es sogar passieren, dass durch den Anschluss eines größeren Lüfters Bauteile auf dem Mainboard beschädigt werden. Zudem kann eine weiteres Problem auftreten. Wird der Prozessorlüfter nicht mit dem dafür auf dem Mainboard vorgesehenen Anschluss verbunden, laufen einige Mainboards aus Sicherheitsgründen gar nicht erst an. Meist müssen Sie hier den Sicherheitsmechanismus im BIOS deaktivieren. In diesem Fall kann natürlich die Mainboard-Überwachung weder die Drehzahl des Lüfters ermitteln noch auf diverse Situationen wie Ausfall des Lüfters oder Überhitzung des Prozessors reagieren.

Empfehlenswerte, leise Lüfter für Netzteile, Gehäuse und Prozessoren

Hersteller/Größe	Typbezeichnung	Informationen/Bezugsquelle
VERAX thermogeregelter Lüfter 50/65 mm	verax60	www.pcsilent.de
VERAX thermogeregelter Lüfter 80 mm Pro	verax80p	www.pcsilent.de
Papst-Lüfter 80 x 80	8412 NGL	www.papst.de
Papst-Lüfter 60 x 60	612FL	www.papst.de
Noiseblocker 80 x 80	UltraSilentFan-S2 Blue	www.noiseblocker.de
Noiseblocker 80 x 80	UltraSilentFan-S2	www.noiseblocker.de
Titan 50 x 50	TFD-5010M12B	www.noiseblocker.de

Kupfer-Spacer

Spacer sind Kupferplättchen, die insbesondere für AMD-CPUs erhältlich sind und einzig dem besseren Sitz des Kühlkörpers und als Schutz für den CPU-DIE (Prozessorkern, auf dem der Kühlkörper aufliegt) dienen. Oft wird darüber berichtet, dass der Einsatz eines Spacers sich positiv oder auch negativ auf die Wärmeabfuhr auswirkt. Beides ist jedoch nur marginal, 1 bis 2 Grad plus oder minus. Der einzige Zweck eines Spacers ist es, AMD-Prozessoren, die einen sehr kleinen DIE und somit eine sehr kleine Auflagefläche haben, vor Beschädigungen bei der Montage eines Kühlers zu schützen. Kupfer-Spacer sind für ab ca. 7 Euro erhältlich.

Prozessorkühler inklusive Lüfter austauschen

Wenn Ihnen die optimale Kühlung Ihres Systems am Herzen liegt und Sie gleichzeitig ein sehr leises System vorziehen, kommen Sie oft nicht um den Austausch des gesamten Prozessorkühlers inklusive Lüfter herum.

Denken Sie sowieso darüber nach, Ihren Prozessor aufzu-
rüsten, sollten Sie auch gleich zu einer guten Kühler-
Lüfter-Kombination greifen. Die Montage eines CPU-
Kühlers ist nicht immer ganz einfach. In einigen Fällen
muss sogar das Mainboard ausgebaut werden, damit ein
Kühlkörper richtig montiert werden kann. Die Kühlkom-

> *Nägel mit Köpfen:*
> *Optimale Kühlkombi-*
> *nation für die CPU*

binationen, die wir in der Tabelle auf Seite 56 aufgeführt haben, lassen sich relativ leicht
montieren.

Der beste Kühler verfehlt sein Ziel, wenn er nicht absolut passgenau montiert ist. Um zu
überprüfen, was die Montage eines neuen Kühlkörpers bringt, notieren Sie sich die Werte der CPU-Temperatur aus dem BIOS oder einem entsprechenden Softwaremonitor
(z. B. MotherBoard-Monitor, *http://mbm.livewiredev.com*). Die Werte, die das BIOS oder
eine entsprechende Software liefert, sind zwar nicht sehr genau, können aber zur Kontrolle durchaus herangezogen werden. Im Folgenden zeigen wir Ihnen Schritt für Schritt,
wie Sie einen Kühlkörper richtig montieren. Als Beispiel dient uns ein AMD-System mit
Sockel A.

1 Zunächst müssen Sie den alten Kühlkörper vom Prozessor entfernen. Trennen Sie
den Rechner komplett vom Netz und lösen Sie zunächst die Steckverbindung der
Spannungsversorgung zum Mainboard. Um den Kühler zu lösen, eignet sich am besten ein Schlitzschraubenzieher, mit dem Sie die Halteklammer an einer Seite lösen.
Seien Sie dabei vorsichtig, Sie können leicht abrutschen und das Mainboard beschädigen. In einigen Fällen ist es auch möglich, die Klammer durch einen Druck mit
dem Finger zu öffnen. Manche Kühler sitzen aber so fest, dass sie sich am besten zu
zweit lösen lassen. Einer muss mit einem Schraubenzieher die Klammer nach unten
drücken, der andere mit einer Spitzzange die Klammer unter der Plastikhalterung
herausziehen.

2 Ist der Prozessor freigelegt, entfernen Sie, falls vorhanden, die alte Wärmeleitpaste
mit ein wenig Reinigungsbenzin oder Aceton und einem fusselfreien Tuch. Ist der
neue Kühlkörper auf der Unterseite mit einem Wärmeleitpad versehen, sollten Sie
dieses entfernen. Ein solches Pad kann Wärmeleitpaste nicht ersetzen. Am besten
entfernen Sie dieses Pad mit einem breiten Schlitzschraubenzieher oder einer Rasierklinge (Vorsicht, die Fläche darf nicht verkratzt werden) und reinigen die Fläche

im Anschluss ebenfalls mit Reinigungsbenzin. Die Auflagefläche des Kühlkörpers muss absolut sauber sein. Bei einigen Kühlern, wie in diesem Fall, muss auch ein Schutzfolie entfernt werden.

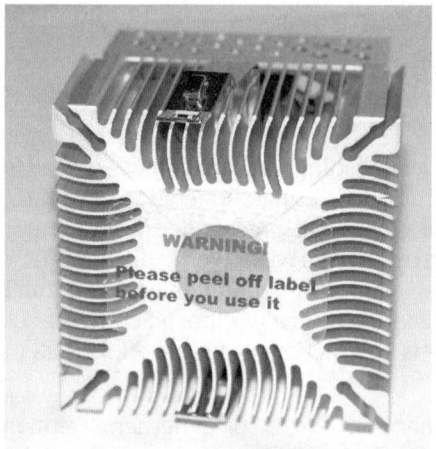

3   Tragen Sie nun (sehr wenig!) Wärmeleitpaste auf den Prozessor auf. Eine stecknadelkopfgroße Menge reicht völlig aus. Sie müssen die Wärmeleitpaste auch nicht verreiben – der Druck des Kühlkörpers verteilt die Paste gleichmäßig. Gehen Sie wirklich äußerst sparsam mit der Leitpaste um, denn der Einsatz von zu viel Wärmeleitpaste bewirkt genau das Gegenteil des Effekts, den die Paste erzielen soll. Bei einer zu großen Menge an Leitpaste kann es zu einem Wärmestau kommen, sodass im Extremfall die CPU Schaden nimmt.

4   Setzen Sie nun den neuen Kühlkörper schräg an, sodass Sie auf einer Seite die Halteklammer ohne Probleme unter der Plastikhalterung des Sockels anbringen können. Senken Sie nun den Kühlkörper langsam und vorsichtig auf den CPU-Kern herab und lassen Sie die andere Seite der Halteklammer unter dem Halte-Pin des Sockels einrasten.

Nun können Sie durch vorsichtiges Hin- und Herbewegen des Kühlers den richtigen Sitz noch etwas anpassen. Vergewissern Sie sich, dass der Kühlkörper absolut eben aufliegt. Gerade bei AMD-Prozessoren können so genannte Spacer verwendet werden, um den korrekten Sitz des Kühlkörpers auf dem Prozessor zu gewährleisten. Bei einem Spacer handelt es sich um ein Kupferplättchen mit Aussparungen, das auf den Prozessor gelegt wird. Ein Spacer kann Beschädigungen am Prozessor-DIE verhindern und für einen besseren Sitz des Kühlkörpers sorgen, es ist aber nicht unbedingt erforderlich.

5 Verbinden Sie nun das Spannungskabel des Lüfters wieder mit dem richtigen Pin auf dem Mainboard. In der Regel ist dieser mit „CPU1_FAN" beschriftet. Bevor Sie Ihren Rechner schließen, fahren Sie ihn hoch und überprüfen den Lüfter auf die korrekte Funktion. Überprüfen Sie nun die Temperatur z. B. im BIOS oder mit einem entsprechenden Programm. Der Wert sollte sich gegenüber dem vorher gemessenen Wert deutlich verbessert haben. Und zudem sollte der Lüfter jetzt keine „Staubsaugergeräusche" mehr von sich geben, sondern schön leise vor sich hin surren.

Empfehlenswerte Prozessorkühler

Bezeichnung	Bezugsquelle	Preis in Euro	CPU
Volcano 6 Cu (Thermaltake)	www.frozen-silicon.de	ca. 25,-	AMD
CEK7128	www.jet-computer.de	ca. 25,-	AMD
Thermoengine V60	www.frozen-silicon.de	ca. 40,-	AMD
CEK 478-7015PRO	www.jet-computer.de	ca. 25,-	Intel P4
ZALMAN CNPS5100-CU	www.listan.de	ca. 55,-	Intel P4 & AMD
Swiftech MCX462A Power	www.frozen-silicon.de	ca. 95,-	Intel P4 & AMD
Kanie Hedgehog Deltalüfter	www.frozen-silicon.de	ca. 90,-	Sockel-CPUs
Gladiator Pro VAS3	www.blacknoise.de	ca. 50,-	Sockel-CPUs
NB-ACuP Silent	www.blacknoise.de	ca. 50,-	Sockel-CPUs
Smartcooler FSM 1497H	www.blacknoise.de	ca. 65,-	Slot 1

Softwarekühlung, geht das?

Kühlen mit Software, geht das? Jein, nicht direkt, allerdings gibt es diverse Programme, die dazu beitragen, dass der Prozessor nicht so heiß wird. In diesem Bereich gibt es einige Tools, die sich im Lauf der letzten Jahre einen Namen gemacht haben. Das ist zum einen das Tool CPU Idle, die Programme Rain und Waterfall, zudem bietet sich das Freewareprogramm Keep Cool an. Wenn die CPU gerade nichts zu tun, sollte sie eigentlich nur geringfügig Strom verbrauchen und dementsprechend auch kaum Wärme entwickeln, also sozusagen Däumchen drehen. Diesen Zustand nennt man auch Idle – also Leerlauf. Schnelle CPUs drehen dabei so flott ihre Däumchen, dass sie ganz heiß werden. Die CPU kann allerdings mit dem Befehl *HLT* angehalten werden, sodass sie in einen Dornröschenschlaf fällt. Der Vorteil: geringer Stromverbrauch und damit geringe Wärmeentwicklung. Einige neuere Mainboards und die Betriebssysteme Windows NT/2000 und XP können die CPU eigenständig in diesen Zustand versetzen, Windows 9x und ME allerdings nicht. Hier bietet sich also der Einsatz dieser Tools an. Einige der Tools sind allerdings auch für die Betriebssysteme NT/2000 und XP verfügbar und versprechen hier eine Optimierung der CPU.

Download der Software:

CPU Idle: *www.cpuidle.de*

Keep Cool: *www.reinhard-tchorz.de/freeware/freeware.html*

Rain: *www.notebookreview.com*

Waterfall: *www.coolingsoftware.de*

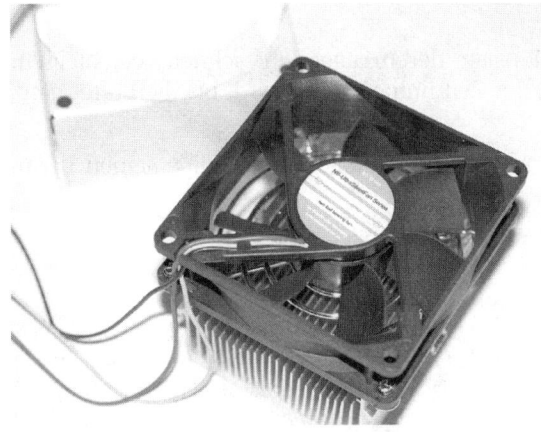

Viele Anbieter von Prozessorkühlern haben spezielle leistungsstarke und zudem leise Produkte im Angebot, hier die Kombination aus einem großen Aluminiumkühlkörper und einem leisen 80-x-80-Lüfter (www.blacknoise.de).

Wärmeleitpaste

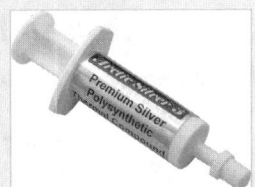

Wärmeleitpaste spielt bei der Kühlung aktueller Prozessoren eine wichtige Rolle. Auch wenn es auf den ersten Blick so aussieht, als sei die Oberfläche der bei AMD- und PIII-CPUs freiliegenden Prozessorkerne oder die Oberfläche der mit einem Heatspreader-Blech ausgestatteten Pentium 4-Systeme glatt, ist dies ein Trugschluss.

Feinste Unebenheiten sowohl der Prozessor- als auch der Kühlkörperoberfläche müssen mittels Wärmeleitpaste ausgeglichen werden, damit es nicht zu Lufteinschlüssen und damit zu einem Wärmestau kommt. In der Regel liegt einem besseren Kühler immer ein kleines Päckchen Wärmeleitpaste bei, die Sie bedenkenlos verwenden können. Spezielle Wärmeleitpaste, wie z. B. Arctic-Silver II oder III, enthält einen ca. 80-%-Anteil Silberoxid. Durch den Einsatz allein dieser Leitpaste soll sich die Temperatur um 2 bis 7 Grad verringern. Das hat seinen Preis. So kostet eine Spritze mit 1,75 g Inhalt (Arctic-Siver II) ca. 4 bis 5 Euro. Diese Wärmeleitpaste ist jedoch nicht pauschal für jeden Kühlkörper zu empfehlen. So eignet sich für Kupferkühlkörper am besten Leitpaste auf Silicon-Basis (meist weiß), da diese sich besser in die feine Struktur des Materials einfügt. Für Alukühlkörper ist hingegen Leitpaste mit einem Silberanteil vorteilhafter. Viele Hersteller geben zu ihren Produkten eine Empfehlung ab, mit welcher Wärmeleitpaste Sie die beste Kühlleistung erzielen. Wichtiger als die Wärmeleitpaste selbst ist deren richtiger Einsatz. Gehen Sie mit der Leitpaste sehr sparsam um, weniger ist hier mehr, denn sonst verkehrt sich die Wirkung ins Gegenteil. Ziehen Sie Wärmeleitpaste grundsätzlich einem Wärmeleitpad vor!

Kühler auf Grafikkarte und Mainboard

Moderne Grafikkarten sind durchweg mit einer aktiven Kühlung ausgestattet. Leider ist diese aktive Kühlung auch bei sehr teuren Grafikkarten oft minderwertig.

Auch auf Mainboards kommt für den Chipsatz, die Northbridge, eine passive, neuerdings aber auch immer häufiger eine aktive Kühlung zum Einsatz.

Meist ist die Kühlung sowohl der Grafikkarte als auch des Chipsatzes völlig ausreichend.

Es gibt in diesem Fall nur zwei Probleme:

1. Häufig kommen billige Lüfter zum Einsatz, deren Lager sehr schnell verschleißen, sodass die Geräuschentwicklung mit der Zeit immer höher wird, bis die Lüfter ganz ausfallen.

2. Die verwendeten Lüfter an sich schon sehr laut, sodass sie zur allgemeinen Lärmbelästigung beitragen.

Northbridge und Southbridge

Aktuelle Mainboards haben entweder einen Hauptkontrollchip für das Bussystem oder lassen dies von zwei Chips erledigen. Zur Unterscheidung dieser beiden Chips werden sie als Northbridge und Southbridge bezeichnet. Die so genannte Northbridge ist verantwortlich für die Ansteuerung des Prozessors, des Arbeitsspeichers und der AGP-Grafik. Die Southbridge regelt den restlichen Datenverkehr der Laufwerke, aller Schnittstellen und Steckplätze für Erweiterungskarten.

Austausch des Mainboard-Lüfters

Ist Ihnen der Mainboard-Lüfter, der die so genannte Northbridge kühlt, zu laut oder ist dessen Lager verschlissen, können Sie diesen Lüfter gegen einen höherwertigen Lüfter austauschen. Eine weitere Möglichkeit besteht darin, durch den Einsatz eines passiven Kühlkörpers ganz auf den Einsatz eines Lüfters zu verzichten.

Derartige Kühlkörper finden Sie z. B. bei *www.pcsilent.de*. Wichtig ist, dass Sie vor dem Kauf die genaue Größe des Lüfters bzw. des passiven Kühlkörpers ermitteln. Diese sind nicht genormt, und auch die Befestigung ist sehr unterschiedlich.

Wird Ihr System durch einen zusätzlichen Gehäusekühler mit einem ordentlichen Luftstrom versorgt, ist es auch möglich, den Lüfter zu entfernen und die Northbridge nur mit dem vorhandenen Kühlkörper passiv zu kühlen.

In diesem Fall entfernen Sie einfach den Lüfter von der Northbridge und haben einen Kandidaten, der für eine hohe Geräuschkulisse sorgt, eliminiert. Bevor Sie den Lüfter abschrauben, können Sie zum Test der Systemstabilität auch einfach den Stecker ziehen.

In der Regel ist der Northbridge-Lüfter per Molexstecker mit dem Mainboard verbunden. Ziehen Sie den Stecker also einfach ab, schließen Sie Ihr Gehäuse und testen Sie das System einen ganzen Abend lang auf Stabilität. Läuft der PC einwandfrei, schrauben Sie den Lüfter einfach ab.

Tauchen später einmal, z. B. im Sommer, wenn es sehr warm wird, Probleme mit dem System auf, denken Sie daran, dass es eventuell an dem entfernten Lüfter liegen kann, und montieren diesen wieder.

Probleme sind allerdings nach Erfahrungen in der Praxis nicht zu erwarten.

Ein aktiver Lüfter auf der Northbridge kann bei guter Gehäusebelüftung einfach entfernt werden.

Sonderfall: Grafikkartenkühler

Bei der Grafikkartenkühlung sind die Hersteller in den letzten Jahren sehr unterschiedliche Wege gegangen. Es finden sich die unterschiedlichsten Kühllösungen auf den Prozessoren (GPU) der Grafikkarten: teilweise geschlossene Konstruktionen oder auch eingelassene Lüfter.

Zudem sind die Kühlkörper häufig fest mit dem Grafikprozessor verbunden, sodass hier von einem Austausch der Kühlung nur abgeraten werden kann.

Einige Hersteller bieten zwar spezielle Kühlkörper für Grafikkarten an, der Austausch ist aber oft sehr aufwendig und kann sogar zur Zerstörung der Grafikkarte führen. Ist der Lüfter bei Ihrer Grafikkarte einfach nur mit vier Schrauben auf einem Kühlkörper befestigt, ist der Austausch eher problemlos.

Modifikationen an der Grafikkartenlüftung lohnen nicht!

Schwieriger ist es hier, einen passenden leisen Lüfter zu finden. Diverse Anbieter setzen die Grafikkarte betreffend auf eine rein passive Kühlung.

Wie schon erwähnt, ist die Montage einer solchen Lösung nicht ganz einfach, und zudem wird die Grafikkarte bedingt durch die Bauart dieser Kühlkörper „dicker", sodass meist 1 bis 2 PCI-Slots neben der Grafikkarte nicht mehr genutzt werden können.

Die Kühlung lassen, wie sie ist

Belassen Sie die Grafikkarte, so wie sie ist. Der Austausch des Kühlers ist zu aufwendig und steht in der Regel in keinem Verhältnis zur erzielten Wirkung! Wenn Sie, wie weiter unten beschrieben, Ihr Gehäuse komplett dämmen, fällt die Geräuschkulisse der Grafikkarte so gut wie gar nicht mehr ins Gewicht.

Moderne Grafikkarten warten mit speziellen Lüfterkonstruktionen auf. Von einem Austausch des Lüfters bzw. der Lüfter-Kühlkörper-Konstruktion ist abzuraten.

Ein Tropfen Öl – Grafikkarten- und andere Lüfter ruhig stellen

An dieser Stelle ein Tipp, wie Sie nicht nur laut gewordene Lager von Grafikkartenlüftern wieder ruhig stellen können. Billige Lager neigen oft dazu, nach einer gewissen Zeit lauter zu werden. Teilweise wird der Lärm sogar unerträglich, oder der Lüfter „schnarrt" eine Zeit vor sich hin, bevor er wieder einigermaßen ruhig läuft. In der Regel können Sie dieses Problem mit wenigen Handgriffen aus der Welt schaffen.

Auf dem Lüfter befindet sich fast immer ein Aufkleber. Entfernen Sie diesen vorsichtig oder ziehen Sie ihn nur so weit zur Seite, bis eine kleine Öffnung sichtbar wird. Meist decken die Aufkleber nämlich nur die Öffnung zum Lüfterlager ab. Träufeln Sie hier einen Tropfen Waffen- oder Nähmaschinenöl ein. In 95 % aller Fälle haben Sie nun wieder für Monate Ruhe.

Festplattenkühlung und Geräuschminimierung

Der erste Punkt beim Thema Festplattenkühlung ist der, dass Sie zunächst einmal ermitteln sollten, ob Sie überhaupt eine Kühlung für Ihre Festplatte benötigen. Läuft Ihr System ohne Festplattenkühlung bisher einwandfrei und haben Sie keine Probleme mit Schreib- oder Lesefehlern, brauchen Sie sich an dieser Stelle erst um eine aktive Kühlung zu kümmern, wenn Sie beabsichtigen, sich eine neue Festplatte zu kaufen.

Um eine aktive Kühlung der Festplatte kommen Sie nicht herum, wenn Sie schnell drehende Festplatten einsetzen, für die der Hersteller eine aktive Kühlung empfiehlt, wie es z. B. bei den meisten modernen SCSI-Festplatten der Fall ist. Auch der Einsatz mehrerer Festplatten z. B. in einem RAID-Verbund kann den Einsatz einer aktiven Kühlung erforderlich machen.

In der Regel kommt ein Großteil der Festplatten, die in Standardsystemen verbaut werden, ohne eine aktive Kühlung aus. Lediglich in kleineren oder mit Geräten voll gepackten Gehäusen kann es notwendig werden, die Festplatte aktiv zu kühlen. Dies ist der Fall, wenn das Gehäuse komplett mit Geräten bestückt ist und z. B. ein hochgetakteter AMD-Prozessor zum Einsatz kommt, der in Kombination mit einer leistungsstarken Grafikkarte im Gehäuse für eine hohe Wärmeentwicklung sorgt. Herrschen zudem z. B. im Sommer noch hohe Außentemperaturen, kann eine zusätzliche Kühlung für die Festplatte oder wie oben schon beschrieben für das gesamte Gehäuse notwendig werden.

Ein Überhitzen der Festplatte kann sich durch sporadisch auftretende Schreib- und Lesefehler bemerkbar machen. Wenn Sie hier alle anderen Fehlerquellen ausschließen können, sollten Sie der Festplatte eine zusätzliche Kühlung spendieren. Zusätzliche Kühlung für die Festplatte bedeutet natürlich auch zusätzliche Lärmbelästigung, wenn die Festplatte nicht auch schon ohne aktive Kühlung für einen hohen Geräuschpegel sorgt.

Airflow-Kabel

Immer häufiger im Handel erhältlich sind so genannte Airflow-Kabel. Diese Kabel sind nichts anderes als herkömmliche IDE- oder Floppy-Kabel, die jedoch nicht die übliche Breite haben, sondern zu einem dünnen Kabelstrang zusammengefasst sind. In einem vollen Gehäuse können diese Kabel durchaus für eine bessere Belüftung sorgen und haben den angenehmen Nebeneffekt, dass das Gehäuseinnere deutlich überschaubarer wird.

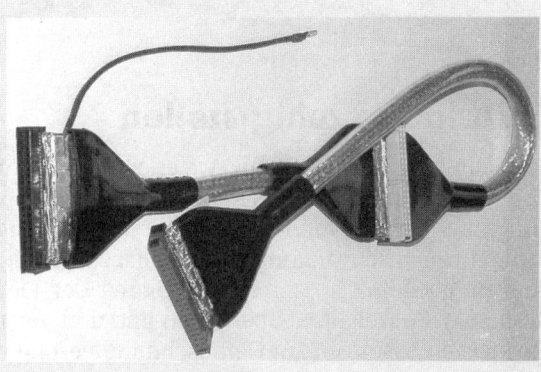

Airflow-Kabel gibt es in unterschiedlichen Längen und Farben. Ein 30 cm kurzes IDE-Kabel kostet ca. 10 Euro (*www.frozen-silicon.de*). Diese Kabel tragen zwar nicht zur Geräuschminderung bei, können sich aber positiv auf den Luftstrom im Gehäuse auswirken. Wählen Sie also den Weg, bei der Geräuschdämmung Nägel mit Köpfen zu machen, sollten Sie auch den Kauf von Airflow-Kabeln in Erwägung ziehen.

Individuelle Festplattenkühler

Kühler für Festplatten gibt es in den unterschiedlichsten Ausführungen und Preisklassen. Eine allgemein gültige Aussage oder Empfehlung kann man in diesem Bereich nicht aussprechen.

Einzig die Lüfter betreffend sollten Sie auch hier Wert auf leise, kugelgelagerte Modelle legen, sonst haben Sie bei der Festplattenkühlung schnell ähnliche Probleme wie bei allen anderen Billiglüftern.

Bevor Sie sich für eine Festplattenkühlung entscheiden, sollten Sie einen Blick in Ihr Gehäuse werfen, oft müssen Sie sich bei der Wahl der Kühlung dann am vorhandenen Platz im Gehäuse orientieren. Manche Lösungen, die direkt mit der Festplatte verschraubt werden, passen anschließend nicht mehr in einen herkömmlichen 3½-Zoll-Einbauschacht, und manche Kühlungen setzen voraus, dass die Festplatte in einem 5¼-Zoll-Einbauschacht untergebracht wird.

Ein Beispiel für einen Festplattenkühlung. Diese Konstruktion wird direkt mit der Festplatte verschraubt. In der Regel passt die Festplatte auch mit der Kühlung in einen 3½-Zoll-Einschub.

Festplatten ruhig stellen

Festplatten verursachen auf zweierlei Wegen Lärm, zum einen durch das Betriebsgeräusch selbst und zum anderen durch Vibrationen, die sie auf das Gehäuse übertragen. Ein großer Teil des von Festplatten erzeugten Schalls ist niederfrequent (Drehungsbrummen, Unwuchtschwingungen, Zugriffsgeräusche). Diese Geräusche werden durch eine konventionelle, d. h. starre, Befestigung der Platte im Gehäuse auf die großflächigen Blechteile des Gehäuses übertragen und dort verstärkt. Bei letztgenanntem Punkt setzen die meisten Lösungen zur Geräuschminimierung von Festplatten an.

Es geht darum, die Festplatte vom Gehäuse zu entkoppeln. Hier bietet der Handel die unterschiedlichsten Lösungen in den unterschiedlichsten Preisklassen an. Die mitunter günstigste Lösung, die den Geräuschpegel der Festplatte um bis zu 60 % senkt, bieten die so genannten NB-Swing-Entkoppler der Firma Blacknoise (*www.blacknoise.de*). Dabei handelt es sich um eine Art Stoßdämpfer für Festplatten. Die Montage erfordert eine freien 5¼-Zoll-Einbauschacht.

NB-Swing-Entkoppler der Firma Blacknoise (www.blacknoise.de).

Eine weitere Möglichkeit, die Festplatte vom Gehäuse zu entkoppeln, stellen Einbaurahmen dar, in der die Festplatte quasi mit Gummibändern aufgehangen wird.

Diese Konstruktionen sind von verschiedenen Herstellern erhältlich und erfordern ebenfalls einen freien 5¼-Zoll-Einbauschacht, mit aktiver Kühlung können je nach Bauart sogar zwei freie 5¼-Zoll-Einbauschächte nötig sein.

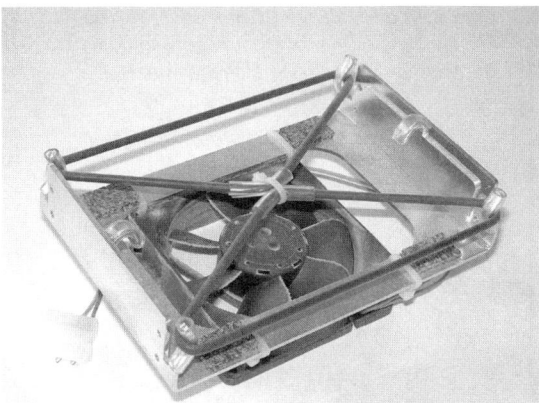

*Festplattenentkopplung mit leisem Lüfter.
Diese Konstruktion erfordert zwei freie
5¼-Zoll-Einbauschächte.*

Noch einen Schritt weiter gehen Konstruktionen, die die Festplatte komplett in einem Gehäuse, das mit Schaumstoff gepolstert ist, aufnehmen. Der Metallrahmen dieser Konstruktionen wirkt gleichzeitig als Kühlkörper. Diese Lösungen sind am effektivsten, kosten aber auch deutlich mehr als die bisher vorgestellten Lösungen.

Für welche Lösung Sie sich letztendlich entscheiden, hängt von der eingesetzten Festplatte, vom Platz im Gehäuse und nicht zuletzt davon ab, wie viel Euro Ihnen ein leiser PC wert ist. Beabsichtigen Sie das gesamte Gehäuse zu dämmen, kommen Sie in der Regel mit der oben vorgestellten günstigsten Lösung zurecht, wenn dies nach einer Gehäusedämmung überhaut noch erforderlich ist.

Lärmverursacher CD-ROM & Co.

Eine weitere Geräuschbelästigung verursachen schnelle optische Laufwerke wie CD-ROM-, DVD-Laufwerke und Brenner. Hier wird der Lärmpegel in der Regel nicht durch Schwingungen verursacht, die diese Laufwerke auf das Gehäuse übertragen, sondern durch die lauten Betriebsgeräusche der Geräte selbst.

Bei einigen wenigen Laufwerken kommt noch die Geräuschentwicklung eines Lüfters (meist bei Brennern) hinzu. Gegen Letztgenanntes können Sie nichts tun. Ein Eingriff in das Laufwerk, um diesen Lüfter zu tauschen, ist zu aufwendig und nicht empfehlenswert.

Gegen die Betriebsgeräusche können Sie mit ein wenig Glück eine Software einsetzen, die die Geschwindigkeit der Laufwerke reduziert.

Glück heißt hier die Software CD-Bremse von Jörn Fiebelkorn, die zwar sehr viele Laufwerke unterstützt, aber längst nicht alle.

Sie können sich die Software CD-Bremse direkt von der Seite des Autors herunterladen (*http://www.cd-bremse.de/cdbremse.htm*). Die Anwendung der Software ist denkbar einfach und selbsterklärend, vorausgesetzt, das Programm unterstützt Ihr CD-Laufwerk.

Unterstützt die Software CD-Bremse Ihr Laufwerk, können Sie die Drehzahl reduzieren und damit der Geräuschentwicklung entgegenwirken.

Schalldämmung für das PC-Gehäuse

Ob nun als Ergänzung oder als Ersatz zu den bisher beschriebenen Maßnahmen zur Geräuschminimierung, eines der effektivsten Mittel, den PC zum Schweigen zu bringen, ist das Dämmen des Gehäuses.

Effektivste Maßnahme: Gehäuse komplett dicht machen

In Kombination mit den bisher beschriebenen Mitteln ist die Gehäusedämmung der krönende Abschluss zum flüsterleisen PC. Allerdings kann auch nur das Dämmen des Gehäuses den PC schon so leise machen, dass weder ein modifiziertes Netzteil noch ein leiser CPU-Lüfter nötig ist. Dies ist natürlich abhängig vom jeweiligen Rechner. So kann es bei einem Pentium 4-System, das bedingt durch geringe Wärmeentwicklung naturgemäß mit einer in der Regel leiseren Kühlung ausgestattet ist, schon ausreichen, nur das Gehäuse mit Dämmmaterial zu modifizieren.

Bei einem schnellen AMD-System kann es notwendig sein, zu allen hier aufgezeigten Maßnahmen zu greifen, um es in eine Flüstermaschine zu verwandeln. Auch der Handel hat den Bedarf an gedämmten Gehäusen erkannt und bietet entsprechend modifizierte Gehäuse an, die meist auch gleich mit einem leisen Netzteil ausgestattet sind. Hier gilt es gerade beim Aufbau eines neuen Rechnersystems abzuwägen, ob sich die Investition in ein solches Gehäuse lohnt oder ob Sie selbst Hand anlegen sollten. Letzteres ist deutlich billiger, allerdings auch mit einem gewissen Arbeitsaufwand verbunden. Wir zeigen Ihnen im Folgenden, was Sie für die Gehäusedämmung benötigen, und geben Ihnen Tipps, wie Sie ohne großen Arbeits- und Kostenaufwand Ihr Gehäuse in Eigenregie dämmen können.

Was Sie brauchen

Zunächst einmal benötigen Sie Dämmmaterial. Hier gibt es Unterschiede sowohl im Material als auch im Preis. Sie können z. B. bei diversen Anbietern komplette Dämmsets kaufen, die meist aus unterschiedlichen Materialien bestehen. Für die großen Seitenteile, Deckel etc. kommen meist dickere, selbstklebende Schaumstoffnoppenmatten zum Einsatz. Für schwer zugängliche Stellen, oder wo das Dämmmaterial nicht so dick sein darf, kommen diverse Schwerfolien oder Mehrschichtplatten zum Einsatz.

Bei Komplettsets handelt es sich in der Regel um erprobte Dämmmaterialien vom Automobil- und Flugzeugbau sowie aus der Akustik. Zudem darf das Dämmmaterial keine giftigen Stoffe enthalten und sollte schwer entflammbar sein. Darin liegt auch der hohe Preis dieser Sets begründet. Da die speziell für den PC angebotenen Dämmmaterialien den geschilderten Anforderungen entsprechen und sich zudem einfach verarbeiten lassen, stellen sie den bequemsten, allerdings auch teuersten Weg zum gedämmten Gehäuse dar. Meist beinhalten diese Sets gerade genug Material, um ein Midi-Tower-Gehäuse auszukleiden. Für einen Big-Tower benötigen Sie entweder zwei dieser Sets oder speziell auf Big-Tower-Gehäuse zugeschnittene. Es geht allerdings auch billiger. So bekommen Sie z. B. bei Conrad Elektronik (*www.conrad.de*) Dämmmaterial aus der Akustik (Akustik-Noppenschaum) am laufenden Meter. Dieses Material ist nicht selbstklebend, und die Verarbeitung ist dementsprechend etwas aufwendiger. Zum Verkleben eignet sich gutes Doppelklebeband. Eine weitere Möglichkeit stellen Korkplatten dar, die es sowohl selbstklebend als auch von der Rolle im Baumarkt gibt.

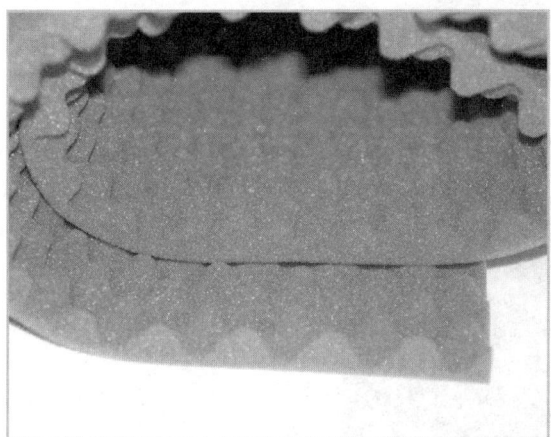

Noppenschaum aus dem Akustikbau, eine Alternative zu teuren Dämmmsets (Bezugsquelle z. B. www.conrad.de).

So geht's: PC-Gehäuse dämmen

Das Dämmen des Gehäuses ist eine relativ aufwendige Aktion, die jedoch weniger technisches Know-how voraussetzt als beispielsweise der Austausch des Netzteillüfters. Sie müssen das PC-Gehäuse so weit wie möglich und nötig zerlegen. Verwenden Sie ein komplettes Dämmset, brauchen Sie nicht mehr als einen Schraubenzieher, eine Schere und/oder ein Teppichmesser. Verwenden Sie den günstigen Noppenschaum aus dem Akustikbau, benötigen Sie zusätzlich ein gutes Doppel- bzw. Teppichklebeband. Alles in allem sollte eine sorgfältige Gehäusedämmung nicht mehr als eine bis anderthalb Stunden Arbeit in Anspruch nehmen.

1 Zerlegen Sie so weit wie möglich Ihr Gehäuse, jedoch nicht bis ins kleinste Detail. Entfernen Sie die Seitenteile, wenn möglich den Deckel und die Frontverkleidung. Nehmen Sie auch die Abdeckungen für die Laufwerkschächte heraus, denn auch diese müssen mit dem Dämmmaterial versehen werden. Beachten Sie dazu auch die Hinweise aus Kapitel 1.

2 Zunächst sollten Sie die großen Seitenteile und den Deckel mit dem Dämmmaterial bekleben. Achten Sie gerade bei den Seitenteilen darauf, dass Sie am Rand genügend Platz lassen, sodass die Seiteneile später wieder genau auf das Gehäuse passen. Zu Not können Sie Dämmmaterial, das eventuell übersteht und das Anbringen der Seitenteile erschwert, auch mit dem Teppichmesser nachträglich entfernen.

Ist der Dämmstoff nicht selbstklebend, sparen Sie nicht mit Doppelklebeband. Versehen Sie die Seitenteile zunächst mit dem Teppichklebeband. Bringen Sie jeweils Streifen über die gesamte Höhe/Breite des Seitenteils im Abstand von 3 bis 4 cm an. Schneiden Sie den Noppenschaum zurecht und drücken Sie ihn fest auf das Klebeband. Verfahren Sie genauso mit dem Gehäusedeckel (falls abnehmbar). Ist Letzteres nicht der Fall, müssen Sie das Dämmmaterial im oberen Teil des Gehäuses von innen einkleben.

Ist hier sehr wenig Platz, bietet es sich an, aus den Dämmsets die dünneren Mehrschichtplatten zu verwenden. Allerdings ist es in der Regel auch möglich, den Noppenschaum ohne Probleme im oberen Teil des Gehäuses zu verkleben. Ist es sehr eng, greifen Sie hier alternativ zu einer Korkplatte.

3   Weiter geht es mit dem Boden und der Rückwand des Gehäuses. Für den Boden gilt Gleiches wie für den Deckel. Ist hier genügend Platz, verwenden Sie das dickere Dämmmaterial, andernfalls das etwas dünnere. Die Rückwand bedarf der meisten Stückelarbeit.

Beachten Sie, dass Sie auch zusätzliche Lüftungsöffnungen in der Rückwand schließen müssen, sonst bringt die Dämmaktion nicht die gewünschte Wirkung. Um einen Wärmestau im Gehäuse zu vermeiden, beachten Sie den Tipp weiter unten: „Für Luftzirkulation sorgen". Bekleben Sie die größeren Flächen der Rückwand ebenfalls mit dem dickeren Dämmmaterial, an schwer zugänglichen Stellen müssen Sie auf das dünnere zurückgreifen.

*Die Rändel-
schrauben
für die Slotbleche
und die Karten-
montage
verhindern den
Einsatz von
dickerem Dämmstoff
(links Mehrschicht-
dämmplatte, rechts
Noppenschaum).*

4   Im Frontbereich lässt sich je nach Gehäuse nur der untere Gehäuseteil dämmen. Sind hier zusätzliche Lüftungsöffnungen vorhanden, lesen Sie, bevor Sie die Öffnungen verschließen, erst den Tipp: „Für Luftzirkulation sorgen" weiter unten.

Bedenkenlos können Sie, falls vorhanden, auch die Frontblenden für 5¼-Zoll- bzw. 3½-Zoll-Schächte mit Dämmmaterial ausstatten. Einige im Handel erhältliche Sets beinhalten sogar passend zugeschnittene Teile. Andernfalls schneiden Sie möglichst passende Stücke für die Frontblenden.

*Auch die
Frontblenden
der Laufwerk-
schächte
sollten
Sie mit
Dämmmaterial
ausstatten.*

Die gedämmte Frontblende wird wieder eingesetzt.

5 Schauen Sie sich nun im Inneren Ihres Gehäuses genau um, ob eventuell noch Bereiche mit schmalen Streifen des Dämmmaterials z. B. zwischen Netzteil und Rückwand eingeklebt werden können. Je gewissenhafter Sie hier vorgehen, desto erfolgreicher das Ergebnis. In unserem Fall befinden sich die Festplatten in einer Halterung am Gehäuseboden. Diese sind ebenfalls zusätzlich mit Dämmstoff zu versehen.

Fertig, das Innere des Gehäuses ist sorgfältig mit Dämmmaterial ausgestattet.

Achtung! Für Luftzirkulation sorgen

In einem mit Dämmmaterial völlig geschlossenen Gehäuse wird es natürlich deutlich wärmer als in einem Gehäuse, in dem zumindest noch Lüftungsschlitze an der Rückwand oder im Frontbereich offen sind. Haben Sie ein gutes Netzteil in Ihrem System, kann dieses durchaus in der Lage dazu sein, die Wärme ausreichend abzuführen. Besser ist es jedoch, sich darauf nicht zu verlassen.

Im Idealfall ermitteln Sie die Temperatur im Inneren Ihres Gehäuses nach der Dämmaktion. Dies können Sie zum einen bei den meisten modernen Mainboards mit einem Tool (Motherboard-Monitor), das unter Windows läuft, oder direkt im BIOS erledigen. Allerdings sind diese Angaben in der Regel nicht sehr genau, besser ist es, mit einem Thermometer (z. B. einfaches Innen-/Außen-Thermometer) die Temperatur zu ermitteln. Die Temperatur im Gehäuseinneren sollte nicht höher als 10 bis 15 °C über der Außentemperatur liegen. Übersteigt die Innentemperatur diese Werte, sollten Sie für zusätzliche Belüftung sorgen. Hier gibt es mehrere Möglichkeiten:

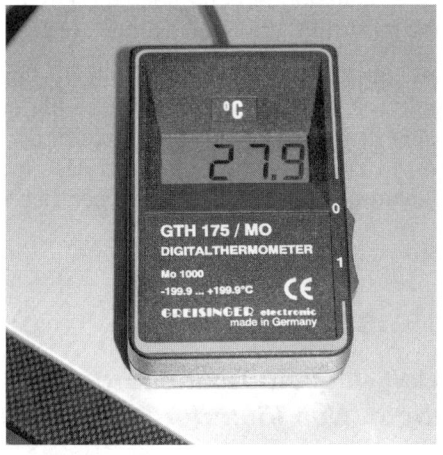

Alles im grünen Bereich: Die Temperatur im Gehäuse sollte die Außentemperatur nicht mehr als um 10 bis 15 °C übersteigen.

1   Verschließen Sie bei der Gehäusedämmung die Luftschlitze bzw. Luftlöcher im Frontbereich nicht ganz. Bedingt dadurch, dass der Netzeillüfter in der Regel die warme Luft aus dem Gehäuse saugt, wird durch die Frontöffnungen Luft ins Gehäuse gesogen, und es entsteht ein Zirkulation.

2   Setzen Sie im Frontbereich einen leisen Lüfter von 80 x 80 mm ein, der Luft ins Gehäuse saugt. Der Lüfter muss hierzu nicht einmal schnell drehen, sodass Sie die Drehzahl z. B. noch zusätzlich mit einer Lüfterregelung oder einem Fan-Connector-Adapter verringern können. Sollte sich in Ihrem Gehäuse im Frontbereich keine Möglichkeit bieten, einen weiteren Lüfter zu montieren, können Sie diesen auch zusätzlich an der Rückseite anbringen, hier sollte der Lüfter ebenfalls Luft ins Gehäuse saugen und nicht umgekehrt.

3   Eine weitere Möglichkeit stellen spezielle Lüfter dar, die an Stelle eines Slotblechs montiert werden können. Der Nachteil dieser Lüfter: Sie sind in der Regel laut und blockieren einen PCI-Steckplatz. Diese Lüfter gibt es in unterschiedlichen Größen.

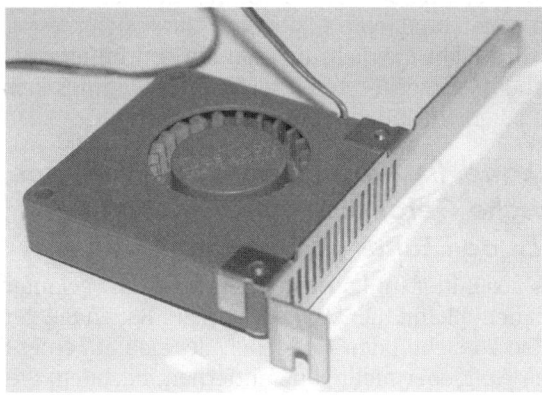

Dieser Lüfter wird an Stelle eines Slotblechs montiert und sorgt für zusätzliche Kühlung, blockiert allerdings einen PCI-Steckplatz.

Aldi-PC: Kühlung und Lärmdämmung

Schaut man sich bei diversen Anbietern von Dämmmaterial und sonstigem Zubehör rund um den leisen PC um, entsteht der Eindruck, die Kühlung eines Aldi-PCs wäre ein Sonderfall. Hier bieten einige Hersteller komplette Sets speziell für die PCs des Lebensmitteldiscounters an. Die Kühlung des Aldi-PCs ist kein Sonderfall. Alle in diesem Kapitel beschriebenen Maßnahmen können Sie auch beim Aldi-PC erfolgreich anwenden.

Die diversen Sets zur Lärmdämmung, die im Handel erhältlich sind, beinhalten nichts anderes, als in diesem Kapitel beschrieben wurde, nämlich in der Regel leise Lüfter für Prozessor, Netzteil und Grafikkarte. Die Wirkung dieser Sets ist sehr gut, allerdings sind diese Komplettpakete nicht sehr billig und setzen zudem einen Eingriff in das Netzteil und die Grafikkarte voraus, was in den letztgenannten Fällen wie weiter oben beschrieben nicht ganz einfach ist.

2.3 Troubleshooting: PC leiser macher

Ich habe den Lüfter in meinem Netzteil ausgetauscht und das Netzteil wieder in meinen PC eingebaut. Nun läuft der PC gar nicht mehr an. Woran kann das liegen?

1. Versuchen Sie zunächst einfach einmal, die Stromverbindungen zu den einzelnen Geräten wie Festplatte/n und CD-ROM-, DVD-Laufwerk oder Brenner untereinander auszutauschen. Schauen Sie auch nach, ob jede Stromverbindung zu den Laufwerken und zum Mainboard korrekt sitzt.

2. Sind alle Stromverbindungen korrekt und haben Sie wie in Schritt 1 beschrieben die Verkabelung zu den Laufwerken untereinander ausgetauscht, kann es sein, dass durch den Umbau die Sicherung im Netzteil oder das Netzteil selbst defekt ist. Um die Sicherung zu überprüfen, müssen Sie das Netzteil erneut öffnen.

Nach dem Einbau eines neuen Prozessorlüfters/Kühlers läuft mein PC gar nicht mehr an. Was kann das sein?

Haben Sie den Lüfter nicht mittels des üblichen 3-Pol-Molexstecker mit dem CPU-Lüfteranschluss auf dem Mainboard verbunden, bleibt der Rechner stumm, weil er kein Tachosignal vom Lüfter empfängt. Das ist eine Schutzvorrichtung, um die CPU vor Beschädigungen zu bewahren. Bei den meisten neueren Mainboards lässt sich diese Überwachung im BIOS deaktivieren. Ist dies nicht möglich, müssen Sie den Lüfter mit dem Anschluss auf dem Mainboard verbinden. Einige ältere Lüfter liefern allerdings kein Tachosignal. In diesem Fall müssen Sie zu einem anderen Lüfter greifen.

Der Lüfter auf meiner Grafikkarte, im Netzteil, auf dem Prozessor etc. gibt eine Zeit lang komische Geräusche von sich, läuft dann aber wieder normal. Muss ich den Lüfter austauschen?

Nicht unbedingt! Es kann sein, dass der Lüfter im Laufe der Zeit „trocken" gelaufen ist. Ein Tropfen Waffen- oder Nähmschienenöl kann hier Wunder wirken. Bauen Sie den betroffenen Lüfter aus und entfernen Sie vorsichtig den Aufkleber, der sich auf einer Seite des Lüfters befindet. Sie müssen den Aufkleber nicht ganz entfernen; nachdem Sie den Aufkleber zur Hälfte abgezogen haben, blicken Sie meist durch eine kleine Öffnung auf das Lager des Lüfters. Träufeln Sie hier einen Tropfen Öl hinein und decken Sie die Öffnung wieder mit dem Aufkleber ab.

In 90 % aller Fälle läuft der Lüfter wieder für eine lange Zeit leise und ohne Störungen.

Unter dem Aufkleber des Lüfters verbirgt sich das Lager. Ein Tropfen Öl kann bei schnarrenden Lüftern Wunder wirken.

Nach dem kompletten Dämmen meines Gehäuses stürzt mein PC häufig ab. Woran kann das liegen?

Hierbei handelt es sich höchstwahrscheinlich um ein thermisches Problem.

Durch das Dämmen des Gehäuses ist Ihr PC nun zwar um einiges leiser geworden, es wird jedoch im Inneren auch deutlich wärmer.

Verantwortlich für die Abstürze kann hier das Mainboard, der Prozessor, die Grafikkarte oder sogar die Festplatte sein.

Ermitteln Sie die Temperatur im PC-Inneren, diese sollte 10 bis 15 °C der Außentemperartur nicht übersteigen.

Ist Letztgenanntes der Fall, sorgen Sie unbedingt für eine zusätzliche Belüftung, wie weiter vorn in diesem Kapitel beschrieben.

3. RAM: Speicher für mehr Speed und Leistung

Nichts geht schneller vonstatten als der Einbau neuer oder zusätzlicher Speicherriegel in den PC – und bei kaum einer anderen Komponente hat man sich so schnell vergriffen wie hier! Zwar ist der Ein- und Ausbau der RAM-Module kinderleicht. Im ersten Schritt gilt es aber zunächst einmal, den vorhandenen Speichertyp zu identifizieren und Aufrüstmöglichkeiten auszuloten. Nach der Ermittlung von Bauform, Speichertakt und Ti-

ming-Werten können alte Speicherbausteine wenn nötig mit wenigen Handgriffen entfernt und neue Module ebenso schnell eingesetzt werden. Der PC erkennt den neuen Speicher selbsttätig und steht sofort wieder zur Verfügung. Wer darüber hinaus auch das letzte Quäntchen an Leistung herausholen will, der findet in diesem Kapitel wertvolle Tipps zur Leistungsmessung und -verbesserung im BIOS und unter Windows.

3.1 Welchen Speicher benötigt der PC und wie viel?

Die Entwicklung bei RAM-Speichermodulen (**R**andom **A**ccess **M**emory) ist ähnlich rasant wie bei den meisten anderen Hardwarekomponenten. Folglich muss auch hier in regelmäßigen Abständen ein alter Modultyp einem oder mehreren Nachfolgemodellen weichen. Nur so lässt sich über die Jahre hinweg beständiger Leistungszuwachs sichern. Der Nachteil liegt in der mangelnden Kompatibilität: Neue Speicherriegel lassen sich nicht auf Mainboards betreiben, die für einen älteren Typ ausgelegt sind, und umgekehrt ist es (wenn auch mitunter technisch möglich) wenig sinnvoll, einen neuen, schnellen Rechner mit alten Modulen auszubremsen.

Der wichtigste erste Schritt ist daher die Bestimmung der in Ihrem PC verwendeten Speicherriegel. Wenn Sie wissen, welche Generation von RAM-Modulen auf Ihrem Mainboard zum Einsatz kommt, lässt sich auch leicht feststellen, welche Aufrüstmöglichkeiten sich Ihnen bieten. Der eigentliche Austausch ist dann ein Kinderspiel und – bei ausgeschaltetem und vom Netz getrenntem Rechner – vollkommen ungefährlich.

Speichertyp vorhandener Bausteine bestimmen

Drei Speichertypen konkurrieren derzeit um die Gunst des Käufers: SDRAMs, deren Weiterentwicklung, die DDR-RAMs, und die zwischenzeitlich von Intel favorisierten Rambus-Speicher. Daneben verwenden alte Pentium-Systeme noch PS/2-SIMM-Module vom Typ Fast-Page-RAM oder EDO-RAM. Mit Ausnahme der RIMMs ist für jede Speicherart außerdem eine spezielle Notebook-Bauform gebräuchlich, die kleiner ist als die PC-Variante, mit flacheren Chips und einer geringeren Anzahl von Kontakten (Pins). Eine nähere Beschreibung der Speichertypen finden Sie auf den folgenden Seiten und in Kapitel 3.3 ab Seite 89.

Bauformen gängiger Speichertypen für Pentium-Systeme (von links nach rechts): drei DIMM-Module (DDR-RAM und SDRAM registered, SDRAM unregistered), EDO- und Fast-Page-RAM und SO-DIMM für Notebooks.

Welcher Speichertyp werkelt im Inneren Ihres Rechners?

Es gibt mehrere Anhaltspunkte, anhand derer Sie zu einer Antwort auf diese Frage gelangen können.

1. Konsultieren Sie das Handbuch des Mainboards: Dieses enthält präzise Angaben dazu, welcher Spezifikation der Speicher entsprechen muss. Auch der Karton des Mainboards enthält häufig Informationen zum Speichertyp.

2. Prozessorgeneration: Während 486er- und Pentium I-Prozessoren noch mit 72-poligen SIMMs vom Typ EDO oder Fast Page arbeiteten, setzten sich mit den ATX-Mainboards mit Pentium II-Systemen die 168-poligen DIMMs vom Typ SDRAM durch. Auch AMD Athlon- und Duron-Boards werden gemäß ATX-Spezifikation gefertigt und mit diesem Speichertyp bestückt.

   Seit Anfang 2001 setzen Hersteller von Mainboards für AMD-Prozessoren fast ausschließlich auf DDR-RAM, während Intel seit 1999 versuchte, die Board-Hersteller für PIII- und P4-Prozessoren auf RIMM-Speicher einzuschwören.

   Seit Ende 2001 gilt dieser Versuch als endgültig gescheitert, da ab diesem Zeitpunkt auch die Pentium-Boards von DDR-RAM-Sockeln dominiert wurden. RIMM-Sockel werden Sie also vornehmlich auf Mainboards aus der Zeit von Ende 1999 bis Anfang 2001 finden. Eine Ausnahme bildet der Serverbereich, in dem RIMMs auch heute noch häufig Verwendung finden. Sowohl DDR- als auch RIMM-Module sind übrigens 184-polig.

3. Bauform der Speichermodule: Speicherriegel jedweden Typs verfügen über einige charakteristische Merkmale, anhand derer sie eindeutig identifiziert werden können. Im Folgenden stellen wir Ihnen die heute gebräuchlichen Typen vor. Den Speicher können Sie problemlos im Inneren des Rechners identifizieren: Es handelt sich um ein oder mehrere flache, zehn bis 13 Zentimeter lange Riegel, die senkrecht in schwarze oder weiße Sockel des Mainboards gesteckt und seitlich mit zwei Klammern arretiert werden. Auf den Speicherriegeln befinden sich zwei oder mehr flache schwarze Chips (vgl. Abbildungen auf Seite 75).

> **Was bedeutet SIMM und DIMM?**
> SIMM steht für **S**ingle **I**nline **M**emory **M**odule und bezeichnet einen Modultyp, der über eine einzelne Reihe von Kontakt-Pins (meist 30 oder 72) verfügt. Aufgrund ihrer 32-Bit-Architektur müssen jeweils zwei baugleiche SIMMs gemeinsam verwendet werden (da das Speicherinterface der Pentium-Prozessorfamilie 64 Bit groß war/ist).
>
> DIMMs (**D**ual **I**nline **M**emory **M**odules) können dagegen aufgrund ihrer 64-Bit-Schnittstelle auch einzeln verwendet und mit anderen DIMMs beliebiger Kapazität und Bauart kombiniert werden. Sie verfügen über je eine Kontaktleiste auf beiden Seiten des Moduls mit üblicherweise 168 oder 146 Pins. Bei DDR-SDRAMs in DIMM-Bauweise sind es 184 Pins.

PS/2-Speicher: FastPage und EDO

Der veraltete PS/2-Speicher ist als 72-poliges SIMM aufgebaut. In der Mitte der Kontaktleiste befindet sich eine Einkerbung, die sicherstellt, dass das Modul nicht seitlich verschoben in den Sockel des Mainboards eingesetzt wird.

An einer der beiden Seiten befindet sich eine weitere Aussparung. Diese verhindert, dass das Modul seitenverkehrt eingebaut wird. In die kreisförmigen Stanzungen links und rechts am Modul rasten die Halterungen des Sockels ein, wenn der Speicherbaustein korrekt installiert wurde.

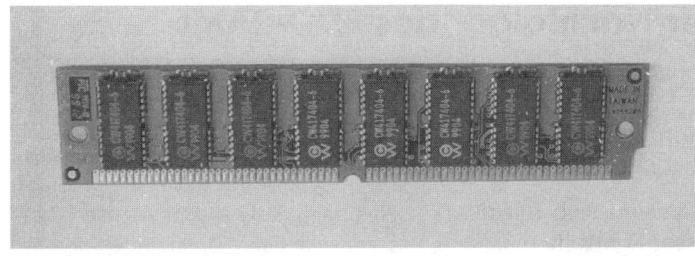

PS/2-DRAM-Modul mit 72 Kontakten.

PS/2-Module können ein- oder beidseitig mit DRAM-Chips bestückt sein. Aus der Summe ihrer Speicherkapazität errechnet sich die gesamte Speichermenge des Moduls.

Eine Speicherbank, bestehend aus zwei Sockeln des Mainboards, darf nur mit zwei gleich aufgebauten Modulen bestückt werden, also entweder zwei ein- oder zwei beidseitig bestückten Riegeln, da die DRAM-Chips ansonsten nicht korrekt adressiert werden könnten.

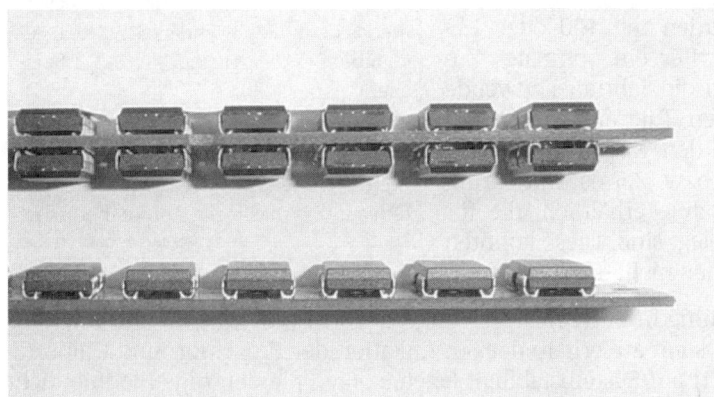

Die DRAM-Chips eines Speicherriegels können auf nur einer Seite (unten) oder wie beim oberen Modul auf beiden Seiten angeordnet sein.

PS/2-Module mit FPM-DRAM-Chips (Fast Page Mode) kamen Mitte der 90er-Jahre auf den Markt und waren aufgrund eines neuartigen Adressierungsverfahrens schneller konventioneller Speicher. Die Zugriffszeit liegt bei 60 bis 70 ns (Nanosekunden).

EDO-RAM (**E**nhanced **D**ata **O**ut) war der schnellere Nachfolger der FPM-Module. EDO-Chips können Daten noch zum Auslesen bereithalten, wenn schon auf die nächste Speicheradresse zugegriffen wird.

So wird der Datentransfer dieses ansonsten baugleichen PS/2-Speicherriegels beschleunigt. PS/2-DRAMs gibt es als Module zu 1, 4, 8, 16, 32 und 64 MByte.

SDRAM: Schneller Nachfolger des EDO-RAMs

SDRAM (**S**ynchronous **D**ynamic **RAM**) ist der schnelle Nachfolger des EDO-Speichers und brachte 1996/97 mit Einführung des Pentium II einen beachtlichen Leistungsschub mit sich.

Dieser Speichertyp synchronisiert sich mit dem Systemtakt, der den Prozessor kontrolliert, er arbeitet also mit der gleichen Taktfrequenz wie der zentrale Datenbus FSB (**F**ront**s**ide-**B**us). Auf diese Weise werden Zeitverzögerungen beim Datenzugriff verhindert. Erste Speichermodule für Pentium I- und Slot 1-Prozessoren arbeiteten mit 66 MHz Taktfrequenz und einer Zugriffszeit von 10 ns.

Neuere Prozessoren werden mit 100 oder 133 MHz Bustakt betrieben. Für ein optimales Zusammenspiel kamen um die Jahrtausendwende SDRAMs mit eben diesen Taktraten als PC100 und PC133-Module auf den Markt. Deren Zugriffszeiten liegen bei 8 bzw. 7,5 ns und darunter. Zwar sind auch Module erhältlich, die für 150 bzw. 166 MHz ausgelegt sind. Diese konnten sich aber aus zwei Gründen nicht durchsetzen:

> ### SDRAM-Timing: 2-2-2, 3-3-3, 3-2-2 etc.
>
> Eine wichtige Angabe, die viele Händler gern verschweigen, stellen die Timing-Daten eines SDRAM-Moduls dar. Diese Zahlen geben die Anzahl der Taktzyklen an, die ein Datenbit benötigt, um die verschiedenen Stationen seiner Reise zurückzulegen, von der Anforderung durch die CPU bis zum Eintreffen dort. Je kleiner die Werte, desto schneller also das Modul. 2-2-2-Speicher (auch CL 2-Speicher genannt) bietet nochmals einen wesentlichen (wenn auch in der Praxis kaum merklichen) Geschwindigkeitsvorteil gegenüber 3-2-2-Speicher oder 3-3-3-Speicher.
>
> Wichtig: Kombinieren Sie immer nur Module mit gleichen Timings, denn sonst bremst das langsamste das gesamte System auf sein maximales Tempo herunter!

Erstens erreichten sie häufig in Tests nicht die angegebene Taktfrequenz, und zweitens läuft ein so getaktetes System außerhalb der Spezifikation der Prozessor- und Chipsatz-Hersteller. Wenn Sie Wert auf Systemstabilität legen, sollten Sie derartige Module nicht verwenden (oder zumindest nicht mit dieser Geschwindigkeit betreiben), zumal der Leistungszuwachs äußerst gering ist.

Charakteristika von SDRAM-Modulen

SDRAM-Module weisen als Charakteristika eine 168-polige Kontaktleiste auf. Jeweils 84 Kontakte liegen auf einer Seite des Moduls. Die Kontaktleiste ist durch zwei Aussparungen unterbrochen, die seitlich versetzt angeordnet ist. Zwei weitere Kerben an der linken und rechten Kante des Moduls dienen der Verankerung in den Speicherbänken des Mainboards.

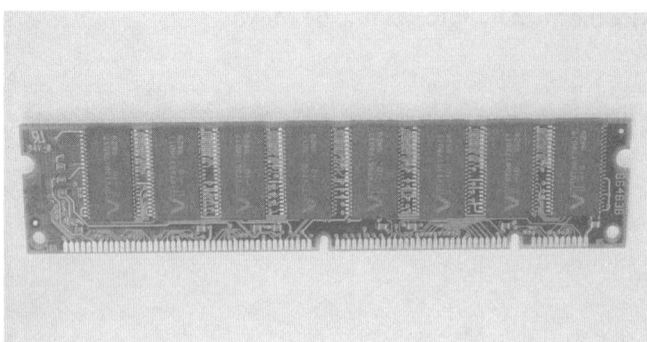

SDRAM-Modul in der einfachen Bauform. Charakteristisch sind die zwei Aussparungen an der Kontaktleiste.

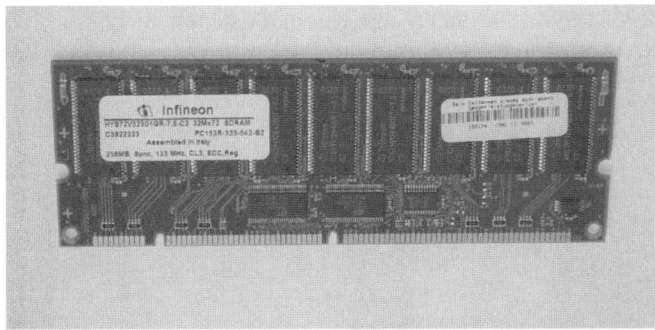

ECC-SDRAM:
Die kleinen Chips
unterhalb der DRAMs
erledigen die Paritäts-
prüfung und
gewährleisten damit
eine verminderte
Fehleranfälligkeit.

Neben der Standardbauform existieren Module, die knapp doppelt so hoch sind und einige zusätzliche kleine Chips aufweisen. Diese (wesentlich teureren) ECC-Module (**Er**ror **C**hecking and **C**orrecting) bieten eine automatische Fehlerkorrektur (Parity-Check) an, die einen stabileren Betrieb gewährleistet. Voraussetzung für die Verwendung solcher Module ist allerdings, dass auch das Mainboard über eine ECC-Funktion verfügt.

> *ECC-Module mit*
> *automatischer*
> *Fehlerkorrektur*

Registered bedeutet in diesem Fall nur, dass vor den Chips zusätzliche Kondensatoren geschaltet sind, die die Speicherzugriffe elektrisch puffern, was notwendig ist, wenn man sehr viel RAM im Rechner verwendet, da dann die Leitungswege und elektrischen Störungsmöglichkeiten größer werden.

5 Volt oder 3,3 Volt Betriebsspannung?

SDRAM-Module der ersten Generation benötigen 5 Volt Betriebsspannung. Sehen Sie sich die Stellung des zugehörigen Jumpers auf dem Mainboard an (in der Abbildung zu sehen), bevor Sie neue Speicher dazukaufen. Ein Mischbetrieb mit neueren 3,3-Volt-Modulen ist nicht möglich!

DDR-RAM: Die Weiterentwicklung von SDRAM

DDR-RAM steht **D**ouble **D**ata **R**ate **RAM** und stellt die Weiterentwicklung von SDRAM dar. Neu bei diesem seit 2000 gebräuchlichen Speichertyp ist, dass Daten nicht mehr nur mit der steigenden, sondern auch mit der fallenden Signalflanke übertragen werden. Damit verdoppelt sich die Übertragungsrate. Ein PC266-DDR-RAM arbeitet also nach wie vor mit physikalischen 133 MHz Bustakt, die Taktratenangabe „266" ist also sozusagen nur nominell. Neuere DDR-RAM-Module arbeiten mit einem Bustakt von bis zu 166 MHz. Der Nachfolger DDR-RAM2 kommt mit Taktfrequenzen von 200, 300 und 400 MHz zurecht.

DDR-RAM-Modul mit ECC. Die Kontaktleiste hat nur eine Einkerbung.

Module dieses Typs haben nur eine Ausbuchtung an der Kontaktleiste, die die letzten 40 Pins jeder Seite von den übrigen 52 trennt. Insgesamt haben DDR-RAMs also 2 x 92 = 184 Pins.

Besonderes Merkmal eines DDR-RAM-Moduls

Ein weiteres Merkmal, mit dem man vor allem die sonst sehr ähnlichen SDRAM- und DDR-RAM-Module voneinander unterscheiden kann, sind die seitlichen Einkerbungen, in denen die Halterungen der Stecksockel einrasten: SDRAMs verfügen über eine solche Kerbe, DDR-RAMs besitzen derer zwei.

DDR-RAMs (links) haben zwei Aussparungen an jeder Seite, SDRAMs dagegen nur eine.

Rambus-Speicher

Rambus-Speicher, auch RIMM oder (D)RDRAM genannt, stellt eine schnelle, aber auch teure Alternative zu SDRAM und DDR-RAM dar. Durch die Entkoppelung vom Bustakt ist eine asynchrone Taktung des Speichers mit hohen Taktraten (derzeit bis 400 MHz) möglich. Rambus-Speichermodule erkennen Sie an dem markanten „Heatspreader", einer Metallplatte, die über die eigentlichen Speicherchips geschraubt ist, um eine gleichmäßige Wärmeverteilung und -abfuhr zu gewährleisten. Da aber auch DDR-RAM-Module neueren Datums mit Heatspreadern versehen sind, können Sie sich zusätzlich an den zwei Aussparungen (wie bei SDRAMs) in der 184 Pins breiten Kontaktleiste (wie bei DDR-RAMs) orientieren. Rambus-Module haben je eine seitliche Aussparung für die Halterungen des Mainboard-Sockels.

Wie viel RAM für welchen Zweck?

Die Faustregel „je mehr Speicher, desto besser" ist nicht immer ganz zutreffend. Sie kann sich sogar als fatal erweisen: dann nämlich, wenn sich mehr Speicher im System befindet, als der Level-2-Cache adressieren kann. Vor allem bei älteren Systemen, Pentium I und eventuell AMD K6 kann dies ein Problem darstellen. Generell gilt aber, dass ein zusätzliches Speichermodul fast immer einen größeren Leistungszuwachs bedingt als der Umstieg auf einen schnelleren Speichertyp gleicher Größe. Wir möchten Ihnen daher einen kurzen Überblick darüber geben, wie viel Speicher ein modernes System unserer Meinung nach heute haben muss und welche Anwendungen nach mehr Speicher verlangen.

1. Abhängig vom Betriebssystem: Wenn Sie noch mit Windows 95 arbeiten sollten, können Sie sich bereits mit 32 MByte Speicher zufrieden geben. Der Ausbau auf 64 MByte macht sich kaum noch bemerkbar. Achtung: Alles was darüber hinausgeht, macht das System wieder langsamer. Windows 95 hat jenseits der 64-MByte-Grenze massive Probleme mit der Speicherverwaltung! Windows 98 und ME sind mit 128 MByte vollauf zufrieden, mehr Speicher schadet hier zwar nicht, ist aber auch nicht hilfreich. Bei Windows NT, 2000 und XP wendet sich das Blatt. Hier stellen 128 MByte das Minimum dar, 256 MByte und mehr sind optimal. Mit wachsender Speichermenge lässt sich zunehmend flüssiger arbeiten.

2. Abhängig von der Hardware: Besonders bei den NT-basierten Windows-Versionen limitiert vor allem die Hardware den Ressourcenhunger des Betriebssystems. Informieren Sie sich im Handbuch oder auf der Homepage des Herstellers Ihres Mainboards, wie viel Speicher maximal adressiert werden kann.

3. Abhängig von der Anwendung: Rechenintensive Software, die viele Daten bewegen und modifizieren muss, freut sich besonders über viel Arbeitsspeicher. Als da wären: Spiele, Grafik- und Bildbearbeitungssoftware, CAD-Systeme, Video- und Soundbearbeitung, Statistikprogramme. Wenn Sie sich nicht sicher sind, welche Ihrer Applikationen der Speicherkiller ist, unterziehen Sie die Software, mit der Sie häufig arbeiten, einem Stresstest mithilfe des Programms WinRAM Turbo, das wir Ihnen auf Seite 104 vorstellen.

Tag-SRAM- und COAST-Upgrade für mehr Speicher

Viele alte Mainboards der Pentium I-Generation bekommen ein Problem, wenn der Arbeitsspeicher 64 MByte übersteigt. Dies betrifft Mainboards mit Intel 430HX-Chipsatz, z. B. Intel Triton-Boards oder das legendäre Asus P55T2P4. Der L2-Cache ist hier auf 256 KByte begrenzt. Übersteigt der Arbeitsspeicher die 64-MByte-Grenze, greift der Prozessor nicht mehr über den Cache, sondern direkt auf den Speicher zu. In der Folge wird das System langsamer, als es mit 64 MByte oder weniger Speicher wäre.

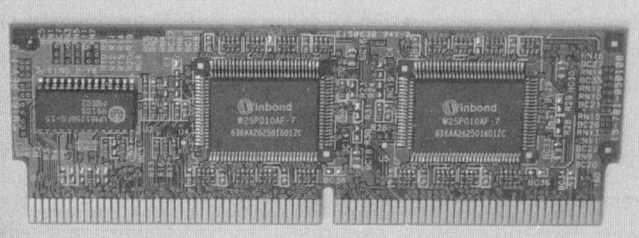

Abhilfe schafft ein COAST-Modul (siehe Abbildung), das allerdings mittlerweile nicht mehr leicht zu bekommen ist. Dieses enthält zusätzliche 256 KByte Cache-Speicher und ein breiteres Tag-RAM, mit dem bis zu 256 KByte Speicher adressiert werden kann. Es existieren aber auch COAST-Module ohne Tag-RAM. In diesem Fall muss ebenfalls ein Tag-RAM mit Zugriffszeit unter 15 ns nachgerüstet werden. Zuletzt muss dem Mainboard per Jumper mitgeteilt werden, dass ab sofort bis zu 256 MByte Arbeitsspeicher durch den Cache abgedeckt werden können.

Nach der Installation des Tag-RAMs muss der Jumper auf 256 MByte gesetzt werden.

Speicher aufrüsten beim Aldi-PC

Für moderne Applikationen ist der standardmäßig eingebaute 128-MByte-Riegel einfach zu wenig. Für den Aldi-PC mit 1 GHz macht eine Erweiterung um 128 MByte PC133-Speicher den meisten Sinn: Mit 256 MByte Arbeitsspeicher werden Sie eine klar verbesserte Systemleistung feststellen. 384 oder gar 512 MByte bringen aber keine großen Zuwächse mehr.

3.2 Ausbau alter und Einbau neuer Speicherbausteine

Wenn die Speicherbänke auf dem Mainboard lokalisiert und der Modultyp identifiziert worden sind, ist der eigentliche Austausch oder Neueinbau in wenigen Minuten erledigt.

Moderne SDRAM-, DDR-RAM- und Rambus-Speicher lassen sich alle auf die gleiche Weise ein- und ausbauen.

> **Achtung: Kein Mischbetrieb!**
> Sicherheitshalber sollten Sie PS/2- und SDRAM-Module nicht im Mischbetrieb verwenden! Dies ist zwar unter Umständen technisch möglich, der Systemstabilität aber nicht zuträglich.

Etwas trickreicher ist die (De-)Montage der betagten PS/2-Speicherriegel, auf die wir daher etwas ausführlicher eingehen wollen.

Schließlich sind noch viele Mainboards in Gebrauch, die beide Sockeltypen (SDRAM und PS/2) anbieten – und angesichts der stark gefallenen Preise für SDRAMs werden sich sicher viele Anwender entschließen, ihrem schon etwas in die Jahre gekommenen PC mit ein paar schnellen Speicherchips auf die Sprünge zu helfen.

> **Vorsicht mit statischer Aufladung**
> RAM-Speichermodule sind besonders empfindlich gegenüber elektrostatischer Aufladung. Daher sollten Sie einige Sicherheitsregeln befolgen:
> 1. Ziehen Sie den Netzstecker, bevor Sie Arbeiten am PC vornehmen. War der Rechner gerade noch in Betrieb, warten Sie, bis alle Lüfter zum Stillstand gekommen sind.
> 2. Nicht benutzte Speicherriegel sollten in einem Antistatikbeutel aufbewahrt werden.
> 3. Legen Sie während der Montage die Module niemals auf einem metallischen Untergrund ab. Verwenden Sie Schaumstoffmatten als Unterlage.
> 4. Bevor Sie die Module wieder in die Hand nehmen, erden Sie sich z. B. an einem Heizkörper oder am PC-Gehäuse.
> 5. Im Fachhandel sind Antistatikarmbänder erhältlich, die größere Sicherheit vor statischer Aufladung bieten. Man kann sie sich aber auch leicht selbst basteln: dazu einfach einen Ring oder Armreif aus Metall über ein Kabel mit einem geerdeten Metallgegenstand verbinden.

SIMM-Module austauschen

Die 72-poligen SIMM-Speichermodule finden sich wie erwähnt nur noch auf Boards mit Pentium I- bzw. AMD K6-Prozessor (und natürlich in noch älteren 486er-Systemen, auf die wir hier aber nicht näher eingehen wollen).

Üblicherweise sind die Sockel dieses Speichertyps weiß, während DIMM-Sockel meist schwarz sind. SIMM-Sockel müssen technisch bedingt immer mit Paaren von je zwei baugleichen Modulen bestückt werden.

Aus diesem Grund verfügen Mainboards dieser Generation auch stets über eine gerade Anzahl von Steckplätzen.

In der Regel sind dies vier, manchmal auch sechs Sockel. Je zwei Sockel werden dabei zu einer so genannten Speicherbank zusammengefasst.

Jeweils zwei nebeneinander liegende Sockel bilden eine solche Bank.

Wohin mit dem alten RAM?

Sammelcontainer für ausrangierte RAMs gibt es nicht – und das ist auch absolut überflüssig. Denn die Erfahrung zeigt, dass die Preise für alte RAM-Bausteine in die Höhe schnellen, sobald sich ein neuer Modultyp etabliert hat und die Massenproduktion umgestellt wurde. Für 64 MByte des betagten EDO-RAMs muss man heute beispielsweise fast das Dreifache ausgeben im Vergleich mit 64 MByte SDRAM!

Wenn Sie also die alten Riegel nicht im Zweit-PC weiterverwenden wollen, heben Sie sie einfach als Kapitalanlage auf. In spätestens zwei Jahren wird man sie Ihnen aus den Händen reißen – mit etwas Glück für mehr Geld, als Sie seinerzeit dafür hinlegen mussten.

Alle vier SIMM-Steckplätze belegt: Zu mehr SIMM-Speicher gelangt man hier nur durch Tausch gegen Module mit höherer Speicherkapazität.

Sollten nicht alle Steckplätze belegt sein, z. B. weil Sie nur zwei Module à 32 MByte besitzen, spielt es keine Rolle, welche Speicherbank mit den Modulen bestückt wird. Wichtig ist nur, dass zwei benachbarte Sockel benutzt werden.

Wenn bereits alle Bänke belegt sind, müssen Sie mindestens zwei Module entfernen, um den bestehenden Speicher aufrüsten zu können. Die frei gewordenen Steckplätze können dann mit anderen Modulen, die über mehr Kapazität verfügen, bestückt werden. Achten Sie darauf, zwei Module gleicher Bauart und gleicher Kapazität zu verwenden! Nähere Informationen zu den unterschiedlichen Bauformen finden Sie in Kapitel 3.3 ab Seite 89.

Ausbau alter SIMM-Module

SIMM-Speichermodule werden durch zwei Metall- oder Plastikfedern in ihren Sockeln gehalten. Um sie entnehmen zu können, trennen Sie den Rechner vom Netz und gehen dann wie folgt vor:

1   Mit einem flachen Schraubenzieher oder einem Messer biegen Sie die erste Klammer zur Seite. Drücken Sie das Modul vorsichtig ein Stück aus der Halterung, gerade so weit, dass die Feder am Zurückspringen gehindert wird.

2   Wiederholen Sie den Vorgang an der anderen Seite mit der zweiten Klammer.

3   Das Speichermodul sollte jetzt von selbst in eine schräge Position springen, wie in der Abbildung durch den Pfeil angedeutet.

4 Wiederholen Sie die Prozedur mit den übrigen Modulen, die ausgetauscht werden sollen.

5 Jetzt können Sie die Speicherriegel entnehmen. Beginnen Sie mit dem hintersten Modul.

Der Trick mit dem Winkel

Der erste Ein- oder Ausbau von SIMM-Modulen stellt für Hardwarenovizen gelegentlich ein Problem dar, weil die wenigsten Mainboard-Handbücher es für nötig halten, darauf hinzuweisen, dass dieser Speichertyp sich nicht senkrecht von oben einsetzen oder entfernen lässt. Benötigt wird ein Winkel von 30 bis 45 Grad. Dieser Umstand bringt das Problem mit sich, dass die vorderen Module sich nur schwer entfernen lassen, wenn die hinteren Sockel noch belegt sind. Wollen Sie die vorderen Speicherriegel austauschen, entfernen Sie am besten ebenfalls die dahinter liegenden Module und bestücken die Sockel dann von vorne nach hinten neu.

Einbau neuer SIMM-Module

Der wichtigste Punkt beim Einbau neuer SIMM-Module sei nochmals erwähnt: Es müssen immer zwei Speicherriegel gleicher Bauart und Kapazität eingebaut werden!

Vergessen Sie auch hier nicht, das Stromkabel vom Gehäuse des PCs abzuziehen, bevor Sie beginnen.

Hier die Schritte im Einzelnen:

1 Achten Sie auf die richtige Orientierung. Der Speicherriegel kann nur in eine Richtung korrekt eingesetzt werden. Aussparungen an einer Seite und an der Kontaktleiste verhindern ein seitenverkehrtes Einsetzen.

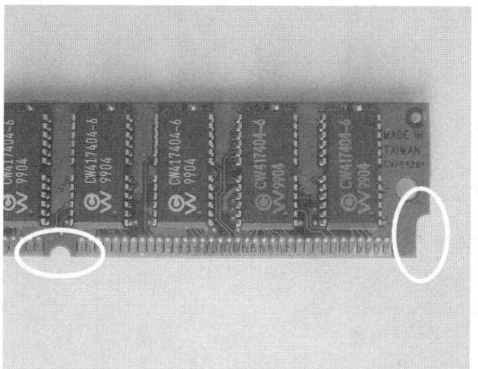 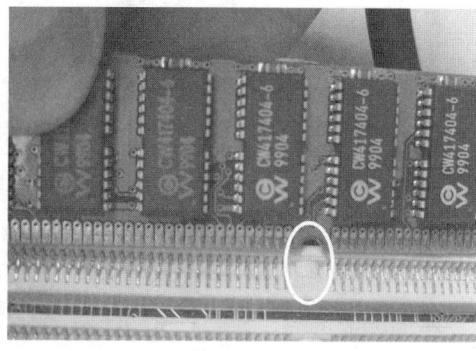

2 Setzen Sie das erste Modul in einem Winkel von 30 bis 45 Grad an und schieben Sie die Kontaktleiste in den Stecksockel.

3 Drücken Sie das Modul jetzt in die Senkrechte (siehe Pfeil in der Abbildung auf der nächsten Seite), sodass die Zapfen der Arretierung und die Klammern hörbar einrasten. Das Modul darf sich jetzt nicht mehr bewegen lassen.

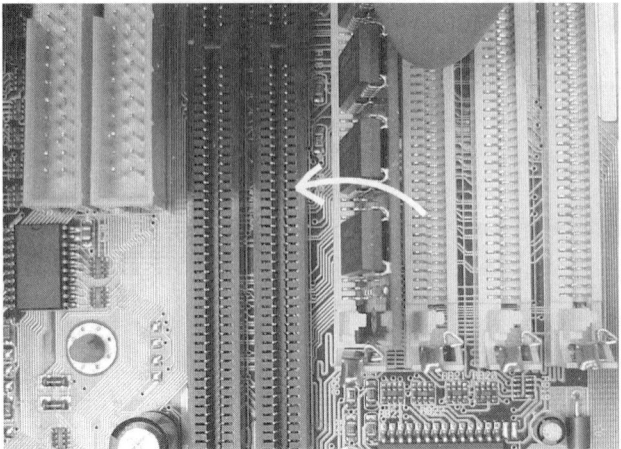

4 Wiederholen Sie die Schritte 1 bis 3 für die übrigen Module.

5 Der Computer kann jetzt wieder ans Stromnetz angeschlossen und eingeschaltet werden. Der neue Speicher wird automatisch erkannt. Eventuell muss beim Systemstart einmal ins BIOS gewechselt werden, damit die neuen Module initialisert werden.

Ausbau alter DIMM-Module

Unter die Kategorie DIMM-Speicher fallen sowohl SDRAM-Module als auch DDR-RAM- und RIMM-(Rambus-)Speicher. Der Ein- und Ausbau geht für alle drei Speichertypen auf gleiche Weise vonstatten. Anders als bei den SIMMs gibt es hier keine Kontaktfedern, sondern kleine Hebel, mit denen die Arretierung beim Ausbau gelöst wird. Nachdem der PC vom Stromnetz getrennt wurde, kann es losgehen:

1 Drücken Sie den ersten der beiden Hebel an der Seite des DIMM-Sockels herunter. Das Modul wird dadurch an dieser Seite ein Stück aus dem Sockel gehoben.

2 Wenn Sie anschließend den zweiten Hebel herunterdrücken, befinden sich alle Kontakte außerhalb des Sockels.

3 Das Modul kann jetzt senkrecht nach oben aus dem Steckplatz herausgezogen werden.

4 Wiederholen Sie die Schritte 1 bis 3, falls erforderlich. Im Gegensatz zu SIMM-Modulen müssen DIMMs nicht paarweise ausgetauscht werden.

Einbau neuer DIMM-Module

DIMM-Speicher bieten gegenüber SIMMs – abgesehen von der weitaus besseren Performance – auch beim Aufrüsten des Systems einige handfeste Vorteile.

Da die Speicherplätze einzeln belegt werden können, ist man nicht darauf angewiesen, jeweils zwei baugleiche Module zu kombinieren.

Die Speicherkapazität kann für jedes Einzelmodul eine andere sein. Zu beachten ist hier lediglich, dass die maximale Speichermenge, die das Mainboard adressieren kann, nicht überschritten wird.

> **Boards, die sowohl SDRAM als auch DDR-RAMs verwalten können**
>
> Es gibt – zumindest für AMD Athlon – Boards, die sowohl SDRAM als auch DDR-RAMs verwalten können, jedoch nicht im Mischbetrieb. Das A7A266 von Asus mit ALi-Chipsatz ist solch ein Board. Das Board ist für beide DIMM-Typen – sie können nur nicht im Mischbetrieb verwendet werden.

Außerdem ist ein Mainboard immer nur für einen der drei gängigen DIMM-Typen SDRAM, DDR-RAM oder RIMM ausgelegt.

Welcher Speichertyp auf Ihrem Mainboard zu Einsatz kommt, können Sie anhand der Informationen im Abschnitt „Den Speichertyp bereits vorhandener Bausteine bestimmen" ab Seite 73 feststellen. Dort finden Sie auch Informationen zum Speichertakt. Hier gilt: Das langsamste Modul gibt den Takt an. Mischen Sie ein z. B. ein PC100- mit PC133-Modulen, müssen alle Module mit 100 MHz betrieben werden, um keine Instabilitäten zu verursachen.

Ein weiterer Vorteil ist der kinderleichte Einbau. So gehen Sie vor, nachdem das Stromkabel vom PC abgezogen wurde:

1 Öffnen Sie die beiden Clips eines freien Speichersockels. Welcher Sockel zuerst bestückt wird, ist völlig egal. Sie können auch einen Sockel zwischen zwei Modulen
frei lassen, z. B. um in einem System, das sich sehr stark aufheizt, eine bessere
Wärmeabfuhr zu erreichen.

2 Setzen Sie das Modul senkrecht in den Sockel ein. Achten Sie auf die Orientierung:
Die Aussparung an der Kontaktleiste muss sich genau über der Kunststoffnase des
Sockels befinden. So wird verhindert, dass der Speicherriegel falsch herum eingesetzt wird. DDR-RAMs haben eine Aussparung, RIMMs und SDRAM-DIMMs dagegen zwei.

3 Drücken Sie das Speichermodul jetzt mit Kraft in den Sockel. Dass das Modul richtig
sitzt, erkennen Sie daran, dass die Kontaktleiste fast vollständig im Sockel verschwunden ist und die Halteclips sich nach oben bewegt haben.

4 Die Clips müssen sich ohne Widerstand schließen lassen. Wenn dies nicht der Fall ist, überprüfen Sie das Modul nochmals auf korrekten Sitz.

3.3 Speichertypen und deren besondere Merkmale

Die folgende Tabelle bietet einen Überblick über die Leistungsdaten aktuell erhältlicher Speichertypen. Während SDRAM bis Mitte 2002 den Massenmarkt bestimmte, gibt jetzt DDR-RAM den Ton an und das Tempo vor. Die Startschwierigkeiten, die Rambus-Speicher bei der (mehrmals verschobenen) Markteinführung hatte, lassen die Entwicklung bei diesem Speichertyp hinterherhinken.

RDRAM besticht zwar durch seinen hohen Bustakt, der sich vermutlich noch bis 800 MHz steigern lässt, bevor die Technologie ausgereizt ist. Dem wurde aber die 64-bittige Datenübertragungsbreite (Anzahl der mit jedem Taktsignal parallel übertragenen Datenbits) zu Gunsten eines 16 Bit breiten Datenworts geopfert, sodass die maximale theoretische Übertragungsgeschwindigkeit sich auf ein Viertel reduziert.

Die Ausnahme

Moderne Pentium 4-Chipsätze haben eine zweikanalige Speicherschnittstelle zum RAM, was die Datenrate auf 32 Bit erhöht. Da zusätzlich im DDR-Verfahren gearbeitet wird, wird mit jedem Takt die vierfache Datenmenge übertragen. Dadurch liegt bei P800 die volle Bandbreite bei 3,2 GByte/s.

Das neue RDRAM der PC1066-Spezifikation arbeitet mittlerweile mit 32 Bit und erreicht so immerhin eine Datentransferrate von maximal 4.300 MByte/s. Die Bezeichnung „PC1066" kommt dadurch zu Stande, dass die tatsächlich erreichte Taktrate in der Angabe verdoppelt wird, da Rambus-Speicher (genau wie DDR-RAM) zwei Datensignale pro Bustakt überträgt.

Modultyp	Übertragungs-geschwindigkeit	Bustakt	Duale Daten-übertragung?	Übertragungs-breite
SDRAM PC100	800 MByte/s	100 MHz	Nein	64 Bit
SDRAM PC133	1.064 MByte/s	133 MHz	Nein	64 Bit
SDRAM PC150	1.200 MByte/s	150 MHz	Nein	64 Bit
SDRAM PC166	1.328 MByte/s	166 MHz	Nein	64 Bit
DDR-RAM PC200/1600	1.600 MByte/s	100 MHz	Ja	64 Bit
DDR-RAM PC266/2100	2.128 MByte/s	133 MHz	Ja	64 Bit
DDR-RAM PC333/2600	2.656 MByte/s	166 MHz	Ja	64 Bit
DDR-RAM PC400/3200	3.200 MByte/s	200 MHz	Ja	64 Bit
DDRAM2 PC600/4800	4.800 MByte/s	300 MHz	Ja	64 Bit
DDRAM2 PC800/6400	6.400 MByte/s	400 MHz	Ja	64 Bit
RDRAM PC600	1.200 MByte/s	300 MHz	Nein	16 Bit
RDRAM PC700	1.422 MByte/s	355 MHz	Ja	16 Bit
RDRAM PC800	1.600 MByte/s	400 MHz	Ja	16 Bit
RDRAM PC600, 2 Kanäle	2.400 MByte/s	300 MHz	Ja	16 Bit
RDRAM PC800, 2 Kanäle	3.200 MByte/s	400 MHz	Ja	16 Bit
RDRAM PC1066, 2 Kanäle	4.300 MByte/s	533 MHz	Ja	32 Bit

3.4 Optimale Arbeitsspeichereinstellungen im BIOS

Neben der Geschwindigkeit der CPU und der Grafikkarte sind die Größe und die Geschwindigkeit des Arbeitsspeichers sicher die ausschlaggebenden Faktoren für die Systemleistung. Dementsprechend können Sie mithilfe der Optionen im BIOS noch einige Leistungsprozente Reserven herauskitzeln, wenn Sie das Speicher-Timing auf kürzere Zugriffszeiten oder geringere Wartezeiten einstellen. Gerade bei den konservativen Standardeinstellungen vieler PCs können die richtigen Einstellungen dafür sorgen, dass Sie erst damit die volle Geschwindigkeit aus Ihren Speichermodulen herausholen.

Andererseits haben falsche Timing-Einstellungen eine unmittelbare Auswirkung auf die Stabilität Ihres Computers: Zu kurz eingestellte Latenz- und Zugriffszeiten können Abstürze und einen „eingefrorener" Rechner zur Folge haben. Damit Sie die richtige Balance zwischen Leistung und Stabilität finden, haben wir im Folgenden einige Hinweise und Erläuterungen zu den wichtigsten BIOS-Einstellungen, die den Speicher betreffen, zusammengestellt.

BIOS-Optionen und ihre Bedeutung

Bank X/Y DRAM Timing, auch: SDRAM Configuration

Das ist die erste der möglichen Speicheroptionen auf sehr vielen Mainboards. Damit können Sie festlegen, ob das Board die Timing-Einstellungen der SDRAM-Chips anhand der vorhandenen EEPROM-Informationen vornehmen soll (Einstellung: *By SPD*) oder ob Sie die Konfiguration manuell vornehmen möchten (*Disabled*). Andere Möglichkeiten der Einstellungen sind z. B. *SDRAM 8ns*, *SDRAM 10ns*, *Slow*, *Normal*, *Fast* oder *Turbo*, mit denen Sie verschiedene Stufen des Speicher-Timings festlegen können, ohne die einzelnen nötigen Parameter genau zu kennen. Falls Sie *By SPD* ausgewählt haben, sind in der Regel alle anderen Optionen zum Speicher-Timing deaktiviert.

Empfehlung

Benutzen Sie nach Möglichkeit die automatische Konfiguration, denn durch die Informationen des SPD-Chips (**S**erial **P**resence **D**etect) auf den DIMM-Modulen kann das BIOS die schnellsten Timing-Einstellungen selbstständig erkennen und benutzen.

Je nachdem, wie stabil oder wie schnell Ihr Rechner läuft, können Sie aber auch die anderen Optionen ausprobieren, um die Geschwindigkeit zu steigern (z. B. durch Auswahl der Option *Turbo*) oder die Stabilität zu verbessern (z. B. mit der Einstellung *Slow* oder *SDRAM 8ns*). Ausgangspunkt ist dabei immer die Geschwindigkeitsstufe, die das BIOS aus dem SPD-Chip ausgelesen hat, oder eine neutrale Einstellung wie *Normal*. Steigern Sie das Speicher-Timing jeweils um eine Stufe, um die Performance zu verbessern. Falls Probleme mit der Systemstabilität auftreten, reduzieren Sie das Timing so lange, bis der Rechner wieder ohne Abstürze läuft.

DRAM Clock

Einige Chipsätze bzw. Mainboards erlauben unabhängig vom Frontside-Bus der CPU eine separate Einstellung des Speichertakts. Mögliche Einstellungen sind *HstClk*, *HstClk+33MHZ* oder *HstClk-33MHZ*. So können Sie Ihre PC133-DIMMs mit 133 MHz betreiben, obwohl Sie eine CPU mit 100 MHz Bustakt benutzen. Ebenso können Sie Ihre älteren PC100-SDRAM-Bausteine auf einem 133-MHz-Mainboard weiterverwenden, wenn Sie den Speichertakt auf 100 MHz reduzieren.

Empfehlung

Betreiben Sie Ihre SDRAM-Bausteine mit der Taktfrequenz, die ihrer Qualitätsstufe entsprechen, also PC133-SDRAMs mit 133 MHz, PC100-Module mit 100 MHz etc. Ein Übertakten des Speichers um eine ganze Stufe (also 33 MHz) ist nicht empfehlenswert, weil eine mangelhafte Systemstabilität und sogar eine Zerstörung der Speichermodule durch Überhitzung die Folge sein können. Falls Sie sich doch dazu entschließen sollten, Ihre Speicherbausteine zu übertakten, ist es zumindest empfehlenswert, ein weniger aggressives Speicher-Timing (also je nach BIOS *Slow* oder *Normal*, *CAS Latency* bei *3T*etc.) zu wählen.

Auto Detect DIMM/PCI Clk

Falls Sie sich nicht sicher sind, welche Taktfrequenz Ihre Speichermodule vertragen, können Sie mit dieser Option die optimale Einstellung durch das BIOS vornehmen lassen. Die Daten auf dem SPD-Chip der SDRAM-Module versorgen das BIOS mit den notwendigen Informationen (falls, wie schon erwähnt, das SPD-Modul richtig programmiert ist). Mögliche Einstellungen sind *Enabled* und *Disabled*.

Empfehlung

Lassen Sie diese Option ruhig aktiv. Damit gehen Sie in jedem Fall sicher, dass Ihre Speicherchips mit der optimalen Taktfrequenz betrieben werden.

DRAM Read Burst Timing

Mit dieser Einstellung können Sie das Timing der Burst-Zugriffe einstellen, mit denen aufeinander folgende Datenblöcke aus dem Speicher gelesen werden. Mögliche Einstellungen sind *x-1-1-1*, *x-2-2-2* und *x-3-3-3*. Auf modernen Mainboards, die SDRAM, DDR-SDRAM oder Rambus-Speicher unterstützen, ist diese Option nicht mehr zu finden.

Empfehlung

SDRAM-Speicher erfordert die Einstellung *x-1-1-1*, weil alle Burst-Zugriffe bei diesem Speichertyp ohne Wartezyklen durchgeführt werden können. Nur wenn Sie auf Ihrem Mainboard alternativ dazu auch EDO-RAM oder FPM-Bausteine einsetzen können, ist ein weniger aggressives Timing notwendig: EDO-RAM-Bausteine erfordern den Wert *x-2-2-2*, FPM-Speicher *x-3-3-3*.

DRAM Write Burst Timing

Mit dieser Option können Sie das Timing der Burst-Zugriffe einstellen, mit denen aufeinander folgende Datenblöcke in den Speicher geschrieben werden. Nähere Erläuterungen siehe vorheriger Abschnitt.

DRAM Speculative Leadoff

Mit dieser Funktion versucht der Memory Controller, den ersten und relativ langsamen Zugriff auf den Speicher zu verkürzen, indem er „auf Verdacht" auf die Daten zugreift, die wahrscheinlich als Nächstes gebraucht werden. Die Trefferquote liegt zwar nicht bei 100 %, aber dennoch kann damit die Speicherperformance gesteigert werden.

Empfehlung

Sie sollten die Option, wenn möglich, auf *Enabled* stehen lassen. Bei Instabilität können Sie sie versuchsweise ausschalten bzw. auf *Disabled* setzen.

SDRAM CAS Latency

Mit dieser Option wird die Zeit eingestellt, die zwischen dem Senden des CAS-Signals und dem Auslesen der angeforderten Daten vergeht. Mögliche Einstellungen sind *2T* oder *3T* (also 2 oder 3 Taktzyklen), wobei *2T* bessere Performance verspricht und *3T* bessere Stabilität.

Empfehlung

2T sollte zunächst nur bei qualitativ hochwertigen (Marken-)DIMM-Modulen verwendet werden, die entsprechend kurze Zugriffszeiten besitzen. Auf diese Art und Weise wird ein stabiles System gewährleistet. Aufgrund der längeren Taktzyklen können Sie jedoch beispielsweise schnelle PC133-Module in einem 100-MHz-System ohne Probleme auf *2T* setzen, das Gleiche gilt für PC100-Module in einem 66-MHz-System. Wenn Sie dagegen den Speicher- oder Systemtakt eines PCs erhöhen (z. B. beim Übertakten), sollten Sie das Timing auf *3T* hochsetzen, um ein möglichst stabiles Systemverhalten zu erreichen. Später können Sie das aggressivere Timing für eine bessere Performance austesten.

SDRAM RAS to CAS Delay

Diese Option legt fest, wie viele Taktzyklen zwischen dem Senden des RAS und des CAS-Signals vergehen sollen. Mögliche Einstellungen sind *2T* und *3T*, wobei *2T* natürlich die schnellere von beiden ist.

Empfehlung

Genau wie bei der vorherigen Option *SDRAM CAS Latency* sollte *2T* nur mit SDRAM-Modulen verwendet werden, deren Datenblatt oder Aufkleber einen Hinweis enthält, dass diese Einstellung benutzt werden kann. In der Regel ist das bei Markenspeicher (Infineon, Siemens, Samsung etc.) der Fall. Aufgrund der Abhängigkeit von der Länge der Taktzyklen ist es jedoch ohne weiteres möglich, schnellere Module (z. B. PC133) in einem langsameren System (z. B. 100 MHz) auf *2T* zu setzen. Beim Erhöhen des Systemtakts oder in einem übertakteten System empfiehlt sich *3T*, um eine ausreichende Stabilität zu gewährleisten.

Fast RAS# to CAS# Delay

Mit der Einstellung *Enabled* wird die Zeitspanne zwischen RAS- und CAS-Befehl auf *2T* gesetzt, *Disabled* entspricht dem Wert *3T* (siehe auch vorheriger Abschnitt).

SDRAM Cycle Length

Was mit dieser Bezeichnung gemeint ist, kann nur vermutet werden, weil die Bezeichnung *SDRAM Cycle Length* nicht eindeutig ist und mehrere Vorgänge während des Speicherzugriffs bezeichnen kann. Wahrscheinlich ist diese Option identisch entweder mit *SDRAM RAS to CAS Delay* oder mit *SDRAM CAS Latency*, mögliche Einstellungen sind in diesem Fall *2, 3* oder *Auto*.

Empfehlung

Da nicht so ohne weiteres festgestellt werden kann, welche Einstellung sich genau hinter der Bezeichnung verbirgt, ist es wohl am empfehlenswertesten, sich den Fähigkeiten der BIOS-Programmierer zu überlassen und die Einstellung *Auto* zu wählen. Damit wird die Länge des SDRAM-Zyklus nach den Informationen auf dem SPD-Chip eingestellt. Falls Sie von Hand einen Wert einstellen möchten, gelten die Empfehlungen unter *SDRAM RAS to CAS Delay* oder *SDRAM CAS Latency*.

SDRAM RAS Precharge Time

Bevor Daten aus einem SDRAM-Modul gelesen werden können, müssen die einzelnen Speicherzellen mit einer elektrischen Spannung aufgeladen werden, erst danach kann eine Lese- bzw. Schreiboperation durchgeführt werden. Die Option *SDRAM RAS Precharge Time* bestimmt die Anzahl Taktzyklen, die der Ladevorgang vor dem RAS-Signal liegt. *2T* ist auch hier die schnellere Einstellung, *3T* die stabilere.

Empfehlung

Genau wie bei *SDRAM CAS Latency* sollte *2T* nur mit SDRAM-Modulen verwendet werden, deren Datenblatt oder Aufkleber einen Hinweis enthält, dass diese Einstellung benutzt werden kann. In der Regel ist das bei Markenspeicher (Infineon, Siemens, Samsung etc.) der Fall. Aufgrund der Abhängigkeit von der Länge der Taktzyklen ist es jedoch ohne weiteres möglich, schnellere Module (z. B. PC133) in einem langsameren System (z. B. 100 MHz) auf *2T* zu setzen. Beim Erhöhen des Systemtakts oder in einem übertakteten System empfiehlt sich *3T*, um eine ausreichende Stabilität zu gewährleisten.

SDRAM MA Wait State

Jeder Speicherzugriff wird durch den MA-Befehl (für **M**emory **A**ddress) eingeleitet, mit dem die gewünschte Speicheradresse übermittelt wird, gefolgt vom CS-Befehl (für **C**hip-**S**elect), mit dem die betroffenen Speicherchips ausgewählt werden. Je nach Konfiguration der DIMM-Module sind Wartezyklen zwischen den beiden Befehlen erforderlich, um die korrekte Übermittlung der Speicheradresse sicherzustellen. Mögliche Einstellungen sind *0 (Fast)*, *1 (Normal)* oder *2 (Slow)*.

Empfehlung

Sollten Ihre DIMM-Module mit 2 bis 4 SDRAM-Chips pro Seite bestückt sein, ist *0 (Fast)* die richtige Wahl, für DIMMs mit insgesamt mehr als 18 SDRAM-Chips sollten Sie *2 (Slow)* auswählen. Alle DIMMs mit 4 bis 16 Chips erfordern die Einstellung *1 (Normal)*.

SDRAM Cycle Time (Tras, Trc)

Mit dieser Option können Sie die Zeit einstellen, die zwischen zwei aufeinander folgenden vollwertigen Speicherzugriffen (keine Burst-Zugriffe) vergehen muss. Diese Zeitspanne wird auch mit Trc bezeichnet, was für **T**ime (**R**ow **C**ycle) steht. Mögliche Einstellungen sind *[5T, 7T]* und *[6T, 8T;]*. Dieses Zahlenpaar bezeichnet die Dauer des Lesezyklus (TRAS, 5 oder 6 Taktzeiten) sowie die Summe aus Lesezyklus und der Vorladezeit (TRP = TRAS + 2 Taktzeiten).

Empfehlung

Natürlich ist auch hier *[5T, 7T]* die schnellere Einstellung, die für alle normalen SDRAM-Chips mit einer Latenzzeit von 5 Taktzeiten geeignet sein sollte. Um ein etwas konservativeres Timing zu wählen, das mehr Stabilität verspricht, können Sie den Zyklus aber auch auf *[6T, 8T]* herabsetzen.

Bank Interleave

Hiermit lässt sich die Methode auswählen, die beim Interleaving, also dem Zugriff auf wechselnde Speicherzellen, verwendet werden soll. Mögliche Einstellungen sind *2*, *4* und *Disabled*. Dabei bezeichnen *2* und *4* die Anzahl der Speicherchips, die für das Interleaving gleichzeitig benutzt werden, *Disabled* schaltet diese Art des Speicherzugriffs aus.

Empfehlung

Die richtigen Einstellungen für SDRAM-Chips sind 2 und 4, je nachdem, welche Art von Interleaving Ihre Speichermodule unterstützen. Alle modernen Chips benötigen den Wert *4*. Falls Ihre Speichermodule schon ein paar Jahre alt sind, kann es aber auch sein, das *2* erforderlich ist. *Disabled* ist eher zur Behebung von Problemen geeignet, weil mit dieser Einstellung Leistung verloren geht.

SDRAM Address Setup Time

Diese Funktion hat dieselbe Bedeutung wie *SDRAM MA Wait State*.

Optionen auf DDR-SDRAM-Boards

Option	Bedeutung	Empfehlung
DDR_1T/2T_Item	Unter dieser Option können Sie die Speicheradressierung von DDR-RAM um einen Taktzyklus beschleunigen. Wenn Sie 1T CMD einstellen, sollte Bank Interleave auf 4 Banks stehen, damit ein Erfolg zu sehen ist.	1T
DDR 1T Command	Diese Option sorgt dafür, dass das DDR-Steuersignal innerhalb einer Taktzeit ausgeführt wird, um die Leistung zu steigern.	Enabled
DDR CLK/CS Configuration	Unter dieser Option befinden sich die Einstellungsmöglichkeiten der DDR Takt/Chip Select Configuration. ■ Clk Rise SlewRate ■ Clk Fall SlewRate ■ Clk N Drive Strength (Clocks N Transistor Drive Strength) ■ Clk P Drive Strength (Clocks P Transistor Drive Strength) Einstellungsmöglichkeit: Auto oder Manual.	Auto
DDR CMD Configuration	Hinter diesem Auswahlmenü stecken vier weitere Optionen. ■ CMD Rising Edge SlewRate (Command Rising Edge Slew-Rate) ■ CMD Falling Edge SlewRate (Command Falling Edge Slew-Rate) ■ CMD N Drive Strength (Command N Driver Strength)	Auto

Option	Bedeutung	Empfehlung
	■ CMD P Drive Strength (Command P Driver Strength) Einstellungsmöglichkeit: Auto oder Manual.	
DDR DQS Input Delay	Für dieses Auswahlmenü stehen zwei Optionen zur Verfügung: Auto oder Manual (öffnet die Verfügbarkeit von Input Delay Value).	Auto
Input Delay Value	Mit dieser Option können Sie die Verzögerung des Dateneingangs-Strobes im Speicher einstellen. Die Eingabe erfolgt hexadezimal, bei mindest 0000 und maximal 03FF. Um hier einen Wert manuell eingeben zu können, müssen Sie die Eigenschaften Ihrer Speicherchips sehr genau kennen. Wir empfehlen Ihnen, nicht von der vorgegebenen Einstellung abzuweichen. Tendenziell gilt: Je kürzer die Verzögerung, desto schneller die Speicherperformance.	n. v.
DDR DQS Output Delay	Für diese Auswahlmenü stehen zwei Optionen zur Verfügung: Auto oder Manual (öffnet die Verfügbarkeit von Output Delay Value).	Auto
Output Delay Value	Hier können Sie die Verzögerung des Datenausgang-Strobes im Speicher einstellen. Die Eingabe erfolgt hexadezimal mit mindest 0000 und maximal 03FF. Um hier einen Wert manuell eingeben zu können, müssen Sie die Eigenschaften Ihrer Speicherchips sehr genau kennen. Wir empfehlen Ihnen, nicht von der vorgegebenen Einstellung abzuweichen. Je kürzer die Verzögerung, desto schneller die Speicherperformance.	n. v.
DDR Vcore (V)	Diese Option dient zur Anpassung der Spannung des DDR (DDR Vcore), um in einem übertakteten System die Stabilität zu verbessern. Diese Einstellung zu modifizieren kann jedoch zu einer Überlastung der Speicherchips führen; es wird nicht empfohlen von den Werkeinstellungen langfristig abzuweichen.	Auto
DDR Voltage (V) oder DDR Voltage Control	Siehe DDR Vcore.	Auto
DDR/AGP Power Voltage	Siehe DDR Vcore. Zusätzlich wird die Spannung auf dem AGP-Bus beeinflusst.	Auto

Optionen auf Mainboards mit Rambus-Speicher

Option	Bedeutung	Kommt vor im	Optimale Einstellung
RDRAM Bus Frequency	Unter dieser Option können Sie die Betriebsfrequenz für den Hauptsystemspeicher einstellen. Einstellungsmöglichkeiten: 300 MHz, 400 MHz und Auto. Falls Sie eine andere Einstellung als Auto wählen, müssen Sie genau über die maximale Betriebsfrequenz Ihrer Speichermodule informiert sein.	Award-BIOS	Auto
RDRAM Load	Diese Option zeigt bei Systemen mit Rambus-Architektur die Gesamtkapazität der eingebauten RDRAM Speichermodule an.	Phoenix-BIOS	n. v.

Option	Bedeutung	Kommt vor im	Optimale Einstellung
RDRAM Speed	Unter dieser Option können Sie den Multiplikator einstellen, mit dem aus dem Systemtakt die Arbeitsfrequenz der Rambus-Module erzeugt wird. Einstellungsmöglichkeiten: x4, x5.33, x6 und x8. Die RDRAM-Geschwindigkeit errechnet sich aus FSB-Takt (Systemtakt des Rechners) und dem eingestellten Multiplikator. Welcher Wert eingestellt werden muss, richtet sich nach dem eingesetzten Prozessor und den verwendeten Speichermodulen. Gängige Module arbeiten mit einer externen Frequenz von 400 MHz, die intern auf 800 MHz verdoppelt wird.	Award-BIOS	n. v.

3.5 Tipps vor dem Einkauf neuer Speicherbausteine

RAM-Speicher unterliegt an den Weltmärkten ähnlich starken Preisschwankungen wie Rohöl oder Telekom-Aktien.

So musste man innerhalb der letzten drei Jahre für 128 MByte SDRAM jeden erdenklichen Betrag zwischen 25 und 150 Euro zahlen – die Preisschwankungen sind dabei oft weder direkt erklärbar noch vorherzusehen.

Daraus ergeben sich zwei Konsequenzen. Zum einen statten die Hersteller in Hochpreisphasen ihre Komplett-PCs regelmäßig mit zu wenig Speicher aus.

Ein moderner Rechner mit nur 128 oder gar 64 MByte Hauptspeicher lässt ein ergonomisches Arbeiten in vielen Anwendungsbereichen nicht zu und bremst das System unnötig aus. Achten Sie also beim Kauf eines neuen Rechners auf die Angabe zum Arbeitsspeicher. Neben der Menge ist auch der Speichertyp und dessen Taktung von Interesse. Mehr dazu steht in Kapitel 3.3 ab Seite 89.

Zum anderen sollten Sie, wenn Sie den Kauf neuen Speichers erwägen, über einen gewissen Zeitraum die Preise beobachten.

In alten Computerzeitschriften finden sich oft Anzeigen von Hardwareversandhäusern, denen Sie die Preisentwicklungen der letzten Zeit entnehmen können. Wenn Sie es nicht eilig haben, beispielsweise weil Sie nur den bestehenden Speicher eines funktionierenden Systems aufrüsten wollen, sollten Sie versuchen, die aktuelle Tendenz auszumachen: Fallen oder steigen die Preise? Im ersten Fall heißt es warten, im zweiten zuschlagen.

Rambus: RIMM-Speicher vor dem Aus?

Rambus heißt die kalifornische Firma, die den gleichnamigen Speicher entwickelt hat, der auch unter den Bezeichnungen RDRAM, DRDRAM oder RIMM geführt wird. Der – vor allem von Seiten Intels – Ende der 90er-Jahre mit vielen Vorschusslorbeeren bedachte Speichertyp entpuppte sich als unwesentlich schneller als SDRAM-Speicher, war aber lange Zeit wesentlich teurer. Zudem kassierte Rambus Lizenzgebühren für die Verwendung dieser Technologie.

Dies führte dazu, dass konkurrierende Chiphersteller sich auf die Weiterentwicklung des – offenen – DDR-RAM-Standards konzentrierten und RIMMs im Massenmarkt nie große Stückzahlen erzielten. Seit der Chef von Intel Deutschland, Günther Jünger, Ende 2000 eingestand, mit Rambus „die richtige Ausfahrt verpasst" zu haben, fristen RIMMs (trotz eines erheblichen Preisverfalls seit 2001) im Consumer-Markt nur noch ein Schattendasein.

Intel ist mittlerweile der ADT-Allianz (Advanced DRAM Technology) beigetreten, die im Jahr 2003 den DDR-RAM-Nachfolger präsentieren will. Rambus-Module werden sich demnach im Markt nicht mehr lang halten können, zumal es sich bei DDR-RAM um einen offenen Standard handelt, für dessen Nutzung keinerlei Lizenzgebühren anfallen. Eine Investition in große Mengen dieses Speichertyps ist daher wahrscheinlich nicht besonders zukunftssicher.

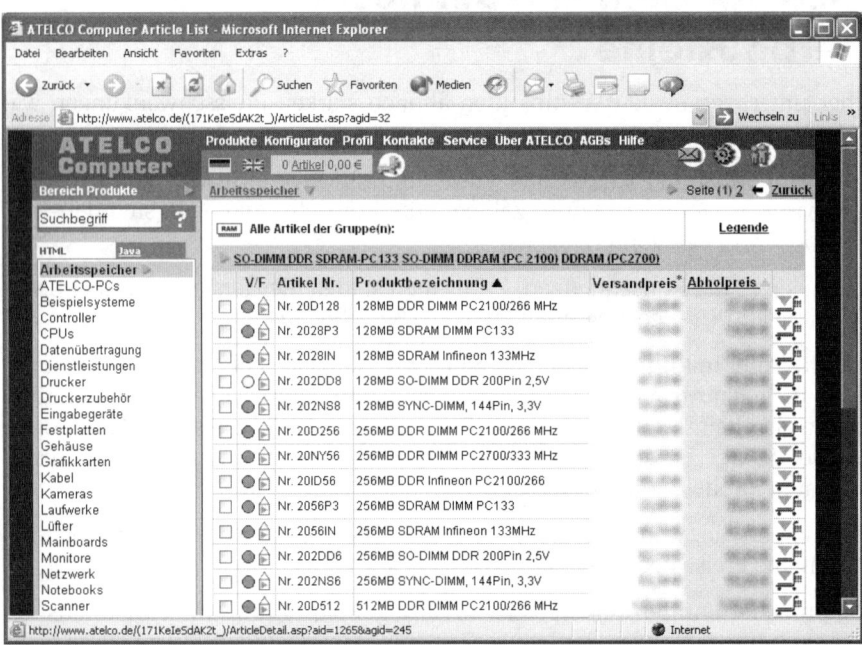

Es lohnt sich, die RAM-Preise der Anbieter im Internet und in Zeitschriften nicht nur zu vergleichen, sondern auch über einen längeren Zeitraum zu beobachten. Hier bei www.atelco.de.

Speicherkauf beim Versandhandel

Bei den meisten Versandhäusern im Bundesgebiet werden Sie wenig Ärger zu befürchten haben. Defekte RAM-Bausteine werden in der Regel anstandslos zurückgenommen. Genauere Informationen liefern die allgemeinen Geschäftsbedingungen (AGB), die von Haus zu Haus jedoch recht unterschiedlich sein können, vor allem was Garantie und Gewährleistung angeht. Hier sollten Sie vor einer Bestellung nachlesen! Finden Sie heraus, innerhalb welches Zeitraums ein Umtausch zugesichert wird. Bedenken Sie: Einen PC ohne CD-ROM können Sie problemlos weiter benutzen, einen ohne RAM nicht.

Achten Sie auf die Höhe der Versandkosten: RAM vom Versender ist oft deutlich billiger als beim Händler vor Ort. Doch dieser Preisvorteil kann durch zu hohe Kosten für den Versand schnell wieder zunichte gemacht werden. Bei Angaben wie „zuzügl. Versandkosten 10 bis 50 Euro" sollten Sie vor einer Bestellung unbedingt nachfragen!

Zudem können die Preise von Anbieter zu Anbieter stark variieren. Vergleichen lohnt hier immer. Ein wichtiger Punkt verdient beim RAM aber genauere Beachtung als bei jeder anderen Komponente Ihres Systems: Allzu oft wird man versuchen, Ihnen die Katze im Sack zu verkaufen! Wesentliche Angaben zu Speicher-Timing, ECC und Hersteller der Bausteine werden gern verschwiegen, vor allem dann, wenn es sich um Produkte von Noname-Chipfabriken handelt. Die Siliziumchips, die auf den Speicherriegeln verwendet werden, variieren produktionsbedingt stark in der Qualität. Während Markenhersteller sich für beste Ware mit ihrem Namen verbürgen, wird der Ausschuss aus ihrer Produktion oft von Billiganbietern aufgekauft und gelangt unter solch dubiosen Bezeichnungen wie „SDRAM PC-133 Markenware" zu oft überhöhten Preisen in den Handel. Häufig werden auf ein- und demselben Billigspeicherriegel sogar Chips verschiedener Hersteller miteinander kombiniert, was ein reibungsloses Funktionieren des Moduls beeinträchtigen kann.

3.6 Troubleshooting: Nach dem Speicherausbau

Nicht immer dankt Ihr PC es Ihnen gleich, dass Sie ihm mehr Arbeitsspeicher spendiert haben. Hier ein paar Hinweise für populäre Macken, die der Speicherausbau nach sich ziehen kann.

Mein Rechner stürzt andauernd mit Schutzverletzungen ab oder friert ein

Natürlich können alle möglichen Ursachen für ein instabiles Verhalten Ihres Rechners verantwortlich sein, aber ein zu aggressives Speicher-Timing oder eine für die benutzten RAM-Bausteine zu hohe Systemfrequenz gehören definitiv dazu.

Wenn sich das Verhalten des Rechners mithilfe einer bereinigten Systemumgebung oder eines neu installierten Betriebssystems nicht verbessern lässt, versuchen Sie zunächst, das Speicher-Timing zu verändern.

1. Stellen Sie die Option *SDRAM Configuration*, *DRAM Timing* o. Ä. auf *Auto* oder *By SPD*, um das BIOS alle Einstellungen selbstständig vornehmen zu lassen. Eine andere Alternative sind die Werte *Normal* oder auch *Slow*, um das Timing möglichst weit zurückzunehmen.

2. Reduzieren Sie den Speichertakt auf seinen nominalen Wert, falls Sie Ihr System ü-
    bertaktet haben. Dazu setzen Sie die Option *DRAM Clock* auf *HstClk*, wenn Sie nur
    Ihre Speicherchips übertaktet haben, oder auf *HstClk-33MHz*, wenn Sie ältere
    SDRAM-Chips betreiben, die mit der Busfrequenz Ihres neueren Prozessors nicht
    zurechtkommen.

    Da nur sehr aktuelle Chipsätze die Möglichkeit bieten, den Speichertakt separat ein-
    zustellen, bleibt Ihnen bei älteren Mainboards oft lediglich die Möglichkeit, den Sys-
    temtakt zu reduzieren.

3. Falls Sie Speicherchips von unterschiedlichen Herstellern oder mit unterschiedlichen
    Zugriffszeiten auf Ihrem Mainboard kombiniert haben, sollte das Timing bzw. die
    Speicherfrequenz an die langsamsten Chips angepasst werden. Falls Sie die automa-
    tische Konfiguration benutzen, sollten die langsamsten Chips nach Möglichkeit in
    die erste Speicherbank eingesetzt werden, denn viele BIOS-Versionen berücksichti-
    gen nur die SPD-Daten der Speichermodule in der ersten Bank.

Ich habe verschiedene Speichertypen kombiniert, und jetzt läuft nichts mehr

Manche Speicherchips lassen sich allein aus dem Grund nicht miteinander kombinieren,
weil ihre interne Architektur voneinander abweicht. So spielt z. B. die Anzahl der Chips,
auf die aufeinander folgende Speicheradressen beim Interleaving verteilt werden, eine
Rolle. Grundsätzlich gilt: Mischen Sie im Idealfall keine Module unterschiedlicher Hersteller und/oder unterschiedlicher Bauart.

Sollten Sie bemerken, dass sich die Probleme (z. B. nach einer Aufrüstaktion) durch Timing-Einstellungen (siehe vorheriger Abschnitt) nicht beseitigen lassen, versuchen Sie,
die Speicherbausteine einzeln einzusetzen. Eine andere Möglichkeit ist das Umstellen
der Interleaving-Methode von *4-Way* auf *2-Way* (Setzen der Option *Bank Interleaving* auf
die entsprechenden Werte). Im Zweifelsfall müssen Sie auf die Verwendung eines der
Module (oder bei PS/2-SIMMS auf ein Pärchen) verzichten oder versuchen, die neuen
Bausteine umzutauschen.

Nach dem Aufrüsten des Speichers ist das System instabil

Wie bereits erwähnt, reichen oft geringe Unterschiede zwischen den Speicherchips aus,
um Probleme hervorzurufen. So kann es vorkommen, dass Ihr PC nach dem Einsetzen
eines zusätzlichen Speicherbausteins plötzlich instabil wird.

Vor allen Dingen sind natürlich unterschiedliche Latenzzeiten der Speicherbausteine für
Probleme verantwortlich. Deshalb ist es wichtig, entweder das Timing an den langsams-
ten Baustein anzupassen oder die Timing-Einstellungen für jede Speicherbank einzeln
auszuwählen.

1. Setzen Sie den vermutlich langsameren Baustein (meist ist das Ihr älteres Modul) in
    die erste Speicherbank. Denn bei der automatischen Timing-Konfiguration werden
    oft nur die Informationen im SPD-Baustein des Speichermoduls in der ersten Bank
    berücksichtigt.

2. Stellen Sie das Timing für jede Bank individuell ein, falls Ihr BIOS die Möglichkeit
    dazu bietet. Dazu passen Sie die Option *Bank x/y DRAM Timing* den Fähigkeiten je-
    des einzelnen Moduls an. Beginnen Sie mit langsamen Werten auf jeder Bank und
    tasten Sie sich an die schnellste mögliche Einstellung heran.

3. Falls sich die Timing-Werte nur global für alle Speicherbänke einstellen lassen, wählen Sie ebenfalls zunächst das langsamste Timing und steigern es schrittweise, bis die Probleme wieder auftreten. Reduzieren Sie das Tempo dann wieder auf die letzte funktionierende Stufe.

4. Bringen auch alle Einstellungen im BIOS keine Lösung, kann es sein, dass die Module partout nicht zusammenarbeiten. Versuchen Sie in diesem Fall, die Speichermodule umzutauschen.

3.7 Overclocking, Tuning und Benchmarking

In diesem Kapitel wollen wir Ihnen einen kurzen Überblick geben, welche Möglichkeiten zur Leistungskontrolle und -steigerung Ihnen in Bezug auf den Arbeitsspeicher unter Windows zur Verfügung stehen. Wie viel gibt der Riegel her?

Overclocking: Wissen, was man tut

Der Bustakt, mit dem der Speicher betrieben wird, lässt sich in der Regel maßvoll übertakten.

Hierbei gilt es aber, zweierlei zu beachten: Erstens ist das Übertakten gerade des Arbeitsspeichers eine extrem heikle Angelegenheit und macht das System sicher nicht stabiler.

Eine eindeutigere Aussage lässt sich hierzu leider kaum treffen, denn die großen Qualitätsunterschiede zwischen den Speicherchips der verschiedenen Hersteller bedingen, dass die Leistungsreserve, die ein RAM-Modul bietet, sich nicht sicher vorhersagen lässt.

Hier hilft, wenn Sie es wirklich darauf anlegen wollen, nur ausprobieren. Ob beispielsweise ein PC133-Modul mit 150 MHz tatsächlich noch stabil arbeitet, werden Sie im laufenden Betrieb schnell feststellen.

Zweitens geben wir aber zu bedenken, dass der Leistungszuwachs, den ein System durch Übertaktung des Speichers erreichen kann, bei weniger als 5 % liegen wird – zu wenig, um es beim Arbeiten am PC wahrzunehmen.

Ob Sie dafür das Risiko der Instabilität und damit verbunden die Gefahr von Datenverlusten in Kauf nehmen wollen, sollten Sie genau abwägen. Es existieren auch andere Wege, die Leistung des Arbeitsspeichers zu optimieren, die wir Ihnen in den folgenden Abschnitten vorstellen.

Weitere Informationen zum Thema Overclocking finden Sie in Kapitel 12 ab Seite 398.

Windows XP: Benchmarking und Speicher-Tuning

Wie viel Arbeitsspeicher in Ihrem System vorhanden ist, finden Sie bei Windows XP unter *Start/Systemsteuerung/System* heraus.

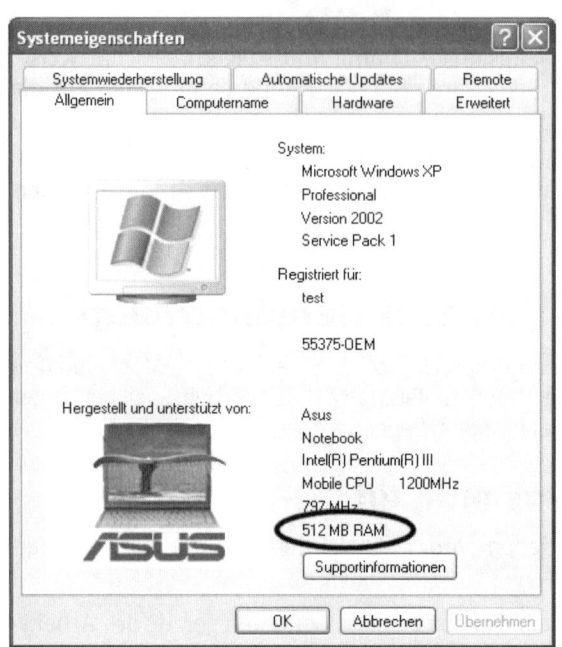

Anzeige des von Windows XP
erkannten Arbeitsspeichers.

Wenn Sie hier das Register *Erweitert* wählen und bei *Systemleistung* die Schaltfläche *Einstellungen* anklicken, gelangen Sie über ein weiteres Register *Erweitert* zum Feld *Virtueller Arbeitsspeicher*. Hier können Sie die Größe des Festplattenbereichs wählen, in den der Inhalt des RAM kopiert wird, wenn der Speicher ausgelastet ist. Inhalte, auf die während einer Sitzung nur selten zugegriffen wird, wandern in diesen virtuellen Speicher, damit das schnelle RAM für die häufig verwendeten Daten zur Verfügung steht.

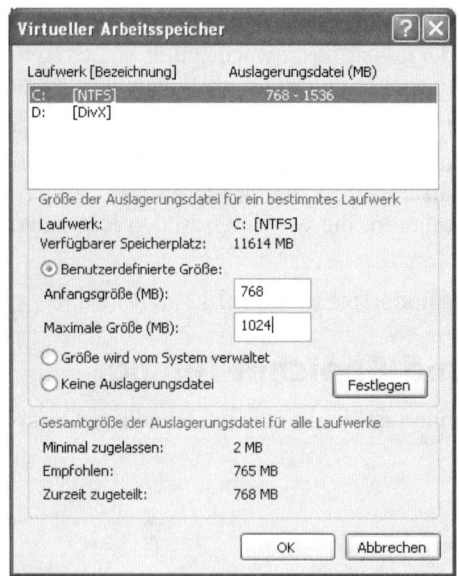

Anfangswert und Obergrenze
des virtuellen Arbeitsspeichers
lassen sich von Hand einstellen.

Als optimale Einstellung wählen Sie hier *Benutzerdefinierte Größe* und geben bei der Anfangsgröße den von Windows empfohlenen Wert an, bei der maximalen Größe das Doppelte des vorhandenen Arbeitsspeichers.

Für die meisten Anwendungen bieten diese Einstellungen die beste Balance zwischen effizienter Speicherauslastung und Festplattenzugriffen mit geringstmöglicher Zeitverzögerung.

In diesem Zusammenhang ist noch zu erwähnen, dass Windows maximal eine Auslagerungsdatei von je 4.096 MByte verwalten kann.

Wahl des richtigen Laufwerks

Wenn Sie über mehr als eine Festplatte verfügen, können Sie die Speicherperformance weiter optimieren, indem Sie für die Auslagerungsdatei die Festplatte mit den kürzesten Zugriffszeiten und dem höchsten Datendurchsatz wählen. In jedem Fall sollte dies, wenn möglich, nicht das Systemlaufwerk sein, da Windows hier seine temporären und Systemdateien verwaltet. Dies erfordert häufige Zugriffe auf das Laufwerk, die sich mit Schreib- und Lesevorgängen der Speicherverwaltung ins Gehege kommen können.

Tools zur Ermittlung von Speicherspeed und Stabilität

Das Benchmark- und Systemanalysetool Sandra (auch erhältlich in der erweiterten Version Sandra Pro, siehe *www.sisoftware.co.uk/sandra*) bietet bereits in der Sharewareversion mehrere Optionen zur Leistungsmessung des Speichers. Der große Vorteil, den Sandra bietet, ist die Vergleichsmöglichkeit der eigenen Messergebnisse mit standardisierten Werten anderer weit verbreiteter Systemkonfigurationen.

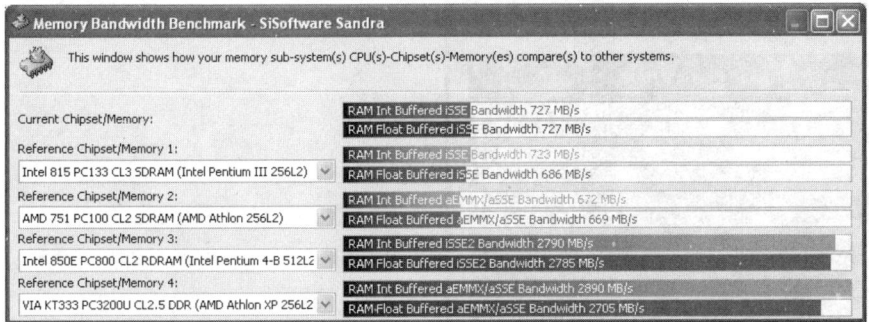

Leistungsvergleich mit Sandra: die eigenen Werte (ganz oben) lassen sich mit den Ergebnissen etlicher Referenzsysteme vergleichen.

So kann man sich einen guten Überblick darüber verschaffen, welchen Leistungszuwachs andere Speichertypen, kürzere Taktzyklen oder ein Mainboard mit neuerem Chipsatz bieten würden. Mit dem Programm Dr. Hardware (*www.drhardware.de*) lässt sich die Geschwindigkeit für verschiedene Speicherzugriffe messen: Schreiben, Verschieben und Kopieren von Inhalten einzelner Speicherzellen.

Wenn Sie den Verdacht haben, dass fehlerhafte Speichermodule Ihr System hin und wieder zum Absturz bringen, bietet das kleine, DOS-basierte Programm Memtest (*www.memtest86.com*) die Möglichkeit, den Speicher einem so genannten Stresstest auszusetzen.

Testläufe mit Memtest können mehrere Stunden dauern, liefern aber verlässliche Ergebnisse.

Das Programm startet von einer DOS-Diskette und ist damit auch auf Rechnern einsetzbar, die über keine DOS-Ebene verfügen. Memtest verschiebt sich in den Videospeicher und kann von dort auf den gesamten Arbeitsspeicher zugreifen. Mithilfe des Programms lassen sich auch Parity-Fehler eines anfälligen ECCs ermitteln.

Tuning: Defragmentierer & Co.

WinRAM Turbo ist ein Allroundtool, mit dem Sie beispielsweise Ihren Speicher defragmentieren können. Dabei überprüft das Programm im laufenden Betrieb, ob Applikationen unsauber beendet werden und dabei Speicherbereiche, die von diesen Applikationen belegt waren, nicht wieder zur Verwendung freigegeben werden. Da dies häufig vorkommt, leistet WinRAM Turbo hier einen guten Beitrag zur Performancesteigerung des Gesamtsystems.

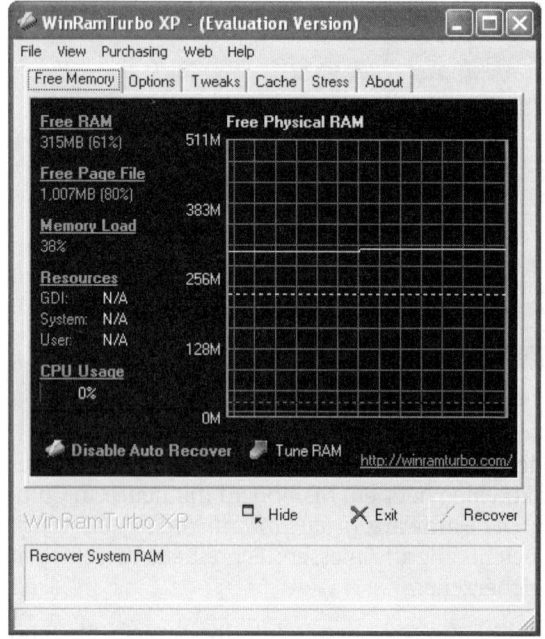

Das Programm WinRam Turbo bietet viele hilfreiche Funktionen.

Ein weiteres hilfreiches Feature stellt der *Stress-Test* dar. Damitkann man einzelnen Applikationen gezielt immer mehr Speicher entziehen und deren Verhalten beobachten. Auf diese Weise lässt sich recht gut ermitteln, welche Anwendungen besonders speicherhungrig sind, wo sich mit einer Speichererweiterung besser arbeiten ließe und welche Programme gegenüber einer erhöhten Speicherzufuhr vollkommen immun sind (*http://winramturbo.com*).

Speicher-Tuning des Aldi-PCs

Die Speichereinstellungen des Aldi-PCs (Medion Titanum MD 3001) sind sehr konservativ gehalten. Hier lässt sich ohne großen Aufwand noch etwas Leistung herauskitzeln. Dazu müssen im BIOS des Rechners unter dem Punkt *Advanced Chipset Configuration* schnellere Speicher-Timings eingegeben werden. Ins BIOS gelangen Sie durch Drücken der Entf-Taste während des Bootvorgangs. Stellen Sie die Werte wie folgt ein:

	Optimiert	Originaleinstellungen
CAS Latency Time	2	2,5
Active to Precharge Delay	5	6
DRAM CAS#- to CAS#	2	3
DRAM RAS# Precharge	2	3

Wichtig: Sollte Ihr Aldi-PC mit den neuen Einstellungen zu Abstürzen neigen, setzen Sie die Werte auf die Originaleinstellungen zurück. Verweigert der PC gar das Booten, setzen Sie den Jumper JBAT1 auf die Position 2-3, starten den Rechner erneut und setzen den Jumper wieder zurück. Dadurch werden alle BIOS-Einstellungen zurückgesetzt.

4. Grafikkarte aufrüsten und mit dem System abstimmen

Aktuelle Spiele benötigen viel 3-D-Power und zwingen so manche ältere Grafikkarte in die Knie. Das Resultat sind ruckartige Bildsequenzen, die keinen Spielspaß mehr aufkommen lassen. Zudem lässt die Bildqualität älterer 3-D-Karten zu wünschen übrig, da viele Effekte in 3-D-Spielen nicht dargestellt werden. Abhilfe schafft ein neues Grafikboard mit leistungsfähigem 3-D-Chip. Auch Office-Anwender und DVD-Liebhaber profitieren

von einer neuen Grafikkarte, wenn beispielsweise im Dualmonitoring-Betrieb gearbeitet werden kann oder die Filmausgabe per TV-Ausgang zum heimischen Fernseher geleitet werden soll. Besonders bei der Bildbearbeitung und beim Webpublishing profitieren Grafiker von einer zweiten Bildfläche.

Beim Austausch der Grafikkarte gilt es allerdings einiges zu beachten. Nicht nur die Systemumgebung sollte zum neuen Highend-Modell passen, sondern auch das verwendete Betriebssystem. Gerade aktuelle 3-D-Spiele kommen erst mit Windows XP und DirectX 8 so richtig in Schwung. Nach der erfolgreichen Operation am offenen Rechner sollte das System zudem ohne Zwischenfälle starten. Sollte Ihr System dennoch einen schwarzen Bildschirm aufweisen, zeigen wir Ihnen die möglichen Fehlerquellenund verraten Ihnen Tipps und Tricks rund um die Grafikkarte.

Wer dagegen schon eine etwas schnellere 3-D-Karte besitzt und vor allem schnelle Games über den Bildschirm flackern lässt, kann durch gezieltes Tuning auch ohne finanziellen Aufwand mehr Leistung aus dem Grafikchip locken. Allerdings muss hier vorsichtig vorgegangen werden, damit sich der Prozessor der Grafikkarte sowie die Speicherbausteine nicht überhitzen.

Nicht zu vergessen ist auch der verwendete Monitor. Dieser lässt sich nicht nur optimal auf die eingesetzte Grafikkarte anpassen, sondern trägt maßgeblich dazu bei, wie lange es die eigenen Augen vor dem Bildschirm aushalten.

4.1 Wann und womit aufrüsten?

Die zukünftige Grafikkarte sollte danach ausgewählt werden, ob der Einsatzschwerpunkt des PCs im Office-, Spiele oder Multimedia-Einsatz liegt. Entscheidend ist auch der Preis, da 3-D-Spitzenmodelle den Kontostand nicht unerheblich schrumpfen lassen. Nicht immer werden solche Spieleflitzer aber benötigt.

3-D-Grafikkarten für Computerspiele

Aktuell werden derzeit Grafikkarten mit GeForce4 von Nvidia oder Radeon von ATI angeboten.

Zu finden sind die 3-D-Chips in den unterschiedlichsten Ausführungen einer breiten Masse von Herstellern. Grafikkarten mit GeForce4 gibt es als MX- und Ti-Modelle.

Der größte Unterschied zwischen diesen Boards ist die 3-D-Leistung.

Während die 3-D-Beschleuniger GeForce4 Ti4200, Ti4400 und Ti4600 aktuelle DirectX 8.1-Spiele unterstützen, müssen Grafikkarten mit MX420, MX440 und MX460 3-D-Chips auf DirectX 8.1-Effekte verzichten.

> **Pixel- und Vertex-Shader**
>
> Aktuelle 3-D-Chips nutzen integrierte Vertex- und Pixel-Shader für die Beschleunigung von 3-D-Spielen. Dazu muss ein Game allerdings mindestens auf DirectX 8 basieren. GPUs ohne Vertex- und Pixelshader, die auch in mehrfacher Ausführung zu einer Einheit gebündelt auftreten können, sind nicht mehr zeitgemäß und werden künftige 3-D-Spiele nur dürftig und ohne realistische Effekte beschleunigen. Entstanden sind die Shader aus der Transform & Lighting-Engine (T&L) erster Grafikkarten, beispielsweise mit dem GeForce 256-Chip von Nvidia. Allerdings lassen sich Shader freier programmieren und bieten so mehr Möglichkeiten für realistischere Effekte, angefangen bei transparenten Wasserbewegungen mit Sonnenreflexen bis hin zu mehrfach texturierten Objekten.

Der Grund liegt in den fehlenden Pixel- und Vertex-Shadern, die nicht im MX-Chip vorhanden sind.

Dies spiegelt sich auch in der Beschleunigung wider, die deutlich hinter der kleinsten Grafikkarte mit GeForce4 Ti4200 hinterherhinkt.

Nvidia GeForce4 Ti4600 –
Referenzkarte von
MSI G4 Ti4600.

Achtung – GeForce4-Nachfolger!
Auch wenn der Nachfolger des GeForce4 bei Drucklegung dieses Buches schon in den Startlöchern steht, kosten Ausführungen mit Ti4400 und Ti4600 noch recht viel Geld. Für aktuelle Spiele
reicht ein 3-D-Board mit Ti4200.

ATI Radeon 9700 –
Referenzboard mit
gleichnamigem
3-D-Chip.

Angeboten wird dieses unter anderem von Asus, MSI, Leadtek, Prolink und Abit. Ebenfalls für 3-D-Spiele ausgelegt sind die aktuellen ATI-Chips Radeon 9000, 9000 Pro und
9700 Pro. Alle diese ATI-Modelle unterstützen DirectX 8.1 – wobei die Radeon 9700-GPU
schon DirectX 9 supportet – und bieten sowohl mindestens einen Vertex- als auch einen
Pixelshader. Preislich sind Grafikkarten mit ATI-Chips vergleichbar mit mit Nvidia-
Beschleuniger bestückten Modellen und werden unter anderem von Hercules, Enmic o-
der als OEM-Boards direkt von ATI angeboten. Als preiswertes Einstiegsmodell ist eine
Karte mit Radeon 9000 Pro zu empfehlen, die genügend 3-D-Leistung und aktuelle DirectX 8-Effekte bietet.

Power für den Spiele-PC

Allerdings muss auch die Leistungsfähigkeit des Spielerechners stimmen, damit die schnelle Grafikkarte auch entsprechend zügig mit Daten versorgt wird. So lohnt es sich zumeist nicht, in ein rasantes 3-D-Modell zu investieren, wenn der Prozessor weniger als 1 GHz Taktfrequenz bietet. Höhere Taktraten sind für kommende Grafikkartengenerationen zu empfehlen, können jedoch auch jetzt schon nicht schaden, um bei leistungshungrigen Spielen ruckelnde Bilder zu vermeiden. Als Hauptspeicher sind minimal 128 MByte empfehlenswert, besser 256 MByte. Ob es sich dabei um SDRAM, DDR-RAM oder RDRAM handelt, ist nicht weiter ausschlaggebend.

> **Betriebssystemanforderungen**
> Beim Betriebssystem ist es allerdings sinnvoll, auf Windows XP/2000 oder zumindest Windows ME/98 zu setzen, da viele 3-D-Karten Windows 95 oder noch ältere Betriebssysteme nicht mehr oder nur halbherzig unterstützen.

Optimale Grafikkarte für den Office-PC

Wer seinen Rechner beruflich für Büroanwendungen nutzt, ist weniger auf einen schnellen 3-D-Chip angewiesen. Hier kommt es eher auf andere Features an, wie beispielsweise die Anschlussmöglichkeit für zwei Monitore. So lässt sich komfortabel auf dem ersten Bildschirm die Textverarbeitung erledigen, während das zweite Display für die Bildbearbeitung vorgesehen ist.

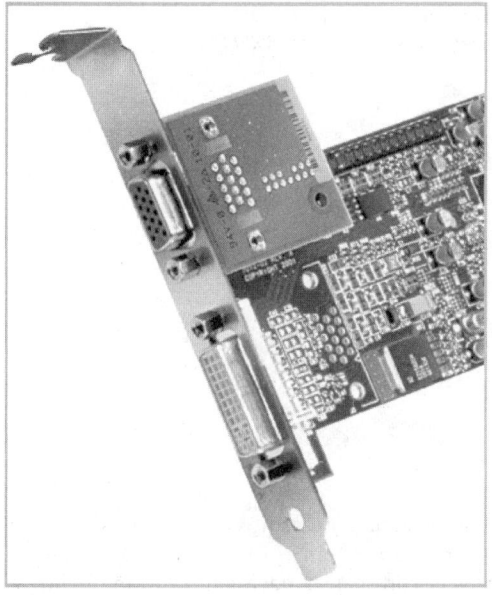

DualHead – Grafikkarte
mit VGA- und DVI-Anschluss.
Foto: Matrox Millennium G550.

Oder Sie lassen auf dem zweiten Bildschirm einfach Ihren Messenger laufen, der Sie im Chat auf dem Laufenden hält. Fast alle neuen Grafikkarten unterstützen dieses Feature, also beispielsweise auch solche mit den gängigen GeForce4- oder Radeon-Chips.

Schon lange auf Doppelmonitorbetrieb ist Matrox spezialisiert und bietet die dort Dual-Head genannte Funktion an. Die aktuelle Parhelia-Karte unterstützt sogar drei Displays. Zudem bietet die Parhelia aktuelle DirectX 9-Features, kann aber von der Beschleunigung nicht mit einer GeForce4 Ti4200- oder Radeon 9000 Pro-Karte mithalten. Oft befindet sich auf der Karte neben dem analogen VGA-Anschluss noch ein digitaler DVI-Ausgang. Dieser ermöglicht den Anschluss eines TFT-Bildschirms. Sollen allerdings zwei herkömmliche CRT-Bildschirme angeschlossen werden, liegt meist ein spezieller VGA-DVI-Adapter bei. Dieser verwandelt den DVI-Ausgang in einen normalen VGA-Ausgang. Ein kombinierter Betrieb von digitalem TFT und analogem Röhrenmonitor wird so ebenfalls ermöglicht.

Voraussetzungen für ein Office-System

Office-Systeme für Büroanwendungen sind weniger leistungshungrig als Spiele-PCs. Je nach Anwendungsbereich kann auch noch ein älteres System ab 233 MHz CPU-Takt mit AGP-Steckplatz mit einer Doppelmonitor-Karte bestückt werden. So lässt sich auch noch ein Windows 98-Rechner in eine akzeptable Office-Maschine umwandeln. Wer allerdings neuere Programme wie Office XP einsetzen möchte, sollte schon einen Prozessor mit 500 MHz Taktfrequenz und 128 MByte Arbeitsspeicher verwenden.

Der Multimedia- und Videoschnitt-PC

Fast alle modernen Grafikkarten bieten mittlerweile einen TV-Ausgang. So lassen sich nicht nur DVD-Filme auf dem heimischen Fernseher ausgeben, sondern auch 3-D-Spiele oder digitale Fotos. Die benötigten Adapterkabel werden in der Regel mit der Grafikkarte ausgeliefert.

Multimedia-Karte mit Radeon 8500,
TV-Tuner und Videoein- und -ausgängen.
Foto: Hercules All-In-Wonder 8500 DV.

DVI-Ausgang

Der DVI-Ausgang überträgt die Bilddaten einer Grafikkarte auf direktem Weg zu einem digitalen Display. Der Vorteil: Die Bildinformationen müssen nicht vorher vom RAMDAC in analoge Signale gewandelt werden. Da jede Umwandlung digitaler Signale in analoge oder umgekehrt mit Verlusten behaftet ist, bieten digital angesteuerte Bildschirme ein schärferes und zudem ruhigeres Bild.

Das eigentliche Videokabel muss dagegen fast immer zusätzlich erworben werden. Wer zudem das aktuelle TV-Programm am PC verfolgen will, kann zu einer Lösung mit integriertem TV-Tuner greifen und sich so eine eigenständige TV-Karte sparen. Angeboten wird eine Lösung mit Radeon 8500-3-D-Chip und TV-Tuner beispielsweise von Hercules.

Alter PC als DVD-Player

Auch Rechner ab 500 MHz Taktfrequenz lassen sich als DVD-Player nutzen. Alles was benötigt wird, ist eine ältere, meist günstige Grafikkarte mit integriertem MPEG-2-Decoderchip bzw. DVD-Decoderchip. Per „Motion Compensation" wird dadurch der Prozessor des PCs entlastet, was eine flüssige Wiedergabe ermöglicht. Zusätzlich wird noch eine dazu passende DVD-Playersoftware benötigt, die aber häufig auch mit der Grafikkarte ausgeliefert wird. Wenn jetzt noch ein TV-Ausgang vorhanden ist, lässt sich sogar ein Fernseher anschließen. Kombiniert mit einer 5.1-Dolby-Digital-Soundkarte und passenden Lautsprechern, bestehend aus einem Subwoofer, einem Center-Speaker, zwei Front- und zwei Rear-Speakern, sollte dem eigenen Heimkino nichts mehr im Wege stehen.

So erhält man eine kombinierte Spiele- und DVD-Lösung, die zudem noch als digitaler Videorekorder eingesetzt werden kann. Voraussetzung ist allerdings ein DVD-Laufwerk, das zusätzlich erworben werden muss.

Die geeignete DVD-Playersoftware liegt fast jeder Grafikkarte bei. Wer eigene Videos am PC schneiden möchte, sollte nicht nur auf S-Video-Ausgänge, sondern auch auf S-Video-Eingänge achten. So lassen sich Videosequenzen nicht nur abspielen, sondern auch auf dem Rechner speichern.

Solche Karten, beispielsweise mit GeForce4-3-D-Beschleuniger, werden angeboten von Asus oder MSI und mit einer passenden Videoschnittsoftware ausgeliefert. Aber auch ATI bzw. Hercules und Matrox haben Videoschnittlösungen im Programm.

Voraussetzungen für den Multimedia- und Videoschnitt-PC

Damit Videoschnittarbeiten mit dem PC nicht zum tagelangen Geduldspiel werden, benötigt ein System ordentlich Rechenpower und viel Arbeitsspeicher unter der Devise: besser zu viel als zu wenig. Taktfrequenzen von 1 GHz geben hier die minimal zu empfehlende Leistungsfähigkeit an. Wer seinen PC per TV-Modul in einen digitalen Videorekorder wandeln will, sollte ebenfalls genügend Rechenleistung und Hauptspeicher zur Verfügung stellen. Für das Abspielen von DVD-Filmen sollten mindestens 500 MHz, besser 800 MHz im Rechner stecken. Ein Hauptspeicher von 128 MByte reicht aber dafür aus.

ISA, PCI oder AGP-Steckplatz?

Aktuelle Systeme sind mit einem AGP-Steckplatz ausgestattet, der gewöhnlich in brauner Farbe neben den PCI-Steckplätzen positioniert ist. Ältere Rechner vereinen auf dem Mainboard dagegen noch schwarze ISA- und PCI-Slots und einen AGP-Steckplatz auf der Hauptplatine. Bei einigen fehlt der AGP-Port allerdings.

Dann ist Ihr Rechner entweder schon ein paar Jährchen alt, oder es hat sich ein i810-Chipsatz von Intel mit integriertem Grafikkern auf das Mainboard gemogelt. Abhilfe schafft in diesen Fällen nur eine PCI-Grafikkarte, die allerdings schwer erhältlich sein und nur von wenigen Herstellern angeboten wird.

AGP 4x-Grafikkarte, deutlich erkennbar an den zwei Unterbrechungen in der Anschlussleiste.

Oldtimer: PCI- und ISA-Grafikkarten

Für aktuelle 3-D-Spiele eignet sich eine PCI-Grafikkarte allerdings nicht mehr so gut wie ein AGP-Modell, da keine Texturen im Hauptspeicher ausgelagert werden können und zudem die Bandbreite zu gering ausfällt. Gerade aktuelle 3-D-Spiele verwenden viele hochauflösende Texturen, die eine PCI-Karte mit 32 MByte Speicher schnell an ihre Grenzen stoßen lässt.

AGP – Mehr Leistung für Grafikkarten

Ob ein AGP-Steckplatz für eine Geschwindigkeit von 1x, 2x oder 4x und demnächst auch 8x ausgelegt ist, hängt vom Chipsatz des Mainboards ab. Dieser regelt die maximale Geschwindigkeit zwischen der Grafikkarte und dem Datenbus. Je nach Performancestufe lassen sich Grafikdaten schneller über den Datenbus des PCs austauschen. So läuft die Kommunikation mit dem Prozessor schneller, und mehr Texturen für Grafiken können in kürzerer Zeit im Hauptspeicher ausgelagert werden, falls der Speicher der Grafikkarte mal zu knapp wird. PCI-Karten können keine Texturen auslagern, sodass aktuelle 3-D-Spiele nur mäßig beschleunigt werden. Ein weiterer Vorteil des AGP-Steckplatzes ist die höhere Taktfrequenz. Liegt die Taktrate des PCI-Steckplatzes bei 33 MHz, arbeitet der AGP-Slot mit 66 MHz.

Wer seinen Rechner reparieren möchte, sollte sich nach einem gebrauchten PCI-Modell umsehen – beispielsweise auf einer Auktionsseite im Internet wie *www.ebay.de*. Gleiches gilt für alte Rechner mit nur ISA-Slots, hier wird die Suche allerdings noch schwieriger.

Aldi-PC: Fit für die Spielezukunft

Der neuste Aldi-PC, Medion Titanum MD 3001, ist mit modernsten Komponenten ausgestattet, eigentlich gibt es momentan kaum einen Grund, diesen mit neuer Hardware zu bestücken. Obwohl die verbaute GeForce4 MX 460 unter DirectX absolute Spitzenleistungen bietet, unterstützt sie leider nicht die Effekte von DirectX 8. Aktuelle und kommende Spielehits, wie beispielsweise Unreal Tournament 2003 oder Morrowind, sehen aber deutlich besser aus und laufen flüssiger mit Grafikkarten samt DX-8-Unterstützung. Wollen Sie Ihren Aldi-PC zur absoluten Highend-Spielemaschine machen, empfehlen wir den Einbau einer Grafikkarte mit GeForce4-Ti4200-Chip von Nvidia.

Hinweis: Durch den Einbau einer anderen Grafikkarte funktioniert der S-VHS-Ausgang an der Frontblende des Aldi-PCs nicht mehr, da dieser direkt durch eine spezielle Verbindung zur installierten Grafikkarte betrieben wird.

4.2 Ein- und Ausbau einer Grafikkarte

Der Ein- und Ausbau einer Grafikkarte ist nicht weiter kompliziert und von jedem Anwender innerhalb weniger Minuten durchgeführt. Allerdings reicht es nicht, einfach das Grafikboard zu wechseln, sondern vorher muss der alte Treiber der noch vorhandenen Grafikkarte deinstalliert werden. Zudem sollten Sie einen aktuellen Treiber für die neue Karte zur Hand haben, damit die Installation ohne Probleme läuft.

Alte Grafiktreiber deaktivieren

1   Gehen Sie über die *Start*-Schaltfläche von Windows XP in die Systemsteuerung und wählen Sie dort das Symbol *Software*.

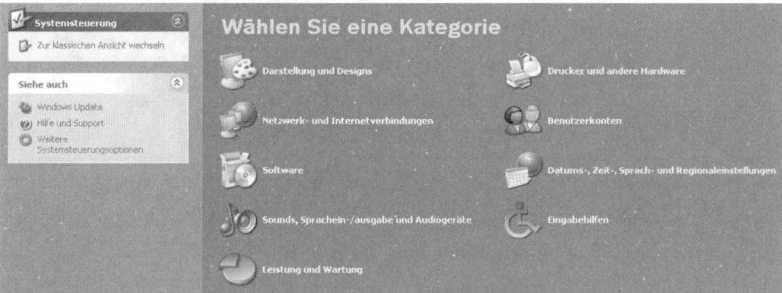

2   Danach suchen Sie in der Liste *Zuletzt installierte Programme* nach dem Eintrag Ihrer Grafikkarte, in unserem Beispiel Matrox, und starten mit *Ändern/Entfernen* die Deinstallation. Jetzt ist ein Neustart des Rechners erforderlich, der entweder automatisch erfolgt oder per Hand durchgeführt werden muss.

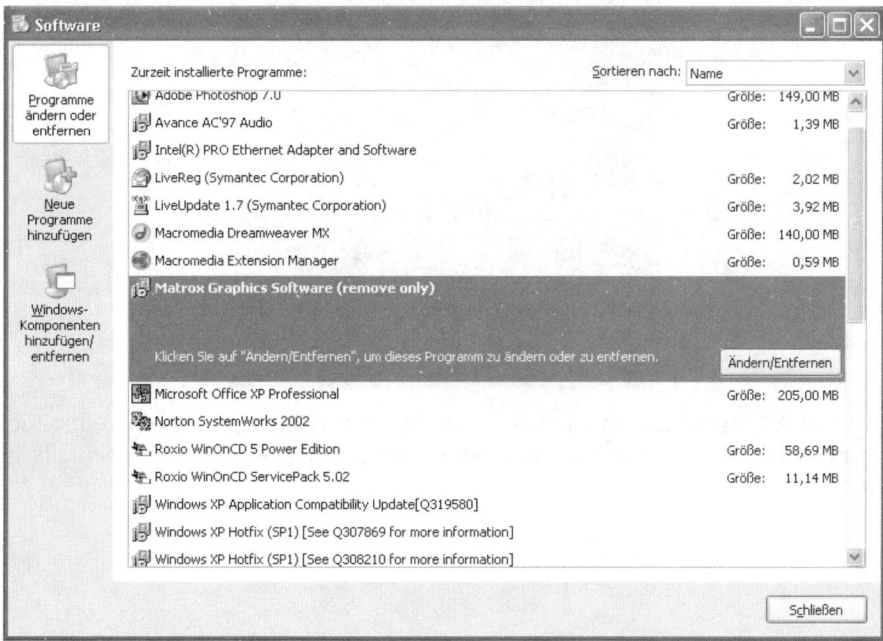

3 Nach dem Systemstart verlangt Windows nach einem neuen Treiber für Ihre Grafik-karte. Unterbinden Sie die Abfrage mit *Abbrechen* und fahren Sie Ihren Rechner her-unter.

Ausbau der alten Grafikkarte

1 Öffnen Sie Ihren PC.

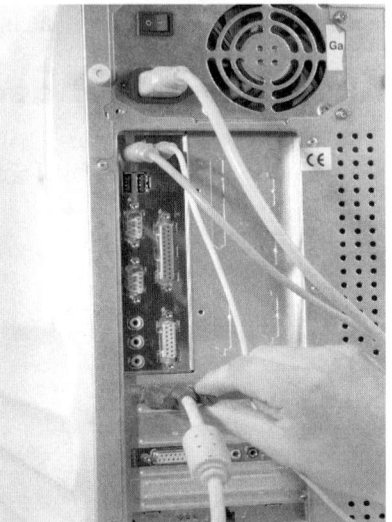

Dazu benötigen Sie in der Regel einen Kreuz-schraubenzieher, um die linke Gehäusewand abzunehmen.

Entfernen Sie aber zuerst alle Kabel auf der Rückseite sowie die Anschlussleitung des Mo-nitors.

2 Lösen Sie die Befestigungsschraube der Grafik-karte.

Oft sind AGP-Grafikkarten auch noch am Slot selbst befestigt, z. B. mit einer Klemm-vorrichtung. Diese muss vor dem Herausnehmen der Grafikkarte ebenfalls gelöst werden.

3   Nehmen Sie nun die Grafikkarte vorsichtig aus dem Rechner, indem Sie diese an beiden oberen Enden anfassen und senkrecht nach oben ziehen. Leichtes Vor- und Zurückhebeln der Karte ist zudem hilfreich. Auch wenn die Karte klemmen sollte, ist zu starkes Reißen nicht empfehlenswert. Schieben Sie die Karte lieber wieder zurück in den AGP-Steckplatz und versuchen Sie es erneut.

Einbau der neuen Grafikkarte

1   Nehmen Sie nun Ihrer neue Grafikkarte aus der Antistatiktüte der Verpackung und setzen Sie diese in den AGP-Slot. Fassen Sie die Grafikplatine dazu wie beim Ausbau an beiden oberen Enden an und schieben Sie sie senkrecht mit einem leichten Druck in die Halterung.

2   Befestigen Sie die Karte nun wieder mit der Schraube am Gehäuse, schließen Sie das PC-Gehäuse und verbinden Sie alle Kabel erneut mit den verfügbaren Anschlüssen der Gehäuserückseite Ihres Rechners.

Aktuelle Referenztreiber nutzen

Wir empfehlen den neusten Referenztreiber zu verwenden, beispielsweise bei Grafikkarten mit GeForce-Chip den Detonator XP von Nvidia, der unabhängig von der Marke des 3-D-Boards eingesetzt werden kann.

Bei Grafikplatinen mit ATI Radeon-Chip ist der Catalyst-Treiber die beste Wahl für optimale Performance.

Spezielle Features wie beispielsweise ein TV-Tuner werden allerdings nicht von den Referenztreibern unterstützt – in diesen Fällen sollten Sie daher auf die mitgelieferten Treiber des Grafikkartenherstellers zurückgreifen.

Anbieter	Link	Treiber
Nvidia	www.nvidia.de	Detonator XP, Referenztreiber für alle Nvidia-Chips
ATI	www.ati.de	Catalyst, Referenztreiber für alle ATI-Chips
Matrox	www.matrox.de	Matrox-Modelle, Parhelia, Millennium, Mystique
Hercules	www.hercules.de	ATI- und Kyro-Modelle, 3D Prophet
MSI	www.msi-computer.de	GeForce-Modelle, Tuning-Funktion im Treiber
Leadtek	www.leadtek.com.tw	GeForce-Karten
Asus	www.asuscom.de	GeForce-Modelle, besondere Features im Treiber
Prolink	www.prolink.com.tw	GeForce-Karten
Gainward	www.gainward.de	GeForce-Modelle, Tuning-Funktion im Treiber

Grafikkartentreiber installieren

1 Laden Sie sich den Treiber aus dem Internet oder verwenden Sie die Treiber auf der mitgelieferten CD-ROM des Herstellers. Nach dem Download müssen Sie die ausführbare Datei, in diesem Fall *30.82_winxp.exe*, per Doppelklick im Explorer starten. Im Fall der Hersteller-CD-ROM sollte diese nach Einlegen in ein Laufwerk automatisch starten.

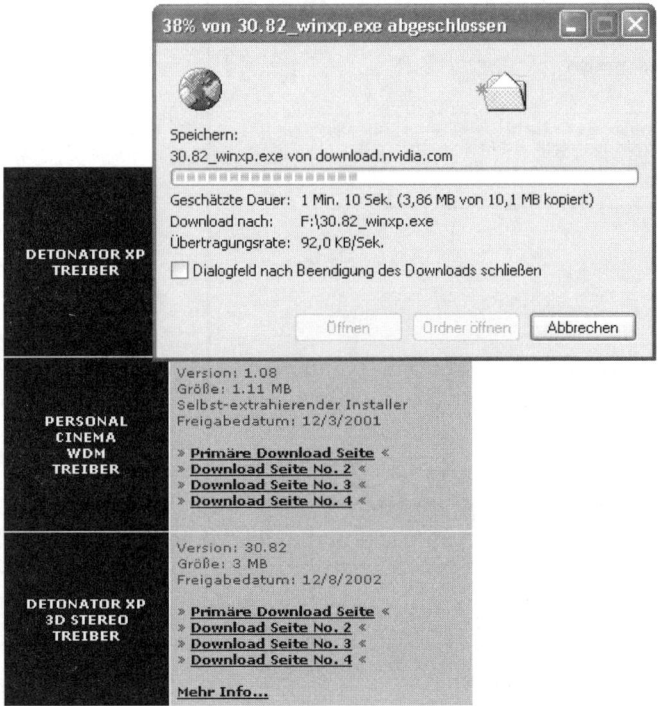

2 Akzeptieren Sie die Lizenzbedingungen des Treiberanbieters, was zur Installation notwendig ist, und bestätigen Sie mit der Schaltfläche *Next*.

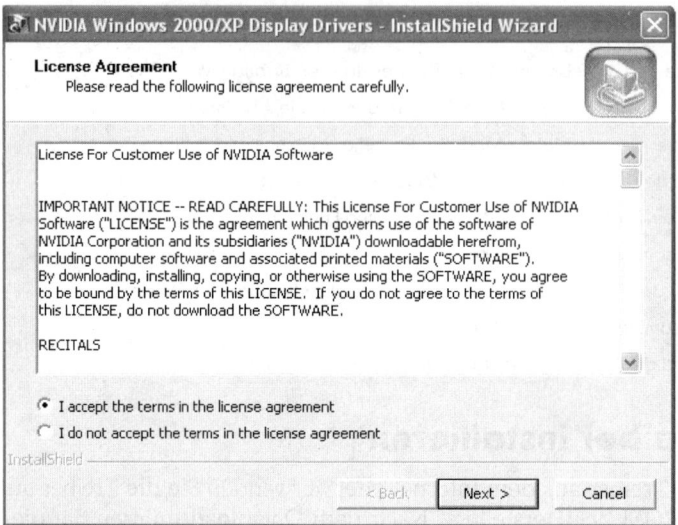

3 Wählen Sie nun das Verzeichnis, in das der neue Treiber eingespielt werden soll. Wir empfehlen Ihnen, die vorgegebenen Einstellungen zu übernehmen.

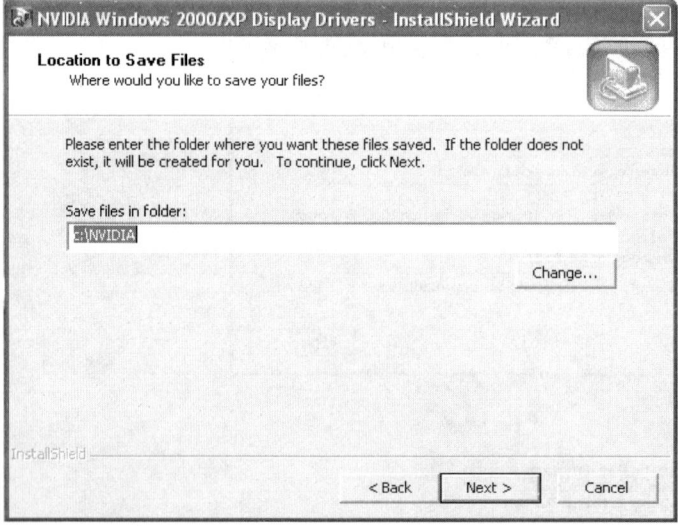

4 Danach werden die benötigten Dateien entpackt und in das vorgegebene Verzeichnis des Rechners gelegt.

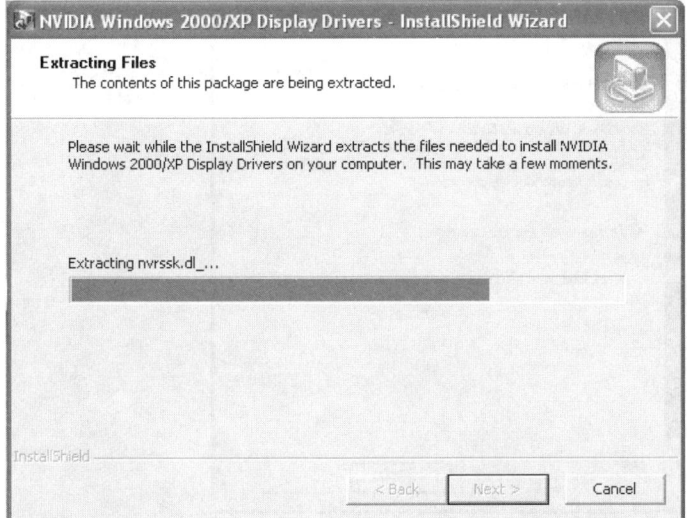

5 Jetzt werden Sie erneut aufgefordert, die Treiberinstallation zu bestätigen. Die ent-
packten Dateien werden nach einem Klick auf *Weiter* nun in das Windows-System-
verzeichnis geschrieben.

6 Abschließend ist ein Neustart des Rechners notwendig.

Aldi-PC: Grafikkartentreiber aktualisieren

Mit der Asus V7700 verfügt der Aldi-PC (Modellreihe: Multimedia-Internetdesign-PC 1,0 GHz) über eine Grafikkarte mit GeForce2-GTS-Grafikchip, ausgestattet mit 32 MByte DDR-Speicher und TV-out, die für die meisten Spiele reicht. Per Update auf die Treiberversion 23.11 lassen sich die guten Werte der Karte noch einmal klar verbessern, der Performancegewinn liegt bei bis zu 10 %.

4.3 Troubleshooting: Der Bildschirm bleibt schwarz

Eigentlich sollte der Einbau einer Grafikkarte sowie die Installation des Treibers keine großen Probleme bereiten. Gelegentlich schleichen sich allerdings Fehler ein, die man auf dem ersten Blick nicht sieht. Steckt die Karte richtig im AGP-Slot, ist der Monitor richtig eingestellt, wurde der richtige Treiber für das eingesetzte Betriebssystem verwendet?

Ich besitze einen Rechner mit Onboard-Grafikchip und habe eine zusätzliche Grafikkarte im AGP-Sockel nachgerüstet, allerdings erkennt das System die neue Grafikkarte nicht

Einige Mainboards erkennen die Karte im AGP-Sockel nicht wenn der Onboard-Grafikchip im BIOS nicht deaktiviert wurde. Sie gelangen ins BIOS Ihres Rechners beim Systemstart meist mit den Tasten (Entf) oder (F1) – je nach Hersteller.

Nach dem Aufrüsten mit einer neuen Grafikkarte bleibt der Bildschirm schwarz

1 Sind alle Kabel richtig angeschlossen, besonders die Verbindung zum Monitor? Steckt das Netzkabel und ist das Netzteil eingeschaltet?

2 Steckt die Grafikkarte richtig im AGP-Steckplatz? Manchmal kann es vorkommen, dass beim Festschrauben des 3-D-Boards die Karte leicht aus dem hinteren Teil des Slot rutscht – besonders wenn keine Halterung vorhanden ist oder das PC-Gehäuse leicht außerhalb der Norm liegt.

Der Rechner startet zwar, wirkt aber wie gelähmt; auch 3-D-Spiele lassen sich nicht starten oder stürzen dauernd ab

Aktuelle Grafikkarten besitzen eine hohe Leistungsaufnahme. Daher sollte das Netzteil nicht zu schwach ausgelegt sein. Gerade bei einem System mit Athlon-Prozessor von AMD ist ein Netzteil mit minimal 300 Watt Pflicht.

Auch Intel-Rechner sollten nicht mit zu knappen Leistungsreserven gespeist werden. Bricht die Energieversorgung zusammen oder setzt teilweise aus, stockt der Rechner oder stürzt direkt ab.

Ein überfordertes Netzteil kann sogar durchbrennen und weitere Komponenten dadurch schädigen.

Netzteil mit einer Leistung von 350 Watt.

Achtung: Neue Chipsätze und AGP 1x und 2x

Einige neue Mainboard-Chipsätze, beispielsweise der i845 und i850 von Intel, unterstützen nur Grafikkarten, die der AGP 4x-Norm entsprechen. Der Betrieb von Grafikkarten mit der AGP 1x- und 2x-Spezifikation kann zu Schäden am Mainboard und der Grafikkarte führen. Der Grund – AGP 4x arbeitet mit einer Spannung von 1,5 Volt. AGP 2x dagegen noch mit 3,3 Volt. Alle neuen Grafikkarten und viele ältere Modelle unterstützen sowohl AGP 2x als auch 4x. Bei manchen müssen allerdings auf der Grafikplatine Jumper umgesteckt werden, um AGP 4x zu aktivieren.

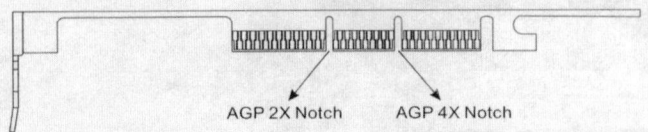

Ein Warnhinweis ist auf jeden Fall eine durchgängige Kontaktleiste ohne die bei AGP 2x- und 4x-Karten übliche Unterbrechung. Die hier dargestellte Grafik stammt aus einem MSI-Handbuch für ein i845-Mainboard und zeigt eine AGP 2x- und 4x-kompatible Anschlussleiste. Allerdings bedeutet das Vorhandensein der AGP 4x-Kontakte noch lange nicht, dass die Grafikkarte den Modus auch wirklich unterstützt. Vorsicht ist daher geboten.

Ich habe meine Grafikkarte mit einem TFT-Bildschirm verbunden; der Rechner startet zwar, aber das LC-Display gibt eine Fehlermeldung aus

Mit hoher Wahrscheinlichkeit ist die Bildschirmauflösung oder die Bildwiederholfrequenz zu hoch gewählt, da LC-Displays keine größeren Bildmodi anzeigen können, als physikalisch vorgesehen.

Zum Beispiel hatten Sie einen 19-Zöller mit 1.280 x 1.024 Bildpunkten betrieben. Ein 15-Zoll-TFT kann aber nur 1.024 x 768 Pixel anzeigen.

Reduzieren Sie die Auflösung für den Flachbildschirm, indem Sie Ihren alten Monitor noch einmal mit dem Rechner verbinden.

Der Rechern startet, doch 3-D-Spiele werden nicht beschleunigt, und viele Bildschirmmodi lassen sich nicht auswählen

Überprüfen Sie, ob Ihre neue Grafikkarte im System richtig integriert und die Treibereinrichtung erfolgreich abgeschlossen wurde. Gehen Sie dazu über die *Start*-Schaltfläche in die Systemsteuerung und wählen Sie in der klassischen Ansicht das Symbol *System*. Wechseln Sie auf die Registerkarte *Hardware* und dort in den Geräte-Manager.

Hier lässt sich überprüfen, ob die Grafikkarte richtig eingerichtet und erkannt wurde.

Ein Fragezeichen oder Ausrufezeichen im Bereich *Grafikkarte* weist auf eine fehlerhafte Installation hin. Versuchen Sie in diesen Fällen, den Treiber neu zu installieren.

Im Notfall deinstallieren Sie den alten – Anleitung siehe oben –, starten den Rechner neu und spielen den Treiber erneut auf. Voraussetzung ist allerdings ein passender Treiber zum Grafikboard.

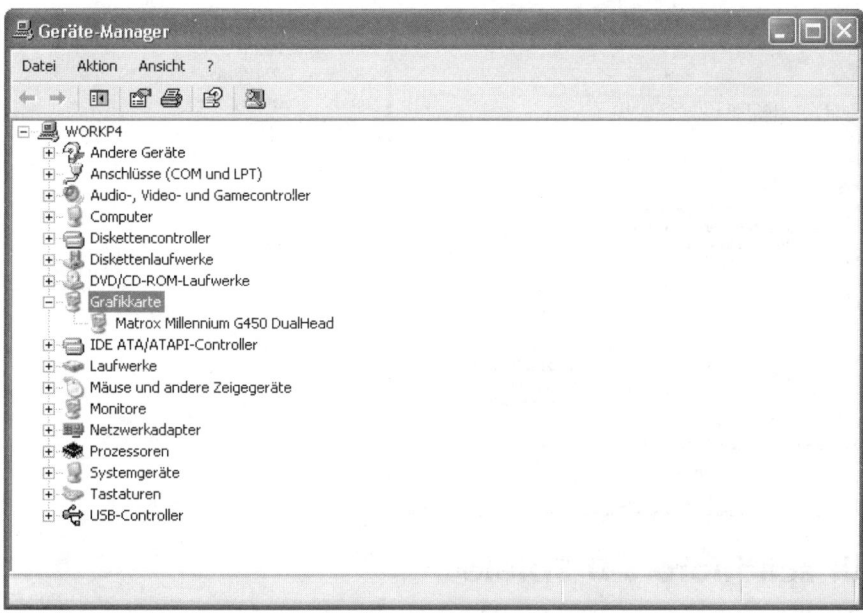

Sauber installierte Grafikkarte im Windows XP-Geräte-Manager.

4.4 Tipps & Tricks: Grafikkarte optimieren

Mit ein paar kleinen Griffen lässt sich die Grafikkarte optimal auf das Betriebssystem, 3-D-Spiele und den angeschlossenen Monitor einstellen.

So holen Sie nicht nur mehr Bildqualität auf den Bildschirm, sondern können auch die letzte Leistungsreserve aktivieren.

Windows XP: 60-Hz-Bug beseitigen

Wenn Windows XP und ein aktueller Grafikkartentreiber installiert wurden, fehlt dem System immer noch eine optimale Einstellung für die Bildwiederholrate. Bei DirectX- und OpenGL-Spielen wechselt Windows XP auf eine Frequenz von 60 Hz.

Dies belastet die Augen bei vielen Spielen unnötig. Abhilfe schaffen diverse Tools, beispielsweise das Programm RefreshForce, das im Download-Bereich von *www.chip.de* kostenlos angeboten wird. RefreshForce arbeitet mit allen gängigen Systemen, Grafikkarten und Monitoren zusammen und ermöglicht die freie Wahl der Bildwiederholfrequenz.

Mit der Option *Auto Populate* lassen sich automatisch die passenden Frequenzen zu den möglichen Bildschirmauflösungen ermitteln.

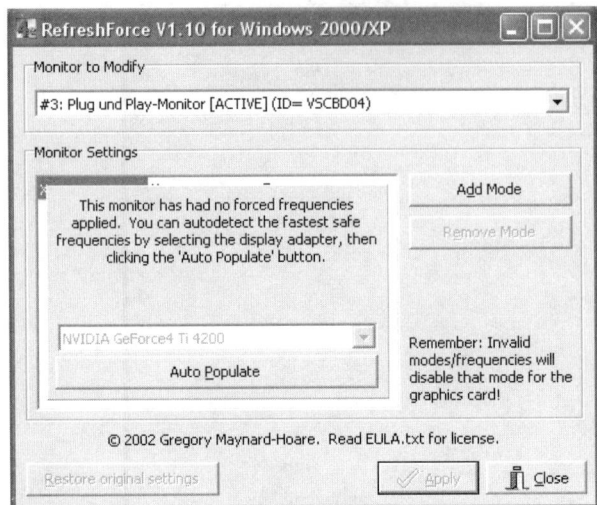

RefreshForce ermöglicht die freie Wahl der Bildwiederholfrequenz in 3-D-Spielen unter Windows XP.

FSAA für schönere 3-D-Spiele

Damit 3-D-Spiele in voller Pracht über den Bildschirm huschen, bieten neue Grafikkarten von ATI, Nvidia und Matrox die Möglichkeit zur Glättung von Kanten an. Per Full-Scene-Antialiasing-Filterung (FSAA) lässt sich der Grad der Filterung im Grafiktreiber zwischen den Werten 2 und 16 (Letzteres nur für die Matrox Parhelia) einstellen. Je höher die Kantenglättung, desto niedriger die Performance der Karte, aber desto feiner die Bildqualität. Ältere Grafikkarten bieten zwar ebenfalls FSSA an, wodurch viele Spiele aber ausgebremst werden.

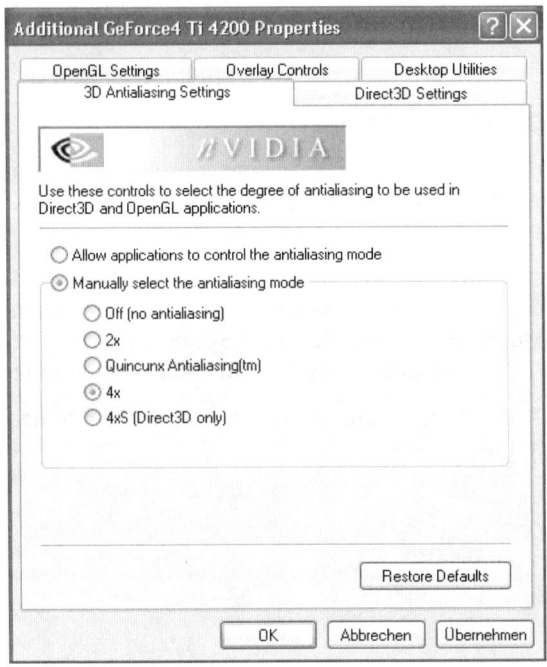

FSSA glättet die Kanten in 3-D-Spielen, verringert aber die Performance.

Volle 3-D-Leistung – Treiber auf Speed optimiert

Wer das letzte Prozent an Performance aus seiner Grafikkarte kitzeln will, muss dagegen auf einige optische Anreize verzichten und die Bildqualität minimieren. Dafür laufen dann aber auch auf langsamen Systemen noch die einen oder anderen Action-Shooter. Im Treiber muss dafür allerdings auf FSAA, anisotropische und trilineare Filterung verzichtet werden. Auch müssen Sie die Auflösung herunterschrauben, beispielsweise von 1.024 x 768 auf 800 x 600 Pixel. In vielen Spielen lässt sich zudem noch Detailstufe, Farbtiefe und Effektqualität beeinflussen. Setzen Sie diese ebenfalls auf ein Minimum. Sollte Ihr System allerdings 3-D-Spiele flüssig beschleunigen, macht es keinen Sinn, die Qualität zu vermindern, denn mehr Effekte bedeuten auch mehr Spielspaß.

Wer auf optischen Schnickschnack verzichten kann, erhält mehr 3-D-Leistung.

DirectX: Immer auf dem neusten Stand

Nutzen Sie auf Ihrem Rechner nicht nur den neusten Grafikkartentreiber, sondern auch die neuste Version von DirectX. Nur so können Sie sichergehen, dass 3-D-Spiele optimal beschleunigt und Fehler vermieden werden. Die jeweils aktuelle Version von DirectX bekommen Sie auf vielen Homepages von Computermagazinen im Download-Bereich oder direkt bei Microsoft unter *www.microsoft.com/windows/directx*. Neue Grafikkarten benötigen mindestens DirectX 8.1.

Update des Grafikkarten-BIOS

Treten permanent Probleme im Betrieb mit Ihrer Grafikkarte auf, kann ein Update des Grafikkarten-BIOS Abhilfe schaffen. Erkundigen Sie sich auf der Website des Herstellers nach möglichen Update-Dateien. Wichtig ist, dass Sie penibel den Installationsanweisungen des Herstellers folgen, damit Ihre Grafikkarte keinen Schaden nimmt. BIOS-Updates werden allerdings nur vereinzelt angeboten.

BIOS-Update für eine 3D-Prophet II Ultra von Hercules.

4.5 3-D-Tuning: Mehr Power kostenlos

Jeder 3-D-Chip sowie der Speicher einer Grafikkarte wird mit einem spezifizierten Chiptakt ausgeliefert. Diese unterscheiden sich je nach Hersteller und Chiptyp. Damit eine Grafikkarte stabil in allen PC-Systemen läuft, wählen die Hersteller meist einen niedrigeren Chip- und Speichertakt, als maximal möglich ist. Sicherlich – viele Highend-Karten, beispielsweise mit Radeon 9700 Pro von ATI, laufen schon am Limit der Leistungsfähigkeit. Dagegen eignen sich kleinere 3-D-Karten gut zum Übertakten, wie zum Beispiel ein GeForce4-Ti4200-Modell.

GeForce4-Karten übertakten

Voraussetzung für die maximale Leistungsfähigkeit einer GeForce4-Karte ist der neuste Detonator XP-Treiber. In diesem sind Übertaktungsfeatures schon versteckt, die sich per Registry-Eintrag aktivieren lassen. Damit Sie nicht von Hand eingreifen müssen, bieten viele Webseiten mit der Datei *v3xx_vsync.zip* ein kleines Tool an, das automatisch die Einstellungen in der Registry übernimmt. Wie haben das Tool unter *www.rivastation.de* aus dem Bereich *Files/Tools, Tweaks & Programme* heruntergeladen.

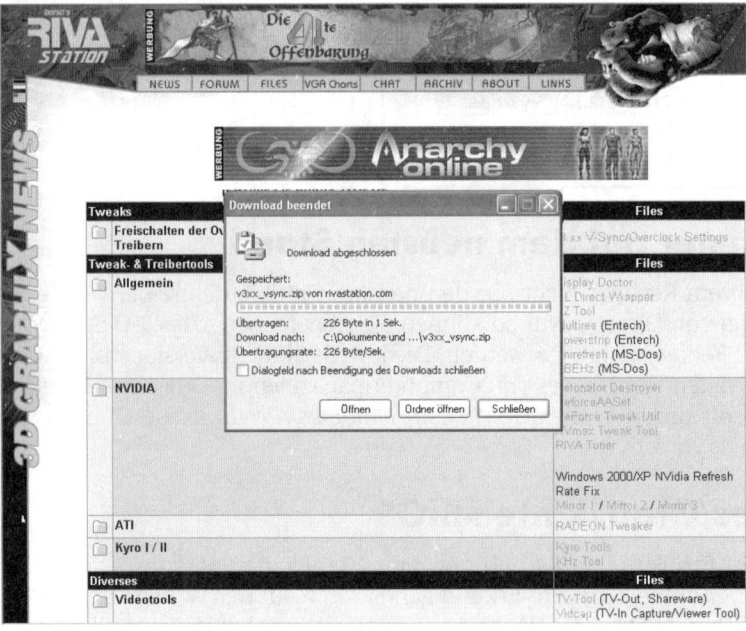

v3xx_sync installieren

1 Installieren Sie den Registry-Patch für den Detonator XP-Treiber, um die Übertaktungsfeatures freizuschalten. Bestätigen Sie alle Abfragen während der Installation. Starten Sie danach Ihr System neu.

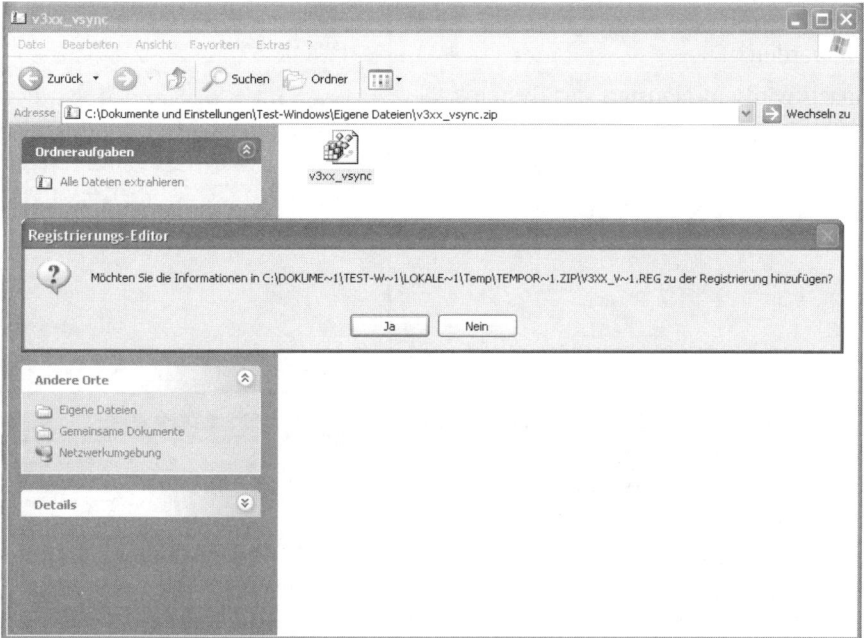

Taktfrequenzfunktion aktivieren

2 Nun ist eine zusätzliche Registerkarte zum Detonator XP-Treiber hinzugekommen.

Sie gelangen auf dem Desktop mit einem Klick der rechten Maustaste über *Eigenschaften/Einstellungen/Erweitert* zum Treiber Ihrer Grafikkarte – in unserem Beispiel *GeForce4 Ti 4600*.

Hier wählen Sie den Unterpunkt *Weitere Eigeschaften*.

3 Deutlich erkennbar ist das zusätzliche Register *Taktfrequenzen*.

Damit hier von Hand der Chip- und der Speichertakt per Schieberegler eingestellt werden kann, muss zuerst das Kästchen *Taktfrequenzanpassungen zulassen* aktiviert werden.

Danach wird ein Neustart des Systems fällig.

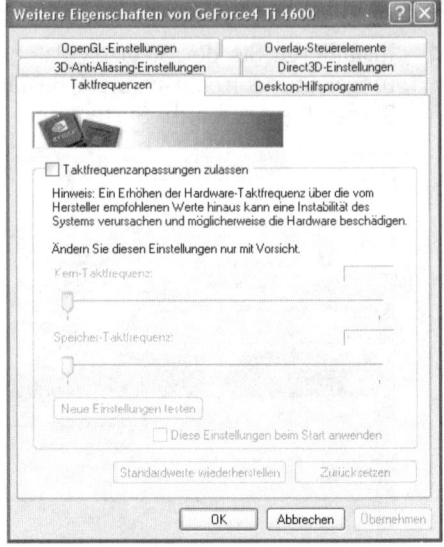

4 Wenn Sie nach dem Neustart wieder in die Treibereinstellungen gehen, lassen sich jetzt die Taktfrequenzen für den Chip und den Grafikspeicher von Hand einstellen.

Aber Vorsicht ist geboten – ein zu hoher Chiptakt kann die Grafikkarte zerstören. Je besser die Grafikkarte gekühlt ist, desto höher lässt sie sich übertakten.

Fehlen beispielsweise Kühlkörper auf den Speicherbausteinen, sollten diese nicht zu stark übertaktet werden.

5 Bevor Sie die Einstellungen übernehmen, sollten Sie sie testen. Dies geschieht per *Neue Einstellungen testen*. Überprüft wird allerdings nicht, ob die Grafikkarte die Taktfrequenzen auch wirklich verträgt, sondern ob die Einstellungen vom System angenommen werden. Ohne den Test bleiben die alten Einstellungen bestehen. Bestätigen Sie anschließend die neuen Frequenzen mit *OK* – und keine Panik, wenn der Bildschirm kurzzeitig schwarz wird.

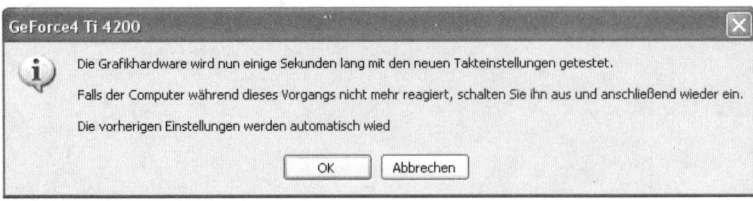

Taktfrequenzen: GeForce3 und GeForce4

Gut übertaktbar – GeForce4-Karten mit Chip- und Speicherkühlern. Foto: Leadtek Winfast 250 Ultra TD.

Die folgende Tabelle gibt die spezifizierten Taktfrequenzen von GeForce3- und GeForce4-Karten an. Die maximalen Übertaktungswerte sind nicht als Standardrezept zu verstehen, da es auf die Abluft im Rechner und die Kühlung der Grafikkarte ankommt. So sollten Sie die Taktfrequenzen für den 3-D-Chip und den Speicher in kleinen Schritten, beispielsweise 3 bis 5 MHz hochsetzen.

Eine anschließende Überprüfung mit einem Grafik-Benchmark, empfehlenswert ist der 3DMark2001 SE Built 330 von MadOnion (*www.madonion.com*), ist unabdingbar. Schon bei dem kleinsten Grafikfehler ist die Taktfrequenz wieder minimal um 3 bis 5 MHz zurückzunehmen. Systemhänger oder Abstürze müssen sogar mit einer Frequenzrücknahme von 5 bis 10 MHz reguliert werden. Denken Sie immer daran, dass beim Dauerbetrieb höhere Temperaturen im Rechner auftreten, sodass es auch noch später zu Grafikfehlern und Aussetzern kommen kann. Wer seine Grafikkarte schonen will, setzt nicht auf die allerhöchste Taktfrequenz, sondern auf einen Mittelwert zwischen Maximum und Spezifikation.

3-D-Chip	Chip-/Speichertakt (MHz)	Maximaler Chip-/Speichertakt (MHz)
GeForce4 Mx420	250/333	320/400
GeForce4 Mx440	270/400	320/460
GeForce4 Mx450	300/550	325/580
GeForce4 Ti4200	250/500	275/550
GeForce4 Ti4400	275/550	285/580
GeForce4 Ti4600	300/650	320/680
GeForce3 Ti200	175/400	220/460
GeForce3 Ti500	240/500	255/530

Grafikkarten übertakten mit Powerstrip

Neben Grafikkarten mit Nvidia-Chips gibt es noch unzählige andere Hersteller von 3-D-Beschleunigern und Grafikkarten.

Ein universelles Tool zum Übertakten der 3-D-Chips und Grafikspeicher bietet Entech mit dem Powerstrip. Für den Workshop verwenden wir die Version 3.26.

Powerstrip installieren

1 Installieren die heruntergeladene *pstrip-i*-Datei. Diese enthält neben der englischen auch die deutsche Sprache im Gegensatz zu der nur englischen Version. Bestätigen Sie während der Installation die üblichen Abfragen.

2 Anschließend startet Powerstrip erstmals mit einem Statusbildschirm, der Informationen über die Grafikkarte sowie den Bildschirmmodus ausgibt. Bestätigen Sie mit *OK*.

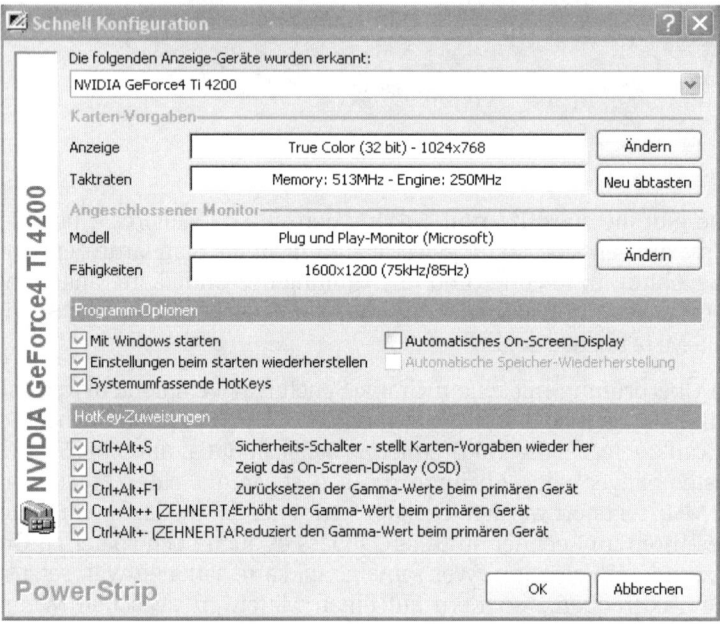

Grafikkarte übertakten

1 In der Taskleiste von Windows pflanzt sich jetzt ein Monitorsymbol ein. Mit der rechten Maustaste lässt es sich anwählen. Über den Unterpunkt *Leistungsprofile/Konfigurieren* gelangen Sie zum Menü, in dem Sie den Chip- und Speichertakt der Grafikkarte bestimmen können.

2 Anhand der Schieberegler ist der Chip- und Speichertakt einstellbar. Es lassen sich sogar unterschiedliche Profile anlegen, sodass die Grafikkarte nicht immer auf voller Leistungsstufe gehalten wird. Gehen Sie vorsichtig mit den Einstellungen um, damit Ihre Grafikkarte keinen Schaden nimmt. Auch ist es empfehlenswert, schrittweise in Abständen von 3 bis 5 MHz vorzugehen. Überprüfen Sie zudem die Bildqualität und den Leistungszuwachs nach jeder Erhöhung mit einer Benchmark-Software wie 3DMark2001 SE Built 330 – siehe nächster Abschnitt.

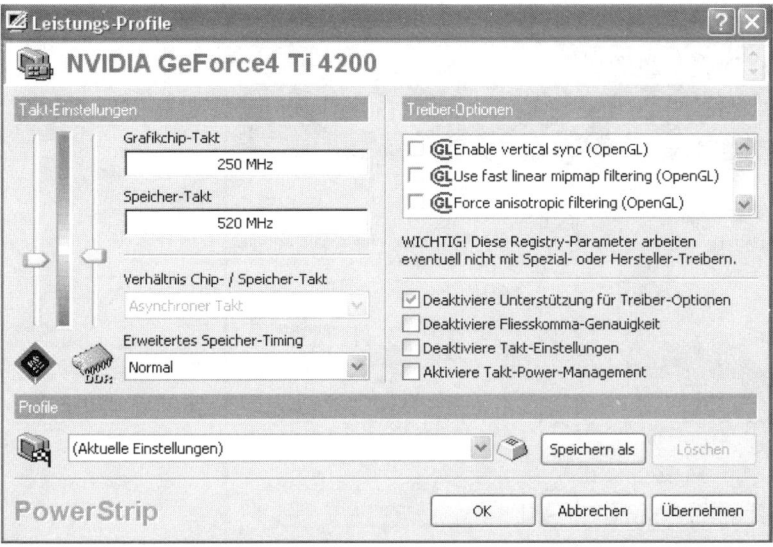

Taktfrequenzen: Radeon-Grafikkarten

Wie auch die Tabelle der Taktfrequenzen für die GeForce-Grafikkarten sind die maximalen Angaben nicht als Freifahrtschein zu verstehen. Auch hier muss sehr vorsichtig vorgegangen werden, und es sind die gleichen Richtlinien zu.

3-D-Chip	Chip-/Speichertakt (MHz)	Maximaler Chip-/Speichertakt (MHz)
Radeon 7500	260/360	280/420
Radeon 8500 LE	250/500	260/540
Radeon 8500	275/550	325/580
Radeon 9000	250/400	noch keine Erfahrungen
Radeon 9000 Pro	275/550	noch keine Erfahrungen
Radeon 9700	325/620	noch keine Erfahrungen

Leistungscheck mit 3DMark2002 SE

Um die Leistungsfähigkeit der eigenen Grafikkarte beurteilen zu können, eignen sich besonders Benchmark-Programme wie 3DMark2001 SE Built 330 von MadOnion (*www. madonion.com*), das kostenlos auf der Homepage des Anbieters zum Download bereitsteht.

Anhand von 3DMark2002 SE Built 330 lässt sich auch der 3-D-Leistungszuwachs ermitteln.

Zudem können Sie bei erhöhten Taktfrequenzen die Grafikausgabe auf Pixelfehler überprüfen.

Sollte es zu Pixelfehlern oder Bildaussetzern kommen, müssen die Taktraten wieder gesenkt werden.

Das Startanzeige-fenster von 3DMark2001.

Vorarbeiten – Vsync deaktivieren

Damit 3DMark2001 SE Built 330 richtige Vergleichswerte liefert und nicht synchron mit der Bildwiederholfrequenz der Grafikkarte läuft, muss der Vsync im Treiber abgeschaltet werden, um nicht das Benchmark-Ergebnis zu verfälschen. Dies geschieht im Grafikkartentreiber je nach Modell im Bereich *Direct3D-Einstellungen* – in diesem Beispiel im Register *Weitere Direct3D-Optionen*.

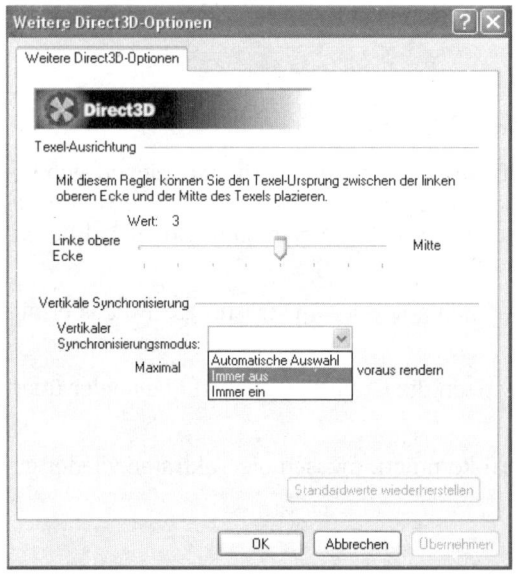

Den vertikalen Synchronisiermodus ausschalten.

Leistungsvergleich

Anhand von verschiedenen Testdurchläufen ermittelt 3DMark2001 SE einen theoretischen Leistungswert der Grafikkarte. Diesen können Sie vor und nach der Übertaktung miteinander vergleichen. Zum Start des Benchmarks klicken Sie einfach auf die Schaltfläche *Benchmark*. Natürlich lässt sich so auch die 3-D-Performance mit anderen PC-Systemen vergleichen, beispielsweise das eines Freundes. Allerdings muss beachtet werden, dass die Prozessorleistung von 3DMark2001 SE mitgemessen wird, wenn auch die Grafikkarte im Vordergrund steht. In diesem Beispiel erreicht der Rechner mit GeForce4-Ti4200-Grafikkarte und Pentium 4-Prozessor von Intel mit 2,4 GHz Taktfrequenz einen Wert von 9.771 Punkten. Wem der Standard-Benchmark-Durchlauf nicht reicht, kann auch eigene Einstellungen für Auflösung, 3-D-Optionen und die einzelnen Test-Benchmarks vornehmen. Wundern Sie sich zudem nicht, wenn einige Testbereiche nicht absolviert werden. Dies liegt in der Regel an fehlenden Vertex- und Pixelshadern einer Grafikkarte, die nur für DirectX 7 ausgelegt ist.

Ergebnisanzeige des Benchmarktests mit 3DMark2001.

4.6 Monitor und Grafikkarte richtig anpassen

Für ein optimales Bild muss der Monitor richtig an die Grafikkarte angepasst, die richtige Auflösung verwendet und die optimale Bildwiederholfrequenz eingestellt werden.

Plug & Play-Treiber für den Monitor

Bei neuen Bildschirmen wird kein Treiber für den Röhrenmonitor oder das LC-Display benötigt. Windows XP erkennt die Bildschirme automatisch. Die Informationen, wie beispielsweise maximale Auflösungen und Bildwiederholraten, werden per Plug & Play an die Grafikkarte weitergegeben. Dies funktioniert allerdings nur per VGA-Anschluss, der üblicherweise verwendet wird, und nicht, wenn die BNC-Anschlüsse mit der Grafikkarte verbunden sind. Bei älteren Modellen kann es vorkommen, dass der Bildschirm nicht erkannt wird. Hier benötigen Sie dann eine spezielle INF-Datei (eine Informationsdatei, die alle Modi des Sichtgeräts gespeichert hat), die Sie mit hoher Sicherheit auf der Homepage des Herstellers finden.

Monitor einrichten

1 Per rechtem Mausklick auf den Desktop über *Eigenschaften/Einstellungen/Erweitert* gelangen Sie in das Register *Monitor*.

In unserem Beispiel wurde der verwendete Bildschirm automatisch als Plug & Play-Bildschirm erkannt.

Über *Eigenschaften* lässt sich der Bildschirm aktualisieren.

Dies erledigt Windows XP normalerweise automatisch beim Systemstart.

2 Das Register *Treiber* im Menü *Eigenschaften von Plug und Play-Monitor* ermöglicht zudem, die INF-Datei des Monitors per CD-ROM, Diskette oder von der Festplatte einzuspielen. Sie erkennen die Datei an der Endung *.inf*.

Auflösung und Farbtiefe anpassen

Ist der Monitor erst einmal erkannt, muss die Auflösung angepasst werden, da Windows in der Regel nur mit 800 x 600 Bildpunkten startet. Die Abkürzung CRT steht in der Tabelle für **C**athode **R**ay **T**ube (Kathodenstrahlröhre) und meint einen normalen analogen Monitor. Auch die Farbtiefe lässt sich variieren. Je nach Display sind folgende Auflösungen empfehlenswert:

Bildschirm	Optimale Auflösung	Maximale Auflösung
CRT 15-Zoll	800 x 600	1.024 x 768
CRT 17-Zoll	1.024 x 768	1.280 x 1.024
CRT 19-Zoll	1.152 x 864	1.280 x 1.024
TFT 15-Zoll	1.024 x 768	identisch
TFT 17-Zoll	1.280 x 1.024	identisch
TFT 18-Zoll	1.280 x 1.024	identisch

Bildschirmauflösung einstellen

1 Um in die Eigenschaften der Anzeigensteuerung zu gelangen, wählen Sie auf dem Desktop mit der rechten Maustaste *Eigenschaften* und anschließend das Register *Einstellungen*. Im Bereich *Bildschirmauflösung* lässt sich nun die Auflösung per Schieberegler anpassen.

2 Wurde ein neuer Bildschirmmodus gewählt, erfolgt eine Abfrage, die innerhalb weniger Sekunden bestätigt werden muss.

Windows will so verhindern, dass eine zu hohe Auflösung gewählt wird, die der Bildschirm physikalisch nicht darstellen kann.

Farbtiefe einstellen

1 Wie die Auflösung lässt sich die Farbtiefe auf der gleichen Registerkarte einstellen. Im Listenfeld *Farbqualität* lässt sich in der Regel zwischen 16 und 32 Bit Farbtiefe wählen.

Wir empfehlen gerade für die Bildbearbeitung den vollen Farbumfang von 32 Bit, da neue Grafikkarten auf diesen Modus abgestimmt sind und so die beste Performance liefern. Bestätigen Sie Ihre Auswahl.

Anschließend erfolgt eine Sicherheitsabfrage wie bei der Bildschirmauflösung, die ebenfalls bestätigt werden muss.

Bildwiederholfrequenz richtig einstellen

Damit die Augen nicht schon nach ein paar Minuten Bildschirmarbeit tränen, muss die Bildwiederholfrequenz auf einen augenverträglichen Wert eingestellt werden.

In der Praxis redet man ab 72 Hz von einem flimmerfreien Bild.

Dies bedeutet, dass die Elektronik des Bildschirms das Bild 72-mal pro Sekunde aufbaut. Bewährt haben sich allerdings 85 Hz bis maximal 100 Hz.

Eine Bildfrequenz über 100 Hz kann dagegen zu trockenen Augen führen.

Wie hoch die Bildwiederholrate eingestellt werden kann, hängt von der Leistungsfähigkeit (vgl. Infokasten) des Monitors ab sowie von der eingestellten Auflösung.

Horizontalfrequenz – Die Leistungsfähigkeit des Monitors

Die Horizontalfrequenz eines Monitors gibt die Leistungsfähigkeit der Elektronik an und wird in kHz gemessen. Je höher diese ausfällt, desto größere Auflösungen, abhängig von der physikalischen Sichtfläche samt hohen Bildwiederholfrequenzen, können eingestellt werden. Berechnet wird die Horizontalfrequenz nach folgender Formel: Horizontalfrequenz = Bildwiederholfrequenz x Anzahl der Zeilen. Für einen 17-Röhren-Monitor ergibt sich so eine Rechnung von 65 kHz = 85 Hz x 768 Zeilen. Dazu kommen noch etwa 6, besser 10 % Leistungsreserve. Ein 17-Zöller sollte demnach mindestens eine Horizontalfrequenz von 69 kHz bieten.

Bildwiederholfrequenz einstellen

1 Klicken Sie mit der rechten Maustaste auf den Desktop und wählen Sie *Eigenschaften*, danach das Register *Einstellungen* und dort den Unterpunkt *Erweitert*.

Wählen Sie hier das Register *Monitor*, in dem sich die Bildwiederholfrequenz über verschiedene Werte in einem Listenfeld anpassen lässt.

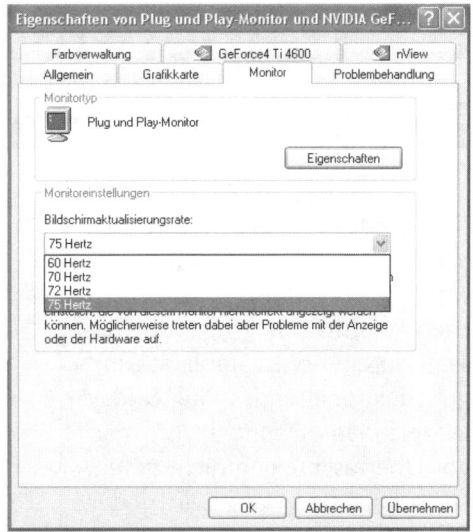

Die Qualität des Monitors testen

Die Qualität eines Röhrenbildschirms oder LC-Displays lässt sich anhand eines Bildschirmtestprogramms überprüfen. Angeboten wird beispielsweise der Nokia-Bildschirmtest auf der Webseite von Viewsonic unter *www.viewsonic.de* im Bereich *Support*. Hier befindet sich die Software Screen Test Utility – gemeint ist die Datei *monitor_test.exe*. Nicht nur Lesbarkeit und Schärfe lassen sich überprüfen, sondern auch Konvergenz, Farbreinheit der Bildfläche, Geometrie und Kontrastabstufungen.

5. Treiberprobleme und Ressourcenkonflikte lösen

Mit Windows XP Home und Professional hat Microsoft mittlerweile zwei Varianten eines Betriebssystems im Angebot, die sich durch hohe Stabilität und gut funktionierendes Plug & Play auszeichnen. Dennoch ist man vor Überraschungen nicht gefeit. Über kurz oder lang wird jeder PC-User einmal damit zu kämpfen haben, dass eine neue Hardwarekomponente nicht richtig erkannt wird, widerspenstige Treiber die Arbeit nicht aufnehmen wollen oder die Vergabe von Systemressourcen durch das Betriebssystem hakt.

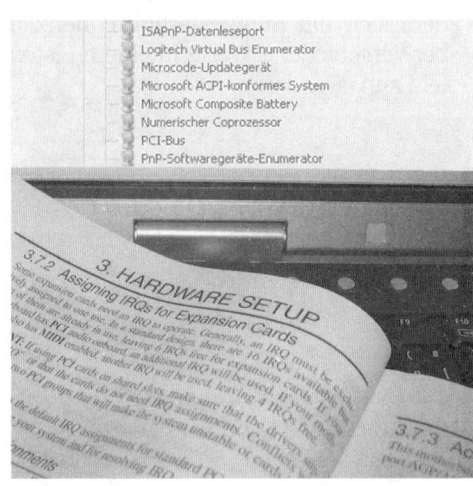

Durch eine systematische Fehleranalyse und -behebung lassen sich solche Probleme aber leicht aus der Welt schaffen.

Dieses Kapitel erklärt Ihnen Schritt für Schritt, wie Sie die Hauptprobleme, mit denen Windows-Anwender bei Treibern und Ressourcen zu kämpfen haben, in den Griff bekommen.

5.1 Hardware im Geräte-Manager identifizieren

Mit Windows XP ist es Microsoft endgültig gelungen, die automatische Hardwareerkennung und -installation, das Plug & Play, aus der Schmuddelecke herauszubekommen, in der es sich seit den Tagen von Windows 95 aus der Sicht vieler Anwender noch befand. Denn die als „Plug & Pray" verhöhnte Technologie war in ihren Anfängen alles andere als ausgereift und machte oft mehr Ärger bei der Installation, als dass sie half.

Automatische Installation einer Plug & Play-Komponente

Mittlerweile halten sich jedoch die meisten Hardwarehersteller bei der Entwicklung ihrer Produkte an die Spezifikationen, die Microsoft für einen reibungslosen Betrieb vorgibt. Daher werden Sie im Idealfall von der Installation einer neuen Hardwarekomponente außer ein paar Erfolgsmeldungen des Betriebssystems nichts mitbekommen. Im Einzelnen läuft dieser Idealfall in den folgenden Schritten ab:

1   Sie schließen die neue Hardware an den PC an. Je nachdem, um was für ein Gerät es sich handelt, muss dies bei abgeschaltetem Rechner geschehen. Komponenten, die keine Initialisierung über das BIOS benötigen, können aber auch im laufenden Betrieb angeschlossen werden (prinzipiell sind das alle Geräte außer internen Festplatten, PCI-Steckkarten, RAM-Modulen und der CPU).

2   Einige Augenblicke später meldet sich Windows mit einem kleinen Symbol und einer Sprechblase im Infobereich der Taskleiste zu Wort. Sie werden darüber informiert, dass neue Hardware gefunden wurde, und es wird auch gleich der Name des Geräts angezeigt, den dieses an Windows  weitergegeben hat. In unserem Beispiel handelt es sich um eine PCMCIA-Netzwerkkarte der Firma Xircom.

3   Ohne dass ein Eingriff seitens des Nutzers erforderlich ist, beginnt Windows mit der Suche nach einem passenden Treiber in seiner vorinstallierten Treiberdatenbank. Da die Xircom-Karte mit Windows-eigenen Standardtreibern und -protokollen betrieben werden kann, werden diese automatisch installiert, und die Karte wird als neues Gerät ins System eingebunden. Nach etwa einer Minute ist dieser Vorgang abgeschlossen und wird wiederum durch eine Meldung kommentiert:

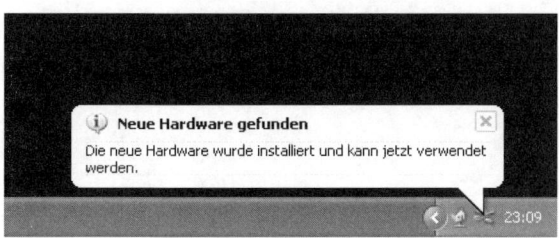

4 Ab sofort ist das Gerät betriebsbereit. Jetzt folgt der komfortabelste Teil der Installationsroutine: Windows erkennt auch den Gerätetyp automatisch. Da das System jetzt weiß, dass es sich um eine Netzwerkkarte handelt, wird es im Geräte-Manager entsprechend einsortiert. Anschließend wird angeboten, den Installations-Assistenten zu starten, der Sie dabei unterstützt, die Karte für den Betrieb im Netzwerk zu konfigurieren.

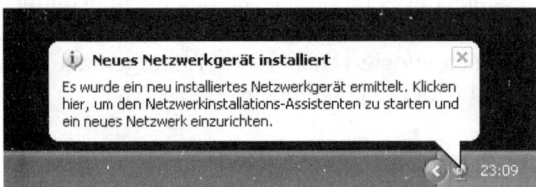

5 Der Hardware-Assistent ist ein flexibles Instrument, das für jeden Gerätetyp eine spezifische Konfigurationsroutine durchläuft, sofern für eine Einrichtung des neuen Geräts überhaupt Benutzereingaben erforderlich sind. Folgen Sie den Anweisungen des Assistenten, bis das Gerät endgültig eingerichtet ist.

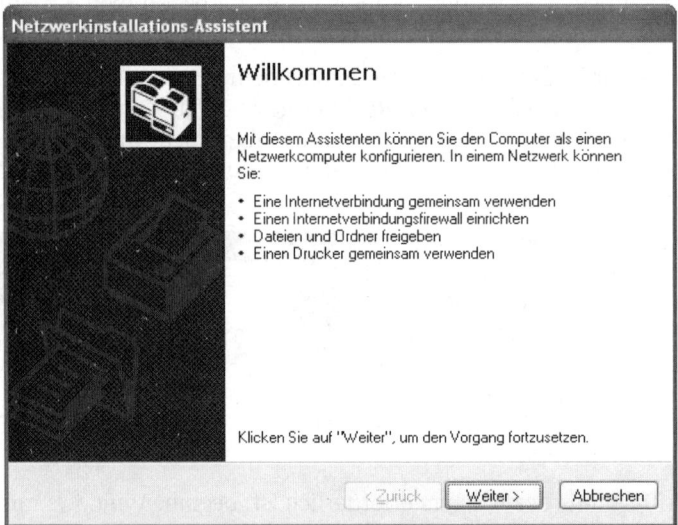

So weit die – in der Praxis wie bereits erwähnt immer besser funktionierende – Theorie. Was aber, wenn doch einmal ein Gerät oder ein zugehöriger Treiber muckt? Dann muss von Hand nachgeholfen werden. Wie das geht, erfahren Sie auf den folgenden Seiten.

Hardwareinstallation ist Administratorsache

Windows XP basiert auf der Technologie von Windows NT und hat auch die Sicherheitseigenschaften dieses Vorgängers übernommen. Dazu zählen u. a. die abgestuften Rechte für verschiedene Kategorien von Benutzerkonten. Wie die Abbildung zeigt, haben Personen mit Administratorrechten automatisch das Recht zur Installation und zum Entfernen von Hardware. Ein normaler Benutzer kann dies hingegen nicht.

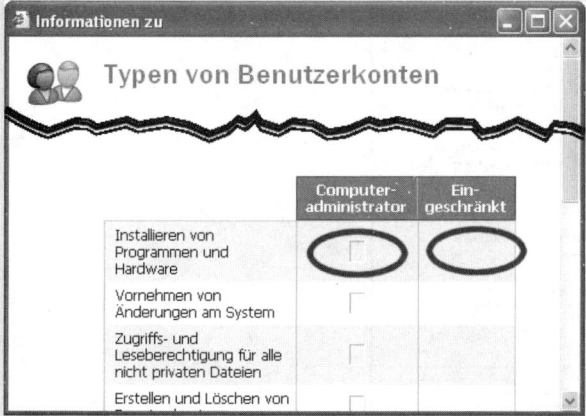

Die weiter oben geschilderte Hardwareerkennung läuft allerdings komplett automatisch ab, sodass die Installation mit den Rechten des Systems durchgeführt werden kann. (Das System hat übrigens noch ein paar Rechte mehr als die Administratoren!) Lediglich der Hardware-Assistent wird nicht gestartet, da ein Benutzer ohne Administratorrechte ohnehin keine relevanten Änderungen vornehmen dürfte. Problematisch wird es außerdem, wenn die Autoinstallation nicht richtig funktioniert: Zu den dann notwendigen Eingriffen im Geräte-Manager ist ein User mit eingeschränkten Benutzerrechten nicht befugt. Loggen Sie sich daher immer mit Administratorrechten ein, wenn Sie selbst Änderungen an der Hardware vornehmen wollen.

Neu erkannte und defekte Geräte ausfindig machen

Es kann vorkommen, dass neue Hardware nicht gefunden wird oder dass sie zwar gefunden, aber nicht korrekt installiert wird.

Ebenso ist es denkbar, dass eine bisher funktionierende Komponente plötzlich durch hard- oder softwareseitige Defekte den Dienst verweigert.

Widmen wir uns zunächst dem Fall, dass Hardware zwar entdeckt, aber nicht richtig installiert wurde.

1 Dreh- und Angelpunkt für die Installation aller Hardwarekomponenten und deren Treiber ist der Geräte-Manager, den Sie über *Start/Systemsteuerung/System* aufrufen können.

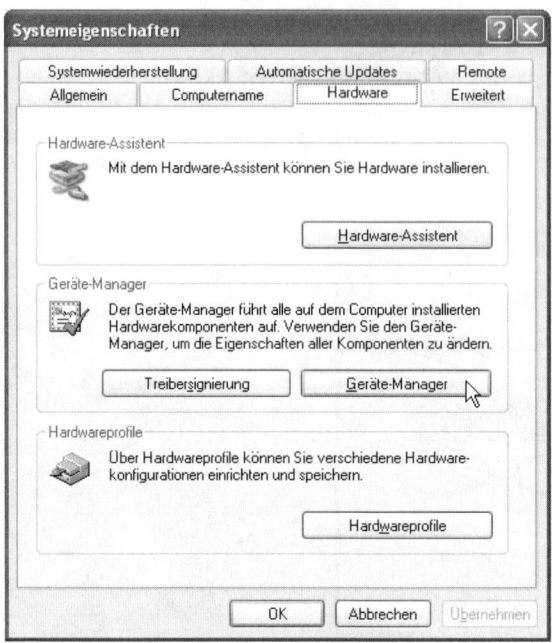

2 Es erscheint das Fenster *Systemeigenschaften*, in dem Sie auf die Schaltfläche *Geräte-Manager* klicken, um zu einer Übersicht der installierten Hardwarekomponenten zu gelangen.

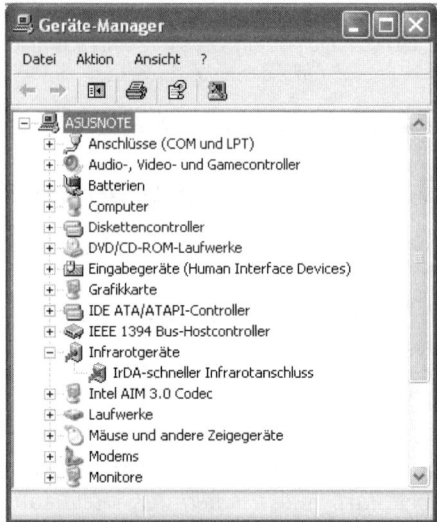

3 Hier finden Sie eine Liste aller installierten Geräte. Die Komponenten sind nach Typ sortiert. Suchen Sie beispielsweise eine installierte Festplatte, müssen Sie auf das Pluszeichen vor dem Eintrag *Laufwerke* klicken.

4   Die nächste Hierarchieebene wird eingeblendet und listet alle installierten Festplatten auf. Dabei ist es unerheblich, ob es sich um IDE- oder SCSI-Festplatten handelt und ob sie intern oder beispielsweise über einen USB-Port betrieben werden.

5   Defekte und nicht richtig installierte oder fehlerhaft erkannte Geräte werden mit bestimmten Symbolen dargestellt, die wir in der Tabelle im folgenden Abschnitt auf Seite 143 beschreiben.

6   Nicht alle Geräte werden standardmäßig vom Geräte-Manager aufgelistet. Zu Anfang bekommen Sie nur Plug & Play-fähige Komponenten zu sehen. Wenn Sie alle Geräte sehen möchten, wählen Sie in der Befehlsleiste *Ansicht/Ausgeblendete Geräte anzeigen*. Unter *Ansicht* können Sie sich auch die Systemressourcen anzeigen lassen.

5.2 Fehlercodes und Fehlersymbole im Geräte-Manager

Der Geräte-Manager gibt recht präzise Auskunft, wenn etwas mit der Hardware oder den Treibern nicht stimmt.

In diesem Abschnitt finden Sie eine Übersicht der verwendeten Fehlercodes und -meldungen sowie der Symbole, hinter denen sich im Geräte-Manager Hinweise verbergen.

Fehlersymbol	Symbolname	Beschreibung und Lösung
Fragezeichen-Symbol	Fragezeichen	Die gefundene Hardware funktioniert nicht. Ein so markiertes Gerät ist deaktiviert, da kein Treiber installiert wurde. In diesem Fall müssen Sie die Installation von Hand nachholen. Gehen Sie dabei vor, wie in Kapitel 5.3 beschrieben.
Serial	Schwarzes Ausrufezeichen in gelbem Kreis	Das so gekennzeichnete Gerät wurde nicht richtig installiert. Doppelklicken Sie auf den Eintrag und überprüfen Sie im sich öffnenden Fenster unter Gerätestatus die angegebene Fehlerursache. In der Regel ist eine Installation neuer Treiber erforderlich, oder es besteht ein Ressourcenkonflikt, der wie in Kapitel 5.4 beschrieben behoben werden kann.
IrDA	Rotes X	Die Hardwarekomponente wurde durch Sie oder einen anderen Anwender mit Adrministratorrechten deaktiviert. Klicken Sie doppelt auf den entsprechenden Eintrag und entfernen Sie im sich öffnenden Fenster im Abschnitt *Gerätenutzung* das Häkchen vor dem Eintrag *In diesem Profil deaktivieren*. Eine zweite mögliche Ursache ist, dass die Komponente gerade erst installiert wurde und Windows einen Neustart benötigt, um das Gerät in Betrieb nehmen zu können.
Blaues i-Symbol	Blaues i auf weißem Grund	Bei einem so gekennzeichneten Gerät wurde die Plug & Play-Funktion deaktiviert. Entweder war dies aus systemseitigen Gründen notwendig, um die Komponente einbinden zu können, oder das Gerät ist vom Hersteller nicht als Plug & Play-fähig konzipiert worden. Hier brauchen Sie nichts zu unternehmen: Geräte mit einem i-Symbol funktionieren trotz fehlendem Plug & Play einwandfrei.

Die folgende Tabelle listet alle Fehlercodes und Meldungen auf, mit denen der Geräte-Manager sich zu Wort melden kann, und das von Microsoft empfohlene Vorgehen, um aufgetretene Probleme zu beseitigen. Bei hartnäckigen Fällen hilft manchmal auch nur eine Kombination verschiedener Lösungsstrategien.

Fehlercode-Nr. und Bedeutung	Lösung
1 Das Gerät ist nicht richtig konfiguriert, weil die Hardwareerkennung fehlgeschlagen ist.	Besorgen Sie sich den neusten Treiber aus dem Internet und binden Sie ihn manuell ein: Komponente aus dem Geräte-Manager löschen und über *Systemsteuerung/Hardware* neu installieren.
2 Gerätetreiber konnte nicht geladen werden, da zwei verschiedene Bustypen vorhanden sind.	Windows kann das Gerät hardwareseitig nicht erkennen. Abhilfe kann ein BIOS-Update schaffen.
2 [Gleicher Fehlercode, andere Fehlermeldung]: Das Geräteladeprogramm konnte den Gerätetreiber nicht laden.	Klicken Sie auf *Treiber aktualisieren* und ersetzen Sie den beschädigten Treiber durch einen intakten.
3 Der Gerätetreiber ist beschädigt, oder es sind nicht genügend Ressourcen vorhanden.	Gerät aus dem Geräte-Manager entfernen und nach einem Neustart des Rechners über *Systemsteuerung/Hardware* neu installieren.
4 Das Gerät funktioniert nicht richtig, da ein Treiber/die Registrierung beschädigt ist.	Die Installationsdatei mit den notwendigen Geräteinformationen ist beschädigt oder fehlerhaft. Entfernen Sie das Gerät aus dem Geräte-Manager und installieren Sie es über *Systemsteuerung/Hardware* neu. Eventuell kann eine neuere Treiberdatei (INF) helfen.
5 Für diesen Gerätetreiber ist eine unbekannte Ressource erforderlich.	Der Treiber ist veraltet oder wurde nicht richtig installiert. Aktualisieren Sie den Treiber mittels der Schaltfläche *Treiber aktualisieren*. Sollte das nicht helfen, laden Sie einen neuen Treiber aus dem Internet und installieren ihn über *Systemsteuerung/Hardware*.
6 Die erforderlichen Ressourcen werden von einem anderen Gerät verwendet.	Es besteht ein Konflikt zwischen diesem und einem anderen verwendeten Gerät. Dort wird die gleiche Fehlermeldung angezeigt. Die Hilfe von Windows gibt unter *Start/Hilfe und Support* zum Thema *Beheben von Hardwarekonflikten* ein paar Tipps, wie das Problem zu lösen ist.
7 Die Treiber für dieses Gerät müssen neu installiert werden.	Das Gerät konnte vom System nicht konfiguriert werden. Entfernem Sie das Gerät aus dem Geräte-Manager und installieren Sie es im Anschluss über *Systemsteuerung/Hardware* neu. Wird der Fehler danach noch immer angezeigt, benötigen Sie einen aktualisierten Treiber für diese Komponente.
8 Das Gerät funktioniert nicht, da die Treiberdatei nicht geladen werden kann.	Der Treiber ist beschädigt. Klicken Sie auf die Schaltfläche *Treiber aktualisieren* und installieren Sie einen neuen Treiber.
9 Das Gerät funktioniert nicht, da im BIOS die falschen Ressourcen angegeben sind.	Dieser Code bedeutet, dass die Information in der Registrierung für dieses Gerät ungültig ist. Möglicherweise kann dieser Fehler behoben werden, indem Sie den Geräte-Manager verwenden, um das Gerät zu entfernen und anschließend den Hardware-Assistenten in der Systemsteuerung ausführen. Wenn der Fehlercode weiterhin angezeigt wird, wenden Sie sich an den Hardwarehersteller, um die korrekten Registrierungseinstellungen oder aktualisierte Treiber zu erhalten.

Fehlercode-Nr. und Bedeutung	Lösung
10 Das Gerät ist nicht vorhanden, funktioniert nicht, oder es sind nicht alle Treiber installiert.	Überprüfen Sie, ob das Gerät richtig an den PC angeschlossen ist. Achten Sie darauf, dass alle Kabel und PCI-Adapterkarten richtig eingesteckt sind. Gehen Sie nach der Lösungsempfehlung vor und aktualisieren Sie den Gerätetreiber. Möglicherweise können Sie das Gerät entfernen und über den Hardware-Assistenten neu erkennen lassen.
11 Das Gerät wird nicht mehr gestartet, da Windows beim Starten des Geräts nicht mehr reagiert.	Windows hat ein Gerät aus der Geräteliste entfernt, da es offenbar beim Systemstart zu Problemen mit dieser Komponente gekommen ist. Um diesen Fehler zu beheben, klicken Sie auf *Start/Programme/Zubehör/Systemprogramme/Systeminformation* und wählen im Menü *Extras* den Assistenten für die Hardware-Fehlerbehebung. Folgen Sie den Anweisungen des Assistenten.
12 Es sind keine freien Ressourcen für das Gerät vorhanden.	Fordert das Gerät Ressourcen an, die im gleichem Moment von einer anderen Komponente verwendet werden, kommt es zu dieser Fehlermeldung.
13 Das Gerät ist nicht vorhanden, funktioniert nicht, oder es sind nicht alle Treiber installiert.	Der Gerätetreiber konnte die Hardware nicht finden. Der Treiber ist veraltet oder beschädigt. Installieren Sie den Treiber durch Anklicken der Schaltfläche *Treiber aktualisieren* neu.
14 Das Gerät funktioniert erst nach dem Neustart des Computers.	Windows muss neu gestartet werden, damit eine soeben an den PC angeschlossene Hardwarekomponente bzw. ein neu installiertes Gerät genutzt werden kann. Beenden Sie Windows und starten Sie den PC neu.
15 Dieses Gerät verursacht einen Ressourcenkonflikt.	Dieser Code bedeutet, dass ein Konflikt zwischen den Ressourcen des Geräts und den Ressourcen eines anderen Geräts besteht. Um dieses Problem zu beheben, folgen Sie den Anweisungen im Ratgeber für Hardwarekonflikte.
16 Es konnten nicht alle Geräteressourcen identifiziert werden.	Dieser Code bedeutet, dass das Gerät nicht vollständig identifiziert wurde. Wenn ein Gerät nicht vollständig identifiziert wird, werden möglicherweise nicht alle Geräteressourcen aufgezeichnet. Um diesen Fehler zu beheben, klicken Sie auf die Registerkarte *Ressourcen* im Geräte-Manager, um die Einstellungen manuell einzugeben.
17 Die in der Treiberinformationsdatei angegebene Ressource für das untergeordnete Gerät wird vom übergeordneten Gerät nicht erkannt.	Diese Fehlermeldung bedeutet, dass die Hardware ein Geräteverbund ist und die INF-Datei für das Gerät ungültige Informationen darüber liefert, wie die Ressourcen des Geräts auf die untergeordneten Geräte aufzuteilen sind. Um diesen Fehler zu beheben, verwenden Sie den Geräte-Manager, um das Gerät zu entfernen, und führen anschließend den Hardware-Assistenten in der Systemsteuerung aus. Wenn der Fehlercode weiterhin angezeigt wird, wenden Sie sich an den Hardwarehersteller, um eine aktualisierte INF-Datei zu erhalten.
18 Die Treiber für dieses Gerät müssen neu installiert werden.	Es ist ein Gerätefehler aufgetreten, und der Treiber muss über den Geräte-Manager neu installiert werden.
19 Möglicherweise ist die Registrierung beschädigt.	Dieser Fehler taucht auf, wenn die Registrierung ein unbekanntes Ergebnis geliefert hat. Um dieses Problem zu beheben, gehen Sie nach der Lösungsempfehlung vor. Dabei wird die Datei *Scanreg.exe* ausgeführt. Wird das Problem dadurch nicht behoben, geben Sie an der Eingabeaufforderung „scanreg /restore" (ohne Anführungszeichen) ein. Entfernen Sie das Gerät aus dem Geräte-Manager und lassen Sie es über den Hardware-Assistenten in der Systemsteuerung neu erkennen.

Fehlercode-Nr. und Bedeutung	Lösung
20 Es konnte kein Treiber für das Gerät geladen werden.	Das VxD-Ladeprogramm (Vxdldr) hat ein unbekanntes Ergebnis geliefert. Beispielsweise könnte ein Versionskonflikt zwischen dem Gerätetreiber und dem Betriebssystem bestehen. Um dieses Problem zu beheben, gehen Sie nach der Lösungsempfehlung vor. Hat dies keinen Erfolg, versuchen Sie, das Gerät aus dem Geräte-Manager zu entfernen und anschließend den Hardware-Assistenten in der Systemsteuerung auszuführen.
21 Das Gerät wird entfernt.	Es besteht ein Geräteproblem, das durch einen Neustart des Computers wahrscheinlich behoben werden kann. Einfach Windows beenden und den PC neu starten.
22 Das Gerät ist deaktiviert bzw. wurde nicht gestartet.	Dieser Code bedeutet, dass das Gerät deaktiviert ist oder nicht gestartet wurde. Um diesen Fehler zu beheben, gehen Sie nach der Lösungsempfehlung vor.
23 Das Geräteladeprogramm hat den Start eines Geräts verschoben und hat Windows anschließend nicht darüber informiert, dass es bereit ist, das Gerät zu starten.	Um diesen Fehler zu beheben, überprüfen Sie die Einstellungen für die primäre Grafikkarte (Symbol *Anzeige* in der Systemsteuerung). Versuchen Sie, die primäre und die sekundäre Grafikkarte aus dem Geräte-Manager zu entfernen, und starten Sie den Computer neu. Bei anderen Geräten als Grafikkarten gehen Sie nach der Lösungsempfehlung vor.
24 Das Gerät ist nicht vorhanden, funktioniert nicht, oder es sind nicht alle Treiber installiert.	Dieser Code bedeutet, dass das Gerät nicht gefunden wurde (zum Beispiel weil es nicht vorhanden ist oder nicht funktioniert). Ist das Gerät richtig an den PC angeschlossen? Sitzen PCI-Karten und Kabel richtig? Notfalls hilft vielleicht ein Treiber-Update.
25	Dieses Problem besteht typischerweise nur während des ersten und des zweiten Startens, nachdem Windows-Setup alle Dateien kopiert hat. An sich deutet das Auftreten dieses Fehlercodes auf eine vermutlich unvollständige Installation hin. Um dieses Problem zu beheben, gehen Sie nach der Lösungsempfehlung vor. Abhängig davon, ob ein Neustart das Problem beheben kann, muss Windows möglicherweise neu installiert werden.
26 Das Gerät wird konfiguriert.	Ein Gerät konnte nicht geladen werden. Möglicherweise besteht ein Problem mit dem Gerätetreiber, oder es wurden nicht alle Treiber installiert. Starten Sie den PC neu. Hat dies keinen Erfolg, Gerät aus dem Geräte-Manager löschen, anschließend über *Systemsteuerung/Hardware* neu installieren und den Treiber aktualisieren
27 Die Ressourcen für das Gerät können nicht bestimmt werden.	Dieser Code bedeutet, dass der Abschnitt der Registrierung, der die möglichen Ressourcen für ein Gerät beschreibt, keine gültigen Einträge enthält. Beispielsweise ist das Gerät als konfigurierbar gekennzeichnet, die Konfigurationsinformation in der INF-Datei ist jedoch auf „festverdrahtet" gestellt. Um diesen Fehler zu beheben, verwenden Sie den Geräte-Manager, um das Gerät zu entfernen, und führen anschließend den Hardware-Assistenten in der Systemsteuerung aus. Funktioniert das Gerät immer noch nicht, wenden Sie sich an den Hardwarehersteller, um aktualisierte Treiber oder Hinweise auf „Known Bugs" zu erhalten.

Fehlercode-Nr. und Bedeutung	Lösung
28 Für dieses Gerät sind keine Treiber installiert.	Dieser Fehler zeigt an, dass das Gerät nicht vollständig installiert wurde. Um dieses Problem zu beheben, gehen Sie nach der Lösungsempfehlung vor. Hat dies keinen Erfolg, versuchen Sie, das Gerät aus dem Geräte-Manager zu entfernen und anschließend über den Hardware-Assistenten neu erkennen zu lassen. Wenn der Fehler weiterhin auftritt, müssen Sie sich möglicherweise aktualisierte Treiber beschaffen.
29 Das Gerät ist deaktiviert, da im BIOS keine Ressourcen angegeben sind.	Das Gerät wurde deaktiviert, weil es nicht funktioniert und es nicht möglich ist, die einwandfreie Funktion unter Windows herzustellen. Achtung: Dieser Fehlercode kann auch vorliegen, wenn das Gerät bewusst im BIOS deaktiviert wurde. Möglicherweise können Sie diesen Fehler beheben, indem Sie das Gerät in den BIOS-Einstellungen des Computers aktivieren. Windows selbst kann diese Einstellung nicht überschreiben.
30 Dieses Gerät greift auf eine IRQ-Ressource zu, die bereits von einem anderen Gerät verwendet wird und nicht gemeinsam genutzt werden kann.	Dieser Fehler betrifft vornehmlich ältere Windows-Varianten und bedeutet, dass eine IRQ-Ressource nicht gemeinsam genutzt werden kann. Dies kann auftreten, wenn ein PCI-Controller eine IRQ-Ressource nutzt, die auch von einem Real-Modus-Gerätetreiber verwendet wird, den Windows nicht ändern kann.
31 Das Gerät funktioniert nicht richtig.	Dieser Fehlercode wird angezeigt, wenn die ordnungsgemäße Funktion eines Geräts von einem anderen Gerät abhängt. Es ist sehr wahrscheinlich, dass bei diesem Gerät ebenfalls ein Fehlercode vorliegt. Gehen Sie nach den Lösungsempfehlungen vor. Funktionieren die Geräte immer noch nicht, entfernen Sie sie aus dem Geräte-Manager und verwenden den Hardware-Assistenten, um sie neu erkennen zu lassen. Schließlich kann auch ein Treiber-Update helfen.
32 Die Gerätetreiber konnten nicht installiert werden.	Dieser Fehler weist darauf hin, dass die Installationsdiskette oder -CD nicht zur Verfügung stand, um die Treiber zu installieren. Der Fehler tritt typischerweise nur während des ersten und des zweiten Neustarts auf, nachdem das Windows-Setup alle Dateien kopiert hat. Um dieses Problem zu beheben, starten Sie den Computer neu und halten die Installationsdiskette oder -CD bereit.
33 Das Gerät reagiert nicht auf den Treiber.	Das Gerät muss aus dem Geräte-Manager gelöscht und anschließend über *Systemsteuerung/Hardware* neu installiert werden. Bleibt der Fehler bestehen, sollten Sie den Treiber neu installieren.

5.3 Treiber installieren und deren Funktion prüfen

Wenn Windows für ein neu installiertes Gerät in seiner Treiberdatenbank keinen passenden Treiber findet, fordert es sie automatisch auf, einen passenden Treiber zu Verfügung zu stellen.

Wenn Sie diesen Treiber erst beschaffen müssen, können Sie ihn auch nachträglich zu jedem Zeitpunkt installieren. Das Gerät ist so lange inaktiv und mit einem roten X gekennzeichnet.

Treiberinstallation für ein neu installiertes Gerät

Den Treiber installieren Sie über den Geräte-Manager wie folgt:

1 Öffnen Sie den Geräte-Manager über *Start/Systemsteuerung/System* in der Register-karte *Hardware*.

2 Doppelklicken Sie auf den Gerätetyp, zu dem das Gerät gehört, dessen Treiber aktu-alisiert werden soll.

3 Klicken Sie mit der rechten Maustaste auf das Gerät und wählen Sie *Treiber aktuali-sieren*.

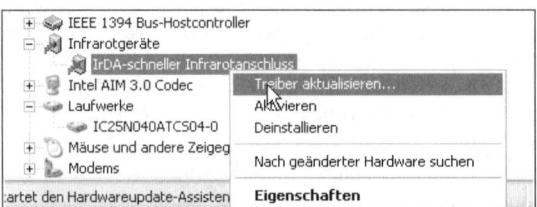

4 Es öffnet sich der Hardwareupdate-Assistent. Wählen Sie den Punkt *Software von ei-ner Liste oder bestimmten Quelle installieren*.

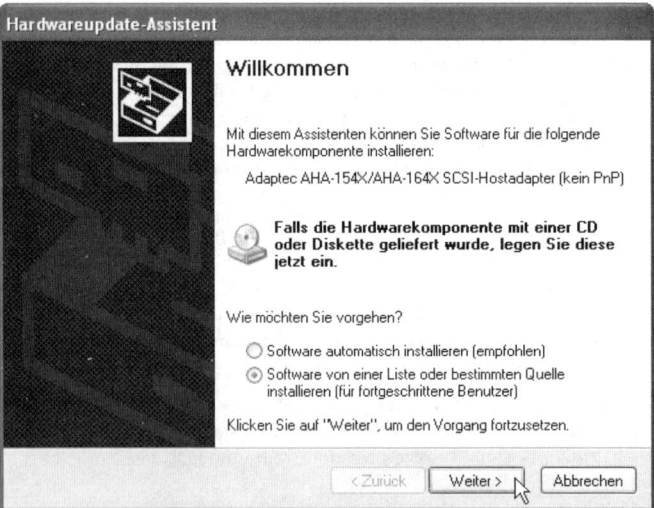

5 Bestätigen Sie Ihre Auswahl mit *Weiter*.

6 Aktivieren Sie im nächsten Fenster den Auswahlpunkt *Nicht suchen, sondern den zu installierenden Treiber selbst wählen* und klicken Sie auf *Weiter*.

7 Im nächsten Fenster wird die selektierte Hardwarekomponente angezeigt. Überzeu-gen Sie sich, dass es sich auch tatsächlich um das richtige Gerät handelt, und klicken Sie auf die Schaltfläche *Datenträger*.

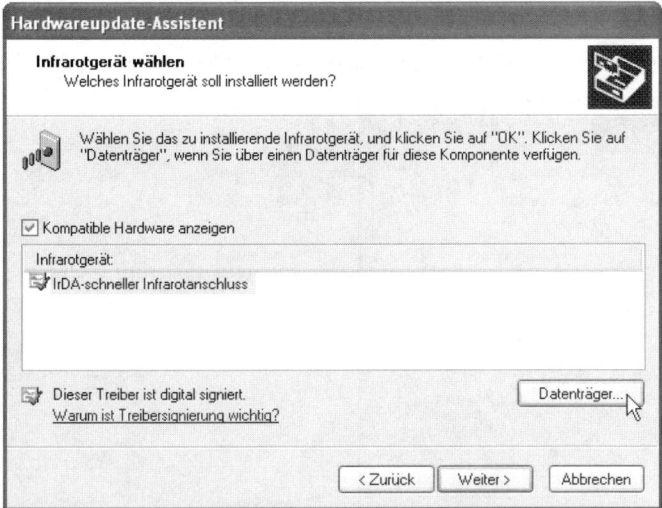

8 Geben Sie jetzt den Pfad zu der Treiberdatei an und bestätigen Sie mit *OK*. Der Treiber wird jetzt installiert.

9 Überzeugen Sie sich von der Funktionsfähigkeit des Treibers, indem Sie erneut in den Geräte-Manager wechseln und das Gerät wieder selektieren. Das rote X muss jetzt von dem Symbol verschwunden sein.

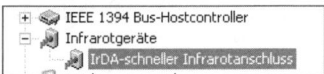

10 Führen Sie (nach eventuell nötigem Neustart) einen Funktionstest des Geräts durch.

Verbesserte Treiber aktualisieren

Von Zeit zu Zeit bieten die Hersteller von Hardware für ihre Geräte verbesserte Treiber an, die z. B. zu einer besseren Integration in das Betriebssystem führen können, neue Funktionen nutzbar machen oder das Gerät auch anderen Applikationen zum Direktzugriff zur Verfügung stellen können. Manchmal dient ein neuer Treiber auch einfach nur dem Ausmerzen zwischenzeitlich bekannt gewordener Fehler in älteren Treibervarianten oder in der Kommunikation mit der Hardware.

Als Faustregel gilt: „Never change a running system." Wenn alles zu Ihrer vollsten Zufriedenheit läuft, sollten Sie nicht das Risiko neuer Fehler, die sich durch ein Treiber-Update einschleichen können (siehe dazu auch den nächsten Abschnitt), in Kauf nehmen.

Ist ein Treiber-Update aber unvermeidlich, beispielsweise wegen gravierender Mängel der Vorversion oder weil der Treiber im Tagesbetrieb unter die Räder geraten ist, was hin und wieder unerklärlicherweise vorkommt, gehen Sie wie folgt vor:

1 Öffnen Sie den Geräte-Manager über *Start/Systemsteuerung/System* in der Registerkarte *Hardware*.

2 Doppelklicken Sie auf den Gerätetyp, zu dem das Gerät gehört, dessen Treiber aktualisiert werden soll.

3 Klicken Sie mit der rechten Maustaste auf das Gerät und wählen Sie *Eigenschaften*.

4 Klicken Sie auf die Registerkarte *Treiber* und dort auf *Aktualisieren*.

5 Es öffnet sich der Hardwareupdate-Assistent. Sie haben jetzt zwei Möglichkeiten:

Wenn ein bisher gut funktionierender Treiber „zerschossen" wurde und nachinstalliert werden muss, können Sie das getrost Windows überlassen.

Wählen Sie in diesem Fall den Punkt *Software automatisch installieren* und folgen Sie den Anweisungen.

Wenn Sie dagegen einen neuen Treiber installieren möchten, den Sie z. B. zuvor aus dem Internet geladen haben, wählen Sie den Punkt *Software von einer Liste oder bestimmten Quelle installieren*.

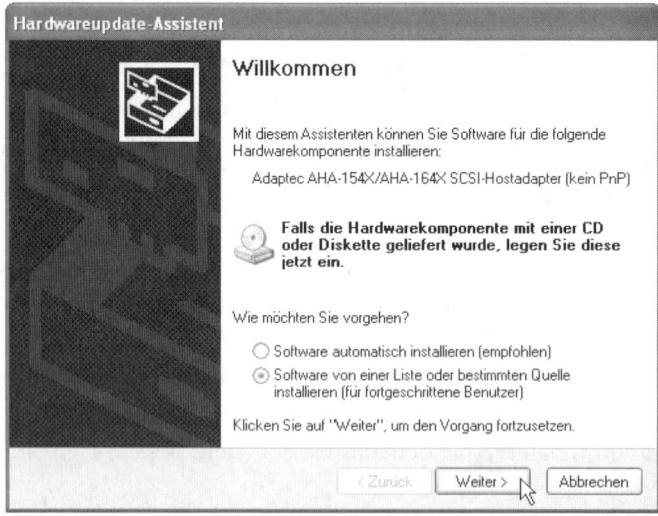

6   Bestätigen Sie Ihre Auswahl mit *Weiter*.

7   Aktivieren Sie im nächsten Fenster den Auswahlpunkt *Nicht suchen, sondern den zu installierenden Treiber selbst wählen* und klicken Sie auf *Weiter*.

8   Im nächsten Fenster wird die selektierte Hardwarekomponente angezeigt. Überzeugen Sie sich, dass es sich auch tatsächlich um das richtige Gerät handelt, und klicken Sie auf die Schaltfläche *Datenträger*.

9   Geben Sie jetzt den Pfad zu der neuen Treiberdatei an und bestätigen Sie mit *OK*. Der neue Treiber wird jetzt installiert.

10 Überzeugen Sie sich von der Funktionsfähigkeit des Treibers, wie im vorigen Abschnitt „Treiberinstallation für ein neu installiertes Gerät" erläutert.

Driver Rollback: Gezielter Rücksprung auf alte Treiber

Der Wettbewerbsdruck in der Computerbranche ist hoch, und viele Unternehmen stricken ihre Software mit der heißen Nadel.

So kann es über kurz oder lang einmal vorkommen, dass Sie durch ein Treiber-Update kleine Macken im Betrieb eines Geräts nicht beheben, sondern verschlimmbessern.

In diesem Fall ist es hilfreich, wieder zu der ursprünglichen Treiberkonfiguration zurückzukehren und einige Wochen später nochmals ein Update zu wagen, wenn der Hersteller vielleicht einige Fehler bemerkt und in neuen Treiberversionen durch Bugfixes aus der Welt geschafft hat.

Der Geräte-Manager bietet für den Fall, dass er nach einem Treiber-Update einen Fehler feststellt, die Möglichkeit eines Rückgriffs auf ursprünglich verwendete Treiber an.

Dieser „Driver-Rollback" vollzieht sich in folgenden Schritten:

1   Öffnen Sie den Geräte-Manager über *Start/Systemsteuerung/System* in der Registerkarte *Hardware*.

2   Doppelklicken Sie auf den Gerätetyp, zu dem das Gerät gehört, dessen Treiber aktualisiert werden soll.

3   Klicken Sie mit der rechten Maustaste auf das Gerät und wählen Sie *Eigenschaften*.

4   Klicken Sie auf die Registerkarte *Treiber* und dort auf die *Installierter Treiber*.

5 Windows warnt, dass der neue Treiber nicht gesichert wurde, was keine Rolle spielt, da er ja ohnehin nicht funktioniert. Klicken Sie daher auf *Nein*, um sofort den alten Treiber erneut zu aktualisieren. Das Gerät sollte jetzt wieder funktionieren.

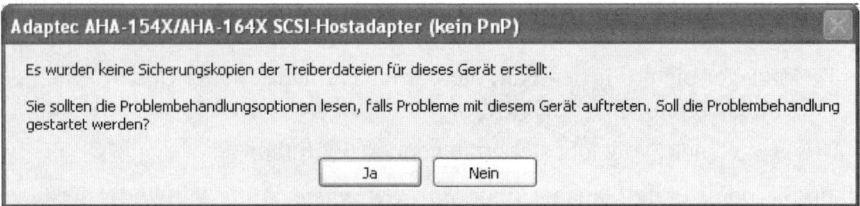

Wie Sie exotische Gerätetreiber finden

Man sollte es kaum für möglich halten, wie viele Hersteller ihre Geräte ohne die passenden Treiber ausliefern. Während Markenanbieter oft eine ganze Palette von Betriebssystemen mit den mitgelieferten Treibern abdecken und komfortable Installationsroutinen über eine eigene Software zur Verfügung stellen, sind es vor allem kleine, unbekannte Firmen aus Fernost, die keinen (vor allem deutschsprachigen) Treibersupport anbieten. So kann die Freude über das eben erstandene Hardwareschnäppchen beim Installationsversuch schnell in Frust umschlagen.

Es gibt jedoch diverse Möglichkeiten, an passende Treiber zu gelangen, mit denen sich auch exotische Hardware betreiben lässt. Die erste Anlaufstelle sollte die Homepage des Herstellers sein, die mit etwas Glück irgendwo auf dem Karton oder im Handbuch des Geräts angegeben ist. Ist dies nicht der Fall, sollten Sie über eine Suchmaschine wie *www.google.de* eine Internetsuche starten, indem Sie als Suchbegriff „Homepage AND [Name des Produkts oder des Herstellers]" eingeben.

Handelt es sich um eine der berühmt-berüchtigten .tw-Adressen, sollten Sie sich allerdings gleich ein Chinesisch-Wörterbuch neben die Tastatur legen, es sei denn, Sie haben

Glück und finden in dem Wirrwarr fernöstlicher Hieroglyphen (oder dem, was der deutsche Zeichensatz daraus macht) irgendwo eine englische Flagge, die Sie zu einer für westliche Augen lesbaren Variante der Homepage bringt.

Versagen hingegen Ihre Sprachkenntnisse oder existiert keine herstellereigene Homepage, sind Sie auf andere Fundorte im Internet angewiesen. Eine der wichtigsten Anlaufstellen ist *www.treiber.de*, wo Sie Treiber für alle erdenklichen Produkte bekommen können. Die Datenbank, sortiert nach dem Alphabet und nach Gerätetypen, ist gut gepflegt und wird ständig aktualisiert, sodass Sie sichergehen können, hier einen aktuellen Treiber zu bekommen.

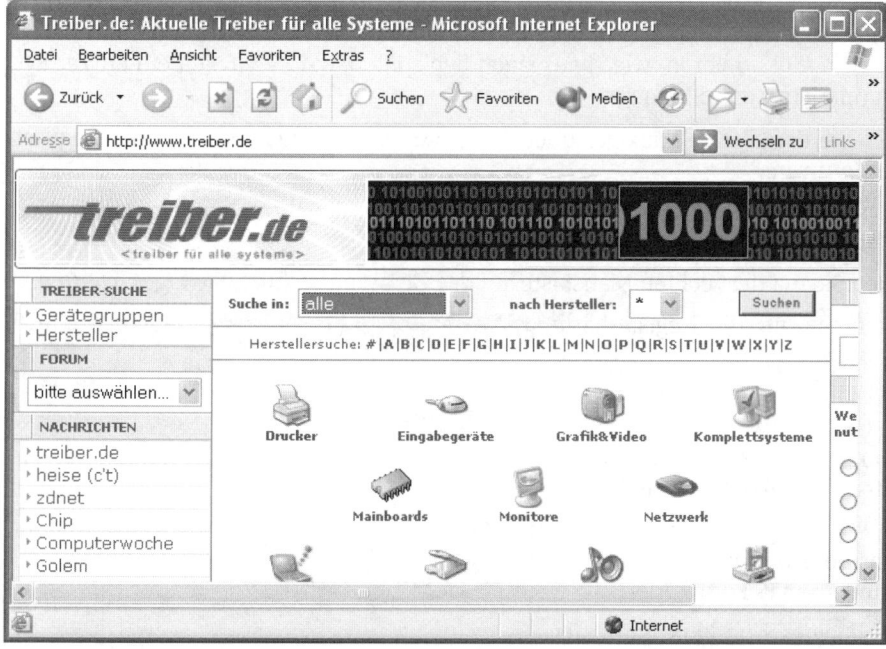

Unter www.treiber.de finden sich unzählige Treiber und Links zu den Homepages der Hersteller.

Sollten Sie auch hier nicht fündig werden und versagt auch eine weitere Internetrecherche mit dem Sucheintrag „Driver AND [Name des Produkts oder des Herstellers]", gibt es dennoch einen letzten Ausweg.

Dieser Ausweg besteht darin, einen Treiber eines anderen Herstellers zu verwenden, der ein ähnliches Produkt vertreibt. Manchmal handelt es sich bei Hardware von Billiganbietern sogar im Kern um die unveränderte Technik eines anderen (Marken-)Herstellers, die bloß in einem anderen Outfit erscheint. Hier müssen Sie einfach ein bisschen experimentieren und diverse Treiber ausprobieren. Oft funktionieren auch die Standardtreiber, die Windows für eine Produktgruppe zur Verfügung stellt (z. B. für 56K-Modems), auch wenn das Betriebssystem sie nicht von sich aus zur Installation anbietet.

Andere User können helfen

Informieren Sie sich zusätzlich in Hardwareforen und im Usenet über Alternativtreiber, mit denen auch andere User glücklich geworden sind. Billighardware kommt in großen Stückzahlen und meist in vielen Ländern gleichzeitig in die Läden, sodass Sie sicher sein können: Sie sind nicht der einzige mit diesem Treiberproblem. Und irgendjemand wird es bereits gelöst haben!

5.4 Ressourcenkonflikte sicher lösen

Ressourcen sind knapp. Diese ökonomische Binsenweisheit trifft auch auf den PC zu und macht sich mitunter sehr unangenehm bemerkbar. Greifen nämlich mehrere Peripheriegeräte (und nur um die geht es bei diesem Thema) auf ein und dieselbe Ressource zu, besteht die Gefahr, dass sie sich ins Gehege kommen und Datenwirrwarr die Folge ist. Das drohende Chaos wird vom System von vornherein unterbunden – indem es vorsorglich keinem der betroffenen Geräte gestattet, auf die Gewünschten Ressourcen zuzugreifen. Das Ergebnis ist ein Ressourcenkonflikt, der von Windows im Geräte-Manager entsprechend kommentiert wird.

Wenn ein Peripheriegerät wie z. B. eine PCI-Steckkarte, die Grafikkarte oder ein Datenträger nicht so funktionieren, wie sie es eigentlich sollten, empfiehlt sich ein kurzer Systemcheck mit dem Geräte-Manager:

1   Öffnen Sie den Geräte-Manager über *Start/Systemsteuerung/System* in der Registerkarte *Hardware*.

2   Doppelklicken Sie auf den Gerätetyp, zu dem das Gerät gehört, bei dem das Problem aufgetreten ist.

3   Klicken Sie mit der rechten Maustaste auf das Gerät und wählen Sie *Eigenschaften*.

4   Klicken Sie auf die Registerkarte *Ressourcen*.

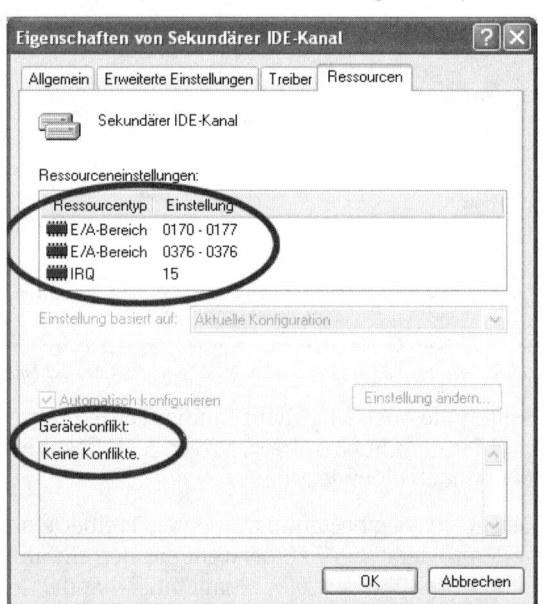

Sie erhalten eine Auflistung der vom Gerät verwendeten Ressourcen und im unteren Bereich des Fensters einen Hinweis auf eventuell bestehende Gerätekonflikte.

In unserem Beispiel ist das Gerät ordnungsgemäß konfiguriert.

Im Fall eines Konflikts wird hier das andere Gerät genannt, das um die Ressourcen konkurriert.

Lösungshinweise für diesen Fall finden Sie in den folgenden Abschnitten.

Über IRQs, DMAs und Portadressen

Um welche Ressourcen handelt es sich nun genau? Wichtigstes und knappstes Gut sind die IRQs, so genannte Interrupt-Kanäle, die ein Peripheriegerät benötigt, um mit dem System kommunizieren zu können. Da dem PC nur 16 solcher Kanäle zur Verfügung stehen, von denen die meisten von vornherein durch interne Geräte belegt sind, kommt es hier schnell zum Gerangel um die verbleibenden freien IRQs. Denn jede PCI-Steckkarte, mit der Sie Ihr System erweitern, benötigt einen eigenen IRQ. Wie Sie der Tabelle auf Seite 155 entnehmen können, wird es hier schnell eng (siehe Seite 157). Daher haben sich die Entwickler ein paar Dinge einfallen lassen, wie dieser Engpass umgangen werden kann. Die Zauberformel heißt unter Windows 2000 und XP ACPI und wird in den nächsten Abschnitten ausführlicher behandelt, da sie leider auch einige neue Probleme mit sich bringt.

Jedes der erwähnten Geräte benötigt neben dem eigenen IRQ zusätzlich einen eigenen Speicherbereich, in dem Daten zwischengelagert werden können. Der Adressraum dieses Speicherbereichs stellt die so genannte Portadresse dar, auch E/A-(Ein-/Ausgabe-) oder I/O-(Input-/Output-)Adresse genannt. Hier sind Konflikte allerdings längst nicht so wahrscheinlich wie bei den IRQs, da es erstens mehr Adressbereiche zu verteilen gibt und zweitens jeder Gerätetyp einen spezifischen Speicherbereich verwendet. Problematisch kann es hier vor allem dann werden, wenn Sie zwei PCI-Karten gleichen Typs verwenden, beispielsweise zwei Netzwerkkarten.

Der Vollständigkeit halber seien noch die DMA-Kanäle (**D**irect **M**emory **A**ccess) genannt, von denen es acht im System gibt und drei zur freien Verwendung stehen. DMA-Kanäle ermöglichen es dem Peripheriegerät, direkt auf das RAM des Arbeitsspeichers zuzugreifen, ohne die CPU mit dieser Arbeit zu belasten.

Da DMA-Kanäle nur von veralteten ISA-Steckkarten genutzt werden, spielen sie in einem PC neueren Typs keine Rolle mehr und werden im Folgenden (auch aufgrund der Seltenheit auftretender Probleme) nicht weiter behandelt.

> **Was ist ein Interrupt?**
>
> Die Abkürzung IRQ steht für Interrupt Request und bezeichnet die Anforderung von Rechenzeit, die ein Peripheriegerät an die CPU sendet. Dieses Signal veranlasst den Prozessor, das laufende Programm zu unterbrechen und die Anfrage des Peripheriegeräts abzuarbeiten. Das kann z. B. das Bewegen des Mauszeigers sein oder das Senden von Daten an eine Festplatte.
>
> Damit die einzelnen Peripheriegeräte sich nicht ins Gehege kommen, wird jedem einzelnen ein eigener Interrupt zugeteilt. Für diese Verteilung ist entweder das BIOS zuständig oder das Betriebssystem.
>
> Leider gibt es aber nur 16 Interrupts, von denen zehn bereits fest vergeben sind (siehe Tabelle). Da die Interrupts in heutigen PCs, an die eine Vielzahl von Geräten angeschlossen ist, schnell knapp werden, verfügen moderne Betriebssystem wie Windows XP mit ACPI über eine Möglichkeit, mehrere Geräte mit nur einem Interrupt zu betreiben.

Besondere Gesetzmäßigkeiten der IRQs

Wie wir gesehen haben, ist der Hauptproblembereich bei Ressourcenkonflikten im Umfeld der IRQs zu suchen. Die nachfolgende Tabelle zeigt, wie sich die einzelnen IRQs auf die Geräte verteilen und welche zur freien Verwendung übrig bleiben.

IRQ	Verwendet von	Status
0	System-Timer	Belegt
1	Tastatur	Belegt
2	Interrupt-Controller	Belegt
3	COM2	Belegt
4	COM1	Belegt
5		Frei
6	Diskettenlaufwerk	Belegt
7	LPT1	Belegt

IRQ	Verwendet von	Status
8	Echtzeituhr	Belegt
9		Frei
10		Frei
11	USB-Controller	Frei (wenn USB-Controller deaktiviert wird)
12	PS/2-Maus	Belegt
13	Coprozessor	Belegt
14	Erster IDE-Controller	Belegt (frei, wenn der erste IDE-Controller nicht genutzt wird)
15	Zweiter IDE-Controller	Belegt (frei, wenn der zweite IDE-Controller nicht genutzt wird)

Wie die tatsächliche Belegung in Ihrem PC aussieht, verrät Ihnen wiederum der Geräte-Manager:

1 Öffnen Sie den Geräte-Manager über *Start/Systemsteuerung/System* in der Registerkarte *Hardware.*

2 Wählen Sie in der Befehlsleiste unter *Ansicht* den Punkt *Ressourcen nach Typ.*

3 Doppelklicken Sie in der Liste auf den Eintrag *Interruptanforderung (IRQ)*. Es werden alle internen und externen Geräte angezeigt, die einen IRQ verwenden, sowohl PCI- als auch ISA-Geräte.

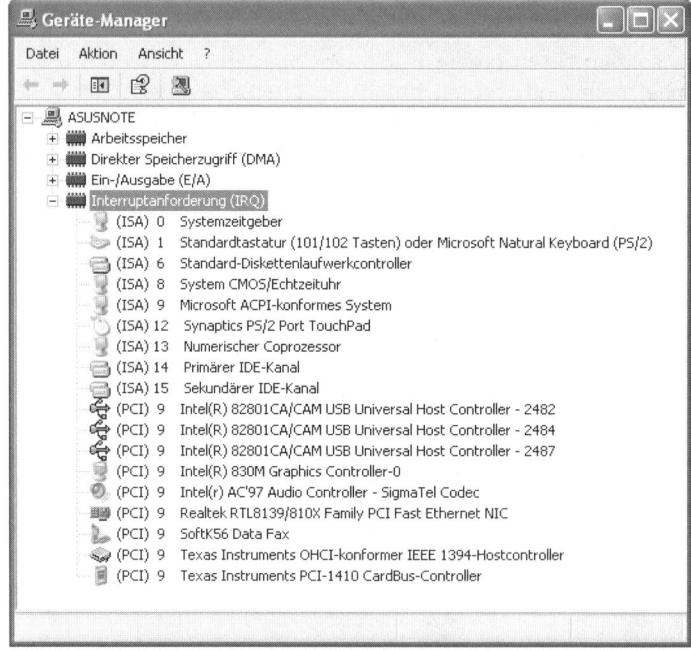

Wenn in dieser Liste mehrere, wahrscheinlich sogar eine ganze Reihe von Geräten ein und denselben IRQ verwenden, heißt das nicht automatisch, dass ein Gerätekonflikt vorliegt. Windows 2000 und XP verwenden ein modernes Ressourcenmanagement, das in das so genannte ACPI (**A**dvanced **C**onfiguration and **P**ower **I**nterface) eingebettet ist.

ACPI verwaltet alle Ressourcen selbst und ignoriert dabei auch die Einstellungen im BIOS. Alle relevanten Hardwareinformationen liest es selbst aus.

Da ACPI in der Lage ist, mehrere Geräte an einem einzigen Interrupt-Kanal zu betreiben, ist es also kein Fehler, sondern ein nützliches Feature, wenn im Geräte-Manager mehrere Komponenten unter demselben Interrupt aufgelistet werden.

Auf diese Weise stehen dem System mehr freie Interrupts für weitere Geräte zur Verfügung, insbesondere für solche, die nicht Plug & Play-fähig sind und daher auf die Zuteilung eines exklusiven IRQs bestehen.

ACPI nur im Notfall deaktivieren

ACPI wird bei Windows 2000 und XP standardmäßig aktiviert, sofern dies bei der Windows-Installation nicht ausdrücklich unterbunden wird. ACPI kann zumindest bei XP als ausgereift betrachtet werden und arbeitet sehr zuverlässig. Daher sollten Sie es nur im äußersten Notfall deaktivieren. Wie das geht, erfahren Sie im übernächsten Abschnitt.

Ressourcen über den Geräte-Manager neu zuweisen

Probleme können auftauchen, wenn sich eine alte PCI-Steckkarte in Ihrem Rechner befindet, die noch nicht die aktuelle PCI-Version 2.1 verwendet.

Denn erst ab dieser Version funktioniert das Plug & Play so zuverlässig, dass Windows im Zusammenspiel mit den PCI-Karten die Systemressourcen eigenständig verwalten und auf die Geräte aufteilen kann.

Wenn Ihr PC und sämtliche installierten Geräte (inklusive Mainboard) nach 1996 gefertigt wurden, wird Sie dieses Problem kaum betreffen.

Es sind also vor allem PCs der Pentium I-Generation, bei denen Schwierigkeiten entstehen können, sowie Steckkarten aus der Zeit vor 1996.

Im Fall eines Gerätekonflikts haben Sie auch bei aktiviertem ACPI in gewissem Rahmen die Möglichkeit, auf die Konfiguration des Systems Einfluss zu nehmen:

1 Klicken Sie im Geräte-Manager mit der rechten Maustaste auf die Komponente, bei der ein Gerätekonflikt gemeldet wird, und wählen Sie *Eigenschaften*.

2 Im sich öffnenden Fenster wechseln Sie auf die Registerkarte *Ressourcen*.

3 Prüfen Sie, ob sich das Häkchen vor der Option *Automatisch konfigurieren* entfernen lässt. Ist das nicht der Fall, versuchen Sie das Gleiche bei der anderen Komponente, sofern auch bei einem zweiten Gerät ein Konflikt gemeldet wird. Funktioniert auch das nicht, muss eventuell das ACPI deaktiviert werden. Mehr dazu weiter unten.

4 Wenn sich das Häkchen entfernen lässt, klicken Sie jetzt auf das Pulldown-Menü neben dem Punkt *Einstellung basiert auf* und wählen dort eine Basiskonfiguration aus, bei der dem Gerät ein anderer Interrupt zugewiesen wird. Die Interrupt-Nummer wird im Feld darüber angezeigt.

5 Mit etwas Glück ist der Gerätekonflikt damit behoben. Wenn nicht, stellen Sie die alte Konfiguration wieder her und probieren es bei dem anderen Gerät, falls ein zweites am Ressourcenkonflikt beteiligt ist.

Übrigens lassen sich auf diese Weise natürlich nicht nur Konflikte an Interrupt-Kanälen aus der Welt schaffen, sondern auch an DMA-Kanälen und Portadressen. Das Problem stellt hier aber das ACPI dar, das in den meisten Fällen ein Ändern der Parameter nicht zulässt. Wenn sich der Fehler so nicht abschalten lässt und auch ein BIOS-Update und neuste Treiber für die betroffenen Geräte keinen Erfolg bringen, sollten Sie in Erwägung ziehen, das ACPI zu deaktivieren.

Was ist bei Ressourcenengpässen zu tun?

Windows 9x und NT verwenden noch keine ACPI-Funktionen, und wie wir gesehen haben, gibt es Fälle, in denen es hilfreich sein kann, auch unter Windows 2000 oder XP auf ACPI zu verzichten. Sie sind hier im Konfliktfall darauf angewiesen, selbstständig mit den Ressourcen zu jonglieren. Wie Sie das mithilfe des BIOS bewerkstelligen, lesen Sie im nächsten Abschnitt. Bevor Sie aber so tief ins System vordringen müssen, gibt es auch noch andere Wege, eines Ressourcenkonflikts Herr oder Frau zu werden.

Zunächst können Sie versuchen, im Geräte-Manager eine unbenutzte Ressource ausfindig zu machen. Anhand der Tabelle auf Seite 155 können Sie vergleichen, welche IRQs bereits vergeben sind und welche wahrscheinlich noch zu Verfügung stehen. Sofern das System die Vergabe eines IRQs erlaubt, können Sie die entsprechende Nummer zuweisen. Windows weist Sie auf sich möglicherweise ergebende Konflikte mit anderen Geräten hin.

1 Wählen Sie in der Befehlsleiste des Geräte-Managers unter *Ansicht* den Punkt *Ressourcen nach Typ*.

2 Überprüfen Sie, welcher IRQ noch nicht belegt ist.

3 Wechseln Sie wieder zu *Ansicht/Geräte nach Typ*. Selektieren Sie das problematische Gerät: rechter Mausklick, *Eigenschaften/Ressourcen*.

4 Sollte das Gerät gar nicht funktionieren, finden Sie nur den Hinweis, dass keine Ressourcen verwendet werden. Klicken Sie auf *Manuell konfigurieren*.

5 Doppelklicken Sie jetzt auf die Ressource, die neu vergeben werden soll. In unserem Fall ist das der IRQ, Gleiches funktioniert aber natürlich auch bei DMAs und Portadressen (unter *E/A-Bereich*).

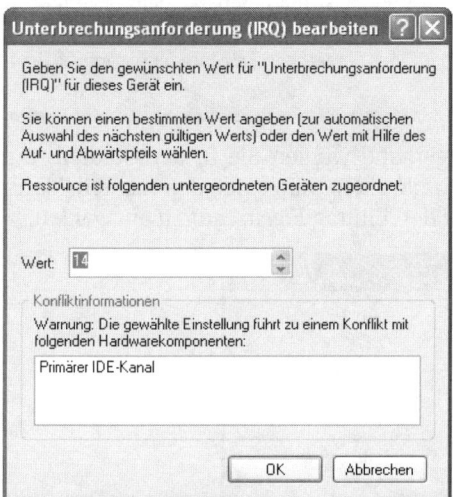

6 Im Feld *Wert* können Sie jetzt die neue IRQ-Adresse eintragen. Windows meldet im Feld darunter, wenn Konflikte mit anderen Geräten drohen.

7 Bestätigen Sie Ihre Änderung mit *OK*.

Eine weitere Möglichkeit, freie Ressourcen aufzutun, besteht darin, nicht benötigte Geräte abzuschalten. Beispielsweise benötigen die meisten PCs in Zeiten von USB nicht mehr beide COM-Ports. Jede der beiden seriellen Schnittstellen belegt einen eigenen IRQ – im wahrsten Sinne des Wortes eine Verschwendung kostbarer Ressourcen!

1 Wechseln Sie im Geräte-Manager gegebenenfalls zu *Ansicht/Geräte nach Typ*. Selektieren Sie das nicht benötigte Gerät und klicken Sie mit der rechten Maustaste darauf. Wählen Sie *Deaktivieren*.

2 Bestätigen Sie mit *Ja*.

3 Jetzt können Sie den frei gewordenen IRQ dem problematischen Gerät zuweisen, wie in der vorigen Schrittanleitung beschrieben.

So deaktivieren Sie ACPI

Wenn es gar nicht anders geht, müssen Sie sich von ACPI trennen und die Ressourcen-verwaltung wie in der guten alten Zeit selbst übernehmen. Folgendermaßen geht die De-aktivierung vor sich:

Ohne ACPI kein Shutdown

Es ist vielleicht eine etwas unglücklich gewählte Konstruktion, dass ACPI, dessen Aufgabe eigentlich im Powermanagement und damit bei den Stromsparfunktionen liegt, zusätzlich auch noch die Res-sourcen überwachen soll. Denn wenn Sie gezwungen sind, ACPI zu deaktivieren, stehen Ihnen nur noch rudimentäre Möglichkeiten zum Stromsparen zur Verfügung, was vor allem bei Notebooks ärgerlich ist. Damit hängt auch die Unfähigkeit von Windows zusammen, bei deinstalliertem ACPI den Rechner auszuschalten, nachdem er heruntergefahren wurde. Und noch eine deutliche War-nung: Ein einmal deaktiviertes ACPI wieder zum Leben zu erwecken ist ohne eine komplette Neu-installation fast ein Ding der Unmöglichkeit!

---

1 Öffnen Sie den Windows-Geräte-Manager und wählen Sie in der Geräteliste unter *Computer* den Eintrag *ACPI-PC* aus. Durch einen Klick mit der rechten Maustaste öffnen Sie das Kontextmenü, in dem Sie den Eintrag *Eigenschaften* auswählen.

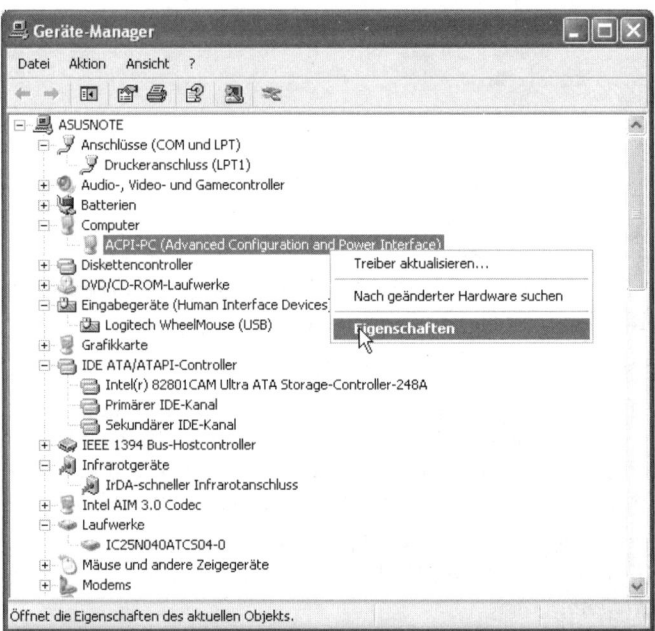

2 Wechseln Sie zur Registerkarte *Treiber* und klicken Sie auf die Schaltfläche *Aktuali-sieren*.

3 Wählen Sie im ersten Schritt des Assistenten die Option *Software von einer Liste oder bestimmten Quelle installieren* aus und klicken Sie auf *Weiter*.

4 Danach aktivieren Sie die Option *Nicht suchen, sondern den zu installierenden Trei-ber selbst auswählen*.

5 Wählen Sie in der Liste den Eintrag *Standard-PC*, um die Konfiguration des Rechners ohne ACPI-Funktionen zu aktivieren.

6 Nach einem kurzen Kopiervorgang erscheint die obligatorische Meldung, dass zur Übernahme der Veränderung ein Neustart des Systems erforderlich ist, die Sie zunächst mit *OK* bestätigen. Schließen Sie alle Fenster des Geräte-Managers, bis Sie erneut zum Neustart aufgefordert werden. Nach einem Klick auf *Ja* wird der Rechner heruntergefahren und neu gebootet.

7 Nach dem Neustart des Rechners werden Sie zunächst bemerken, dass die Bildschirmdarstellung auf 640 x 480 Punkte verkleinert wurde. Während einer Phase von etwa fünf Minuten (abhängig vom Rechner) findet die Installation aller benötigten Treiber für die im System vorhandene Hardware statt. Falls für die eine oder andere Karte nicht alle benötigten Dateien gefunden werden, werden Sie per Assistent dazu aufgefordert, die entsprechende Treiber-CD einzulegen. Danach ist eventuell noch einmal ein Neustart notwendig, um alle Treiber zu aktivieren. Nun können Sie auch die Bildschirmeinstellungen auf ihre ursprünglichen Werte zurücksetzen.

8 Um Einfluss auf die Ressourcenverteilung nehmen zu können, muss im Geräte-Manager das *Eigenschaften*-Menü des Eintrags *Standard-PC* geöffnet werden. Hier finden Sie die Registerkarte *IRQ-Steuerung*, auf der unter der Option *IRQ-Steuerung verwenden* mehrere Möglichkeiten geboten werden.

Durch Deaktivieren der Option *IRQ-Tabelle unter Verwendung der MS-Spezifikationstabelle abrufen* verwendet Windows ausschließlich die Ressourcenverteilung, die das BIOS beim Booten festgelegt hat. Zu diesem Zweck muss im BIOS die Option *Plug & Play aware OS* auf *No* gesetzt werden. Dadurch wird einerseits der Betrieb aller Geräte über einen einzelnen Interrupt aufgelöst, und andererseits haben Sie über das BIOS den vollen Einfluss auf die Verteilung der IRQs auf die einzelnen PCI-Slots bzw. Erweiterungskarten. Unserer Meinung nach ist dies die erfolgversprechendste Methode, um einen Ressourcenkonflikt zu beseitigen.

Durch Ausschalten der Option *IRQ-Tabelle vom Real Mode PCIBIOS 2.1-Aufruf abrufen* sorgt allein Windows ohne Rücksicht auf das BIOS für die Verteilung der IRQs. Jetzt werden für jede Karte ausschließlich die Ressourcen verwendet, die Microsoft in seiner Spezifikationstabelle für jeden Kartentyp vorgesehen hat. Um diese Option wirksam werden zu lassen, sollte im BIOS die Option *Plug & Play aware OS* auf *Yes* eingestellt sein. Auch in diesem Fall wird eine Umverteilung aller Ressourcen bewirkt, die einen bestehenden Konflikt mit aller Wahrscheinlichkeit auflöst.

5.5 Ressourcenmanagement über das BIOS

Ohne ACPI sollten Sie das Ressourcenmanagement in die Hände des BIOS legen.

Nur bei den Problemkandidaten (das werden ausschließlich PCI-Steckkarten sein) sollten Sie einen IRQ von Hand vergeben, auf den die Karte im BIOS „hartverdrahtet" wird.

Möglicherweise erwartet die Karte einen bestimmten IRQ – wenn die Dokumentation sich darüber ausschweigt, ist ausprobieren angesagt.

Bevor es mit den BIOS-Einstellungen losgeht, möchten wir Sie noch auf eine Besonderheit beim IRQ-Handling an den AGP-/PCI-Steckplätzen hinweisen.

Wie wir gesehen haben, stehen nur vier Interrupts zur wirklich freien Verfügung, die auf die PCI-Steckkarten verteilt werden können, die als interne IRQs mit den Bezeichnungen INT A bis INT D versehen werden.

Moderne Motherboards verfügen aber über bis zu sechs PCI-Sockel plus AGP-Port. Die Tatsache, dass Onboard-Komponenten wie USB-Controller und Soundchip ebenfalls eigene IRQs benötigen, macht die Sache nicht leichter.

Gelöst wird das Problem durch eine auf den ersten Blick etwas verwirrende zyklische Belegung der Steckplätze mit den Interrupts, wie Sie sie der Tabelle entnehmen können.

Wichtig zu wissen ist, dass zwei Steckplätze, die sich einen Interrupt teilen, nicht gleichzeitig mit zwei PCI-Karten bestückt werden dürfen (es sei denn, diese beherrschen hardwareseitiges IRQ-Sharing – konsultieren Sie dazu das Handbuch der jeweiligen Karte).

Steckplatz/Gerät	IRQ#1	IRQ#2	IRQ#3	IRQ#4
AGP	INT A	INT B	-	-
PCI 1	INT A	INT B	INT C	INT D
PCI 2	INT B	INT C	INT D	INT A
PCI 3	INT C	INT D	INT A	INT B
PCI 4	INT D	INT A	INT B	INT C
PCI 5	INT A	INT B	INT C	INT D
PCI 6	INT B	INT C	INT D	INT A
USB-Controller	INT D	–	–	–
Onboard-Soundkarte	INT C	–	–	–

Im Klartext: Wenn PCI-Slot 2 den Interrupt-Kanal INT B zugewiesen bekommt, darf PCI-Slot 6 nicht mit einer Karte bestückt werden, die kein IRQ-Sharing unterstützt, da diese sonst mit der Karte in Slot 2 um den Interrupt INT B konkurrieren würde.

Die Zuordnung der Slots ist übrigens bei jedem Board eine andere und dem Handbuch zu entnehmen.

Wenn die Karten auf dem Mainboard installiert sind, können im BIOS die entsprechenden Einstellungen vorgenommen werden:

1 Im Menü *PnP/PCI Configurations* setzen Sie die Option *Resources Controlled By* auf den Wert *Manual*.

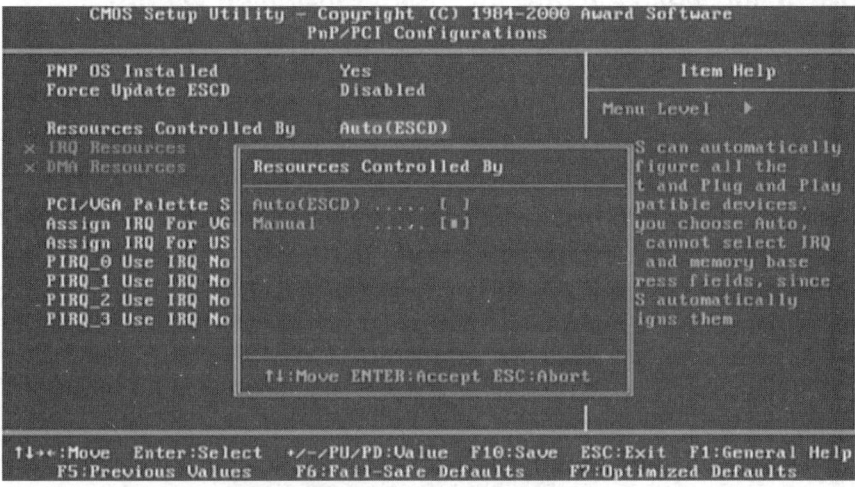

2 Jetzt können Sie den gewünschten IRQ einem PCI-Slot zuteilen. Selektieren Sie den IRQ und wählen Sie die Interrupt-Nummer aus. Bei manchen BIOS-Versionen wird der IRQ nicht einem PCI-Sockel zugewiesen, sondern einem der INT-Kanäle von A bis D. Welcher dieser Kanäle für welchen PCI-Slot zuständig ist, können Sie dem Handbuch des Mainboards entnehmen.

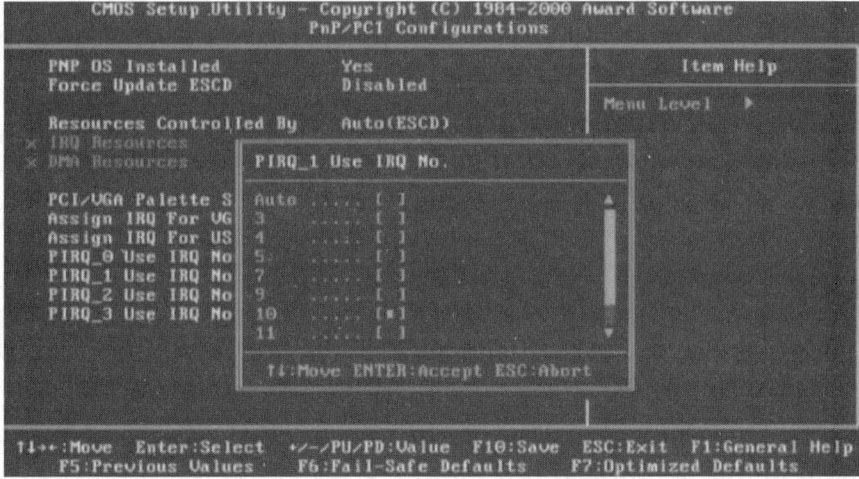

3 Beenden Sie das BIOS, indem Sie die vorgenommenen Änderungen speichern.

Problematische IRQs

Sie können übrigens auch bei aktiviertem ACPI versuchen, im BIOS für problematische Karten IRQs zu reservieren. Voraussetzung ist dann, dass der IRQ nicht geteilt werden muss, also der PCI-Sockel, der auf den gleichen INT gemappt ist, frei bleibt. Ob sich Windows an diese Vorgabe hält, sei dahingestellt, einen Versuch ist es aber allemal wert.

5.6 Troubleshooting bei Ressourcenkonflikten

Was ist zu tun, wenn ein falscher Treiber installiert wurde?

Im Windows-Geräte-Manager kann die entsprechende Hardwarekomponente selektiert werden und per rechtem Mausklick *Treiber aktualisieren* ausgewählt werden. Dies startet den Hardware-Assistenen, der wahlweise die Windows-Treiberdatenbank nach einem passenden Treiber durchsucht oder einen Treiber aus dem Verzeichnis Ihrer Wahl installiert.

Ein Ressourcenkonflikt hat meinen Rechner vollkommen lahm gelegt. Windows startet nicht mehr. Was kann ich tun?

Starten Sie Windows im abgesicherten Modus. Hier wird dafür gesorgt, dass die sich gegenseitig blockierenden Geräte deaktiviert werden. Jetzt können Sie den Konflikt im Geräte-Manager beheben. Um Windows im abgesicherten Modus zu starten, halten Sie beim Systemstart die Taste (F8) gedrückt und wählen im daraufhin erscheinenden Menü *Windows im abgesicherter Modus starten* aus.

Eine PCI-Karte verursacht einen Ressourcenkonflikt, aber ich weiß nicht, um welche Karte es sich handelt. Wie kann ich das herausfinden?

Die erste Möglichkeit besteht darin, im Geräte-Manager und/oder im BIOS nachzusehen, welche Geräte welche Interrupts belegen und wo Ressourcenkonflikte gemeldet werden. Existieren keine entsprechenden Meldungen, können Sie alle verzichtbaren PCI-Karten ausbauen und den Rechner erneut starten. Läuft er diesmal einwandfrei, können Sie Schritt für Schritt die restlichen Karten wieder einbauen, gefolgt jedes Mal von einem Neustart. Auf diese Weise können Sie den Übeltäter leicht erwischen.

Ich besitze ältere Hardware, die ich unter einem neuen Betriebssystem nutzen möchte. Wie komme ich an passende Treiber?

Wenn im Supportbereich der Homepage des Herstellers keine Treiber zur Verfügung stehen, können Sie es in den einschlägigen Foren wie *www.treiber.de* versuchen. Auch Computerzeitschriften wie Chip oder c't bieten umfangreiche Treibersammlungen zum Download an. Vielleicht hat Windows aber auch von Hause aus einen passenden Treiber in seiner Datenbank. Installieren Sie das Gerät und, wenn es nicht automatisch erkannt wird, führen Sie eine Hardwareerkennung durch. Im Geräte-Manager kann auch nachträglich ein Windows-eigener Treiber installiert werden.

Kann ich alte PCI-Steckkarten, die PCI 2.1 noch nicht unterstützen, in einem modernen Board betreiben?

Ja. Andersherum funktioniert es dagegen nicht: PCI-2.1-kompatible Karten laufen nicht in alten Mainboards! Wenn Sie eine alte PCI-Karte mit neuem System betreiben, sollten Sie aber beachten, dass es aufgrund der mangelnden Plug & Play-Unterstützung der Karte zu Gerätekonflikten kommen kann. Wenn sich diese nicht per ACPI und im Geräte-Manager lösen lassen, ist es wichtig, der Karte im BIOS einen eigenen Interrupt zuzuweisen und sie in einem PCI-Slot zu betreiben, wo sie keinen INT-Kanal mit einer anderen Karte teilen muss.

6. Neue und zusätzliche Festplatten einbauen und einrichten

Die Festplatte ist das Langzeitge-dächtnis Ihres Computers und damit eine der wichtigsten Komponenten im Inneren des PCs. Muss die alte Platte aufgrund eines Defekts ausgetauscht werden oder soll die Speicherkapazität durch ein zweites Laufwerk erweitert werden, bringt ein Blick ins Gehäuse schnell Klarheit darüber, welche Möglichkeiten zur Aufrüstung des Systems bestehen. In diesem Kapitel erfahren Sie, wie Sie eine neue Fest-

platte problemlos in den Rechner einbauen, in Betrieb nehmen und die Leistung optimieren und was zu beachten ist, wenn die Daten der alten Festplatte weiter genutzt werden sollen.

6.1 Daten vor dem Festplattentausch 1:1 sichern

Nicht jeder will nach dem Einbau einer neuen Festplatte den zeitaufwendigen Weg einer kompletten Neuinstallation des Betriebssystems und der Anwendungssoftware gehen, sondern einfach den kompletten Inhalt seiner alten Festplatte auf die neue überspielen.

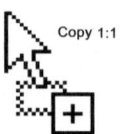

Eine Neuinstallation des Betriebssystems hat zwar den Vorteil, dass man quasi mit einem „sauberen" System beginnt und sich etwaige Dateileichen, die sich im Lauf der Arbeit mit dem PC auf der Festplatte eingenistet haben, los wird, allerdings ist eine Neuinstallation nicht nur zeitaufwendig, manchmal hat man vielleicht diverse Programme, mit denen man arbeitet, gar nicht mehr zur Hand oder so viel Arbeit in das Optimieren des Systems gesteckt, dass man hier nicht wieder bei null anfangen möchte.

Um den Inhalt der Festplatte 1:1 zu kopieren oder sich eine Image-Datei, also ein Original-1:1-Abbild, der Festplatte zu erstellen, gibt es mehrere Möglichkeiten, auf die wir im Folgenden eingehen und Ihnen zeigen, wie Sie den Inhalt Ihrer alten Festplatte schnell und sicher auf die neue retten.

> **Kostenlos und kommerziell**
>
> Im Folgenden stellen wir Ihnen zum einen eine kommerzielle Möglichkeit vor, Ihre Daten als Image-Datei mit dem Programm Drive Image der Firma PowerQuest zu sichern. Zum anderen zeigen wir Ihnen, wie Sie die Daten von einer auf die andere Festplatte 1:1 und kostenlos mit dem Programm HD-Copy von Kurt Zimmermann kopieren können. Letztgenanntes Programm läuft bisher leider nur unter Windows 98/ME. Beide Programme dienen hier nur als Beispiel.

Der Markt bietet weitere Programme zum Erstellen von Image-Dateien, wie z. B. Norton Ghost an. Zum 1:1 kopieren von Festplatten, bietet der Handel Programme wie z. B. Drive Copy von PowerQuest an.

Das Erstellen einer Image-Datei ist in der Regel der bequemere Weg, Daten 1:1 von der alten auf die neue Festplatte zu transportieren, da hier Hardwareumbauten erspart bleiben.

Im Folgenden zeigen wir Ihnen zunächst Schritt für Schritt, wie Sie mit PowerQuest Drive Image eine Image-Datei erstellen, und im Anschluss, wie Sie mit HD-Copy den Inhalt der Festplatte 1:1 auf eine andere überspielen.

Festplatten-Image mit PowerQuest Drive Image

1   Schon bei der Installation von PowerQuest Drive Image sollten Sie einige Punkte beachten. Drive Image kann schon bei der Installation Treiber für z. B. Iomega- und Fujitsu-Laufwerke und Treiber für SCSI-Komponenten mitinstallieren. Haben Sie solche Geräte im System, sollten Sie diese Treiber installieren.

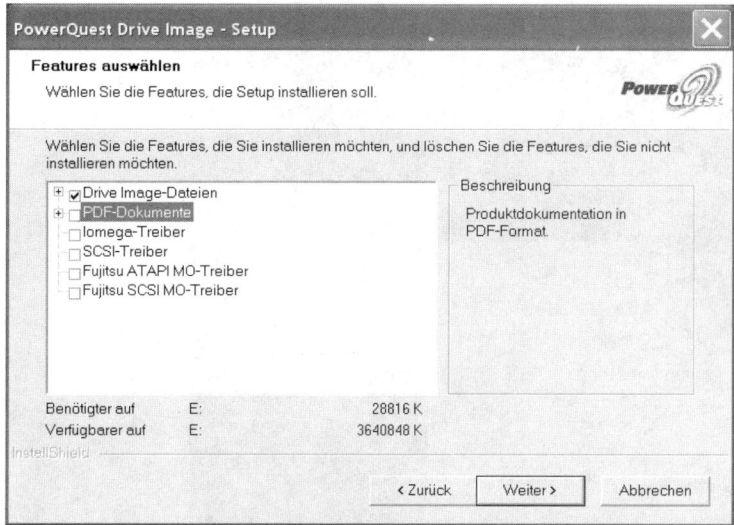

2 Zudem sollten Sie ebenfalls schon bei der Installation den Notfalldiskettensatz erstellen. Hierfür benötigen Sie zwei formatierte Disketten, die Sie zur Hand haben sollten. Die erste Diskette ist bootfähig, sodass Sie Ihr System später mit dieser Diskette wiederherstellen können.

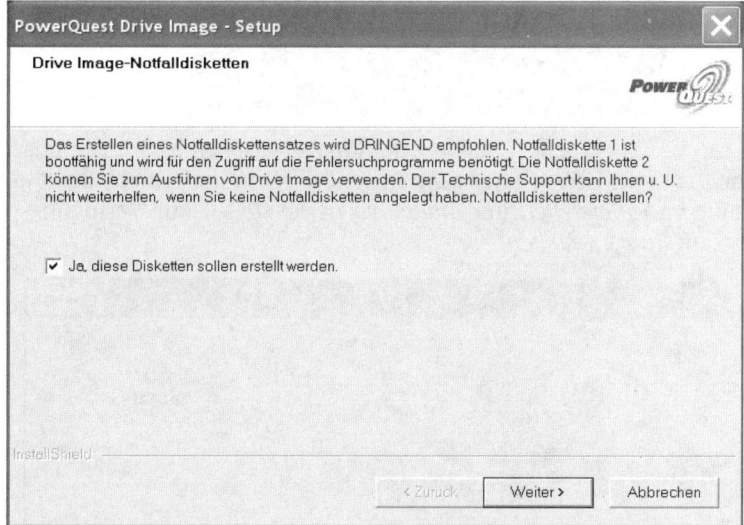

3 Ist die Installation abgeschlossen, erreichen Sie Drive Image über *Start/Programme/ PowerQuestDriveImage*, falls Sie bei der Installation kein anderes Verzeichnis gewählt haben. Hier starten Sie das Programm oder können, falls Sie es vergessen haben, auch die nötigen Notfalldisketten erstellen. Haben Sie Drive Image schon länger auf Ihrem System, bietet sich das Erstellen von Notfalldisketten auch dann an, wenn Sie bereits bei der Installation einen Diskettensatz erstellt haben, allerdings erneut ein Image anlegen wollen. Nach dem Motto „doppelt hält besser" kann ein zweiter Diskettensatz nicht schaden.

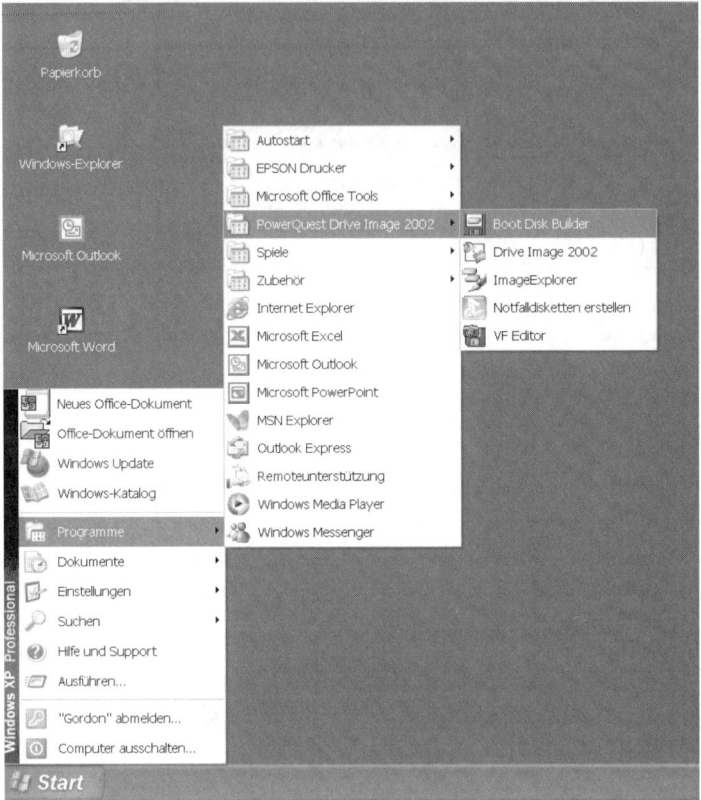

4 Nun geht es an das eigentliche Erstellen des Image, also eines 1:1-Abbilds Ihrer Festplatte. Hier zeigt sich Drive Image sehr anwenderfreundlich. Es erscheint ein Dialog, in dem nur *Image erstellen* und *Image wiederherstellen* zur Verfügung steht. Klicken Sie also auf *Image erstellen*.

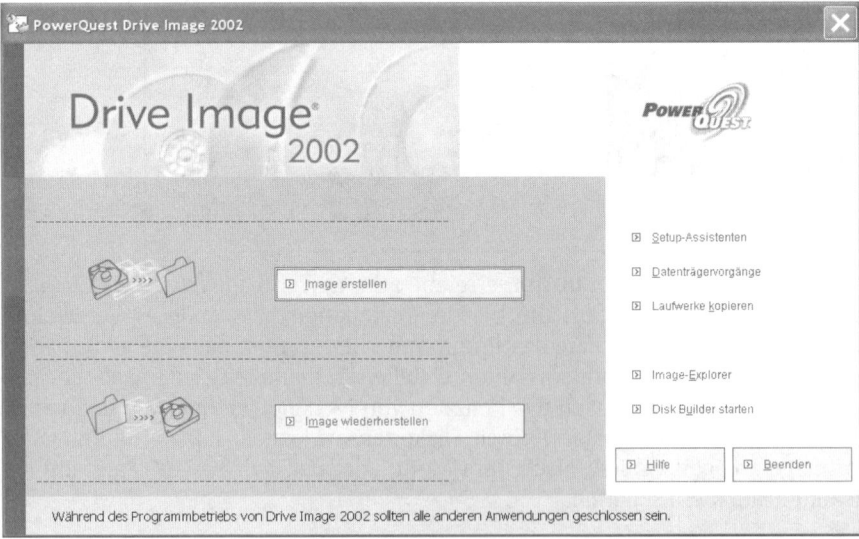

5 Weiter geht es damit, das Laufwerk zu wählen, das in eine Image-Datei „verpackt" werden soll, und das Ziellaufwerk, in dem das Image abgelegt wird. Drive Image listet hier alle möglichen Laufwerke wie weitere Festplatten, Brenner oder, falls vorhanden, MO-Laufwerke etc. auf. Wählen Sie also das zu sichernde Laufwerk und das Ziel. Haben Sie eine zweite Festplatte im System, bietet sich diese für eine Vorabsicherung an. Sie können das Image entweder von der Festplatte wiederherstellen oder sich einzelne „Häppchen" ablegen lassen, die Sie dann auf CD brennen. Sie können hier auch noch die Kompression der Daten vorgeben: Je höher diese gewählt wird, desto länger braucht Drive Image zum Erstellen des Image. Ist ein Brenner im System, können Sie sofort das Image auf CD brennen. Im Beispiel wählen wir den Brenner. Drive Image sagt uns vage, dass zum Erstellen des Image 9 bis 17 CDs benötigt werden und dass ein Neustart des Systems erforderlich ist.

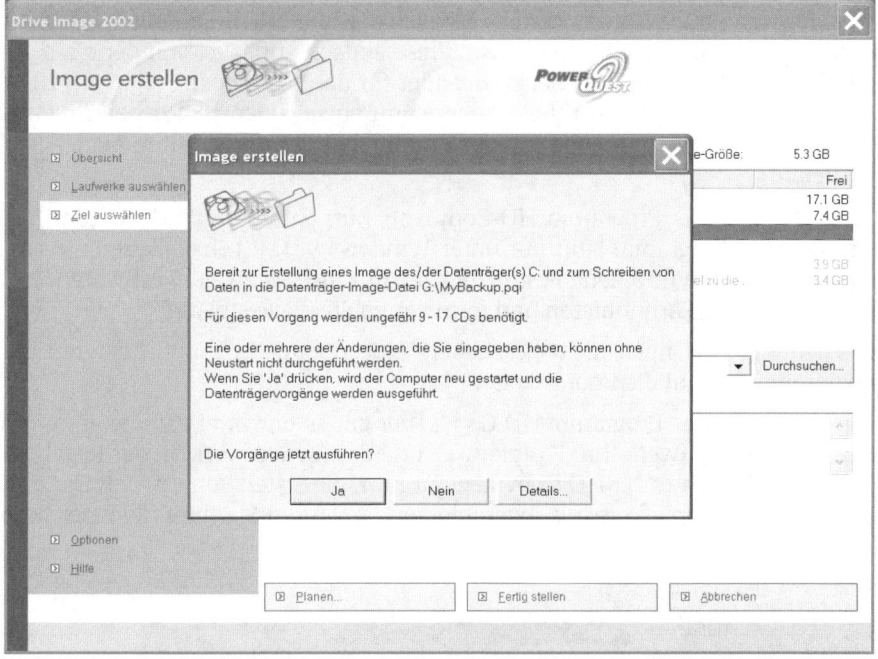

6 Bestätigen Sie mit *Ja*. Drive Image fährt das System herunter und startet zum Erstellen des Image den PC im DOS-Modus. Hier beginnt Drive Image die eigentliche Arbeit. Legen Sie im Fall einer Sicherung auf CD einen Datenträger ein oder bestätigen Sie, dass Drive Image mit der Sicherung auf das ausgewählte Laufwerk beginnen kann.

7 Drive Image erstellt nun eine Sicherung der Festplatte – 1:1 – auf das von Ihnen gewählte Laufwerk. Dieser Vorgang kann je nach Datenmenge und Rechnergeschwindigkeit mehrere Stunden in Anspruch nehmen.

Image auf neuer Festplatte wiederherstellen

Um ein einmal erstelltes Image auf einer neuen Festplatte wiederherzustellen, benötigen Sie die Notfalldisketten, die Sie vorher erstellt haben. Installieren und partitionieren Sie die neue Festplatte und starten Sie das System über die Notfalldiskette von Drive Image. Sie gelangen in ein DOS-Menü, das ähnlich dem Windows-Menü aufgebaut ist. Wählen

Sie hier *Image wiederherstellen*, den Datenträger, auf dem das Image vorhanden ist (zweite Festplatte oder CD), und das Ziel, in der Regel die neue Festplatte, also Laufwerk C. Drive Image beginnt seine Arbeit und kopiert den Inhalt des Image auf die Festplatte. Nach einem Neustart des Systems sollten Sie in der gewohnten Umgebung weiterarbeiten können. Beachten Sie, dass zwischen dem Erstellen einer Image-Datei und deren Wiedereinspielen keine Änderungen an der Hardware bis auf den Austausch der Festplatte vorgenommen wurden. Wollen Sie ein Image z. B. nach einem System-Upgrade, einem Mainboard-Wechsel, einem Prozessor- oder Grafikkartentausch wieder einspielen, kommt es zu Problemen, da in der Image-Datei die Treiber der alten Komponenten gespeichert sind.

Festplatteninhalte einfach 1:1 kopieren

Eine weitere, wenn auch kompliziertere Möglichkeit, die Inhalte der alten auf die neue Festplatte zu transportieren, besteht darin, diese einfach zunächst von der alten auf die neue Platte 1:1 zu kopieren. Wir haben uns hier für das kostenlose Programm HD Copy (*http://www.zsoftware.de*) von Kurt Zimmermann entschieden und geben Ihnen einen kurzen Überblick darüber, wie Sie Ihre Daten mittels HD Copy auf Ihre neue Festplatte transportieren.

1   Laden Sie sich das Programm HD-Copy von Kurt Zimmermann aus dem Internet herunter (das Programm läuft nur unter Windows 98/ME). Installieren Sie das Programm. Bauen Sie Ihre neue Festplatte wie zunächst als zweite Festplatte (Slave) in den Rechner ein. Partitionieren und formatieren Sie die Festplatte.

2   Erstellen Sie, falls noch nicht geschehen, eine Bootdiskette und kopieren Sie das Programm Fdisk auf die Bootdiskette.

3   Nun starten Sie das Programm HD-Copy. Hier gilt es nur zwei Parameter zu bestimmen, das Quelllaufwerk Ihre Festplatte C: und das Ziellaufwerk, in der Regel die neu eingebaute Festplatte D:. HD-Copy beginnt nun, die Daten von C: nach D: zu kopieren. Wenn der Kopiervorgang abgeschlossen ist, fahren Sie Ihren Rechner herunter und schalten ihn aus.

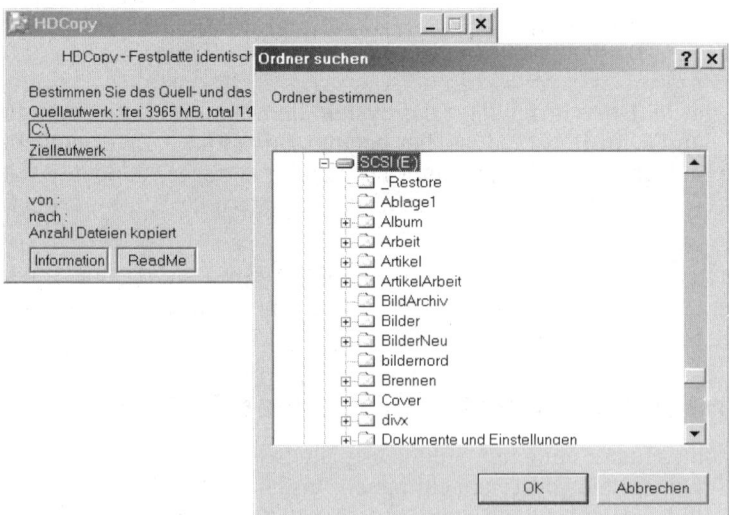

4 Schließen Sie nun die neue Festplatte an der Stelle der alten an und setzen Sie deren Jumper auf Slave. Starten Sie den Rechner neu. In der Regel sollte nun die neue Platte wie gewohnt mit dem „alten" Betriebssystem starten. Falls dies nicht der Fall sein sollte, müssen Sie den Rechner eventuell mithilfe der Startdiskette booten und die Partition der aktuellen Festplatte mit dem Programm Fdisk als Startpartition aktivieren.

6.2 Eine neue Festplatte einbauen und anschließen

Moderne Komplett-PCs werden heute mit Festplatten ausgeliefert, deren Speicherkapazität in den dreistelligen GByte-Bereich hineinragt. Die Entwicklung im Bereich der „Hard Disks" ist rasant: Noch vor wenigen Jahren kamen die meisten Laufwerke nicht über ein paar GByte hinaus. Heutige Modelle bieten nicht nur jede Menge Speicherplatz, sie sind auch sehr schnell und werden immer preiswerter. Generell gilt: Je größer die neue Platte, desto weniger zahlen Sie pro MByte Speicher. Beim Kauf sollten Sie aber bedenken, dass einige ältere Computer Probleme mit den modernen Speicherriesen haben. Näheres hierzu erfahren Sie in den Kapiteln 6.5 und 6.6.

In den nächsten Abschnitten wird der Festplatteneinbau Schritt für Schritt beschrieben:

- **Schritt 1 – Bestandsaufnahme: Was ist möglich, welches Material wird benötigt?** Ein Blick in das Innere Ihres PCs verrät Ihnen, wo Sie eine (zusätzliche) Festplatte einbauen können und welche Komponenten Sie für den Einbau benötigen.

- **Schritt 2 – Entfernen der alten Festplatte.** Die alte Festplatte geht in Rente? Der Ausbau ist schnell erledigt.

- **Schritt 3 – Lokalisieren freier Anschlüsse.** Über zwei oder mehr IDE-Ports verfügt jedes Motherboard ab der Pentium I-Klasse, und an jedem Port können maximal zwei Laufwerke betrieben werden. In diesem Schritt wird überprüft, wie viele Geräte noch angeschlossen werden können.

- **Schritt 4 – Jumper korrekt einstellen.** Wenn sich zwei Geräte einen IDE-Port teilen sollen, werden sie vorher für den Master- und Slave-Betrieb eingestellt. Dafür müssen an den Geräten nur ein oder zwei Steckbrücken, so genannte Jumper, richtig gesetzt werden.

- **Schritt 5 – Einbau der Festplatte in das Gehäuse.** Mit wenigen Handgriffen ist das gute Stück befestigt, aber nur selten bekommt man beim Kauf einer neuen Festplatte auch die passenden Schrauben dazu. Beim Nachkaufen sollte auf die richtige Länge geachtet werden.

- **Extra – Montage in einem 5¼-Zoll-Schacht.** Wenn im Disk Cage des Rechners für die Festplatte kein 3½ Zoll breiter Schacht mehr frei ist, lässt sich mithilfe eines Einbaurahmens auch einer der 5¼-Zoll-Schächte verwenden.

- **Schritt 6 – Auf Draht: Festplatten verkabeln.** Manche Festplattenkabel haben Stecker, die ungern verraten, wie herum sie eingestöpselt werden müssen. Dieses Geheimnis kann aber leicht gelüftet werden.

- **Schritt 7 – Strom für die neue Platte.** Ist ein freier Stromanschluss vorhanden? Wenn nicht, schaffen Y-Kabelbrücken Abhilfe.

Aufrüstmöglichkeiten des PCs prüfen

Möglichst noch vor dem Kauf einer neuen Festplatte sollten Sie sich einen Überblick darüber verschaffen, welche Aufrüstmöglichkeiten Ihnen Ihr Rechner bietet.

Nachdem Sie das Gehäuse geöffnet haben, können Sie zunächst die alte Festplatte anhand des Flachbandkabels identifizieren, über das sie mit der Hauptplatine verbunden ist.

Ein klärender Blick ins Gehäuse des Rechners

An dieses Kabel kann noch genau ein weiteres Gerät angeschlossen werden. Bei den meisten Komplett-PCs wird dies ein CD- bzw. DVD-ROM-Laufwerk sein. Einige Hersteller spendieren dem CD-/DVD-Laufwerk aber auch ein eigenes Flachbandkabel. Die Festplatte befindet sich bei Tower-PCs normalerweise im unteren Drittel des Gehäuses, bei Desktop-PCs ist die Position variabel.

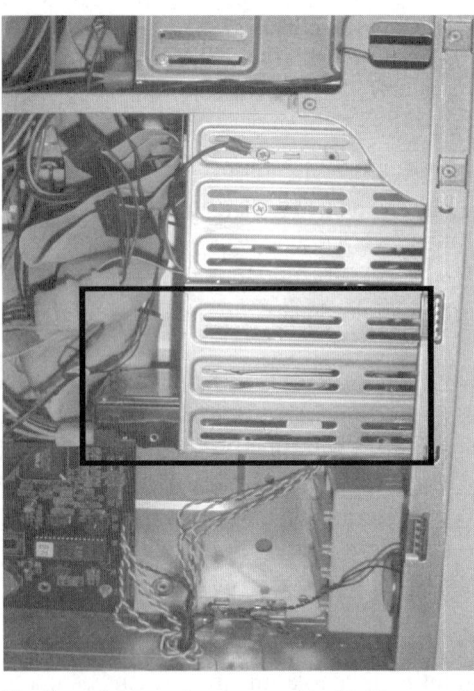

Im Disk Cage dieses PC-Gehäuses befindet sich erst eine Festplatte. Für zwei weitere ist noch Platz.

Da Festplatten eine genormte Breite von 3½ Zoll besitzen und damit schmaler sind als die 5¼ Zoll breiten CD-Laufwerke, befinden sie sich in einem eigenen Käfig, dem „Disk Cage", in den sie passgenau hineingeschoben und dort verschraubt werden können. Normalerweise teilen sie sich den Platz dort mit dem Diskettenlaufwerk.

Bei einem Desktop-Gehäuse ist damit der Disk Cage häufig auch schon voll belegt, während bei Towern in der Regel noch mindestens ein freier Platz bleibt.

Im Aldi-PC Medion MD 3000 ist noch Platz für eine weitere Festplatte.

Wenn hier kein Platz mehr sein sollte und Sie beabsichtigen, die neue Festplatte zusätzlich einzubauen, um sie gemeinsam mit der alten zu betreiben, bietet sich die Möglichkeit, mittels eines im Fachhandel erhältlichen Einbaurahmens einen 5¼-Zoll-Schacht zu verwenden. Eine Mon-

> *Verwenden eines Einbaurahmens*

tageanleitung finden Sie auf Seite 178. In diesem Fall sollten Sie also prüfen, ob ober- oder unterhalb des CD-ROM-Laufwerks noch ein freier Einbauschacht vorhanden ist. Das wird in der Regel der Fall sein. Wenn nicht, sollten Sie überlegen, ob Sie auf eines der vorhandenen Geräte oder die alte Festplatte verzichten können, oder Sie greifen zu einem Laufwerk, das sich in einem externen Gehäuse betreiben lässt (nähere Informationen hierzu finden Sie auf Seite 207).

Entfernen der alten Festplatte

Wenn Sie sich entschieden haben, die alte Festplatte in den Ruhestand zu schicken und durch eine neue zu ersetzen, sollten Sie zunächst Ihre persönlichen Daten und, falls benötigt, das Betriebssystem sichern, wie ab Seite 165 ausführlich beschrieben.

Ziehen Sie dann den Netzstecker an der Gehäuserückseite ab und entfernen Sie das Stromkabel von der Festplatte.

> **Vorsicht mit fest sitzenden Steckern**
>
> Dessen Stecker sitzt erfahrungsgemäß sehr fest! Auch der Pfostenstecker des IDE-Flachbandkabels sitzt häufig recht fest. Achten Sie darauf, ihn möglichst gerade von der Festplatte abzuziehen, um keinen der Anschluss-Pins zu verbiegen oder abzubrechen.

Dieser Disk Cage lässt sich abschrauben und aus den Scharnieren (oben im Bild) herausziehen.

Entfernen Sie jetzt die Schrauben, mit denen die Festplatte im Disk Cage befestigt ist. Die hinteren Schrauben sind bei einigen Gehäusetypen schlecht zugängig und erfordern ein Öffnen beider Seiten des Gehäuses.

Alternativ lässt sich meist auch der komplette Disk Cage abschrauben und herausnehmen, sodass man leicht an alle vier Schrauben herankommt.

Nachdem diese entfernt worden sind, lässt sich die Festplatte leicht herausziehen.

Lokalisieren freier Anschlüsse

Das vorhandene Flachbandkabel der alten Festplatte ist am anderen Ende mit der Hauptplatine des Rechners, dem Motherboard, verbunden. Computer der Pentium-Klasse verfügen über mindestens zwei dieser IDE-Anschlüsse, die sich direkt nebeneinander befinden.

Einige wenige PCs warten auch mit vier IDE-Kanälen auf.

Dieses Board verfügt über vier IDE-Ports. Rechts darunter der Anschluss für den Floppy-Controller.

40- oder 80-poliges Kabel?

Aktuelle Festplatten, die den UDMA/100- oder UDMA/133-Modus beherrschen, benötigen ein 80-poliges Flachbandkabel, wenn sie mit höchstmöglicher Geschwindigkeit betrieben werden sollen. Falls Ihr Rechner noch mit den alten, 40-poligen Kabeln ausgestattet ist, denken Sie daran, das Kabel auszutauschen. Optisch sind die beiden Kabeltypen übrigens kaum zu unterscheiden, da beide nur 40 Kontakte an den Steckern aufweisen! 80-polige Kabel haben aber dünnere Adern und sind daher an einer feineren Riffelung zu erkennen. Wenn Sie sich nicht sicher sind, sollten Sie das alte Kabel beim Festplattenkauf mit in den Laden nehmen und sich beraten lassen.

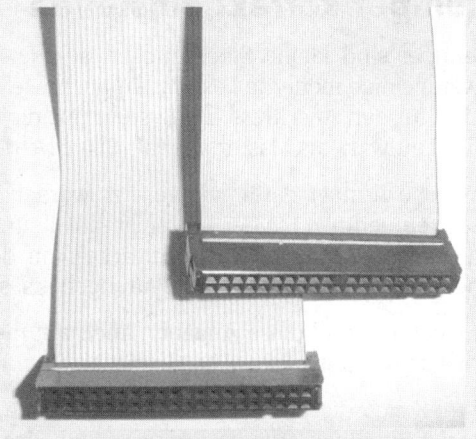

Das 80-polige Kabel (oben rechts) weist eine feinere Riffelung auf als das 40-polige.

Wie erwähnt, kann der zweite Anschluss bereits durch ein CD- oder DVD-Laufwerk belegt sein. Das macht aber nichts, da sich jeweils zwei Geräte einen IDE-Kanal teilen können, sich also insgesamt vier Laufwerke gleichzeitig betreiben lassen. Dazu später mehr. Wichtig für Sie an diesem Punkt ist nur zu wissen, ob Sie ein zusätzliches IDE-Flachbandkabel erwerben müssen.

Dieses Board verfügt über vier IDE-Ports. Rechts darunter der Anschluss für den Floppy-Controller.

Wenn also nur ein Kabel vorhanden und bereits durch zwei Geräte belegt ist, sollten Sie ausmessen, in welcher Länge Sie ein zweites Kabel benötigen. Dieses sollte nicht zu knapp bemessen sein, da es auf seinem Weg durch das Gehäuse eventuell mehrfach verdreht und um bestehen-

Länge eines handelsüblichen IDE-Kabels

des Kabelgewirr oder andere Peripheriegeräte herumgeführt werden muss. Handelsübliche IDE-Kabel haben eine Länge von 45 oder 60 cm, daneben gibt es sie seltener auch in einer 100-cm-Version. Längere Kabel sollten Sie auf keinen Fall verwenden, da der sichere Datentransfer ansonsten nicht mehr gewährleistet ist.

Jumper korrekt einstellen

Jumper sind kleine Steckbrücken auf der Unter- oder Rückseite der Festplatte. Auch wenn einige moderne Festplatten nach wie vor eine ganze Reihe davon besitzen können, sind für den Anschluss ans System nur diejenigen relevant, die darüber entscheiden, ob das Laufwerk als Master oder als Slave betrieben wird.

Welche Jumper dafür wie gesetzt werden müssen, entnehmen Sie der beigelegten Anleitung oder einem Aufkleber bzw. Aufdruck auf der Ober- oder Rückseite des Festplattengehäuses.

Manchmal sind diese Angaben auch auf die Platine an der Unterseite aufgedruckt.

Wenn sich diese Angaben nirgends finden, hilft meist ein Blick auf die Supportseiten des Herstellers.

Eine Liste der bekanntesten Hersteller finden Sie im Troubleshooting-Kapitel auf Seite 197.

> **Warum gibt es Master und Slave?**
>
> Wir wissen bereits, dass zwei Geräte an einem IDE-Kabel betrieben werden können, die sich dann einen Datenkanal teilen. Dabei übernimmt ein Laufwerk die Kommunikation mit dem System und steuert den Datenfluss für beide Geräte. Dieses Laufwerk muss als Master gejumpert werden. Das Slave-Laufwerk kommuniziert nur mit dem Master und nicht direkt mit dem System.

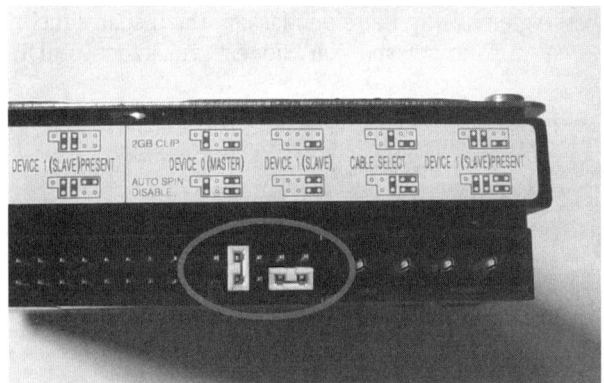

Über Jumper wird das Laufwerk als Master oder Slave konfiguriert.

Grundsätzlich sollte das schnellere Laufwerk (fast immer das neuere Laufwerk) als Master betrieben werden, da dieses am Datenbus stärker beansprucht wird.

Teilen sich Festplatte und CD- oder DVD-Laufwerk einen IDE-Anschluss, wird immer die Festplatte als Master gejumpert.

Die beste Performance erreichen Sie, wenn nur etwa gleich schnelle Geräte gemeinsam an einem IDE-Port betrieben werden (siehe Kasten), damit nicht eines das andere ausbremst.

Wenn Sie eine neue Festplatte erwerben, wird deren Voreinstellung immer *Master* sein.

Einige vor allem ältere Laufwerke unterscheiden die Einstellungen *Master – Single Drive* und *Master – Slave present*; wählen Sie hier die erste Option, wenn die Festplatte als einzelnes Gerät an einem der beiden IDE-Ports betrieben werden soll, und die zweite Option, wenn ein zweites Gerät am gleichen Strang hinzukommt.

Ein Laufwerk am ersten und eins am zweiten IDE-Port werden dagegen beide als *Master – Single Drive* gejumpert.

> **Fast & Serial ATA, PIO Mode 1 bis 4, (U)DMA 33/66/100/133**
> Hinter diesen kryptischen Bezeichnungen verbergen sich verschiedene Protokolltypen, die letztlich vor allem darüber Auskunft geben, wie hoch der maximal erreichbare Datendurchsatz Ihrer Festplatte ist. Wichtig werden diese Angaben im Zusammenspiel mit anderen Komponenten in Ihrem System. Ausführlicher behandeln wir dieses Thema ab Seite 198.

Diese Strategie empfiehlt sich, wie erwähnt, aus Gründen der Performance, wenn beispielsweise eine sehr alte, langsame und eine brandneue Festplatte gemeinsam zum Einsatz kommen sollen.

In diesem Fall sollte die schnellere Platte auch am ersten IDE-Port betrieben werden, da sich auf dem Master-Laufwerk des primären Ports das Betriebssystem befindet, auf das häufig lesend und schreibend zugegriffen wird.

ine schnelle Platte macht sich hier auf sehr angenehme Weise bemerkbar.

Primary und Secondary IDE-Port.

Einbau der Festplatte in den PC

Wenn die neue Festplatte den Platz der alten einnehmen soll, brauchen Sie nur die in Schritt 4 auf Seite 173 beschriebenen Aktionen in umgekehrter Reihenfolge durchzuführen.

Wichtig: Verwenden Sie passende Schrauben

Montieren Sie die Festplatte mit zwei Schrauben pro Seite im Disk Cage und befestigen Sie anschließend den Disk Cage wieder am Gehäuse, falls Sie ihn zuvor ausgebaut hatten.

Sehr wahrscheinlich können Sie für die Montage der Festplatte die alten Schrauben weiterverwenden.

Ersatz- und Zusatzschrauben erhalten Sie in jedem Computerladen.

Das amerikanische Gewindemaß hat einen weniger starken Sägezahncharakter (man beachte die Schatten). Die rechte Schraube dürfte für die meisten Festplatten zu lang sein.

Im PC gebräuchliche Schrauben gibt es in verschiedenen Stärken und mit unterschiedlichen Gewindetypen. Der zur Festplattenmontage verwendete Typ ist aber normiert.

Man benutzt hier ein amerikanisches Gewindemaß, das enger und weniger stark angeschrägt ist als das deutsche Pendant (siehe Abbildung).

Achten Sie darauf, passende Schrauben zu verwenden.

Ausrichtung der Festplatte

Festplatten sollten horizontal oder senkrecht in das Gehäuse eingebaut werden, niemals jedoch über Kopf oder in einem anderen Winkel als 90 oder 180 Grad. Es besteht sonst die Gefahr, dass die filigrane Laufwerkmechanik im Betrieb Schaden nimmt. Zumindest müssten Sie mit einem höheren Verschleiß rechnen.

Vor allem die Länge ist entscheidend: Werden zu lange Schrauben zu tief in die Halterungen der Festplatte eingedreht, kann es sein, dass dabei die Laufwerkelektronik beschädigt wird!

Vorsicht bei zu langen Schrauben: Zu tief eingedreht, können sie die Elektronik beschädigen.

Extra: Montage in einem 5¼-Zoll-Schacht

Es kann sein, dass Ihr PC über keinen freien Einbauschacht im Disk Cage mehr verfügt. Vor allem in Desktop-Gehäusen wird es schnell eng.

Ein Einbaurahmen verbreitert das Maß der Festplatte von 3½ auf 5¼ Zoll und schafft so die Möglichkeit, die Platte in einem der Schächte zu montieren, die eigentlich CD-ROM-Laufwerken und anderen Komponenten dieser Bauform vorbehalten sind.

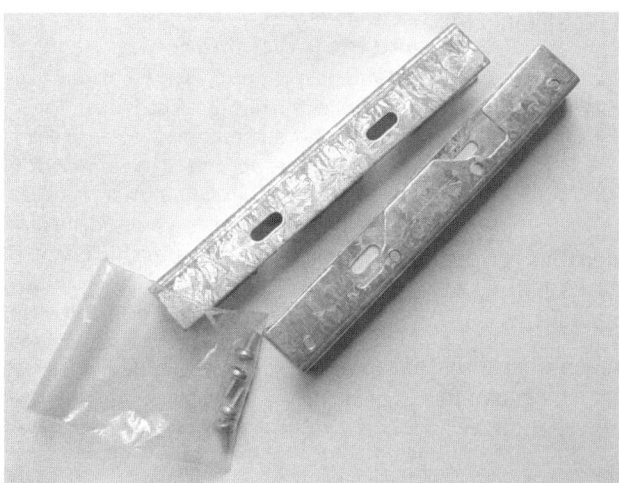

Einbaurahmen sind als Komplettsatz inklusive Schrauben erhältlich.

Einbaurahmen sind als komplettes Kit im Fachhandel erhältlich und bestehen in der Regel aus zwei Metallwinkeln nebst passenden Schrauben. Die Winkel werden zuerst an die Festplatte geschraubt. Als Nächstes schieben Sie die gesamte Konstruktion vorsichtig in einen freien 5¼-Zoll-Schacht und verschrauben die Metallwinkel mit dem Gehäuse.

Mit einem solchen Einbaurahmen lassen sich übrigens auch andere Komponenten wie Disketten- und Bandlaufwerke oder zusätzliche Gehäuselüfter montieren.

Auf Draht: Festplatten verkabeln

Nachdem Sie die Jumper richtig gesetzt haben, geht es ans Verkabeln. Die IDE-Ports auf dem Motherboard haben wir bereits auf Seite 174 ausfindig gemacht.

Auf die richtige Polarität kommt es an

Wollen Sie die neue Festplatte gegen die alte austauschen, können Sie das alte Kabel eventuell weiter verwenden. Für eine Festplatte, die UDMA100 oder UDMA/100/133 beherrscht, sollte aber in jedem Fall ein 80-poliges Kabel verwendet werden.

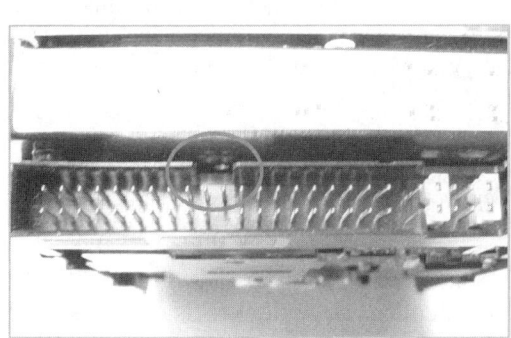

Die Aussparung verhindert den Anschluss mit falscher Polarität.

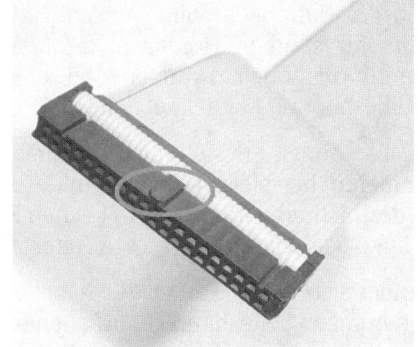

Bevorzugen Sie Kabel, die über eine passende Kunststoffnase verfügen.

Achten Sie beim Anschließen auf die richtige Polarität.

Die erste Ader des Flachbandkabels ist rot markiert.

Diese muss an Pin 1 des IDE-Ports auf dem Motherboard angeschlossen werden.

Bei genauerer Betrachtung werden Sie an den Stecksockeln der IDE-Ports eine Aussparung in der Mitte einer der Längsseiten entdecken.

Die meisten Flachbandkabel verfügen über Pfostenstecker mit einer Kunststoffnase, die genau in diese Kerbe passt und damit eine Verpolung verhindert.

> **Runde Kabel sind cooler**
>
> Während Komplett-PCs standardmäßig nach wie vor mit den klassischen Flachbandkabeln ausgestattet werden, gehen Bastler mittlerweile verstärkt zu runden Kabeln über. Diese sind zwar deutlich teurer, bieten aber den Vorteil, den Luftstrom, der im Gehäuse durch die Lüfter erzeugt wird, wesentlich weniger zu behindern, und ermöglichen damit eine effektivere Kühlung. Nähere Infos zur effektiven Hitzebekämpfung finden Sie in Kapitel 2.

Leider fehlt bei einigen Steckern die Kunststoffnase, und einige ältere Mainboards haben keinen Stecksockel – hier ragen nur die nackten 40 Pins in die Höhe.

In diesen Fällen müssen Sie darauf achten, dass die rote Ader tatsächlich an Pin 1 angeschlossen wird. Pin 1 ist in der Regel durch einen entsprechenden Aufdruck auf dem Motherboard markiert.

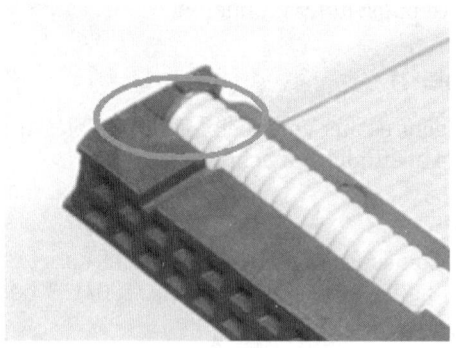

Die rot markierte Ader muss an Pin 1 von Board und Festplatte angeschlossen werden.

Auch das Handbuch sollte Aufschluss über die Pin-Belegung geben. Wenn das Handbuch fehlt, kann die Homepage des Mainboard-Herstellers helfen, auf der häufig technische Informationen zu finden sind. Eine Liste von Mainboard-Herstellern finden Sie im Troubleshooting-Kapitel auf Seite 197.

Notfalls können Sie sich auch an einem anderen, bereits verbundenen Flachbandkabel orientieren, beispielsweise an dem des Diskettenlaufwerks: Da Pin 1 bei allen Anschlüssen des Motherboards auf der gleichen Seite liegt, gehören entweder alle roten Adern auf die linke oder alle auf die rechte Seite.

Befindet sich die rote Ader des Kabels, das zum Diskettenlaufwerk führt, zum Beispiel auf der linken Seite, dann gehört auch die rote Ader des Festplattenkabels nach links.

Was passiert, wenn die Festplatte falsch angeschlossen wurde?

Keine Sorge – einen falschen Stecker können Sie gar nicht erst erwischen, da die Normmaße für jeden Gerätetyp andere sind. Falsche Stecker passen einfach nicht. Der einzige Fehler, der Ihnen unterlaufen kann, ist eine Verpolung, also wenn die rote Ader nicht an Pin 1, sondern an Pin 40 anliegt. In diesem Fall wird sich die Festplatte beim Start des Rechners nicht ordnungsgemäß melden – stattdessen leuchtet das Lämpchen am PC, das Festplattenaktivität signalisiert, unentwegt. Schalten Sie in diesem Fall einfach den Rechner aus und trennen ihn vom Netz. Dann ziehen Sie den Stecker des Festplattenkabels entweder vom Motherboard oder von der Festplatte ab und dann um 180 Grad gedreht wieder ein.

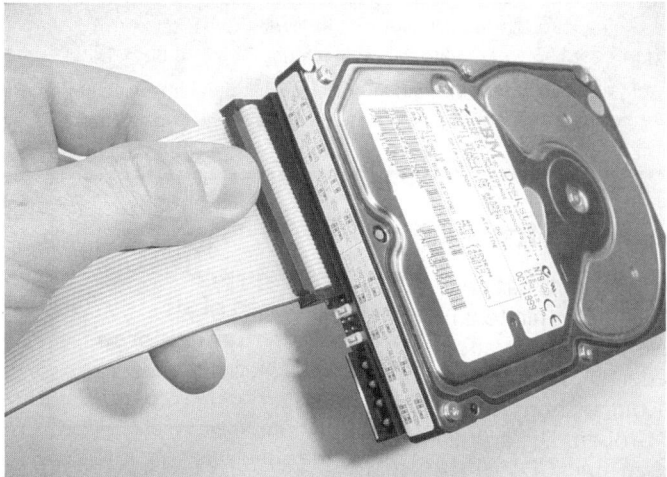

Achten Sie beim Anschließen des Kabels darauf, dass der Stecker sich nicht verkantet.

Schieben Sie jetzt den Pfostenstecker des Flachbandkabels mit sanftem Druck in den Stecksockel des Mainboards. Anschließend wiederholen Sie die gleiche Prozedur mit dem anderen Ende des Kabels an der Festplatte: Pin 1 wird identifiziert und das Kabel polrichtig angeschlossen. Jetzt können Sie die Festplatte mit einem freien Stromstecker verbinden. Die spezielle Form des Steckers lässt nur eine Anschlussrichtung zu, dieser Schritt ist also unproblematisch.

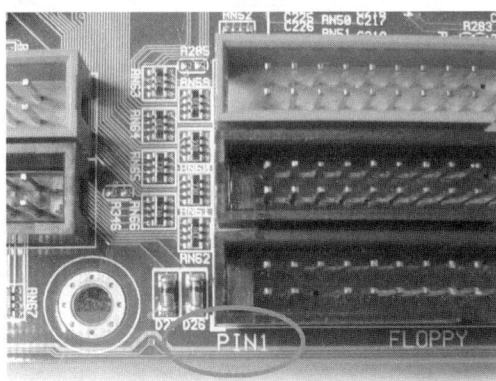

Pin 1 ist meist durch einen Aufdruck auf der Platine von Motherboard und Festplatte gekennzeichnet.

An dieser Stelle können Sie sich entscheiden, ob Sie die Funktionsfähigkeit der Festplatte überprüfen möchten, bevor Sie sie in das Gehäuse einbauen. Ab Seite 183 wird beschrieben, wie die Platte am BIOS angemeldet wird. Wenn Sie nicht sicher sind, ob sich das gute Stück mit Ihrem (vielleicht schon etwas betagteren) System verträgt, empfiehlt es sich, den Funktionstest vorzuziehen, damit Sie sich einen unnötigen Ein- und Wiederausbau ersparen. Auch die Stecker und Jumper sind besser erreichbar, wenn sich das Laufwerk noch nicht im Disk Cage befindet.

Sicherheitshinweise für den Testbetrieb

Wollen Sie die Platte vor dem Einbau testen, sollten Sie darauf achten, dass Sie eine isolierende Unterlage verwenden, zum Beispiel eine Lage Schaumstoff oder den Antistatikbeutel, in dem die Festplatte verpackt war. Meiden Sie in jedem Fall metallische Unterlagen, damit es an der Laufwerkunterseite, die oft aus einer Platine mit ungeschützten elektronischen Bauteilen besteht, nicht zu einem Kurzschluss kommt. Bedenken Sie auch die Gefahr einer elektrostatischen Aufladung: Solange die Platte nicht in den PC eingebaut wurde, ist sie nicht über das Gehäuse geerdet. Vermeiden Sie daher jede Berührung mit der Laufwerkelektronik, solange das Gerät im Betrieb ist.

Außerdem sollten Sie darauf achten, dass die Festplatte plan auf der isolierenden Unterlage aufliegt und sich in der Horizontalen befindet. Wichtig ist, dass die Platte nicht auf dem Kopf stehen darf, wenn sie hochgefahren wird.

Strom für die neue Festplatte

Zu guter Letzt sollten Sie sicherstellen, dass ein freier Stromanschluss für die neue Festplatte zur Verfügung steht, falls Sie diese parallel zur alten Platte betreiben möchten. Jeder PC besitzt von Hause aus einen Kabelbaum mit mehreren Steckern in zwei verschiedenen Größen. Die größeren Stecker sind für Festplatten und CD-/DVD-Laufwerke vorgesehen, die kleineren für Disketten- und Bandlaufwerke. Sollte kein großer Stecker mehr frei sein, sind im Fachhandel Stromweichen, so genannte Y-Stromkabel, erhältlich.

Mit deren Hilfe lassen sich nicht nur zu kurze Kabel verlängern, sie machen außerdem aus einem vorhandenen Stromanschluss zwei!

Stromweichen nicht miteinander kombinieren

Wenn Sie mehr als ein Y-Stromkabel benötigen sollten, achten Sie darauf, nicht zwei davon hintereinander zu schalten. Bei den meisten Netzteilen wird der Erfolg sein, dass die Geräte sich dann gar nicht mehr melden, weil keine ausreichende Spannung zur Verfügung steht. Stattdessen sollten Sie jeweils einen Stecker des Kabelbaums mit je einer Stromweiche versehen.

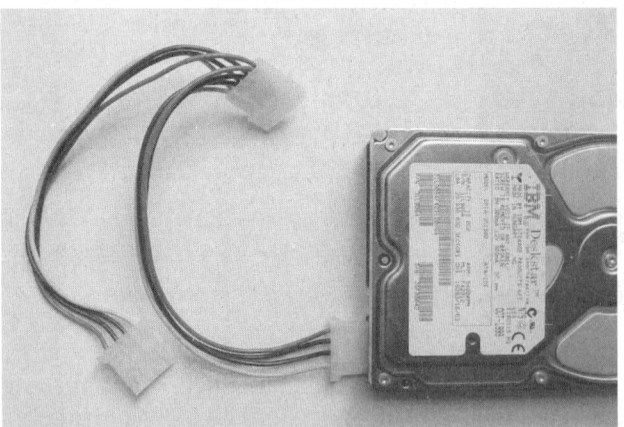

Y-Stromkabel sorgen für mehr Anschluss.

Wenn Sie alle benötigten Kabel beisammen haben, sollten Sie abschließend nicht vergessen, dass Sie einen Satz passender Schrauben benötigen, wenn Sie die neue Festplatte als zusätzliches Laufwerk einbauen möchten. Leider werden die meisten Festplatten ohne passende Schrauben ausgeliefert. Achten Sie beim Kauf der Schrauben auf die passende Länge – eine zu weit eingedrehte Schraube kann leicht die Laufwerkelektronik beschädigen!

6.3 Anmelden, partitionieren und formatieren

Der Einbau der neuen Festplatte ist geglückt, und Sie können den Schraubenzieher fürs Erste zur Seite legen.

Jetzt geht es daran, das Laufwerk für den Betrieb vorzubereiten und die vielen GByte nutzbar zu machen.

Die nächsten Schritte behandeln die Inbetriebnahme wie folgt:

- **Schritt 1 – Anmeldung der neuen Gerätekonfiguration am BIOS.** Das BIOS muss von der Existenz der neuen Festplatte Kenntnis erlangen. Wenn bei deren Einbau andere Geräte die Position an den IDE-Ports gewechselt haben, müssen auch diese neu am BIOS angemeldet werden – nichts einfacher als das!

- **Schritt 2 – Überprüfung der Konfiguration beim Systemstart.** Kontrolle ist besser: Nach der Anmeldung am BIOS sollte beim ersten Systemstart geprüft werden, ob alle Parameter richtig gespeichert und alle Geräte korrekt erkannt werden. Ein Blick auf die Startmeldungen des BIOS genügt.

- **Schritt 3 – Partitionieren der Festplatte unter Windows 9x/ME mit Fdisk.**

- **Schritt 4 – Formatieren.** Der letzte Schritt, bevor die neue Platte in Dienst gehen kann, ist nur noch „Formsache": Durch die Formatierung legen Sie das Dateisystem Ihrer Wahl auf den Partitionen an.

- **Extra 1 – Partitionieren der Festplatte unter Windows XP.** Windows XP ermöglicht das Anlegen von Partitionen während der Installation des Betriebssystems mit einem textbasierten Programm und nachträglich mit der Datenträgerverwaltung mit grafischer Oberfläche. Beides wird hier beschrieben.

- **Extra 2 – Partitionieren der Festplatte mit PartitionMagic.** Egal welches Windows-Betriebssystem Sie verwenden: PartitionMagic bietet eine komfortable Lösung zur Aufteilung der Festplatte inklusive einiger nützlicher Funktionen, die man bei den Windows-Partitionierern vergeblich sucht.

Anmelden der neuen Gerätekonfiguration am BIOS

Interne IDE-Laufwerke, die nicht über einen USB- oder FireWire-Anschluss mit dem PC verbunden sind, müssen vor der ersten Inbetriebnahme am BIOS angemeldet werden.

Ins BIOS gelangen Sie durch Drücken einer bestimmten Taste kurz nach dem Einschalten des Computers.

Das BIOS informiert in einer kurzen Meldung, um welche Taste es sich handelt – in der Regel (F1), (F2), (Entf) oder (Esc).

Da jedes BIOS etwas anders aufgebaut ist und die Optionen oft unterschiedlich heißen, kann hier nur das allgemeine Vorgehen beschrieben werden. Genaueres entnehmen Sie dem Handbuch Ihres Mainboard-Herstellers oder dessen Homepage.

Die erkannten IDE-Geräte werden in der Regel gleich im Hauptmenü aufgelistet. Eine Erkennung neuer Geräte ist entweder unter einem eigenen Menüpunkt oder direkt im Hauptmenü möglich.

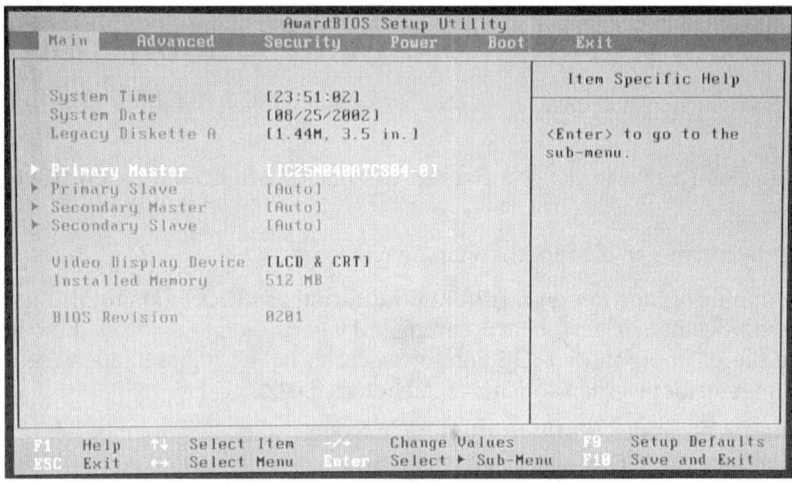

Eine Festplatte wurde vom BIOS am primären IDE-Kanal als Master erkannt.

Wählen Sie Master oder Slave am primären oder sekundären IDE-Kanal aus, je nachdem, wo sich die neue Festplatte befindet.

Bei nur einer Platte im System sollte dies das Master-Laufwerk am primären Kanal sein. Ein modernes BIOS wird die neue Platte jetzt automatisch erkennen.

Überprüfen Sie zur Vorsicht die Angaben zur Anzahl der Zylinder, Köpfe und Sektoren (*Cylinders, Heads, Sectors*).

Diese Parameter sind im Beipackzettel der Festplatte aufgelistet – wenn dieser nicht existiert, finden Sie die Angaben meist auch auf der Festplatte aufgedruckt.

Wenn alle Stricke reißen: Im Internet finden Sie unter *www.pc-disk.de* die Parameter für 6.000 verschiedene Festplattenmodelle.

Sollte das BIOS falsche Parameter anzeigen oder die automatische Erkennung gänzlich scheitern, können Sie die korrekten Werte auch manuell eintragen.

Dazu ändern Sie den Eintrag *Auto* auf *Manual* und tippen die Parameter ein.

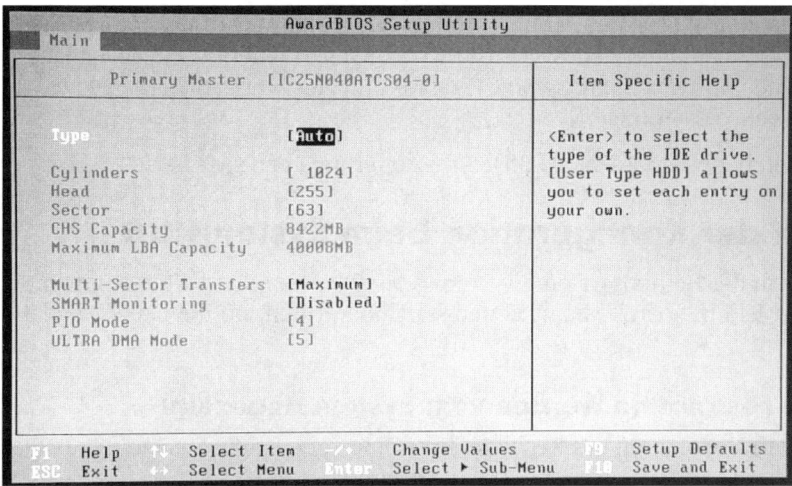

Wenn die Auto-Erkennung scheitert, können die Parameter auch von Hand eingegeben werden.

Wenn beim Festplatteneinbau die Reihenfolge der Geräte an den IDE-Ports gewechselt hat, sollten Sie die Harwareerkennung für alle betroffenen Geräte wie oben beschrieben durchführen.

Wenn das BIOS bootet

Beim Booten geht das BIOS wie folgt vor: Zunächst wird versucht, ein Betriebssystem von dem Laufwerk zu starten, das in der Bootreihenfolge an erste Stelle gesetzt wurde. Handelt es sich um einen Wechseldatenträger, auf den nicht zugegriffen werden kann (z. B. weil sich keine Diskette oder CD im Laufwerk befindet), probiert das BIOS den Systemstart über das nächstgenannte Laufwerk etc. Wenn allerdings eine Festplatte nicht angesprochen werden kann, unterbricht das BIOS den Startvorgang mit einer Fehlermeldung.

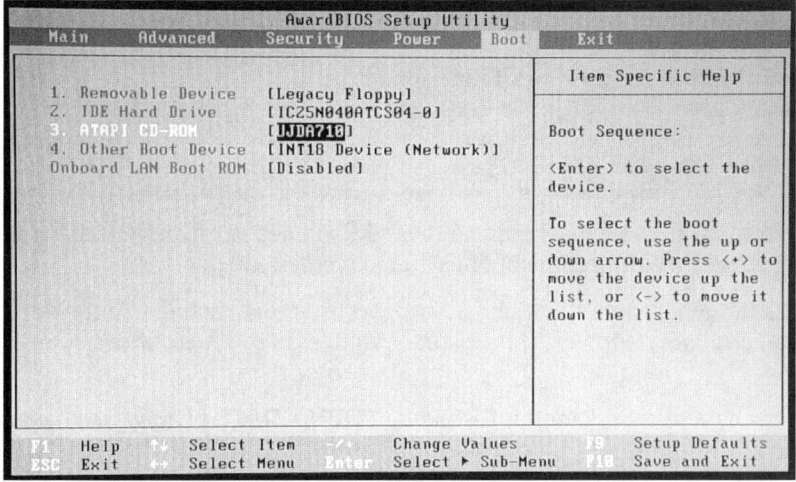

Die Bootreihenfolge kann bei neueren BIOS-Typen beliebig gewählt werden.

Sind alle Laufwerke korrekt erkannt, können Sie noch die Bootreihenfolge festlegen. Ein modernes BIOS gestattet Ihnen den Systemstart von nahezu jedem Gerät, neben Festplatten und Diskettenlaufwerken auch von CD-ROM- und Netzwerklaufwerken sowie diversen anderen Wechseldatenträgern.

Vergessen Sie nicht, beim Verlassen des BIOS Ihre Änderungen zu speichern.

Überprüfen der Konfiguration beim Systemstart

Wenn Sie mit einem der Betriebssysteme Windows 95, 98 oder ME arbeiten, können Sie anhand der BIOS-Meldung bereits beim Systemstart überprüfen, ob die neue Festplatte korrekt erkannt wird.

Neu erkannte Festplatten werden vom System angezeigt

Das BIOS zeigt beim Hochfahren des Rechners kurz eine Tabelle, die die Parameter aller erkannten Geräte enthält.

Hier können Sie auch überprüfen, ob Geräte, die beim Einbau der neuen Platte eventuell ihren Platz an den IDE-Ports gewechselt haben, richtig angemeldet werden.

Beim Systemstart informiert das BIOS über erkannte IDE-Komponenten.

Startmeldungen sichtbar machen per Tastendruck
Da die Tabelle schnell wieder verschwindet, hilft ein Druck auf die Taste [Pause], um die Meldung in Ruhe betrachten zu können. Sollten Sie beim Systemstart nur das Windows-Logo zu sehen bekommen, können Sie durch Drücken der [Esc]-Taste zu den Startmeldungen umschalten.

Besitzer von Windows 2000 und XP bekommen diese Tabelle jedoch nicht zu sehen, da die Windows-eigenen Startmeldungen nicht unterdrückt werden können.

Warten Sie, bis das Betriebssystem gestartet ist, und wechseln Sie nach der Anmeldung per *Start/Systemsteuerung/System/Hardware/Geräte-Manager* in die Ansicht der erkannten Hardware.

Unter *Laufwerke* erscheinen die erkannten Festplatten, DVD/CD-ROM-Laufwerke haben ihren eigenen Eintrag.

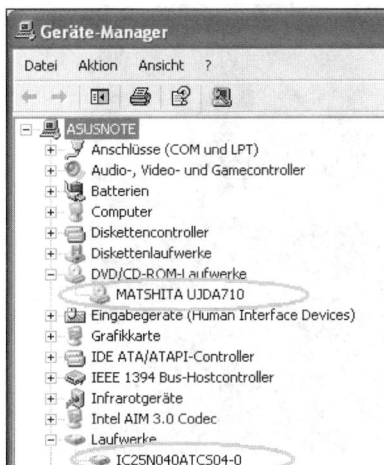

*Der Geräte-Manager
listet die erkannte
Hardware auf.*

Windows 9x/ME: Festplatte mit Fdisk partitionieren

Die älteren Betriebssysteme Windows 95, 98 sowie Windows ME basieren noch auf DOS, Microsofts aus den 70er-Jahren stammenden **D**isk **O**perating **S**ystem. Folgerichtig bietet sich für die Partitionierung, also die Aufteilung der Festplatte in mehrere Einheiten, ein kryptisches Kommandozeilentool namens Fdisk an, das noch den Charme eines echten DOS-Dinosauriers versprüht.

Nutzer von Windows 2000 und XP können hingegen auf modernere Hilfsmittel mit grafischer Oberfläche zugreifen. Aber auch für Windows 9x/ME-User bietet sich eine Alternative namens PartitionMagic, die ab Seite 193 behandelt wird und hier – im Gegensatz zum fehlerbehafteten Fdisk – wärmstens empfohlen sei.

> **Fdisk: 64-GByte-Grenze bei Windows 95/98**
>
> Wenn Sie die Kosten für ein zusätzliches Programm wie PartitionMagic scheuen, tut Fdisk natürlich seinen Dienst – vorausgesetzt, Sie verwenden Windows ME, oder die neue Platte ist nicht größer als 64 GByte. Bei größeren Laufwerken gibt Fdisk unter Windows 9x als Plattengröße lediglich die Differenz von tatsächlicher Größe und 64 GByte an – bei einer 80-GByte-Platte also nur 16 GByte. Für Windows 98 bietet Microsoft einen Hotfix unter *http://support.microsoft.com* an, der dieses Problem behebt. Windows 95-User müssen beim Einsatz großer Festplatten auf die Verwendung von Fdisk verzichten.

1 Wenn sich nur eine Festplatte im System befindet und diese unformatiert ist, müssen Sie mit einer Windows-Systemdiskette oder -Installations-CD starten. Beide enthalten das Programm Fdisk. Haben Sie eine zusätzliche Festplatte in den PC eingebaut, können Sie Ihr Windows wie gewohnt starten und Fdisk über *Start/Ausführen* aufrufen. Fdisk meldet sich mit der Frage nach der Unterstützung großer Festplatten, die Sie in jedem Fall mit ja beantworten sollten, gefolgt von folgendem Startbildschirm (wenn mehrere Festplatten im System aktiv sind, kommt ein fünfter Punkt zur Auswahl des Laufwerks hinzu).

```
                    Microsoft Windows 98
                 Festplatten-Konfigurationsprogramm
              (C)Copyright Microsoft Corp. 1983 - 1998

                      FDISK-Optionen

    Aktuelle Festplatte: 1

    Wählen Sie eine der folgenden Optionen:

    1. DOS-Partition oder logisches DOS-Laufwerk erstellen
    2. Aktive Partition festlegen
    3. Partition oder logisches DOS-Laufwerk löschen
    4. Partitionierungsdaten anzeigen


    Optionsnummer eingeben: [1]




    FDISK beenden mit ESC
```

2 Wählen Sie *1.*, um eine neue Partition zu erstellen, und erneut *1.* für eine primäre Partition, falls es sich um die einzige Platte im System handelt. Bei einer Zweitplatte sollten Sie möglichst auf eine primäre Partition verzichten, um Chaos bei der Vergabe der Laufwerkbuchsten zu vermeiden.

Reihenfolge der Laufwerkbuchstaben bei mehreren primären Partitionen

Wenn Sie über mehrere Festplatten verfügen und mehr als eine primäre Partition anlegen wollen, ist die Reihenfolge zu beachten, in die Windows die Laufwerke bei der Zuordnung der Laufwerkbuchstaben bringt: C: ist immer die primäre Partition des ersten Laufwerks (Master an IDE-Port 1), gefolgt von der primären Partition des Slave-Laufwerks (D:). Falls vorhanden, schließen sich die primären Partitionen des Master- und dann des Slave-Laufwerks an IDE-Port 2 an. Erst wenn allen primären Partitionen Laufwerkbuchstaben zugeordnet worden sind, kommen die logischen Laufwerke in der erweiterten Partition an die Reihe. Dabei kommt wieder als Erstes die Master-Platte an IDE-Port 1 mit sämtlichen logischen Laufwerken an die Reihe, dann die Slave-Platte und schließlich Master und Slave von IDE-Port 2.

Wählen Sie in diesem Fall *2.* für eine erweiterte Partition und weisen Sie dieser den gesamten Platz zu.

In der erweiterten Partition legen Sie anschließend über *1.* und *3.* ein oder mehrere logische Laufwerke an.

Eine erweiterte Partition können Sie auch zusätzlich zu einer primären anlegen, wenn sich noch freier Platz auf der Festplatte befindet.

```
    Logische DOS-Laufwerke in der erweiterten DOS-Partition erstellen

Lw. Bezeichnung     MB  System   Belegung
D:  DATEN1         1032 FAT32      50%




   Gesamtgröße der erweiterten DOS-Partition:  2055 MB (1 MB = 1.048.576 Bytes)
   Für logische Laufwerke stehen maximal  1024 MB zur Verfügung ( 50% ).

   Größe des log. Laufwerks in MB oder in % des verfügbaren Platzes: [ 1024]


   Drücken Sie ESC, um zu den FDISK-Optionen zurückzukehren.
```

3 Das Anlegen (ebenso wie das Löschen) einer neuen Partition wird nach einer Laufwerkprüfung durchgeführt und muss abschließend durch Drücken der (Esc)-Taste bestätigt werden. Sie gelangen dann wieder ins Hauptmenü zurück.

Änderungen rückgängig machen

Fdisk nimmt keine Änderungen an Ihrem System vor, solange es aktiv ist. Erst nachdem Sie das Programm im Hauptmenü durch Drücken der (Esc)-Taste beendet haben, wird die neue Partitionstabelle beim Neustart des Rechners aktiviert. Sollte Ihnen bei der Partitionierung ein Fehler unterlaufen sein, reicht es, unter Windows das Fdisk-Fenster einfach ohne Drücken der (Esc)-Taste zu schließen. Die bisherigen Partitionen werden dann beibehalten.

Formatieren einer neuen Partition

Um eine neu angelegte Partition in Betrieb zu nehmen, muss sie formatiert werden, d. h., das Dateisystem muss darauf angelegt werden, Ordner und Dateien speichern zu können.

Am einfachsten erledigen Sie dies vom Datei-Manager aus. Markieren Sie unter *Start/Arbeitsplatz* das zu formatierende Laufwerk und wählen Sie den Menüpunkt *Datei/Formatieren* aus.

| *Dateisystem anlegen*

Im darauf erscheinenden Menü können Sie das zu verwendende Dateisystem wählen und einen Namen für die Partition eingeben.

Beim Punkt *Größe der Zuordnungseinheiten* sollten Sie die Voreinstellung beibehalten.

Wahl des Dateisystems: FAT, FAT32 oder NTFS?

FAT, auch FAT16 genannt, ist das alte, aus DOS-Zeiten überlieferte Dateisystem, das eine ganze Reihe von Einschränkungen vor allem in Bezug auf die maximale Partitions- und Laufwerkgröße mit sich bringt (es werden nur Festplatten bis zu einer Größe von 2 GByte unterstützt). Sein Einsatz empfiehlt sich unter keinen Umständen – einzige Ausnahme: Sie müssen von einem DOS- oder Windows 95-Rechner auf diese Partition zugreifen. FAT32 wurde mit Windows 95b (auch OSR 2 genannt) eingeführt und ermöglicht Partitionsgrößen bis 2.047 GByte. Auch Windows ME, 2000 und XP unterstützen dieses Format. NTFS schließlich wurde mit Windows NT eingeführt und bietet einige handfeste Vorteile: Erhöhte Sicherheit durch die dezidierte Vergabe von Benutzerrechten und eine beachtliche Systemstabilität aufgrund des dynamischen Dateisystems zeichnen NTFS aus. Ein weiterer Vorteil sind die kleineren Zuordnungseinheiten (Cluster), die zu einer effektiveren Nutzung des Festplattenplatzes führen. NTFS ist das Dateisystem der Wahl – mit einem Nachteil: Von Windows 95, 98 und ME aus kann nicht direkt darauf zugegriffen werden, da diese Betriebssysteme NTFS nicht unterstützen. Über ein Netzwerk ist der Zugriff aber sehr wohl möglich.

Formatieren einer Festplatte im NTFS-Dateisystem.

Wenn Sie eine Schnellformatierung wünschen, versehen Sie das Kontrollkästchen per Mausklick mit einem Häkchen.

Bei einer Schnellformatierung wird auf eine Fehleranalyse des Laufwerks verzichtet.

Das spart Zeit, ist aber nur zu empfehlen, wenn Sie sich absolut sicher sind, dass das Laufwerk fehlerfrei ist.

Wir empfehlen regelmäßige Tests der Laufwerkoberfläche mithilfe von Windows XPs *chkdsk.exe* (*scandisk.exe* in älteren Windows-Versionen), das in einer DOS-Box ausgeführt werden kann.

Formatieren unter DOS

Wenn Ihnen kein Windows-Datei-Manager zur Verfügung steht, beispielsweise bei einer Formatierung vor der Installation von Windows, können Sie von der DOS-Kommandozeile aus eine Partition mittels des Befehls *format* formatieren. Eine Schnellformatierung ermöglicht der angehängte Parameter */q*. Mit dem Befehl *format d:\ /q* führen Sie beispielsweise eine Schnellformatierung von Laufwerk D: durch. Alle Parameter des *format*-Befehls können Sie sich durch Eingabe von „format /?" anzeigen lassen.

Mit einem Klick auf *Starten* wird die Formatierung durchgeführt. Vorsicht beim Formatieren eines bereits verwendeten Laufwerks: Sämtliche darauf vorhandenen Daten gehen dabei verloren!

Windows XP: Partitionieren der Festplatte

Windows XP bietet das Partitionieren der Festplatte direkt bei der Installation an.

Haben Sie nur eine Platte in Ihrem System, werden Sie um diese Option nicht herumkommen, da eine formatierte Partition zur Verfügung stehen muss, auf die das Betriebssystem aufgespielt werden kann.

1 Die Setup-Routine, mit der Windows XP die Partitionierung ermöglicht, listet die vorhandenen Laufwerke und eventuell bereits existierende Partitionen auf (siehe Abbildung). Letztere lassen sich durch Drücken der Taste L löschen.

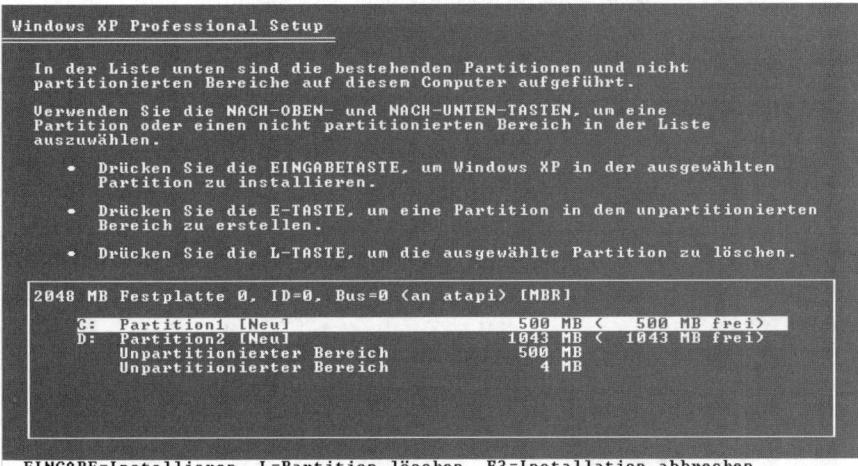

2 Eine neue Partition kann angelegt werden, indem ein unpartitionierter Bereich ausgewählt und die Taste E gedrückt wird. Dabei haben Sie allerdings keine Auswahlmöglichkeit zwischen primärer oder erweiterter Partition – Windows XP übernimmt das Handling komplett selbst.

3 Wenn Sie die Enter-Taste drücken, wird Windows in der ausgewählten Partition installiert.

Im Gegensatz zu Windows 95, 98 oder ME ist XP nicht auf eine primäre Partition angewiesen und kann überall installiert werden.

Sie können auch einen unpartitionierten Bereich auswählen und die Enter-Taste drücken – es wird dann automatisch eine Partition erzeugt.

> ### Unpartitionierter Rest am Ende der Festplatte
>
> Am unteren Ende der Liste zeigt Windows XP mitunter einen kleinen unpartitionierten Bereich der Festplatte von wenigen MByte an. Dieser entsteht, weil erweiterte Partitionen aus technischen Gründen nicht den gesamten freien Bereich belegen können, und sollte ungenutzt bleiben.

4 Sie werden jetzt aufgefordert, ein Dateisystem zu wählen, mit dem die Partition formatiert werden soll. Sie haben die Auswahl zwischen FAT oder NTFS. Hinweise zu den verschiedenen Dateisystemen können Sie dem Tippkasten auf Seite 190 entnehmen. Die Formatierung kann „schnell" erfolgen, d. h., es wird nur die Struktur für das Dateisystem auf dem Laufwerk angelegt, oder mit einer vorhergehenden Überprüfung der Laufwerkoberfläche auf Fehler. Die Fehleranalyse ist zu empfehlen, kann aber bei großen Partitionen eine Stunde und mehr beanspruchen.

5 Wenn bereits ein Dateisystem auf der Partition angelegt worden ist, bietet das Programm als weitere Option an, das bestehende Dateisystem beizubehalten. Sollte es sich um ein FAT-Laufwerk handeln, können Sie es an dieser Stelle auf Wunsch auch in ein NTFS-Laufwerk umwandeln (ohne dass darauf enthaltene Daten verloren gehen), was allerdings auch zu jedem späteren Zeitpunkt von Windows aus möglich ist. Aber Achtung: Dieser Schritt ist irreversibel, ein Rückkonvertieren zu FAT ist ohne Datenverlust nicht möglich, hier hilft nur eine Neuformatierung mit FAT!

Die zweite Möglichkeit, Partitionen anzulegen und zu löschen, findet sich bei einem betriebsbereiten Windows unter *Start/Systemsteuerung/Verwaltung/Computerverwaltung/ Datenspeicher/Datenträgerverwaltung*. Beachten Sie, dass Sie nur mit Administratorrechten in die Datenträgerverwaltung gelangen. Eine neue Partition erstellen Sie in fünf Schritten:

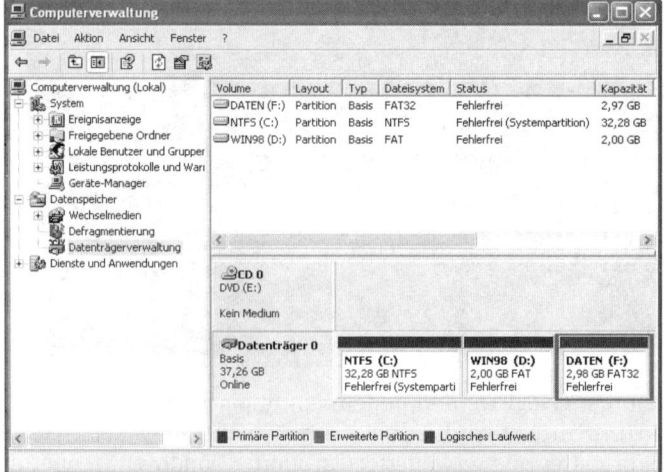

Die Datenträgerverwaltung von Windows XP.

1 Freier Plattenspeicher taucht in der unteren Hälfte des rechten Fensters als *Nicht zugeordnet* auf. Ein Klick mit der rechten Maustaste auf dieses Feld ermöglicht die Auswahl *Neue Partition*. Der so aufgerufene Assistent kann primäre oder erweiterte Partitionen anlegen.

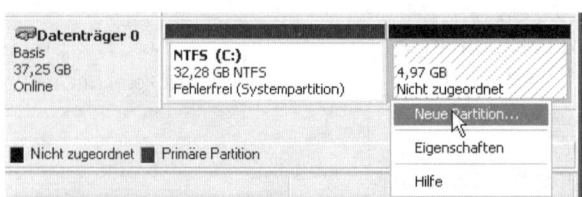

2 Legen Sie die Größe der zu erzeugenden Partition fest. Nicht verwendeter Speicher steht Ihnen für weitere Partitionen zur Verfügung – bedenken Sie aber, dass nur eine erweiterte Partition pro Laufwerk erlaubt ist. Primäre Partitionen können dagegen vier pro Laufwerk angelegt werden. Allerdings ist immer nur eine davon aktiv, auf die anderen kann nicht zugegriffen werden!

3 Falls Sie eine erweiterte Partition angelegt haben sollten, muss der dieser erweiterten Partition zugewiesene Speicherplatz im nächsten Schritt auf logische Laufwerke verteilt werden: Nach einem rechten Mausklick wählen Sie *Neues logisches Laufwerk*. Eine erweiterte Partition kann mehrere logische Laufwerke beinhalten. Sie können den Platz nach Belieben aufteilen.

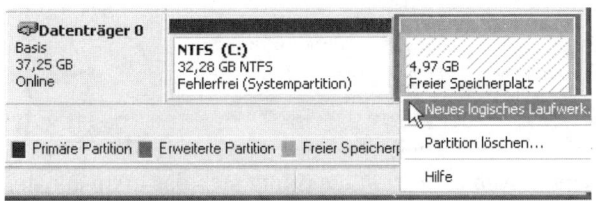

4 Jetzt können Sie der neuen Partition einen Laufwerkbuchstaben zuweisen. Alternativ bietet Windows XP auch die Möglichkeit, einen Laufwerkpfad zu einem leeren Ordner anzugeben. Dieser Ordner muss sich auf einem NTFS-Laufwerk befinden.

5 Im letzten Schritt kann die Partition formatiert werden. Hier können Sie, wie üblich, zwischen den Dateisystemen FAT, FAT32 und NTFS (siehe Tippkasten auf Seite 190) wählen und sich für eine normale oder eine Schnellformatierung entscheiden. Auch ein Name kann hier für die Partition als *Volumebezeichnung* vergeben werden.

Extra: Festplatte partitionieren mit PartitionMagic

Das Programm PartitionMagic der Firma PowerQuest (*www.powerquest.com*) ist unter allen gängigen Windows-Versionen lauffähig und bietet damit eine plattformübergreifende und komfortable Möglichkeit der Partitionierung.

Neben dem Anlegen und Löschen von Partitionen haben Sie die Möglichkeit, ganze Partitionen zu kopieren und auch nicht leere Partitionen in ihrer Größe zu verändern, ohne dass gespeicherte Daten verloren gehen. Neue Partitionen können zwischen bereits bestehenden eingefügt o-

Partitionen vollkommen flexibel verwalten

der ans Ende angehängt werden. Auf diese Weise bleibt der Speicher, den eine Festplatte physikalisch zur Verfügung stellt, vollkommen flexibel handhabbar, da Sie ihn bei Bedarf jederzeit neu zwischen verschiedenen Partitionen aufteilen können. Das Anlegen einer Partition funktioniert mit PartitionMagic wie folgt:

1 Wenn Sie das Programm starten, werden im Fenster oben rechts die bestehenden Partitionen samt belegtem und verfügbarem Speicherplatz angezeigt. Dahinter werden unformatierte Bereiche als dunkelgrauer Block dargestellt. Alle Optionen, die Ihnen PartitionMagic zur Bearbeitung dieser Bereiche bietet, können Sie auch über die rechte Maustaste ansteuern. Komfortabler geht es aber mithilfe der Assistenten, die sich hinter den Symbolen im unteren Drittel des Fensters verbergen.

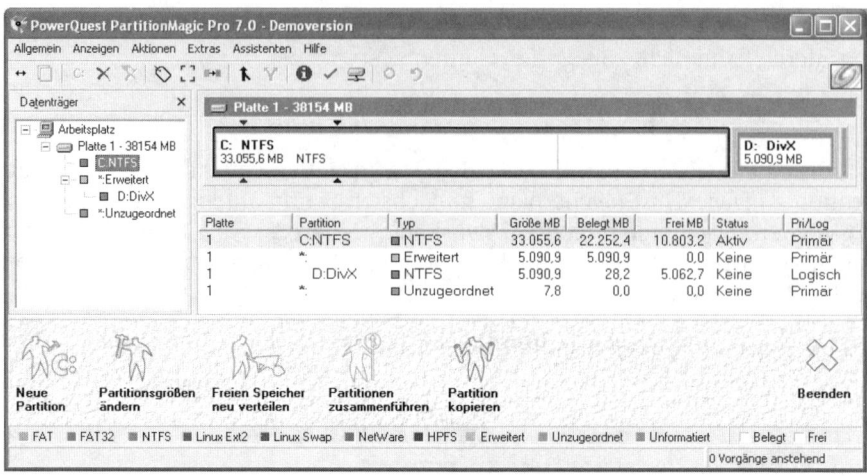

2 Klicken Sie daher auf das Symbol *Neue Partition*. Es öffnet sich das erste Fenster des Assistenten, der Sie durch das Menü zum Anlegen einer Partition führt.

Mit der Schaltfläche *Weiter* gelangen Sie ins nächste Fenster und zu der Frage, ob Sie beabsichtigen, auf der zu erstellende Partition ein Betriebssystem zu installieren oder nicht. Im ersten Fall legt PartitionMagic eine primäre Partition an, im zweiten Fall ein logisches Laufwerk in der erweiterten Partition. Nachdem Sie Ihre Auswahl mit *Weiter* bestätigt haben, können Sie sich für eines der Dateisysteme FAT16, FAT32 oder NTFS entscheiden.

Im Gegensatz zu Windows, das nur FAT-Laufwerke in NTFS konvertieren kann, bietet PartitionMagic Ihnen auch den umgekehrten Weg. Egal welches Windows-Dateisystem Sie hier auswählen, diese Wahl können Sie zu einem späteren Zeitpunkt noch korrigieren (allerdings kann NTFS nur in FAT32 konvertiert werden, nicht in FAT16).

Im nächsten Fenster wird in der Regel vorgegeben sein, welcher Partitionstyp gewählt wird, *Primär* oder *Logisch*. In einigen Fällen haben Sie jedoch die Wahl, z. B. wenn Windows 2000 oder XP in dieser Partition installiert werden soll. Denn im Gegensatz zu Windows 9x starten diese auch von logischen Laufwerken. Wählen Sie den Partitionstyp und klicken Sie auf *Weiter*.

3 Falls sich auf der Festplatte bereits eine oder mehrere Partitionen befinden, können Sie jetzt entscheiden, wo die Partition angelegt werden soll: zwischen zwei Partitionen, ganz am Anfang des partitionierten Bereichs oder ganz am Ende. Idealerweise befolgen Sie die Empfehlungen des Programms, die in kurzen und verständlichen Sätzen erklärt werden, wenn Sie die Schaltfläche *Warum* anklicken. Bestätigen Sie Ihre Auswahl mit *Weiter*.

4 Im nächsten Schritt legen Sie fest, welche der bereits bestehenden Partitionen verkleinert werden sollen, falls der unpartitionierte Bereich der Festplatte nicht ausreichen sollte, um eine neue Partition in der von Ihnen gewünschten Größe zu erstellen. Bestätigen Sie mit *Weiter*.

5 Geben Sie jetzt die gewünschte Größe der Partition und eine Laufwerkbezeichnung ein. Die Größe wird von PartitionMagic so angepasst, dass die Partition an einer Zylindergrenze beginnt und endet. Wenn Sie jetzt auf *Weiter* klicken, erhalten Sie eine Übersicht mit den von Ihnen gemachten Angaben. Die neue Aufteilung der Festplatte wird grafisch dargestellt.

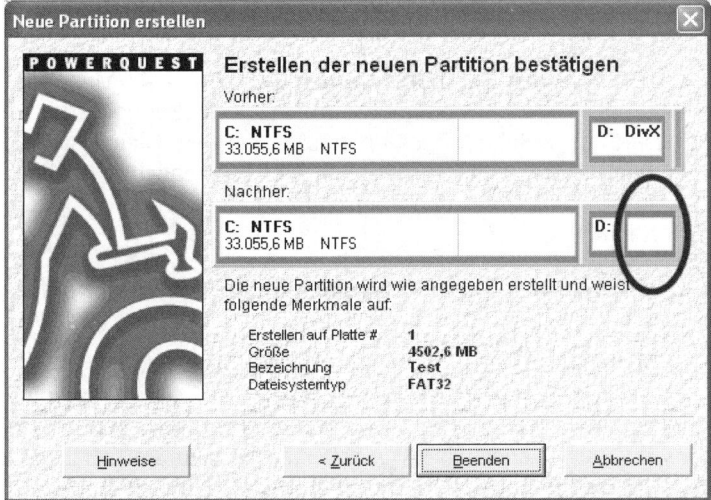

6 Klicken Sie auf *Beenden*, um die Änderungen zu bestätigen, und anschließend auf das Symbol *Änderungen übernehmen*, um die Partition erstellen zu lassen. Die Formatierung wird automatisch durchgeführt.

6.4 Troubleshooting nach dem Festplatteneinbau

Auch wenn der Festplatteneinbau zu den leichteren Übungen beim Basteln an der Hardware gehört – einige Fallstricke gibt es doch.

Wenn sich die neue Platte partout nicht so verhält, wie sie es eigentlich sollte, finden Sie in diesem Kapitel Antworten auf einige der häufigsten Fragen, die bei Installation, Anmeldung und Partitionierung eines neuen Laufwerks regelmäßig auftauchen.

Hilfreiches im Internet finden Sie unter den Adressen, die in den Tabellen am Ende des Kapitels aufgelistet sind.

Das Lämpchen an der Festplatte leuchtet permanent, wenn ich den Computer anschalte, aber das Laufwerk meldet sich nicht korrekt

Wahrscheinlich ist das IDE-Flachbandkabel falsch angeschlossen. Schalten Sie den Computer aus, ziehen Sie den Netzstecker und überprüfen Sie, ob die rote Ader des Kabels sowohl am Mainboard als auch an der Festplatte mit Pin 1 verbunden ist.

Ich betreibe eine neue Festplatte gemeinsam mit meiner alten am selben IDE-Kabel. Die neue Festplatte ist kaum schneller als die alte. Woran liegt das?

Die alte Festplatte bremst die neue aus. Vermutlich unterstützt das ältere Modell nur einen der PIO Modes 0 bis 4 oder UDMA/33 oder /66. Im Festplattenkonfigurationsmenü des BIOS können Sie überprüfen, welche Modes unterstützt werden. Gleiches lässt sich auch der BIOS-Meldung beim Systemstart entnehmen. Unterschiedlich schnelle Laufwerke sollten an verschiedenen IDE-Ports betrieben werden. Das schnellere Laufwerk gehört an den ersten IDE-Kanal.

Die neue Festplatte kommt mir extrem langsam vor. Wie kann ich sie schneller machen?

Es gibt verschiedene Möglichkeiten, die Performance zu erhöhen: Aktivieren Sie den LBA-Modus im BIOS und in der Systemsteuerung von Windows. Außerdem sollte der Schreib-Cache in Windows aktiviert sein. Überprüfen Sie ferner, ob der schnellstmögliche Datentransfermodus im BIOS eingestellt ist. Am besten wählen Sie hier *Auto* oder Sinngemäßes. Das BIOS verfügt über weitere Optimierungsmöglichkeiten, deren Einstellungen ebenfalls am besten vom System selbst verwaltet werden.

Von meiner neuen Festplatte stehen mir nur 504 MByte, 8 GByte oder 64 GByte zur Verfügung, obwohl sie eigentlich größer ist. Wie kann ich den Rest nutzbar machen?

Diese Problematik wird ausführlich ab Seite 200 behandelt.

Ich möchte eine große neue Partition anlegen, kann aber nur eine maximale Größe von 2 GByte bzw. 4 GByte wählen. Geht es nicht auch größer?

Informieren Sie sich auch hier ab Seite 200 über die Problematik der Partitionsgrenzen unter Windows und wie man sie umgehen kann.

An meinem neu installierten Diskettenlaufwerk leuchtet das Lämpchen, wenn der PC eingeschaltet wird, es kann aber nicht darauf zugegriffen werden

Das Flachbandkabel ist falsch herum angeschlossen. Schließen Sie die rot markierte Ader jeweils an Pin 1 des Diskettenlaufwerks und des Stecksockels am Mainboard an.

Hilfen, Tools und Informationen im Web

Festplattenhersteller	Internetadresse
Conner	www.seagate.de
Fujitsu-Siemens	www.fujitsu-siemens.de
Hitachi	www.hitachi.de
IBM	www.storage.ibm.com
Maxtor	www.maxtor.com/de/support/
Quantum	www.quantum.com
Samsung	www.samsung.de
Seagate	www.seagate.de
Syquest	www.syquest.com
Toshiba	www.toshiba.de
Western Digital	www.wdc.com

Mainboard-Hersteller	Internetadresse
Abit	www.abit.com.tw

Mainboard-Hersteller	Internetadresse
Aopen	www.aopencom.de
Asus	www.asuscom.de
Chaintech	www.chaintech.de
DFI	www.dfi.com/
Elitegroup	www.elitegroup.de
EpoX	www.epox.de
Fujitsu-Siemens	www.fujitsu-siemens.de
Gigabyte	www.gigabyte.de
Intel	www.intel.com/deutsch/
MSI	www.msi-computer.de
QDI	www.qdi.com.tw
Soltek	www.soltek.de
Soyo	www.soyo.de
Tyan	www.tyan.de
VIA	www.via-tech.de

Nützliches im Netz	Anbieter/Hersteller	Internetadresse
Support und hilfreiche Tools für Mainboards, die mit ALi-Chipsätzen bestückt sind.	ALi Corporation	www.ali.com.tw
Umfangreiche Tabellen listen alle gängigen Festplattentypen auf. Dazu gibt es aktuelle Nachrichten aus dem Hardwareumfeld und Preisvergleiche.	mwd – der Hardware-Ratgeber	www.mwd-derhardwareratgeber.de
Datenbank mit den BIOS-Parametern und Jumper-Einstellungen von 6.000 Festplatten, nach Hersteller- und Modellnamen geordnet.	PC-Finder Hardwareguide	www.pc-disk.de
Profi-Know-how zum Thema RAID: RAID-Level, Vor- und Nachteile, Konzepte, Konfiguration und Implementierung.	The PC Guide	www.pcguide.com/ref/hdd/perf/raid/index.htm
Das Onlinemagazin tecCHANNEL bietet auf seinen Seiten zum Thema Massenspeicher Testberichte, Reports und Grundlagen, Informationen zu Datenrettung, SCSI, (Serial) ATA etc.	tecCHANNEL.de	www.tecchannel.de/massenspeicher.html
Festplatten, die sich in Hardwaretests von Computerzeit-	Die Testsieger	www.die-testsieger.de/indexhsp.htm

Nützliches im Netz	Anbieter/Hersteller	Internetadresse
schriften oder Onlinemagazinen gegen die Konkurrenz durchsetzen, werden hier unter Nennung der Quelle aufgelistet.		
Der deutsche Ableger von Tom's Hardware Guide bietet in der Massenspeicher-Ecke ausführliche Hardwaretests und Hintergrundberichte rund ums Thema Festplatten.	Tom's Hardware Guide	www.tomshardware.de/storage/
Winbond produziert RAM-Bausteine und Chipsätze für Mainboards, Festplatten und andere Peripheriegeräte. Tools und Treiber gibt es hier.	Winbond	www.winbond.com

6.5 Welche Festplattenstandards beherrscht das System?

Wenn Sie eine neue Festplatte erwerben, ist für Sie vor allem von Interesse, welche maximale Datentransferrate im Zusammenspiel von Mainboard und Festplatte überhaupt erreicht werden kann. Generell gilt: Die langsamste Komponente bremst das gesamte System auf ihr Maximaltempo herunter.

Die Protokolltypen PIO, (U)DMA und Fast/Serial ATA

Daher kann es nicht schaden, die Flaschenhälse zu identifizieren und gegebenenfalls gegen leistungsfähigere Hardware auszutauschen. Auf diese Weise lassen sich mitunter erstaunliche Performancesteigerungen erzielen.

Hinter den Kürzeln PIO, DMA und UDMA verbergen sich verschiedene Protokolltypen, die jeder auf seine Weise dafür sorgen, dass die Daten von der Festplatte möglichst zügig in den Speicher und den Prozessor gelangen. Von Zeit zu Zeit muss ein neuer Standard her, um wieder Luft für neue Steigerungsraten bei der Übertragungsgeschwindigkeit zu schaffen. Eine Zeit lang wird dann unter Beibehaltung des Standards lediglich die Taktrate angehoben, mit der die Daten über den Bus gehen.

Übertragungsmodus	Maximal mögliche Datentransferrate
PIO 0	3,33 MByte/s
PIO 1	5,22 MByte/s
PIO 2	8,33 MByte/s
PIO 3	11,11 MByte/s
PIO 4	16,66 MByte/s
Multiword-DMA 0	4,16 MByte/s

Übertragungsmodus	Maximal mögliche Datentransferrate
Multiword-DMA 1	13,33 MByte/s
Multiword-DMA 2	16,66 MByte/s
Ultra-DMA 0	16,66 MByte/s
Ultra-DMA 1	25,0 MByte/s
Ultra-DMA 2	33,33 MByte/s
Ultra-DMA 3 (UDMA/33)	33,33 MByte/s
Ultra-DMA 4 (UDMA/66)	66,66 MByte/s
Ultra-DMA 5 (UDMA/100)	99,99 MByte/s
Ultra-DMA 6 (UDMA/133)	133,33 MByte/s
Serial ATA	150 MByte/s

Der Tabelle können Sie entnehmen, welcher Protokolltyp welche theoretischen Maximalwerte ermöglicht. Anhand dieser Tabelle können Sie jetzt einen Systemcheck vornehmen. Welche Modi unterstützt das Mainboard? Welche Protokolltypen sind Ihrer Festplatte bekannt?

Oft wird nicht bedacht, dass auch CD- und DVD-Laufwerke gemäß diesen Spezifikationen ihren Dienst verrichten. Ein altes CD-ROM-Laufwerk, das nur PIO Mode 3 beherrscht, wird eine schnelle UDMA/133-Festplatte gnadenlos ausbremsen, wenn beide Geräte gemeinsam an einem IDE-Port betrieben werden.

Was hat es mit ATA/ATA-2/FAST ATA und Serial ATA auf sich?

ATA (AT Attachment) unterstützte ursprünglich die PIO Modes 0,1 und 2 sowie Multiword DMA-Modus 0. Der Nachfolger ATA-2 (gleichbedeutend mit Fast ATA und E-IDE, Enhanced IDE) versteht zusätzlich PIO 3 und 4 sowie DMA 1 und 2. Seit 1996 gibt es ATA-3, das auch LBA (Logical Block Adressing) und S.M.A.R.T. (Self-Monitoring Analysis and Reporting Technology) beherrscht.

ATA-4 und ATA-5 steuern seit 1997 die UDMA-Protokolle bei und ermöglichen Datentransferraten bis 133 Mbyte/s. Mittlerweile sind auch Festplatten erhältlich, die den neusten Standard Serial-ATA beherrschen, mit dem unter der Bezeichnung SATA/1500 bis zu 1,5 GBit/s übertragen werden können.

Beim Systemstart zeigt das BIOS eine Tabelle mit allen erkannten Geräten an. Hier finden Sie auch die Angabe des schnellsten Protokolls, das jedes IDE-Gerät beherrscht. Diese Tabelle erscheint nur kurz, der Systemstart kann aber an dieser Stelle durch Drücken der [Pause]-Taste unterbrochen werden. Sollte die Tabelle nicht angezeigt werden (z. B. beim Start von Windows XP), können Sie sich die Werte im BIOS anzeigen lassen.

Dem Handbuch oder der Internetseite Ihres Mainboard-Herstellers können Sie im nächsten Schritt entnehmen, welchen Protokolltyp das Board beherrscht. Eventuell ist es lohnenswert, ein altes Board auszutauschen, wie ab Seite 336 beschrieben, damit die neu gekaufte Festplatte ihre Fähigkeiten auch tatsächlich frei entfalten kann.

Zu guter Letzt sollten Sie nicht die Bremswirkung von langsamem RAM-Speicher unterschätzen. Überprüfen Sie die Taktraten Ihrer Speicherriegel und des Mainboards.

Kapitel 3 liefert hierzu weiterführende wichtige Informationen.

Hier noch einige Faustregeln

Schnelle Geräte gehören zusammen an einen IDE-Kanal, langsamere Geräte gehören zusammen an den anderen Kanal.

Generell sollten Festplatten gemeinsam an einem IDE-Kanal, CD-/DVD-Laufwerke gemeinsam an dem anderen Kanal betrieben werden.

Diese Regel kann durchbrochen werden, wenn sich eine sehr langsame Festplatte und ein sehr schnelles CD-/DVD-Laufwerk im System befinden. Dann gehört dieses Laufwerk zusammen mit der schnellsten Festplatte im System an den primären IDE-Kanal.

Festplatten sollten immer als Master-Laufwerk angeschlossen werden, CD- und DVD-Laufwerke als Slave. Bei zwei Laufwerken gleichen Typs an einem IDE-Kanal übernimmt das schnellere Laufwerk die Master-Funktion.

6.6 Wie viel Festplatte verträgt der PC?

Die Kapazitäten der Festplatten wachsen seit Jahren so rasant, dass in den letzten Jahren häufiger die Entwicklung der Mainboards und Betriebssysteme nicht Schritt halten konnte. Etwa alle zwei Jahre waren die Festplatten mit schöner Regelmäßigkeit so groß geworden, dass sie entweder von Windows, vom BIOS oder dem IDE-Controller nicht mehr korrekt erkannt wurden. Die folgende Tabelle listet die historischen Meilensteine dieser Entwicklung auf. Wenn Sie wissen, aus welchem Jahr Ihr PC stammt, können Sie hier ablesen, ab welcher Festplattengröße es mit Ihrem System zu Problemen kommen könnte – und wie Sie diese lösen.

Limit	Betroffenes System	Lösung
504 MByte Festplattengröße	PCs bis Baujahr 1994	neuer IDE-Controller als PCI-Steckkarte
2 GByte Partitionsgröße	FAT 16 (Windows vor Version 95b)	Upgrade auf Windows 98 SE oder höher
2,1 GByte Festplattengröße	PCs bis Baujahr 1996	neuer IDE-Controller als PCI-Steckkarte
8,4 GByte Festplattengröße	BIOS-Versionen bis 1998	BIOS-Flash-Update
4 GByte Partitionsgröße	FAT 16 unter Windows NT	Verwendung von NTFS oder Upgrade auf Windows 2000/XP
7,8 GByte große primäre Partition	BIOS ohne INT13h-Erweiterung; primäre Partition max. 7,8 GByte	Mainboard austauschen oder primäre Partition mit max. 7,8 GByte anlegen
32 GByte Windows-Erkennung	Windows vor Version 98	Upgrade auf Windows 98 SE oder höher; Hotfix für Windows 98 installieren
64 GByte Fdisk-Erkennung	Windows bis 98 SE	Hotfix für Windows 98; Upgrade von Windows 95 auf 98 SE (mit Hotfix) oder höher
128 GByte Festplattengröße	BIOS bis Baujahr 2001 mit 28-Bit-LBA-Adressierung	Mainboard bzw. IDE-Controller austauschen oder nur 128 GByte der Festplatte nutzen; bei Windows XP genügt ein Registry-Patch

6.7 Festplatten-Tuning und Benchmarking

Wenn Sie wissen möchten, wie schnell Ihre Festplatte tatsächlich ist und wie Ihr Rechner im Vergleich zu anderen Systemen abschneidet, gibt es eine Fülle von Benchmarking-Programmen, mit denen Sie die Leistung Ihres PCs messen und optimieren können. Wir können Ihnen an dieser Stelle nur eine kleine Auswahl vorstellen, um zu zeigen, welche Möglichkeiten dieses weite Feld bietet.

HD Tach – Benchmarking für Festplatten

Ein kleines, aber feines Benchmark-Programm für Festplatten, das unter Umgehung des Dateisystems direkt auf die Hardware zugreift und so Verzerrungen der Messwerte weitestgehend verhindert. Der Datendurchsatz wird in MByte/s gemessen, die Zugriffszeit in Millisekunden.

Auf die Festplatte wird einmal sequenziell zugegriffen, d. h. Sektor für Sektor über große Bereiche der Platte hinweg, und einmal im Zufallsverfahren (Random Access), bei dem einzelne, über die Festplatte verteilte Bereiche in wahlloser Reihenfolge von den Leseköpen angefahren werden.

Wenn Sie diese Werte für mehrere Laufwerke ermitteln, ergibt sich ein recht brauchbarer Leistungsvergleich (HD Tach bekommen Sie unter *www.tcdlabs.com/hdtach.htm*).

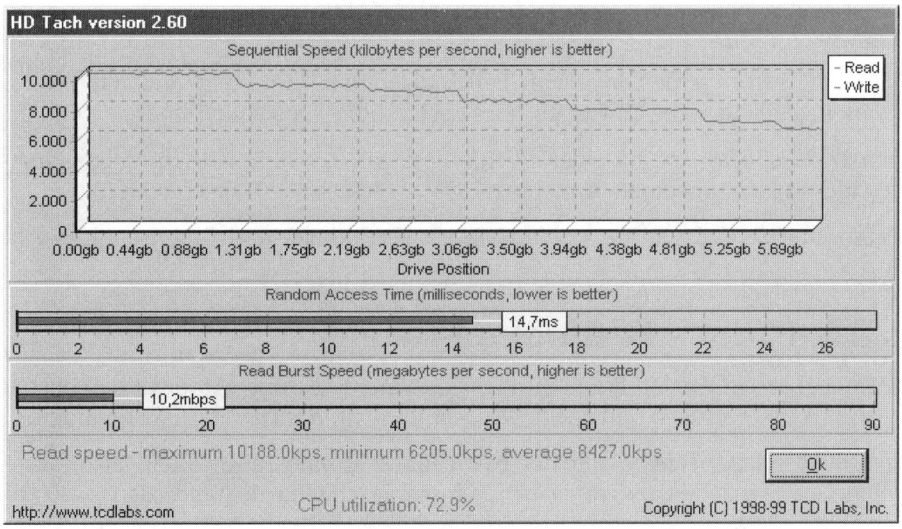

HDTach misst Zugriffszeiten und Datendurchsatz der Festplatten im System.

Dr. Hardware – Umfassende Systeminformationen

Dr. Hardware (*www.drhardware.de*) bietet umfassende Systeminformationen und misst nicht nur die Leistung der Festplatten, sondern aller wichtigen Hardwarekomponenten wie CPU, Grafikkarte und CD-/DVD-ROM.

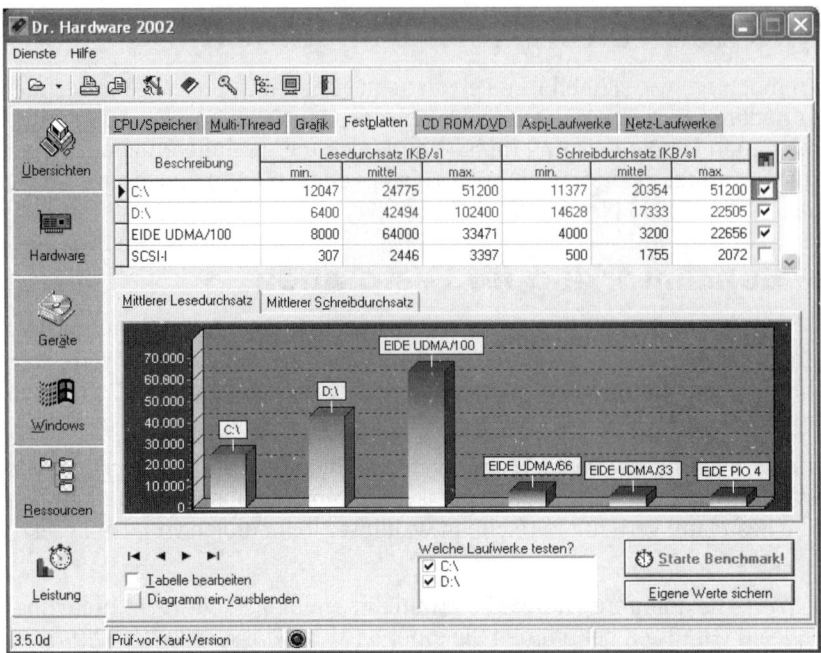

Dr. Hardware vergleicht die gemessene Leistung der Platten im PC mit Standardwerten anderer Laufwerktypen.

Die ermittelten Werte werden in einem Balkendiagramm dargestellt und mit Durchschnittswerten verglichen, die für Geräte eines bestimmten Typs üblich sind.

So können Sie beispielsweise auf einen Blick sehen, wie Ihre Festplatte im Vergleich zu einer alten PIO 4-Platte und einem modernen UDMA 100-Laufwerk abschneidet.

Für die Lese- und Schreibzugriffe werden Maximal-, Minimal- und Durchschnittswerte ermittelt.

Doc's AAM Tool – Festplatten-Tuning

Doc's AAM Tool ist ein Tuning-Programm für Festplatten, die über **A**utomatic-**A**coustic-**M**anagement (AAM) verfügen und ebenfalls unter *www.drhardware.de* zu bekommen.

Moderne IDE-Festplatten bieten mit der AAM-Funktion eine Möglichkeit, allzu laute Festplatten leiser zu machen, indem die Umdrehungsgeschwindigkeit reduziert wird.

Daraus resultiert natürlich ein gewisser Performanceverlust, da die Geschwindigkeit der Datenübertragung und die Zugriffszeit reduziert werden.

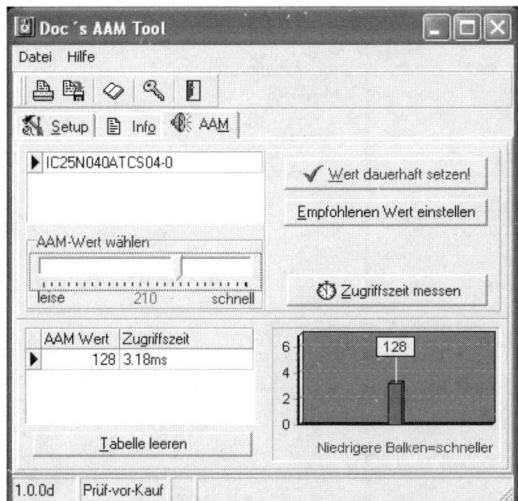

Mit Doc's AAM Tool lässt sich das individuelle Optimum zwischen Geschwindigkeit und Lautstärke der Festplatte einstellen.

Das Program bietet eine einfach zu bedienende Oberfläche für das Feintuning. Mittels eines Schiebereglers kann zwischen den Extremen *leise* und *schnell* das individuelle Optimum gewählt werden.

Auf Wunsch werden die Zugriffszeiten für jede Einstellung ermittelt und in einem Balkendiagramm miteinander verglichen.

Bei Laufwerken, die keine AAM-Unterstützung bieten, richtet das Programm keinen Schaden an: Der Messwert bleibt einfach bei jeder Einstellung der gleiche.

SiSoftware Sandra – Benchmark und Systemanalyse

Das Programm Sandra (auch erhältlich in der erweiterten Version Sandra Pro, siehe *www.sisoftware.co.uk/sandra*) ist das Benchmark- und Systemanalysetool schlechthin.

Sein Umfang und die Qualität der gelieferten Informationen lässt kaum noch Wünsche offen.

Bei der Leistungsermittlung der Festplatten und sämtlicher anderen wichtigen Hardwarekomponenten fasst Sandra das Messergebnis in einem Index zusammen.

So hat man einen einzigen Messwert, der leicht mit dem Wert anderer Laufwerke verglichen werden kann.

Natürlich bietet auch Sandra eine ganze Reihe von Standardwerten zum Vergleich.

Dabei wird genau angegeben, um was für einen Protokolltyp es sich handelt (PIO, UDMA etc.) und unter welchem Betriebs- und Dateisystem die Messung durchgeführt wurde.

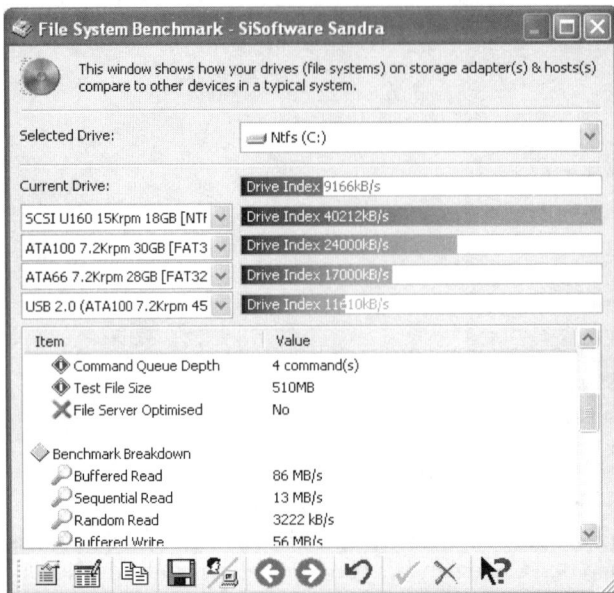

*SiSoftware Sandra –
Benchmark, Systemanalyse
und Tuning-Trickkiste
in einem.*

Eine große Hilfe sind die Tipps, die Sandra nach ausführlicher Systemanalyse zur Performancesteigerung auf Lager hat.

Befolgt man sie, ist oft genug zum Nulltarif deutlich mehr Leistung zu haben!

Aldi-PC: Festplatte beschleunigen

Der aktuelle Aldi-PC (Medion Titanium MD 3001) verfügt mit der Seagate ST280020A über eine Festplatte und einen Controller, die den Ultra-DMA5-Modus (Ultra ATA/100) unterstützen. In der Standardkonfiguration wird die Festplatte aber nur im Ultra-DMA4-Modus betrieben. Diese Bremse lässt sich durch die Installation der neusten Busmaster-Treiber und des Intel Application Accelerators aber einfach beheben. Beachten Sie, dass zuerst der Busmaster-Treiber installiert wird und dann der Application Accelerator. Die Festplattenperformance steigt danach merklich an. Im PC Mark konnte der Festplattenwert von 519 auf 601 gesteigert werden, das entspricht einem Zuwachs von 16 %. Im Alltag macht sich diese Steigerung z. B. durch spürbar schnellere Festplattenzugriffe bemerkbar. Den Busmaster-Treiber finden Sie unter *www.intel.de*, den IAC auf der Festplatte unter *D:/Treiber/Motherboard/Intel Chipset/Intel_Application_Accelerator*.

6.8 Onboard-RAID: Mehrere Festplatten im Verbund

Wer in Hardwarebastlerkreisen etwas gelten will, schmückt sich und seinen Computer mit einem RAID-Array.

Die Mainboard-Hersteller haben das erkannt und beliefern den Markt seit einiger Zeit verstärkt mit Motherboards, die über einen Onboard-RAID-Controller verfügen.

Aber ein RAID-System dient nicht nur dem guten Ruf, sondern hat noch eine Reihe anderer handfester Vorteile.

Welche Vorteile bringt mir RAID?

RAID steht für **R**edundant **A**rray of **I**nexpensive **D**isks und dient dem Zweck, ein System schneller und gleichzeitig unanfälliger für Datenverluste zu machen.

Grundgedanke ist, dass ein Verbund (Array) von Festplatten zusammengeschlossen wird und dem Benutzer als ein einziges (logisches) Laufwerk erscheint.

Da jedes Laufwerk innerhalb des Arrays über einen eigenen Datenkanal adressiert wird, sind simultane Schreib- und Lesezugriffe auf mehrere Laufwerke zur gleichen Zeit möglich.

Daraus kann sich ein erheblicher Geschwindigkeitsvorteil ergeben.

Der Verbund wird außerdem, je nach RAID-Level, mit verschiedenen Fehlererkennungs- und Fehlerkorrekturmechanismen ausgestattet.

Es existieren zehn Varianten, nummeriert von RAID-Level 0 bis 7 und ergänzt durch zwei Mischformen (RAID 1+0 und RAID 5+0).

Sinnvolle RAID-Level für den PC

Für den heimischen PC sind allerdings nur die Level 0 und 1 interessant, die sich mit wenig Aufwand realisieren lassen.

Gängige Onboard-Controller unterstützen meist nur diese beiden Level.

Bei RAID-Level 0 werden zwei oder mehr Laufwerke zusammengefasst und die Daten scheibchenweise und abwechselnd darauf verteilt.

Wegen dieser Scheibchen- oder Streifentechnik bezeichnet man das Verfahren auch als „Striping".

Vorteil: Da mehrere Laufwerke simultan angesprochen werden können, steigt der Datendurchsatz enorm.

Der Nachteil dieses Verfahrens ist aber nicht zu missachten.

Weil auf jedem der Laufwerke nur einige Mosaiksteinchen jeder Datei liegen, sind bei einem Defekt eines einzigen Laufwerks im Array sofort alle Daten verloren!

Wenn Sie also ein RAID 0-System betreiben möchten, ist ein regelmäßiges Backup Ihrer Daten das A und O.

Voll zum Tragen kommt der Geschwindigkeitsvorteil übrigens bei großen, zusammenhängenden Dateien.

Damit ist RAID 0 prädestiniert für speicherintensive Audio- und Videoanwendungen.

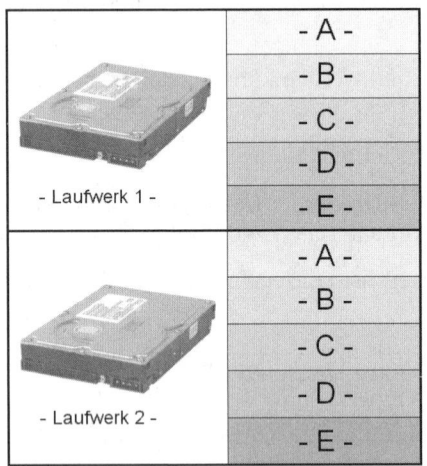

RAID-Level 0
(Striping).

RAID-Level 1 ist gewissermaßen das Gegenstück zu Level 0. Die Daten werden hier nicht aufgeteilt, sondern vollkommen redundant gehalten. Auf dem zweiten Laufwerk befindet sich eine exakte Kopie des ersten. Jedes Byte, das geschrieben wird, wird zweifach geschrieben.

Durch den simultanen Zugriff ergibt sich hieraus kein Geschwindigkeitsverlust – natürlich büßt man aber die halbe Speicherkapazität ein. Dafür sind Sie aber vor Datenverlust 100%ig geschützt, solange nicht alle Laufwerke im Array gleichzeitig ausfallen.

Außerdem können Daten wesentlich schneller gelesen werden, da sie von mehreren Laufwerken gleichzeitig geliefert werden.

RAID-Level 1
(Mirroring).

Hardware für ein RAID-Array

Die vorgestellten Level 0 und 1 benötigen neben einem RAID-Controller, den man natürlich auch separat erwerben und sein Board nachträglich damit aufrüsten kann, zumindest zwei Festplatten.

Hier sind zwei Parameter entscheidend: Größe und Geschwindigkeit.

Bei der Größe sollten Sie darauf achten, zwei Laufwerke mit gleicher Speicherkapazität zu erwerben. Dies ist zwar nicht zwingend notwendig.

Da aber die RAID-Verfahren gleich große Datenträger voraussetzen, würden beispielsweise bei der Kombination eines 60- und eines 80-GByte-Laufwerks von der größeren Platte nur 60 GByte genutzt werden.

In puncto Geschwindigkeit gilt: je schneller, desto besser. Ein RAID-System benötigt eine gewisse Performance der Einzelkomponenten, um seine Stärken ausspielen zu können.

Daher gab es RAID-Controller lange Zeit nur für den Betrieb mit SCSI-Komponenten.

Mit UDMA/66, spätestens mit UDMA/100, können auch die IDE-Platten – nun schnell genug – ein RAID-Array sinnvoll betreiben.

Software-RAID-Systeme: In Windows XP schon eingebaut

RAID-Level 5 wird von gängigen Onboard-Controllern nicht beherrscht. Dafür gibt es aber eine Softwarelösung, die in Windows XP bereits integriert ist. Um diese zu nutzen, klicken Sie in der Systemsteuerung auf *Verwaltung* und dann auf *Computerverwaltung*. Unter *Datenträgerverwaltung* können Sie nun mit der rechten Maustaste auf ein physikalisches Laufwerk klicken und *In dynamischen Datenträger konvertieren* auswählen. (Vorsicht: Dieser Schritt ist irreversibel!!) Sie benötigen dafür mindestens drei Laufwerke, auf denen dann Stripesets angelegt werden. Wenn eines der Laufwerke ausfällt, lässt sich dessen Inhalt mithilfe der Parity-Daten auf den beiden anderen Laufwerken wieder herstellen. Erhöhte Sicherheit wird hier also kombiniert mit dem Performancegewinn aus dem Striping. Allerdings belastet das Verfahren die CPU, da kein Hardware-Controller diese Aufgabe übernimmt.

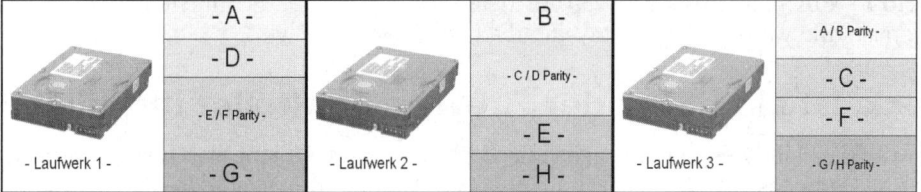

RAID-Level 5 mit Parity-Generierung: Mit Dynamischen Datenträgern kann unter Windows XP ein Software-RAID-Array Level 5 implementiert werden.

6.9 USB vs. FireWire: Externe Festplatten

Sie möchten sich eine neue Festplatte zulegen, haben aber keine Lust, auf Knien vor Ihrem geöffneten Rechner herumzurutschen, den Kopf tief ins Gehäuseinnere versenkt, mit einem Schraubenzieher an kaum zugänglichen Schrauben herumnestelnd?

Dann ist wahrscheinlich eine externe Festplatte die Lösung für Sie. Zwar deutlich teurer als normale IDE-Festplatten, aber dafür im (mobilen) Betrieb um einiges komfortabler, bieten die beiden konkurrierenden Standards USB und FireWire interessante Alternativen zur fest verschraubten Platte im Gehäuse.

Die folgenden Schritte führen Sie auf dem Weg zur externen Festplatte ans Ziel:

■ **Schritt 1 – Hardwarecheck: Ist bereits ein USB- oder FireWire-Controller installiert?** Mindestens einer der beiden Controller ist in Rechnern neueren Datums bereits installiert. Ob das bei Ihrem PC der Fall ist, können Sie auf unterschiedliche Weise herausfinden.

■ **Schritt 2 – Welcher Standard bietet was?** Wenn Ihr PC noch über keinen der beiden Schnittstellentypen verfügt, haben Sie die Qual der Controller-Wahl. Ein paar Eckdaten helfen bei der Kaufentscheidung.

■ **Schritt 3 – Ist mein Betriebssystem kompatibel?** USB 2.0 und FireWire sind recht neu in der PC-Welt. Manche Betriebssysteme sind dagegen schon sehr alt. Welcher Plattform Sie welchen Standard zumuten können, erfahren Sie hier.

■ **Schritt 4 – Installation des Controllers.** Ein freier PCI-Slot muss gefunden und eine Schraube festgezogen werden. Und schon ist der neue Controller einsatzbereit.

■ **Schritt 5 – Wahl eines passenden Peripheriegeräts.** Eine weitere Kaufentscheidung steht an: Welcher Laufwerktyp soll an die neue Schnittstelle angeschlossen werden?

■ **Schritt 6 – Externes Laufwerk im Eigenbau.** Do it yourself: Mit ein paar Handgriffen können Sie auch selbst ein IDE-Laufwerk in ein externes Gehäuse verpflanzen – und dabei eine Menge Geld sparen!

■ **Schritt 7 – Anschließen des Laufwerks.** Bei manchen Modellen brauchen Sie nicht einmal ein Stromkabel anzuschließen. Einfach das USB-Kabel einstecken und prüfen, ob sich das Gerät ordnungsgemäß anmeldet.

■ **Extra – Ein Wort zu SCSI.** Was aus dem einst legendären Schnittstellentyp geworden ist, und warum hier nicht weiter die Rede davon sein wird.

Check: Ist ein USB- oder FireWire-Controller installiert?

1998 war das Jahr des Durchbruchs für USB. Windows 98 war das erste Microsoft-Betriebssystem, das von Hause aus mit voller USB-Unterstützung auf den Markt kam.

Seit 1998 wurden auch die meisten Mainboards mit USB-Onboard-Controllern ausgestattet.

Anschlüsse und Versionsnummern identifizieren

Wenn Ihr PC also aus dieser oder späterer Zeit stammt, stehen die Chancen gut, dass er mit USB 1.1 zurechtkommt. Schlecht sieht es dagegen mit FireWire aus: Der von Apple entwickelte Standard hat sich bis heute bei den PCs nicht richtig durchgesetzt. FireWire werden Sie in einem älteren PC vergeblich suchen.

FireWire-Anschluss an einem Notebook: IEEE 1394 ist die offizielle Spezifikationsnummer dieses Standards.

An der Gehäuserückseite Ihres Rechners können Sie leicht die USB- oder FireWire-Anschlüsse ausfindig machen. Der USB-Anschluss befindet sich gemäß ATX-Formfaktor zwischen den PS/2-Anschlüssen für Maus bzw. Tastatur und dem 9-poligen COM-Port. USB-Controller der ersten Generation können auch schon mal nachgerüstet worden sein – Sie finden die Anschlüsse dann in einem der Slotbleche.

Es gibt noch einen zweiten Weg, USB und FireWire in Ihrem Rechner aufzuspüren: Mithilfe des Programms SiSoft Sandra, das wir Ihnen bereits ab Seite 200 vorgestellt haben, können Sie unter dem Punkt *Mainboard Information* überprüfen, über welche Controller Ihr System verfügt.

Wenn hier USB- und/oder FireWire-Komponenten aufgelistet werden, können Sie sicher sein, dass diese vorhanden und betriebsbereit sind.

Achten Sie aber bei USB auf den Eintrag *Version*.

Steht hier 1.10, heißt das, dass Sie USB-Geräte mit einer maximalen Datentransferrate von ca. 1,5 MByte/s betreiben können. Für eine Festplatte ist das alles andere als schnell.

In diesem Fall sollten Sie genau überlegen, ob die Anschaffung einer – zudem preiswerteren – internen IDE-Festplatte nicht sinnvoller wäre.

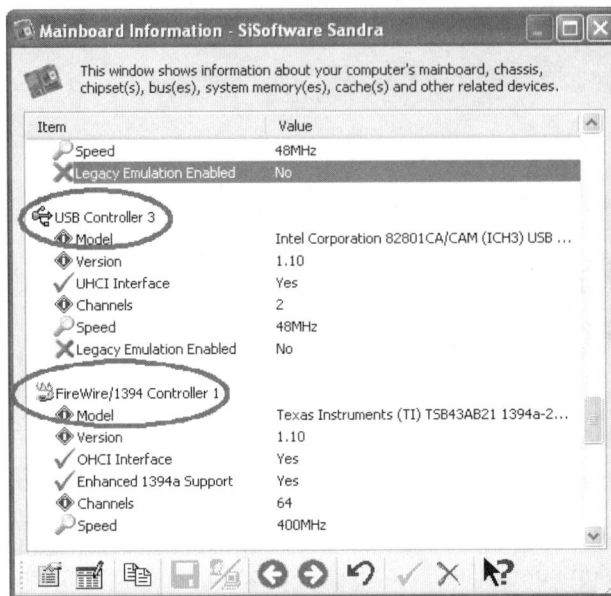

SiSoftware Sandra zeigt an, dass dieses System sowohl über einen USB- als auch einen FireWire-Controller verfügt.

Wenn Sie auf diese Weise nicht fündig werden, kann es sein, dass der Controller zunächst im BIOS aktiviert werden muss. Dem Handbuch des Mainboads oder der Homepage des Herstellers können Sie entnehmen, ob ein Controller vorhanden ist und wie er zum Leben erweckt wird. Darüber hinaus stellt Ihnen Kapitel 9.6 einige nützliche Tipps zum Thema USB-Aktivierung und BIOS zur Verfügung.

Entscheidungshilfe: Welcher Standard bietet was?

Diese PCI-Karte von Advance ist USB 2.0- und FireWire-Controller in einem.

Wenn Ihr System mit einer Controller-Karte nachgerüstet werden muss, können Sie sich für einen der Schnittstellentypen entscheiden – oder Sie kaufen eine Kombi-PCI-Karte, die beides unterstützt! Als Entscheidungshilfe hier ein paar Fakten.

Bis Ende 2001 war USB in der Version 1.1 mit seiner effektiven Datentransferrate von nicht einmal 1,5 MByte/s hoffnungslos unterlegen: FireWire glänzte mit 50 MByte/s. Mit der Version 2.0 und nunmehr 60 MByte/s zog USB allerdings mittlerweile am Konkurrenten vorbei.

FireWire verwaltet Ressourcen dynamisch

Im Gegensatz zu USB hat FireWire den Vorteil, dass es einzelnen Geräten benötigte Bandbreiten bei der Übertragung von Daten zusichern kann. Damit ist es z. B. für Echtzeit-Videoanwendungen der geeignetere Standard: Solange die Echtzeitanwendung Ressourcen benötigt, müssen andere Geräte am FireWire-Anschluss warten.

Beide Werte sind jedoch eher theoretischer Natur und werden von den aktuellen Geräten noch nicht annähernd erreicht.

Datentransferraten um 20 MByte/s sind allerdings bei beiden Standards bereits üblich und reichen für alle gängigen Arbeiten am PC völlig aus.

Damit liegen die externen Festplatten mittlerweile in etwa gleichauf mit dem, was interne IDE-Spitzenmodelle vor gut zwei Jahren leisteten.

Warum sind externe IDE-Festplatten langsamer?

Genau genommen werkelt in einem externen USB- oder FireWire-Gehäuse auch nichts anderes als eine schnell IDE-Festplatte der UDMA/66- oder /100-Generation. Das externe Gehäuse verfügt aber über eine so genannte Bridge, einen Wandler, der die IDE-Signale USB- oder FireWire-konform „übersetzen" muss – und das benötigt eben Zeit.

Zudem sind sowohl USB als auch FireWire mittlerweile ausgereift und garantieren einen reibungslosen Betrieb. Sie haben also die Wahl!

Dass externe Laufwerke am USB-Port sich nicht mehr hinter internen Festplatten, die direkt an die IDE-Schnittstelle angeschlossen werden, verstecken müssen, beweist das Benchmark-Programm Sandra von SiSoftware. Wie die Grafik zeigt, ist ein ATA100-Laufwerk (gleichbedeutend mit UDMA/100 bzw. UDMA 5) am USB 2.0-Port ähnlich schnell wie ein internes ATA66-Laufwerk am IDE-Port.

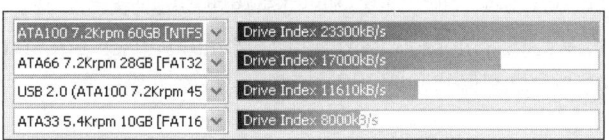

Messwerte im Vergleich: USB kann mit UDMA/66 schon recht gut mithalten.

Mit jedem Anschluss kann man übrigens bei USB zunächst nur ein Gerät verbinden. Wollen Sie mehrere Geräte anschließen, benötigen Sie einen Hub, der dann weitere vier bis acht Ports zur Verfügung stellt. An diese Ports können weitere Hubs angeschlossen werden. Auf diese Weise lassen sich in einer sternförmigen Topologie bis zu 127 Geräte an einem Controller betreiben.

FireWire ist hier unkomplizierter: Da die meisten Geräte einen Ein- und einen Ausgang besitzen, lassen sie sich in einer Kette hintereinander schalten – bis zu 63 Geräte in beliebiger Kombination.

Ist das Betriebssystem USB-kompatibel?

Für die Windows 9x-Schiene gilt: Ab Windows 95b ist USB-Support integriert. Sie werden aber in jedem Fall spezielle Gerätetreiber des Herstellers installieren müssen.

Um zu kontrollieren, ob ein USB-Controller aktiv ist, überprüfen Sie unter *Start/ Einstellungen/Systemsteuerung/System/Geräte-Manager*, ob sich ein Eintrag ähnlich dem Folgenden findet:

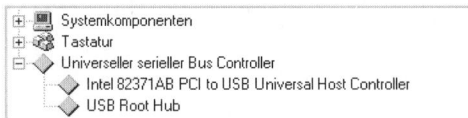

USB-Controller im Geräte-Manager von Windows 9x.

Wenn dem so ist, wird der USB-Controller aller Voraussicht nach aktiv werden, sowie Sie ein USB-Gerät mit einem der USB-Ports am PC verbinden. Windows fordert Sie dann zur Installation der Gerätetreiber auf.

Ansonsten müssen Sie den USB-Support von der Windows-CD nachinstallieren.

Eine ausführliche Anleitung hierzu finden Sie beispielsweise im Internet unter *http://www. acwsoft.de/acw_usb3.html.*

Ab Windows 98 SE (**S**econd **E**dition) können Sie in den allermeisten Fällen auf Treiber des Geräteherstellers verzichten.

Windows verwendet seine internen Treiber, mit denen die meisten USB-Geräte problemlos betrieben werden können.

USB 2.0-Unterstützung für Windows XP aktivieren

Der neue USB 2.0-Standard kann unter Windows XP voll genutzt werden. Allerdings ist dafür ein Update des Betriebssystems notwendig. Bis vor kurzem konnten USB 2.0-Geräte nur mittels schwer zu findender Beta-Treiber betrieben werden. Mittlerweile hat Microsoft die nativen USB 2.0-Treiber fertig gestellt. Diese werden automatisch installiert, wenn Sie die Auto-Update-Funktion unter *Start/ Systemsteuerung/System/Automatische Updates* aktiviert haben. Um diese Einstellungen ändern zu können, müssen Sie als Administrator angemeldet sein.

Spätestens mit Windows ME ist USB völlig ausgereift und bietet echtes Plug & Play.

Sowie ein USB-Gerät an den Rechner angeschlossen wird, wird es automatisch erkannt und ist sofort einsatzbereit – ohne jede weitere Installation.

Das gilt natürlich auch für Festplatten.

Eine Anmeldung der Platte im BIOS entfällt ebenso.

Betriebssystem	USB-Unterstützung
Windows 95	nein – Upgade auf Windows 95b oder höher
Windows 95b	teilweise – Nachinstallation erforderlich
Windows 98	teilweise – Gerätetreiber des Herstellers erforderlich
Windows 98 SE	ja
Windows ME	ja
Windows NT 4.0	nein – auch nicht durch Service Packs nachrüstbar
Windows 2000	ja
Windows XP	ja

Windows NT 4.0 unterstützt USB dagegen gar nicht.

Hier hilft auch keines der zahlreich erschienenen Service Packs.

Einzig durch eine Migration zu einer der Nachfolgeversionen, Windows 2000 oder XP, können Sie Ihre USB-Anschlüsse nutzbar machen.

Wichtig: USB 2.0-Unterstützung muss bei allen Betriebssystemen nachinstalliert werden. Treiber bekommen Sie unter *http://www.microsoft.com.*

USB-Ready testet die USB-Tauglichkeit Ihres Systems

Mit dem Programm USB-Ready, das Sie unter *ftp://ftp.internet-kamera.de/UsbReady.exe* herunterladen können, ist eine problemlose Analyse Ihres Systems auf USB-Tauglichkeit möglich. Eine detaillierte Anleitung und ein paar Tipps, welche Hardware erfahrungsgemäß Schwierigkeiten beim Betrieb von USB-Geräten bereitet, finden Sie unter *http://www.acwsoft.de.*

Installation des USB/FireWire-Controllers

Wenn Ihr Mainboard von Hause aus nicht über einen USB- oder FireWire-Controller verfügt, lässt sich dieser problemlos nachrüsten.

Beide Controller-Typen gibt es im Handel als PCI-Steckkarten.

Daneben existieren auch kombinierte Lösungen, die USB- und FireWire-Controller auf einer Karte vereinen.

Die Installation ist für alle Kartentypen gleich simpel:

1   Lokalisieren Sie einen freien PCI-Slot auf Ihrem Mainboard. PCI-Slots sind in der Regel weiß, und die meisten Boards besitzen zwischen drei und sechs Stück davon. Sie sind so auf dem Board angeordnet, dass PCI-Steckkarten in gleicher Ausrichtung wie die Grafikkarte installiert werden können.

Ein freier PCI-Stecksockel (oben).
Vor der Montage muss das
Slotblech (unten) entfernt
werden.

2 Netzstecker ziehen: Ziehen Sie das Stromkabel vom Gehäuse ab und sorgen Sie für dessen Erdung, indem Sie es kurz mit der Hand berühren. Es kann nicht schaden, zusätzlich den Stromschalter an der Gehäuserückseite auf die Position „O" zu setzen.

3 Entfernen des Slotblechs. Um die Controller-Karte im Gehäuse verschrauben zu können, müssen Sie eines der Slotbleche entfernen.

4 Einstecken der Karte: Setzen Sie die Karte senkrecht in den Slot ein und drücken Sie von oben auf die Kante. Erhöhen Sie vorsichtig den Druck, bis die Karte hörbar einrastet.

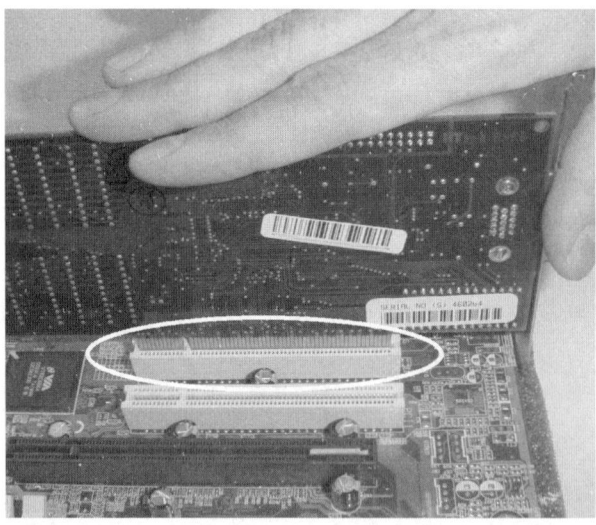

5 Fixieren der Steckkarte im Gehäuse: Verschrauben Sie die Karte mit der Schraube, die Sie unter Punkt 2 entfernt haben.

Wenn alles geklappt hat, sollte die Karte beim nächsten Start von Windows automatisch erkannt werden. Konsultieren Sie das Handbuch der Karte, um zu erfahren, ob eventuell noch Treiber installiert werden müssen.

Wahl eines passenden Peripheriegeräts

Vor allem für USB existiert mittlerweile eine unübersehbare Vielzahl von externen Gehäusetypen. Deshalb sei hier nur kurz auf die wesentlichen Typen eingegangen.

Die am weitesten verbreiteten Festplattentypen, die in externen Laufwerken zum Einsatz kommen, sind schnelle UDMA/100/133-Laufwerke in der 3½-Zoll-Bauform. Passende Gehäuse benötigen in der Regel ein externes Netzteil und haben nicht immer einen integrierten Gehäuselüfter.

> *USB/FireWire per PCI-Steckkarte nachrüsten*

Beachten Sie bei der Wahl des Gehäuses, dass die Wäremeentwicklung einiger Festplatten enorm ist und dass eine ungekühlte Festplatte eine deutlich niedrigere Lebenserwartung hat. Im Zweifelsfall sollten Sie eher zu einem Gehäuse in der 5¼-Zoll-Bauform greifen. Hier ist in aller Regel ein Lüfter integriert, und Sie haben zudem die Möglichkeit, auch ein größeres Gerät, z. B. einen CD-Brenner oder ein DVD-ROM-Laufwerk, einzubauen. Da auch das Netzteil meist integriert ist, sind die 5¼-Zoll-Gehäuse zwar etwas größer, stellen dafür aber eine aufgeräumte, integrierte Lösung dar.

Wenn Sie hingegen Platz sparen möchten, auf zusätzliche Stromanschlüsse verzichten wollen und vielleicht häufig mit dem externen Laufwerk unterwegs sind, könnte ein Gehäuse für ein 2½ Zoll großes Laufwerk die richtige Wahl für Sie sein. In diese Gehäuse passen Notebook-Festplatten. Vorteil: Sie sind leise, benötigen keinen Lüfter und bei FireWire auch kein eigenes Netzteil. Mit Strom werden sie über das Datenkabel versorgt. Der Nachteil liegt im hohen Preis für die Notebook-Festplatten und in deren vergleichsweise geringen Speicherkapazitäten.

Externes Laufwerk im Eigenbau

Im Fachhandel tauchen beinahe täglich neue externe Komplettlösungen auf, bestehend aus Gehäuse samt Festplatte. Vor allem der Markt für USB-Geräte boomt, seit sich das schnelle USB 2.0 durchgesetzt hat.

Allerdings haben diese Komplettlösungen einen großen Nachteil: Sie sind unverhältnismäßig teuer. Eine schnelle Festplatte und ein leeres externes Gehäuse bekommt man schon für die Hälfte des Preises, den man für die Komplettlösung berappen muss. Da der Einbau problemlos und schnell erledigt ist, lohnt es sich, hier mit wenigen Handgriffen viel Geld zu sparen.

In Kapitel 16 finden Sie eine Schritt-Anleitung, die zeigt, wie eine IDE-Festplatte in einem solchen Gehäuse montiert wird.

Anschließen des USB/FireWire-Laufwerks

Der große Vorteil von USB und FireWire macht sich beim Anschließen bemerkbar: Verbinden Sie einfach das Kabel mit dem externen Gerät auf der einen und dem PC auf der anderen Seite – fertig!

Die angeschlossenen Peripheriegeräte werden automatisch erkannt und von Windows zu Verfügung gestellt. Beide Standards bieten volle „Hot-Swap"-Funktionalität: Die Geräte können im laufenden Betrieb entfernt und wieder angeschlossen werden. Festplatten müssen aber in jedem Fall vorher heruntergefahren werden.

Die Stecker der Kabel sind so geformt, dass sie nicht falsch angeschlossen werden können.

Partitionieren externer Festplatten mit Fdisk

Es kann passieren, dass die externe Festplatte von Fdisk nicht gefunden wird, wenn sie im laufenden Betrieb eingestöpselt wurde. In diesem Fall sollten Sie den Rechner herunterfahren und mit angeschlossenem externen Laufwerk neu starten. Anschließend ist die Platte unter Fdisk verfügbar und kann wie ab Seite 183 beschrieben partitioniert und formatiert werden.

Bedenken Sie aber, das Sie Fdisk zu diesem Zweck nur von Windows aus in einer DOS-Box starten dürfen. Reines DOS kann mit USB und FireWire nichts anfangen!

Extra: Ein Wort zum Thema SCSI

SCSI war bis vor wenigen Jahren der Schnittstellentyp, bei dem das Herz jedes Hardwarefreaks höher schlug. Im Vergleich zu IDE boten SCSI-Platten gigantische Datenvolumina, atemberaubende Transferraten und ein hohes Maß an Stabilität und Verlässlichkeit.

SCSI: Schnell, teuer, überflüssig

Auch heute noch sind dies die Faktoren, die SCSI-Geräte für den Server- und Hochverfügbarkeitsbereich prädestinieren.

Allerdings haben die IDE-Geräte durch die neuen UDMA-Standards mittlerweile fast gleich gezogen, was die Geschwindigkeit angeht. Und mehr als genug Platz bieten sie auch. Die Hot-Plug-Fähigkeit, also das Zu- und Abschalten im laufenden Betrieb, haben IDE-Festplatten mittlerweile durch USB und FireWire gelernt. Und nicht zuletzt hat SCSI sich selbst das Wasser abgegraben durch eine für den Laien verwirrende Vielzahl von Standards, die nur teilweise zueinander kompatibel sind.

Was bleibt, ist der deutlich höhere Preis, den man nach wie vor für ein MByte SCSI zahlen muss. Daher gibt es bei SCSI für den Privatanwender eigentlich nur eine sinnvolle Empfehlung: Verzichten Sie darauf – und sparen Sie bares Geld!

6.10 Mobile Flexibilität mit Wechselrahmen

Es gibt eine Alternative zu den ab Seite 207 beschriebenen externen USB- und FireWire-Laufwerken: Wechselrahmen für IDE- und SCSI-Festplatten erfreuen sich nach wie vor großer Beliebtheit, da sie dem System ein internes Laufwerk zur Verfügung stellen, das ohne Geschwindigkeitsverlust betrieben werden kann, gleichzeitig aber den Vorteil der Mobilität bieten.

Das System ist denkbar einfach: Die Platte wird in einem Metallgehäuse fest montiert, dieses Gehäuse wiederum lässt sich mittels eines Steckeradapters mit einem Rahmen verbinden, der in das PC-Gehäuse montiert wird. Vor dem Start des Rechners kann man das Metallgehäuse am Griff herausziehen oder hereinschieben, und das BIOS initialisiert die mobile Festplatte gegebenenfalls mit. SCSI-Festplatten bieten zusätzlich den Vorteil, Hot-Plug-fähig zu sein. Ein Wechsel im laufenden Betrieb ist problemlos möglich.

Die Stromversorgung wird über einen Schlüssel hergestellt, der das Laufwerk gleichzeitig vor unbeabsichtigtem Herausziehen schützt.

Die Montage eines Wechselrahmens ist schnell durchgeführt:

1 Verwenden Sie einen freien 5¼-Zoll-Schacht Ihres PCs, in dem Sie den Wechselrahmen mit zwei Schrauben auf jeder Seite befestigen. Ziehen Sie die Schrauben jedoch erst fest, nachdem der nächste Schritt erledigt ist:

2 Verbinden Sie den 40-Pin-Connector an der Rückseite des Wechselrahmens mit einem freien Anschluss an einem IDE- oder SCSI-Flachbandkabel. Vorsicht bei nicht gesockelten Anschlüssen: Die Pins verbiegen sehr leicht!

3 Stöpseln Sie einen freien Stromstecker an den Wechselrahmen an. Im Notfall helfen auch hier wieder Y-Stromweichen (vgl. Kasten auf Seite 182).

4 Verbinden Sie jetzt die (zuvor korrekt gejumperte!) Festplatte mit dem kurzen Flachbandkabel der Gehäusebox des Wechselrahmens und verschrauben Sie die Platte in der Box mit zwei Schrauben je Seite.

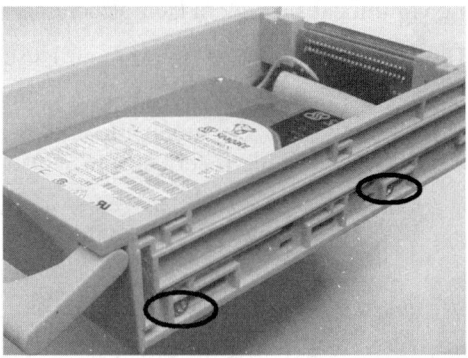

Achtung: Die Laufwerkelektronik darf nicht die untere Platte der Box berühren, da es bei Metallboxen zu Kurzschlüssen, bei Plastikboxen zu einem Hitzestau kommen kann!

5 Verschließen Sie die Box mit den passenden Deckeln (meistens sind die Deckel für oben und unten unterschiedlich geformt) und schieben Sie sie in den Rahmen, bis Sie mit etwas Druck einen leichten Widerstand überwunden haben.

6 Schließen Sie das Laufwerk ab.

Damit wird die Stromzufuhr aktiviert.

Jetzt können Sie den Rechner in Betrieb nehmen.

Das BIOS sollte die neue Platte unmittelbar erkennen.

Bastlertipp!

Wenn das Hantieren mit dem Schlüssel Sie nervt, können Sie das Schloss leicht auch durch einen Schalter ersetzen. Der Schraubsockel des Schalters muss das gleiche Gewindemaß haben wie der Zylinder des Schlosses. Bei Wechselrahmen aus Plastik konnen Sie den Durchmesser auch leicht mit einem scharfen Werkzeug vergrößern. Entfernen Sie zuvor die beiden Kabel, die hinten auf das Schloss aufgesteckt sind, und verbinden Sie sie anschließend mit den Kontakten des Schalters. Aber Vorsicht: Ohne Schließmechanismus besteht jetzt die Gefahr, dass das Laufwerk in voller Aktion aus dem Wechselrahmen gezogen werden könnte. Datenverluste und elektronische Defekte an Ihrem Rechner wären die Folge!

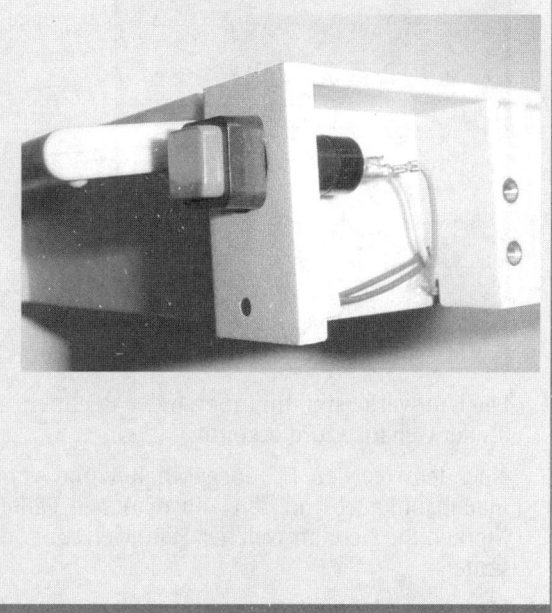

Achten Sie beim Kauf eines Wechselrahmens auf einige Qualitätsmerkmale:

- Rahmen aus Metall sollten Plastikvarianten vorgezogen werden, da das Metall die Hitze besser abführt und sich außerdem bei Wärme nicht verzieht. Wenn die Mechanik des Rahmens häufig beansprucht wird, kommt es bei den Plastikrahmen schnell zu Verschleißerscheinungen.

- Lüfter an der Rückseite des Rahmens leisten gute Dienste, da sie die Wärme schnell ins PC-Gehäuse abführen. Natürlich muss dort ein guter (möglichst temperaturgeregelter) Netzteillüfter dafür sorgen, dass der PC ausreichend gekühlt wird.

- Das Kabel, an das die Festplatte im Metallgehäuse angeschlossen wird, sollte so kurz wie möglich sein. Solche „T-Abzweigungen" sind problematisch, da die Signalübertragung an Qualität einbüßt. Bei SCSI liegen T-Abzweigungen sogar außerhalb der Spezifikation. Der Betrieb ist erfahrungsgemäß dennoch problemlos.

- Falls der Wechselrahmen über keinen eigenen Lüfter verfügt, kontrollieren Sie sorgfältig die Temperatur der Wechselplatte und im Inneren des PC-Gehäuses. Bei zu großer Hitze können Lüfter in einen 5¼-Zoll-Schacht oberhalb der Wechselplatte eingebaut werden. Im Fachhandel sind Lüfter erhältlich, die bereits in einen passenden Einbaurahmen montiert sind.

6.11 Defekte Laufwerke schnell ausgetauscht

Die Technik der Laufwerke, die am Floppy-Controller des Mainboards angeschlossen werden, ist zwar veraltet, aber gleichermaßen bewährt. Wenn dennoch einmal der seltene Fall eintritt, dass eines dieser Geräte das Zeitliche segnet, kann Ersatz günstig beschafft werden (für weniger als 15 Euro ist beispielsweise ein neues Diskettenlaufwerk zu haben) und ist im Handumdrehen eingebaut. Anhand der folgenden Schritte ist der Gerätetausch schnell vollzogen.

*Diskettenlaufwerk (oben)
und internes Bandlaufwerk
in einem Tower-Gehäuse.*

1 Die Laufwerke sind im Inneren des Rechners schnell gefunden, da man ihre Position an der Gehäusefront erkennt.

2 Nachdem Sie den PC ausgeschaltet und vom Netz getrennt haben, lösen Sie das Flachbandkabel und den – in manchen Fällen recht fest sitzenden – Stromstecker. Merken Sie sich, an welcher Seite sich die rote Markierung des Flachbandkabels befindet.

3 Entfernen Sie die Schrauben, mit denen das defekte Laufwerk im Gehäuse befestigt ist. Jetzt können Sie das Gerät vorsichtig aus dem Rahmen herausziehen.

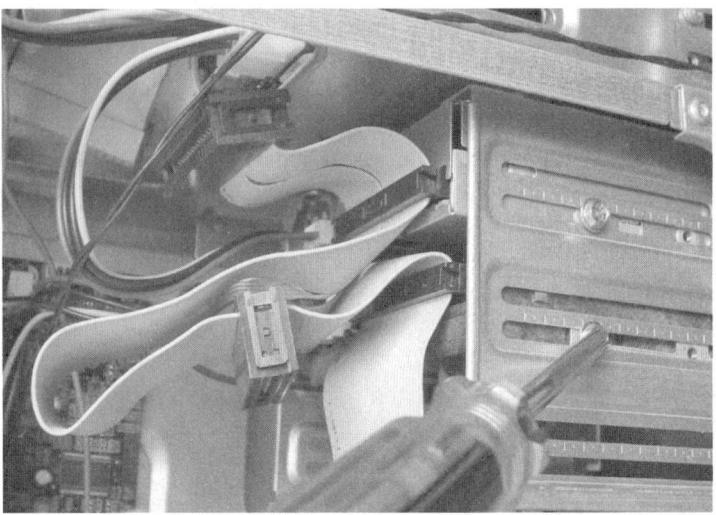

4 Benutzen Sie vorzugsweise die alten Schrauben, um das neue Laufwerk an der Position des alten zu befestigen. Auch die alten Kabel können verwendet werden.

5 Sollten Sie allerdings den Verdacht haben, dass (auch) am Floppy-Kabel ein Defekt, beispielsweise ein Kabelbruch, vorliegt, ziehen Sie das Kabel aus seinem Stecksockel auf dem Mainboard heraus. Merken Sie sich auch hier die Position der roten Ader. Diese gehört an Pin 1, der auf den meisten Platinen durch einen entsprechenden Aufdruck gekennzeichnet ist.

6 Nachdem Sie das Flachbandkabel polrichtig, also unter Beachtung der korrekten Pin-Belegung, mit Mainboard und Laufwerk verbunden haben, können Sie Strom- und Netzstecker wieder anschließen und den PC einschalten.

Das neue Laufwerk ist sofort betriebsbereit. Eine gesonderte Hardwareerkennung durch BIOS oder Betriebssystem ist nicht erforderlich.

Mehrere Geräte am Floppy-Controller

Das Flachbandkabel besitzt drei oder mehr Stecker, an die 5¼-Zoll-Laufwerke älteren Typs und die gebräuchlichen 3½-Zoll-Laufwerke angeschlossen werden können.

Bei genauerer Betrachtung werden Sie feststellen, dass vor den letzten Steckern die A-dern zehn bis 16 verdreht sind.

Das Laufwerk, das (vom Mainboard aus gesehen) hinter der Verdrehung angeschlossen wird, wird vom BIOS als Laufwerk A: angemeldet.

Vor der Verdrehung befindet sich der Anschluss für Laufwerk B:.

Sie haben jedoch die Möglichkeit, im BIOS mit der Funktion *Swap Floppy Drive* die Buchstabenzuordnung umzudrehen.

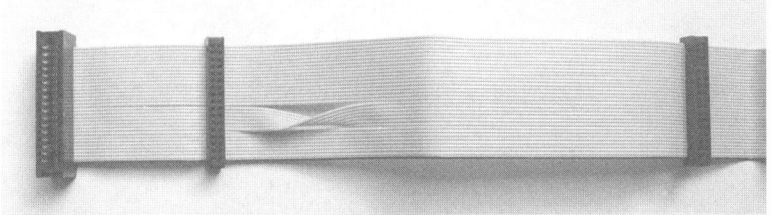

Floppy-Controller-Kabel mit gekreuzten Adern für die Vergabe unterschiedlicher Laufwerkbuchstaben.

Die Abbildung auf der folgenden Seite zeigt ganz links einen passenden Anschluss für ein 5¼-Zoll-Laufwerk, daneben einen Anschluss für ein 3½-Zoll-Laufwerk.

Hier würde der Laufwerkbuchstabe A: vergeben. Ganz rechts befindet sich der Anschluss für ein weiteres 3½-Zoll-Laufwerk, dem der Laufwerkbuchstabe B: zugeordnet würde.

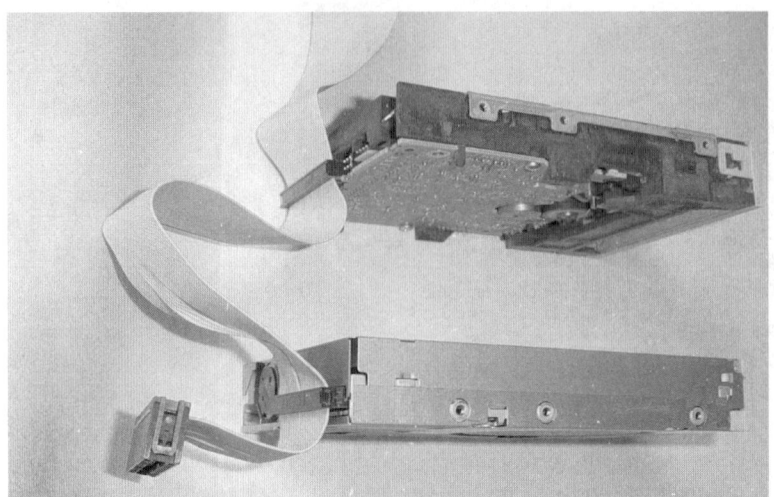

Zwei Geräte an einem Floppy-Kabel: unten das Diskettenlaufwerk (A:), darüber ein Bandlaufwerk.

7. DVD und CD-ROM: Laufwerke, Brenner und deren Einbau

Noch vor gar nicht langer Zeit waren CD-ROMs für den PC-Nutzer das Optimum an Speicherkapazität. Mit ihren 650 bis 800 MByte, so schien es, war man für alle Eventualitäten gerüstet. Diese optimistische Sicht wurde sehr bald dadurch getrübt, dass zum Beispiel aktuelle Spiele oft drei, vier oder sogar fünf CDs beanspruchen und Filme als Video-CD oder Super Video CD auch gleich zwei oder mehr CD-ROM-Rohlinge in Beschlag nehmen.

Festplatten mit ca. 80 GByte Volumen sind ebenfalls mittlerweile Standard, da scheinen „die paar Megabyte" einer CD-ROM nicht mehr viel zu sein. Dementsprechend dringt die DVD mit ihren 4,7 GByte Kapazität immer mehr in den Bereich der CD-ROM vor, umso mehr, da immer mehr DVD-Brenner auf den Markt kommen, die auch der Normalsterbliche bezahlen kann. Durch den großen Preisverfall bei CD-Brennern und CD-R-Medien hat der endgültige Siegeszug der DVD allerdings noch nicht endgültig begonnen. Neue Kompressionsverfahren bei Video- und Audiodateien haben der CD zudem eine unerwartete Renaissance beschert, da plötzlich unerwartet große Datenmengen in komprimierter Form auf einen Rohling passen.

In diesem Kapitel geht es um das Zusammenspiel von CD-ROM-Laufwerken/-Brennern und DVD-Laufwerken/-Brennern mit Ihrem PC. Wir zeigen Ihnen, wie Sie zusätzliche Laufwerke in Ihr System einpassen, und helfen Ihnen, die schlimmsten Hürden zu überwinden.

7.1 CD-Brenner zusätzlich einbauen und konfigurieren

In nahezu allen Fällen wird Ihr PC, wenn Sie sich ein neues System zugelegt haben, bereits mit einem CD-ROM- oder DVD-Laufwerk ausgerüstet sein. Doch damit lässt sich nur ein Teil der anfallenden Aufgaben erledigen:

Ein CD-ROM-Laufwerk kann keine DVDs lesen, genau wie ein CD-Brenner, der dafür aber immerhin CDs beschreiben kann. DVD-Laufwerke sind keine Künstler im Umgang mit geschützten CDs, DVD-Brenner bearbeiten zwar alle verfügbaren Medienformate, sind aber teuer und für den Leseeinsatz zu langsam.

Es besteht also mit aller Wahrscheinlichkeit der Bedarf, ein zweites Laufwerk anzuschaffen und zu installieren.

CD-Brenner werden teurer

Anfang August 2002 haben sich die Hersteller und Importeure von CD-Brennern mit den Verwertungsgesellschaften, z. B. der GEMA, auf eine Urheberabgabe von 6 Euro pro Gerät geeinigt. Diese soll die Verluste ausgleichen, die die Verwertungsgesellschaften, die die Urheberrechte von Künstlern finanziell verwalten, wegen der Möglichkeit geltend machen, mit CD-Brennern Audio-CDs zu kopieren, ähnlich der Abgabe, die es seit Jahren auf Fotokopierern gibt. Außerdem muss nachträglich für die seit Juli 2001 verkauften Brenner gezahlt werden. Der Preis für die Geräte wird sich durch die Vereinbarung voraussichtlich um bis zu 10 % erhöhen. Dass solche Abgaben kommen würden, war spätestens seit einem Urteil vom Juni 2001 klar. Seinerzeit hatte die Zentralstelle für private Überspielungsrechte (ZPÜ) gegen Hewlett-Packard einen Musterprozess angestrengt, in dem es um die Feststellung einer generellen Vergütungspflicht für die Geräte ging. Diese Vereinbarung wird allerdings durch den Umstand fragwürdig, dass die meisten neuen Audio-CDs mit einem Kopierschutz belegt sind, die dem „Normal-User" das Kopieren erschweren, wenn nicht ganz unmöglich machen.

Einbau und Konfiguration eines CD-/DVD-Laufwerks

Wenn Sie sich für ein bestimmtes CD-(Brenner-) oder DVD-Laufwerk entschieden haben, müssen Sie es nach dem Kauf in Ihren Computer einbauen.

CD-ROM-Laufwerke, CD-Brenner und DVD-Laufwerke erfordern dabei die gleichen Arbeitsschritte, deshalb werden wir im weiteren Verlauf dieses Abschnitts der Einfachheit halber auf die Unterscheidung der verschiedenen Laufwerktypen verzichten und den Einbau anhand eines CD-Laufwerks beschreiben.

Mit ein bisschen Sorgfalt und handwerklichem Geschick kann dabei nicht viel schief gehen.

Vorbereitung des Laufwerks

Bevor Sie darangehen, den gerade ausgepackten Brenner in Ihren PC einzubauen, sollten Sie die notwendigen Konfigurationen am Gerät einstellen. Bei ATAPI-Geräten muss mithilfe eines Jumpers eingestellt werden, ob das Laufwerk als Master oder Slave betrieben werden soll.

Dahinter steckt die Tatsache, dass ein Teil der Steuerung des IDE-Bus auf den Laufwerken selbst untergebracht ist. Aber nur eines der Laufwerke kann die Kontrolle übernehmen, auf einem zweiten Laufwerk muss die Steuerungselektronik mithilfe eines Schalters deaktiviert werden.

„Master" bedeutet dabei, dass ein Laufwerk die Kontrolle hat, „Slave" bedeutet, dass es nur passiv am Bus betrieben wird. Dementsprechend ergeben sich folgende Kombinationsmöglichkeiten:

Anordnung	CD-Einstellung	Einstellung des anderen Laufwerks
Brenner allein	Master	-
Anderes Laufwerk allein	–	Master
Brenner übernimmt die Steuerung	Master	Slave
Anderes Laufwerk übernimmt die Steuerung	Slave	Master

Früher war es dabei durchaus nicht egal, welches Gerät als Master und welches Gerät als Slave konfiguriert wurde.

Der IDE-Controller war nämlich nicht dazu in der Lage, die Übertragungsgeschwindigkeit für beide Geräte getrennt einzustellen, und hat die Geschwindigkeit des Master-Geräts übernommen.

Auf diese Art und Weise war es durchaus möglich, eine schnelle Festplatte mit einem langsamen CD-ROM-Laufwerk als Master am gleichen Port auszubremsen.

Seit die Controller den Übertragungsmodus für beide Geräte separat einstellen können, spielt die Anordnung von Master und Slave jedoch keine Rolle mehr.

Dieser CD-Brenner wurde per Jumper als Master eingestellt.

Bei einem CD-Brenner ist der Betrieb des Brenners an einem eigenen IDE-Port (meistens der Secondary Port) optimal.

Auf diese Weise ist die Wahrscheinlichkeit geringer, dass sich der Brenner und andere Geräte in die Quere kommen bzw. dass es zu einer Überlastung des Bus kommt.

Der Geräteeinbau

Bevor Sie sich daran geben, Ihren Computer aufzuschrauben, sei ein Hinweis auf die Vorsichtsmaßnahmen erlaubt, die Sie ergreifen sollten, wenn Sie am offenen Rechner „operieren".

Sorgen Sie für Übersichtlichkeit und gute Beleuchtung. Essen, trinken und rauchen Sie nicht während der Arbeit am offenen Rechner.

Bevor Sie den Rechner öffnen, fahren Sie ihn herunter und nehmen ihn vom Stromnetz.

Sie brauchen weiterhin folgendes Werkzeug:

- ein Schraubenzieher mit Kreuzkopf (ohne magnetischen Kopf),
- eine Spitzzange, um eventuell Jumper zu setzen.

1 Öffnen Sie das Gehäuse Ihres PCs. Je nach Gehäusetyp müssen Sie dazu mehrere Schrauben lösen und eventuell noch Verblendungen abnehmen.

2 Vor dem eigentlichen Einbau muss jetzt das PC-Gehäuse für das zusätzliche Laufwerk vorbereitet werden. Entfernen Sie dazu die Frontblende eines freien 5¼-Zoll-Schachts und auch ein eventuell dahinter liegendes Abdeckblech. Wie das geht ist in Kapitel 1.3 beschrieben.

Sie sollten bei CD-Brennern nach Möglichkeit einen Schacht ober- und unterhalb des Geräts freilassen, da so die Gefahr der Überhitzung des Brenners geringer wird. Vermeiden Sie es insbesondere, einen Brenner direkt über einer schnellen Festplatte einzubauen, da deren Hitze zu einer Überhitzung führen kann. Insbesondere Festplatten, die mit 7.200 U/min oder mehr arbeiten, werden recht warm. Um ganz sicherzugehen, kann man auch einen speziellen Lüfter aus dem Fachhandel (zum Beispiel unter *www.listan.de*, *www.noiseblocker.de* oder *www.pc-world.de*) einbauen, der in den freien Laufwerkschacht geschoben wird.

3 Schieben Sie das Gerät von vorn in den Schacht, bis es bündig mit der Front abschließt.

4 Schließen Sie nun Stromkabel, Datenkabel und das Verbindungskabel zur Soundkarte an.

Strom und Datenkabel werden genau wie bei Festplatten angeschlossen (siehe ab Seite 179).

Achten Sie auf den richtigen Sitz und die richtige Ausrichtung der Stecker. Beim Stromkabel ist dies nicht nötig, denn das passt nur richtig herum in seinen Anschluss.

Das Datenkabel besitzt lediglich bei gutem Material eine Nase, die ein Verpolen unmöglich macht, im Zweifelsfall muss die rot markierte Ader des Kabels an der Seite mit dem Pin 1 sitzen.

Dessen Lage sollte am Laufwerk gekennzeichnet sein, wenn nicht, liegt Pin 1 auf der Seite, die dem Stromanschluss zugewandt ist.

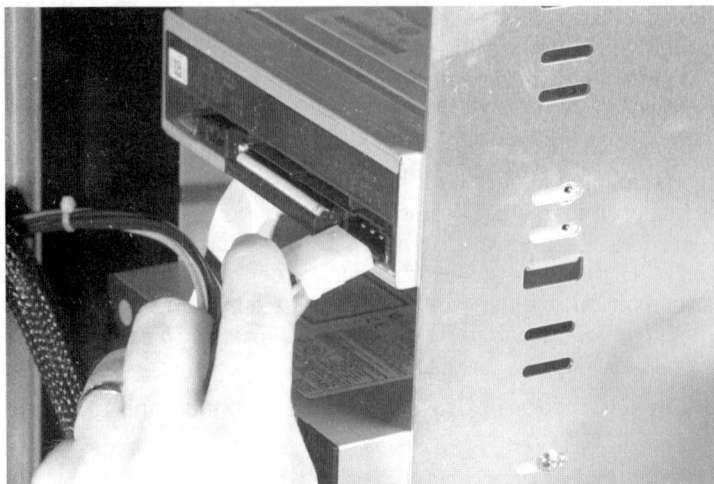

5 Nach dem Hardwareeinbau kommt der Anschluss an den Datenbus. Dazu stecken Sie das Datenkabel in den dafür vorgesehenen Slot auf dem Mainboard oder der Steckkarte eines zusätzlichen Controllers. Ein ATAPI-Laufwerk sollten Sie nach Möglichkeit allein am Secondary IDE-Port des Mainboards anschließen.

6 Sie können bei Bedarf das Laufwerk vor ungewünschten Vibrationen schützen. Das kann bei modernen, extrem hochtourigen Geräten eventuell sinnvoll sein, kann aber auch jederzeit nachgeholt werden, falls Sie Probleme bemerken. Bekleben Sie die Seiten des Laufwerks dazu mit ein paar Lagen Kreppband, sodass es eben noch in den Schacht passt. Der erhöhte Gegendruck und die puffernde Wirkung der Klebestreifen bewirken eine ordentliche Dämpfung der auftretenden Vibrationen.

7 Überprüfen Sie noch einmal sämtliche Kabelverbindungen auf ihren Sitz und ihre Ausrichtung und schließen Sie dann das PC-Gehäuse wieder.

7.2 Troubleshooting nach dem Einbau des CD-Brenners

In der Theorie ist alles immer so einfach: Rechner auf, Brenner rein, Rechner zu, und der Brenner läuft. Doch auch bei diesem relativ unkomplizierten Gerät kann es verschiedene Probleme geben.

IDE-Port aktivieren und Brenner im BIOS anmelden

Bevor Windows auf ein CD-Laufwerk zugreifen kann, muss es im BIOS des Mainboards angemeldet werden. Sollten Sie ein altes Laufwerk ausgetauscht haben, entfällt dieser Arbeitsschritt. Aber bei einem neuen Gerät, das gerade erst hinzugefügt wurde, ist er fast immer notwendig.

Manchmal ist auch der zweite IDE-Port auf dem Mainboard abgeschaltet, solange keine Laufwerke daran angeschlossen sind. Auf diese Weise werden wertvolle Systemressourcen gespart.

In diesem Fall kann das neu angeschlossene Laufwerk an seinem eigenen Port natürlich nicht erkannt werden.

1   Nach dem Einschalten des Computers müssen Sie das BIOS-Setup des Rechners aufrufen, um darin die notwendigen Einstellungen vorzunehmen.

Dazu müssen Sie in der Regel, noch während der Selbsttest des Mainboards läuft, die Entf-Taste drücken.

> **BIOS-Know-how**
> Weitere Informationen zum Thema BIOS finden Sie in Kapitel 9 dieses Buches oder in „Das große Buch BIOS", ebenfalls bei DATA BECKER erschienen.

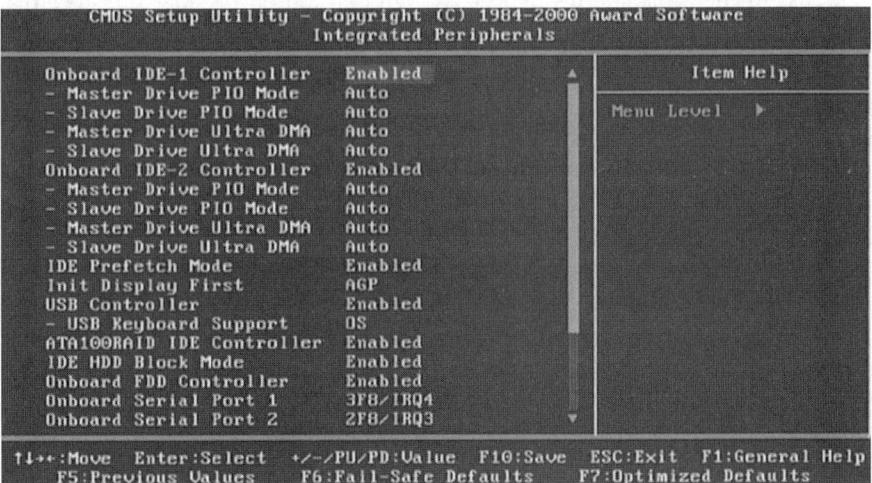

2   Die beiden Ports des IDE-Controllerd können (zum Beispiel in einem Award-BIOS) im *Integrated Peripherals*-Menü deaktiviert bzw. aktiviert werden. Dort müssen Sie die Option *Onboard IDE-1/2 Controller* jeweils auf den Wert *Enabled* setzen. Verlassen Sie das Menü mit der Esc-Taste.

```
                    ROM PCI/ISA BIOS (P2B-S)
                     STANDARD CMOS SETUP
                     AWARD SOFTWARE, INC.

   Date (mm:dd:yy) : Thu, Aug 23 2001
   Time (hh:mm:ss) : 16 :  7 : 49

   HARD DISKS        TYPE   SIZE   CYLS HEAD PRECOMP LANDZ SECTOR  MODE

   Primary Master  : Auto    0      0    0     0      0     0     AUTO
   Primary Slave   : Auto    0      0    0     0      0     0     AUTO
   Secondary Master: None    0      0    0     0      0     0    ------
   Secondary Slave : None    0      0    0     0      0     0    ------

   Drive A : 1.44M, 3.5 in.
   Drive B : None                        Base Memory:     640K
   Floppy 3 Mode Support : Disabled   Extended Memory:   64512K
                                         Other Memory:    384K
   Video   : EGA/VGA
   Halt On : All,But Disk/Key             Total Memory:  65536K

   ESC : Quit           ↑ ↓ → ←  : Select Item     PU/PD/+/- : Modify
   F1  : Help          (Shift)F2 : Change Color
```

3 Danach müssen Sie das Laufwerk im *Standard CMOS Setup* anmelden. Dort können Sie den Eintrag, der der Position des Laufwerks entspricht (z. B. *Primary Slave*), auf einen passenden Wert setzen. Geeignet wären die beiden Einträge *Auto* (für die automatische Erkennung beim Booten) oder *CD-ROM* für ein CD-Laufwerk.

4 Speichern Sie alle Änderungen ab und starten Sie den Rechner neu.

Firmware-Updates durchführen

Leider ist es manchmal selbst bei neuen Laufwerken oder Brennern notwendig, ein Firmware-Update durchzuführen, um bestimmte Features nutzen zu können oder herstellerseitige Fehler auszubügeln. So passierte es zum Beispiel Nutzern von Windows 2000 oft, dass ihr neu installiertes Betriebssystem den teuren Brenner nur als einfaches CD-ROM-Laufwerk erkannte und die Brennerfunktionalität dreist unterschlug. Erst ein Update des Brenners brachte Hilfe.

Jeder CD-Brenner besitzt sein eigenes „Betriebssystem", das in einem Speicherchip im Gerät dauerhaft untergebracht ist. Darüber wird das Verhalten beim Brennen (zum Beispiel Geschwindigkeit und Fehlerkorrektur) genauso gesteuert wie unterstützte Features (zum Beispiel DAO, CD-Text, Überbrennen). Dieses Betriebssystem wird „Firmware" genannt, weil es fest (engl. firm) im Gerät implementiert ist.

Selbstverständlich besitzt die Firmware (wie jede andere Software auch) Fehler oder Unzulänglichkeiten (zum Beispiel erkennen einige Geräte keine 700-MByte-Rohlinge, was durch eine neuere Firmwareversion behoben wird), die mit einem Update ausgebügelt werden. Oft können aber auch zusätzliche Features oder eine höhere Brenngeschwindigkeit für einen Brenner nur über das Austauschen der Firmware verfügbar gemacht werden.

Die vorhandene Firmwareversion erkennen

Welche Firmware momentan in Ihren CD-Brenner implementiert ist, können Sie sich unter Windows 98/ME im Geräte-Manager anschauen.

Falls Sie ein Brennprogramm wie Nero benutzen, wird Ihnen auch dort unter der Rekorderauswahl die Liste aller Geräteeigenschaften einschließlich der Firmwareversion angezeigt.

1 Expandieren Sie den Zweig mit den CD-Laufwerken, markieren Sie Ihren CD-Brenner und klicken Sie auf *Eigenschaften*.

If it ain't broken don't fix it – Wenn es nicht kaputt ist, reparier' es nicht

Nehmen Sie sich diesen Ratschlag zu Herzen: Wenn Sie bisher keine Probleme mit Ihrem CD-Brenner hatten, sollten Sie auf die Update-Prozedur verzichten. Das Austauschen der Firmware ist nämlich ein ziemlich tiefer Eingriff in die Hardware, der nicht ohne Risiken ist. Bei sorgfältiger Durchführung sollte zwar nichts passieren, aber man kann nie wissen ...

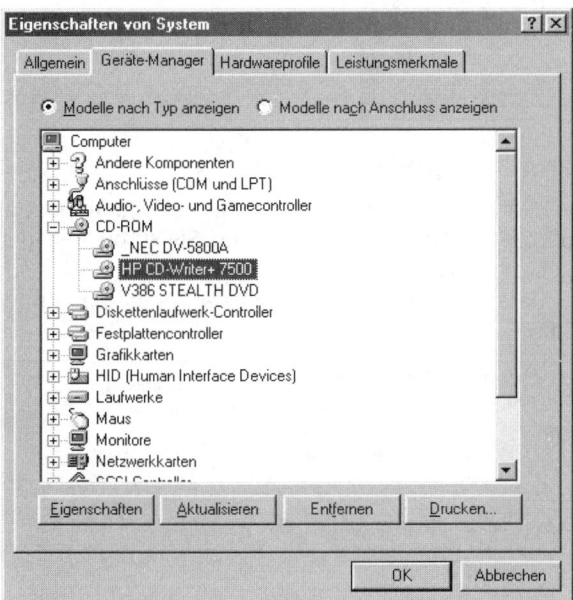

2 Auf der Registerkarte *Einstellungen* finden Sie die Information zur Firmware Ihres Brenners.

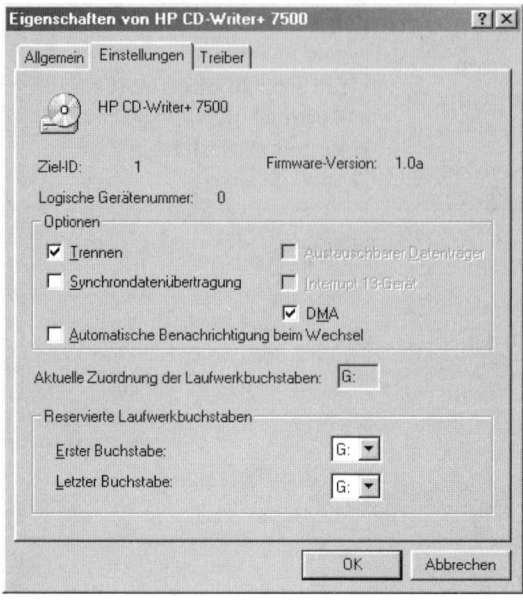

So kommen Sie an das aktuelle Update

Sie finden die neusten Firmwareversionen zusammen mit der für das Update benötigten Software auf den Internetseiten der Hardwarehersteller. Achten Sie unbedingt darauf, dass Sie das richtige Update für genau Ihr Laufwerk/Ihren Brenner finden. Mit anderen Updates kann es Ihnen passieren, dass Sie die aktuelle Firmware beschädigen und das Laufwerk nicht mehr richtig arbeitet.

Hier eine Übersicht der wichtigsten Herstelleradressen:

Hersteller	Internetadresse
Acer	www.acer.de
Asus	www.asustek.asus.com.tw
Creative Labs	www.creativelabs.com und www.creaf.com
Cyberdrive	www.cyberdrive.de
Hewlett-Packard	www.hewlett-packard.de
JVC	www.jvc-europe.com
Kenwood	www.kenwood.de
LiteOn	www.teac.de
Matsushita	www.matsushita.de
Memorex	www.memorex.com
Mitsumi	www.mitsumi.com
Nec	www.nec.com
Philips	www.philips.com
Pioneer	www.pioneer.de
Plextor	www.plextor.com
Ricoh	www.ricoh.de

Hersteller	Internetadresse
Samsung Electronics	www.samsung.com
Sony	www.sony.de
Teac	www.teac.com
Toshiba	www.toshiba.com
Traxdata	www.traxdata.com
Yamaha	www.yamaha.de

Das Update durchführen

Bei dem Download, als der ein Firmware-Update üblicherweise angeboten wird, handelt es sich meist um ein Paket aus einem Update-Programm und einer Binärdatei mit den Firmwaredaten, die in einem (oft selbstentpackenden) Archiv zusammengefasst sind.

Im Folgenden haben wir das Update beim Yamaha CRW 2200E durchgeführt, wodurch die Funktion *Audio Master Quality Recording* nachgerüstet wird.

Die gezeigte Vorgehensweise kann aber höchstens exemplarisch sein, denn jeder Hersteller verfolgt einen anderen Weg.

Wie das Update-Tool bei Ihrem eigenen Brenner genutzt wird und welche Randbedingungen in Ihrem System herrschen müssen, können Sie der Dokumentation entnehmen, die dem Firmware-Update in allen Fällen beiliegt.

Um Schäden am Brenner zu vermeiden, sollten Sie sich genau an die Anweisungen halten und vor allen Dingen sicherstellen, dass die Software zu Ihrem Brenner passt.

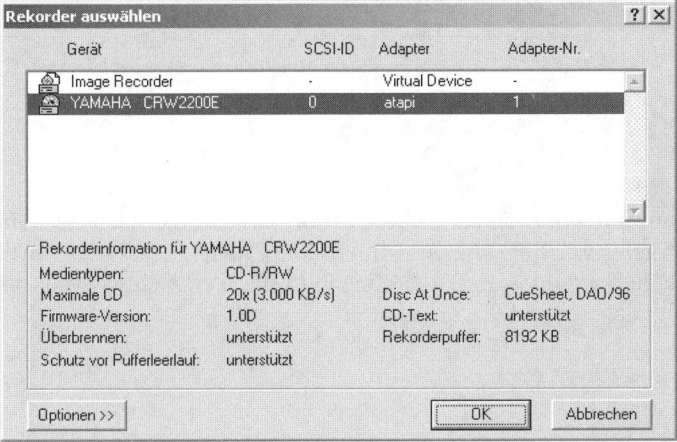

1   Vor dem Update ist der Yamaha-Brenner mit der Firmwareversion 1.0D ausgestattet, die noch kein *Audio Master Quality Recording* unterstützt.

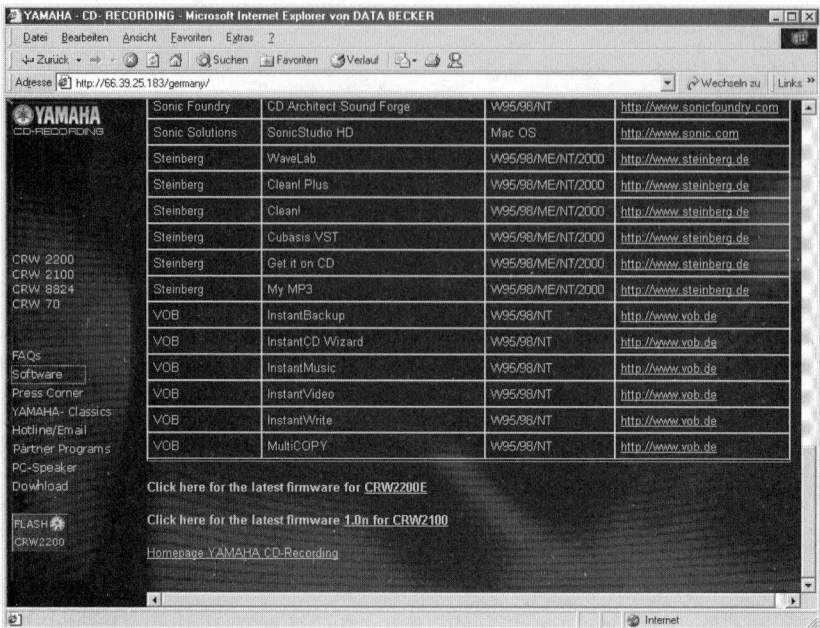

2 Suchen Sie auf der Homepage des Herstellers das Firmware-Update und laden Sie es herunter. In unserem Fall ist das die Firmwareversion 1.0e. Es empfiehlt sich, die Datei in einem separaten Verzeichnis abzuspeichern, damit beim Entpacken des Archivs keine anderen Dateien überschrieben werden müssen.

3 Beim Update-Programm für den Yamaha CRW 2200E können Sie nach dem Aufruf der Archivdatei ein Zielverzeichnis angeben, in das alle Dateien geschrieben werden sollen. In anderen Fällen werden die Daten einfach in das Verzeichnis geschrieben, in dem sich die Archivdatei befindet.

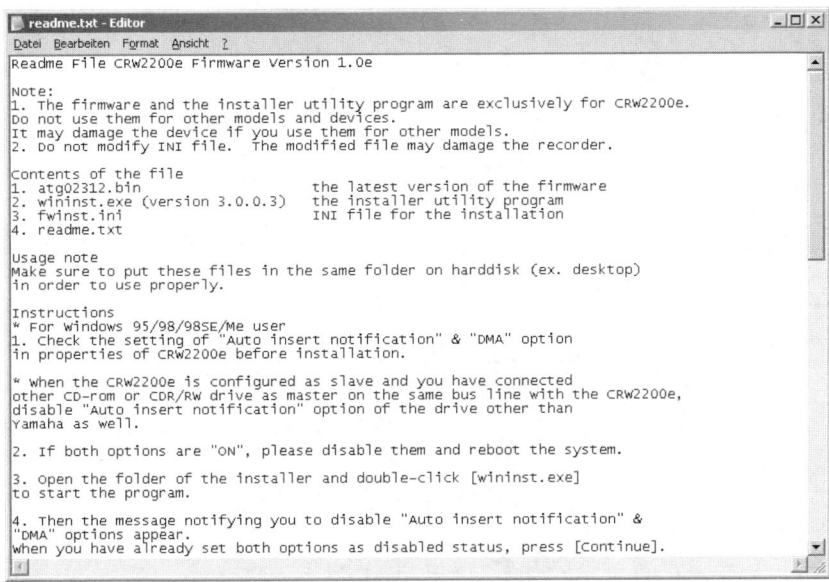

4 Lesen Sie sich jetzt die Dokumentation des Herstellers aufmerksam durch. In der Regel befinden sich alle benötigten Informationen zum Update in einer Readme- oder Liesmich-Datei.

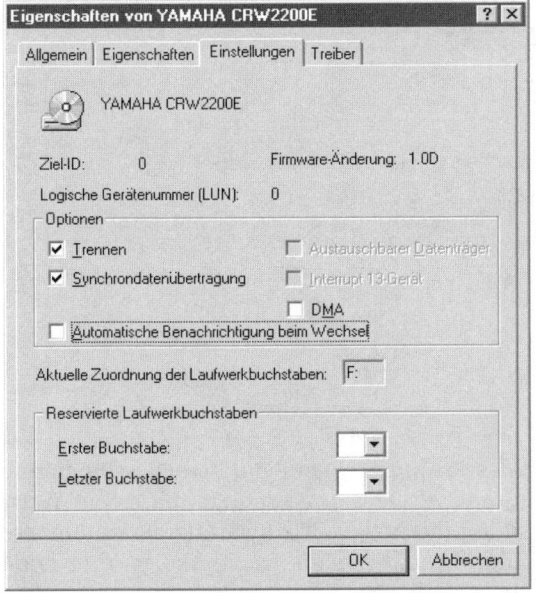

5 In diesem Fall müssen unter Windows 95/98/ME sowohl die automatische Benachrichtigung beim Einlegen einer CD als auch der DMA-Zugriff auf das Laufwerk deaktiviert werden, bevor ein Firmware-Update durchgeführt werden kann. Das gilt ebenso für alle anderen CD-Laufwerke, die eventuell mit dem Brenner am selben IDE-Kanal angeschlossen sind. Um beide Änderungen wirksam werden zu lassen, muss der Rechner neu gestartet werden.

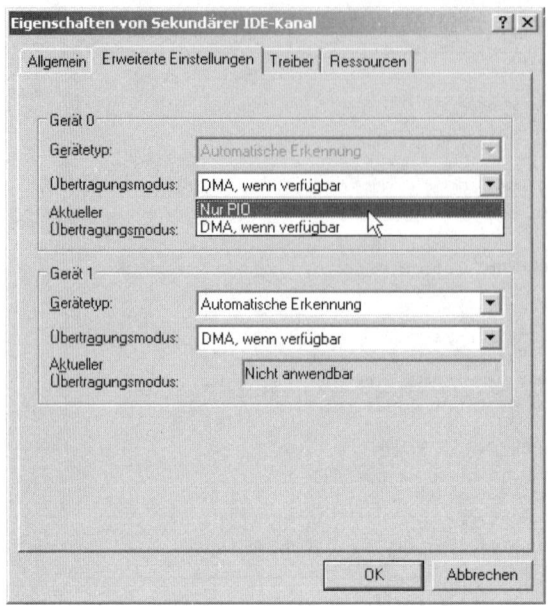

6 Unter Windows XP genügt es, im Hardware-Manager den Zugriffsmodus des IDE-Kanals auf *Nur PIO* zu setzen. Hier ist kein Neustart nötig, um die neue Einstellung wirksam werden zu lassen.

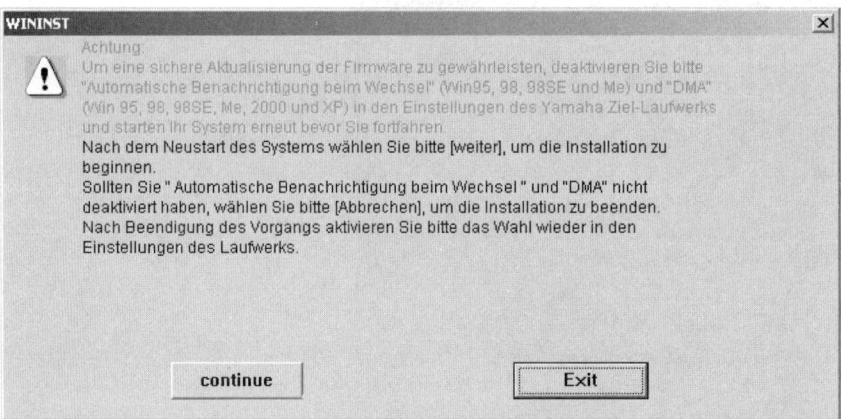

7 Danach bzw. nach dem Neustart des Rechners rufen Sie das Update-Programm (in diesem Fall die Datei *Wininst.exe*) auf. Als Erstes werden Sie mit einem Warnhinweis begrüßt, der Sie noch einmal auf die nötige Deaktivierung der automatischen Benachrichtigung und des DMA-Zugriffs aufmerksam macht. Mit *continue* kommen Sie ins eigentliche Programmfenster.

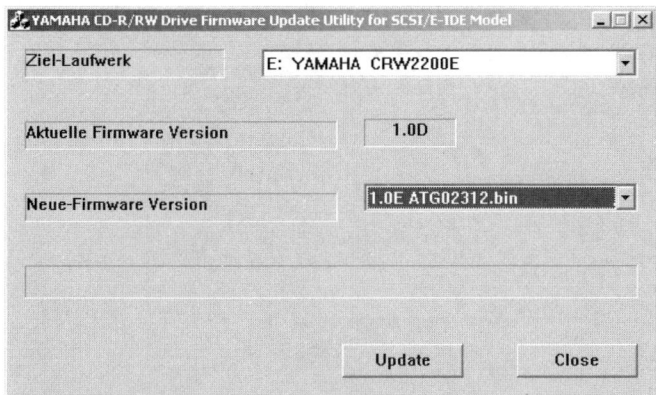

8 Wählen Sie im oberen Teil das Ziellaufwerk für das Update aus (in der Regel kommt nur ein Eintrag in Frage). In der Mitte wird Ihnen die aktuelle Firmwareversion des Brenners angezeigt, darunter die Version des Updates. Mit *Update* starten Sie den Schreibvorgang.

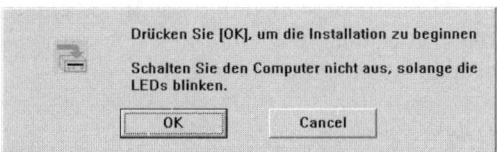

9 Ein Hinweis macht Sie noch einmal darauf aufmerksam, dass der Computer eingeschaltet bleiben muss, solange die LEDs am CD-Brenner blinken. Klicken Sie auf *OK*, um das Update endgültig zu starten.

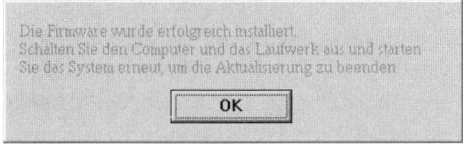

10 Nach dem Abschluss des Vorgangs wird Ihnen eine Erfolgsmeldung angezeigt. Jetzt muss der Computer heruntergefahren, ausgeschaltet und wieder hochgefahren werden, damit die neue Firmware aktiviert wird. Danach können Sie auch wieder die automatische Benachrichtigung und den DMA-Zugriff aktivieren.

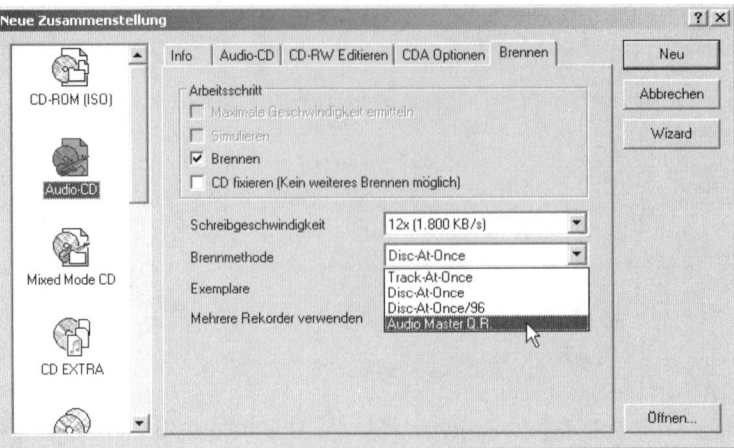

11 Jetzt steht in Nero die Option *Audio Master Q. R.* als Brennmethode zur Verfügung, mit der die Qualität von Audio-CDs verbessert werden soll.

Wie gesagt, diese Anleitung ist nur exemplarisch zu verstehen und soll Ihnen einen kurzen Überblick geben, wie ein Firmware-Update ablaufen kann. Je nach Ihrem Laufwerk/Brenner kann das Update bei Ihnen auch anders vonstatten gehen.

Darauf müssen Sie beim Firmware-Update achten

Unter Windows müssen alle Programme, die den Schreibvorgang irgendwie unterbrechen könnten, geschlossen werden. Beachten Sie auch Programme, die im Hintergrund laufen und nur im System-Tray angezeigt werden, wie Virenscanner, Firewalls, Messenger oder auch eine offene Internetverbindung.

In der Regel darf während eines Firmware-Updates eines Brenners keine CD eingelegt sein.

Manche Update-Tools erfordern, dass der DMA-Zugriff auf das betroffene Laufwerk ausgeschaltet ist. Nehmen Sie die entsprechenden Einstellungen im Geräte-Manager vor (siehe oben).

Packet-Writing-Treiber wie InCD oder DirectCD können die Übertragung der Firmwaredaten zum Brenner stören. Solche Treiber müssen vorher deaktiviert bzw. deinstalliert werden.

Der Brenner macht Probleme beim Lesen/Schreiben von Audio-CDs

Alle CD-ROM-Laufwerke können Audiodaten auf analogem Weg ausgeben, das heißt, Sie können problemlos Audio-CDs am PC hören. Zum Kopieren muss Ihr CD-Laufwerk/-Brenner die Audiodaten allerdings digital auslesen können, er muss DAE (**D**igital **A**udio **E**xtraction, auch Ripping genannt) beherrschen.

Dies ist bei aktuellen Brennern, CD-ROM- und DVD-Laufwerken standardmäßig der Fall, aber wenn Sie mit einem eventuell schon etwas älteren CD-ROM-Laufwerk eine Audio-CD auslesen, kann es durchaus sein, dass das Laufwerk diesen Vorgang nicht unterstützt.

Nutzen Sie dann Ihren Brenner zum Auslesen der CD.

Warum ist DAE so schwierig?

Die Schwierigkeiten beim Auslesen von Musik-CDs resultieren aus Unterschieden im Fehlerkorrekturverfahren, mit der Daten- und Musik-CDs ausgestattet sind. Daten-CDs müssen eine wesentlich bessere Fehlerkorrektur besitzen, denn sonst würden bereits einzelne Lesefehler zu einem Programmabsturz oder unbrauchbaren Daten führen. Durch wiederholtes Lesen eines defekten Sektors ist das CD-ROM-Laufwerk in den meisten Fällen in der Lage, die enthaltenen Daten zu rekonstruieren.

Auf Audio-CDs hingegen ist es nicht so dramatisch, wenn einmal ein paar Bits fehlerhaft ausgelesen werden. Schlimmstenfalls verschlechtert sich der Klang, aber in der Regel bleibt selbst eine größere Anzahl defekter Sektoren unhörbar. Die Elektronik eines CD-Players interpoliert einfach die fehlenden Daten und bringt einen dem Original angenäherten Klang zu Gehör. Die Korrekturmöglichkeiten, mit denen ein CD-Player arbeitet, gehen jedoch beim Transport der Musikdaten über einen digitalen Datenbus verloren, weil dieser auf das andere (Daten-)Korrekturverfahren ausgerichtet ist. Darüber hinaus soll die Musik plötzlich mit vielfach überhöhter Geschwindigkeit als üblich ausgelesen werden, denn die normale Lesegeschwindigkeit von CD-Playern ist immer noch 1x.

Diese Umstände führen dazu, dass Lesefehler in einer ausgelesenen Klangdatei erhalten bleiben und das Abbild verfälschen. Vereinzelte Fehler mögen dabei unhörbar bleiben, größere Aussetzer oder dauernd auftretende Fehler machen sich jedoch unangenehm als Klicken oder Knacksen bemerkbar. Die Aufnahme ist für die Weiterverwendung völlig ungeeignet.

Wenn die Audio-CD sich nicht kopieren lässt

Wenn Sie gravierende Probleme haben sollten, eine Audio-CD zu kopieren, oder wenn Sie diese CD in Ihrem PC nicht mal abspielen können, handelt es sich vermutlich um eine neuere Audio-CD, die mit einem Kopierschutz versehen ist.

Trotz des (noch) gesetzlich festgeschriebenen Rechts auf die Kopie eines Datenträgers, an dem man Eigentumsrechte hat, bauen die Musikfirmen auf diese meisten neuen Datenträger einen Kopierschutz ein.

Der Hintergrund ist einfach. Massive Umsatzeinbußen in der letzten Zeit werden mit Raubkopierern und Internettauschbörsen erklärt.

Wir wollen an dieser Stelle weder den Streit beschreiben noch ausführlich erläutern, wie Sie einen solchen Schutz umgehen können.

Lesetipp!

Wenn Sie sich ausführlich über Datentauschbörsen informieren wollen, empfehlen wir Ihnen „PC Underground Filesharing Extreme", ebenfalls bei DATA BECKER erschienen.

Ausschlaggebend für die Fähigkeit eines CD- oder DVD-Laufwerks, geschützte Audio-CDs einlesen zu können, sind Informationen zu den unterschiedlichen Kopierschutzverfahren, die in der Gerätefirmware gespeichert sind.

So gibt es Hersteller (zum Beispiel Plextor oder Yamaha), die ihren Laufwerken alle nötigen Fähigkeiten einprogrammieren, um alle bekannten Verfahren zu umgehen.

Andere Firmen wollen sich scheinbar nicht auf eine Konfrontation mit der Musikindustrie einlassen und implementieren die benötigten Fähigkeiten nicht – oder zumindest nicht bei der ersten Auslieferung des Geräts.

Um geschützte CDs im PC einlesen zu können, ist es deshalb zumindest einen Versuch wert, ein Update mit der neusten Firmwareversion (siehe oben) durchzuführen.

Danach sind viele Geräte in der Lage, zumindest ein oder zwei zusätzliche Kopier-schutzverfahren zu erkennen und zu bewältigen.

Richtig ärgerlich wird es allerdings, wenn sich die für teures Geld erworbenen Audio-CDs nicht einmal auf Standalone-CD-Playern abspielen lassen.

Versagt die CD den Dienst am normalen Player, haben Sie das Recht, diese umzutau-schen.

700 MByte = 800 MByte?

Brennen Sie ein normale Daten-CD, zum Beispiel ein Backup eines wichtigen Arbeitsver-zeichnisses, werden Sie die Daten in der Regel so zusammenstellen, dass sie auf einen Standard-CD-Rohling von 650 bzw. 700 MByte Volumen passen.

Versuchen Sie allerdings, zum Beispiel eine Video-**CD** (VCD) zu brennen, werden Sie feststellen, dass der Rohling mit 700 MByte noch nicht voll ist, sondern dass im Gegen-teil bis zu 800 MByte problemlos auf einen Datenträger passen, ohne dass Sie irgendwel-che Tricks wie Überbrennen anwenden oder gar einen anderen, größeren Rohling neh-men müssen. Wie kommt das?

Als der (Super-)VCD-Standard konzipiert wurde, legten die Entwickler aus nachvollzieh-baren Gründen besonderen Wert auf maximale Platzausnutzung.

Die Überlegung ist einfach: Mehr verfügbarer Platz bedeutet mehr Daten, und das wie-derum bedeutet bessere Qualität und/oder längere Spieldauer.

Erreicht wurde das, indem die Fehlerkorrektur-daten drastisch gekürzt wurden.

Im SVCD-Format werden die Videodaten sogar faktisch ohne Korrekturinformationen geschrie-ben.

> **Lesetipp!**
> Wenn Sie mehr über das Thema (S)VCD & Co. erfahren wollen, empfehlen wir Ih-nen „PC Underground DivX & MPEG", ebenfalls bei DATA BECKER erschienen.

Im Gegensatz zu normalen Daten-CDs, die im so genannten Mode 1 geschrieben werden, gibt es für (S)VCDs das Mode 2/XA-Datenformat, bei dem eben diese Fehlerkorrektur nicht vorhanden ist.

Mode 2/XA nur für (S)VCDs

Wenn Sie versuchen, eine Daten-CD im einfachen Mode 2 inklusive Fehlerkorrektur zu brennen, gewinnen Sie nicht nur keinen zusätzlichen Platz, sondern riskieren sogar Inkompatibilitäten mit vielen Laufwerken und Standalone-DVD-Playern. Vor allem MP3-CDs im Mode 2 machen dabei Probleme. Wenn Sie versuchen, diese mit einem MP3-fähigen DVD-Player abzuspielen, wird er die CDs zumeist als Video-CD erkennen, und im schlimmsten Fall hängt sich der Player komplett auf. Die meisten Brennprogramme erstellen Daten-CDs automatisch im Mode 1 und VCDs im Mode 2/XA, sodass Sie keine Probleme zu erwarten haben.

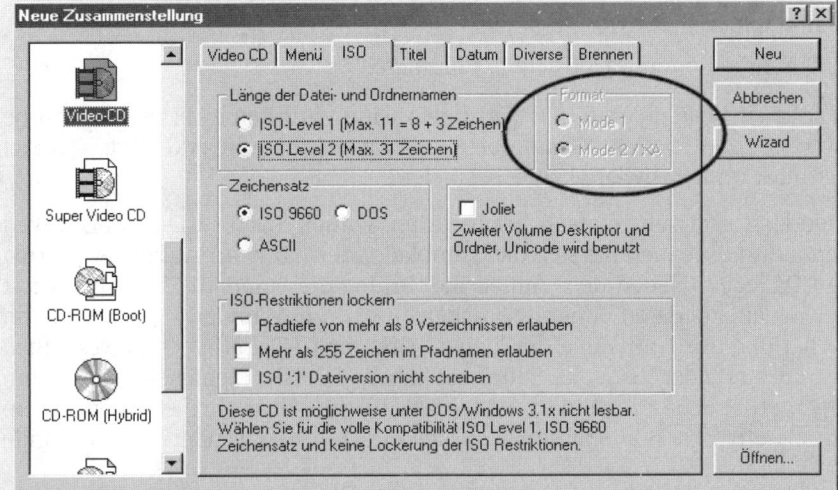

Beim Erstellen einer VCD mit Nero ist der Datenmodus vorausgewählt und kann nicht geändert werden.

Grundsätzlich stehen auf einer Video-CD aufgrund der fehlenden Korrekturinformationen ca. 13,5 % mehr Platz zur Verfügung.

Das bedeutet für gängige CD-Rohlinge folgendes Verhältnis zwischen Daten-CDs und VCDs:

Volumen	Spielzeit	Videokapazität
650 MByte	74 min	738 MByte
700 MByte	80 min	795 MByte
800 MByte	90 min	895 MByte (mit Überbrennen)
870 MByte	99 min	987 MByte (mit Überbrennen)

Sie sollten diese Grenze jedoch nicht bis zum Äußersten ausreizen, sondern immer ca. 10 MByte darunter bleiben, da Rohlinge mit Überlänge prinzipiell etwas aus der Spezifikation fallen.

Die Abstände der Datenspur, die sich spiralförmig von innen nach außen windet, sind bei überlangen Rohlingen geringer, was die CD besonders zum Ende, also zum Rand hin, anfälliger macht als Standardrohlinge. Manche Laufwerke können auch so weit außen die CD gar nicht mehr lesen.

Brennen von Visitenkarten-CDs

Man sieht sie immer öfter: kleine, elegant gestaltete CDs im Mini-Format, die im edlen E-tui als Visitenkarte überreicht werden und die neben den üblichen Angaben zu Ihrem Gegenüber auch noch eine Präsentation, ein Video oder sonstige Informationen enthalten können.

Dabei unterscheiden sich drei Typen:

- 80 mm Durchmesser mit ca. 180 MByte Volumen
- 85 x 57,5 mm mit ca. 40 MByte Volumen
- 57,5 mm Durchmesser mit ca. 30 MByte Volumen

Falls Sie mit solchen Visitenkarten-CDs liebäugeln, sind natürlich zwei Fragen von besonderem Interesse: Laufen diese CDs problemlos in meinem Laufwerk? Und: Kann ich diese Rohlinge auch ohne Schwierigkeiten bespielen?

Die erste Frage lässt sich sehr einfach beantworten. Öffnen Sie Ihr CD-ROM-Laufwerk bzw. den Brenner und schauen Sie sich die Schublade (den Tray) an, auf die Sie normalerweise Ihre CDs legen. Neben dem Außenring, in den die Standard-CD hieneinpasst, muss es noch einen kleineren Innenring geben, der – oh Wunder – genau 80 mm Durchmesser hat und zur Aufnahme der kleinen CDs dient. Dabei ist es unwesentlich, ob diese CDs rund sind oder Visitenkartenformat haben. CDs, die kleiner sind als 80 mm, können dagegen erhebliche Probleme verursachen, bis hin zu einer mechanischen Beschädigung des Laufwerks. Hier sollten Sie spezielle Adapter verwenden, die im Handel erhältlich sind.

Der 80-mm-Innenring in der CD-Lade.

Sie haben auch dann ein Problem, wenn Sie ein CD-ROM-Laufwerk mit der beliebten Slot-In-Technologie besitzen. Dies ist eine besondere Technik, die von Pioneer entwickelt wurde. Dabei muss man nicht, wie gewöhnlich, die CD auf den Tray legen, der dann in das Laufwerk gezogen wird, sondern man schiebt die CD in einen Schlitz hinein. Ab einer gewissen Position wird sie dann von der Mechanik eingezogen und richtig positioniert.

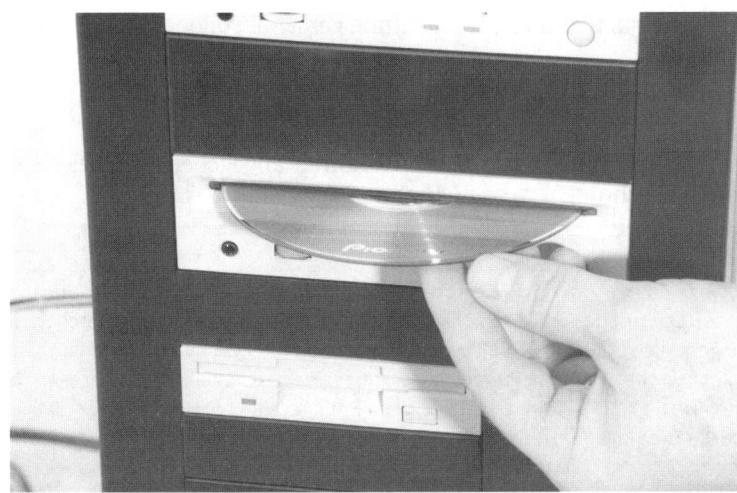

Slot-In-Technik.

Der Vorteil dieser Laufwerke ist, dass weniger Raum nach vorn vorhanden sein muss und die CD schneller im Laufwerk liegt. Auch ein gewisser „Coolness-Faktor" ist nicht zu leugnen.

Der Nachteil ist, dass diese Laufwerke in der Regel Probleme mit Mini-CDs haben. Falls Sie erwägen, sich ein Slot-In-Laufwerk zuzulegen, und regelmäßig diese kleinen CDs nutzen, sollten Sie sich vorher erkundigen, ob es eventuell Schwierigkeiten geben könnte.

Erstellen eigener Mini-CDs

Grundsätzlich unterscheidet sich das Brennen einer Mini-CD-ROM nicht von der Erstellung einer normalen CD.

Nach Zusammenstellung des CD-Inhalts können Sie diesen wie gehabt mit dem Brennprogramm Ihrer Wahl auf die CD bannen. Einzige Einschränkung ist natürlich der sehr viel geringere Speicherplatz, den Sie vorher einkalkulieren müssen.

> **Mini-CDs im Komplettpack**
> Wenn Sie sich schnell und unkompliziert sehr dekorative Visitenkarten-CDs erstellen möchten, empfehlen wir CD-Visitenkarten-Rohlinge von DATA BECKER.

Dann steht Ihrer professionellen Präsentation auf einer Visitenkarten-CD nichts mehr im Wege.

Und wie lange halten CDs?

Diese Frage taucht natürlich bei jedem Datenträger auf. Da haben Sie wichtige Backups auf CD gebrannt oder wertvolle Schallplatten digitalisiert, um unproblematisch vollen Musikgenuss erleben zu können. Aber wie lange halten die selbst gebrannten CDs?

Diese Frage ist bereits für Privatleute wichtig, für bestimmte Berufsgruppen, z. B. Architekten, kann sie existentiell werden, denn diese haben eine Aufbewahrungspflicht. Experten wie das amerikanische Council on Library and Information Resources gehen davon aus, dass bereits in 20 Jahren viele Daten verloren gegangen sind, die auf elektronischen Medien gespeichert wurden. Dies wird nicht nur am Mangel geeigneter Abspielgeräte liegen (versuchen Sie heute mal, ein funktionsfähiges 5¼-Zoll-Diskettenlaufwerk zu bekommen), sondern auch an der physischen Zerstörung der Medien.

Dabei ist gar nicht die gewollte oder zufällige Vernichtung gemeint, sondern die teilweise erschreckend kurze Haltbarkeit.

Dies sehen die Hersteller von CDs naturgemäß ganz anders. Einige geben als Standard-Mindesthaltbarkeit 30 Jahre an, andere je nach Farbe 50, 75 oder 100 Jahre, für unbeschriebene CDs wird eine Lagerfähigkeit von 5 bis 10 Jahren angegeben, nach der sie nicht mehr ordnungsgemäß beschrieben werden können.

CD-Rohlinge in Farbe

Vielleicht ist Ihnen schon mal aufgefallen, dass CD-Rohlinge je nach Hersteller und Sorte unterschiedliche Farbtöne auf der Datenseite aufweisen. Tatsächlich gibt es nur drei, auf organischen Stoffen basierende Tönungen, die so genannten Dyes, und zwar Cyanin, Phtalocyanin und Azure. Die Farbe des Rohlings hängt direkt mit der Farbe des jeweiligen Dyes zusammen, der in der Aufzeichnungsschicht zu finden ist. So sind Cyanin und Azure blau, Phtalocyanin hingegen farblos. Die Basisfarbe des Rohlings wird durch das Aufbringen der Reflektionsschicht verändert. Einige dieser Kombinationen scheinen grün, andere blau und wieder andere golden. Obwohl es herstellerspezifische Empfehlungen für bestimmte Farben gibt, auch, was die Haltbarkeit betrifft, zeigt es sich doch leider meist erst in der Praxis, welcher Rohling für Ihren Brenner in Verbindung mit Ihrem PC am leistungsfähigsten ist und die wenigsten Fehler produziert.

Andererseits können Sie selbst aber auch einiges dafür tun, dass Ihre selbst gebrannten CD-Schätze möglichst lang erhalten bleiben.

- Setzen Sie die CD-R/RW nicht der direkten Sonnenstrahlung bzw. anderer UV-Strahlung aus.

- Vermeiden Sie Extremtemperaturen sowie Feuchtigkeit, Staub und heftige Erschütterungen.

- Benutzen Sie zur Aufbewahrung möglichst Kunststoffboxen (Standard-Jewel-Cases oder Slimline-Boxen).

- Behandeln Sie die CD pfleglich. Flecken, Fingerabdrücke und andere Verunreinigungen sind Gift.

- Gebrauchen Sie zum Labeln nur dafür vorgesehene Aufkleber, die eine Unwucht vermeiden. Wir empfehlen die breite Kollektion an CD-Etiketten und -Einlegern von DATA BECKER (*www.databecker.de*).

7.3 Wenn das CD-ROM-Laufwerk nicht mehr will

Seien wir mal ganz ehrlich: Kein Mensch repariert mehr PC-Bestandteile, in dem er mit Schraubenzieher, Lötkolben und anderen Utensilien Platinen neu verlötet, Steckverbindungen neu feilt oder sonstige Handwerksarbeit vornimmt.

Natürlich, wenn Sie Systemelektroniker sind, werden Sie sich vermutlich an Ihrer Ehre gepackt fühlen, wenn Sie nicht zumindest versuchen, ein defektes Bauteil selbst wieder zum Laufen zu bringen. Aber dann, darüber sind wir uns auch im Klaren, brauchen Sie auch dieses Buch nicht.

Der ambitionierte PC-Nutzer, für den wir dieses Buch geschrieben haben – das sind Sie –, wird vermutlich weder
das Know-how noch die Werkzeuge haben, um Mikro-
elektronik reparieren zu können, und das ist auch gut so.

> *Läuft nicht,*
> *gibt's nicht*

Auch modernste CD-ROM-Laufwerke und Brenner sind heute so preiswert zu bekommen, dass sich selbst eine professionelle Reparatur in den meisten Fällen kaum lohnt.

Aber trotzdem sollten Sie nicht einfach mit den Schultern zucken, ihr scheinbar defektes
Laufwerk ausbauen und auf den Müll werfen, nur weil es mal Mucken macht.

Eine Menge kleiner Probleme lassen sich auch mit Hausmitteln einfach beseitigen. Doch
am besten ist natürlich eine pflegliche Behandlung, egal ob es sich um ein CD-ROM-, ein
DVD-Laufwerk oder einen Brenner handelt.

Tipps zum Umgang mit CD-ROM-Laufwerken

- Schließen Sie die Schublade, wenn das CD-ROM-Laufwerk nicht verwendet wird.
- Drücken Sie die Schublade beim Öffnen oder Schließen nicht nach unten.
- Legen Sie keine Gegenstände auf der Schublade ab. (Den Scherz „An meinem PC ist
  der Getränkehalter abgebrochen" soll es wirklich schon als ernst gemeinte Bemer-
  kung gegeben haben.)
- Verwenden Sie niemals eine beschädigte, zerbrochene oder deformierte CD.
- Betätigen Sie niemals die Auswurftaste, während der Computer auf die CD zugreift.

Das CD-Laufwerk spuckt die CD nicht mehr aus

Auch das kommt vor: Das CD-/DVD-Laufwerk weigert sich standhaft, das Medium wieder auszugeben. Auch die mehrfache Betätigung der Auswurftaste und des Softwarebe-
fehls *Auswerfen*, den Sie im Kontextmenü Ihres CD-Laufwerks im Windows-Explorer
finden, hilft nicht weiter.

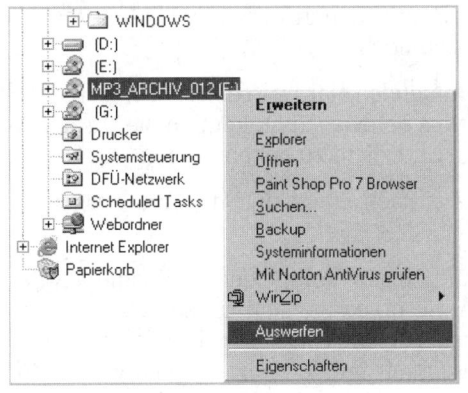

*Mit einem Rechtsklick auf
das CD-ROM-Laufwerk
kommen Sie zum
Kontextbefehl
Auswerfen.*

Hier kann, aber wirklich nur als letztes Mittel, ein feines Stück Draht, zum Beispiel eine
gerade gebogene Büroklammer weiterhelfen.

1 Fahren Sie Ihren Rechner herunter.

2 Führen Sie einen Draht in die bei jedem CD-Laufwerk vorhandene kleine Öffnung,
die sinnigerweise auch Notauswurfsöffnung genannt wird, ein und drücken Sie et-

was, ohne Gewalt anzuwenden. Achten Sie darauf, dass der Draht nicht dicker als 1,5 mm sein darf und nicht weiter als ca. 40 mm eingeführt wird, bis Sie auf Widerstand stoßen. Achtung: Bei tieferem Einführen kann unter Umständen das Laufwerk beschädigt werden.

3 Die CD-Lade öffnet sich, und die CD wird ausgeworfen.

Dieses Verfahren kann nur wiederholt werden, wenn die Stromversorgung des PCs ein- und wieder ausgeschaltet wurde. Nachdem der Datenträger entfernt und die CD-Schublade geschlossen wurde, öffnet sich die CD-Schublade erst wieder, nachdem die Stromversorgung ein- und wieder ausgeschaltet wurde.

Das CD-Laufwerk liest keine CDs mehr ein

Vielleicht ist das bei Ihnen auch schon mal vorgekommen: Plötzlich fängt Ihr CD-/DVD-Laufwerk/-Brenner an, Mucken zu machen. Er liest die Medien nicht mehr sorgfältig ein, manche möchte er gar nicht mehr kennen, der Zugriff dauert ewig etc. Und dieser Zustand bessert sich nicht etwa, er verschlimmert sich noch.

Abgesehen von einem immer mal wieder vorkommenden Hardwaredefekt, der sich dann nur durch Fachreparatur oder Austausch des Geräts beheben lässt, können die Ursachen, die diese große Wirkung zeigen, ganz unauffällig und leicht zu beheben sein.

Häufige Ursache für diese „Defekte" sind ganz einfach Staub und dadurch ausgelöste leichte Verkrustungen der Mechanik.

Diese lassen sich in den allermeisten Fällen ohne Einsatz komplizierter Hilfsmittel oder fragwürdiger „Spezial-Reinigungssets" beheben. Besorgen Sie sich einfach eine Flasche mit Druckluft mit einem dünnen Schlauch, der sich an der Düse befestigen lässt. Achten Sie unbedingt darauf, dass es sich um reine Druckluft handelt, ohne irgendwelche Zusätze wie Öl oder Reinigungsmittel. Diese wären Gift für die Laufwerkoptik und dürfen auf keinen Fall benutzt werden.

Alternativ sind im Computer- und Elektronikhandel auch handliche Blasebälge erhältlich, die zum Entstauben von elektronischen Bauteilen verwendet werden können.

Öffnen Sie das Laufwerk und sprühen Sie sorgfältig aus verschiedenen Richtungen das Laufwerk aus. Sie werden sich wundern, was bei so einem exponierten PC-Teil alles zum Vorschein kommen kann. Achten Sie darauf, dass die Teilchen nicht nur aufgewirbelt, sondern auch richtig ausgeblasen werden.

Reinigung eines CD-Laufwerks mit Druckluft.

7.4 Datenrettung von einer kaputten CD

Daten gesichert, CD kaputt? Das kann immer mal wieder passieren. Ein Buffer underrun, ein gleichzeitiger Zugriff auf die zu sichernden Daten, und schon ist sie hin, die schöne Backup-CD.

Im Moment des Brennens kann Ihnen das wahrscheinlich ziemlich egal sein, denn dann dürften Sie in den meisten Fällen ja noch Zugriff auf die Datenquelle haben. Problematisch wird es dann, wenn Sie den Fehler erst später bemerken. Mechanische Beschädigung oder Integritätsfehler, in diesem Abschnitt nennen wir Ihnen verschiedene Möglichkeiten, wie Sie wieder an die Daten herankommen.

Präventiv: Hochwertige Rohlinge nutzen

Leider muss man sagen, dass es leider kein offensichtliches Merkmal gibt, anhand derer sich ein guter von einem schlechten Rohling unterscheidet. Das liegt daran, dass sich die Eigenschaften der unterschiedlichen Brenner jeweils geringfügig unterscheiden, sodass mit einem Gerät gute Ergebnisse mit blau-silbernen Scheiben erzielt werden, während grün-goldene Rohlinge mit einem anderen Gerät bessere Ergebnisse liefern.

Das Gleiche gilt natürlich auch für die jeweils lesenden CD-ROM-Laufwerke und CD-Player. Darüber hinaus ändert sich das Bild natürlich noch einmal, wenn mit unterschiedlichen Geschwindigkeiten gebrannt wird. Ein Rohling, der bei 16facher Geschwindigkeit einwandfreie Ergebnisse liefert, fällt bei 20facher Geschwindigkeit unter Umständen völlig durch. Grundsätzlich gilt natürlich, dass die verwendeten Rohlinge der Geschwindigkeit des Brenners entsprechen müssen. 24x-Rohlinge können in einem 48x-Brenner nicht mit voller Geschwindigkeit gebrannt werden, weil die Daten sonst nicht lesbar wären.

In der Konsequenz können Sie sich nur daran orientieren, welche Rohlinge vom Hersteller Ihres Brenners empfohlen werden und ob die damit gebrannten CDs von Ihren CD-Laufwerken aller Art angenommen werden. Ein paar Anhaltspunkte zur Qualität von Rohlingen gibt es aber doch:

Symptom für eine niedrige Qualität ist die fehlende Schutzfolie auf der empfindlichen Oberseite des Rohlings. In diesem Fall liegt die Reflektionsschicht offen und ist empfänglich für jede Beschädigung. Ebenso lässt eine sehr dünne, durchscheinende Reflektionsschicht auf mindere Qualität schließen. Sollten bei einem Blick durch die CD gegen eine helle Lichtquelle kleine hellere Pünktchen zu sehen sein, die durch dünne oder beschädigte Stellen der Reflektionsschicht entstehen, verzichten Sie besser auf den Kauf. Derart offensichtliche Fehler treten mit den aktuell verkauften Medien allerdings nahezu überhaupt nicht mehr auf.

> **CD-Rohlinge prüfen**
> Da eine Prüfung von Rohlingen im Geschäft nicht möglich ist, sollten Sie sich erst mal einen Testrohling einer neuen Marke zulegen, bevor Sie größere Mengen kaufen. Oft treten Fehler bevorzugt am Rand der CD auf, sodass der Rohling zuerst ganz voll geschrieben werden muss, bevor sie auffallen. Wenn Ihnen keine Unregelmäßigkeiten auffallen, können Sie beruhigt größere Mengen eines bestimmten Mediums anschaffen.

Reinigen einer verschmutzten CD-ROM

Trotz aller gut gemeinten Absichten kommt es natürlich immer wieder mal vor: Sie legen eine CD in Ihr Laufwerk, die Mechanik springt an und rödelt sich einen Wolf, Sie warten und warten, und nichts passiert. Die CD wird vom Laufwerk einfach nicht angenommen.

Nur keine Panik: Wenn Sie Ihre CDs etwas pfleglich behandeln, wird in den seltensten Fällen ein echter physikalischer Schaden vorliegen.

Meistens ist die CD einfach nur verdreckt: Einmal irgendwo liegen gelassen, einmal mit den Fingern drauf, und schon ist es eben passiert.

Sie können Ihre CDs aber problemlos reinigen. Findige Hersteller haben dafür eine ganze Palette mehr oder weniger sinnvoller Reinigungssets entwickelt.

> **So wenig wie möglich, so viel wie nötig**
> Obwohl Sie CDs reinigen können, ist es immer besser, es nicht so weit kommen zu lassen. Jede Reinigung belastet das Material, was besonders bei selbst gebrannten CDs, deren Oberfläche empfindlicher ist als bei „kommerziellen" CDs, zu Problemen führen kann.

Ob Sie nun Reinigungstücher möchten, spezielle Reinigungsflüssigkeiten, Spezialpinsel, Reinigungsmatten, für jeden Geschmack und vor allem für jeden Geldbeutel ist was dabei.

Unsere Erfahrung hat gezeigt, dass Sie sich, eine generell pflegliche Behandlung Ihrer CDs vorausgesetzt, die Ausgabe für spezielle Reinigungsmittel sparen können. Wischen Sie einfach die Datenseite der CD vorsichtig mit einem weichen, fusselfreien Baumwolltuch ab. Verwenden Sie keine Papiertücher, da diese die Kunststoffoberfläche zerkratzen und Streifen hinterlassen können.

Wenn das Problem weiterhin besteht, sollten Sie versuchen, die CD mit einem feuchten Lappen oder eben einem speziellen CD-Reinigungsmittel zu säubern. Auch ein wenig Glasreiniger oder Spülmittel haben sich als wirkungsvoll erwiesen.

Die Reinigung mit einer Flüssigkeit kann auch deswegen sinnvoll sein, da die Gefahr von Kratzern durch winzigste Schmutzpartikel geringer ist.

Achten Sie aber darauf, dass die CD vollständig trocken ist, bevor Sie sie wieder ins Laufwerk einlegen. Das sollte es dann aber auch gewesen sein.

> **Immer von innen nach außen reinigen**
>
> Wichtig ist die Reinigungsrichtung. Wischen Sie immer von innen nach außen, nie mit kreisförmigen Bewegungen. Falls Sie trotz aller Vorsicht die CD verkratzen sollten, würden die Kratzer bei kreisförmiger Reinigung parallel zu den Datenspuren liegen, was kaum eine Fehlerkorrektur mitmachen würde. Ein vertikaler Kratzer könnte unter Umständen ausgeglichen werden.

Benutzen Sie kein heißes Wasser oder sonstige mechanische Reinigungsmöglichkeiten, Haushaltsbürsten, Spülmaschinen oder Sonstiges, das würde Ihre CD mit hoher Wahrscheinlichkeit zerstören.

Besonders überlange CD-Rohlinge mit künstlich aufgeblasenem Volumen oder (Super) Video-CDs, die kaum Fehlerkorrekturinformationen haben, reagieren hier besonders empfindlich.

Zahnpasta als Poliermittel!

CDs, die durch Kratzer in der Oberfläche unlesbar geworden sind, können Sie manchmal mit ein paar einfachen Maßnahmen retten: Versuchen Sie zunächst, die CD mit warmem Wasser und Spülmittel zu reinigen.

Damit lassen sich schonend Fettflecke und Fingerabdrücke beseitigen.

Wesentlich preiswerter ist jedoch die Verwendung von Zahnpasta, die fast immer feine Kalkpartikel (eigentlich zum Glattpolieren der Zähne) enthält. Reiben Sie beim Polieren immer von innen nach außen und nicht in konzentrischer Richtung der Datenspuren.

Ansonsten besteht die Gefahr, dass Sie noch mehr zusammenhängende Daten zerstören.

> **Niemals Alkohol oder Verdünner**
>
> Benutzen Sie aber auf keinen Fall Reinigungsmittel, die die Oberfläche der CD angreifen könnten, wie Alkohol oder Verdünner. Zur Beseitigung weniger großer Kratzer werden im Handel Poliersets angeboten, mit denen die Oberfläche an der betroffenen Stelle wieder glatt geschliffen werden kann.

7.5 Die Datenintegrität von CD-ROMs überprüfen

Viel besser wäre es natürlich, wenn Sie bereits vor dem Brennen der CD Sicherheitsmaßnahmen treffen könnten, mit denen sich im Fall der Fälle Beschädigungen identifizieren und eingrenzen lassen.

Daten gecheckt

Ein Tool, das Ihnen dabei behilflich sein kann, ist CD-Check, das der Programmierer Mitja Perko momentan in der Version 3.0.1.43 vertreibt.

CDCheck ist sehr vielseitig. Es kann überprüfen, ob die Daten, die Sie auf eine Daten-CD (Audio-CDs werden – noch – nicht unterstützt) gebrannt haben, wirklich 100%ig mit den Originaldaten übereinstimmen, was spätere unliebsame Überraschungen vermeiden hilft.

Zudem kann es bei einer vorhandenen CD die Integrität der Daten überprüfen.

1 Laden Sie CDCheck von der Entwicklerwebsite *www.elpros.si/CDCheck/* oder einer anderen Download-Adresse herunter und installieren Sie es. Starten Sie dann das Programm. Über den Menüpunkt *Options* können Sie die Sprache auf Deutsch einstellen.

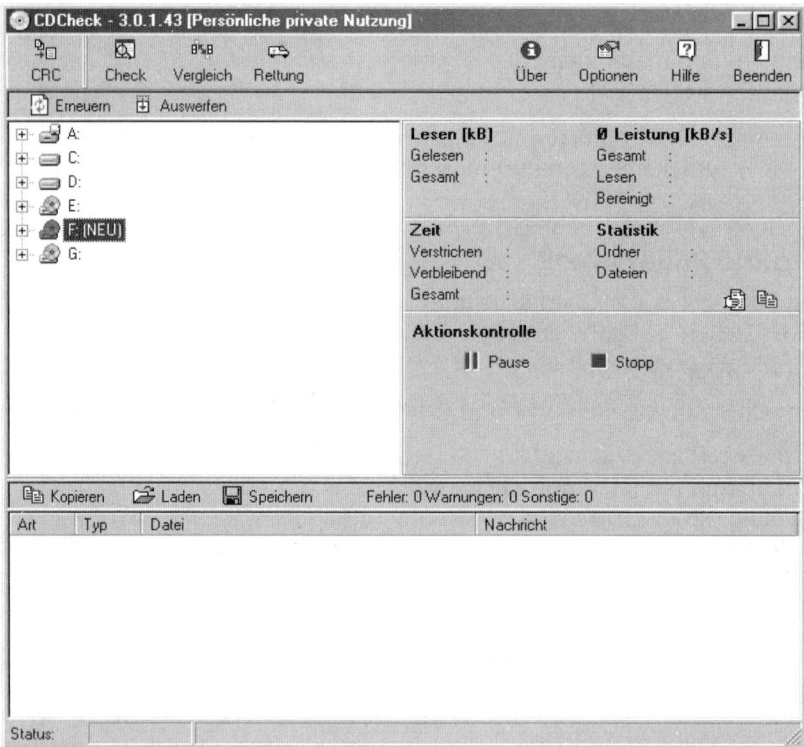

2 Wählen Sie das Laufwerk aus, in dem sich die CD befindet, die Sie testen wollen. Klicken Sie dann auf *Check*.

Falls bereits eine Prüfdatei besteht, anhand derer das Programm die Integrität checken kann, wählen Sie die zugehörige CRC-Datei im folgenden Dialog aus.

Dies kann natürlich nur passieren, wenn die CD von Ihnen erstellt wurde und Sie vorher eine solche Prüfdatei angelegt haben. Wählen Sie bei anderen CDs den Punkt *Automatische Erkennung*.

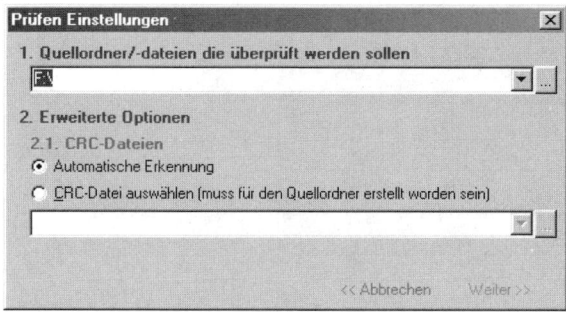

3 Die CD wird nun in der Gesamtheit auf Fehler geprüft. Dieser Vorgang nimmt einige Zeit in Anspruch und belastet auch Ihr System ziemlich. Sie sollten also vorher andere Applikationen schließen.

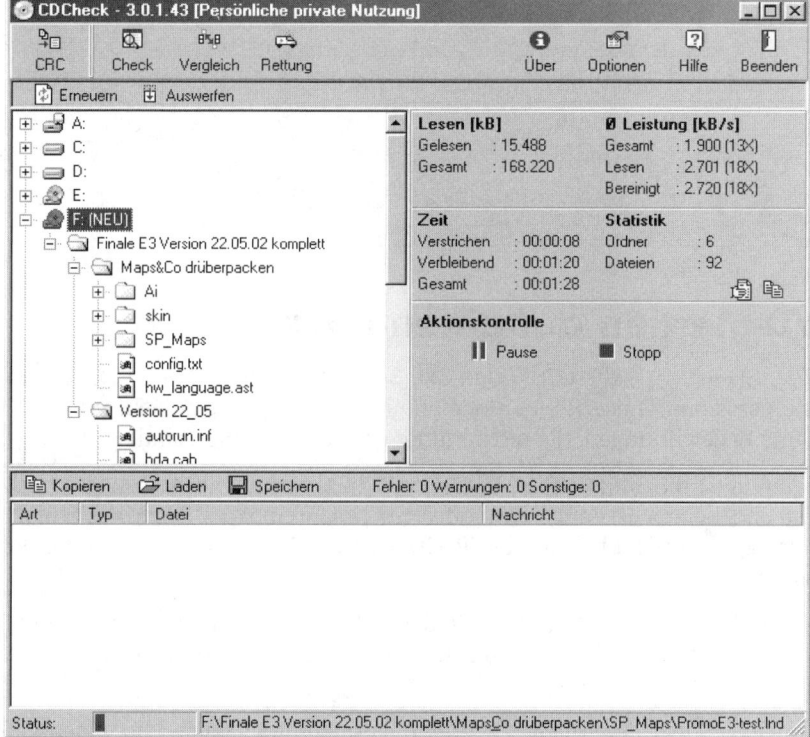

4 Nach Abschluss des Tests bekommen Sie einen Statusbericht.

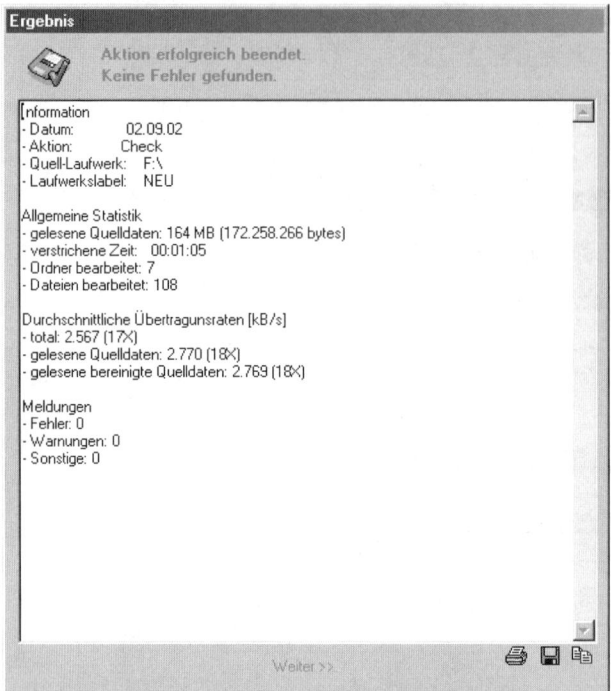

7.6 DVD-Medien auf einen Blick

CD-R, CD-RW, CD-ROM, Audio-CD, Video-CD, Super Video CD, Daten-CD, Hybrid-CD, CD Extra, Multisession-CD etc. Bei CD-Medien gibt es eine große Anzahl unterschiedlicher Typen und Bezeichnungen, die nicht immer ganz klar definiert sind.

Genau so schlimm ist die Situation bei DVDs, weil diese Form von Massenspeicher zwar sehr bekannt und beliebt ist, aber zumindest in beschreibbarer Form noch nicht die Marktdurchdringung erreicht hat, wie es die CD in ihrem Siegeszug in den letzten Jahren schaffen konnte.

Noch immer sind die üblichen Streitigkeiten der Hersteller, wessen Format nun den Standard bildet und welches Format von den Playerherstellern unterstützt wird, noch nicht vorbei.

Wenn Sie eine CD-R oder eine CD-RW brennen, geschieht das nach dem gleichen Standard, nämlich dem Orange Book-Standard, und egal welche Erweiterungen eingebaut werden, der Standard bleibt gleich.

Anders sieht die Situation bei DVDs aus, bei denen es immer noch keinen einheitlichen Standard gibt.

DVD-ROM: Die Standard DVD

Die **D**igital **V**ersatile **D**isc-**R**ead **O**nly **M**emory ist sozusagen die Standard-DVD. Dabei handelt es sich um eine mit Daten bespielte DVD, die nicht gelöscht oder überschrieben werden kann.

Es gibt verschiedene Standards, angefangen bei den einseitigen Disks mit einer Schicht, 4,7 GByte Fassungsmenge oder 133 Minuten Videospielzeit bis zu zweiseitigen Disks mit zwei Schichten, einer Kapazität von 17 GByte und einer Videospielzeit von ca. 482 Minuten.

DVD-RAM: Abseits des Standards

Das DVD-RAM-Format, das zu Beginn der DVD-Zeit in Mode war, verlor in den letzten zwei Jahren mehr und mehr an Bedeutung für den Endverbraucher.

So gibt es zum Beispiel hierzulande immer noch keine Player, die im Hausgebrauch diese Medien nutzen können.

Auch die häufig notwendige Nutzung von speziellen Hüllen, den so genannten Cartridges, verringert die Kompatibilität.

Möglicherweise könnte sich das Interesse an DVD-RAM in nächster Zeit jedoch vergrößern, denn in Asien sind DVD-Player, die mit diesem Format arbeiten, bereits erhältlich.

Falls diese Welle Europa erreichen sollte, könnte das einen Boom bei DVD-RAM-Brennern mit sich bringen.

DVD-R/RW oder DVD+R/RW

Obwohl zwischen den Herstellern der verschiedenen DVD-Formate ein regelrechter Glaubenskrieg um die bessere Technologie entbrannt ist, liegen die technischen Unterschiede im Detail.

Das Handling der Geräte ist für den Benutzer rein äußerlich nicht auseinander zu halten. Im Wesentlichen unterscheiden sich die beiden Verfahren in der Art, wie die Daten auf den Rohling gebrannt werden: DVD+R/RW-Brenner benutzen dazu das CAV-Verfahren (**C**onstant **A**ngular **V**elocity = konstante Winkelgeschwindigkeit), bei dem die Rotationsgeschwindigkeit der DVD immer gleich bleibt, während DVD-R/RW-Rekorder im CLV-Verfahren arbeiten (**C**onstant **L**inear **V**elocity = konstante Bahngeschwindigkeit), bei dem die Rotationsgeschwindigkeit verändert wird.

Diese Veränderung sorgt dafür, dass bei einer Unterbrechung des Schreibvorgangs im Datenstrom Lücken entstehen, die um eine Winzigkeit zu groß sind.

Bei einer Nachbearbeitung oder Pause einer Videoaufzeichnung geht die Playerkompatibilität verloren. DVD+R/RW-Brenner haben diesen Nachteil nicht.

Wegen des geringen Unterschieds im Schreibverfahren ist es theoretisch sogar möglich, einen Brenner durch eine passende Modifikation der Firmware auf das andere DVD-Format umzurüsten.

Als roter Faden bei einem Vergleich der beiden beschreibbaren bzw. wiederbeschreibbaren DVD-Formate wird immer wieder die Konkurrenz der Hersteller sichtbar, die einen künstlichen Dschungel aus Standards und Pseudo-Standards aufgebaut haben, um ihre eigenen Produkte erfolgreich zu vermarkten.

Während Ricoh auf sein DVD+R/RW-Format setzt, hält Pioneer mit DVD-R/RW dagegen, und Panasonic vertritt mit seinen Brennern die DVD-RAM-Fraktion.

Unterschiede: DVD-R/RW und DVD+R/RWs

Was die Unterschiede zwischen den beiden großen Konkurrenten DVD-R/RW und DVD+R/RW angeht, so lassen sich in der Praxis wenig Vor- oder Nachteile ausmachen. Beide Formate sind in der Handhabung nahezu identisch und mit jeder selbst gebrannten CD vergleichbar. Die technischen Unterschiede liegen nur im Detail versteckt: DVD+R/RWs ermöglichen das nachträgliche Editieren von Videos, ohne dass die Player-Kompatibilität verloren geht. Dieser Vorteil wurde bis vor kurzem jedoch nicht ausgenutzt, weil den Brennern keine passende Rekordersoftware beilag. Andererseits ist die Kompatibilität beim DVD-R/RW-Format etwas höher.

Ein weiterer großer Vorteil, den die DVD-R/RW-Brenner von Pioneer bis vor kurzem für sich verbuchen konnten, war die Fähigkeit, preiswerte DVD-R-Medien beschreiben zu können. Damit war man nicht darauf angewiesen, für jeden Zweck die wesentlich teureren DVD-RW-Medien zu verwenden. Gerade bei Videoaufzeichnungen, die archiviert werden sollen, stellte dieser Umstand einen wesentlichen Kostenvorteil dar. Ricoh konnte diesen Schritt jedoch aufholen, denn neue Brenner können auch einmal beschreibbare DVD+R-Medien verarbeiten. Dabei handelt es sich vom Aufbau her übrigens um Rohlinge, die mit DVD-Rs identisch sind und lediglich (elektronisch) umgelabelt werden. Damit werden sich die laufenden Kosten deutlich verringern.

Zur Übersichtlichkeit im DVD-Chaos hier ein kurzer Überblick.

	DVD-ROM	DVD-RAM	DVD-R	DVD-RW	DVD+R	DVD+RW
Kapazität	4,38 bis 17 GByte	2,3 bis 8,7 GByte	4,38 GByte	4,38 GByte	4,38 GByte	4,38 GByte
Wie oft beschreibbar?	gar nicht	100.000-mal	1-mal	1.000-mal	1.000-mal	1.000-mal
Playerkompatibel	100 %	0 %	90 bis 100 %	80 %	90 %	80 %
Brennerhersteller	keine	Panasonic	Panasonic, Pioneer	Pioneer	Philips, HP, Sony, Ricoh	Philips, HP, Sony, Ricoh

7.7 DVD-Brenner einbauen und konfigurieren

Rein äußerlich und technisch unterscheidet sich eine DVD nicht wesentlich von einer CD: Der Datenträger hat das gleiche Format, und das Speicherverfahren arbeitet nach dem gleichen Prinzip.

Das Design der DVD ist jedoch modifiziert und im wahrsten Sinne des Wortes verfeinert worden, um mehr Daten auf einem Datenträger unterbringen zu können. Obwohl für DVD-Laufwerke eigentlich zunächst einmal genau die gleichen Anforderungen gelten, wie man sie für CD-ROM-Laufwerke formulieren kann, ist die Gewichtung eine andere.

Über die Bedeutung der Fehlerkorrektur

Die Fehlerkorrektur spielt zum Beispiel eine ungleich größere Rolle: Aufgrund der größeren Dichte der gespeicherten Daten ist die Empfindlichkeit der DVD gegenüber Kratzern oder Verschmutzungen erheblich größer, weil jeweils viel mehr Daten unlesbar werden als bei einer CD.

Beim Abspielen von Videos kann eine mangelhafte Fehlerkorrektur sogar dazu führen, dass überhaupt keine Wiedergabe möglich ist.

> **DVD-Laufwerk als Ersatz für das CD-Laufwerk**
>
> Wenn Sie planen, ein DVD-Laufwerk/-Brenner als vollständigen Ersatz für Ihr CD-Laufwerk einzusetzen, sollten Sie darauf achten, dass neben der DVD alle gängigen CD-Formate gelesen werden können.

Regionalcode für Video-DVD und DVD-Laufwerke

Video-DVDs und DVD-Laufwerke sind mit Regionalcodes versehen, die vor der Wiedergabe miteinander verglichen werden. Mit dem RPC (**R**egional **P**rotection **C**ode) werden DVDs je nach ihrer Herkunft markiert und lassen sich nur mit DVD-Playern abspielen, die über die gleiche Kennzeichnung verfügen. So ist sichergestellt, dass ein Verbraucher in Europa nur Videos (und Geräte) benutzen kann, die für diesen Bereich gekennzeichnet sind. Damit soll zum Beispiel verhindert werden, dass Filme, die in den USA bereits auf dem Videomarkt erhältlich sind, international aber noch in den Kinos laufen, weltweit auf DVD verbreitet werden.

Regionalcode	Region
1	Nordamerika und Kanada
2	Europa, Grönland, Island, Mittlerer Osten, Japan, Südafrika
3	Indonesien, Hongkong
4	Australien, Neuseeland
5	Afrika, Indien, Russland, Pakistan
6	China

DVD-Übertragungsgeschwindigkeiten

Auf den ersten Blick wirken die Geschwindigkeitsangaben bei DVD-Laufwerken sehr niedrig: Obwohl bei CD-Laufwerken bereits 40- oder 50fache Geschwindigkeit erreicht wird, ist es bei der DVD gerade einmal 16fach. Das liegt daran, dass die zu Grunde liegende Übertragungsgeschwindigkeit eine andere ist. Während bei CDs mit 150 KByte/s multipliziert wird (einfache CD-Geschwindigkeit), sind es bei DVDs 1,35 MByte/s (einfach DVD-Geschwindigkeit). Ein DVD-Laufwerk mit 16facher Geschwindigkeit erreicht mit 21,6 MByte/s beinahe so große Übertragungsraten wie eine durchschnittliche Festplatte.

Auch bei DVD-Laufwerken werden neben der Geschwindigkeit fast keine anderen Features beworben. Insbesondere über die Fehlerkorrektur ist in der Werbung kaum etwas zu lesen. Deshalb müssen wir Sie an dieser Stelle an die Testergebnisse der bekannten Computerzeitschriften verweisen, in denen Sie Genaues über weniger offensichtliche Qualitäten (oder Mängel) der aktuellen Laufwerke erfahren.

Kurz zusammengefasst hier eine Gegenüberstellung der CD und der DVD:

Merkmal	CD	DVD
Standardkapazität	650 MByte/700 MByte	4,7 bis 17 GByte
Schichten	1	1, 2, 4
Geschwindigkeit (CD)	bis 50x	bis 40x (Tendenz steigend)
Geschwindigkeit (DVD)	–	bis 16x (Tendenz steigend)
Datendurchsatz (max.)	bis 7.500 KByte/s	bis 13.500 KByte/s

Einbau eines DVD-Laufwerks/-Brenners

Diesen Abschnitt können wir relativ kurz gestalten, denn objektiv gibt es keine Unterschiede, ob Sie nun ein CD-Laufwerk/-Brenner oder ein DVD-Laufwerk/-Brenner in Ihren PC einbauen. Wir möchten Sie daher auf die Anleitung für den Einbau und die Konfiguration eines CD-Brenners am Anfang dieses Kapitels verweisen.

Alternative externe DVD-Brenner

Auf einen kleinen Punkt bei der Geräteauswahl möchten wir Sie allerdings noch hinweisen. Vermutlich besitzen Sie bereits die Standardkonstellation an Peripherielaufwerken in Ihrem PC: ein CD-Laufwerk/-Brenner und ein DVD-Laufwerk. Wenn Sie diese Geräte nach dem Erwerb eines DVD-Brenners nicht einmotten möchten, überlegen Sie sich doch einmal, ob ein externer DVD-Brenner nicht die richtige Lösung für Sie wäre.

Externer DVD-Brenner.

Diese Gerätevarianten stehen den internen Laufwerken an Features generell in nichts nach, denn sie sind lediglich mit einer anderen Schnittstelle versehen worden. Sie bieten Ihnen als Nutzern aber verschiedenen Vorteile. Zum einen heizen sie das Rechnerinnere nicht mit auf, wenn Sie Ihre alten Laufwerke nicht ausbauen möchten. Stellen Sie sich vor, welche Hitze im Gehäuse Ihres PCs herrschen kann: CPU, Highspeed-Grafikkarte, Festplatte, CD-Brenner, DVD-Laufwerk, alles Hitzequellen, die mühsam (und unter Lärmentwicklung) gekühlt werden müssen. Ein externes Gerät vergrößert diesen Hitzestau nicht weiter.

Zudem hat ein externes Laufwerk natürlich den Vorteil, relativ problemlos an einen anderen Rechner angeschlossen werden zu können. Seien Sie sicher, wenn sich erst mal herumgesprochen hat, dass Sie einen DVD-Brenner besitzen, werden Sie sicher verschiedene Anfragen bekommen.

Falls Sie also denken, dass solch ein Gerät das Richtige für Sie wäre, sollten Sie auf verschiedene Features achten, die es haben sollte, damit Sie für alle Eventualitäten gerüstet sind.

So sollten verschiedene Anschlussvarianten vorhanden sein, so zum Beispiel neben EIDE auch USB (2.0) und FireWire, natürlich mit den jeweiligen Kabeln.

Hier sparen die Hersteller ganz gern, achten Sie daher darauf, dass die Kabel eine gewissen Länge haben.

Selbstverständlich sollte ein Netzteil vorhanden sein.

> **FireWire für systemübergreifende Nutzung**
>
> FireWire besitzt vor allen in der Apple-Welt große Verbreitung. Wer diese Brenner an seinen PC anschließen möchte, sollte also vorsichtshalber eine FireWire-Karte in die Preiskalkulation mit einbeziehen, denn die wenigsten PCs sind mit einem passenden Anschluss ausgestattet. So eine Karte schlägt mit ca. 50 bis 150 Euro zu Buche. Wollen Sie diese Ausgabe nicht tätigen, achten Sie darauf, dass FireWire nicht der einzige Anschluss ist.

Probleme beim Abspielen der DVD

Im Endeffekt unterscheidet sich das Brennen einer DVD nicht wesentlich von der Erstellung einer CD. Sie haben lediglich mehr Platz.

Problematisch kann es erst werden, wenn Sie versuchen, die frisch gebrannte DVD abzuspielen. Daten-DVDs sollten ebenso wie Audio- und Video-DVDs auf Ihrem PC eigentlich keine Probleme bereiten.

Anders kann es aber aussehen, wenn Sie zum Beispiel versuchen, eine selbst erstellte Video-CD auf einem Standalone-DVD-Player abzuspielen. Neben DVDs und Audio-CDs sollte solch ein Player natürlich so viele Medientypen wie möglich lesen können.

Heute ist es mehr oder weniger üblich, dass DVD-Spieler CD-Rs und CD-RWs lesen und dabei keine Probleme mit MP3-CDs, Video-CDs und Super Video CDs haben.

Wenn Sie sich einen Player ausgesucht haben, der diese Kriterien nicht erfüllt, sollten Sie sich überlegen, ob er wirklich sein Geld wert ist, ganz egal, wie gut er Ihnen gefällt.

Und was die Kompatibilität zu den von Ihnen erstellten DVDs und CDs betrifft, so empfehlen wir aufgrund des Standardwirrwarrs, dass Sie einfach ein, zwei selbst erstellte Medien im Geschäft mit dem Player Ihrer Wahl testen.

Wenn der Händler dies ablehnt, sollten Sie sich woanders umsehen. Die besseren Ergebnisse lassen sich nach unserer Erfahrung allerdings eindeutig mit DVD+R-Medien erzielen, die aufgrund des besseren Reflexionsverhaltens von weitaus mehr DVD-Playern als gültige DVD erkannt werden.

DVD-R und DVD+RW: Probleme mit Windows XP

Windows XP ist nicht nur nach Microsoft-Aussagen nach langer Durststrecke endlich wieder mal eine Art Quantensprung in der Windows-Betriebssystemfamilie. Auch Fachleute und Nutzer sind sich weitgehend einig, dass Microsoft in der Entwicklung ihres neuen Produkts gute Arbeit geleistet hat.

Trotzdem treten auch hier wie so oft kleinere Fehler und Lästigkeiten auf, die den normalen User problemlos an den Rand eines Nervenzusammenbruchs bringen können. So wurde gerade bei den modernen DVD-Brennern ein ungewöhnliches Problem entdeckt, das dann zu Tage tritt, wenn Sie einen DVD-R-Brenner an den gleichen IDE-Controller anschließen, an dem vorher ein DVD+RW-Brenner hing.

Aus zunächst unerfindlichen Gründen lassen sich dann weder CDs noch DVDs mehr brennen, und die moderne Brennersoftware, zum Beispiel Nero (*www.ahead.de*) in der letzten Version (zum Zeitpunkt der Drucklegung 5.5.9.0), gibt eine Fehlermeldung aus.

Erst eine komplette Neuinstallation bzw. ein Wechsel des Controllers schaffte hier ursprünglich Abhilfe, bis Microsoft das Problem erkannte und einen Patch dafür lieferte.

Dieses Beispiel zeigt das Problem modernster Hardware: Viele Features sind im Windows-Betriebssystem nicht implementiert und lassen sich nur durch Hardware-Updates oder Updates des Betriebssystems beheben.

Microsoft-Updates schnell und problemlos

Die Microsoft-Webseite ist der unkomplizierteste Weg, Ihr System an neue Hardware anzupassen, die Probleme bereitet.

Diese Webseite können Sie direkt über das entsprechende Symbol im Startmenü oder über den Menüpunkt *Extras/Windows Update* im Internet Explorer aufrufen. Alternativ können Sie auch direkt die URL *www.windowsupdate.com* aufrufen.

So erreichen Sie schnell die Windows-Update-Seite.

Beim Start der Seite wird Ihr System gecheckt. Automatisch werden dann die für Sie in Frage kommenden Updates aufgelistet, die Sie dann auswählen können.

Surftipps

Zum Abschluss möchten wir Ihnen noch ein paar Links angeben, unter denen Sie sich weiter über das Thema DVD informieren können.

Wie Sie gesehen haben, ist dieser Bereich immer noch in einem sehr starken Fluss, und praktisch täglich gibt es neue Informationen, Hard- und Software.

> ### Sicherheitsbedenken
>
> Diese eigentlich als Kundennutzen gedachte Vorgehensweise bereitet vielen Nutzern Probleme. Obwohl Microsoft beteuert, dass die Daten nicht an sie übermittelt werden, haben viele PC-Besitzer nachvollziehbare Vorbehalte gegen diese Form des Updates. Ihnen empfehlen wir den Besuch des Download-Centers unter
>
> *www.microsoft.com/downloads.*

Daher kann ein gelegentlicher Blick nicht schaden, wenn man up to date bleiben will.

- *www.dvdrw.com*: Die Homepage der DVD-Alliance, die hinter dem DVD+RW-Format steht. Hier finden Sie umfangreiche Informationen zu diesem Format und Kompatibilitätslisten zu aktuellen DVD-Playern.

- *www.dvdforum.com*: Hier ist das DVD-Forum vertreten, das die DVD-Spezifikationen festlegt und die Vergabe des DVD-Logos lizenziert.

- *www.lnkworld.com/dvd.shtml*: Jede Menge Links zu Seiten rund um das Thema DVD. Es sind sowohl Seiten zur Hardware als auch zu DVD-Videos zu finden.

- *www.dvdplusrw.de*: Deutsche Seite mit Informationen rund um das DVD+RW-Format.

8. Der optimale PC für Hi-Fi, TV, Video und DVD

In den letzten Jahren hat sich der PC zu einer wahren Allzweckmaschine entwickelt. Ob Sound in Spitzenqualität, die Wiedergabe von DVDs oder der Einsatz als reinrassiges Allroundtalent im Wohnzimmer; moderne PCs sind diesen Aufgaben gewachsen.

Jedoch müssen Sie beim Aufrüsten einige grundlegende Besonderheiten beim Kauf und Einbau diverser neuer Hardware wie z. B. einer modernen Soundkarte beachten und Ihren PC für diverse Anwendungsfälle wie z. B. die DVD-Wiedergabe optimieren. Wie Sie Ihren PC zur reinrassigen Multimedia-Maschine aufrüsten oder für spezielle Einsatzgebiete im Multimedia-Bereich optimieren, erfahren Sie in diesem Kapitel.

Wir helfen Ihnen bei der Auswahl der richtigen Soundkarte, bei deren Einbau und dabei möglicherweise auftretenden Problemen.

Wir verraten Ihnen, wie Sie Ihren PC für die DVD-Wiedergabe optimieren, den PC mit Ihrer Hi-Fi-Anlage und Ihrem Fernseher verbinden, wie Sie Filme von Ihrer DV-Kamara auf den PC überspielen und mittels einer SAT-Karte im PC in den totalen Fernsehgenuss kommen.

8.1 Kriterien für die Wahl einer neuen Soundkarte

Zunächst einmal stellt sich die Frage: Brauche ich überhaupt eine neue Soundkarte oder tut es auch meine alte, die entweder als eigene Steckkarte im PC vorhanden oder „onboard" – also auf dem Mainboard – intergriert ist?

Ist eine neue Soundkarte überhaupt notwendig?

Bereits eine Onboard-Soundkarte reicht in der Regel aus, um ein Paar Stereolautsprecher mit Sound zu versorgen.

Auch bei den Anschlüssen finden sich die üblichen Buchsen, nämlich Line-in, Line-out (hier werden die Lautsprecher angeschlossen) und ein Mikrofoneingang.

Nur die wenigsten Mainboards mit Onboard-Sound sowie die wenigsten Soundkarten, die in älteren Komplettsystemen verbaut wurden, stellen Mehrkanalsound oder digitale Ein- und Ausgänge zur Verfügung.

Zudem belasten Onboard-Lösungen den Prozessor meist geringfügig stärker als eine Steckkartenlösung.

Falls Sie nicht genau wissen, welche Soundkarte in Ihrem System verbaut wurde, sollten Sie zunächst einmal ermitteln, was überhaupt in Ihrem System steckt bzw. ob Sie alle Features dieser Soundkarte wirklich nutzen.

Vielleicht reicht ja schon ein Treiber-Update oder die Installation von Zusatzsoftware (die oft für Soundkarten verfügbar ist), um eine klangliche Aufwertung zu erfahren bzw. bisher vermisste Features der Soundkarte zu aktivieren.

So kann es beispielsweise sein, dass eine 4-Kanal-Soundkarte in Ihrem System steckt, ohne dass Ihnen dies überhaupt bewusst ist.

Welche Soundkarte steckt im PC?

Um festzustellen, ob in Ihrem PC eine Onboard-Soundkarte vorhanden ist oder eine Steckkarte verbaut wurde, reicht in der Regel ein Blick auf die Rückseite des PCs.

Handelt es sich um eine Onboard-Soundkarte, sind deren Anschlüsse direkt auf dem Mainboard untergebracht und befinden sich im Bereich der ATX-Blende. Ist eine Steckkarte verbaut, liegen die Anschlüsse bei einem Tower-Gehäuse quer im Bereich der Steckkartenslots.

Die Anschlüsse einer Onboard-Soundkarte (rechts im Bild) sind leicht zu erkennen.

Um nun zu ermitteln, um welchen Soundkartentyp es sich handelt, werfen Sie, falls vorhanden, einen Blick in die Handbücher für die verschiedenen Komponenten Ihres Rechners.

Handelt es sich um eine Onboard-Soundkarte, finden Sie die Informationen im Mainboard-Handbuch. Ist eine Steckkarte verbaut, sollte eine eigene Beschreibung für die Soundkarte beiliegen.

Haben Sie keine Beschreibung, finden Sie einen Anhaltspunkt in der Systemsteuerung Ihres Rechners; dies wird im nächsten Absatz erläutert.

In Komplett-PCs aus dem Elektronikmarkt oder vom Discounter werden oft solche einfachen Standardsoundkarten verbaut.

Soundkarte im Geräte-Manager identifizieren

Klicken Sie in der Windows-Systemsteuerung auf *System*. Klicken Sie im Dialogfenster *Eigenschaften von System* auf das Register *Geräte-Manager*. Klicken Sie dann auf das Pluszeichen neben *Audio-, Video- und Game-Controller*. Hier werden diverse Geräte aufgelistet, und in der Regel ist eines der ersten Ihre Soundkarte.

Die anderen Geräte sind weitere soundspezifische Geräte wie Midi und Joystick. Genauere Informationen über die Soundkarte können Sie auch in der Systemsteuerung unter *Sounds und Multimedia* finden.

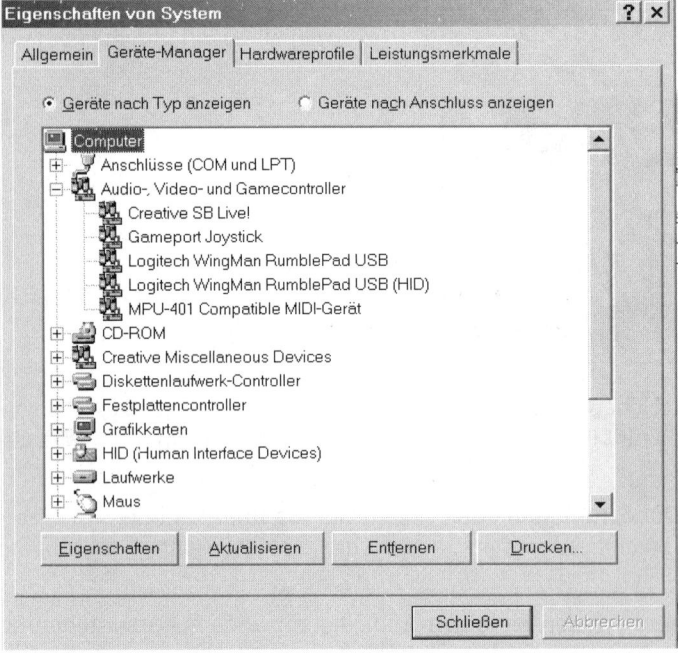

In der Regel finden Sie schlüssige Informationen zu Ihrer Grafikkarte im Geräte-Manager.

Hardwarediagnosewerkzeuge einsetzen

Eine weitere Möglichkeit zu ermitteln, um welche Soundkarte es sich in Ihrem PC handelt, ist der Einsatz von Hardwarediagnosesoftware wie z. B. SiSoft Sandra oder Dr. Hardware. Denn diese Programme geben auch nähere Informationen zur Soundkarte aus. Testversionen der Programme finden Sie im Internet unter *www.sisoftware.demon.co.uk/sandra/*.

Veraltete Gerätetreiber aktualisieren

Meist sind die Treiber der Geräte veraltet, und die Hersteller stellen auf ihren Internetseiten neuere Treiber zur Verfügung. Daher empfehlen wir Ihnen, dass Sie die im Geräte-Manager verzeichneten Geräte notieren und dann mithilfe einer Suche im Internet nach diesen speziellen Geräten suchen, z. B. nach „Creativ SB Live!", „SB16 PnP", „ESS 1868", „Ensoniq AudioDrive" oder nach aktualisierten AC 97-Treibern für Ihr Mainboard. Daraufhin sollten Sie mehrere Adressen präsentiert bekommen, unter denen Treiber für Ihre Soundkarte angeboten werden.

Die beste Wahl wäre die Website des Herstellers Ihrer Karte oder im Fall von Onboard-Sound Ihres Mainboard-Herstellers. Der vom Hersteller Ihrer Karte angebotene Treiber sollte der aktuellste sein. Wir empfehlen, dass Sie einen eigenen Ordner für diesen Treiber anlegen und ihn dorthin herunterladen.

Herstellerinformationen zur Treiberinstallation

Häufig, aber nicht immer, bietet die jeweilige Website auch Informationen darüber, wie die Treiber installiert werden. Manchmal handelt es sich bei dem Treiberpaket um eine EXE-Datei, die sich selbstständig installiert, wenn Sie sie doppelt anklicken. Es könnte sich auch um eine ZIP-Datei handeln, und dann sollten Sie einen Ordner anlegen, in den Sie den Inhalt dieser Archivdatei entpacken. Schauen Sie nach, ob nach dem Entpacken auch eine Informationsdatei (z. B. *Readme.txt*) vorhanden ist. Eine solche Datei erklärt in der Regel, wie die Treiber installiert werden.

Oft stehen nach der Installation neuer Treiber mehr Funktionen zur Verfügung, oder Probleme mit Ihrer Soundkarte werden behoben. Gleiches gilt übrigens auch, wenn Sie eine neue Soundkarte kaufen. Selbst bei einer brandneuen Soundkarte aus dem Laden sollten Sie nach der Installation der Karte einen Blick ins Internet werfen, ob dort nicht schon aktualisierte Treiber zur Verfügung stehen.

Sound an Bord – Der AC 97-Standard

Die Schnittstelle zwischen Signalwandler und der Southbridge des Mainboard-Chipsatzes stellt bei Onboard-Soundlösungen das AC 97-Interface dar.

Es wurde von Intel, ADI, Creative Labs, National Semiconductor und Yamaha definiert.

Southbridge

Der Southbridge-Chip regelt den Datenverkehr der Laufwerke sowie den sämtlicher Schnittstellen und Steckplätze für Erweiterungskarten.

Der AC 97-Controller ist in der Southbridge des Mainboards untergebracht. AC 97 definiert einen Standard, um einzelne Bausteine sowie Codecs oder All-in-One-Chips an die Schnittstelle anzubinden.

AC 97 sieht zum Beispiel vor, die analoge Mixed-Signal-Schaltung von der rein digitalen Komponente (IC) zu trennen. Weiterhin stellt AC 97 einige Mindestanforderungen an das Design, die Funktionen und die Leistung der Soundchips. Diese müssen mit 48 oder 64 Pins ausgestattet sein. Zudem müssen vier analoge Stereo- und zwei analoge Mono-eingänge, ein Mic-Eingang sowie ein Stereo- und Monoausgang zur Verfügung gestellt werden. Jedes AC 97-System muss außerdem mindestens vier analoge Signale gleichzeitig konvertieren können, wobei die Samplefrequenz zwischen 8 und 48 kHz liegen darf. Abgesehen von den vorgegebenen Mindestanforderungen bleibt es den Herstellern überlassen, weitere Sonderfunktionen zu integrieren. So stellen einige neuere Mainboards AC 97-Sound mit sechs Kanälen zur Verfügung.

Entscheidungshilfe: Überlegungen vor dem Kauf

Sie haben festgestellt, dass die vorhandene Soundkarte Ihres Systems Ihren Ansprüchen nicht mehr gerecht wird? Dann sollten Sie nun, bevor Sie darangehen, sich eine neue Soundkarte zu kaufen, zunächst einmal gründlich überlegen, welche Mehrleistung Sie von einer neuen Soundkarte erwarten bzw. ob Sie die gebotenen Leistungen überhaupt benötigen. Einer der häufigsten Gründe, sich eine neue Soundkarte anzuschaffen, ist der Wunsch nach Mehrkanalsound. Viele Spiele unterstützen 3-D-Sound, um realistischer zu wirken. Und auch richtiges Heimkino-Feeling kommt nur dann auf, wenn der Ton einer DVD über mehrere Lautsprecher wiedergegeben wird.

Für einen realistischen Raumklang

Streben Sie also Raumklang an, ist es meist nicht mit der Anschaffung einer neuen Soundkarte allein getan, es müssen auch entsprechende Lautsprecher erworben werden. Hier bieten Hersteller wie z. B. Creativ Komplettlösungen an, die Sie in diesem Fall ins Auge fassen können. Natürlich können Sie die Soundkarte auch direkt mit der heimischen Stereoanlage verbinden und den Sound über die Lautsprecher dieser Anlage wiedergeben. Vielfach hat Letztgenanntes den Vorteil, dass Sie, ohne sich teure Lautsprecher anschaffen zu müssen, in den Genuss von hervorragendem Ton gelangen.

Einsteigerklasse mit 4-Kanal-Sound

Doch zurück zu den Ansprüchen an eine Soundkarte unter Berücksichtigung der sich für sie ergebenden unterschiedlichen Einsatzgebiete. Für Computerspieler ist es nicht mehr so wichtig wie vor ein paar Jahren, darauf zu achten, welche 3-D-Standards die Soundkarte unterstützt. Selbst bei Karten der unteren Preisklasse, die 4-Kanal-Sound zu Verfügung stellen, ist es normal, das gängige 3-D-Standards implementiert sind.

So können Sie im Bereich der 4-Kanal-Soundkarten Standards wie EAX, A3D, DirectSound 3D oder zumindest deren Emulation voraussetzen. Diese Standards nutzen nur 4 Kanäle, sodass in der Regel auch nur 4 Lautsprecher oder ein 4.1-Boxensystem benötigt werden.

> **Standards, die Sie erwarten können – EAX-Advanced HD**
>
> Das von der Firma Creativ eingeführte EAX-Verfahren, das eine erweiterte Soundfunktionalität zur Verfügung stellt, hat sich in den letzten Jahren faktisch als Standard etabliert. A3D konnte sich wegen einer schwer zu handhabenden Programmierung nicht durchsetzen. Die Firma wurde von Creativ aufgekauft. Eine Weiterentwicklung von Creativ, die jedoch noch keine breite Unterstützung findet, ist EAX-Advanced HD.

Natürlich lassen sich mit einer solchen Soundkarte auch Stereoboxen ansteuern.

Oft bieten Soundkarten eine 3-D-Emulation für zwei Lautsprecher an, von der Sie allerdings nicht zu viel erwarten dürfen.

> **Zusätzliche Subwoofer**
>
> Die 1 in 4.1 und 5.1 bedeutet übrigens, dass hier auch noch ein zusätzlicher Subwoofer (LFE) zum Einsatz kommt.

Eine Soundkarte mit 4-Kanal-Sound reicht also durchaus für den Anwender aus, der gelegentlich mal ein Spiel in Raumklang genießen möchte und nur hin und wieder eine DVD anschaut. Zudem belastet eine Soundkarte aus der Einsteigerklasse den Geldbeutel nicht so stark wie eine 6-Kanal-Lösung, und auch 4.1-Boxensysteme sind preisgünstiger zu bekommen als 5.1-Systeme.

Wavetable – Natürliche Klänge

Der künstliche Klang der FM-Synthese ist wenig überzeugend. Daher wurde die Wavetable-Synthese entwickelt. Beim Wavetable-Prinzip erzeugt der Soundchip den Originalton eines zuvor im Studio aufgenommenen Instruments. Aufgrund der enormen Datenmenge errechnet der Soundchip nur die Tonhöhe und -länge aus einem ähnlichen Sample. Je nach Wavetable-Hersteller klingt die Musik unterschiedlich gut. Deshalb klingen einige Soundkarten je nach Musikstil besser oder schlechter. Bei einigen Soundkarten ist es möglich, Wavetable-Sounds nachzuladen. Interessant ist ein guter Wavetable-Sound weniger für den Spieler und denjenigen, der sich DVDs anschauen möchte. Auf guten Wavetable-Klang sollten Sie Wert legen, wenn Sie beabsichtigen, mit der Soundkarte auch Musik zu machen.

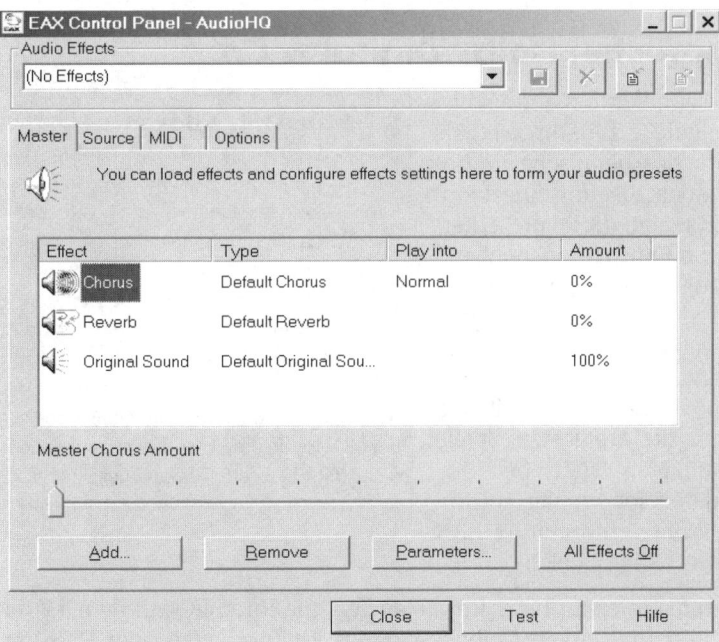

Die EAX-Technik von Creativ, die zusätzlich Klangverbesserungen ermöglicht, hat sich in den letzten Jahren etabliert.

Soundkartenbegriffe	Erklärung
Abtastrate	Die Abtastrate bestimmt, wie oft der Originalton pro Sekunde abgetastet wird. Je öfter, desto besser die Aufnahmequalität, desto höher der Speicherbedarf.

Soundkartenbegriffe	Erklärung
Abtasttiefe (Auflösung)	Die Abtasttiefe legt die Genauigkeit des Samplings fest.
FM-Synthese	Die FM-Synthese ist das künstliche Erzeugen von Klängen.
Sampling	Das Sampling ist das Digitalisieren von analogen Audiosignalen.
Vollduplex	Das Vollduplex ermöglicht das gleichzeitige Aufnehmen und Abspielen zweier Signalquellen.
Wavetable	Die Wavetable-Synthese ist die Alternative zur FM-Synthese für eine bessere Musikqualität.

Sensaura 3D, MacroFX & Co.

Auf den Packungen der Hersteller oder in Werbematerial treffen Sie zusätzlich auf Bezeichnungen wie „Sensaura 3D-Technologie", eine Technik, die dafür Sorge tragen soll, dass ein optimaler Sound bei jeder beliebigen Lautsprecherkombination erreicht wird. Sensaura 3D besteht eigentlich aus mehreren Verfahren, die jeweils auf Kopfhörer, Zweilautsprechersysteme und Vierlautsprechersysteme optimiert sind. In erster Linie zielt die Technik auf guten Raumklang bei Spielen ab. Verfahren wie Multidrive, MacroFX und EnvironmentFX versprechen, A3D, EAX und DirectSound3D bei minimaler Prozessorbelastung zu beschleunigen. Neben diesen Features ist es wichtig, darauf zu achten, dass der Soundkarte aktuelle Treiber für ihr Betriebssystem beiliegen oder im Internet Updates zur Verfügung stehen. Auf der sicheren Seite bewegen Sie sich, wenn Sie auf eine Soundkarte eines Markenherstellers zurückgreifen. Hier können Sie auch sicher sein, dass ein etabliertes 3-D-System für Spiele zum Einsatz kommt.

Gehobene Ansprüche: Dolby Digital & Co.

Erwarten Sie von Ihrer Soundkarte mehr als bisher beschrieben und wollen Sie z. B. Ihren PC als Multimedia-Maschine für das heimische Wohnzimmer ausbauen, kommen Sie um eine teure Soundkarte mit sechs Kanälen (5.1) nicht herum. Zudem sollte die Soundkarte ausreichend Anschlüsse zur Verfügung stellen, sodass Sie bei Bedarf später nicht auf teure Adapter zurückgreifen müssen (siehe nächsten Abschnitt „Anschlüsse"). Wie schon erwähnt, ist 5.1-Sound für den Computerspieler nicht besonders wichtig. Zum einen unterstützen die wenigsten Spiele den zusätzlichen Frontlautsprecher bei 5.1-Systemen, und zum anderen sorgen hier Techniken wie EAX und die Weiterentwicklung EAX Advanced HD für genügend Räumlichkeit.

5.1-Sound mit 4 Boxen

Durch das Umrechnen der 5.1-Signale, dem so genannten Downmixing, kann 5-Kanal-Sound auch über nur 4 Lautsprecherboxen wiedergegeben werden. Hierbei werden die Signale, die normalerweise an den Center und Subwoofer übertragen werden, so umgerechnet, dass die vorhandenen Lautsprecher die Wiedergabe dieser Kanäle mit übernehmen. Das hört sich besser an als reiner Stereo- oder Dolby-Prologic-Sound, ist jedoch nicht mit echtem 5.1-Sound vergleichbar.

Interessant sind 5.1-Systeme in erster Linie für diejenigen, die Ihren PC mit dem TV, einem Beamer und zusätzlich mit einem Dolby-Surround-, Dolby-Digital- oder DTS-Verstärker verbinden möchten und den PC als Wiedergabequelle für DVDs oder Musik nutzen wollen (mehr Informationen zu den Soundformaten finden Sie weiter unten).

Hierzu muss die Soundkarte einen digitalen Ausgang (SPDIF) zur Verfügung stellen. Oft kommt es hier zu einem Trugschluss, der Digitalausgang einer Soundkarte ist nicht gleichbedeutend mit Dolby-Digital- oder DTS-Sound, den eine DVD liefern kann. Um diesen Sound wiederzugeben, ist entweder ein Software- (siehe Kapitel 8.4) oder Hardwaredecoder nötig. An der digitalen Schnittstelle der Soundkarte werden die Surround-Daten ohne Dekodierung nur „durchgeschleift". In der gehobenen Preisklasse sind bei einigen Soundkarten Hardwaredecoder integriert. Wollen Sie nicht auf eine Softwarelösung setzen und haben Sie keinen Dolby-Surround-fähigen Verstärker, kann dies ein Kaufargument sein.

Zudem glänzen diese Soundkarten oft durch eine nicht zu vernachlässigende Softwareausstattung und spezielles Zubehör wie z. B. eine Erweiterung der Anschlüsse in Form eines 5¼-Zoll-Front-Panels inklusive Fernbedienung. Wollen Sie größtmöglichen Komfort und reichhaltige Anschlussmöglichkeiten, kommen auch diese Varianten, wie sie von z. B. Creativ und Terratec erhältlich sind, in Betracht.

Bedienelemente am Front-Panel und Fernbedienung

Wer digitalen Mehrkanalton wünscht, muss zu einer 6-Kanal-Soundkarte greifen; hier Creativ SoundBlaster Live 5.1.

Dolby Headphone – DVD-3-D-Sound über den Kopfhörer

Falls Sie die Ausgabe für ein Mehrkanal-Boxensystem scheuen, können Sie mittels Dolby-Headphone-Technik und einem herkömmlichen Stereokopfhörer trotzdem in den Genuss von 3-D-Sound bei der DVD-Wiedergabe gelangen. Voraussetzung hierfür ist, dass der Software-DVD-Player diese Technik unterstützt. Dies ist z. B. bei den Programmen PowerDVD 4.0, SoftDVDMax 6.0 und einer speziellen Version von WinDVD 3.0 der Fall. Dolby Headphone ist ein einzigartiges Signalprozessorsystem, mit dem Ihre Stereokopfhörer den Klang von fünf Lautsprechern einer Surround-Anlage abbilden können. Dolby Headphone sorgt dafür, dass Sie alle Klänge, die normalerweise von vorn kommen, auch exakt so hören. Und dass Sie Klänge, die Sie normalerweise umgeben, auch wirklich so wahrnehmen. Musik oder Soundtracks klingen nicht mehr so, als würden sie sich in Ihrem Kopf abspielen. Mit Dolby Headphone genießen Sie Mehrkanalton, wie zum Beispiel den Sound von Spielfilmen, in Dolby Digital oder Dolby Surround mit eindrucksvoller, realistischer Surround-Perspektive über gewöhnliche Kopfhörer. Auch Audio-CDs oder MP3-Dateien klingen viel natürlicher.

Anschlüsse

Grundsätzlich stehen bei einer Soundkarte die Anschlüsse Line-in, Line-out, Mic-in und in der Regel Joystick bzw. Midi zur Verfügung.

Zudem besitzt die Soundkarte noch interne Anschlüsse, also Anschlüsse, die direkt auf der Soundkarte oder bei Onboard-Sound direkt auf dem Mainboard untergebracht sind.

Zu den internen Anschlüssen gehören TAD, CD-in, Aux-in und CD-S/PDIF.

Welche Anschlüsse und wofür?

Anschluss	Beschreibung
Line-in	Der Line-in-Eingang ermöglicht das Anschließen von externen analogen Stereotonquellen wie z. B. einem Videorekorder, Kassettenrekorder oder einem CD-Player.
Line-out	Über den Line-out (Lautsprecherausgang) werden üblicherweise aktive Stereoboxen angeschlossen. Über diesen Ausgang kann aber auch ein Kopfhörer betrieben oder eine Stereoanlage angesteuert werden.
Mic-in	An den Mic-in-Eingang können Sie ein Mikrofon anschließen. Die Aufzeichnung der Signale erfolgt meistens in Mono.
Midi/Joystick	Der Anschluss für Midi/Joystick besteht aus einem 15-Pin-Stecker, der entweder für den Anschluss eines Joysticks oder zum Anschluss von Midi-Geräten wie z. B. einem Keyboard genutzt werden kann. Viele moderne Soundkarten bieten diese Schnittstelle nicht mehr an. Moderne Joysticks kommen in der Regel mit einem USB-Anschluss daher, und Midi-Geräte werden über einen eigenen DIN-Stecker angeschlossen (für den man wiederum spezielle Midi-Anschlussgeräte benötigt).
TAD	Über den internen TAD-Anschluss lässt sich ein internes Modem anschließen und ermöglicht Telefonie.
CD-in/CD-S/PDIF	An diese internen Anschlüsse wird, wie der Name schon sagt, ein CD-ROM-/DVD-Laufwerk oder ein Brenner angeschlossen. Über den CD-SP/DIF-Anschluss ist eine verlustfreie Datenübertragung über ein Glasfaserkabel möglich.
Center/Subwoofer	Einige Soundkarten stellen einen Anschluss bereit, an den ein Center oder Subwoofer eines Mehrkanal-Soundsystems angeschlossen werden kann.
Digital in/out (optisch/koaxial)	6-Kanal-Soundkarten bieten einen digitalen Ausgang zur Verbindung mit einem Mehrkanal-Soundsystem oder einem externe Verstärker an. Der Ausgang ist entweder optisch (TOS-Stecker), häufiger aber koaxial (RCA) ausgeführt. Digitale Eingänge sind nicht selbstverständlich und werden oft nur bei teuren Soundkarten angeboten. Die Eingänge können ebenfalls optisch oder koaxial ausgeführt sein.
IEEE 1394 (FireWire)	Einige Soundkarten bieten einen zusätzlichen FireWire-Anschluss. Über diesen Anschluss können Sie z. B. eine DV-Kamera (in diesem Kapitel weiter unten beschrieben) mit dem PC verbinden oder ein Netzwerk aufbauen.

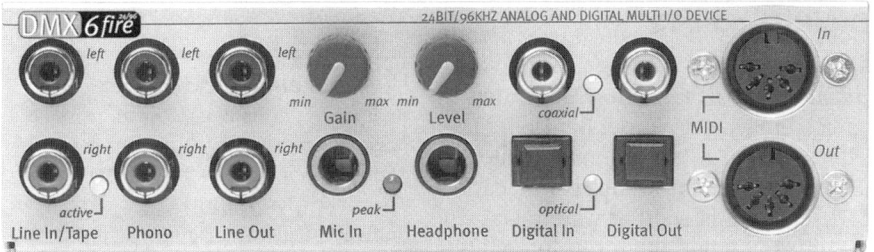

Die größtmögliche Anschlussvielfalt bieten zusätzliche Panels, die als 5¼-Zoll-Einschub ausgeführt sind.

Wichtige Soundformate im Blickpunkt

In den nächsten Abschnitten werden Soundformate näher beschrieben, die gerade im Zusammenhang mit Video und DVD eine immer größere Rolle spielen:

1. Mono und Stereo: Anfang der „Räumlichkeit"-Formate

2. Dolby Surround: Matrix-Kodierverfahren für 4-Ton-Kanäle

3. Dolby Digital und DTS – Digitaler 5-Kanal-Ton

4. EX, ES, Discret – Zusätzlicher Rear-Kanal für noch mehr Räumlichkeit

Mono und Stereo

Bei den Aufnahmeverfahren Mono und Stereo wird der Ton auf einem bzw. zwei Kanälen aufgezeichnet und analog an einen bzw. zwei Lautsprecher übertragen. Auf einem Medium wie einer DVD sollte eine Mono- bzw. Stereotonspur nur noch Verwendung finden, wenn es sich um altes Filmmaterial handelt, das in einem der beiden Verfahren aufgenommen wurde.

Leider findet man noch oft DVDs, die im englischen Original eine Mehrkanal-Tonspur aufweisen, den deutschen Ton jedoch nur in Mono anbieten. Auch bei der Tonqualität gibt es Unterschiede. Je nachdem, wie viel Mühe sich die Toningenieure beim Abmischen gemacht haben, kann Mono- und Stereoton durchaus gut oder miserabel klingen.

Dolby Surround

Dolby Surround ist ein von den Dolby Laboratories entwickeltes Matrix-Kodierverfahren. Das Verfahren ermöglicht vier Tonkanäle (links, Center, rechts und Surround). Durch einen Downmix ist Dolby Surround auch mit nur zwei Stereolautsprechern realisierbar. Erste passive Decoder ermöglichten das Auftrennen der Kanäle, sodass vier Boxen zum Einsatz kommen konnten, der Center wurde bei diesem Verfahren nur simuliert.

Erst durch die Erweiterung „Pro Logic" und aktive Decoder konnte ein echter Center-Lautsprecher eingesetzt werden und sorgte für eine bessere Ortbarkeit und Dynamik aus der Mitte. Bei DVDs trifft man in der Regel auf zwei Varianten von Dolby Surround. Eine Form ist „2.0 Matrix-Surround", bei der 2 Kanäle kodiert, aber 4 Kanäle dekodiert werden, dagegen werden bei der Variante „4.0 Surround" 4 Kanäle kodiert und auch dekodiert. Im Jahr 2000 wurde Dolby Pro Logic II eingeführt. Hiermit will man sich qualitativ an die diskret arbeitenden Systeme wie Dolby Digital und DTS herantasten, sodass auch Dolby-Surround-kodiertes Material noch eine klangliche Aufwertung erfahren kann.

Dolby Digital und DTS

Dolby Digital hielt 1995 Einzug in die Wohnzimmer, nachdem es schon seit 1992 in den Kinos erfolgreich eingesetzt wurde. Bei Dolby Digital handelt es sich um ein diskret arbeitendes System. Das bedeutet, dass zunächst 5, dann 6 Kanäle (5.1) separat ansteuerbar waren. Das sind die Kanäle links, Center, rechts, hinten links, hinten rechts und zusätzlich ein Tiefton-Effektkanal, auch LFE (**L**ow **F**requency **E**ffect Channel) genannt.

Die qualitativen Möglichkeiten von Dolby Digital sind enorm, werden jedoch nicht immer optimal ausgenutzt. So kann es sein, dass, wie schon erwähnt, eine DVD, die das Logo „Dolby Digital" ziert, nur Stereo- oder Monoton enthält.

Eine weitere Variante des digitalen Sounds ist DTS (**D**igital **T**heatre **S**ystem).

DTS bietet ebenso wie Dolby Digital 6 Kanäle, arbeitet aber mit deutlich höheren Bitraten, bis zu 4.096 KBit/s, im Gegensatz zu den maximal möglichen 640 KBit/s bei Dolby Digital.

> ### THX – kein Soundformat!
> Entgegen der häufigen Annahme ist THX kein Raumklangverfahren, sondern eine Spezifikation für die tonale Ausstattung von Kinosälen. George Lucas, der bei der Entwicklung seiner Filme auch immer um einen guten Ton bemüht war, ärgerte sich über die meist schlechte Ausstattung der Kinos mit Soundsystemen. Er engagierte den Audioingenieur Tomlinson Holman, der THX kreierte. THX ist eine Spezifikation, die genau festlegt, wie die Soundausstattung (angefangen beim Verstärker über die Kabel bis hin zum Lautsprecher) und sogar die Akustik eines Kinos ausgelegt sein muss, um ein THX-Logo zu erhalten. Die hohen Qualitätsansprüche, die Lucasfilm bei THX ansetzt und sogar ständig überprüft, spiegeln sich in einem brillanten Ton in einem mit THX ausgestatteten Kino wider (*www.thx.com*).

DTS bietet ein kräftiges und klares Klangbild, die Effekte können präziser platziert werden als bei Dolby Digital, jedoch ist auch hier das allgemeine Klangbild wieder vom Tonstudio und vom betriebenen Aufwand beim Abmischen abhängig. Meist können Sie jedoch davon ausgehen, dass DTS für Sound in hervorragender Qualität steht.

EX, ES-Discret

Beide Formate erfuhren schnell eine Weiterentwicklung: Dolby Digital durch die Variante mit dem Anhang „EX" und DTS durch die Erweiterungen „ES" und „ES-Discret". Dolby Digital EX arbeitet hinten mit einem weiteren Rear-Speaker, der mittig platziert wird.

Jedoch wird hier entgegen dem DTS-ES-Discret-Verfahren wieder mit einer Matrix für den neuen rückwärtigen Lautsprecher gearbeitet.

Das heißt, der Lautsprecher erhält nicht eigens für ihn ausgegebene Signale, wie es bei diskret arbeitenden System der Fall ist, sondern ein aus den Informationen der rückwärtigen Kanäle generiertes Signal.

Dies ist auch bei DTS-ES der Fall. Wie der Name schon sagt, arbeitet DTS-ES-Discret mit einem Rücklautsprecher, der explizit mit einer eigens für ihn bestimmten Information von einem entsprechenden Verstärker versorgt wird.

DVDs für die 6.1-Wiedergabe sind zurzeit noch rar. Der ersten Kinofilm mit Dolby Digital EX-Ton war „Star Wars – Episode 1: The Phantom Menace".

Zusammenfassung: Welche Soundkarte für welchen Einsatzzweck

1. Wer nur hin und wieder am Computer spielt und keinen Wert auf Mehrkanalton für Spiele und DVD-Wiedergabe legt, ist mit einer einfachen Stereosoundkarte ausreichend bedient. Hier reicht auch eine Onboard-Soundlösung aus, sodass Sie sich keine Gedanken über die Anschaffung einer neuen Soundkarte machen müssen.

2. Für den ambitionierten Computerspieler und diejenigen, die sich hin und wieder mal eine DVD über den Computer anschauen, kommen günstige 4-Kanal-Soundkarten in Frage. Entsprechende Lautsprecher sind deutlich günstiger als 5.1-Systeme.

3. Wer seinen PC mit einem Dolby-Digital- oder DTS-Verstärker verbinden möchte oder ein hochwertiges 5.1-Soundsystem ansteuern will, kommt um den Einsatz einer 6-Kanal Soundkarte nicht herum. Will man den PC zur Multimedia-Maschine für die MP3- und/oder DVD-Wiedergabe nutzen, um nur einige Beispiele zu nennen, ist man am besten mit einer Soundkarte bedient, die zusätzliche Anschlüsse auf einem Panel zur Verfügung stellt.

8.2 Soundkarte einbauen und richtig installieren

Beachten Sie bei Umbauten am Computer grundsätzlich die Sicherheitsvorschriften im Umgang mit elektrischen Geräten.

Wie Sie Ihr Gehäuse öffnen, erfahren Sie in Kapitel 1 dieses Buches.

Gegebenenfalls müssen Sie zunächst eine vorhandene Steckkarte aus Ihrem Rechner ausbauen.

1   Lösen Sie zunächst die Schrauben oder bei speziellen Gehäusen die Halteclips, mit der die Karte am Gehäuse befestigt ist. Entfernen Sie zudem, falls vorhanden, alle Stecker, die mit der Soundkarte verbunden sind. In der Regel handelt es sich um eine Verbindung zum CD-ROM-DVD-Laufwerk oder Brenner.

2   Nun können Sie die Karte aus dem Steckplatz herausziehen. Sitzt die Karte fest und lässt sich nicht gleich lösen, benutzen Sie keinesfalls Gewalt. Bei zu viel Kraftaufwand können Sie das Mainboard zerstören. Durch leichtes Hin- und Herbewegen der Karte, während Sie leicht ziehen, lassen sich fest sitzende Karten fast immer lösen.

Achtung: Bei Onboard-Soundlösungen auf Jumper achten

Ist Ihr Rechner mit einer Onboard-Soundlösung ausgestattet, sollten Sie noch bei geöffnetem Gehäuse ein Blick in das Mainboard-Handbuch werfen. Es kann möglich sein, dass Sie den Onboard-Sound mittels eines Jumpers auf dem Mainboard deaktivieren müssen. Häufig lässt sich der Onboard-Sound auch im BIOS deaktivieren (weiter unten beschrieben), es ist aber ärgerlich, wenn Sie die neue Soundkarte eingebaut und das Gehäuse wieder geschlossen haben und feststellen müssen, dass doch ein Jumper gesetzt werden muss.

1 2 3

Einbau einer neuen Soundkarte

1 Nehmen Sie die Soundkarte aus der antistatischen Verpackung, idealerweise erden Sie sich, bevor Sie die Platine in die Hand nehmen (fassen Sie z. B. kurz eine Heizung an).

2 Idealerweise setzen Sie die Soundkarte in einen freien PCI-Slot, der am weitesten von der Grafikkarte entfernt ist, so vermeiden Sie, dass sich die Karten gegenseitig stören. Entfernen Sie das Slotblech, das mit einer Schraube am Gehäuse befestigt ist, um für die Soundkarte Platz zu schaffen. Befindet sich im untersten Slot eine andere Steckkarte, z. B. eine Netzwerkkarte, müssen Sie diese nicht extra entfernen. Wählen Sie in diesem Fall den Steckplatz darüber. Nur wenn später Probleme, z. B. Geräusche durch Störeinflüsse einer anderen Karte, auftreten, kann es Sinn machen, die Karten zu vertauschen.

3 Stecken Sie die Soundkarte nun in den freien Steckplatz. Das Einstecken sollte ohne großen Kraftaufwand erfolgen. Vermeiden Sie zu hohen Druck auf die Karte, sodass sich das Mainboard nicht zu stark durchbiegt. Gibt es beim Einstecken Probleme, kann dies z. B. an einem leicht verbogenen Slotblech an der Soundkarte liegen, das Sie mit geringem Kraftaufwand gegebenenfalls mithilfe einer Spitzzange richten können. Es kann auch sein, dass eventuell das Mainboard nicht 100 % gerade eingesetzt wurde. Lösen Sie in diesem Fall die Schrauben des Mainboards, sodass es sich beim Einsetzen der Soundkarte leicht bewegen kann.

4 Durch leichten Druck über die gesamte obere Kante der Soundkarte stellen Sie den richtigen Sitz der Karte sicher. Vergewissern Sie sich durch Sichtprüfung, dass die Soundkarte korrekt im PCI-Slot steckt und nicht verkantet ist. Das Slotblech der Karte muss am Gehäuse anliegen und ohne Probleme das Verschrauben ermöglichen.

5 Nun können Sie die Karte über das Slotblech wieder am Gehäuse festschrauben. Achten Sie dabei darauf, dass die Karte beim Anschrauben nicht wieder aus dem Slot gehebelt wird. Wie schon erwähnt, kann das Slotblech an der Soundkarte leicht verbogen sein. Sitzt die Karte trotzdem fest im Slot und bewegt sich nur beim Festziehen der Schraube, ziehen Sie diese nur leicht an. In der Regel kann die Soundkarte dann nicht mehr aus dem Slot herausrutschen.

6 Sitzt die Soundkarte nun perfekt im Slot, müssen Sie nur noch die internen Anschlüsse verbinden. In der Regel handelt es sich dabei um das interne Audiokabel zum CD-ROM-/DVD-Laufwerk oder Brenner. Manche TV-Tuner-Karten werden ebenfalls mit einem Kabel intern mit der Soundkarte verbunden.

> **Gehäuse erst nach der Softwareinstallation schließen**
> Schließen Sie das Gehäuse erst, wenn Sie auch den nachfolgenden Schritt „Installation der Soundkartensoftware" noch erfolgreich durchgeführt haben!

Hierfür steht bei einigen Soundkarten ein zusätzlicher Eingang (Aux-in) zur Verfügung.

Installieren der Soundkartensoftware

Haben Sie die Soundkarte erfolgreich eingebaut, geht es an die Installation der Soundkartensoftware. Wie oben schon erwähnt, kann es nach dem Booten des PCs nötig sein, zunächst in das BIOS zu wechseln. Ist Ihr Mainboard mit einer Onboard-Soundlösung ausgestattet, müssen Sie den Onboard-Sound im BIOS deaktivieren. Wie Sie in das BIOS gelangen, entnehmen Sie Kapitel 9 in diesem Buch. Da die zu deaktivierenden Geräte sich im BIOS in unterschiedlichen Menüs verbergen können, konsultieren Sie Ihr Mainboard-Handbuch. Haben Sie das Handbuch nicht zur Hand, suchen Sie nach Einträgen wie *AC 97*, *Midi* und *Joystick* und deaktivieren (*Disabled*) diese Geräte.

Da es sich bei aktuellen Soundkarten durchweg um Plug & Play-Karten handelt, erkennt bis auf Windows NT jede Windows-Version beim ersten Start nach dem Einbau der Karte, dass eine neue Komponente im System steckt, und fordert in der Regel die Treiber-CD des Herstellers an. Legen Sie diese ein und folgen Sie den Anweisungen. Sollte die Karte wider Erwarten nicht erkannt werden, können Sie das Installationsprogramm des Herstellers auch von Hand starten.

Nach der Installation der Treiber ist ein Neustart des Systems erforderlich. Um nach dem Neustart sicherzugehen, dass alles korrekt installiert wurde, werfen Sie einen Blick in den Geräte-Manager. Klicken Sie in der Windows-Systemsteuerung auf *System*. Klicken Sie im Dialogfenster *Eigenschaften von System* auf das Register *Geräte-Manager*. Klicken Sie hier auf das Pluszeichen neben *Audio-, Video- und Game-Controller*. Werden hier alle Geräte wie in der Abbildung zu sehen ohne Ausrufezeichen angezeigt, ist alles in Ordnung, und die Soundkarte sollte einwandfrei funktionieren. Ist dies nicht der Fall, bekommen Sie Hilfe im folgenden Troubleshooting-Teil.

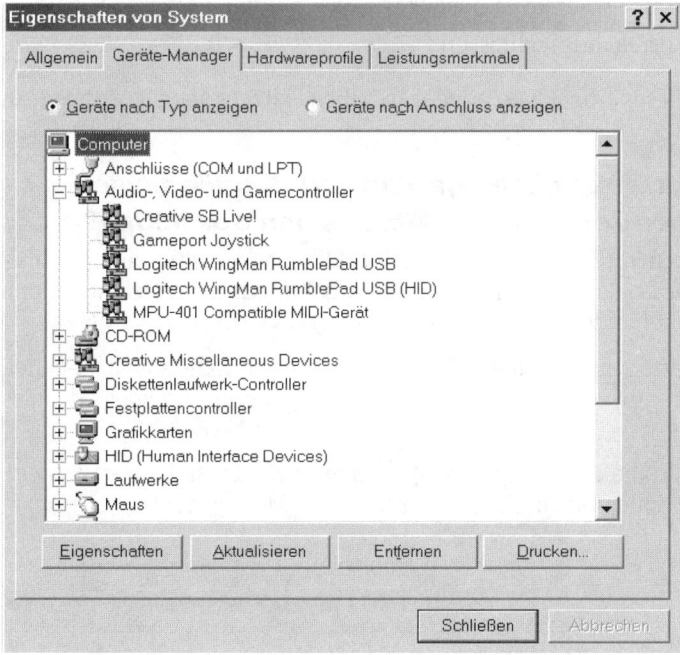

Werfen Sie in Eigenschaften von System einen Blick in Audio-, Video- und Gamecontroller. Erscheinen hier alle Geräte ohne Ausrufezeichen, ist in der Regel alles in Ordnung.

Troubleshooting: Wenn die Soundkarte nicht funktioniert

Wie so oft bei moderner Computerhardware liegen die Probleme, die dazu beitragen, das etwas nicht so funktioniert, wie es funktionieren sollte, im Detail.

In 90 % aller Fälle kann die Installation einer Soundkarte reibungslos verlaufen, aber genau bei Ihnen geht etwas schief.

Im Folgenden haben wir die häufigsten Probleme inklusive Lösungen für Sie zusammengefasst, die für Sie beim Einbau und der Installation einer Soundkarte relevant sein können.

Checkliste für häufige Probleme

Bevor wir bei einigen Problemen ins Detail gehen, sollten Sie bei Problemen jeglicher Art, die nach dem Einbau der Soundkarte auftreten, erst einmal folgende Checkliste durchgehen und mögliche Problemquellen ausschließen.

1. Die Soundkarte sitzt korrekt im Slot, alle nötigen Kabelverbindungen sind ordnungsgemäß hergestellt. Alle aktiven Geräte sind eingeschaltet, und die Lautstärkeregelung steht nicht auf null.

2. Eine eventuell vorhandene Onboard-Soundlösung ist im BIOS oder via Jumper deaktiviert.

3. Eventuell vorhandene Treiber einer vorher installierten Soundkarte wurden ordnungsgemäß entfernt.

4. Der aktuellste Treiber des Herstellers ist installiert.

5. Die Lautsprecher sind korrekt angeschlossen.

Wenn Sie alle Punkte in dieser Checkliste abgehakt haben, gibt es jetzt Lösungen zu konkreten Problemen.

Ich habe die Soundkarte korrekt eingebaut und installiert, und trotzdem gibt sie keinen Ton von sich. Woran kann das liegen?

Haben Sie alle Möglichkeiten für Probleme in der Checkliste ausgeschlossen, kann es durchaus sein, dass Sie eine defekte Soundkarte erwischt haben. Es kann sich aber auch um einen Ressourcenkonflikt handeln, oder das Gerät ist deaktiviert.

Bevor Sie mit Ihrer Soundkarte zum Händler gehen und diese umtauschen wollen, gehen Sie folgendermaßen vor, um zu ermitteln, ob ein Ressourcenkonflikt vorliegt oder das Gerät deaktiviert ist:

1 Öffnen Sie zur Kontrolle die *Systemeigenschaften* über *Start/Einstellungen/Systemsteuerung/System* und wählen Sie die Registerkarte *Geräte-Manager*.

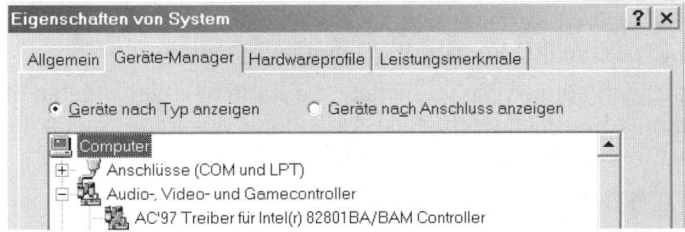

2 Schauen Sie unter *Audio, Video- und Gamecontroller*, ob eines der Geräte mit einem gelben Ausrufezeichen oder gar mit einem roten Kreuz versehen ist. Im letztgenannten Fall ist die Soundkarte im Geräte-Manager gänzlich deaktiviert.

Klicken Sie mit der rechten Maustaste auf diesen Eintrag und wechseln Sie über *Eigenschaften* in das Register *Allgemein*.

Hier können Sie das Gerät einfach wieder aktivieren.

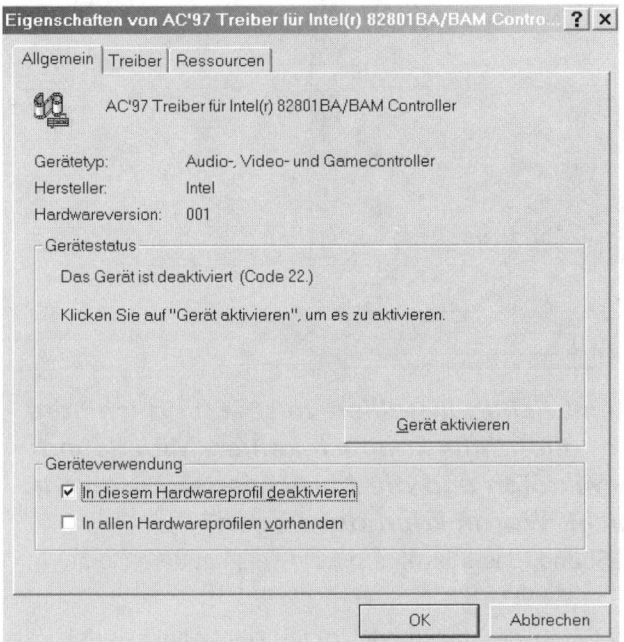

3 Liegt ein Ressourcenkonflikt vor, klicken Sie mit der rechten Maustaste ebenfalls auf den Eintrag, der in diesem Fall mit einem gelben Ausrufezeichen versehen ist und wechseln Sie zum Register *Ressourcen*.

Hier haben Sie in seltenen Fällen die Möglichkeit, dem entsprechenden Gerät eine andere IRQ-Adresse zu zuweisen.

In den meisten Fällen wird es aber so sein, dass dies nicht möglich ist. In diesem Fall müssen Sie die IRQ-Vergabe im BIOS vornehmen.

Im Fall von Windows 2000/XP gestaltet sich das Beheben eines Ressourcenkonflikts erheblich aufwendiger, da die IRQ-Vergabe hier automatisch erfolgt.

Als einfachste Möglichkeit können Sie versuchen, die Karte in einen anderen Steckplatz auf dem Mainboard zu platzieren, sodass Windows der Karte eventuell eine andere IRQ-Adresse zuweist. Probieren Sie hier mehrere Steckplätze aus.

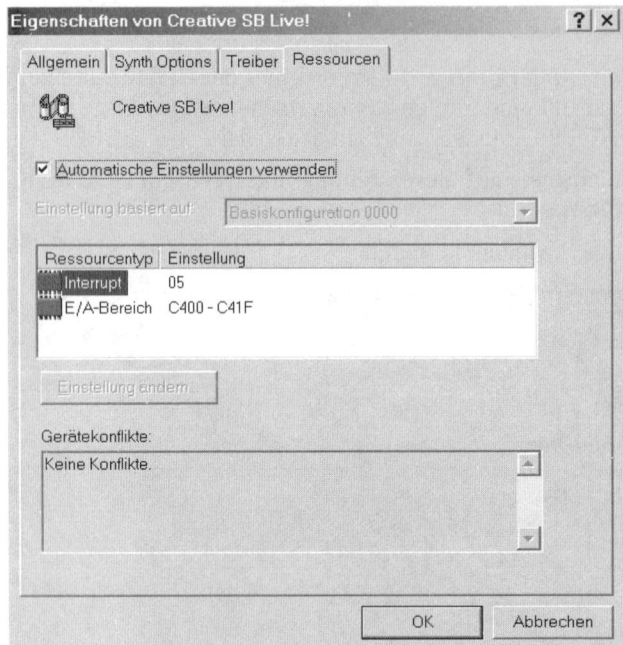

Hier sehen Sie, ob ein Ressourcenkonflikt vorliegt. Bei Keine Konflikte ist alles in Ordnung.

Meine Soundkarte scheint richtig installiert zu sein, und ich höre Windows-Systemklänge, allerdings kann ich keinen Midi-Sound hören, und/oder mein Mikrofon und die Musikwiedergabe vom CD-ROM funktioniert nicht. Woran kann das liegen?

Es kann sein, dass der Midi-Sound, das Mikrofon oder diverse andere Geräte im Windows-Mischpult ganz abgeschaltet oder zu leise eingestellt sind.

Um festzustellen, ob einzelne Geräte deaktiviert oder zu leise eingestellt sind, klicken Sie in der Taskleiste doppelt auf das Lautsprechersymbol.

Es öffnet sich das Windows-Mischpult.

Je nachdem, welche Geräte hier ausgewählt wurden, sehen Sie sofort, ob einzelne Geräte deaktiviert oder der Schieber für die Lautstärke zu weit heruntergeregelt ist.

Ist das entsprechende Gerät nicht im Mischpult aufgeführt, können Sie es über die Schaltfläche *Erweitert* hinzufügen.

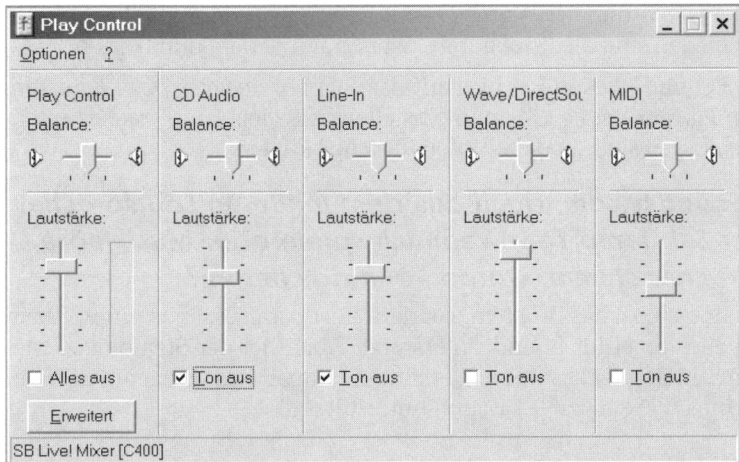

CD Audio und Line-in sind deaktiviert, diese Geräte können nicht funktionieren.

Ich höre zwar Sound, jedoch wird dieser sporadisch von Knistern und/oder pfeifenden Geräuschen gestört. Woran kann das liegen?

Das kann mehrere Ursachen haben. Zum einen ist die Soundkarte im Inneren des PCs ständig störenden Einflüssen wie z. B. der Grafikkarte, den Festplatten und dem Netzteil ausgesetzt.

Zum anderen kann aber auch ein falscher Treiber dieses Problem verursachen, und zwar nicht unbedingt der Treiber der Soundkarte, sondern die Treiber für das Mainboard.

Ein bekanntes Problem haben z. B. einige VIA-Chipsätze. Steckt ein solcher Chipsatz in Ihrem System, sollten Sie die aktuellsten Treiber installieren.

Häufiger sind jedoch andere Systemkomponenten für diese Geräusche verantwortlich. Grafikkarte, Netzteil oder auch CD-ROM-Laufwerke wirken durch die schnellen Pegeländerungen auf den Datenleitungen wie kleine Störsender. Abhilfe können Sie schaffen, wenn Sie einen möglichst großen räumlichen Abstand zu der Störquelle herstellen.

Welche Quelle für die Störungen verantwortlich ist, können Sie nur durch Ausprobieren herausfinden. Sie müssen Ihre Soundkarte in allen möglichen Slots des Mainboards testen, bis die Störgeräusche verschwunden oder minimiert sind. Stellt sich das Netzteil als Störenfried heraus, weil es unsaubere Spannung liefert, hilft nur ein Austausch.

Ich habe eine Mehrkanal-Soundkarte und entsprechende Lautsprecher, leider höre ich den Ton trotzdem nur von vorn. Was kann das sein?

Dieses Problem liegt häufig darin begründet, dass der Soundkarte explizit mitgeteilt werden muss, wie viele Lautsprecher sie mit Sound versorgen soll. Oft wird bei der Installation und entsprechenden Abfragen einfach auf *Weiter* geklickt, und standardmäßig unterstützt die Soundkarte dann nur zwei Lautsprecher. So schalten Sie die Unterstützung für Mehrkanalsysteme ein:

1 Suchen Sie nach dem Konfigurationsprogramm Ihrer Soundkarte. Im Fall von Creative-Karten ist das Audio HQ. Entweder erreichen Sie Audio HQ direkt über den *Creative*-Ordner im Startmenü, der bei der Installation der Software angelegt wurde, oder über die Systemsteuerung. Die Vorgehensweise kann hier nur als Beispiel dienen, denn zu verschieden sind die Konfigurationsprogramme der Soundkarten.

2 Öffnen Sie Audio HQ und klicken Sie hier auf das Symbol *Speaker* bzw. *Lautsprecher*. Im geöffneten Fenster können Sie nun einstellen, wie viele Lautsprecher an die Soundkarte angeschlossen sind, und die Unterstützung aktivieren.

Ich habe ein 5.1-Soundsystem, doch aus dem mittleren Lautsprecher kommt nur bei der 5.1-Demo Ton, wenn ich spiele oder Musik höre, bleibt der Lautsprecher stumm, woran kann das liegen?

Dies ist in der Regel kein technisches Problem, sondern liegt daran, dass so gut wie kein auf dem Markt erhältliches Spiel 5.1-Sound unterstützt. Auch bei der Stereomusikwiedergabe bleibt der Center in der Regel stumm. Der mittlere Kanal wird nur genutzt, wenn Musik, ein Spiel oder eine DVD explizit 5.1-Sound unterstützt.

8.3 Soundkarte mit der Hi-Fi-Anlage verbinden

In Zeiten von digitalen Soundkarten und Mehrkanal-Soundsystemen ist es, außer beim Einsatz von Stereolautsprechern, nicht einfach damit getan, einen Klinkenstecker in den entsprechenden Ausgang der Soundkarte zu stecken. Moderne Soundkarten bieten eine größere Anschlussvielfalt. Da eine Soundkarte keinen ausreichenden oder gar keinen Verstärker besitzt, werden PC-Lautsprecher meist als Aktivboxen angeboten, um sie direkt an die Soundkarte anschließen zu können. Alternativ können Sie Ihre Soundkarte auch direkt mit einem Hi-Fi-Verstärker verbinden. Wie das geht, was Sie brauchen und wie Sie Fehler beseitigen, erfahren Sie im Folgenden.

Herkömmliche Stereoboxen anschließen

Schließen Sie herkömmliche Stereoboxen an die Soundkarte an, ist dies kein Problem.

Ein 3,5-mm-Klinkenstecker wird einfach mit dem entsprechenden Ausgang (Line-out) an der Soundkarte verbunden.

Bei 4.1-Soundsystemen müssen zwei dieser Klinkenstecker mit der Soundkarte über zwei analoge Stereoausgänge verbunden werden, einer für die Front- und einer für die Rear-Lautsprecher. Zudem steht noch ein Digitalausgang zur Verfügung.

Bei 5.1-Soundkarten werden zusätzlich noch Anschlüsse für Center-/Subwoofer und einem Digitalausgang angeboten.

> **Digitalausgang erfordert meist einen Adapter**
>
> Da der Digitalausgang (S/PDIF) bei den meisten Soundkarten auch in Form einer Klinkenbuchse ausgeführt ist, wird hier für den Anschluss an einen externen Dolby-Digital-Decoder noch ein so genannter RCA-Adapter benötigt. Der Adapter bietet auf der einen Seite einen 3,5-mm-Klinkenstecker und auf der anderen Seite einen Cinchstecker. Dieser Adapter ist im Fachhandel oder direkt bei den Soundkartenherstellern erhältlich.

Da platzbedingt auf den Slotblenden der Soundkarten selbst nicht sehr viele Anschlüsse untergebracht werden können, bieten hier die oben erwähnten Soundkarten mit Panels für einen 5¼-Zoll-Schacht die erweiterte Anschlussvielfalt und ersparen oft den Kauf teurer Adapter. Optische Digitalausgänge finden sich nur selten direkt auf der Soundkarte.

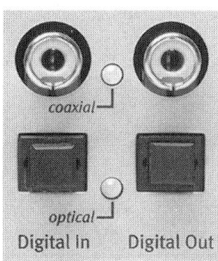

*Optische Digitalein- und -ausgänge
stehen meist nur auf Panels
zur Verfügung.*

Vorsicht: Anschlüsse nicht verwechseln!

Wie schon erwähnt, kann digitales Audiomaterial auch in elektrischer Form übertragen werden. S/PDIF-Ein- und Ausgänge können sich auch als Cinchbuchse am Slotblech der Soundkarte befinden. Wichtig: Über diese Einzelbuchse werden beide Stereokanäle zugleich übertragen. Dies kann leicht zu Verwechslungen mit analogen Cinchbuchsen führen, die paarweise (meist in den Farben Rot und Weiß) von der heimischen Stereoanlage her bekannt sind. Werden auf diese Art analoge Daten versehentlich an einen Digitaleingang übertragen, kann die empfindliche Elektronik des Digitaleingangs zerstört werden.

Soundkarte mit der Hi-Fi-Anlage verbinden

Wenn Sie beabsichtigen, Ihren PC als Multifunktionsgerät im Wohnzimmer einzusetzen, DVD-Filme zu genießen, Ihren CD-Player zu ersetzen und MP3-Files abzuspielen, ist es am sinnvollsten, den PC direkt mit Ihrer Hi-Fi-Anlage zu verkabeln.

Alles was Sie dazu benötigen, ist ein spezielles Kabel, und zwar ein Kabel, das auf einer Seite einen 3,5-mm-Klinkenstecker anbietet und auf der anderen Seite zwei Cinchstecker zur Verfügung stellt.

Diese Kabel sind für wenige Euro im Fachhandel erhältlich.

*Ein solches Kabel benötigen Sie für
den Anschluss an die Hi-Fi-Anlage.*

Kabel für eine störungsfreie Übertragung

Kabel ist nicht gleich Kabel. Sie bekommen einmal die „dünne", nicht abgeschirmte Billigvariante sowie „bessere", abgeschirmte Kabel. Die Preisspanne für gute Kabel ist nach oben offen. Wir empfehlen Ihnen, den Mittelweg einzuschlagen und auf ein etwas teureres, abgeschirmtes Kabel zurückzugreifen. So vermeiden Sie, gerade wenn etwas weitere Entfernungen überbrückt werden müssen, dass Störungen z. B. durch Handys den Soundgenuss trüben.

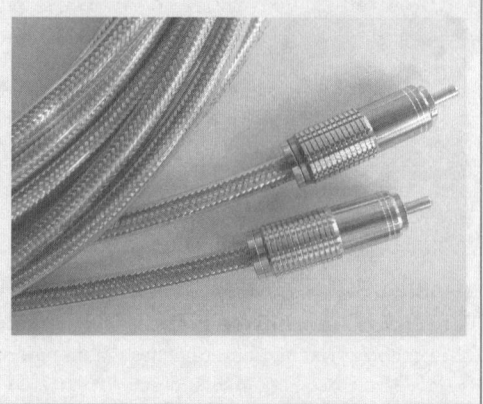

Verbinden Sie Ihre Hi-Fi-Anlage nun mit der Soundkarte, indem Sie den Klinkenstecker in die Line-out-Buchse der Soundkarte einstecken und die Cinchstecker in den Verstärker. Prinzipiell können Sie jeden Eingang Ihres Verstärkers mit Ausnahme den Phonoeingang nutzen. Um Daten mit der Soundkarte aufzuzeichnen, benötigen Sie ein zweites Kabel, das genauso ausgeführt ist wie das für den Anschluss an die Hi-Fi-Anlage. Nun können Sie, vorausgesetzt, Sie haben im Windows-Mischpult den Line-out-Ausgang aktiviert, den Sound vom PC über Ihre Hi-Fi-Anlage genießen oder von Hi-Fi-Geräten aus Sound auf dem PC aufzeichnen.

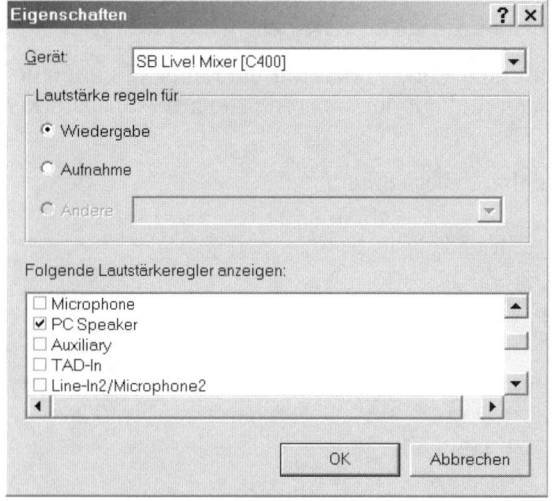

Vergessen Sie nicht, den Line-out- bzw. PC-Speaker-Ausgang im Windows-Mischpult zu aktivieren.

Einzige Problemquelle: Das 50-Hz-Netzbrummen

Beim Verbinden der Soundkarte mit der Hi-Fi-Anlage können in der Regel keine Fehler gemacht werden. Der Sound bleibt nur dann aus, wenn das Kabel oder der Line-out-Ausgang an der Soundkarte defekt ist oder der Line-out-Ausgang im Windows-Mischpult nicht aktiviert wurde.

Ein häufiges Problem ist jedoch ein 50-Hz-Netzbrummen. Verursacht wird dieses Netzbrummen durch eine Masseschleife zwischen Verstärker und PC. Unterschiedliche Massepunkte der Geräte tragen dazu bei, dass Ausgleichsströme fließen und dieses typische Netzbrummen verursachen. Einer der ältesten Tipps in diesem Fall ist es, die

Masseschleife zwischen Verstärker und PC

Netzstecker der Geräte, also des PCs und des Verstärkers, einfach einmal andersherum in die Steckdose zu stecken. In manchen Fällen ist das Problem damit beseitigt. Hilft auch das nicht weiter, muss zwischen Soundkarte und Verstärker ein so genannter Trennübertrager zwischengeschaltet werden (im Elektronikfachhandel erhältlich.) In manchen Fällen ist das Brummen jedoch auch dann nicht gänzlich beseitigt.

Als zusätzliche Störquelle kommt ein möglicher Antennenanschluss der Stereoanlage bzw. der Receivers in Betracht. Hier muss ein so genannte Mantelstromfilter zwischengeschaltet werden, der das Brummen gänzlich beseitigen sollte.

8.4 PCs für die DVD-Wiedergabe optimieren

An Stelle von Standalone-DVD-Playern kann im Wohnzimmer auch ein PC mit DVD-Laufwerk zum Einsatz kommen. Im Gegensatz zu den eigenständigen Geräten kann er neben DVDs auch Formate abspielen, die den DVD-Playern fremd sind, liefert Projektoren bessere Bilder, hat in der Regel keine Probleme mit dem Ländercode und kann sogar die 5.1-Anlage ersetzen.

Ein PC, der mit einem DVD-Laufwerk ausgestattet ist, ist prädestiniert, um im Wohnzimmer die Aufgabe mehrerer Einzelgeräte zu übernehmen. Unter anderem kann er den DVD-Player ersetzen, und – ausgestattet mit der richtigen Software – legt er deutlich mehr Features an den Tag als Standalone-Geräte der höheren Preisklasse. Natürlich helfen Ihnen folgende Tipps nicht nur dabei, Ihren PC wohnzimmertauglich zu machen, sondern auch, Ihren PC im Arbeitszimmer für die DVD-Wiedergabe zu optimieren.

Voraussetzungen für ruckelfreie DVD-Bilder

Ein PC muss einige Mindestvoraussetzungen erfüllen, um ruckelfreie DVD-Bilder liefern zu können.

Zunächst einmal benötigen Sie ein DVD-Laufwerk.

Hier ist es nicht schlecht, wenn Sie auf ein älteres, vor dem 1.1.2000 gebautes Modell zurückgreifen können. Diese Geräte sind in der Regel noch „Region Free".

RPC-2-Modus

Es gibt für Geräte, die im so genannten RPC-2-Modus arbeiten, zwar Firmware-Patches, die Sie in den vor dem 1.1.2000 üblichen RPC-1-Modus zurückversetzen oder auch den internen Zähler blockieren. Allerdings ist es bei diesen Playern deutlich komplizierter, sie „Region Free" zu schalten, und nicht für alle Modelle sind derartige Firmware-Updates verfügbar.

Um neuere DVD-Player – wie sie in aktuellen PCs verbaut werden – vom Regionalcode zu befreien, gibt es zwar auch Möglichkeiten, wie z. B. ein Firmware-Update, diese Möglichkeiten sind jedoch nicht ganz ungefährlich. Unabhängig vom Regionalcode ist jedoch jedes PC-DVD-Laufwerk geeignet, um Filme abzuspielen, die Geschwindigkeit des Laufwerks spielt hier keine Rolle.

Allgemein kann man sogar sagen: Je langsamer das Laufwerk, desto angenehmer, denn langsame Laufwerke sind im Betrieb oft deutlich leiser.

> **Region Free**
>
> Das bedeutet, der Regionalcode lässt sich mittels Software wie z. B. DVD-Genie beliebig oft wechseln. Laufwerke, die nach dem 1.1.2000 auf den Markt kamen und wohl in den meisten aktuellen PCs stecken, müssen intern dafür Sorge tragen, dass der Regionalcode nach dem fünften Wechsel nicht mehr verändert werden kann.

Mindestvoraussetzung: Prozessor mit 400 MHz

Der Rechner selbst sollte mindestens mit einem Prozessor der Pentium II-Klasse mit 400-MHz-Taktfequenz oder einem vergleichbaren AMD-Prozessor ausgestattet sein. Für eine flüssige Wiedergabe sollte die Grafikkarte in diesem Fall einen Teil der Arbeit übernehmen und mit Features wie **M**otion **C**ompensation (MC) oder **i**nverse **D**iscrete **C**osine **T**ransformation (iDCT) arbeiten. Bei einem Prozessor wie dem AMD-Duron oder einem Intel-Celeron mit ca. 800 MHz Leistung spielt die Hardwarebeschleunigung der Grafikkarten jedoch keine Rolle mehr. Diese Prozessoren sind in der Lage, die Berechnungen eigenständig zu übernehmen. Rechner, die die genannten Voraussetzungen nicht erfüllen, wie z. B. ältere Celeron-Prozessoren, schaffen die DVD-Wiedergabe nur mit Unterstützung eines entsprechenden Hardwaredecoders. Wollen Sie das Bild über einen Fernseher ausgeben, muss die Grafikkarte einen entsprechenden TV-Ausgang zur Verfügung stellen, oder Sie verwenden eine spezielle Hardwaredecoderkarte, die in der Regel einen hochwertigen TV-Ausgang mitbringt.

So viel Arbeitsspeicher muss sein

Der benötigte Arbeitsspeicher ist abhängig vom eingesetzten Betriebssystem. Ist auf dem Rechner Windows 98/ME installiert, sollten 64 MByte Speicher ausreichen, übernimmt Windows 2000/XP die Kontrolle des Systems, sind 128 MByte Speicher angebracht. Empfehlenswert ist jedoch, unabhängig vom eingesetzten Betriebssystem, eine Speicherausstattung mit 128 MByte. Die Größe der Festplatte spielt bei der reinen DVD-Wiedergabe keine Rolle. Wollen Sie den Rechner nicht nur zur DVD-Wiedergabe nutzen, sondern auch CDs brennen oder MP3-Dateien speichern und abspielen, sollte die Festplatte mindestens über 20 GByte Kapazität verfügen. Aktuelle Rechner sind in der Regel mit einer ausreichend dimensionierten 40-GByte-Festplatte ausgestattet.

Soundvoraussetzungen

Welche Soundkarte zum Einsatz kommt, ist von Ihren vorhandenen Geräten bzw. von geplanten Anschaffungen abhängig. Wollen Sie einen eigenständigen Dolby-Digital- und/oder DTS-Receiver (mit integriertem Decoder) in Kombination mit Hi-Fi-Boxen einsetzen, reicht es, wenn die Soundkarte über einen SP/DIF-Ausgang verfügt. Wollen Sie ein 5.1-Lautsprechersystem direkt an der Soundkarte betreiben, benötigt diese entsprechende 6 analoge Ausgänge. Zudem sollte dann der eingesetzte Software-DVD-Player die Surround-Sound-Decoder-Funktion übernehmen.

Kontrollebene

Als Betriebssystem empfehlen wir bezogen auf etwas ältere Hardware, Windows 98 SE, besser Windows ME einzusetzen. Windows XP mit seinem größeren „Hardwarehunger" ist für kleinere Systeme nicht empfehlenswert. Haben Sie ein relativ neues System und Windows XP ist standardmäßig installiert, achten Sie darauf, dass die Playersoftware auch Windows XP explizit unterstützt. Des Weiteren benötigen Sie einen Software-DVD-Player (die bekanntesten haben wir Ihnen in der nachfolgende Tabelle zusammengefasst), dazu kommen noch einige hilfreiche Tools wie z. B. DVD-Genie oder das Freewaretool Zoomplayer, die es ermöglichen, entweder den Ländercode zu umgehen oder andere sonst nicht mögliche Einstellungen, wie z. B. eine Farbkorrektur, vorzunehmen.

> **DVD-Genie**
>
> DVD-Genie gibt Ihnen die Möglichkeit, den Ländercode für die meisten verbreiteten Abspielprogramme wie WinDVD oder PowerDVD zurückzusetzen – und bietet Ihnen darüber hinaus noch diverse andere Konfigurationsmöglichkeiten. Das Programm ist im Internet als Freeware erhältlich (*www.inmatrix.com*).

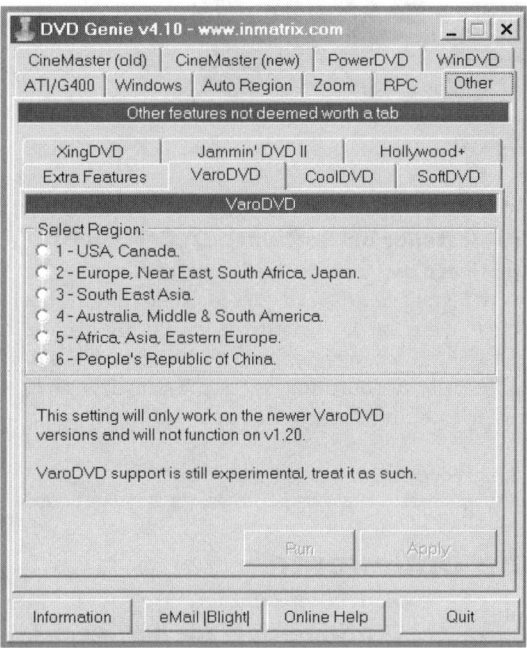

Das Tool DVD-Genie ermöglicht es, neben der Umgehung des Regionalcodes weitere Einstellungen vorzunehmen, an die Sie sonst nicht herankommen.

Produkt	Systemvoraussetzung lt. Hersteller	Informationen im Internet
PowerDVD XP Standard	Intel PII 350 MHz, 64 MByte RAM	www.gocyberlink.com
PowerDVD XP Deluxe	Intel PII 350 MHz, 64 MByte RAM	www.gocyberlink.com
WinDVD XP	Intel PII 366 MHz, 128 MByte RAM	www.intervideo.com
WinDVD XP – Multichannel	Intel PII 366 MHz, 128 MByte RAM	www.intervideo.com
SoftDVD Max 0	Intel PII 400 MHz, 64 MByte RAM	www.mgisoft.com
DaVideo DVD-Player	Intel PII 300 MHz, 32 MByte RAM	www.gdata.de

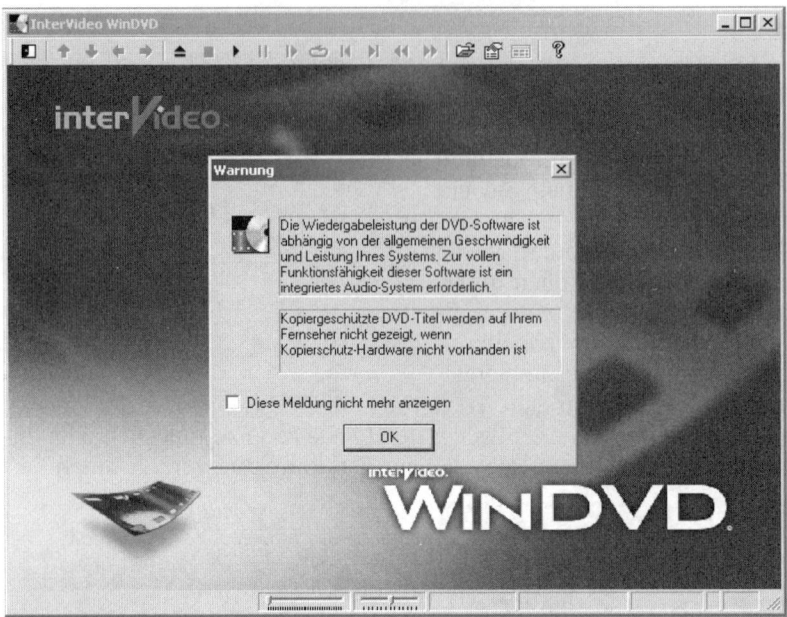

Gleich bei der Installation von z. B. WinDVD werden Sie darauf hingewiesen, dass die Wiedergabeleistung von Ihrem System abhängig ist und kopiergeschützte DVDs nicht auf Ihrem TV ausgegeben werden können.

Achtung: Maßlose Untertreibung der Hersteller bei Software-DVD-Playern

Auf den Verpackungen der Software-DVD-Player führen die Hersteller die Mindestanforderung an die Hardware auf, die für den Betrieb der Software benötigt wird. Bei diesen Angaben wird maßlos untertrieben! Es ist zwar möglich, erfüllt Ihr Rechner diese Mindestanforderungen, die Software zu installieren und auch eine DVD zu betrachten, allerdings kann in den meisten Fällen von einer flüssigen Wiedergabe nicht die Rede sein. In einem Test, den wir durchführten, zeigte sich, dass die oben schon erwähnten Mindestvoraussetzungen für eine ruckelfreie Wiedergabe erfüllt sein müssen. Ein Ausnahme stellt der DaVideo DVD-Player dar. Dieser Player ist nicht einmal in der Lage, auf einem schnellen Pentium 4-System Bilder in ruckelfreier Qualität zu liefern.

PC für die DVD-Wiedergabe optimieren

Werfen Sie zunächst einen Blick auf die Internetseiten Ihres DVD-Laufwerkherstellers und schauen Sie nach einem Firmware-Update, das eventuell bekannte Fehler des Geräts beseitigt.

Firmware-Upgrade nur, wenn es unbedingt notwendig ist!

Haben Sie mit Ihrem DVD-Laufwerk keine Probleme, ist auch kein Firmware-Update erforderlich. In diesem Fall belassen Sie das Laufwerk, wie es ist! Manchmal handeln Sie sich nämlich erst durch ein Update Fehler ein, und bei einigen Laufwerken ist es dann nicht mehr möglich, ein „Downgrade" durchzuführen.

Bevor Sie darangehen, Betriebssystemeinstellungen zu optimieren, sollten Sie sich zunächst einmal vergewissern, ob Probleme bei der Hardware bekannt sind und außerdem auch aktuelle Treiber für Ihre Grafik- und Soundkarte auf dem System installiert sind. Hier ist es von großem Vorteil, wenn Sie Sound- oder Grafikkarten eines namhaften Herstellers einsetzen, die auch nach Jahren noch Updates für ihre Modelle anbieten.

> **Installieren Sie die aktuellste DirectX-Version**
> Es ist sinnvoll, die aktuellste Versionen von DirectX zu installieren, die Sie direkt bei Microsoft unter *www.microsoft.de* herunterladen können.

Wenn Ihr System nach der Installation dieser Komponenten stabil läuft, werfen Sie als Nächstes einen Blick in die Systemsteuerung, um den PC nun fit für die DVD-Wiedergabe zu machen. Wir verwenden in unserem Beispiel als Betriebssystem Windows ME.

1 Klicken Sie auf die Registerkarte *Geräte-Manager* und wählen Sie unter *CD-ROM* Ihr DVD-Laufwerk aus. Klicken Sie hier auf *Einstellungen* und, falls noch nicht geschehen, aktivieren Sie mit einem Klick in das entsprechende Kästchen den DMA-Modus. Nun ist ein Neustart des Systems erforderlich.

> **DMA nicht möglich?**
> Ist es nicht möglich, Ihr DVD-Laufwerk im DMA-Modus zu betreiben, sollten Sie zunächst die aktuellsten Treiber für Ihr Mainboard installieren.

Der DMA-Modus (**D**irect **M**emory **A**ccess) sollte übrigens auch für alle anderen Laufwerke wie CD-ROM und Festplatten aktiviert werden. Diese Betriebsart ermöglicht den Geräten, direkt und ohne Umweg über den Prozessor auf den Arbeitsspeicher zuzugreifen, und entlastet den Prozessor merklich.

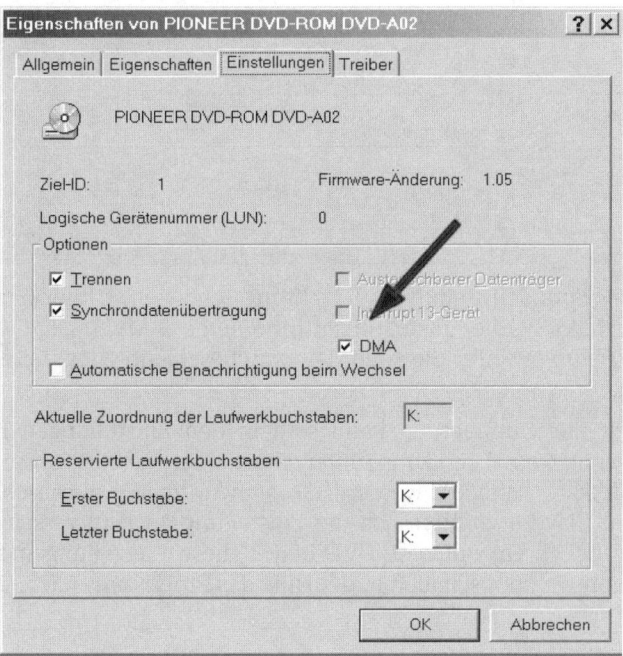

2 Nun sollten Sie noch Einstellungen modifizieren, die die Grafikkarte betreffen. Klicken Sie mit der rechten Maustaste auf einen freien Bereich des Desktops und wählen Sie dort *Eigenschaften/Einstellungen/Weitere Optionen/Leistungsmerkmale*.

Schieben Sie den Regler für die Hardwarebeschleunigung ganz nach rechts auf 100 %. Zudem gibt es bei einigen Grafikkarten noch die Möglichkeit, zwischen bester Bildqualität und hoher Beschleunigung (Best Performance) zu wählen. Stellen Sie sich hier hohe Bildqualität (High Image Quality) ein, wenn Ihr Rechner über ausreichende Leistung verfügt. Eine weitere Einstellung, die Sie im Menü *Eigenschaften von Anzeige* verändern sollten, ist die Bildwiederholfrequenz. Diese sollte mindestens auf 75 Hz eingestellt sein, lässt Ihr Monitor es zu, wählen Sie höhere Werte, im Idealfall 100 Hz. Schauen Sie auf jeden Fall vorher im Monitorhandbuch nach, für welche Einstellung dieser spezifiziert ist, zu hohe Werte können das Gerät zerstören.

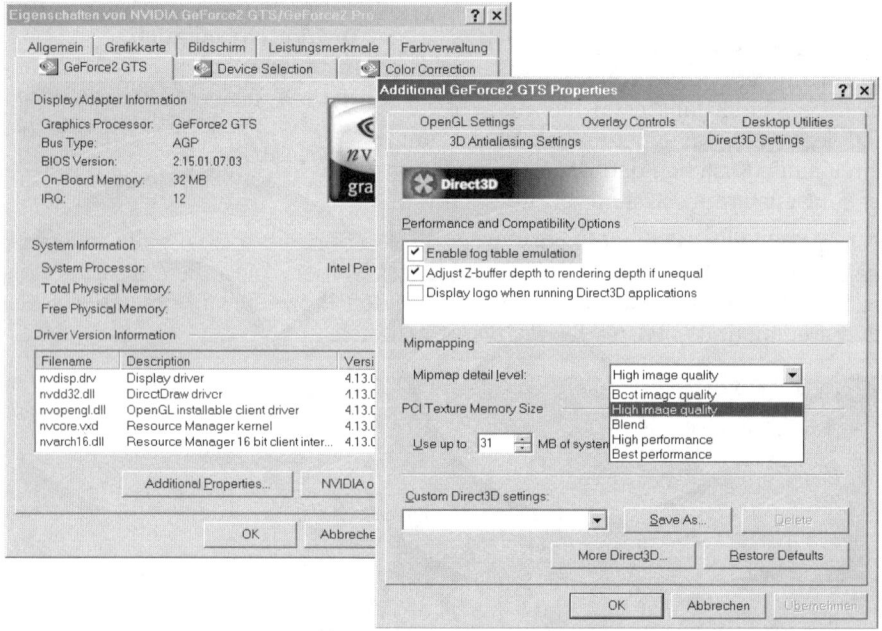

3 Nun sollten Sie noch den Soundeinstellungen Beachtung schenken. Öffnen Sie die Systemsteuerung und wählen Sie die Einstellungen für *Sounds & Multimedia*. Über *Audio/Erweitert/Systemleistung* wählen Sie volle Hardwarebeschleunigung, falls dies noch nicht eingestellt ist.

4 Eine weitere Möglichkeit zur Optimierung kann sich in den Einstellungen Ihres Software-DVD-Players verstecken. Hier kann unter Umständen eine Hardwarebeschleunigung Ihrer Grafikkarte aktiviert werden, die standardmäßig ausgeschaltet ist. Bei unterschiedlichen Playern verbirgt sich die Einstellung auch in verschiedenen Menüs. Suchen Sie bei Ihrem Software-DVD-Player diese Einstellungen bzw. konsultieren Sie das Handbuch oder schauen in der Hilfe des Programms nach.

Troubleshooting: Wenn die DVD-Wiedergabe nicht funktioniert

Helfen alle Tipps, die in diesem Kapitel aufgezeigt wurden, nicht weiter und Sie haben Probleme bei der Wiedergabe von DVDs, erhalten Sie im Folgenden weitere Hilfestellungen und Problemlösungen.

Mein Rechner erfüllt alle Hardwarevoraussetzungen, die der Hersteller des Software-DVD-Players angibt, und trotzdem ruckelt es bei der Wiedergabe. Woran kann das liegen?

Dies kann mehrere Gründe haben. Das erste und wohl am schwersten wiegende Problem liegt darin begründet, dass der Software-DVD-Player so schlecht programmiert ist, dass jegliche Optimierungsversuche scheitern und selbst die schnellste Hardware keine Lösung bringt. Dies ist z. B. beim DaVideo DVD-Player der Fall. Hier hilft nur der Einsatz eines anderen Players. Des Weiteren untertreiben die Hersteller gern, was die Hardwareanforderungen betrifft. Sie benötigen also schon entsprechende Hardwareleistung, wie am Anfang des Kapitels beschrieben.

Mein Rechner ist mit leitungsstarker Hardware ausgestattet, und auch mein Software-DVD-Player sollte alle Voraussetzungen erfüllen, und trotzdem ruckelt es bei der Wiedergabe. Woran kann das liegen?

Haben Sie alle Einstellungsmöglichkeiten wie in diesem Kapitel beschrieben vorgenommen und es kommt dennoch bei der Wiedergabe von DVDs zu ruckelnder Bildwiedergabe, Aussetzern oder gar Systemabstürzen, sollten Sie auf der Webseite Ihres Mainboard-

Herstellers nachschauen, ob ein BIOS-Update für Ihr System zur Verfügung steht oder bekannte Probleme dokumentiert sind. Eventuell verbergen sich aber auch noch Einstellungen in dem von Ihnen verwendeten Software-DVD-Player, mit denen Sie experimentieren sollten:

1. Finden Sie eine Einstellung *Deinterlacing*, stellen Sie hier nach Möglichkeit *Automatik* ein. Ruckelt es bei der Wiedergabe stark, versuchen Sie es mit der Einstellung *weave*.

2. Wird von der Grafikkarte hardwaremäßiges BOB-Deinterlacing angeboten, aktivieren Sie dies nach Möglichkeit in der Playersoftware.

3. Bei einigen Softwareplayern ist es möglich vorzugeben, ob diverse Funktionen, die eine Grafikkarte bietet, verwendet werden sollen oder nicht. Hier hilft nur experimentieren.

4. Oft findet sich ein Schalter in *Eigenschaften von Anzeige* bzw. Schieberegler zur *Decoding Performance*. Hier müssen Sie den besten Kompromiss zwischen Qualität und Geschwindigkeit einstellen. Auch hier ist experimentieren angesagt.

8.5 TV-out, Satellitenempfang & Co.

Wenn schon DVD-Ausgabe mit dem PC, dann gibt man sich schnell nicht mehr mit der Ausgabe über den Monitor zufrieden. Richtiger Heimkinogenuss kommt auf, wenn man sich eine DVD gemütlich aus dem Fernsehsessel oder von der Couch auf dem heimischen TV oder Beamer anschauen kann. Wird der PC für diesen Zweck genutzt, liegt es darüber hinaus nahe, auf einen externen Satellitenreceiver zu verzichten und stattdessen den PC mithilfe einer DVB-Karte für den Empfang aus dem Äther zu nutzen. Damit wäre die Multimedia-Maschine fürs Wohnzimmer fast perfekt, doch der PC kann noch viel mehr. So ist es ebenso möglich, ihn als digitalen Viderekorder für die Aufzeichnung von SAT-Programmen, DVDs oder einem digitalen Camcorder zu nutzen. Wie Sie den PC mit dem Fernseher verbinden, für den Satellitenempfang vorbereiten und einiges mehr erfahren Sie im Folgenden.

TV-out: Videoausgang an Grafikkarten

Zunehmend mehr Video-/Grafikkarten stellen einen TV-Ausgang zur Verfügung. In der Regel liefern diese Karten Standardvideosignale (FBAS) oder S-Video (SVHS). Ob nun die neuste GeForce4-Grafikkarte oder eine ältere Nvidia-TNT-Karte: Grundlegend hat sich am Videoausgang bzw. an dem für die Signale verantwortlichen Chip nichts geändert. Wollen Sie Videosignale in den PC einspeisen, muss die Karte einen entsprechenden Eingang zur Verfügung stellen (dies ist eher selten der Fall). Die meiste Verwirrung stiften die Videoausgänge, daher geben wir Ihnen zunächst eine Übersicht der ausgehenden Signale:

FBAS (Farbbild-Austast-Synchron-Signal)/Composite-Video

Da das Fernsehbild nicht als Ganzes durch einen einzigen elektrischen Signalwert übertragen werden kann, muss jeder einzelne Bildpunkt durch Spannungswerte beschrieben werden. Hierfür wurde das FBAS-Signal entwickelt (auch Composite-Video genannt). Jeder Buchstabe steht dabei für ein bestimmtes Merkmal dieses Signals.

F – Farbsignal

Im Farbsignal werden die drei Farben Rot, Grün und Blau zu einem Signal zusammengefasst.

B – Bildsignal

Die Hell- und Dunkeltönung eines jeden Punkts wird durch eine Spannung festgelegt (Weiß = 100 %, Schwarz = 30 %).

A – Austastsignal

Um Zeilenrücklauf und Vertikalrücklauf zu definieren, werden diese Signale mit 0 Volt kodiert.

S – Synchronisation

Synchronisiersignale zwischen Sender und Empfänger.

Das FBAS-Signal wird vom DVD-Player über eine Cinchbuchse oder eine Scartbuchse ausgegeben. Das FBAS-Signal liefert keine optimale Bildqualität.

S-Video bzw. Y/C

Das S-Video oder Y/C genannte Signal überträgt die Werte für Helligkeit und Farbanteile auf zwei separaten Leitungen. Dieses Signal ermöglicht eine höhere Bildqualität als das FBAS-Signal, ist der RGB-Übertragung jedoch unterlegen. Übertragen wird das S-Video-Signal über eine Scartbuchse oder eine Mini-DIN-Buchse, auch Hosiden-Buchse genannt.

RGB

Für jede der Grundfarben Rot, Grün und Blau steht eine separate Verbindung mit voller Bandbreite zur Verfügung. Die Bildqualität bei dieser Übertragungsvariante ist besser als die des S-Video-Signals und des FBAS-Signals. Zur Übertragung zum TV wird ein vollbeschaltetes Scartkabel benötigt.

Um das hochwertige RGB-Signal zu übertragen, ist ein vollbeschaltetes Scartkabel erforderlich.

YUV

Das YUV-Signal (Y = Helligkeit, U und V sind die Farbdifferenzsignale Rot und Blau) überträgt die Bildinformationen ebenfalls über drei separate Kabel/Datenkanäle. Dabei werden die Helligkeit Y (Luminance) und die beiden Differenzsignale U und V (oder auch U = Cr für Rot und V = Cb für Blau genannt) getrennt übertragen. Da die Farbinformation auf einer DVD selber in diesem Farbformat vorliegt, bietet diese Art der Übertragung das Optimum an Farbwiedergabe. Das Signal wird über eine Cinch- oder BNC-Buchse ausgegeben.

Diese Ausgänge sollte Ihre Videokarte haben!

Im Idealfall sollte Ihre Karte alle drei wichtigen Videoausgänge zur Verfügung stellen. Das sind FBAS, S-Video und RGB. Bei Billigmodellen steht oft nur eine FBAS-Ausgangsbuchse zur Verfügung, die leider nur ein minderwertiges Signal bietet. Daher sollte eine Karte mindestens FBAS- und S-Video-Ausgänge zur Verfügung stellen. In der Regel können Sie diese Kombination bei den meisten aktuellen Karten erwarten. Achten Sie bei Schnäppchenangeboten darauf, dass sie hier nicht am falschen Ende sparen.

Interessant ist es, was sich mit so einem Videoausgang alles anstellen lässt, hier ein paar Beispiele:

PC als Multifunktionswiedergabegerät

Ob MPEG-4/DivX oder DVD, um nur einige mögliche Anwendungsbeispiele zu nennen, in der Regel sehen die Bilder der genannten Quellen auf einem TV-Gerät deutlich besser aus als auf dem PC-Monitor.

PC als Diaprojektor

In Zeiten, in denen die digitale Fotografie boomt, bietet sich ein PC mit TV-Ausgang ideal als „Diaprojektor" an. Verbunden mit einem TV liefert er die Bilder in guter Qualität, und Sie können mit diversen Programmen sogar noch Effekte in Ihre Diashow einbauen.

PC als Videospielekonsole

Auch diverse Spiele wirken auf einem TV ausgegeben oft besser als auf dem PC-Monitor. Zudem sind im Internet viele Freewareemulatoren für bekannte Spielekonsolen erhältlich, sodass Sie mit Ihrem PC gleich mehrere dieser Spieleskonsolen ersetzen können.

PC mit dem TV-Gerät verbinden

Wie schon erwähnt, stellen die meisten Karten einen FBAS-Ausgang und/oder S-Video-Ausgang zur Verfügung.

Nur bessere Karten stellen über eine 7-Loch-DIN-Buchse das beste Signal, dass Sie Ihre Grafikkarte entlocken können, nämlich das RGB-Signal, zur Verfügung.

Wie kommt das PC-Bild in den Fernseher?

Mehr über die Geschichte des TV-out-Anschlusses erfahren Sie auch noch im Internet unter der Adresse
http://www.tv-out.de/

Sollte dies bei Ihrer Karte der Fall sein, ist diese Anschlussmethode erste Wahl, wenn Ihr TV auch einen entsprechenden Scart-RGB-Eingang bereithält. Entsprechende Adapterkabel liegen den Karten in der Regel bei. Was Sie zusätzlich benötigen, ist ein Verlängerungskabel zum TV-Gerät. Dieses Kabel besorgen Sie sich am besten im Elektronikfachhandel.

Auch hier gilt: Achten Sie auf eine gute Kabelqualität bzw. Abschirmung, diese ist – noch mehr als es bei der Übertragung von Audiosignalen – entscheidend für eine gute Bildqualität.

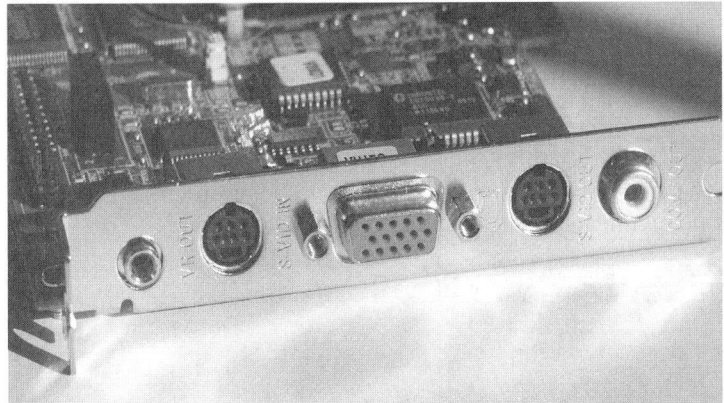

Im Idealfall stellt die Karte sowohl FBAS- als auch S-Video-Ausgänge zur Verfügung (von links nach rechts: VR-out/S-VIDEO-in/Monitor/S-Video-out/Comp-out).

Möglichkeiten der Verkabelung

Videoausgang	Kabel/Adapter zum TV
FBAS (Comp-out)	Cinchkabel/Scartadapter (falls kein Cincheingang vorhanden)
S-VHS DIN-4-polig	S-VHS-DIN-Eingang (falls vorhanden)/S-VHS-Scartadapter
RGB DIN-7-polig	RGB-Scartadapter

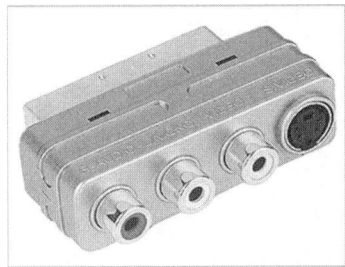

Diverse Adapter machen das Leben leichter und stellen die richtige Verbindung zwischen Videokarte und TV her.

Wenn Sie sich bezüglich des Kabels, das Sie benötigen, unsicher sind, nehmen Sie das Kabel und die Bedienungsanleitung, die Ihrer Videokarte beiliegt, sowie möglichst auch die Bedienungsanleitung Ihres TV-Geräts mit zum Elektronikhändler.

Haben Sie das richtige Kabel gefunden, ist die eigentliche Verkabelung unproblematisch. Vergessen Sie nicht, dass Sie hier nur ein Videosignal übertragen! Das Audiosignal übertragen Sie (wie in Kapitel 8 beschrieben) mittels eines eigens dafür vorgesehenen Kabels.

Verbinden Sie nun zum Verkabeln der Audiokarte mit dem TV den Videoausgang Ihrer Karte mit dem entsprechenden Eingang am TV. Je nach den gewählten Einstellungsoptionen Ihrer Grafikkarte können Sie nun das Bild über Ihr TV-Gerät ausgeben.

Troubleshooting: Tückische PC-TV-Verbindungen

Da hier jedoch die meisten Tücken lauern, wird im Folgenden aufgeführt, wie Sie mögliche Probleme schnell und sicher beheben.

Wie schalte ich zwischen der Wiedergabe auf dem Monitor und auf dem TV um?

In der Regel nehmen Sie diese Einstellung folgendermaßen vor: unter *Eigenschaften von Anzeige* (*Systemsteuerung/Anzeige*), Registerkarte *Einstellungen*, *Weitere Optionen*, Registerkarte *Output Device* (bei alten Nvidia-Treibern) bzw. *TwinView* (bei neuen Nvidia-Treibern). Diese Vorgehensweise trifft auch auf z. B. ATI-Grafikkarten etc. zu. Je nach Treiber stehen allerdings noch unterschiedliche Optionen zur Verfügung.

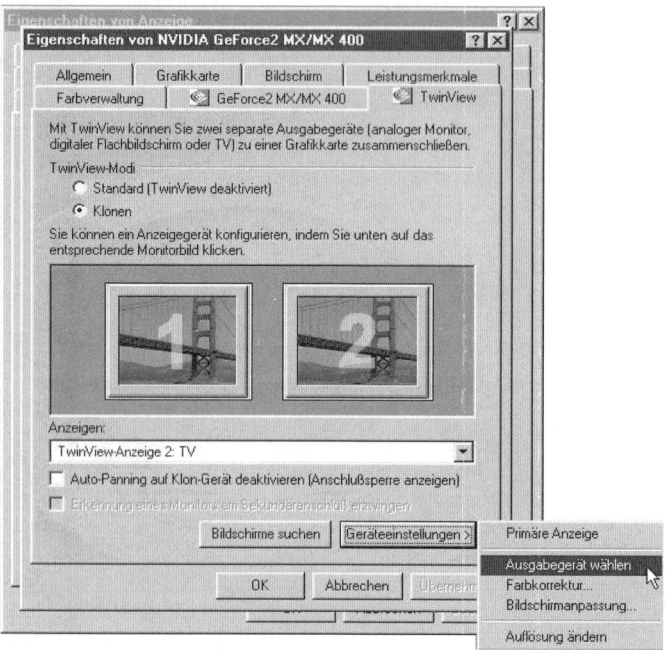

Warum ist die Option TV bei mir nicht aktiv?

1. Die Grafikkarte ist noch nicht mit dem Fernseher (oder Videorekorder) verbunden.

2. Die Kabel stecken nicht richtig fest.

3. Der Rechner wurde nach dem Anschluss der Kabel nicht neu gestartet.

TV ist aktiviert, aber ich sehe trotzdem nichts auf dem Fernseher. Woran kann das liegen?

Das PC-Bild wird nicht auf einem normalen Programmplatz wiedergegeben, sondern auf einem AV-Kanal. Stellen Sie Ihr TV auf einen entsprechenden AV-Kanal um.

Mein Fernsehbild ist schwarzweiß statt in Farbe, woran kann das liegen?

Versuchen Sie, beim Anschluss an einen nicht S-Video-fähigen Fernseher die Einstellungen der Grafikkarte unter *Output Device* von *Auto-select* oder *S-Video-Out* auf *Composite Video-Out* umzustellen (falls diese Optionen vorhanden sind). Hilft auch das nicht, sollten Sie bei einem Fernseher mit mehreren Scartbuchsen diese nacheinander ausprobieren, da häufig nicht alle Scartbuchsen S-Video-fähig sind. Außerdem sollten Sie im Menü des Fernsehers nachschauen, ob das Eingangssignal für die Scartbuchsen korrekt konfiguriert wurde (neben FBAS und S-Video gilt es außerdem auch die Fernsehnorm zu be-achten, z. B. das amerikanische NTSC oder die deutsche Fernsehnorm PAL). Eine weite-re Möglichkeit: Verwenden Sie an Stelle des S-Video-Kabels ein Cinchkabel bzw. den FBAS-Ausgang Ihrer Grafikkarte.

Mein Bild wird auf dem TV ausgegeben, ist aber zu groß/zu klein, hat schwarze Ränder, oder die Position stimmt nicht (Bild lappt über). Wie kann ich den Fehler beheben?

Hier handelt es sich um ein sehr häufiges Problem, das mehrere Ursachen haben kann. Eines der Probleme ist die so genannte Under- bzw. Overscan-Methode, mit der Bilder von vielen Grafikkarten auf dem TV ausgegeben werden. Bei der Underscan-Methode ist in der Regel das ganze Bild am TV zu sehen, aber schwarze Ränder trüben den Sehspaß. Bei der Overscan-Methode entfallen zwar die schwarzen Ränder, allerdings gehen Bildin-formationen verloren, weil die Bildinformationen über den physikalischen Bildrand des Fernsehers hinaus dargestellt werden. Hier muss der Grafikkartenhersteller bei seinen Treibern dafür sorgen, dass sich das Bild vernünftig justieren lässt (bei neueren Grafik-karten ist das in der Regel der Fall). Also, als Erstes sollten Sie nach einem Treiber-Up-date für Ihre Videokarte Ausschau halten.

Bekommen Sie das Problem mit dem Kartentreiber nicht in den Griff, bieten sich so ge-nannte Full-Screen-Utilities, die für unterschiedliche Videokarten erhältlich sind, an. Ha-ben Sie beispielsweise eine Grafikkarte mit Nvidia-Chip, bietet sich das Programm TV-Tool an, das Sie im Internet unter *tvtool.info/* downloaden können.

Sobald ich das Bild über meinen Monitor und über das TV ausgebe, fängt mein Monitor an zu flimmern, ist das normal?

Das Problem liegt darin begründet, dass PAL-Fernseher nur mit einer Bildwiederholfre-quenz von 50 Hz arbeiten.

Viele Grafikkarten sind nicht in der Lage, unterschiedliche Signale, also beispielsweise 75 Hz für den PC-Monitor und 50 Hz für den Fernseher zur Verfügung zu stellen, also schalten Sie auf eine Frequenz, nämlich 50 Hz, um.

Was für den Fernseher ausreicht, bringt den PC-Monitor zum Flackern. Hier gibt es kei-ne Abhilfe – es sei denn, Sie erwägen speziell für die TV-Ausgabe den Kauf einer Grafik-karte, die dazu in der Lage ist (wie beispielsweise die DualHead-fähigen Modelle der Firma Matrox).

8.6 Grenzenloser SAT-Empfang

Wenn schon Multimedia-PC, warum nicht auch gleich SAT-Empfang? Die Vorteile liegen auf der Hand, mit dem richtigen Equipment können Sie bis zu 800 Programme empfan-gen und mit entsprechender Software auch direkt digital aufzeichnen. Grundvorauset-zung für den Satellitenempfang ist natürlich eine Satellitenschüssel. Um möglichst nicht nur Programme eines Satelliten empfangen zu können, bietet sich eine Doppel-LNB-Lösung an, doch dazu später mehr. Natürlich können Sie auch eine vorhandene Satelli-tenschüssel mit nur einem LNB nutzen, allerdings kommen Sie dann nicht in den Ge-nuss der möglichen Programmvielfalt. Zudem benötigen Sie noch eine so genannte DVB-Karte für Ihren PC. Wie der SAT-Empfang via PC grundlegend funktioniert, was Sie hier-für insgesamt benötigen und beachten müssen, erfahren Sie im Folgenden.

Was Sie grundlegend beachten müssen

Damit Sie überhaupt einen Satelliten anpeilen können, egal ob analog oder digital, sollten Sie vorher einige grundlegende Dinge beachten:

Astra und Hotbird

Wer in den Genuss möglichst vieler Programme kommen möchte, muss in Deutschland mindestens zwei Satelliten anpeilen. Bei uns liegen die Satelliten Astra und Hotbird in ihrer Position so günstig beieinander, dass sie sich mit einer relativ preiswerten Doppel-LNB-Lösung mit nur einer Schüssel anpeilen lassen.

Die Astra-Satelliten liegen auf Position 19,2 Grad Ost und die Eutelsat-Hotbird-Satelliten auf 13 Grad Ost. Theoretisch ist es möglich, beide Satellitengruppen mit einer 60-cm-Schüssel und einem Doppel-LNB anzupeilen. Davon raten wir allerdings ab. Verwenden Sie lieber eine größere Schüssel (nähere Informationen weiter unten).

Die Satellitenschüssel

Grundsätzlich ist zu beachten, dass für den digitalen Empfang in der Regel eine kleinere Satellitenschüssel ausreicht als für den analogen Empfang. Allerdings gilt auch die gleiche Faustregel wie bei einer analogen Schüssel: Eine kleine Satellitenschüssel reicht unter normalen Voraussetzungen zwar aus, wird der Empfang aber durch z. B. dichte Wolken, Regen oder Schnee beeinträchtigt, gilt: je größer die Schüssel, desto besser. Der Durchmesser sollte also in beiden Fällen mindestens bei 80 cm, besser aber bei 1 m liegen.

Das LNB

Der LNB = Low Noise Block Converter (auch LNC genannt) ist das Empfangsteil an oder in der Satellitenantenne, das die hohen Frequenzen vom Satelliten in die von der nachgeschalteten Empfangselektronik benötigte niedrigere Zwischenfrequenz umwandelt. Der Konverter wertet außerdem die Polarisation und das Frequenzband eines Satellitensignals aus. Wer Signale von zwei Satelliten empfangen möchte, benötigt zwei dieser LNBs. Um zwei dieser LNBs an einer Satellitenschüssel zu montieren, die eigentlich nur für ein LNB ausgelegt ist, gibt es im Handel diverse Halterungen.

Allerdings ist von einer solchen Lösung abzuraten. Beabsichtigen Sie von vornherein, das Signal zweier Satelliten zu empfangen, sollten Sie gleich zu einer Schüssel greifen, die Doppel-LNB-tauglich ist. Im Idealfall kaufen Sie die Schüssel gleich komplett mit den dazugehörigen LNBs. Zusätzlich unterscheidet man noch digitale und analoge LNBs. Hier kann man nur raten: Setzen Sie gleich auf eine digitale Lösung! (Dies setzt natürlich auch eine digitale Empfangskarte voraus.)

Umschaltbox

Wenn Sie auf eine Doppel-LNB-Lösung setzen, benötigen Sie in der Regel eine Umschaltbox. Da die meisten DVB-Karten nur einen Eingang haben, vom LNB aber zwei Kabel ankommen, dient diese Box als Verteiler. Hier gibt es Boxen mit unterschiedlich vielen Eingängen. Für dem Empfang zweier Satelliten reichen zwei Eingänge aus. Wenn Sie später noch weitere Satelliten empfangen möchten, empfiehlt es sich, gleich zu einer Box mit vier Eingängen zu greifen.

Bei einer Doppel-LNB-Lösung (Twin-LNB) ist eine Umschaltbox erforderlich.

Wichtig! Umschaltboxen und der DiSEqC-Standard

Mit dem neuen Schaltsystem Digital Satellite Equipment Control (DiSEqC) – von Eutelsat und Philips entwickelt – wollte man bewusst kein alleiniges weiteres Schaltkriterium definieren, sondern ein zukunftstaugliches System, das später auch innovative Erweiterungen zulässt.

Warum braucht man DiSEqC? Bisherige Satellitenreceiver schalten mit 14/18 Volt zwischen den Polarisationsebenen Horizontal/Vertikal um. Als weiteres Schaltkriterium hat sich in den letzten Jahren das 22-kHz-Signal etabliert. Dies wurde in der Vergangenheit und auch noch heute zur Ansteuerung zweier Satellitenpositionen benutzt. Doch seitdem der obere Frequenzbereich (11,7 bis 12,75 GHz) immer interessanter wird (z. B. für digitale Programme) und die dafür notwendigen Universal-LNBs (10,7 bis 11,7 und 11,7 bis 12,75 GHz) das 22-kHz-Signal zur Umschaltung zwischen den beiden Frequenzbereichen benötigen, fehlt nun ein weiterer Impuls zur Ansteuerung verschiedener Satelliten. Einigen Firmen versuchten, ein 60-Hz- bzw. 300-Hz-Umschaltsystem auf dem Markt zu etablieren. Diese Umschaltung hat sich nicht durchgesetzt und ist fast vom Markt verschwunden. Mit DiSEqC wird nun alles anders. Im digitalen Zeitalter werden auch die Schaltbefehle digital innerhalb der Satellitenanlage übermittelt. Trotzdem ist das System abwärtskompatibel. Das bedeutet, dass sämtliche bisherigen Komponenten in der SAT-Anlage weiterverwendet werden können. Das DiSEqC-Konzept beruht auf der digitalen Erweiterung des 22-kHz-Tons auf der Speisespannung (14/18 Volt). Bei bisherigen Anlagen wurde das 22-kHz-Signal entweder gesendet (Highband) oder nicht (Lowband). Bei DiSEqC wird es nun digital getastet und kann dadurch die verschiedensten Befehle übertragen. Voraussetzung hierfür sind DiSEqC-taugliche SAT-Receiver und Multischalter.

DVB-Karten

Um nun die Signale, die von der Satellitenantenne empfangen werden, auszuwerten bzw. in Bilder umzusetzen, ist im PC eine DVB-Karte (**D**igital **V**ideo **B**roadcasting), genauer eine DVB-S-Karte erforderlich. Hier unterscheidet man ebenfalls zwischen analogen (kaum noch im Handel erhältlichen) und digitalen Empfangskarten, und zudem stehen mit DVB-C-Karten noch Empfänger für das Kabelfernsehen bereit. Eine derartige DVB-Karte ist nicht einmal mehr teurer als ein hochwertiges analoges Modell. Die Bildqualität dagegen ist sehr viel besser, und weil die digitalen Programme im MPEG-2-Format gesendet werden, kann das Fernsehprogramm auch direkt auf der PC-Festplatte gespeichert werden.

Ebenfalls möglich ist der Empfang verschlüsselter Pay-TV-Programme mit speziellen Interfaces, und neben Fernsehen können auch digitale Zusatzdienste vom Satelliten empfangen werden, Internet inklusive. Weit über 1.000 TV- und Radio-Programme können Sie schon jetzt mit einer Doppel-LNB-Lösung digital über Satellit empfangen. Neben den Fernseh- und Hörfunkstationen werden aber auch jede Menge anderer Daten übertragen. So ist es beispielsweise möglich, mit der SAT-Schüssel auch Internetinhalte und weitere Multimedia-Dienste abzurufen.

Die größte Verbreitung digitaler Rundfunk- und Fernsehprogramme erfolgt bisher über Satellit, und so verwundert es nicht, dass es für den Satellitenempfang die größte Auswahl an TV-Karten für den PC gibt. Hier haben sehr viele Hersteller Karten im Programm; um sich genauer zu informieren, sollten Sie Tests in diversen Computermagazinen zu Rate ziehen. Unabhängig vom Hersteller sollten Sie gleich zu einer Karte mit Fernbedienung greifen.

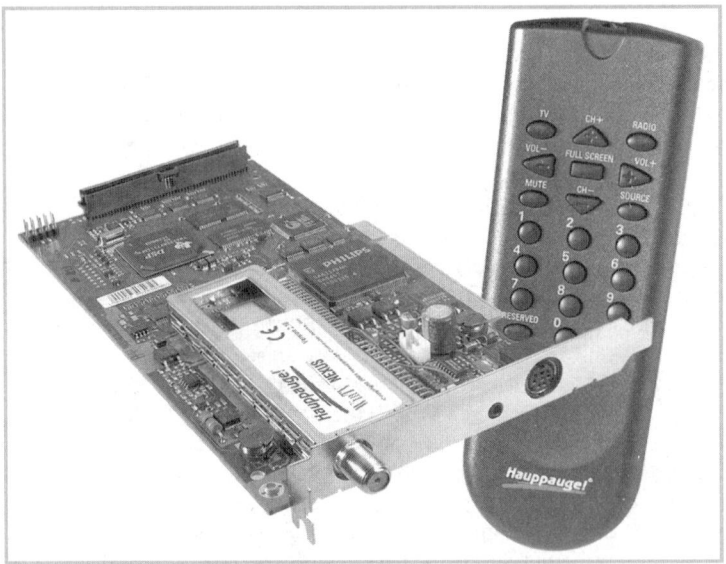

Greifen Sie am besten gleich zu einer digitalen DVB-S-Karte. Auch eine Fernbedienung ist kein Luxus, sondern fast schon Pflicht.

Troubleshooting: Probleme beim SAT-Empfang

An dieser Stelle eines vorweg: Wir können Ihnen hier keine Schritt-für-Schritt-Anleitung anbieten, was die Installation einer Satellitenschüssel und deren Verkabelung betrifft, da dies den Rahmen des Buches bei weitem sprengen würde. Nehmen Sie die Installation also nur eigenständig vor, wenn Sie das nötige Werkzeug, Fachwissen und auch die Erlaubnis haben. Letztere müssen Sie sich als Mieter in der Regel von Ihrem Vermieter einholen, bevor Sie überhaupt in Eigenregie eine Satellitenschüssel installieren dürfen.

Sind Sie unsicher, sollten Sie einen Fachmann ans Werk lassen. Dieser hat auch das nötige Messwerkzeug, um die Satellitenschüssel optimal auszurichten.

Grundlegende Tipps

1. Die Satellitenschüssel muss nach Süden mit freier Sicht zum Himmel installiert und exakt ausgerichtet werden.

2. Satellitenschüsseln sind in der Regel für die Montage auf einem so genannten Standrohr mit einem Durchmesser von ca. 5 bis 7 cm vorgesehen. Diese Standrohre findet auch bei herkömmlichen Antennen Verwendung. Sie können die Schüssel also z. B. zusätzlich mit am Standrohr der Hausantenne befestigen. Wollen Sie die Schüssel an einer Wand oder auf dem Balkon montieren, benötigen Sie eine spezielle Halterung, die im Baumarkt oder auch in diversen Elektronikmärkten erhältlich ist.

3. Für eine Doppel-LNB-Lösung benötigen Sie wie schon erwähnt eine Umschaltbox. Um nur ein Kabel in die Wohnung zu legen, würde es sich theoretisch anbieten, diese Box in der Nähe der Satellitenschüssel zu installieren. Doch Vorsicht! Die Boxen sind meist nicht für den Betrieb im Freien ausgelegt und können durch Umwelteinflüsse Schaden nehmen. Installieren Sie die Umschaltbox also unbedingt geschützt vor Regen etc. in einem Innenraum.

DVB-Karte einbauen und installieren

Die DVB-Karte lässt sich so einfach einbauen wie alle PCI-Karten, ein freier Slot im Rechner ist natürlich Voraussetzung. Daher verweisen wir an dieser Stelle auf die Einbauanleitung der Soundkarte auf Seite 271. Es ist unter Umständen darauf zu achten, dass Sie eine vorhandene Soundkarte mit dem internen Line-in-Anschluss an die DVB-Karte verbinden müssen/können.

Auch die Installation der Software ist zu verschieden, als dass wir hier eine pauschale Aussage machen könnten. In der Regel läuft die Installation aber analog zu der anderer PCI- bzw. Soundkarten ab. Daher gehen wir an dieser Stelle gleich auf Probleme ein, die nach der Installation der Karte bzw. der kompletten Satellitenanlage auftreten können.

Ich habe nach der Installation der Satellitenanlage und der DVB-Karte kein Bild. Der Bildschirm bleibt schwarz, was kann ich tun?

Wenn das Fernsehbild schwarz bleibt, überprüfen Sie zunächst alle Kabelverbindungen. Wenn Sie den Receiver bzw. die DVB-Karte über ein Scartkabel angeschlossen haben, sollten Sie diesen Anschluss (eventuell auch einmal mit einem anderen Scartkabel) überprüfen. Oft steckt das Scartkabel nicht richtig fest.

Andernfalls kann natürlich auch ein Fehler des Fernsehers, des Receivers oder des LNB vorliegen – im Zweifelsfall müssen Sie die Geräte austauschen. Bei einem Digitalreceiver kann dies auch heißen, dass das Signal nicht entschlüsselt werden kann, weil keine oder keine richtige Decodersoftware für ein verschlüsseltes Programm vorliegt.

Ich habe nach der Installation der Anlage und der DVB-Karte nur Schnee auf dem Bildschirm. Woran kann das liegen?

Grober Schnee deutet meist auf einen schlechten Empfang hin. Haben Sie nur weißen oder nur schwarzen Schnee, genügt es, die Frequenz des Programms etwas anders einzustellen (z. B. +/-5 MHz). Haben Sie jedoch sowohl weißen als auch schwarzen Schnee auf dem Bildschirm, lässt sich der Empfang nicht besser einstellen. Sie sollten die Anschlüsse und die Ausrichtung der Schüssel überprüfen. Eventuell liegt auch ein Kabelbruch vor.

Ich sehe ein Bild, das jedoch durch feinen Schnee gestört wird. Die Ausrichtung meiner Satellitenschüssel ist 100 % in Ordnung, und auch die Kabelverbindung zur DVB-Karte ist okay. Woran kann das liegen?

Feiner Schnee deutet auf einen Fehler zwischen Receiver und Fernseher hin und tritt in der Regel nur auf, wenn die Verbindung zwischen den beiden Geräten nicht in Ordnung ist. Überprüfen Sie die Verbindung und den korrekten Abgleich der Frequenzen. Haben Sie das Kabel zwischen DVB-Karte und dem TV z. B. selbst hergestellt, überprüfen Sie die korrekte Montage des Kabels an den Steckverbindungen.

Ich kann einige Programme sehr gut empfangen, andere weisen hingegen Störungen gerade bei dunklen Bildern auf. Woran kann das liegen?

Das geschilderte Problem tritt sehr häufig auf und kann mehrere Ursachen haben. Gerade bei dunklen Bildbereichen stören weiße Punkte oder längere weiße Streifen das Bild. Zum einen kann dies daran liegen, dass die Satellitenschüssel nicht 100%ig ausgerichtet ist. Ebenso kommen dichte Wolken, Regen oder gar eine abgedeckte Schüssel in Betracht. Können Sie diese Fehlerquellen ausschließen, kann es ebenso an einem defekten Kabel oder an einem defekten oder minderwertigen LNB liegen. Auch eine minderwertige oder defekte DVB-Karte ist nicht ausgeschlossen. Können Sie diese Störungen nicht selbst beseitigen, sollten Sie einen Fachmann zu Rate ziehen.

9. BIOS: Einstellungen für eine optimale Leistungsausbeute

Dieses Kapitel beschäftigt sich mit dem BIOS, dem Umgang damit und der Durchführung eines Updates. Aber was genau ist eigentlich das BIOS?

Die Abkürzung BIOS steht für **B**asic **I**nput **O**utput **S**ystem (grundlegendes Ein- und Ausgabesystem) und bezeichnet eine standardisierte Schnittstelle zwischen der Hardware und dem Betriebssystem eines Computers. Vereinfacht gesagt, handelt es sich um ein Programm, das ei-

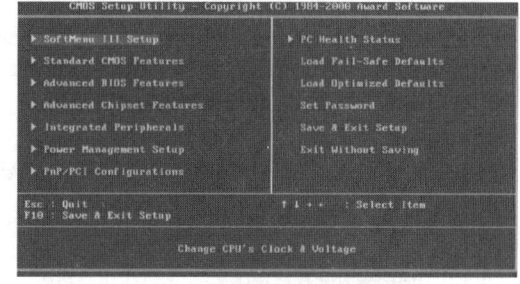

nerseits die Hardware steuert und andererseits eine Reihe von Befehlen zur Verfügung stellt, um diese Steuerung zu beeinflussen.

Man kann auch sagen, dass das BIOS das Grundbetriebssystem des Computers darstellt. Sein Programm ist auf einem ROM-Baustein gespeichert, der wiederum auf dem Mainboard sitzt. Weil dieser Baustein mit der BIOS-Software fest in den Computer eingebaut ist, spricht man auch von Firmware (engl. firm = fest).

In den meisten Fällen werden Sie von der Arbeit des BIOS kaum etwas mitbekommen. Erst wenn unerklärliche Leistungseinbrüche oder Performanceschwächen, z. B. nach dem Einbau neuer Hardware, auftreten, kann es hilfreich sein, die BIOS-Einstellungen zu prüfen und eventuell zu verbessern. Und in manchen Fällen ist es sogar notwendig, ein Update durchzuführen, wenn neue Hardware gar nicht oder nicht richtig unterstützt wird. Welche Einstellungen Sie vornehmen können, um die Leistung Ihres PCs oder die Unterstützung Ihrer Hardware zu verbessern, können Sie in den einzelnen Kapiteln dieses Buches zu den jeweiligen Komponenten nachlesen. Wir befassen uns an dieser Stelle lediglich damit, wie Sie ins BIOS gelangen, wie Sie sich in Menüs und Optionen zurechtfinden, und wie Sie das BIOS Ihres Mainboards auf den neusten Stand bringen.

9.1 BIOS-Zugang schnell und einfach

Bevor Sie daran gehen können, durch Anpassen der BIOS-Einstellungen die Leistungen Ihres PCs zu verbessern, müssen Sie erst einmal das BIOS-Setup aufrufen, das „Verwaltungsprogramm" des BIOS.

Der Aufruf des Setup-Programms ist in den meisten Fällen denkbar unkompliziert. Drücken Sie einfach die [Entf]- (bzw. [Del]-)Taste, solange beim Bootvorgang die Zeile *Press [Del] to enter Setup* am unteren Bildschirmrand angezeigt wird.

Danach erscheint sofort der Bildschirm des Setup-Programms. Bei älteren Mainboards kann sich die Vorgehensweise jedoch etwas von dieser Standardprozedur unterscheiden, wie wir Ihnen jetzt zeigen werden.

Zugangsvarianten für den Setup-Aufruf

Bis vor einiger Zeit war der Zugang ins BIOS-Setup noch nicht so einheitlich geregelt wie heute. Die folgende Tabelle gibt, nach Herstellern geordnet, einen Überblick darüber, welche unterschiedlichen Tastenkombinationen es geben kann, das Setup beim Rechnerstart aufzurufen.

Hersteller	Mögliche Tasten-kombinationen	Hersteller	Mögliche Tasten-kombinationen
Award	[Entf]	Toshiba	[Esc]
	[Strg]+[Alt]+[Esc]		[F1]
	[Strg]+[Alt]+[S]	NEC	[F2]
	[F2]	DELL	Reset
AMI	[Entf]		[Alt]+[Enter]
	[F1]	AST	[Strg]+[Alt]+[Esc]
Phoenix	[Entf]	Zenith	[Strg]+[Alt]+[Einfg]
	[Strg]+[Alt]+[Esc]	Tandon	[Strg]+[Umschalt]+[Esc]
	[Strg]+[Alt]+[S]	Olivetti	[Umschalt]+[Entf]
	[F2]		[Alt]+[Entf]
Compaq	[F10] (Setup wird von der Festplatte geladen)		[Strg]+[Entf]
Gateway	[F1]	Vobis	[Strg]+[Alt]+[Esc]

In den meisten Fällen werden Sie mit den Tastenkombinationen von Award bzw. Phoenix (*www.award.com/www.phoenix.com*) und AMI (*www.ami.com*) gut fahren, da diese beiden Firmen zurzeit marktbeherrschend sind. Wir werden uns daher auch bei den Beschreibungen anderer Verfahren und Einstellungen auf diese Hersteller konzentrieren.

> **Ein Logo versperrt den Weg**
>
> Bei einigen Rechnern (wie z. B. beim Aldi-PC) oder auch bei bestimmten Mainboard-Herstellern wird die Einschaltmeldung durch ein Logo verdeckt. Sie sehen nur eine Grafik, bis das Betriebssystem startet, und während dieser Zeit reagiert der PC nicht auf die (Entf)-Taste. Dieses Logo können Sie aber mit einem Druck auf (Esc) oder auch auf die (Tab)-Taste verschwinden lassen. Danach sehen Sie alle Details des Startvorgangs, und die Tastenkombination für den Weg ins BIOS-Setup funktioniert auch wieder.

Passwort vergessen? – So geht's trotzdem

Das ist natürlich eine ärgerliche Situation: Sie haben einen nagelneuen PC erstanden, und der Händler oder Hersteller hat den Zugang zum BIOS-Setup mit einem Passwort geschützt.

Normalerweise würden Sie jetzt wahrscheinlich davon ausgehen, dass jegliche Liebesmüh vergeblich sei, denn was soll man schon ausrichten, wenn der Rechner ohne Kennwort einfach gar nichts macht?

Es gibt einige Möglichkeiten, den Passwortschutz zu umgehen. Wir zeigen Ihnen, wie Sie schnell und sicher den begehrten Zugang erhalten.

Passwörter löschen

Es gibt verschiedene Möglichkeiten, voreingestellte Passwörter zu löschen. Die radikalste, aber sicherste Methode besteht im Löschen des CMOS.

> **Zugang nur mit Berechtigung**
>
> Denken Sie daran: Die im Folgenden beschriebenen Hinweise dürfen Sie natürlich nur nutzen, wenn der PC, an dem Sie dies versuchen, Ihr Privateigentum ist. In anderen Fällen können Sie sich unter Umständen sogar strafbar machen.

Wie bereits erwähnt, ist das BIOS auf einem ROM-Speicher abgelegt, der seinerseits auf dem Mainboard sitzt. Sie erkennen den Baustein mühelos an dem silbern glänzenden Aufkleber.

Das ist aber noch nicht alles, denn um Einstellungen, die der Benutzer gemacht hat, abzuspeichern, muss zusätzlich ein RAM-Baustein vorhanden sein, in den alle individuellen Daten geschrieben werden können.

Der RAM-Speicher ist als so genannter CMOS-Baustein ausgeführt, der mithilfe einer Batterie mit Strom versorgt wird, solange der Computer ausgeschaltet ist.

> **CMOS**
>
> CMOS steht für **C**omplementary **M**etal **O**xide **S**emiconductor = komplementärer Metall-Oxid-Halbleiter.

Die Batterie ist in der Regel eine Knopfzelle, die in einem Halter auf dem Mainboard sitzt (im Bild unten links), aber auf älteren Boards finden sich auch blaue längliche Akkus oder ein Baustein, der eine Kombination aus Uhrenchip und Batterie darstellt (DALLAS-Modul).

So sieht ein BIOS-Chip aus (oben rechts).

Eine schnelle und gründliche Methode, das Passwort zu überwinden, ist die Unterbrechung der Stromversorgung oder die Benutzung der Löschfunktion auf dem Mainboard.

In beiden Fällen gehen alle Einstellungen einschließlich der Passwörter verloren, Sie müssen also nach der Maßnahme zumindest alle Festplatten und Laufwerke neu anmelden, gegebenenfalls die Bootreihenfolge korrekt festlegen etc., damit Ihr PC wieder bootfähig wird.

Die weiter unten beschriebene Verwendung eines Universalpassworts ist zwar eleganter, aber zeitintensiv, weil unter Umständen eine Vielzahl von verschiedenen Varianten durchprobiert werden muss.

Selbst mit der Neueinstellung aller Optionen sind Sie wahrscheinlich schneller, wenn Sie einfach das BIOS löschen.

Das gilt umso mehr, da fast alle aktuellen Rechner bereits mit den Standardeinstellungen nach dem Neustart die Festplatten erkennen und startfähig sind.

1   Öffnen Sie den PC. Falls Sie sich nicht sicher sind, wie Sie dabei vorgehen sollen, werfen Sie zunächst einen Blick in Kapitel 1.

Öffnen des PCs

Achten Sie beim Öffnen des Rechners auf allgemeine Sicherheitsmaßnahmen, die immer gelten, wenn Sie am offenen PC arbeiten. Fahren Sie den Rechner herunter, nehmen Sie ihn vom Netz, entladen Sie sich und achten Sie auf eine geordnete Arbeitsumgebung.

---

2   Suchen Sie auf dem Mainboard die Knopfzellenbatterie, mit der das BIOS mit Strom versorgt wird.

3 Ziehen Sie die Klemme, mit der die Batterie in ihrem Sockel gehalten wird, vorsichtig zur Seite, bis sich die Batterie herausnehmen lässt. Bei älteren Mainboards wird die Batterie von einer Kontaktfeder gehalten, die quer über der Oberseite der Batterie verläuft. Hier sollten Sie die Batterie einfach anheben und seitlich herausnehmen. Heben Sie die Batterie aber wirklich nur gerade so weit an, wie unbedingt nötig, denn sonst laufen Sie Gefahr, dass die Kontaktfeder abbricht.

4 Alternativ dazu können Sie versuchen, eine Steckbrücke zum Löschen des BIOS-Setups zu finden, diese nützliche Einrichtung ist aber nicht bei allen Mainboards vorhanden. In der Regel handelt es sich dabei um einen einfachen Jumper, der geschlossen werden muss, oder um drei Kontaktstifte, bei denen die Verbindung beispielsweise von 1-2 auf 2-3 umgesteckt werden muss.

Die Beschriftung lautet meist *Clear CMOS*, *CCMOS* o. Ä.

Wie das bei Ihrem eigenen Mainboard gelöst ist, müssen Sie dem zugehörigen Handbuch entnehmen oder durch einen genauen Blick auf die Beschriftung der Platine herausfinden.

Falls Sie keinen Jumper finden, bleibt Ihnen die Methode mit der Batterie.

Universalpasswörter können helfen

Die elegantere Methode, in ein geschütztes BIOS einzudringen, ist die Verwendung eines Universalpassworts, mit dem die verschiedenen Hardwarehersteller sich meistens eine Hintertür ins BIOS offen halten. Eigentlich sollen diese Hintertüren sicherstellen, dass ein Techniker auf jeden Fall Zugang erlangt, wenn eine Reparatur oder Fehlersuche durchgeführt werden muss. Sie sind aber vor allen Dingen sehr praktisch, wenn Sie Ihren eigenen PC von einem fremden Passwort befreien müssen.

> **Beachten Sie die Schreibweise**
>
> Probieren Sie bei der Schreibweise sowohl Klein- und Großschrift bzw. große oder kleine Anfangsbuchstaben aus. Und bedenken Sie, dass [Y] und [Z] sowie [-] und [?] wegen der englischen Tastaturbelegung bei Eingaben im BIOS vertauscht sind. Sie sollten daher immer beide Schreibweisen ausprobieren.

In den folgenden Tabellen finden Sie eine Liste von Universalpasswörtern, die sich als funktionierend herausgestellt haben.

Award-BIOS

589721	598598	589589
01322222	256256	595595
1EAAh	admin	award_?
Award sw	AWARD?PW	AWARD?SW
aPAf	award_sw	award_ps
award	AWCRACK	awkward
AW	aLLy	award.sw
ALFAROME	Award_PW	alfarome
AWARD_SW	AWARD SW	BIOS
bios*	biostar	biosstar
biostarefmukl	BIOS310	BIOSTAR
CONCAT	CONDO	CONDO,
condo	CTXA	CMOSPWD
Compleri	djonet	efmukl
g6PJ	h6BB	HELGA-S
HEWITT RAND	HLT	helgasss
j09F	j256	j262
j322	j64	KILLCMOS
key	KDD	lkw peter
lkwpeter	LKWPETER	master
master_key	PASSWORD	SER
SW_AWARD	setup	SKY FOX
syxz	SKY_FOX	Sxyz

Award-BIOS

SWITCHES_SW	SZYX	TzqF
t0ch88	TTPTHA	t0ch20x
ttptha	wodj	Wodj
ZAAADA	zbaaaca	ZBAAACA
zjaaadc	ZJAAADC	zjaaade
		?award

AMI-BIOS

amipswd	ami0	AMISETUP
ami.kez	AMI_SW	AMI
aammii	amiami	A.M.I.
ami	AM	A.M.I
amidecod	AMI?SW	AMI!SW
AMI.KEY	AMI~	AMIBIOS
AMIPSWD	AMIDECOD	ami.key
ami°	BIOSPASS	bios310
BIOS	CMOSPWD	HEWITT RAND
HEWITTRAND	helgaß	killcmos
PASSWORD	589589	

Phoenix-BIOS

BIOS	CMOS	phoenix
PHOENIX		

9.2 BIOS-Setup: Anwenden der Optionen

So, jetzt haben Sie's geschafft: Passwortabfragen und unbekannte Zugangswege sind ü-berwunden, und Sie haben das BIOS-Setup vor sich. Und nun? Wahrscheinlich kommt Ihnen im Zeitalter der Mausbedienung die Navigation in den BIOS-Menüs umständlich vor, aber eigentlich ist sie ganz einfach.

1   An erster Stelle stehen die vier Pfeiltasten, die sich rechts neben dem Haupttasten-feld auf Ihrer Tastatur befinden. Hiermit bewegen Sie den Cursor bzw. die Markie-rung, die anzeigt, welches Menü bzw. welche Option gerade aktiviert ist.

2   Genauso wichtig ist die [Enter]-Taste, mit der Sie eine Auswahl treffen, also ein mar-kiertes Menü öffnen oder das Auswahlmenü einer bestimmten Option aufrufen.

3   Mit den [Bild↑]- und [Bild↓]-Tasten blättern Sie direkt durch die verschiedenen Werte, die bei einer Option zur Verfügung stehen. Falls Sie also z. B. die Bootreihenfolge einstellen möchten, drücken Sie die eine der beiden Tasten, um sich nacheinander A,C, C,A etc. anzeigen zu lassen. Bei den neusten BIOS-Versionen funktioniert aber oft nur noch die [Enter]-Taste zum Öffnen eines Auswahlmenüs.

4   Mit der [Esc]-Taste verlassen Sie alle Optionen, Menüs und das BIOS-Setup selbst. Achtung: Während beim Verlassen eines Menüs auf diesem Weg alle Einstellungen erhalten bleiben, werden beim Verlassen des BIOS-Setup auf diesem Weg alle Ver-änderungen verworfen. Eine Sicherheitsabfrage weist Sie allerdings darauf hin.

5   Bei neueren BIOS-Versionen werden die Tasten [+] und [-] eingesetzt, wenn es darum geht, die Bootreihenfolge einzustellen. Die Plustaste stuft ein Gerät höher ein, die Minustaste geringer.

6   Anders dagegen die Funktion der Taste [F10]. Ein Druck darauf beendet zwar das Se-tup, aber alle Änderungen werden vorher gespeichert. Sie ist damit der Shortcut für den Menüpunkt *Save and Exit Setup*.

7   Die Taste [F6] ist eine Abkürzung des Menüpunkts *Load BIOS Defaults*. Damit wer-den also alle Standardwerte des BIOS geladen, so wie sie vom BIOS-Hersteller vorge-geben werden. Dabei wird die Leistungsfähigkeit der Hardware ignoriert und eine langsame, aber nahezu immer funktionierende Einstellung gewählt. Benutzen Sie diese Taste nur zur Fehlerbehebung, also falls Ihr Rechner nicht mehr stabil läuft und Sie die gemachten Änderungen nicht mehr nachvollziehen können.

8   Die Taste [F7] ist eine Abkürzung des Menüpunkts *Load Setup Defaults*. Ähnlich wie bei den *BIOS Defaults* hat diesmal der Mainboard-Hersteller einen Satz von Stan-dardeinstellungen vorgegeben. Dabei können die Eigenschaften des Mainboards (von denen der BIOS-Hersteller ja keine genaue Kenntnis hat) stärker berücksichtigt werden. Die *Setup Defaults* (manchmal auch *Optimized Defaults*) sind also etwas weniger konservativ, gewährleisten aber auch einen stabilen Betrieb.

9   Mit der Taste [F5] verwerfen Sie alle Änderungen, die Sie bisher gemacht haben, oh-ne das Setup zu verlassen.

Die Setup-Menüs im Überblick

Die BIOS-Menüs eröffnen Ihnen vielfältige Möglichkeiten des Tweaking und Tunings, erwarten Sie aber keine Wunder.

Sie können die Leistung Ihres PCs mit den richtigen BIOS-Einstellungen nicht verdoppeln, aber 5 bis 10 % lassen sich in den meisten Fällen herausholen.

Achten Sie aber auf jeden Fall bei jeder Änderung auf die Wirkung und machen Sie sich Notizen und Backups, um notfalls problemlos einen Rollback durchführen zu können.

BIOS-Details

Wir können Ihnen die umfangreichen Menüs leider nur stark verkürzt vorstellen, da eine genaue Beschreibung den Rahmen dieses Kapitels bei weitem sprengen würde. Zur weiteren Information empfehlen wir Ihnen „Das große Buch BIOS", ebenfalls bei DATA BECKER erschienen.

Auch sollten Sie idealerweise nie mehr als eine Option ändern, um den Überblick nicht zu verlieren.

Standard CMOS-Setup (Award & AMI)

Hier werden grundsätzliche Einstellungen durchgeführt, wie Datum, Uhrzeit, Festplatten- und Diskettenlaufwerkparameter sowie Fehlerbehandlung, Datum, Uhrzeit und Art der Grafikkarte.

BIOS Features Setup (Award)/Advanced CMOS Setup (AMI)

Das *BIOS Features Setup* erlaubt Ihnen, Grundeinstellungen für Ein- und Ausgabegeräte wie die Tastaturwiederholrate und das Verhalten des Rechners beim Systemstart vorzunehmen.

Chipset Features Setup (Award)/Advanced Chipset Setup (AMI)

Hier werden alle Chipsatz-spezifischen Einstellungen getroffen, z. B. das Speicher-Timing oder AGP-Grafikoptionen.

Power Management Setup (Award)/Power Management BIOS Setup (AMI)

Einstellungen zu den Stromsparfunktionen und zu den Geräten, die den Rechner „aufwecken", sowie Geschwindigkeit des CPU-Lüfters, Spannung und Temperatur des Motherboards und der CPU.

PNP and PCI Setup (Award)/PCI/Plug & Play Setup (AMI)

Hier wird die Verteilung der Systemressourcen auf die Erweiterungskarten eingestellt.

Load BIOS Defaults (Award)/Autoconfiguration with Fail Safe Settings (AMI)

Setzen der BIOS-Optionen auf Standardwerte.

Load Setup Defaults (Award)/Autoconfiguration with Optimal Settings (AMI)

Setzen der BIOS-Optionen auf Optimalwerte des Mainboard-Herstellers.

Supervisor Password (Award)/Change Supervisor Password (AMI)

Setzen eines Passworts für den Start des BIOS-Setup, um das BIOS vor unerlaubtem Eingriff zu schützen.

User Password (Award)/Change User Password (AMI)

Setzen eines Passworts für den Rechnerstart.

IDE HDD Auto Detection (Award)/Auto-Detect Harddisks (AMI)

Automatische Erkennung der angeschlossenen Festplatten.

Save & Exit Setup (Award)/Save Settings and Exit (AMI)

Speichern aller Veränderungen und Verlassen des BIOS.

Exit Without Saving (Award & AMI)

Verwerfen aller Änderungen und Verlassen des BIOS.

Aldi-PC: Mehr Leistung durch cleveres BIOS-Tuning

Neben der Verbesserung des Speicher-Timings bieten die BIOS-Versionen der Aldi-PCs weitere nützliche Optionen, mit denen das Tempo und die Stabilität der Systeme verbessert werden können.

Verändern der Bootreihenfolge: Standardmäßig wird das P4-System mit 2 GHz (wie alle anderen Rechnermodelle auch) mit einer Bootreihenfolge ausgeliefert, die zuerst das Diskettenlaufwerk nach einer startfähigen Partition absucht. Das bedeutet zwar kein generelles Problem, kostet aber bei jedem Rechnerstart einen kleinen Moment Zeit. Zudem kann eine mit einem Bootvirus verseuchte Diskette eine Infektion der Festplatte verursachen, wenn sie bei einem Neustart im Laufwerk vergessen wurde. Aus diesem Grund empfiehlt sich die Einstellung der Festplatte als erstes Bootlaufwerk, gefolgt von CD- und Diskettenlaufwerk. Sie finden die entsprechenden Optionen unter *Advanced BIOS Features*.

Digitalen Soundein-/ausgang aktivieren: Für semiprofessionellle Musikbearbeitung ist der SPDIF-Ein- und Ausgang (**S**ony **P**hilips **D**igital **I**nterface) eine tolle Sache. Leider sind die Schnittstellen auf der Rückseite des Gehäuses standardmäßig deaktiviert. So können Sie den Ein-/Ausgang nutzen: Unter dem Punkt *Advanced Chipset Features* setzen Sie den Eingang *SDPIF In/Out* auf *Enabled*.

S.M.A.R.T.-Funktionen der Festplatte einschalten: Moderne Festplatten besitzen die Fähigkeit, Probleme mit der Drehzahl oder Symptome, die auf einen bevorstehenden Crash hindeuten, zu erkennen und eine Meldung auszugeben. Diese Funktion wird mit dem Kürzel S.M.A.R.T. (**S**elf **M**onitoring **A**nd **R**eporting) bezeichnet. Durch das Einschalten der entsprechenden BIOS-Option (*HDD S.M.A.R.T. Capability*) ist eine Software wie Norton SystemWorks in der Lage, die ausgegebenen Warnmeldungen auszuwerten und Sie über den Zustand der Festplatte zu informieren.

Deaktivieren der Onboard-Netzwerkkarte: Auf dem Mainboard des Aldi-PCs ist ein Netzwerk-Controller integriert, der von vielen Benutzern nicht benötigt wird. Falls Sie noch keinen DSL-Anschluss nutzen, Ihr PC nicht Teil eines Netzwerks ist oder eventuell eine zusätzliche Netzwerkkarte in einem PCI-Slot vorhanden ist, können Sie diesen Controller abschalten. Das spart einen Interrupt, verringert die Treiberlast des Systems und beschleunigt den Bootvorgang. Setzen Sie dazu die Option *Onboard LAN Device* auf *Disabled*.

Deaktivieren eines USB-Controllers: Falls Sie keine USB-Geräte nutzen, können Sie aus den oben genannten Gründen natürlich auch auf den USB-Controller verzichten: Setzen Sie dazu unter *Integrated Peripherals* die Option *OnChip USB1+2* auf *Disabled*.

Deaktivieren der Option Video RAM Cacheable: In älteren PC-Systemen konnte ein Performancegewinn erzielt werden, indem der Inhalt des Grafikkartenspeichers im schnelleren Hauptspeicher des Rechners zwischengespeichert wurde. Heute sind die Speicherbausteine auf jeder Grafikkarte deutlich schneller als der Arbeitsspeicher, sodass mit der Option *Video RAM Cacheable* Ressourcen verschwendet werden, ohne dass die Leistung des PCs verbessert wird. Aus diesem Grund sollten Sie die Option auf *Disabled* setzen.

9.3 BIOS-Update: Version und Herstellerdaten

Vielleicht ist Ihnen das auch schon mal passiert: Sie haben sich freudestrahlend einen neuen, superschnellen Prozessor zugelegt, damit jetzt endlich das aktuellste 3-D-Spiel läuft. Sie bauen den Prozessor fachgerecht ein, fahren erwartungsvoll den Rechner hoch und ... nichts.

Der Rechner startet nicht, läuft nicht richtig oder bleibt mit unverständlichen Fehlermeldungen hängen.

Schuld daran ist oft eine mangelnde Unterstützung des neuen Prozessors durch das BIOS.

Der Rechner startet nicht?

Der Grund ist ganz einfach: Falls Ihr BIOS zu einem Zeitpunkt entwickelt wurde, als die Betriebsbedingungen der neuen CPU noch nicht vollständig festgelegt waren, kann die Unterstützung des Prozessors auch noch nicht gewährleistet sein. Der Einsatz einer neuen CPU auf einem älteren Mainboard klappt zwar in vielen Fällen sofort, aber eine Garantie gibt es natürlich nicht.

Abhilfe kann in diesem Fall oft ein Update des BIOS schaffen: Wenn das Mainboard die richtigen technischen Rahmenbedingungen bietet (die richtige Sockelform und die richtige Betriebsspannung), reicht es aus, das BIOS auf den neusten Stand zu bringen.

In der aktuellsten BIOS-Version wird z. B. ein neuer CPU-Befehlssatz unterstützt, oder die automatische Erkennung der Betriebsspannung funktioniert auch mit den neusten Prozessortypen.

Wann sollte man das BIOS updaten?

Die Frage, wann ein BIOS-Update nötig wird, lässt sich ganz einfach beantworten: immer dann, wenn scheinbar unüberwindbare Probleme auftreten, wenn z. B.

■ aktuelle Komponenten nicht erkannt werden,

■ BIOS-Fehler einen reibungslosen Betrieb verhindern,

■ das verwendete Betriebssystem nicht richtig unterstützt wird oder

■ wichtige Hardwarefunktionen nicht unterstützt werden.

Falls Ihr Rechner einwandfrei läuft und auch nach einer Aufrüstaktion der Hardware keine Schwierigkeiten auftreten, sollten Sie von einem BIOS-Update nach Möglichkeit absehen. Im Amerikanischen gibt es dafür die Sprüche „don't fix it if it ain't broken" („reparier's nicht, wenn's nicht kaputt ist") und „never touch a running system" („greif niemals in ein System ein, das funktioniert"). Diese Hinweise sind hier auch angebracht, weil ein BIOS-Update einen sehr tiefen Eingriff in die Hardware Ihres PCs darstellt und somit immer ein gewisses Gefahrenpotenzial mit sich bringt.

Hersteller, Typ und Revision des Mainboards bestimmen

Für die Fertigstellung und Anpassung des BIOS an die technischen Besonderheiten Ihres Mainboards ist nicht der BIOS-Hersteller zuständig, sondern der Hersteller des Mainboards.

Um ein Update sicher durchführen zu können, müssen Sie deshalb den Hersteller Ihres Mainboards kennen, aber auch die genaue Typenbezeichnung und eventuell die Revisionsnummer.

Nur dann ist sichergestellt, dass Sie genau die richtige BIOS-Version für Ihr Mainboard herausfinden, die als Einziges funktioniert.

Um an diese Informationen zu gelangen, gibt es zwei Möglichkeiten.

- Sie benutzen das Handbuch des Mainboards, das Ihrem PC beigelegen hat, um Hersteller und Typ herauszufinden. Bei den allermeisten Boards genügen diese Daten, um eine aktuelle BIOS-Version auf der Internetseite des Herstellers zu finden.

- Falls Sie kein Handbuch besitzen (z. B. weil Sie den PC gebraucht gekauft haben), bleibt Ihnen nichts anderes übrig, als den PC aufzuschrauben und auf der Mainboard-Platine nachzusehen. Hier finden Sie in der Regel einen Aufdruck, der Hersteller und Typenbezeichnung preisgibt.

Achten Sie darauf, ob Ihr Mainboard eine Revisionsnummer besitzt.

Damit werden geringe Bauänderungen innerhalb eines Typs gekennzeichnet, die aber unter Umständen entscheidend für das Gelingen des BIOS-Updates sein können.

Oft ist diese Nummer, wenn es eine gibt, auf einem Aufkleber auf der Platine vermerkt.

Typbezeichnung auf dem Mainboard.

- Falls Sie den Hersteller und Typ Ihres Mainboards nicht herausfinden können, weil weder ein Handbuch vorhanden ist noch eine Typenbezeichnung auf der Platine, gibt es auch die Möglichkeit, das BIOS mithilfe eines Hardwareinformationsprogramms wie SiSoft Sandra zu identifizieren.

1 Nach dem Start von SiSoft Sandra finden Sie im Hauptbildschirm unter anderem das Symbol *Mainboard Information*. Klicken Sie darauf, um alle wichtigen Informationen über Ihr Mainboard abzurufen.

2 Jetzt können Sie den Hersteller und den Typ Ihres Mainboards einschließlich der Revisionsnummer ablesen.

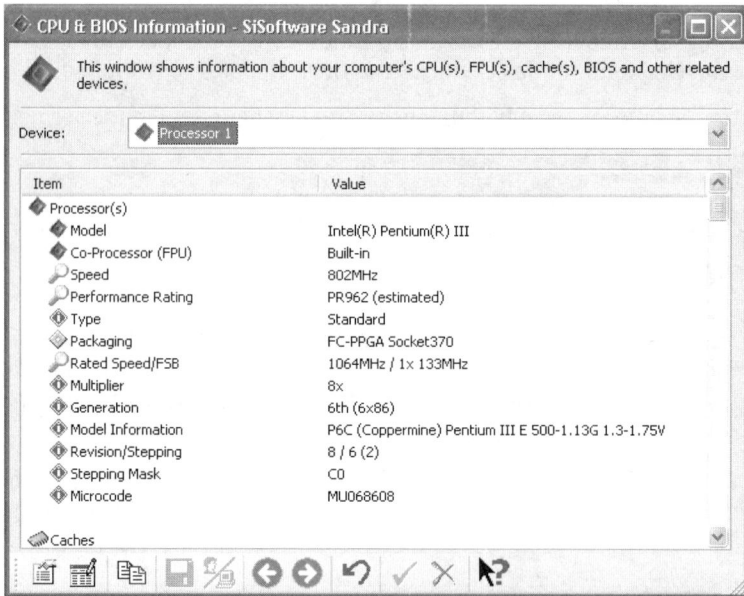

Download einer aktuellen BIOS-Version

Nachdem Sie Hersteller, Typ und gegebenenfalls die Revision Ihres Mainboards bestimmt haben, können Sie sich die aktuellste BIOS-Version von der Webseite des Mainboard-Herstellers herunterladen, natürlich nur, sofern es bereits ein Update dafür gibt

Nachfolgend finden Sie die wichtigsten Herstelleradressen:

Mainboard-Hersteller	Adresse
Abit	http://www.abit.com.tw/german/index.htm
Aopen	http://www.aopen.nl
Asus	http://www.asuscom.de
Chaintech	http://www.chaintech.de
Diamond/Micronics	http://www.diamondmm.com
DTK	www.dtk.com.tw
Elitegroup	http://www.elitegroup.de
Epox	http://www.elito-epox.com
Freetech	http://www.freetech.com
Gigabyte	http://www.gigabyte.de
Intel	http://www.intel.de
MSI	http://www.msi-computer.de
NMC	http://www.enmic.de
PC-Chips	http://www.pcchips.com
QDI	http://www.qdigrp.com
Shuttle/Spacewalker	http://www.spacewalker.com/german
Soyo	http://www.soyo.de
Tekram	http://www.tekram.de
Tyan	http://www.tyan.com

Meistens bieten die Hersteller ihre Updates in einem komprimierten Format an, das Sie erst mit einem entsprechenden Komprimierungsprogramm wie WinZip (*www.winzip.de*) oder ZipGenie (*www.databecker.de*) entpacken müssen.

Unter Windows XP benötigen Sie keine separate Software, da ZIP-Dateien dort mit dem Windows-Explorer geöffnet und entpackt werden können.

Finden Sie eine Datei mit der Endung *.exe* vor, handelt es sich zumeist um ein selbstentpackendes Archiv.

Nach dem Entpacken finden Sie zumeist ein Herstellertool zum Update, das Sie unbedingt benutzen sollten.

Benutzen Sie kein Flash-Programm eines anderen Anbieters.

Nur das vom Hersteller vorgesehene Programm garantiert ein reibungsloses Zusammenspiel zwischen dem Flash-Programm, der Update-Datei und der Hardware.

> **Notwendige Daten genauestens prüfen**
>
> Wir empfehlen Ihnen, die notwendigen Dateien genauestens zu prüfen und darauf zu achten, dass die Daten, die Sie zum Update nutzen, auch 100%ig für Ihr Mainboard und Ihr BIOS bestimmt sind. Ist dies nicht der Fall, wird Ihr PC – sofern das Update überhaupt durchgeführt werden kann – nach dem BIOS-Update nicht mehr bootfähig sein.

BIOS vom dem Update sichern

Speziell beim BIOS-Update gilt, dass ein übereiltes Vorgehen nur in den seltensten Fällen zum Erfolg führt. Deshalb sind gerade hier einige Sicherheitsmaßnahmen notwendig, wenn Sie nach dem Update einen Rechner haben wollen, der besser, schneller und sicherer läuft.

Neben einer Archivierung wichtiger Daten sollten Sie die Einstellung Ihres BIOS sichern. Diese können Sie entweder notieren oder, etwas eleganter, per (Digital-)Kamera fotografieren.

Auch kann es sicher nicht schaden, das Original-BIOS, also jenes, das gerade in Ihrem Rechner aktiv ist, zu sichern, um sich die Option offen zu halten, es eventuell wieder zurückzuspielen.

BIOS-Sicherung mit BIOS 1.35.1

Das DOS-Programm BIOS bietet Ihnen nicht nur unkompliziert wichtige Informationen zu Ihrem BIOS, es hat auch einige Features, die es zu einem sehr hilfreichen BIOS-Tool machen. So können Sie die CMOS-Daten sichern, wiederherstellen und überprüfen lassen, eventuell Passwörter auslesen oder bestimmte BIOS-Einstellungen auf Programmebene vornehmen.

Nach dem Download unter *www.geocities.com/mbockelkamp/index.htm?dos* starten Sie BIOS 1.35.1 am besten auf der DOS-Ebene, indem Sie am Eingabeprompt im Programmverzeichnis

    BIOS

eingeben. BIOS startet jetzt mit einer Anzeige der Optionen, die im Programm möglich sind. Mit

    BIOS D Dateiname

sichern Sie das BIOS in eine beliebig benannte Datei. Mit

    BIOS S

sichern Sie Ihre aktuellen Einstellungen, mit

    BIOS R

können Sie sie wieder zurückschreiben.

```
C:\BIOS>bios r

▌ Found MS-DOS 7.10 running
▌ Found Award Modular BIOS 4.51
▌ CMOS data recovered
▌ RTC time data reconstructed
▌ Reboot the PC in order to let the changes take effekt

C:\BIOS>_


C:\BIOS>bios r

▌ Found MS-DOS 7.10 running
▌ Found Award Modular BIOS 4.51
▌ CMOS data recovered
▌ RTC time data reconstructed
▌ Reboot the PC in order to let the changes take effekt

C:\BIOS>_
```

Die CMOS-Daten wurden erfolgreich wieder eingespielt.

9.4 BIOS flashen Schritt für Schritt

Sie können diese Betriebsart unter Windows 9.x erreichen, indem Sie unmittelbar nach dem Booten, während die Meldung *Windows wird gestartet* angezeigt wird, die Taste F8 drücken.

In dem daraufhin angezeigten Bootmenü wählen Sie dann *Nur abgesicherter Modus für Eingabeaufforderung*.

Die Startdateien werden auf diese Weise nicht abgearbeitet, und Sie befinden sich im reinen DOS-Modus.

Update im reinen DOS-Modus durchführen

Für ein erfolgreiches BIOS-Update ist es unbedingt notwendig, dass der Flash-Vorgang, also das Schreiben der neuen BIOS-Daten in den ROM-Baustein des Motherboards, ohne Störungen, Abstürze oder Unterbrechungen vonstatten geht. Deshalb ist es dringend zu empfehlen, das Update im reinen DOS-Modus ohne zusätzliche Treiber durchzuführen.

Die elegantere (und weniger fehleranfällige) Methode ist es jedoch, den Rechner mithilfe einer Windows-Startdiskette hochzufahren, auf der sich nur die notwendigsten Systemdateien befinden.

Damit haben Sie auf jeden Fall die Sicherheit, dass sich kein speicherresidentes Programm „eingeschlichen" hat.

Unter Windows 2000 und Windows ME ist dies übrigens die einzige Methode, in den DOS-Modus zu gelangen. Die Startdiskette erstellen Sie folgendermaßen:

1 Formatieren Sie eine Diskette, indem Sie im Arbeitsplatz mit der rechten Maustaste auf das Symbol des Diskettenlaufwerks klicken und im Kontextmenü den Punkt *Formatieren* wählen. Vorher haben Sie natürlich eine leere Diskette in Ihr Diskettenlaufwerk eingelegt ;-)

2 Achten Sie darauf, dass Sie bei *Art der Formatierung* die Option *Vollständig* angeben. Ob Sie der Diskette eine Bezeichnung geben wollen oder sich eine Zusammenfassung anzeigen lassen, sei Ihnen überlassen. Aktivieren Sie darüber hinaus die Option *Systemdateien kopieren* (unter Windows XP heißt diese Option MS-DOS-*Startdiskette erstellen*.

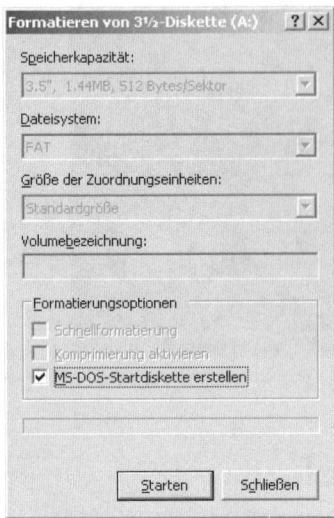

3   Klicken Sie nun auf *Starten*. Falls nach Beendigung der Formatierung fehlerhafte Sektoren angezeigt werden, nehmen Sie sicherheitshalber eine andere Diskette und wiederholen den Vorgang.

Wenn die Startdiskette vorbereitet ist, kopieren Sie die heruntergeladenen Dateien auf die Diskette, also die Update-Datei und das Flash-Utility. Denken Sie daran, die Dateien gegebenfalls zu entpacken, falls Sie sich noch im komprimierten Zustand befinden.

Zu guter Letzt sollten Sie sich sicherheitshalber noch den genauen Namen der Binärdatei mit den BIOS-Daten notieren – mit Dateierweiterung, denn die werden Sie gleich noch brauchen. Damit ist Ihre Update-Diskette fertig.

So sauber wie möglich

Falls Sie möchten, können Sie den deutschen Tastaturtreiber mit auf die Diskette nehmen und in die Startdateien einbinden, um sich die Arbeit zu erleichtern. Windows XP erzeugt sogar standardmäßig eine Diskette, auf der ein deutsches Tastaturlayout geladen wird. Vermeiden Sie es jedoch unbedingt, andere Programme wie z. B. Speicher-Manager wie *Himem.sys* oder *Emm386.exe* mit hinzuzunehmen.

Daten- und BIOS-Einstellungen sichern

Speziell beim BIOS-Update gilt, dass ein übereiltes Vorgehen nur in den seltensten Fällen zum Erfolg führt. Deshalb sind gerade hier einige Sicherheitsmaßnahmen notwendig, wenn Sie nach dem Update einen Rechner haben wollen, der besser, schneller und sicherer läuft.

Als Erstes: Die Datensicherung

Die erste Regel bei jeder Art von Arbeiten am PC lautet: Führen Sie vorher eine Datensicherung durch. Speichern Sie dazu selbst erstellte Dokumente, Bilder, Bookmarks, Tabellen, Texte, Konfigurationseinstellungen etc. auf einem anderen Medium, z. B. auf CD-ROM oder ZIP-Disketten. So können Sie – falls wirklich etwas schief gehen sollte – auf einem anderen PC mit Ihrer Arbeit weitermachen. Im Idealfall sichern Sie Ihre gesamte Festplatte mit einer Software wie z. B. Drive Image.

Sicherung der BIOS-Einstellungen

Dies ist besonders wichtig, falls Sie die Festplattenparameter manuell eingetragen haben.

Falls diese nicht notiert werden, können Sie Gefahr laufen, nach einem Update keinen Zugriff mehr auf die Festplatte zu haben.

Falls Sie nicht alles von Hand abschreiben möchten, können Sie jedes Menü einzeln ausdrucken.

> **Setup-Einstellungen notieren**
>
> Bevor Sie Änderungen am BIOS vornehmen, sollten Sie sich die Einstellungen im Setup notieren, die Sie an Ihrem BIOS im Laufe der Zeit vorgenommen haben. Diese gehen verloren, wenn Sie das BIOS mit einer neueren Version überspielt haben.

Benutzen Sie jeweils die Taste (Druck), um den Bildschirminhalt des jeweiligen Menüs auf dem Drucker auszugeben. Falls der Druck nicht sofort beginnt (manche Drucker speichern die Daten nur in ihrem Speicher ab), probieren Sie die Papierauswurftaste. Natürlich leistet in diesem Zusammenhang auch eine Digitalkamera gute Dienste, mit der Sie Ihre BIOS-Einstellungen bequem festhalten und abspeichern können.

PC-Funktionalität vor dem Update checken

Auch wenn die Entscheidung für ein Update des BIOS vielleicht gerade aus dem Grund getroffen wurde, dass der Rechner permanent Probleme bereitet, sich öfter mit einem Bluescreen verabschiedet oder bestimmte Komponenten einfach nicht erkennen will: Der PC muss vor dem Update einwandfrei funktionieren. Wichtig ist vor allem der reibungslose Ablauf unter einem „nackten" DOS, da der Update-Vorgang auf dieser Ebene durchgeführt wird und nicht unter Windows.

Falls Sie sich nicht sicher sind, ob dies gewährleistet ist, ist es sinnvoller, problematische Komponenten vorher auszubauen. Wenn also nach dem Einbau einer Netzwerkkarte, eines zusätzlichen Festplatten-Controllers oder einer FireWire-Karte permanent Probleme mit Ihrem PC aufgetreten sind, entfernen Sie diese Karten vor der Durchführung des BIOS-Updates. Dafür muss streng genommen nur die Grafikkarte in Ihrem PC stecken. Die letzte Alternative ist natürlich, das Update gleich bei einem Fachhändler Ihres Vertrauens durchführen zu lassen.

> **Ein Rat an die Overclocker**
>
> Ein Hinweis für diejenigen, die gern durch Übertaktungsmaßnahmen auch noch das letzte Quäntchen Leistung aus Prozessor, Grafikkarte und anderen Bestandteilen Ihres PCs herausholen: Verzichten Sie während der Update-Prozedur auf übertaktete Komponenten und schrauben Sie den Rechner auf die Standardparameter herunter. Ein gelungenes Update wird es Ihnen danken, und danach können Sie wieder an der Temposchraube drehen.

Virenfreiheit garantiert

Wie manch anderer Sicherheitshinweis ist auch dieser eigentlich banal, sollte aber dennoch erwähnt werden. Der PC muss während des Updates garantiert virenfrei sein.

Der Grund ist leicht nachvollziehbar: Viele Viren greifen vor allem den Bootsektor und die Systemdateien an, da diese für den Betrieb des PCs extrem wichtig sind. Aber gerade diese Systemdateien nutzen Sie beim Booten vor dem Update auf Ihrer Startdiskette. Sie können sich leicht vorstellen, dass ein BIOS-Update auf einem PC, der mit verseuchten Dateien gestartet wurde (wenn er sich überhaupt so starten lässt), mit großer Wahrscheinlichkeit schief geht.

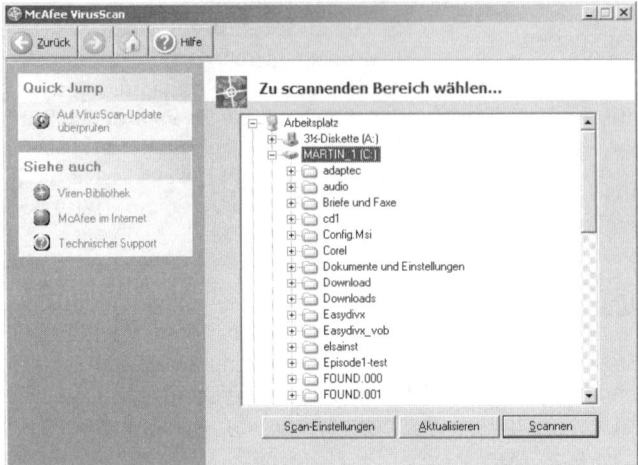

Der PC muss für das Update garantiert virenfrei sein!

Arbeiten am Mainboard

Der Rechner ist jetzt so weit vorbereitet, die Daten, die Sie im weiteren Verlauf brauchen, liegen bereit. Nun müssen Sie nur noch das Mainboard vorbereiten, denn bevor der BIOS-Chip mit einem neuen Innenleben versehen werden kann, muss der standardmäßig vorhandene Schreibschutz (*Write protect*) entfernt werden.

Dies kann bei neueren Boards im Setup vorgenommen werden. Suchen Sie im *BIOS Features Setup* nach der Option *Enable Flash BIOS Update* (oder ähnlich) und aktivieren Sie sie.

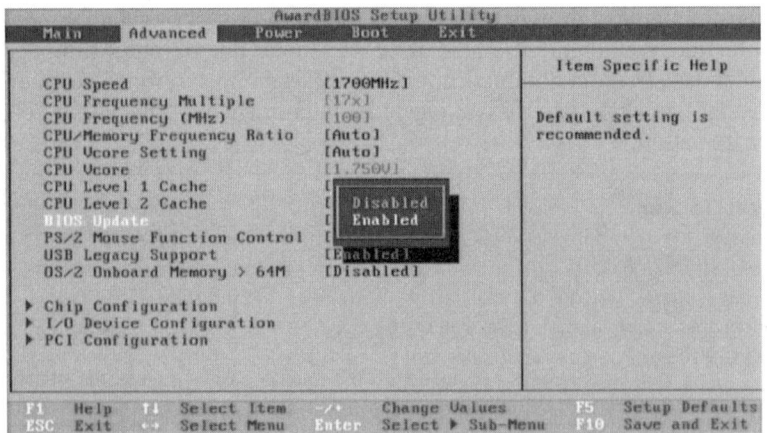

Enable Flash BIOS Update aktivieren.

Bei älteren Boards ist dafür im Regelfall ein Jumper oder ein kleiner Dip-Schalter verantwortlich. Schauen Sie im Handbuch Ihres Mainboards nach, wo sich dieser Schalter befindet und welche Position und Stellung er einnehmen muss, damit ein Flashen des BIOS möglich ist.

Wenn dies geklärt ist, schalten Sie Ihren PC aus, nehmen ihn vom Strom und öffnen ihn.

Stecken Sie dann den Jumper dementsprechend um.

Danach können Sie den Rechner wieder zuschrauben und ans Stromnetz anschließen.

Jetzt geht's los.

> **Handbücher gibt's im Internet**
>
> Wenn Sie beim Kauf Ihres PCs kein Handbuch erhalten haben oder dies nicht mehr auffindbar ist, schauen Sie sich auf den Webseiten der Hersteller um. Die meisten bieten Manuals zum Download an. Die Webadressen der wichtigsten Hersteller finden Sie weiter vorn in diesem Kapitel.

Nun wird es ernst: Das eigentliche Update

Booten Sie jetzt den Rechner von der Diskette neu. Beachten Sie, dass Sie natürlich die Bootreihenfolge im BIOS auf A, C gestellt haben müssen, damit der PC auf den Bootsektor der Startdiskette zugreift und nicht ganz normal von der Festplatte startet.

> **Niemals den Rechner ausschalten!**
>
> Zu Anfang ein immens wichtiger Hinweis: Falls während des nachfolgend beschriebenen Vorgangs irgendetwas schief gehen sollte, schalten Sie den Rechner auf gar keinen Fall aus, und führen Sie auch kein Reset durch! Solange Ihr Rechner noch läuft, kann ein erneutes Schreiben der alten oder der neuen BIOS-Version Ihr Motherboard noch retten. Ist der Rechner erst einmal ausgeschaltet, läuft dagegen gar nichts mehr, da der PC mit einem fehlerhaften BIOS nicht hochfahren kann. Näheres zu diesem Fall finden Sie ab Seite 320.

1 Nach dem Start sehen Sie die Eingabeaufforderung mit dem Buchstaben des Diskettenlaufwerks, also

```
A:\
```

2 Da die amerikanische Tastaturbelegung natürlich wenig hilfreich ist, laden Sie das deutsche Tastaturschema durch Eingabe von

```
keyb gr
```

Dieser Befehl wird nicht quittiert, wundern Sie sich also nicht, wenn scheinbar nichts passiert.

Jetzt beginnt der eigentliche Update-Vorgang.

> **Keine allgemein gültige Anleitung**
>
> Beachten Sie, dass die folgende Beschreibung nur allgemeinen Charakter haben kann. Wir beschreiben zwar das Update für das am häufigsten anzutreffende Award-BIOS, aber Versionsunterschiede des Tools Awdflash.exe können dennoch auftreten. Unter Umständen können daher Eingabemasken und Bildschirmanzeigen bei Ihnen von den hier gezeigten abweichen. Lassen Sie sich dadurch nicht verunsichern, die Funktionen bleiben prinzipiell immer die gleichen.

1 Geben Sie den Namen des Flash-Utilities ein (ohne Dateierweiterung), z. B.

```
awdflash
```

Wenn Sie mit [Enter] bestätigen, startet das Update-Programm.

2 Als Erstes haben Sie die Auswahl zwischen dem Backup der BIOS-Daten und der Durchführung des Update. Wir empfehlen dringend, zunächst ein Backup durchzuführen, damit, falls ein Fehler auftritt, der PC wieder in seinen ursprünglichen Zustand zurückversetzt werden kann. Dies gilt natürlich nur, wenn der Rechner nicht abgeschaltet oder ein Reset durchgeführt wurde (siehe oben).

Wählen Sie also zunächst das Backup mit der *[1]*.

```
                    ASUS ACPI BIOS
                FLASH MEMORY WRITER V1.37
         Copyright (C) 1994-2000, ASUSTeK COMPUTER INC.

Flash Memory: SST 49LF002A

Current BIOS Version: ASUS P4B ACPI BIOS Revision 1004 Beta 001
BIOS Model        : <P4B>
BIOS Built Date   : 09/05/01

Choose one of the followings:

1. Save Current BIOS To File
2. Update BIOS Including Boot Block and ESCD

Enter choice: [1]

Press ESC To Exit
```

3 Geben Sie dem alten BIOS einen unmissverständlichen Namen, unter dem es auf der Diskette gespeichert wird. Am besten orientieren Sie sich an den Konventionen des BIOS-Herstellers, dies erleichtert im Fall der Fälle die Übersicht.

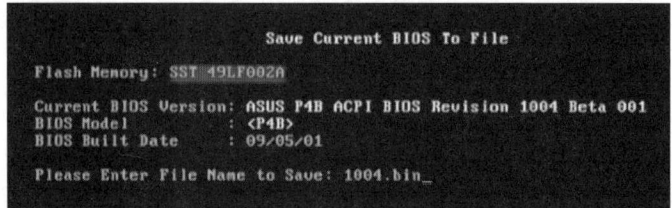

```
                Save Current BIOS To File

Flash Memory: SST 49LF002A

Current BIOS Version: ASUS P4B ACPI BIOS Revision 1004 Beta 001
BIOS Model        : <P4B>
BIOS Built Date   : 09/05/01

Please Enter File Name to Save: 1004.bin_
```

4 Wählen Sie danach im Hauptmenü die zweite Option, um das Update zu starten. Ein Hinweis: Manche Flash-Programme haben als Option die Möglichkeit, unterschiedliche Update-Vorgänge durchzuführen, wobei meist zwischen einem Update bestimmter Funktionen und einem kompletten Update des gesamten BIOS unterschieden wird. Wir empfehlen, an dieser Stelle immer das komplette Update durchzuführen. Nur hier haben Sie die Sicherheit, dass keine Inkompatibilitäten zwischen Resten einer alten und der neuen Version entstehen.

Oft ist die Option des kompletten Updates nicht sofort zugänglich, was vermutlich als Sicherungsfunktion von Seiten des Herstellers gedacht ist. Rufen Sie in diesem Fall die erweiterten Optionen bzw. den entsprechenden Menüpunkt auf und wählen Sie das komplette BIOS-Update.

```
                    ASUS ACPI BIOS
                FLASH MEMORY WRITER V1.37
          Copyright (C) 1994-2000, ASUSTeK COMPUTER INC.

Flash Memory: SST 49LF002A

Current BIOS Version: ASUS P4B ACPI BIOS Revision 1004 Beta 001
BIOS Model           : <P4B>
BIOS Built Date      : 09/05/01

Choose one of the followings:

1. Save Current BIOS To File
2. Update BIOS Including Boot Block and ESCD


Enter choice: [2]




Press ESC To Exit
```

5 Spätestens jetzt werden Sie nach dem Namen der Datei gefragt, die die neuen BIOS-Daten beinhaltet. Da Sie sich diesen Namen ja vorher notiert haben, haben Sie jetzt keine Schwierigkeiten, ihn einzutragen.

```
          Update BIOS Including Boot Block and ESCD

Flash Memory: SST 49LF002A

Current BIOS Version: ASUS P4B ACPI BIOS Revision 1004 Beta 001
BIOS Model           : <P4B>
BIOS Built Date      : 09/05/01

Please Enter File Name for NEW BIOS: 1005.bin
```

6 Falls an dieser Stelle ein Fehler auftritt, also z. B. die Datei nicht erkannt oder nicht gefunden wird, brechen Sie den Vorgang mit [Esc] ab und prüfen, ob Sie eventuell vergessen haben, die Datei zu entpacken. Wiederholen Sie nach der Dekomprimierung den beschriebenen Ablauf.

Normalerweise wird, wenn alles klappt, an dieser Stelle noch eine Sicherheitsabfrage eingeblendet. Diese können Sie jetzt getrost mit [Y] bzw. [Z] auf der amerikanischen Tastatur beantworten. Also: Atem anhalten und hoffen, dass der Strom nicht ausfällt.

```
          Update BIOS Including Boot Block and ESCD

Flash Memory: SST 49LF002A

BIOS Version
[CURRENT ] ASUS P4B ACPI BIOS Revision 1004 Beta 001
[1005.bin] ASUS P4B ACPI BIOS Revision 1005

BIOS Model
[CURRENT ] <P4B>
[1005.bin] <P4B>

Date of BIOS Built
[CURRENT ] 09/05/01
[1005.bin] 10/16/01

Check sum of 1005.bin is 750F.

Are you sure (Y/N) ? [N]




Press ESC To Return to Main Menu
```

7   Der eigentliche Update-Vorgang dauert nur ein paar Sekunden, Sie können also bald wieder Luft holen. Wenn der Rechner eine Erfolgsmeldung ausgibt, haben Sie das Schwerste bereits hinter sich. Sie sollten jetzt Ihren Rechner neu starten, indem Sie ein Reset durchführen. Achten Sie aber unbedingt darauf, dass Ihnen unmissverständlich mitgeteilt wurde, dass der Update-Vorgang erfolgreich war. Meistens werden Sie dabei auch aufgefordert, den PC erst aus- und dann wieder einzuschalten.

Nach dem erfolgreichen Update

Bevor Sie den Rechner jetzt wieder einschalten, sollten Sie gegebenenfalls den Jumper für die Aktivierung des Schreibschutzes wieder in seine alte Position bringen. Das gilt natürlich nur, wenn ein Umstellen während der Vorbereitung des PCs notwendig war.

1   Brechen Sie nach dem Einschalten den Bootvorgang durch Drücken der [Entf]-Taste ab und gehen Sie direkt in Ihr neues BIOS. Denn hier müssen Sie schließlich noch einige Einstellungen vornehmen.

2   Die neuen Daten, Features etc. aktivieren Sie, indem Sie den Befehl *Load Setup Defaults* auswählen.

3   Danach wartet die (etwas mühselige) Aufgabe auf Sie, sämtliche Menüs durchzugehen und Ihre alten Werte (z. B. zu Festplatten, Arbeitsspeicher oder Power-Management), die Sie selbst angepasst hatten, erneut einzugeben. Denn alle diese Einstellungen sind durch das Update überschrieben worden.

Falls Sie sich einen Ausdruck oder eine digitale Aufnahme Ihrer alten Einstellungen angefertigt haben, sollte dies aber kein großes Problem darstellen.

4   Damit wäre das Setup abgeschlossen. Herzlichen Glückwunsch, Sie haben eine der komplizierteren Klippen der PC-Arbeit gemeistert. Das Einzige, was Sie jetzt noch tun müssen, ist, das BIOS-Setup zu verlassen und den Rechner normal hochfahren zu lassen.

Vergessen Sie aber in Ihrer Euphorie nicht, die gerade vorgenommenen Einträge bei der Frage *Save & Exit Setup* mit *Yes* zu beantworten.

Das nächste Mal, wenn Sie den Rechner starten, können Sie dann stolz die neue Versionsnummer Ihres BIOS bewundern.

9.5 Troubleshooting nach einem BIOS-Update

Wie erwähnt, dauert der eigentliche Update-Vorgang nur wenige Sekunden. Was können Sie aber tun, wenn er trotzdem misslingt und der Vorgang mit einer Fehlermeldung abgebrochen wird?

> **Achtung!**
> Wie eingangs erwähnt: Schalten Sie den Rechner auf keinen Fall ab!!!

Statt auszuschalten, müssen Sie versuchen, den Brennvorgang zu wiederholen, egal ob mit der alten oder der neuen Version des BIOS. Das Brennen muss erfolgreich durchgeführt werden, ansonsten ist der Rechner nach einem Reset oder dem Ausschalten nicht mehr bootfähig.

In den meisten Fällen wird Ihnen das Flash-Programm selbst die Option anbieten, das Flashen zu wiederholen.

Gelingt dies auch nach mehreren Durchläufen nicht, sollten Sie versuchen, das zu Beginn gesicherte Original-BIOS wieder einzuspielen. Erst wenn mehrere Versuche erfolglos geblieben sind oder Sie das alte BIOS nicht gesichert haben, bleibt Ihnen in diesem Moment leider nur übrig, den Rechner auszuschalten und einen neuen BIOS-Chip auf das Mainboard zu setzen.

Falls gar nichts mehr geht

Eine Hoffnung besteht, wenn Sie Zugriff auf einen PC haben, in dem exakt das gleiche Mainboard wie in Ihrem Rechner eingebaut ist. Dabei ist es unwesentlich, welche Komponenten sonst noch verwendet werden oder welches Betriebssystem benutzt wird. Der zweite Computer dient sozusagen als Herzschrittmacher.

1 Nehmen Sie den defekten BIOS-Chip aus Ihrem Rechner. Achten Sie dabei auf die genaue Position oder markieren Sie sie.

2 Starten Sie den zweiten Rechner mit einer Bootdiskette im DOS-Modus. Öffnen Sie dann das Gehäuse und entfernen Sie den BIOS-Chip. Denken Sie auch hier daran, sich die Orientierung zu merken.

3 Stellen Sie durch Umsetzen des Jumpers, falls notwendig, sicher, dass das Flashen möglich ist. Setzen Sie dann Ihren Chip in den Zweitrechner ein.

4 Führen Sie nun den Brennvorgang wie oben beschrieben durch. Setzen Sie danach den Originalbaustein wieder ein und vergessen Sie nicht, die Jumper nochmals umzustellen.

Sie können den Besitzer des zweiten Rechners beruhigen: Für seinen PC besteht praktisch keine Gefahr, wenn man mal von den immer vorhandenen Risiken durch statische Entladung oder mechanische Beschädigung absieht.

Brennservice unter www.bios-info.de

Falls Ihnen wirklich das Malheur passiert ist, dass Ihr BIOS-Chip durch einen Stromausfall beim Update oder einen anderen Unglücksfall beschädigt wurde, hilft nur das Ersetzen des Chips. Falls Sie einen neuen Chip direkt beim Hersteller bestellen, entstehen dabei jedoch Kosten, die in der Regel beinahe die eines neuen Mainboards erreichen.

Auf der Seite des BIOS-Kompendiums (*www.bios-info.de*), auf dessen Grundlage DATA BECKERs „Das Große Buch BIOS" entstanden ist, bietet Hans-Peter Schulz in Zusammenarbeit mit Eckart Prause einen Brennservice an, über den Sie Ihr defektes BIOS zu geringen Kosten erneuern lassen können. Genaue Informationen zu diesem Service finden Sie, wenn Sie unter der angegebenen Adresse der Verknüpfung *BIOS Brenn-Service* folgen.

Warum läuft der Rechner langsamer als vor dem Update?

Gehen Sie ins BIOS-Setup und überprüfen Sie dort die Einstellungen. Vielleicht haben Sie beim Eintragen Ihrer alten Einstellungen einen Fehler gemacht, oder das neue BIOS verträgt diese nicht. Wählen Sie, falls das nicht geholfen hat, die Einstellung *Load BIOS Defaults* aus und fangen Sie von vorn an.

Es ist auch möglich, dass Sie ein BIOS eingespielt haben, mit dem Ihr Rechner zwar läuft, aber eben nur notdürftig. Wiederholen Sie die Flash-Prozedur mit dem gesicherten BIOS und prüfen Sie dann, ob Sie auch wirklich das richtige Update gewählt hatten.

Ich bin nicht sicher, ob ich das BIOS meines Rechners überhaupt updaten kann

Die Verwendung eines Flash-BIOS-Chips ist nicht unabdingbare Voraussetzung für den Betrieb eines PCs. Daher besteht grundsätzlich die Möglichkeit, dass auf Ihrem Mainboard ein Chip steckt, der nicht Update-fähig ist.

Die Wahrscheinlichkeit, dass Sie ein solches BIOS besitzen, ist außerordentlich gering. Sie können davon ausgehen, dass jeder handelsübliche PC, der Ihnen seit Mitte der 90er-Jahre verkauft wurde, ein Flash-BIOS besitzt.

Was kann beim BIOS-Update schief gehen?

Diese Frage ist in diesem Kapitel bereits ausführlich beantwortet worden. Für diejenigen unter Ihnen, die zuerst diesen Teil lesen, um auf Probleme vorbereitet zu sein, hier eine Kurzform:

Wenn Sie das falsche BIOS zum Update verwenden, einen Stromausfall während des Updates erleben oder einen defekten BIOS-Chip haben etc., ist die Chance groß, dass Ihr Rechner nicht mehr bootet, weil das BIOS beim Überschreiben beschädigt wurde.

Wir empfehlen daher, kein Update durchzuführen, das nicht absolut notwendig ist, nach dem Motto, das lang auf der Website von Asus zu lesen war: „If it ain't broken, don't fix it."= „Wenn's nicht kaputt ist, reparier es nicht."

Nach der Eingabe das Dateinamens meldet das Flash-Programm: „File size does not match"

Vermutlich liegt der Fehler in dem Versuch, eine falsche Datei einzuspielen.

Prüfen Sie genauestens, ob Sie wirklich das richtige Update nutzen, und versuchen Sie es mit der richtigen Datei noch einmal. Es kann unter Umständen vorkommen, dass Sie auf den ersten Blick die richtige Datei haben, diese aber in zwei Versionen vorliegt. Das kann vorkommen, wenn bei dem Motherboard während der Produktion Änderungen, z. B. in der Bestückung mit BIOS-Chips, durchgeführt wurden. So waren früher Chips mit einem MBit Kapazität üblich, heute verfügen sie üblicherweise über die doppelte Kapazität.

Das Flash-Programm hat mit dem Update begonnen, es dann aber abgebrochen und/oder eine Fehlermeldung ausgegeben

Wie oben mehrfach erwähnt: Stellen Sie jetzt auf keinen Fall Ihren Rechner aus, sondern versuchen Sie, die Datei noch einmal einzuspielen. Gelingt dies nicht, versuchen Sie, die gesicherte alte Version des BIOS wieder zurückzusichern.

Das Update scheint zwar funktioniert zu haben, aber seitdem verhält sich der Rechner merkwürdig, und einige Komponenten arbeiten nicht mehr richtig

Gehen Sie ins BIOS-Setup und überprüfen Sie dort die Einstellungen. Vielleicht haben Sie beim Eintragen Ihrer alten Einstellungen einen Fehler gemacht, oder das neue BIOS verträgt diese nicht. Wählen Sie, falls das nicht geholfen hat, die Einstellung *Load BIOS Defaults* aus und fangen Sie von vorn an.

Es ist auch möglich, dass Sie ein BIOS eingespielt haben, mit dem Ihr Rechner zwar läuft, aber eben nur notdürftig. Wiederholen Sie die Flash-Prozedur mit dem gesicherten BIOS und prüfen Sie dann, ob Sie auch wirklich das richtige Update gewählt hatten.

Das Flash-Programm meldet, dass es den Bootblock nicht beschreiben kann, mein BIOS-Chip stammt von Intel

In diesem Fall – und nur in diesem – können Sie den Fehler ignorieren und getrost weitermachen. Die Herkunft von Intel erkennen Sie an einem kleinen i vor einer Zahl, gedruckt auf den Chip. Bei diesen Chips kann der Bootblock nicht überschrieben werden, was aber bei der Update-Prozedur auch nicht notwendig ist.

Falls Sie einen Chip eines anderen Herstellers besitzen, haben Sie vermutlich versucht, ein falsches BIOS einzuspielen.

9.6 USB-Probleme im BIOS sicher beheben

Die USB-Schnittstelle (**U**niversal **S**erial **B**us) ist eine relativ moderne Geräteschnittstelle. Sie wird ab Windows 95b unterstützt und ist erst seit Windows 98 vollständig implementiert. Mit der Markteinführung von USB sollte das Anschließen neuer Peripheriegeräte kinderleicht und problemlos werden. Doch wie so oft klaffen hier Wunsch und Wirklichkeit weit auseinander.

Aufgrund des relativ geringen Alters der Schnittstelle ist die Ordnung der BIOS-Optionen zum USB-Port noch nicht besonders weit gediehen. Wer an dieser Schnittstelle Einstellungen vornehmen möchte, muss sich in einige verschiedene Menüs begeben.

USB-Schnittstelle deaktivieren

Falls Sie keine USB-Geräte nutzen, sollten Sie auch hier die Schnittstelle deaktivieren, um Ressourcen zu sparen. Dies geschieht über die Option *On Chip USB*, auch USB-Controller genannt, im *Chipset Features Setup*. Stellen Sie sie zum Abschalten der Schnittstelle einfach auf *Disabled*.

Eigener IRQ für die USB-Schnittstelle

Über die Option *Assign IRQ for USB* im *PnP/PCI Configuration*-Menü können Sie entscheiden, ob der USB-Schnittstelle ein eigener IRQ zugeteilt werden soll oder nicht. Damit Windows den USB-Controller einwandfrei erkennen und die angeschlossenen Geräte ansprechen kann, muss diese Option in der Regel auf *Enabled* gesetzt sein. Falls Sie Systemkonflikte mit anderen Geräten haben, können Sie den Interrupt 11 durch Setzen der Option auf *Disabled* frei machen.

Spezielle USB-Optionen nutzen

In verschiedenen BIOS-Versionen finden sich spezielle USB-Einstellungsmöglichkeiten, mit denen der Betrieb von USB-Tastaturen eingestellt werden kann. Diese Funktionen sind sehr spezifisch, deshalb besteht eine gewisse Wahrscheinlichkeit, dass sie bei Ihnen nicht vorhanden sind.

USB Keyboard Support

Optionen: Enabled, Disabled

Durch diese Option wird die Funktionalität einer USB-Tastatur aktiviert oder deaktiviert. Falls Sie keine solche Tastatur benutzen, können Sie sie abschalten.

USB Keyboard Support VIA

Optionen: OS, BIOS

Hierbei wird bestimmt, ob die Unterstützung der USB-Tastatur durch das Betriebssystem oder durchs BIOS erfolgt. Eine Unterstützung durch das Betriebssystem ermöglicht eine bessere Funktionalität, hat aber zur Folge, dass ein Betrieb unter DOS nicht möglich ist. Wenn Sie also im reinen DOS-Modus arbeiten wollen, stellen Sie die Option auf *BIOS*.

10. Mainboard-Tausch: Vorbereitung und Durchführung

Das Mainboard ist das Herz des Rechners. Es beherbergt die CPU, den Speicher, Grafik- und alle weiteren Steckkarten, das BIOS und den mächtigen Board-Chipsatz, der alle Datenströme zwischen diesen Komponenten lenkt und steuert. Klar also, dass dem Mainboard eine besondere Rolle im Hardwarereigen zukommt. Ein neues Board will mit Bedacht und unter Berücksichtigung des Haupteinsatzgebiets Ihres Rechners ausgewählt sein.

Und beim Ein- und Ausbau sollten Sie geplant vorgehen, um keine bösen Überraschungen zu erleben. Dieses Kapitel bietet Ihnen ausführliche Schrittanleitungen, mit denen die Montage und die Demontage eines Mainboards sicher und schnell vonstatten geht. Zu Beginn stellen wir Ihnen die wichtigsten Komponenten vor, die sich auf der Platine befinden. Außerdem finden Sie am Ende des Kapitels eine Kaufberatung in Form einer Checkliste, mit der Sie sich schnell ein Bild davon machen können, welche Anforderungen ein Mainboard erfüllen muss, um Ihren Wünschen zu entsprechen. Und falls Ihnen der Austausch des Mainboards letztlich doch zu umständlich oder kompliziert erscheinen sollte, haben wir ein paar Tipps zusammengestellt, wie Sie auch mit dem alten Board im Rechner noch mehr Leistung herausholen können.

10.1 Bestückung eines P4-Mainboards

Das Mainboard, auch Motherboard genannt, tritt im Alltag des Computernutzers nur selten in Erscheinung: Verborgen im Gehäuse, werkelt es unauffällig im Hintergrund, und auch wenn wir das Gehäuse öffnen, bleibt es größtenteils unter Kabelknäuels, Festplatten, Steckkarten und Einbaurahmen verborgen.

Höchste Zeit, den großen Unbekannten einmal kennen zu lernen. Spätestens wenn das Mainboard defekt oder veraltet ist, deshalb aber nicht gleich ein komplett neuer PC angeschafft werden soll, werden Sie wissen möchten, welche der vielen Bausteine auf der Hauptplatine welche Funktionen übernehmen. Im folgenden Abschnitt finden Sie eine Kurzbeschreibung der wichtigsten Komponenten. Sind Sie dagegen nur an einem schnellen und problemlosen Aus- oder Einbau des Mainboards interessiert, können Sie auch sofort zum nächsten Kapitel springen.

Mainboard-Komponenten, Anschlüsse, Steckplätze

Die Grafik zeigt ein Pentium 4-Mainboard der Firma Asus. Boards anderer Hersteller oder solche, die für andere Prozessoren ausgelegt sind, weisen eine etwas andere Architektur auf. Die vorgestellten Komponenten sind aber auf jedem Motherboard vorhanden und nehmen immer die gleichen Aufgaben wahr.

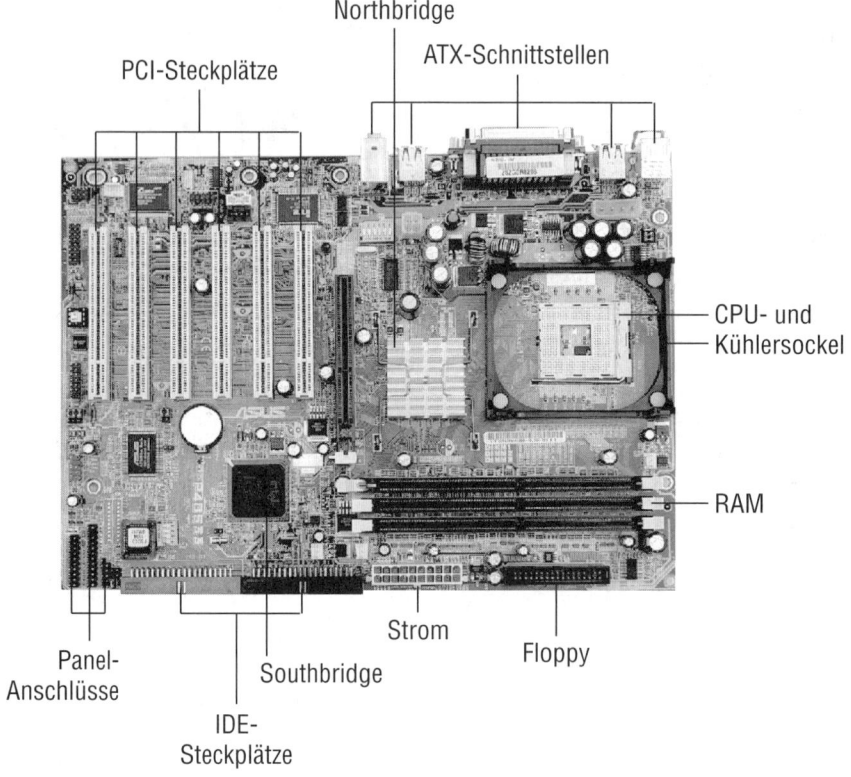

Schaltzentrale: Alle wichtigen Komponenten eines PCs residieren auf dem Mainboard oder werden über Kabel von dort angesteuert.

PCI-Slots für Sound, Netzwerk, SCSI und Video

Zwischen zwei und sechs weiße PCI-Stecksockel weist ein Mainboard auf (bei älteren Modellen kommen noch die etwas längeren dunkelbraunen oder schwarzen ISA-Sockel für 16-Bit-Karten hinzu). PCI-Karten werden mit 32 Bit adressiert, d. h., der Datenbus kann 32 Signale gleichzeitig an die Karte übertragen.

Klassische Beispiele für PCI-Karten sind Sound-, Netzwerk-, SCSI- und Video(schnitt)karten.

> **Slot für die Grafikkarte**
>
> Bevor AGP auf den Markt kam, waren Grafikkarten grundsätzlich im PCI-Slot zu finden. Auch heute noch werden die zweite und etwaige weitere Grafikkarten über den PCI-Slot betrieben, da AGP nur eine Grafikkarte ansprechen kann.

Die weißen Stecksockel nehmen PCI-Karten auf. Die Karten werden dort im Gehäuse verschraubt, wo sonst die Slotbleche sitzen (oben im Bild).

Die PCI-Karten werden senkrecht in den Sockel gesteckt. Zuvor muss das zugehörige Slotblech an der Rückwand des Gehäuses entfernt werden.

An dessen Stelle wird die PCI-Karte eingeschraubt, die dadurch einerseits im Sockel fixiert wird und andererseits von der Rückseite des PCs her über Stecker und Kabel mit anzuschließenden Geräten (z. B. Monitor, externe Laufwerke, Netzwerkkabel etc.) verbunden werden kann.

CPU: Prozessor, Sockel und Lüfter

Das Gehirn des Rechners, die CPU (**C**entral **P**rocessing **U**nit), sitzt auf einem Sockel (so genannte Socket-CPU) oder, ähnlich einer PCI-Karte, in einem Schacht (Slot-CPU). Pentium I, III und 4 sind Sockelprozessoren, während der PII als Slot-CPU gefertigt wurde.

Auch AMD setzte zwischenzeitlich auf Slotlösungen, ist aber genau wie Intel wieder zum Sockel zurückgekehrt.

Ein P4-Prozessorsockel ...   ... mit installierter CPU ...   ... und fertig montiertem Lüfter.

Der eigentliche Prozessor wird im Sockel mittels eines Metall- oder Plastikhebels arretiert und dann durch den Lüfter bedeckt, der einer Überhitzung dieser wichtigsten Schaltzentrale entgegenwirkt. Zur Befestigung der Lüfter kommen diese unterschiedlichsten Systeme zum Einsatz, die von Hersteller zu Hersteller und von Sockeltyp zu Sockeltyp variieren.

RAM, Jumper und Dip-Switches

Der Hauptspeicher ist in langen, schmalen Sockeln untergebracht, wo er mithilfe von Clips oder Metall- bzw. Plastikfedern arretiert wird. Ältere Speicherriegel benötigen zum Teil eine höhere Betriebsspannung, die über einen kleinen Jumper (eine Steckbrücke, die einen Kontakt zwischen zwei Pins auf dem Mainboard herstellt) eingestellt werden kann. Jumper kann ein Mainboard-Hersteller für jeden erdenklichen Zweck vorsehen.

Die Zahl der Slots für Speicherriegel liegt zwischen zwei und sechs.

Bis vor kurzem wurde z. B. auch die Taktfrequenz, mit der die CPU betrieben wird, über Jumper eingestellt, erst neuere Boards erlauben die Einstellung dieser und sämtlicher anderer Werte im BIOS und werden als „Jumper-free" bezeichnet.

  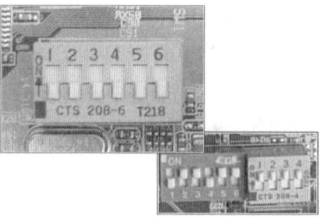

Jumper sind kleine Steckbrücken, die einen ...   ... elektrischen Kontakt auf dem Mainboard herstellen und verschiedenste Aufgaben erfüllen.   So sehen Dip-Switches aus.

Was sind Dip-Switches?

Viele Hersteller verwenden neben den Jumpern auch so genannte Dip-Switches. Die Funktion der Jumper übernehmen hier kleine Schalter, die in Blöcken zu einem einzigen Bauteil zusammengefasst werden. Dip-Switches lassen sich leichter einstellen als Jumper, die gern ins Gehäuse fallen und dort verschwinden

IDE-Anschlüsse für HD, CD und DVD

IDE-Anschlüsse sind 40-polige Stecksockel, von denen sich zwei oder vier auf dem Mainboard bedinden.

An jeden Anschluss können per IDE-Flachbandkabel bis zu zwei Laufwerke angeschlossen werden.

Über diese Ports werden Festplatten-, CD- und DVD-Laufwerke mit dem IDE-Controller verbunden.

Diese werden als Master- und Slave-Laufwerk vom Controller bedient. Moderne Boards verfügen über zwei integrierte Controller (*Primary* und *Secondary*) für maximal vier Laufwerke, einige weisen sogar vier Controller, also auch vier Anschlüsse auf.

Primary und Secondary IDE-Controller, die den schnellen UDMA/100-Standard (auch ATA100 genannt) beherrschen.

In letzterem Fall sind zwei der Anschlüsse in der Regel mit schnellen UDMA/100- bzw. UDMA/133-Controllern ausgestattet oder bilden ein so genanntes Onboard-RAID-Array.

Mehr zu diesem Thema finden Sie in Kapitel 6.

IDE-Flachbandkabel richtig anschließen

Damit die IDE-Flachbandkabel richtig angeschlossen werden, ist der erste Kontakt-Pin auf dem Mainboard gekennzeichnet. Die entsprechende Ader des Kabels ist rot markiert.

Pin 1 der IDE-Anschlüsse ist auf der Platine markiert. Auch der Floppy-Controller darunter ist mit gleicher Polung ausgerichtet.

Floppy-Controller für Diskette, Band und ZIP

An den Floppy-Controller lassen sich neben 5¼- und 3½-Zoll-Diskettenlaufwerken auch Bandlaufwerke und interne ZIP-Laufwerke anschließen. Der 34-polige Stecksockel ist etwas kürzer als die IDE-Sockel.

Der Floppy-Controller ist in der Regel auf der Platine beschriftet. Meist findet er sich direkt neben den IDE-Anschlüssen, manchmal aber auch weiter davon entfernt.

Beide Sockeltypen sind übrigens immer gleich ausgerichtet, d. h., Pin 1 befindet sich überall auf der gleichen Seite. Im Gegensatz zu IDE verfügt ein Mainboard nur über einen Floppy-Controller, an den zwei Laufwerke angeschlossen werden können.

Strom – Spannung für das Mainboard

Der Stromanschluss liefert dem Mainboard die Spannung, mit der dieses alle Steckkarten, die CPU, den Speicher, Datenbusse, stromführende Schnittstellen (z. B. USB und FireWire) und den Mainboard-Chipsatz versorgt.

Sockel für den Stromstecker entsprechend dem ATX-...

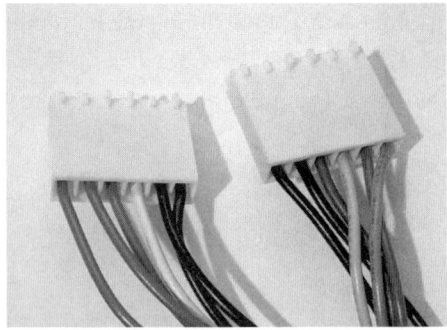

... und Stecker entsprechend dem AT-Formfaktor.

Bei ATX-Mainboards ist eine Verpolung des Steckers ausgeschlossen, weil dessen spezielle Form den Anschluss nur auf eine Weise zulässt. Beim älteren AT-Format ist dagegen Vorsicht geboten: Die beiden Stecker können miteinander vertauscht werden! Richtig ist, wenn die beiden schwarzen Kabel in der Mitte nebeneinander liegen.

Rechner mit ATX-Board ausschalten

ATX-Boards lassen sich übrigens nicht immer gleich ausschalten, z. B. unmittelbar nachdem der Rechner eingeschaltet wurde. Abhilfe schafft im Notfall der Kippschalter an der Gehäuserückwand.

Andererseits bietet ATX im Gegensatz zu AT den Komfort, dass nach dem Beenden von Windows der Rechner automatisch ausgeschaltet wird. Allerdings verbraucht ein ATX-Board auch im abgeschalteten Zustand einige wenige Watt – eine Steckerleiste mit Netzschalter schafft Abhilfe!

Schnittstellenanschlüsse gemäß ATX-Formfaktor

Vor Einführung des ATX-Formfaktors Mitte der 90er-Jahre konnte jeder Hersteller frei entscheiden, wo er an der Rückseite die Anschlüsse für serielle, parallele und sonstige Schnittstellen unterbringen wollte.

Einige, wie der 5-polige DIN-Stecker für die Tastatur, wurden fast immer ins Gehäuse integriert, andere, z. B. COM-Ports, Drucker- und Joystickports, wurden teilweise auch in Slotbleche integriert, die dann (optional) an Stelle einer PCI-Steckkarte eingeschraubt werden konnten.

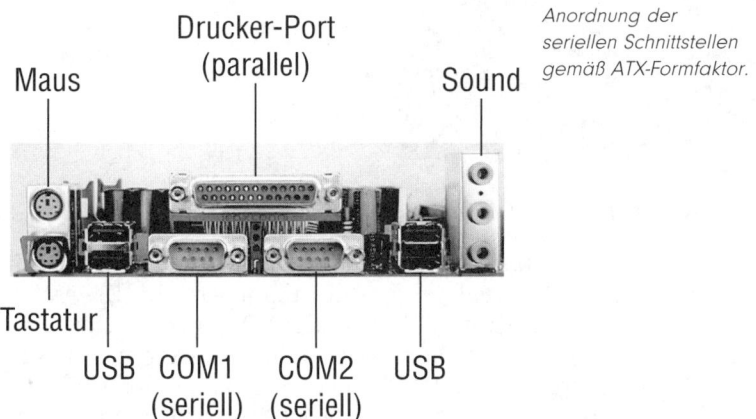

Anordnung der seriellen Schnittstellen gemäß ATX-Formfaktor.

Der ATX-Formfaktor macht hier wesentlich engere Vorgaben. Die Lage der PS/2-Anschlüsse für Maus und Tastatur ist normiert, Gleiches gilt für die COM-Ports und den Druckeranschluss. USB-Anschlüsse können zwei oder vier zur Verfügung gestellt werden, sollen es noch mehr sein, muss wiederum auf Slotbleche zurückgegriffen werden.

Hier wurde der Joystickport montiert, dem der zweite USB-Block zum Opfer fiel. Die Anschlüsse der Soundkarte wurden horizontal statt vertikal montiert.

Auch der Joystickport hat seinen festen Platz. Variabel sind die Hersteller allerdings in der Auswahl der Anschlüsse, mit denen der ATX-Block bestückt werden soll. Auch können einige der Schnittstellen gegeneinander ausgetauscht werden (vgl. die beiden oberen Abbildungen).

AGP-Port – Highspeed-Zugang zum Datenbus

Der AGP-Port dient einzig und allein dem Zweck, einer AGP-Grafikkarte einen Highspeed-Zugang zum Datenbus zu verschaffen. Mittlerweile sind 8X-AGP-Karten erhältlich, die ihre Leistung aber nicht voll ausspielen können: Im Frühsommer 2002 wurde von Microsoft erst die offizielle AGP-4X-Unterstützung für Windows XP zum Download auf *www.microsoft.com* freigegeben.

Der AGP-Port für die Grafikkarte befindet sich direkt über den PCI-Slots.

North- & Southbridge: Der Chipsatz

Der Chipsatz des Mainboards ist das A und O. Hier trennt sich die Spreu vom Weizen, denn was der Chipsatz nicht beherrscht, das lernt das Board nimmermehr. Die großen Chipschmieden, die in enger Zusammenarbeit mit Intel und AMD um den besten Chipsatz konkurrieren, der die Leistungen eines Prozessors optimal ausreizen soll, sind (neben Intel und AMD selbst) die Firmen VIA, ALi, SiS und Winbond. Deren Chipsätze stellen unter anderem die Funktionen zur Verfügung, die über das BIOS angesteuert werden können.

Leider liegt es im Ermessen der Mainboard-Hersteller, welche dieser Funktionen sie tatsächlich im BIOS auftauchen lassen. So kommt es, dass vor allem bei Mainboards aus dem unteren Preissegment einige hilfreiche BIOS-Option fehlen, obwohl der im Board verbaute Chipsatz eigentlich damit zurechtkäme.

Northbridge (oben rechts, unter einem Kühlkörper verborgen) und Southbridge wurden auf diesem Asus P4-Mainboard der Übersichtlichkeit halber freigestellt.

Der größere Chip stellt die Northbridge dar (wenn ein ATX-Board so ausgerichtet wird, dass die CPU oben, also im im Norden liegt, dann ist die Northbridge näher an der CPU als die Soutbridge). In die Zuständigkeit der Northbridge fällt z. B. der Arbeitsspeicher, der AGP-Bus und der **F**ront**s**ide-**B**us (FSB).

Die Southbridge ist u. a. für die Anbindung der IDE-Kanäle und der ISA-Karten (soweit vorhanden) zuständig.

Die beiden „Bridges" werden durch einen Daten-Highway verbunden, den man bei genauerer Betrachtung einer Hauptplatine auch gut erkennen kann (an den vielen Leitungen, die in die Platine geätzt sind).

Dieser so genannte PCI-Kanal führt weiter zu den PCI-Stecksockeln und wurde bei Mainboards bis zum Erscheinungsjahr 2001 mit 33 MHz getaktet.

Danach gingen die Hersteller zu einem 66-MHz-Takt über, weil sonst die Daten der immer schneller werdenden Peripheriegeräte nicht mehr rechtzeitig hätten übertragen werden können.

Da die PCI-Steckkarten aber laut Spezifikation mit 33 MHz getaktet werden müssen, ging die Zuständigkeit für die PCI-Slots von der North- an die Southbridge über.

Die Southbridge tauscht seither Daten mit den PCI-Slots mit 33 MHz, mit der Northbridge mit 66 MHz aus.

CMOS-Stromversorgung durch Akku oder Batterie

Das CMOS, in dem Uhrzeit und Datum für die Echtzeituhr und weitere wichtige Konfigurationsparameter gespeichert sind, wird bei ausgeschaltetem Rechner durch eine Batterie versorgt.

Entweder handelt es sich um eine silberne 3-Volt-Knopfzelle, deren Lebensdauer oft nicht ausreicht, um den PC bis ans Ende seiner Tage mit Strom fürs CMOS zu versorgen.

Wenn die Batterie zu Ende geht, kann sie mithilfe eines Schraubenziehers leicht ausgetauscht werden. Dazu wird die Batterie seitlich gegen eine Kontaktfeder gedrückt und dann nach oben aus dem Sockel genommen.

Das CMOS bezieht seinen Strom aus einer Knopfbatterie oder einem Akku.

Wenn Sie keine solche Knopfzelle auf Ihrem Mainboard entdecken können, kann es sein, dass das CMOS durch einen Akku gepuffert wird, der sich bei eingeschaltetem PC wieder auflädt. Der Akku überbrückt spielend einige Wochen, und seine Lebenserwartung übersteigt die eines PCs um ein Vielfaches. Da Akkus in der Regel mit der Platine fest verlötet sind, ist ein Austausch im Ernstfall etwas schwieriger.

Panel-Anschlüsse für Schalter, LEDs und Speaker

Eine schmale Leiste mit Kontakt-Pins in zwei Reihen, manchmal sind es auch zwei oder mehrere Leisten, setzt sich aus den Anschlüssen für die Stecker des Panels zusammen. Dies sind die Kontakte für den Netzschalter, den Gehäuselautsprecher, die Reset-Taste, Keylock sowie die LEDs für Rechner- und Festplattenbetrieb.

Panel-Anschlüsse für Schalter, LEDs und Lautsprecher des PC-Gehäuses.

Panel-Anschlüsse	Bedeutung
PLED	Power LED: Leuchtdiode für den eingeschalteten PC
KEYLOCK	Tastatursperre (Schloß am PC-Gehäuse)
SPEAKER	Anschluss für den Gehäuselautsprecher
MLED / HD LED	Diode für Festplattenaktivität
SMI	Powersave-Funktion
PWRRTN / PWR	Ein-/Ausschalter
RESET / RES	Reset-Schalter für den Neustart des PC

Weitere Anschlüsse können je nach Hersteller hinzukommen. Die Panel-Anschlüsse liegen auf dem Board in der südöstlichen Ecke, also auf der gegenüberliegenden Seite der PCI-Slots, diagonal gegenüber dem ATX-Block.

Weitere Anschlüsse und Komponenten

Viele Boards bieten eine ganze Fülle zusätzlicher Controller, Anschlüsse und Einstellungsmöglichkeiten, z. B. Onboard-Grafik- und Soundchips oder Wake-On-Ring-Schaltkreise, die den Computer starten, wenn das angeschlossene Modem einen Anruf registriert. Das Wake-On-LAN-Feature erledigt dieselbe Aufgabe, wenn der Rechner über ein Netzwerk kontaktiert wird.

Viele Hersteller tragen dem Phänomen der zunehmenden Hitzeentwicklung in immer leistungsfähigeren Rechnern dadurch Rechnung, dass sie gleich mehrere Anschlüsse für CPU- bzw. Komponenten-/Gehäuselüfter bereitstellen. Viele Grafikkarten und mittlerweile auch einige Northbridges fächeln sich kühle Luft über einen eigenen Ventilator zu.

Die Anschlüsse mit den genormten Lüfterstecksockeln sind auf diesem Board mit PWR_FAN und CHA_FAN beschriftet.

Schließlich soll noch das BIOS Erwähnung finden, das in einem eigenen Flash-ROM residiert. Die Größe des Chips steht in keinem Verhältnis zum Inhalt dieses Speichers – es handelt sich um eine sehr alte Technologie. Mittlerweile gehen einige Hersteller dazu über, das BIOS Platz sparend im hinteren Teil des PS/2-Sockels im AGP-Block unterzubringen (siehe Abbildung). Da diese Boards über ein Flash-ROM verfügen, muss es nicht mehr physikalisch zugänglich sein, man kann es über eine Software auf den neusten Stand bringen. Früher verhalf nur des Austausch des ganzen Chips zu einem neuen BIOS.

Modernes Flash-BIOS im antiquierten Sockel ...

... und Platz sparend im PS/2-Sockel verpackt.

10.2 Ausbau des alten Mainboards und der Komponenten

Nachdem wir uns im vorangegangenen Abschnitt einen Überblick über die Komponenten und Aufbauten des Mainboards verschafft haben, soll es nun an den Ausbau gehen. Dazu eine Empfehlung vorweg: Während Sie die meisten Aufrüst- und Reparaturarbeiten, die in diesem Buch beschrieben werden, mit einem Schraubenzieher und etwas Geschick hinbekommen, kann es für die (De-)Montage des Mainboards nicht schaden, wenn Sie sich einen kleinen Werkzeugsatz zulegen, wie er unten abgebildet ist.

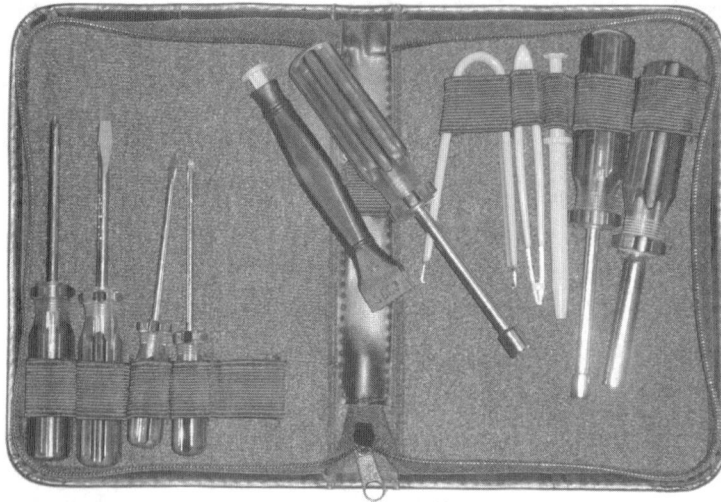

Ein Werkzeugset hilft beim Ein- und Ausbau des Mainboards und seiner teils winzigen Komponenten.

Erhältlich ist eine solche Mappe im Elektronikhandel ab ca. 15 Euro. Vor allem die Pinzetten- und Greifwerkzeuge sind hilfreich, um kleine Bauteile wie Jumper und Steckerchen im wahrsten Wortsinn besser in der Griff zu bekommen.

Kabel sicherheitshalber mit Markierungen versehen

Wie viele Kabel die Komponenten in Ihrem PC miteinander verbinden, werden Sie vor dem ersten Ausbau nicht für möglich halten. Deshalb seien Sie gewarnt: Es wird schnell unübersichtlich! Um den Überblick zu behalten, sollten Sie die Kabel beschriften oder mit farbigen Markierungen versehen. Ein beschrifteter Streifen Tesafilm leistet auch gute Dienste. So umgehen Sie einen nicht zu unterschätzenden Stolperstein auf dem Weg zur problemlosen Wiederinbetriebnahme Ihres Rechners.

Der Ausbau des Mainboards vollzieht sich in folgenden Schritten:

1 Nachdem Sie den Rechner vom Netz getrennt und sich an einem Heizkörper o. Ä. statisch entladen haben, kann es losgehen. Entfernen Sie sämtliche Kabel, die an der Rückseite des PCs angeschlossen sind. Auch etwaige Kabel an der Vorderseite, z. B. an einer Frontblende, sollten Sie sicherheitshalber entfernen. Öffnen Sie das Gehäuse, Tipps zum Öffnen der verschiedenen Gehäusetypen finden Sie in Kapitel 1 dieses Buches. Entfernen Sie beide Gehäusewände!

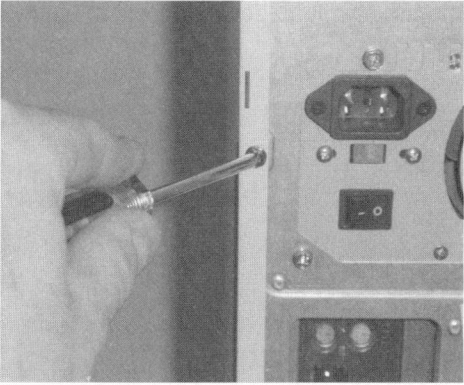

2 Entfernen Sie alle Kabel, die an den PCI-Steckkarten befestigt sind, z. B. SCSI-Controller-Kabel oder Audiokabel, die zur Soundkarte führen.

3 Lösen Sie die Verschraubungen der PCI-Karten an der Gehäuserückwand.

4 Jetzt können Sie die Steckkarten senkrecht nach oben aus den Slots ziehen. Deponieren Sie die PCI-Karten bis zum Wiedereinbau auf einer antistatischen Unterlage, z. B. einer der Schaumstoffunterlagen aus dem Mainboard-Karton.

5 Entfernen Sie die Grafikkarte. Eventuell muss dazu ein kleiner Hebel am einen Ende des Stecksockels nach außen gezogen werden.

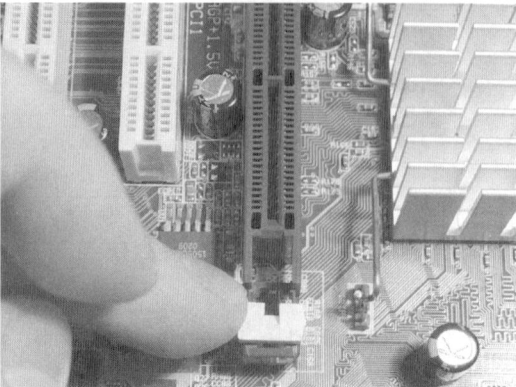

6 Lösen Sie alle Flachband- oder Rundkabel, die von den Laufwerken zu Floppy-, IDE- und sonstigen Controllern führen.

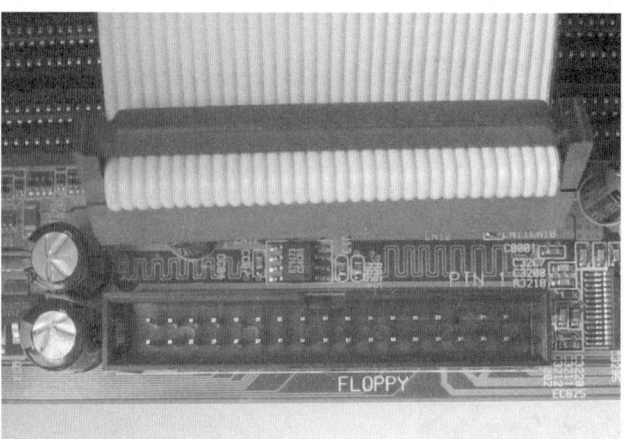

7 Im nächsten Schritt können Sie die kleinen Steckerchen von den Panel-Anschlüssen abziehen. Wenn diese nicht beschriftet sind, ist es hier besonders wichtig, die Stecker entspechend zu markieren. Da es bei den LEDs auf die Polung ankommt, sollten Sie sich auch notieren, wie herum die Stecker auf der Platine sitzen.

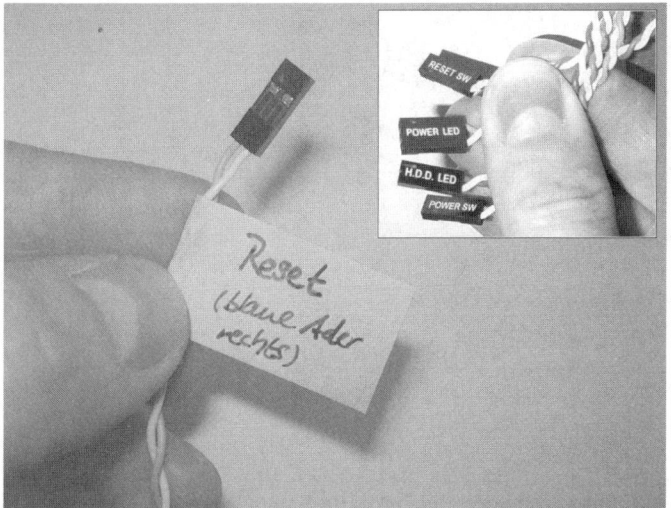

8   Wenn Sie den Kabelwust etwas zur Seite geräumt haben, sollte jetzt der CPU-Lüfter gut zugänglich sein. Die CPU muss nicht unbedingt zu diesem Zeitpunkt entfernt werden. Wägen Sie ab: Wenn kein überdimensionierter Kühlkörper samt Lüfter den Ausbau erschwert und alle Schrauben, die das Motherboard im Gehäuse halten, gut zugänglich sind, ist es vielleicht bequemer, die CPU (falls überhaupt erforderlich) erst zu entfernen, wenn das Mainboard komplett ausgebaut ist. Gleiches gilt für den Arbeitsspeicher (eine Schrittanleitung zum Ausbau finden Sie in Kapitel 3). Vermeiden Sie aber in jedem Fall, mit dem Lüfter beim Ausbau an einem Gehäuseteil hängen zu bleiben, denn die Haken des CPU-Sockels, an denen der Lüfter befestigt ist, brechen sehr schnell ab!

Wenn Sie sich für den Ausbau entschieden haben, ist dieser prozessorabhängig: Slot-CPUs werden nach Lösen der Arretierung senkrecht nach oben aus den Führungsschienen gezogen, P4-Lüfter haben zwei Hebel, die umgelegt werden müssen, bevor die Klammern mit einem Schraubenzieher vorsichtig, aber bestimmt über die Zapfen gehoben werden müssen. Es gibt hier eine ganze Reihe herstellerspezifische Mechanismen! Da die Kunststoffteile leicht zerbrechlich und einzeln nicht als Ersatz erhältlich sind, sollten Sie sich auf der Homepage des Kühler-/Lüfterproduzenten genau informieren, wie der Ausbau zu erfolgen hat. Bei den übrigen Sockel-CPUs muss in der Regel auf die eine oder andere Art eine Klammer heruntergedrückt und von einer Kunststoffnase gezogen werden, dann kann die Klammer auf der anderen Seite problemlos aus ihrer Halterung entfernt werden. Auch hier ist Vorsicht geboten! Ausführliche Informationen zum Aus- und Einbau einer Sockel-CPU finden Sie übrigens in Kapitel 11.

9 Entfernen Sie jetzt den Stromstecker. Während AT-Stecker einfach kräftig nach oben abgezogen werden, müssen ATX-Stecker durch Druck auf ein kleines Plastikhäkchen an der einen Seite des Steckers vom Sockel „entklinkt" werden.

10 Jetzt geht es daran, alle Schrauben ausfindig zu machen und zu entfernen. Wenn Sie vorsichtig am Mainboard ruckeln, finden Sie leicht übrig gebliebene Schrauben, die im Chaos der Leiterbahnen auf der Platine schnell übersehen werden.

11 Wenn Sie sicher sind, dass Sie alle Schrauben entfernt haben, das Board sich aber dennoch nicht aus dem Gehäuse heben lässt, betrachten Sie als Nächstes die Rückwand, an der das Board befestigt ist. Eventuell ist das Motherboard zusätzlich durch kleine weiße oder schwarze Kunststoffhaken gesichert, die in Führungsschienen sitzen, die an der Rückwand von hinten gut zu erkennen sind. Wenn dies der Fall sein sollte, schieben Sie das Mainboard jetzt vorsichtig aus den Führungsschienen.

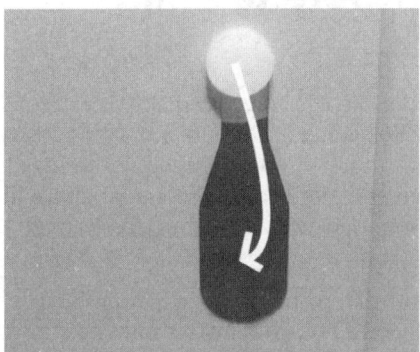

12 Eine andere Befestigungsvariante stellen ebenfalls kleine Kunststoff-Pins dar, die aber von oben gelöst werden müssen, da sie in der Gehäuserückwand verschraubt sind. Diese Pins haben einen kleinen Haken, der sich mit einer Pinzette hereindrücken lässt, während Sie mit der anderen Hand das Mainboard so weit anheben müssen, dass es den Haken daran hindert, wieder herauszuspringen. Es handelt sich hier um eine der bösartigsten Erfindungen, mit denen PC-Konstrukteure uns Hobbybastlern das Leben zu Hölle machen. Da hilft nur: nicht aufgeben! Und bloß nicht das Mainboard loslassen, denn sonst schnappen die Haken wieder ein, und Sie müssen von vorn anfangen!

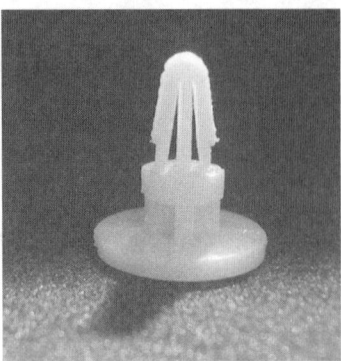

13 Wenn alle Schrauben, Haken und Ösen entfernt sind, sich das Mainboard aber immer noch zumindest an einer Stelle weigert, sich vom Gehäuse zu lösen, kann es sein, dass ein Kork- oder Kunststoffpuffer zwischen Board und Gehäuse geklebt wurde, um ein Durchbiegen unter der Last des CPU-Kühlers zu verhindern. An diesem Punkt hilft nur sanfte Gewalt, wenn der Puffer nicht von der Rückseite des Gehäuses aus zugänglich ist.

14 Jetzt gilt es nur noch, die launischen Kontakte und Haken des ATX-Blocks zu überlisten, ohne sie völlig zu verbiegen, und – voilà! Sie können das Board aus dem Gehäuse entnehmen.

10.3 Neues Mainboard vorbereiten und in den PC einbauen

Bevor Sie das neue Mainboard einbauen, sollten Sie die folgenden Schritte lesen, um Fehler zu vermeiden, die Sie sonst später viel Zeit kosten können. Es kann außerdem nicht schaden, sich die Schritte des Kapitels 10.2 (noch einmal) durchzulesen, da sie im Prinzip die Montage in umgekehrter Reihenfolge enthalten. Wir möchten auch an dieser Stelle nochmals auf den Werkzeugtipp verweisen, den wir zu Beginn des Kapitels 10.2 gegeben haben. Und schon geht's los:

1 Schaffen Sie sich eine geeignete Unterlage für die Vorbereitung des Mainboards. Am besten geeignet ist eine Tischplatte, auf die Sie eine Schaumstoffunterlage, z. B. die aus dem Mainboard-Karton, legen.

2 Bestücken Sie das Mainboard mit den RAM-Speicherriegeln, wie in Kapitel 3 ausführlich beschrieben. Es sei denn, der Speicher könnte beim Einbau des Boards stören, eine Gehäusestrebe ist im Weg o. Ä. – dann können Sie mit dem Speichereinbau auch warten, bis Sie das Mainboard im Gehäuse verschraubt haben.

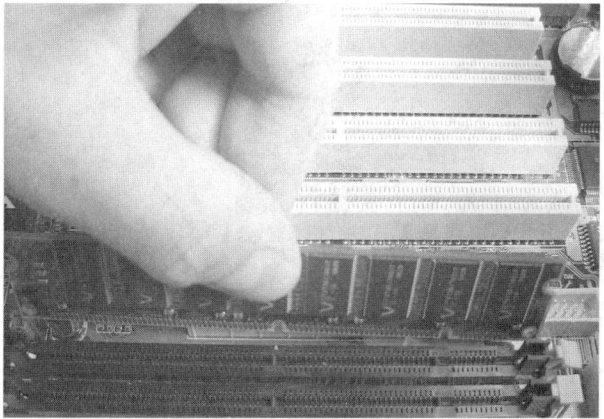

3 Gleiches gilt für die Montage von CPU-Kühler und -Lüfter. Während Sie die CPU in jedem Fall schon jetzt einsetzen sollten, kann der Kühler-/Lüftereinbau warten, weil sonst die Gefahr besteht, dass Sie mit einer dieser Komponenten beim Einbau des Mainboards am Gehäuse hängen bleiben und womöglich den CPU-Sockel beschädigen. Eine Schrittanleitung zur Montage einer Sockel-CPU finden Sie in Kapitel 11.

4 Wenn Einstellungen anhand von Jumpern oder Dip-Switches vorgenommen werden müssen, sollten Sie dies jetzt tun. Entlegenere Schalter, vor allem in der Nähe der Speichermodule und des CPU-Sockels, sind nach dem Einbau des Mainboards nur schwer zugänglich. Konsultieren Sie das Handbuch für genaue Informationen zu den erforderlichen Einstellungen.

5 Im nächsten Schritt sollten Sie das Mainboard schon einmal ins Gehäuse einpassen. Passt das Board in der Höhe, oder benötigen Sie Abstandhalterschrauben (das ist die Regel)? Am besten sehen Sie an den ATX-Schnittstellen, wie gut das Board passt. Außerdem sollten sich die PCI-Slots in gleichen Abständen zu den Slotschlitzen des Gehäuses befinden. Und nicht zuletzt sollte mindestens unter jeder zweiten Bohrung des Boards ein passendes Loch für eine Schraube erscheinen.

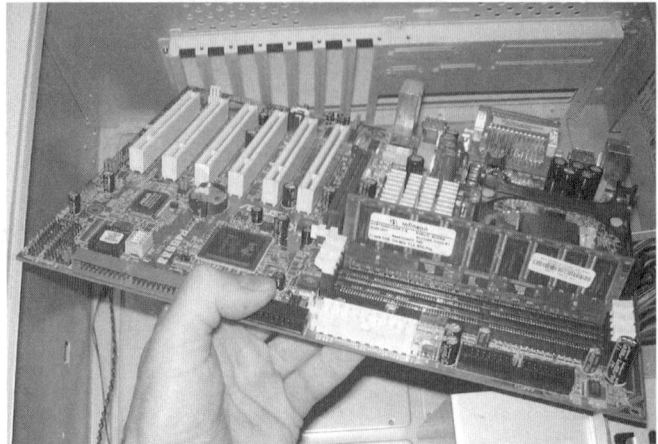

6 Verschieben Sie das Mainboard jetzt um wenige Millimeter und malen Sie mit einem Bleistift oder Permanent-Marker durch die Bohrungen, unter denen Sie Löcher für Schrauben erspäht haben.

7 Falls Sie festgestellt haben, dass Abstandhalterschrauben zwischen Board und Gehäuserückwand montiert werden müssen, nehmen Sie das Mainboard jetzt noch einmal heraus und drehen die Schrauben in die Löcher, die Sie im vorigen Schritt markiert haben. Falls Ihrem Mainboard die bereits auf Seite 341 erwähnten gemeinen weißen oder schwarzen Plastikhäkchen beiliegen, können Sie diese natürlich auch verwenden: Sollten Sie aber jemals den Wiederausbau des Boards planen, verweisen wir mit Nachdruck auf unsere Würdigung dieser Häkchen unter Punkt 12 auf Seite 341.

8   Jetzt kann das Board verschraubt werden. Eventuell ist zuvor unterhalb der CPU ein Kunststoff- oder Korkpuffer anzubringen, um zu verhindern, dass das Board sich unter dem Gewicht des CPU-Kühlers durchbiegt. Beachten Sie die Herstellerhinweise!

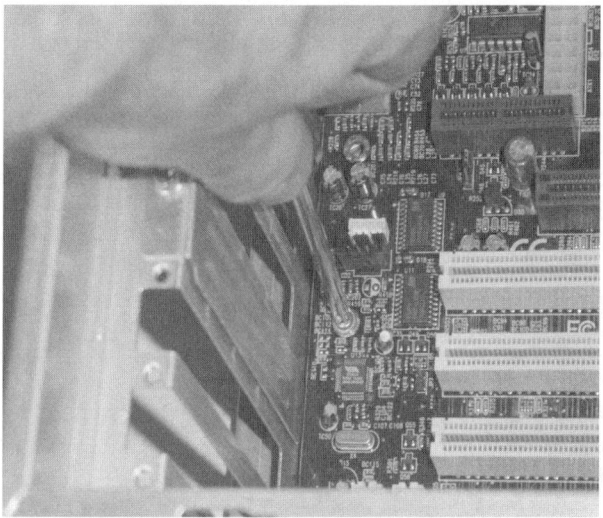

9   Überprüfen Sie das Mainboard auf korrekten Sitz: Sind die ATX-Schnittstellen alle zugänglich? Liegt das Board plan im Gehäuse und hat es sich nirgends verkantet? Stecken Sie eine PCI-Karte in einen der Slots. Lässt sich die Karte problemlos einführen? Tritt bei einem dieser Punkte ein Problem auf, lösen Sie die Mainboard-Schrauben und korrigieren die Lage. Ziehen Sie die Schrauben erneut fest.

10 Jetzt können, falls nicht bereits geschehen, RAM und CPU samt Kühlkörper und Lüfter montiert werden. Beachten Sie die Hinweise zur Montage in den Kapiteln 3 und 11. Auf keinen Fall sollten Sie vergessen, das Stromkabel des Lüfters am Mainboard anzuschließen (siehe Abbildung auf Seite 335)!

11 Stecken Sie den Netzteilstecker auf den Stromsockel des Mainboards. Es folgen die Flachbandkabel für Floppy- und IDE-Controller, wie in Kapitel 6 beschrieben.

12 Jetzt können die Stecker der Panel-Leiste mit dem Mainboard verbunden werden. Achten Sie bei den LEDs auf richtige Polung, da sie sonst permanent brennen!

13 Zu guter Letzt werden die Steckkarten in die PCI-Sockel gesteckt und der AGP-Port mit der Grafikkarte bestückt. Verschrauben Sie die Karten an der Gehäuserückwand.

Verbesserte Netzteile mit zusätzlichem ATX12V-Mainboard-Stecker

Seit dem 1.1.2001 schreibt eine neue DIN-Norm für Endgeräte bis 600 Watt eine so genannte Leistungsfaktorkorrektur (PFC, Power Factor Correction) vor, sofern diese Geräte durch eine unsymmetrische Stromentnahme gekennzeichnet sind. Genau das ist bei Computernetzteilen der Fall, die das Stromnetz durch Oberwellen „verschmutzen", die sich negativ auf andere Elektrogeräte auswirken können. Ursache für die Oberschwingungen sind die hohen Spannungsspitzen, mit denen das Netzteil den Eingangsstrom aus der Leitung zieht. Um das Stromnetz nicht unnötig zu belasten, verfügen PCs neueren Datums über ein Netzteil mit einer PFC-Drossel, die die Anstiegsgeschwindigkeit des Eingangsstroms begrenzt.

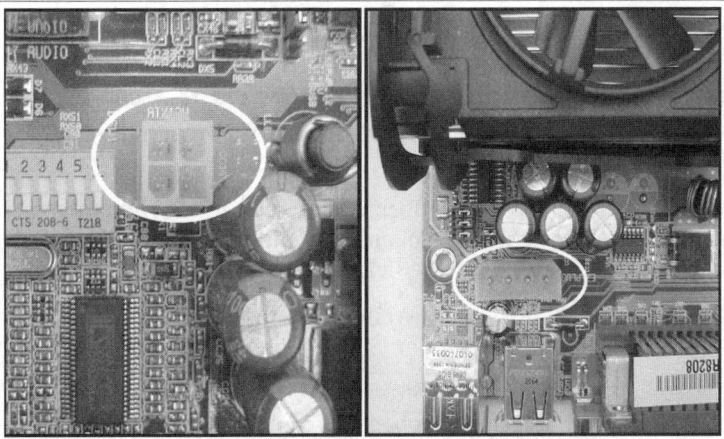

Sie erkennen ein solches Netzteil an einem zusätzlichen viereckigen Stecker (ATX12V-Stecker) mit vier Kontakten, dessen Pendant sich auf neueren Mainboards in Gestalt eines passenden Stecksockels findet. Über dessen vier Kontakte können Sie dem Mainboard zwei zusätzliche 12V-Leitungen zur Verfügung stellen, mit denen es Intels leistungshungrigen Pentium 4-Prozessor mit Energie versorgen kann, ohne in Phasen hohen Stromverbrauchs die anderen Geräte belasten zu müssen. PFC und Splittung der Stromversorgung zusammen bewirken einen deutlich stabileren Betrieb.

Einige Asus-Boards verfügen über eine optionale 5V/12V-Standardbuchse, die die gleiche Funktion erfüllt. Diese sind also nicht auf ein neues Netzteil mit ATX12V-Stecker angewiesen. AMDs Athlon-Prozessoren sind von all dem übrigens nicht betroffen: Sie beziehen ihren Strom über die 5V- und 3,3V-Schiene. Manche Athlon-Boards verwenden den ATX12V-Stecker aber zur Versorgung des AGP-Ports. Für beide Prozessortypen gilt: Es geht auch ohne den neuen Stecker, wobei der Betrieb bei P4-Boards etwas instabiler sein kann.

14 Fertig! Für einen Testlauf können Sie jetzt den PC mit dem Monitor und dem Stromkabel verbinden und das Gerät einschalten.

15 Wenn der Testlauf glückt, das Mainboard alle Komponenten richtig erkennt und seinerseits vom Betriebssystem mit sämtlichen Controllern und Onboard-Chips korrekt erkannt wird, können Sie das Gehäuse wieder verschrauben und die Kabel der übrigen Peripheriegeräte wieder anschließen.

10.4 Troubleshooting nach dem Mainboard-Einbau

Wenn nach dem Einbau eines neuen Mainboards Fehler auftreten, das System instabil läuft oder sich gar nicht mehr rührt, heißt es zunächst einmal Ruhe bewahren.

Der Teufel kann in jedem Detail stecken, und davon gibt es beim Mainboard-Tausch leider außergewöhnlich viele.

Glücklicherweise sind die Ursachen aber meist harmloser Natur.

Dass ein neues Mainboard tatsächlich einmal defekt ist, kommt äußerst selten vor.

Wenn ich den Rechner einschalte, passiert einfach gar nichts. Der Bildschirm bleibt schwarz, und Laufwerke und Lüfter setzen sich nicht in Bewegung. Was kann ich tun?

Gehen Sie schrittweise vor: Überprüfen Sie alle Stromkabel und Steckverbindungen von der Steckdose bis zum Mainboard. Leuchtet vielleicht irgendeine LED, z. B. auf dem Mainboard selbst? Ist der Schalter an der Gehäuserückseite auf „On" gestellt?

Bauen Sie den Prozessor aus und nochmals ein. Wenn auch das nicht hilft, Sie aber Zugang zu einem zweiten Rechner haben, verwenden Sie dessen Stromversorgung an dem „toten" Mainboard.

Es kann auch noch einen ganz profanen Grund geben: Verwenden Sie einen flüsterleisen CPU-Lüfter? Eventuell ist dessen Drehzahl so gering, dass das BIOS den Systemstart unterbindet. In dem Fall hilft nur: Lüfter auf volle Drehzahl setzen, notfalls einen ungeregelten Lüfter aus einem anderen PC nehmen, den Rechner starten und ins BIOS wechseln.

Dort kann der Drehzahlalarm dann deaktiviert werden, und fortan tut's auch der alte Lüfter.

Der Rechner stürzt nach dem Mainboard-Tausch sehr oft ab. Woran kann das liegen?

Auch hier hilft nur ein deduktives Vorgehen, bei dem Sie Schritt für Schritt die kritischen Punkte eliminieren und jedes Mal überprüfen, ob die Probleme immer noch bestehen.

Setzen Sie das BIOS auf die Default-Einstellungen zurück.

Diese sind für höchste Stabilität optimiert.

Tauschen Sie, wenn möglich, die einzelnen Hardwarekomponenten gegen andere aus, bis Sie das Gerät identifiziert haben, das sich nicht mit dem Mainboard verträgt.

Einen weiteren Erklärungsansatz liefern mögliche Ressourcenkonflikte.

Einzelne PCI-Steckkarten verweigern den Dienst. Der Geräte-Manager in der Windows-Systemsteuerung meldet einen Gerätekonflikt. Wie kann ich den beheben?

Vermutlich stimmt die vom BIOS vorgesehene Zuteilung der Interrupts, die die PCI-Karten benötigen, um Daten übertragen zu können, nicht mit der Ressourcenverwaltung von Windows überein.

Generell gibt es drei Lösungsansätze:

1. Stecken Sie die PCI-Karten an den PCI-Slots um. Einige der Slots teilen sich Interrupts, und nicht jede Karte unterstützt das.

2. Deaktivieren Sie die Interrupt-Zuteilung im BIOS, damit Windows die Ressourcen allein verwalten kann. Ab Windows 98 SE klappt das in der Regel gut.

3. Überprüfen Sie (zusätzlich), welche Ihrer PCI-Karten Interrupt-Sharing unterstützen. Das Mainboard-Handbuch gibt Aufschluss darüber, welche PCI-Slots sich einen INT-Kanal teilen. Hier dürfen nur Karten eingesetzt werden, die Interrupt-Sharing beherrschen, ansonsten muss ein Slot unbesetzt bleiben.

Es gibt noch weiterführende Lösungsmöglichkeiten, die ausführlich in Kapitel 5 behandelt werden, das sich der Behebung von Ressourcenkonflikten widmet.

Ich habe ein instabiles System, und ich habe gehört, dass Interrupt-Probleme (INT-Requests) die Ursache sein könnten. Was hat es damit auf sich?

Dies betrifft genau den in der vorigen Antwort geschilderten Sachverhalt. Die Gesamte Problematik wird in Kapitel 5 behandelt.

Meine Laufwerke werden beim Systemstart nicht erkannt. Wie kann ich dem Mainboard deren Existenz mitteilen?

Die Laufwerke müssen vom BIOS einmalig identifiziert werden und stehen ab dann zur Verfügung.

Wie das geht, wird im Festplattenkapitel (Kapitel 6) ausführlich erläutert.

Hilfen, Tools und Informationen im Web

Nützliches im Netz	Anbieter/Hersteller	Internetadresse
Support und hilfreiche Tools für Mainboards, die mit ALi-Chip-sätzen bestückt sind.	ALi Corporation	www.ali.com.tw
Profi-Know-how zum Thema RAID: RAID-Level, Vor- und Nachteile, Konzepte, Konfiguration und Implementierung.	The PC Guide	www.pcguide.com/ref/hdd/perf/raid/index.htm
Der deutsche Ableger von Tom's Hardware Guide bietet in der Mainboard-Ecke ausführliche Mainboard-Tests, Hintergrundberichte und Tuning-Tipps en masse.	Tom's Hardware Guide	www.tomshardware.de

Nützliches im Netz	Anbieter/Hersteller	Internetadresse
Winbond produziert RAM-Bausteine und Chipsätze für Mainboards, Festplatten und andere Peripheriegeräte. Tools und Treiber gibt es hier.	Winbond	www.winbond.com

Mainboard-Hersteller	Internetadresse
Abit	www.abit.com.tw
Aopen	www.aopencom.de
Asus	www.asuscom.de
Chaintech	www.chaintech.de
DFI	www.dfi.com/
Elitegroup	www.elitegroup.de
EpoX	www.epox.de
Fujitsu-Siemens	www.fujitsu-siemens.de
Gigabyte	www.gigabyte.de
Intel	www.intel.com/deutsch/
MSI	www.msi-computer.de
QDI	www.qdi.com.tw
Soltek	www.soltek.de
Soyo	www.soyo.de
Tyan	www.tyan.de
VIA	www.via-tech.de

10.5 Wann wird ein Mainboard-Tausch eigentlich nötig?

Ein Mainboard-Tausch ist keine allzu angenehme Sache und wird auch von vielen passionierten Hardwarebastlern gern auf die lange Bank geschoben.

Beim Ausbau muss so ziemlich alles raus, was sich im Inneren des Gehäuses wohlmontiert verbirgt.

Und ob man es unbeschädigt wieder hineinbekommt, geschweige denn, ob der Rechner auf Anhieb startet und das Betriebssystem ohne zu murren die neuen Komponenten wie Controller-Chips, Bridges und IRQ-Belegungen erkennt, steht zu Beginn des Experiments noch in den Sternen.

Die bange Frage, wie lange es dauert, bis der Rechner wieder ganz normal benutzt werden kann, drängt sich auf.

Und damit auch die Frage, ob sich dieses Risiko nicht minimieren lässt.

Alternativen zum Mainboard-Tausch

Wenn Sie aus genannten Gründen, zusätzlich vielleicht auch aus Kostenerwägungen, vor der Anschaffung eines neuen Mainboards zurückschrecken, gibt es sicher auch noch einen anderen Weg, dem PC zu mehr Leistung zu verhelfen.

Nur die wenigsten PCs sind so hochgerüstet, dass alle Tuning-Möglichkeiten bereits ausgereizt sind.

Überprüfen Sie doch einmal die folgenden Punkte.

Sollten Sie Probleme haben, das ein oder andere Konfigurationsmerkmal herauszufinden, helfen Ihnen die entsprechenden Kapitel dieses Buches zu jeder der genannten Komponenten detailliert weiter.

1. Kann ich den Prozessor aufrüsten?

Beim Rechnerstart wird die Taktrate des Prozessors angezeigt. Dem Mainboard-Handbuch oder der Homepage des Herstellers können Sie entnehmen, für welche maximale Taktfrequenz das Board ausgelegt ist.

In den meisten Fällen lässt sich ein schnellerer Prozessor einsetzen. Auch für ältere Sockeltypen erhält man auf Computerflohmärkten noch passende CPUs, selbst wenn diese Modelle schon seit Jahren aus den Regalen der Geschäfte verschwunden sind – oft sogar neu!

2. Existieren freie Speicherbänke?

In Kapitel 3 erfahren Sie, wie viel Speicher für welche Anwendungen und Betriebssysteme empfehlenswert ist. Überprüfen Sie unter *Start/Systemsteuerung/System*, wie viel physikalischer Speicher in Ihrem PC eingebaut ist. Liegt der Wert unterhalb der empfohlenen Größe, können Sie Arbeitsspeicher nachrüsten.

Am einfachsten geht dies, wenn noch ein oder mehrere Speichersteckplätze frei sind. Aber auch wenn alle Steckplätze belegt sind, ist es eine Überlegung wert, alte Module geringerer Kapazität gegen neue auszutauschen. Aber Achtung: Veraltete Module können teurer sein als ein neues Mainboard samt neuem Speicher schnelleren Typs. Vergleichen Sie!

3. Festplatte(n): Niemals zu schnell, niemals zu viel

Über wie viele IDE-Ports verfügt Ihr altes Board? Sind diese alle voll belegt, also mit jeweils zwei Geräten an jedem Kabelstrang? Wenn nicht, kann hier noch kräftig aufgerüstet werden, z. B. mit einer Festplatte der neusten Generation. Und wenn Ihr Rechner älter als, sagen wir, ein Jahr ist, wird die „Neue" deutlich schneller sein und vermutlich über mehr Speicherkapazität verfügen als alle alten Platten zusammen.

Achten Sie aber auf zweierlei: Einmal kann es sich lohnen, das Betriebssystem auf die neue Festplatte zu übertragen, damit Windows schneller mit System- und temporären Dateien jonglieren kann. Zum zweiten sollten Sie prüfen, welchen Übertragungsmodus (z. B. UDMA/100 oder 133) der Onboard-Controller maximal beherrscht. Zu beiden Punkten liefert Ihnen Kapitel 6 ausführliche Informationen.

4. Hilft mir eine neue Grafikkarte?

Wenn Ihr Rechner vor allem bei Anwendungen lahmt, die die Grafikkarte intensiv beanspruchen, kann vielleicht ein neueres Modell Abhilfe schaffen.

Leider gilt auch hier, dass ein Rechner, der bereits allzu sehr in die Jahre gekommen ist, mit der geballten Power einer nagelneuen Highspeed-Grafikkarte nicht viel anzufangen weiß.

Eine 8X-AGP-Karte in einem 1X-AGP-Board ist allenfalls eine virtuose Form von Geldverschwendung.

Näheres dazu in Kapitel 4.

> ### Neue IDE-Controller-Karte für das alte Mainboard
>
> Veraltete Controller lassen sich übrigens im BIOS deaktivieren und durch neue Controller per PCI-Steckkarte ersetzen. Auf diese Weise können Sie Ihrem Mainboard schnelle Übertragungsprotokolle wie UDMA/133 oder Serial ATA beibringen und neue Festplatten mit Maximalgeschwindigkeit betreiben.
>
> Einen echten Leistungszuwachs bringt dies aber nur, wenn die restlichen Komponenten nicht allzu sehr veraltet sind, denn sonst wird der schnelle Datenfluss irgendwo zwischen Controller, CPU und Speicher jäh gestoppt.

5. BIOS: Blitzartig mehr Leistung durch Flash-Update

Haben Sie sich schon einmal gefragt, warum Ihr im Jahr 2001 erstandenes Mainboard sich beim Booten des Rechners mit der Meldung „XYZ BIOS 1986-1998" oder ähnlichen Jahreszahlen meldet? Es ist so unverständlich wie unvermeidlich, dass der BIOS-Chip ein ganzes Stück älter ist als das Mainboard selbst. Häufig ist die Spanne so groß, dass das BIOS für neue Komponenten gar nicht optimiert sein kann, weil diese erst zu einem späteren Zeitpunkt zur Serienreife gelangt sind.

Glücklicherweise verfügen aber fast alle modernen Mainboards über ein BIOS, das auf einem Flash-ROM untergebracht ist, einem Speicherchip also, dessen Inhalt sich überschreiben und damit aktualisieren lässt. Auf diese Weise können Sie dem BIOS nicht nur neue Funktionen spendieren, die neuere Hardware besser ausreizen, sondern sie eliminieren auch Fehler, die dem BIOS-Hersteller in der Zwischenzeit bekannt geworden sind und die vielleicht sogar bislang zu Systemabstürzen geführt haben, die Sie sich nicht erklären konnten. Mehr zum Thema BIOS und Flash-Update lesen Sie in Kapitel 9.

6. Übertakten: Mit kalkuliertem Risiko zu mehr Speed

Wenn alle „legalen" Wege zu mehr Leistung bereits beschritten sind, versuchen Sie es doch einmal mit den „illegalen".

Die meisten Mainboards bieten Möglichkeiten, die Systemleistung zu erhöhen, indem Komponenten wie Grafikkarte, Speicher, Prozessor und Systembus mit schnelleren Taktzyklen angesteuert werden, als vom Mainboard-Hersteller eigentlich vorgesehen.

Einige Board-Hersteller, wie z. B. Asus, bauen hin und wieder auf manchen Modellen wie zufällig einen oder mehrere Jumper ein, die in der Dokumentation nicht erwähnt werden, deren Beschriftung auf der Platine aber klar zu erkennen gibt, dass sie einzig dem Zweck des Overclocking dienen.

Natürlich ist beim Übertakten äußerste Vorsicht geboten, da eine zu hohe Taktrate das System buchstäblich aus dem Tritt bringen und zum Absturz führen kann. Außerdem entsteht durch die schnelleren Schaltungen in den Transistoren der Chips mehr Hitze, für deren Abtransport Sie Sorge tragen müssen. Informieren Sie sich vorher unbedingt in Kapitel 12 über Möglichkeiten und Risiken!

CPU-Upgrade-Kit: Tun, was eigentlich nicht geht

Was tun, wenn Ihr Prozessor bereits der schnellste ist, mit dem Ihr Board zurecht-kommt? Auch für diesen Fall gibt es eine Lösung. Für die meisten Sockeltypen existieren nämlich so genannte CPU-Upgrade-Kits. Diese bestehen aus einem Sockel für einen Prozessor der nächsten oder sogar übernächsten Generation und einer Adapterplatine. Die Platine sorgt dafür, dass die unterschiedlichen Pinouts, also die Anordnung und Belegung der CPU-Kontaktstifte, so angeglichen werden, dass beispielsweise ein Pentium 4 auf einem Pentium III-Mainboard betrieben werden kann. Da der Prozessorkern mit jeder neuen Pentium-Generation mit einer anderen, geringeren Versorgungsspannung betrieben wird, gleicht die Platine auch diese an.

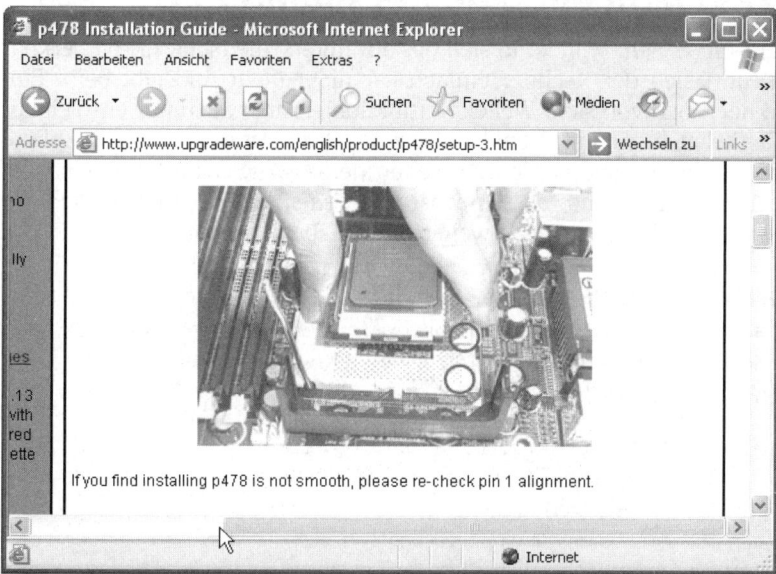

Die Firma Upgradeware erläutert auf ihrer Homepage ausführlich die Montage ihrer Prozessor-Upgrade-Kits.

Upgrade-Kits sind leicht zu installieren, da in der Regel keine Einstellungen der Taktfrequenzen erforderlich sind – und wenn, liegt den meisten Upgrade-Kits eine ausführliche Dokumentation bei. Beim Systemstart meldet das BIOS zwar meist irgendwelche unsinnigen CPU-Taktraten, diese können aber getrost ignoriert werden. Sie kommen dadurch zu Stande, dass das Upgrade-Kit den Multiplikator, den das Mainboard-BIOS für den Prozessor vorgibt, ignoriert und meist mit eigenen internen Multiplikatorwerten arbeitet. Eine Auswahl an Upgrade-Kits finden Sie beispielsweise unter *www.upgradeware.com*.

Es sollen an dieser Stelle aber nicht die Nachteile dieser Lösung verschwiegen werden: Erstens sind die Kits meist recht teuer – mitunter teurer als ein neues Mainboard samt CPU. Zweitens geht Leistung verloren. Zwar werden die Upgrades tatsächlich mit CPUs der neusten Generation bestückt, also nicht mit irgendwelchen abgespeckten Versionen. Deren voller Leistungsumfang kann aber nicht genutzt werden, da auf dem Mainboard ja nach wie vor ein veralteter Chipsatz werkelt, der für die neuen Funktionen der Highend-CPU nicht optimiert ist. Und drittens muss der schnelle Prozessor ständig auf die langsamen Komponenten der alten Systemumgebung warten. Was hilft ihm sein schneller

Takt, wenn die Datenanforderungen, die er über die Leitungen schickt, von RAM, Fest-platte, AGP- und PCI-Bus erst etliche Taktzyklen später beantwortet werden?

Fazit

Auch ein Pentium III ist bereits so schnell, dass der bloße Wechsel auf einen P4 unter sonst glei-chen Bedingungen (den Bedingungen eines veralteten Mainboards nämlich) kaum merkliche Leis-tungszuwächse bringen wird. Das war seit jeher das Manko der Upgrade-Kits, aber je schneller die Prozessoren werden, desto stärker schrumpfen leider auch die Margen in puncto spürbarer Per-formancezuwachs. Wirklich schneller wird Ihr System nur, wenn die neue CPU sich auf einem e-benfalls neuen Mainboard frei entfalten kann. Sollte allerdings Ihr alter Prozessor in einer Rauch-wolke den Dienst quittiert haben, kann ein CPU-Upgrade-Kit die Lösung sein, wenn ein Prozessor älteren Typs nicht mehr aufzutreiben ist.

Wie identifiziert man ein defektes Mainboard?

Wenn das Mainboard nicht mehr will, kann sich das auf unterschiedliche Art bemerkbar machen. Vielleicht rührt sich der Rechner einfach gar nicht mehr und gibt beim Ein-schalten weder Ton noch Bild von sich. Vielleicht funktioniert aber auch nur ein Teil der angeschlossenen Geräte nicht richtig. Denkbar ist z. B., dass Daten von der Festplatte nicht oder nicht richtig übertragen werden. So selten derartige Defekte tatsächlich auf das Mainboard zurückzuführen sind, so sicher ist doch eins: Wenn es tatsächlich am Mainboard liegt, werden Sie dies nicht ohne weiteres herausbekommen.

PS/2: Häufige Ursache für plötzlichen Mainboard-Tod

Die PS/2-Stecker erlebten Mitte der 90er-Jahre eine unerwartete Renaissance, als plötzlich PS/2-Mäuse und -Tastaturen die COM-Port-Mäuse verdrängten und den fünfpoligen Tastatur-DIN-Stecker sogar völlig verschwinden ließen – auf ATX-Mainboards ist dieser nicht mehr zu finden. Ü-bersehen wurde dabei, dass IBMs PS/2-Technologie aus den 80er-Jahren die Eingabegeräte direkt mit dem Bus verbindet und dass es den Anwendern im Plug & Play-Zeitalter nur schwer vermittel-bar ist, dass PS/2-Geräte genau aus diesem Grund unter gar keinen Umständen im laufenden Be-trieb an- oder abgestöpselt werden dürfen.

Auch heute noch finden viele Mainboards einen plötzlichen Tod, weil mal eben die Maus abgezo-gen wurde, während der PC lief. Besonders tückisch ist die Tatsache, dass dies von hundert Fällen 99 mal gut gehen kann – und wenn der Mainboard-Infarkt dann kommt, wird niemand die Schuld beim PS/2-Port suchen.

Übrigens muss das Mainboard den Geist nicht zwingend ganz aufgeben: Es kann auch sein, dass nur einzelne Funktionen gestört sind. In jedem Fall ist der entstandene Schaden aber irreparabel! Wechseln Sie PS/2-Komponenten daher nur, wenn der PC ausgeschaltet ist, sich also auch nicht im Standby-Betrieb befindet.

In der Regel fällt der erste Verdacht auf das Betriebssystem, von dem wir doch manche Eskapade gewohnt sind, oder auf die betroffene Hardwarekomponente, weil diese ja of-fensichtlich muckt. Ob das Mainboard Quell des Übels ist, bekommen Sie, wenn Ihr Ver-dacht erst einmal darauf gefallen ist, am besten durch das Ausschlussverfahren heraus.

Angenommen, die Festplatte hakt immer wieder mal, sodass Sie ab und zu gezwungen sind, das System neu zu starten, um weiterarbeiten zu können. Die beste deduktive Vor-gehensweise besteht darin, zunächst die Festplatte auszutauschen, da dies am schnells-ten geht. Idealerweise haben Sie Zugang zu einem zweiten Rechner – muckt die Festplat-te an diesem auch? Wenn nicht: Wie verhält sich die Festplatte des Zweitrechners, die dort einwandfrei lief, jetzt an dem Problem-PC? Treten hier nun plötzlich dieselben Fehler auf, sind die Festplatten natürlich vom Verdacht der Sabotage befreit, und der IDE-Controller des Mainboards gerät ins Visier.

Um des Weiteren auszuschließen, dass eventuell ein ganz anderes Gerät defekt ist und sich dessen „Störfeuer" bloß an der Festplatte entlädt (beispielsweise könnte ein kaputtes CD-Laufwerk als Slave die Kooperation mit der als Master gejumperten Festplatte verweigern), sollten Sie im nächsten Schritt bis auf eine Minimalkonfiguration alle Geräte, die nicht zwingend zum Betrieb nötig sind, in den einstweiligen Ruhestand versetzen. Das heißt: Sound- und Netzwerkkarte werden, so vorhanden, entfernt, CD-/DVD-Laufwerk und Brenner nebst Zweit- und Drittfestplatte von der Stromzufuhr getrennt und vorsichtshalber auch die IDE-Kabel vom Mainboard abgezogen. Reduzieren Sie die RAM-Bausteine auf einen einzigen und tauschen Sie diesen aus, wenn das Problem weiterhin besteht. Onboard-Controller für Sound, LAN, Modem, USB, FireWire, IrDa etc. sollten nacheinander deaktiviert werden. So können Sie schrittweise die Unschuldigen aussortieren.

Sollte der Fehler plötzlich nicht mehr auftreten, gehen Sie umgekehrt vor: Komponente für Komponente wird wieder eingebaut und aktiviert, jeweils gefolgt von einem Testlauf und dem Versuch, den Fehler zu reproduzieren. Wenn schließlich nur noch Mainboard, Tastatur, Grafikkarte und Festplatte angeschlossen sind, die drei letztgenannten Komponenten gegen andere Kandidaten ausgetauscht wurden und der Fehler immer noch besteht, können Sie ziemlich sicher sein, dass es sich um einen Mainboard-Fehler handelt, und sich nach Ersatz umsehen. Vorsichtshalber sollten Sie dennoch beim Händler ein Rückgaberecht für das neu zu erstehende Board aushandeln, falls der Fehler sich wider Erwarten mit der neuen Platine doch nicht beseitigen lässt.

Dieses deduktive Vorgehen funktioniert auch, wenn der Rechner tot ist und das Drücken des Einschaltknopfs nur mit einem schwarzen Bildschirm beantwortet: Schritt für Schritt wird die Hardware gegen Ersatzgeräte ausgetauscht, bis sich wieder etwas regt – oder bis klar ist, dass das Mainboard sein Leben ausgehaucht hat.

10.6 Checkliste vor dem Kauf eines neuen Mainboards

Bevor Sie losstürmen und beim erstbesten Händler ein neues Mainboard erstehen, sollten Sie einige Vorüberlegungen anstellen. Die Weisheit, dass man sich bei Computerhardware schneller verkauft hat, als man glauben mag, gilt für alle Komponenten, für das Mainboard aber ganz besonders. Die Zahl verschiedener Bauteile legt eine ausgiebige Begutachtung des Boards vor dem Kauf nahe, damit Sie sich ein möglichst genaues Bild von der Leistungsfähigkeit, Erweiterbarkeit und Zukunftssicherheit des guten Stücks machen können – immerhin das Herz Ihres Rechners!

Eines wird Ihnen bei der Lektüre der Tabelle sicher schnell klar werden: Die Katze im Sack zu kaufen ist beim Mainboard ein Ding der Unmöglichkeit. Sie müssen die Gelegenheit haben, im Laden das ausgepackte Board ausgiebig unter die Lupe nehmen zu können. Diese Checkliste soll Ihnen helfen, die Anforderungen an das neue Mainboard zu definieren, um den Wunschkandidaten aus einer Reihe von Boards, die jeder Händler im Angebot hat, mit sicherem Griff herausfischen zu können.

Kaufkriterium	Erläuterung	Platz für Ihre Notizen
1. PCI-Steckplätze	Wie viele PCI-Karten haben Sie in Ihrem alten System installiert? Diese Zahl plus eins sollte das neue Board mindestens an PCI-Steckplätzen aufweisen, um gegen Ressourcenkonflikte gewappnet zu sein. Wenn Sie für die nahe Zukunft den Kauf weiterer PCI-Karten erwägen, muss diese Zahl entsprechend steigen.	Mindestanzahl Steckplätze:
2. CPU: Sockeltyp	Bevorzugen Sie AMD- oder Athlon-Prozessoren? Ist vielleicht gerade ein neuer Sockeltyp auf den Markt gekommen? Dann wird der alte wahrscheinlich nicht mehr lange unterstützt. Andererseits sind neue CPU-Typen bei der Markteinführung teuer. Wägen Sie einfach Ihre Präferenzen ab.	Gewünschter CPU-Typ:
3. CPU: Taktfrequenz	Wie schnell schlägt das Herz ihres alten Mainboards? Welches ist für Sie ein akzeptables Mindestmaß für den neuen Prozessor, den das Board also unbedingt unterstützen muss? Und bis zu welcher MHz-Grenze soll das neue Board mitwachsen können? Bedenken Sie: Die Taktraten aktueller CPU-Generationen erhöhen sich immer schneller, als man vorher glaubt!	Gewünschte Taktfrequenz, minimal: maximal:
4. RAM	Welcher Speicher soll es sein: SDRAM von akzeptabler Geschwindigkeit und preiswert, schnelles DDR-RAM oder noch schnelleres und teureres DDR2-RAM? Vielleicht ist auch ausgerechnet Ihr Wunsch-Board auf Rambus-Modulen aufgebaut? Wie viele Speichersteckplätze möchten Sie haben (möglichst viele, wenn Sie alten Speicher weiterverwenden wollen), und auf wie viel MByte Speicher soll das Board in jedem Fall erweiterbar sein? (Hier muss eventuell der Verkäufer gelöchert werden – viele Handbücher schweigen sich dazu aus.)	Bevorzugter Speichertyp: Anzahl der Slots: Ausbaufähig bis wie viel MByte:
5. IDE-Controller	Wie schnell sind Ihre Festplatten, und welche Anschaffungen planen Sie in der Zukunft? Informieren Sie sich über die aktuellen Standards und Protokolle. Die muss das neue Board auf jeden Fall beherrschen! Wenn Sie mit einem RAID-Array liebäugeln (für Details siehe Kapitel 6), ist dies der Zeitpunkt einen RAID-Controller fast zum Selbstkostenpreis dazuzubekommen – als Onboard-Version auf einem entsprechend ausgestatteten Mainboard.	Mindestanzahl der IDE-Controller: Ausgelegt für UDMA/(100/133/...) RAID-Controller (J/N)?
6. Formfaktor	ATX überall – aber Ihr Gehäuse bietet nur Platz für ein Baby-AT? Überlegen Sie sich, ob Sie tatsächlich so sehr an dem Gehäuse hängen, dass Sie die Suche nach einem passenden Board in Kauf nehmen möchten.	AT, Baby-AT oder ATX?

Kaufkriterium	Erläuterung	Platz für Ihre Notizen
	Aber Vorsicht: State-of-the-Art-Mainboards bietet nur der ATX-Formfaktor!	
7. Stromanschluss und Netzteil	Ein ähnliches Problem wie beim vorigen Punkt: Ein altes Gehäuse, das auf AT-Boards ausgelegt ist, verfügt nicht über einen passenden ATX-Stromstecker. Mindestens genauso wichtig: Ein moderner PC verlangt dem Netzteil einiges ab – 300 Watt, besser 350 sollte es dem Rechner zur Verfügung stellen können. AT-Netzteile bringen es aber nur auf 230 bis 250 Watt. Beide Probleme lassen sich beheben, wenn Sie neben dem Mainboard auch das Netzteil tauschen.	AT- oder ATX-Netzteil?
8. Schnittstellen	Wie soll der ATX-Block konfiguriert sein? Auf welche Ports wollen Sie unter keinen Umständen verzichten? Spielernaturen vermissen beispielsweise an manchen PCs den Joystickport. Dann muss dem Mainboard-Karton ein entsprechender Nachrüstsatz für ein Slotblech beiliegen!	Anzahl der gewünschten Ports? COM: Parallel (Bidirektional): USB: Joystick:
9. Grafikkarte	Eine Frage, die sich eigentlich nicht wirklich stellt. Es gibt keine Boards mehr ohne AGP. Wollen Sie aber eine zweite Grafikkarte einbauen, z. B. um das Bild auf zwei Monitore zu verteilen, müssen Sie einen zusätzlichen PCI-Steckplatz einplanen.	IDE oder AGP?
10. Chipsatz	Mal hat der eine, mal der andere Hersteller die Nase vorn, und hin und wieder leistet sich jeder auch mal einen saftigen Programmierfehler, der unbemerkt in Serie geht. Der Chipsatz ist für die Stabilität Ihres Systems extrem wichtig, seine Bedeutung kann nicht überschätzt werden! Machen Sie sich hier vor dem Kauf besonders gut schlau: Welche Chipschmiede unterstützt laut Testberichten zum aktuellen Zeitpunkt den Prozessor, mit dem Sie liebäugeln, optimal? Tipp: Beachten Sie die Revisionsnummer, die auf die Platine aufgedruckt ist. Rev. 1.0-Versionen kann man guten Gewissens als Prototypen bezeichnen, von denen man Abstand nehmen sollte. Ein paar Wochen zu warten kann sich hier auszahlen!	Intel, VIA, SiS, ALi, ... Hersteller und Baureihe:
11. BIOS und Batterie	Es gibt keinen BIOS-Hersteller, der mit besonderen Features die Konkurrenz in den Schatten stellt. Denn diese Features entwickeln nicht die BIOS-, sondern die Chipset-Hersteller. Daher kommt es nicht darauf an, von wem das BIOS ist, sondern wer den besten Support liefert. Checken Sie die Homepage der Mainboard-Hersteller: Wo werden viele Systemfehler durch BIOS-Updates behoben?	BIOS-Hersteller: Batterie oder Akku gewünscht?

Kaufkriterium	Erläuterung	Platz für Ihre Notizen
	Wo kann man auch nach Jahren noch Flash-Updates für sein altes Board bekommen? Wo gibt es ein ständig aktualisiertes Angebot an Treibern? Entscheiden Sie sich für ein Mainboard mit dem BIOS dieses Anbieters.	
12. Panel-Anschlüsse	Manche Gehäuse z. B. im Serverbereich bieten zusätzliche LEDs für weitere Festplatten, Standby-Tasten oder ähnliche Bonbons. Wollen Sie diese genießen, muss das Mainboard natürlich über entsprechende Anschlüsse verfügen.	Panel-Besonderheiten (mehrere Festplatten-LEDs, Standby-Taste o. Ä.):
13. Weitere Anschlüsse	Benötigt Ihr System irgendwelche Besonderheiten (z. B. Anschlüsse für drei Lüfter), die das Board aufweisen muss. Notieren Sie diese hier.	Besondere Anschlüsse:
14. Onboard-Komponenten	Die Auflistung rechts lässt sich fast beliebig fortsetzen, denn die Board-Hersteller haben die Onboard-Komponente als Verkaufsargument entdeckt. Mittlerweile muss man kaum noch nach Dingen Ausschau halten, die man dringend braucht – viel sinnvoller ist es zu überlegen, was man wirklich braucht! Hinweise zur Qualität von Onboard-Soundkarten liefert übrigens Kapitel 8.	Gewünschte Funktionen (J/N)? IrDa-Infrarot: Onboard-Grafikkarte: Onboard-Sound: Wake-On-Ring: Wake-On-Lan: Temperaturüberwachung CPU: Temperaturüberwachung RAM: Bluetooth: Sonstige:
15. Tuning-Möglichkeiten	Wenn Ihre Leidenschaft dem Tuning gilt und Sie dabei sportlichen Ehrgeiz entwickeln, muss das Mainboard natürlich Übertaktung überall dort zulassen, wo Komponenten irgendwie getaktet werden. Wenn dies nicht auf Sie zutrifft: Vergessen Sie's. Damit bleiben Sie auf der sicheren Seite und im Schadensfall im Besitz Ihrer Garantieansprüche.	Gewünschte Tuning-Optionen (J/N): Speichertakt variabel: Prozessortakt variabel: Asynchroner Bustakt:
16. Preis	Überflüssig zu sagen: Qualität hat ihren Preis, aber Ihr Name ist nicht Rockefeller. Dennoch sollten Sie nicht am falschen Ende sparen. Das Mainboard ist für den sicheren Betrieb Ihres PCs einfach zu wichtig. Es muss nicht das Highend-Board mit Leiterbahnen aus Gold sein, aber eines lässt sich sicher sagen: Billig-Boards taugen nichts! Von deren Kauf raten wir dringen ab! Notieren Sie einfach im Feld rechts ihre maximale Zahlungsbereitschaft und suchen Sie dann den besten Kompromiss zwischen Preis und Leistung. Viel Erfolg!	Maximaler Preis für das neue Board:

11. Prozessortausch: Aus- und Einbau einer Sockel-CPU

Der zentrale Gegenstand jeder PC-Werbung ist die Geschwindigkeit des Prozessors, und das hat auch seine Berechtigung: Von seiner Leistung hängt – direkt oder indirekt – die Geschwindigkeit der meisten Vorgänge im PC ab. Deshalb bietet sich hier ein idealer Ansatzpunkt für Tuning- oder Aufrüstungsmaßnahmen, um die Gesamtleistung Ihres Computers zu steigern. Leider ist das Austauschen durch die rasante Entwicklung

auf dem Gebiet der Prozessoren jedoch immer schwieriger geworden: Einerseits erleichtern zwar automatische Erkennungsfunktionen das Einsetzen und Konfigurieren einer neuen CPU, andererseits kann diese Erkennung aber nur einwandfrei funktionieren, wenn das BIOS des Mainboards haargenau auf die neue CPU abgestimmt ist. Sollte der neue Prozessor dem BIOS nicht bekannt sein und der Mainboard-Hersteller kein neues BIOS anbieten, ist ein Prozessortausch in vielen Fällen von vornherein zum Scheitern verurteilt. Eine andere Schwierigkeit ist die sehr spezifische Abstimmung der Mainboards auf einzelne Prozessortypen. So kann zum Beispiel die Aufrüstung innerhalb der Pentium 4-Baureihe daran scheitern, dass sich mittendrin die Bauweise der CPUs geändert hat und andere Anforderungen ans Mainboard stellt. Und nicht zuletzt sorgen sehr kurze Produktzyklen dafür, nur noch sehr wenige CPUs angeboten werden, die auf Mainboards passen, die älter als ein bis zwei Jahre sind.

Insgesamt ist es deshalb ein schwieriges Unterfangen, einen PC mit einem neuen Prozessor auszustatten. Die Vorbereitungen des Tauschs erfordern größte Sorgfalt, um die Art des eingebauten Prozessors genau zu bestimmen sowie die Fähigkeiten des Mainboards und verfügbare BIOS-Updates herauszufinden. Erst wenn einwandfrei feststeht, dass es noch passende Prozessoren zu kaufen gibt, die zudem eine überzeugende Leistungssteigerung versprechen, ist ein Tausch der CPU lohnenswert. Dieses Kapitel ermöglicht es Ihnen, zunächst einmal abzuschätzen, ob bei Ihrem PC ein Prozessortausch überhaupt möglich oder lohnenswert ist. Im zweiten Teil geht es dann ans Praktische, denn dort werden wir Ihnen vorführen, wie eine aktuelle Sockel-CPU gegen ein schnelleres Modell ausgewechselt wird.

11.1 Prozessorwerte unter der Lupe

Wie bei keiner anderen Aufrüstaktion steht vor dem Kauf eines neuen Prozessors eine Bestandsaufnahme dessen, was Sie in Ihrem PC vorfinden. Sie müssen die verschiedenen Eigenschaften Ihrer alten CPU und die Gegebenheiten Ihres Mainboards kennen, weil sie sich direkt darauf auswirken, ob ein neuer Prozessor mit Ihrem Mainboard zusammenarbeitet oder nicht. Nur wenn alle Rahmenbedingungen für eine der aktuell am Markt verkauften CPUs geeignet sind, ist ein Austausch Ihres alten Prozessors gegen ein neues Modell überhaupt möglich.

- **Prozessortyp und Bauform:** Das sind die beiden grundlegensten Eigenschaften Ihres Prozessors. Anhand des Typs, der damit verbundenen äußeren Form und des verwendeten Sockeltyps entscheidet sich, welchen neueren Prozessortyp Sie für einen Austausch nehmen können. Welcher Prozessor in Ihrem Computer seinen Dienst verrichtet, können Sie z. B. mit einem Systeminformationsprogramm wie SiSoft Sandra ermitteln (siehe dazu ab Seite 422). Anhand der angezeigten Daten können Sie dann in den Tabellen im dritten Abschnitt des Kapitels nachsehen, in welcher Bauform Ihr Prozessor hergestellt wurde.

- **Taktfrequenz:** Das ist die Frequenz, mit der eine CPU betrieben wird. Die Taktfrequenz wird in GHz (bei älteren CPUs in MHz) gemessen und ebenfalls angezeigt, wenn Sie ein Diagnoseprogramm wie SiSoft Sandra benutzen.

- **Systemtakt und Chipsatz:** Der Chipsatz des Mainboards ist für die Verwaltung und Kommunikation der internen PC-Komponenten zuständig und in der Regel haargenau auf einige wenige Prozessortypen abgestimmt. Der Systemtakt bezeichnet wiederum die Taktfrequenz, mit der das Mainboard betrieben wird. Viele Chipsätze können mit unterschiedlichen Bustaktfrequenzen funktionieren, in der Regel sind 100 oder 133 MHz möglich, zusätzlich gibt es oft eine Reihe anderer Frequenzen, die zum Übertakten des Systems eingestellt werden können.
  Etwas verwirrend ist die Vielzahl von Betriebsfrequenzen, die aus diesem Systemtakt erzeugt werden: So wird zum Beispiel die Frequenz für die Geräte, die am PCI-Bus angeschlossen sind, gedrittelt bzw. geviertelt, um 33 MHz zu erhalten. Der Speicher nutzt die DDR-Technik (**D**ouble **D**ata **R**ate = doppelte Datenrate), die eine doppelte Nutzung des Taktsignals erlaubt. Dadurch entsteht ein höherer Datendurchsatz, der einer effektiven Frequenz von beispielsweise 200 oder 266 MHz entspricht. Dazu kommt der Frontside-Bus, also die externe Taktfrequenz, mit der die CPU angesprochen wird. Intel-Prozessoren können extern viermal längere Datenpakete ver-

arbeiten, was einer effektiven Vervierfachung des Bustakts (also 400 bzw. 533 MHz) entspricht und „Quad Pumped" genannt wird. Die Liste der Beispiele ließe sich bequem noch um einiges verlängern. In jedem Fall entstehen aus den 100 und 133 MHz wesentlich größere Zahlen, die sich werbewirksam vermarkten lassen, zu Grunde liegen jedoch immer diese beiden Frequenzwerte.

- **Kernspannung:** Der letzte wichtige Wert. Hiermit wird die Versorgungsspannung des CPU-Kerns bezeichnet, die für einen einwandfreien Betrieb vom Mainboard zur Verfügung gestellt werden muss.

Der Prozessor findet in einem Mainboard Platz, ...

- das einen genau passenden Sockel für seine Bauform zur Verfügung stellt,
- dessen Chipsatz auf den Befehlssatz des Prozessors abgestimmt ist und die richtige Systemfrequenz bereitstellt,
- dessen Spannungsregler die korrekte Kernspannung für den Betrieb der CPU liefern können.

Zudem ist das BIOS des Mainboards für die korrekte Erkennung des Prozessors und die Einstellung von Systemtakt und Kernspannung zuständig. Dazu ist natürlich Voraussetzung, dass dem BIOS die neue CPU überhaupt bekannt ist. Von vielen Herstellern werden regelmäßig BIOS-Updates angeboten, siehe Kapitel 9, um die korrekte Erkennung sicherzustellen, aber nicht alle Firmen nehmen es mit der Pflege so genau. Wenn ein Update nicht verfügbar ist, aber alle anderen Randbedingungen erfüllt sind, können die beiden Werte in der Regel von Hand am Mainboard eingestellt werden.

Wenn die automatische Erkennung nicht möglich ist, können Betriebsspannung und Systemtakt auch direkt auf dem Mainboard eingestellt werden.

Informationsquelle Handbuch

Obwohl wir uns bemühen, Ihnen in diesem Kapitel so viel theoretisches Wissen zu vermitteln, dass Sie selbst herausfinden können, welche CPUs auf Ihrem Mainboard Platz finden, ist das Handbuch Ihres Mainboards bzw. die Webseite des Herstellers als Informationsquelle nahezu unentbehrlich. Hier sollten Sie Aussagen darüber finden, welche Betriebsspannungen möglich sind, welche CPUs mit welcher Architektur unterstützt werden und unter welcher Internetadresse BIOS-Updates angeboten werden. Nur diese Informationen sind bei der Vielzahl an verschiedenen Prozessoren, Mainboard-Typen und -Revisionen, BIOS-Versionen etc. letztendlich für eine Aussage verbindlich, welcher Prozessor auf Ihr Mainboard passt und welcher nicht.

So errechnet sich die Prozessorfrequenz

Die Frequenz, mit der der Prozessor getaktet ist, errechnet sich aus der Systemfrequenz des Mainboards und einem internen Multiplikator, der fest auf der CPU verdrahtet ist.

So erreicht man zum Beispiel 1.000 MHz, indem man den Systemtakt von 100 MHz mit einem internen Faktor 10 multipliziert.

2.667 MHz werden mit 133 MHz und einem Faktor von 20 erzielt etc.

> **Der Multiplikator bei älteren CPUs**
>
> Bei älteren CPUs ist der Multiplikator nicht fest vorgegeben und kann auf dem Mainboard eingestellt werden, was unter anderem sehr nützlich beim Übertakten des Systems ist, siehe dazu auch Kapitel 12. Bei neueren Prozessoren wird der Wert jedoch fest vom Hersteller vorgegeben und kann nur in Ausnahmefällen unter Zuhilfenahme eines Tricks nachträglich verändert werden.

11.2 Prozessorbestimmung Schritt für Schritt

Vor dem Aufrüsten der CPU steht also der Blick auf die Gegebenheiten in Ihrem PC. Welchen Prozessortyp verwende ich gerade? Welche Bauform, welche Kernspannung benötigt er?

Und welche kompatiblen Typen werden noch am Markt angeboten? Um Ihnen die Vorgehensweise bei der Bestimmung der Betriebsbedingungen in Ihrem Rechner zu verdeutlichen, führen wir Ihnen zwei Beispiele vor.

Beispiel 1: Pentium III 800 MHz

1 Um die Eigenschaften des derzeit noch vorhandenen Prozessors zu bestimmen, setzen wir das Programm SiSoft Sandra ein, das im Internet unter der Adresse *www.sisoftware.co.uk* angeboten wird. Nach dem ersten Start des Programms haben Sie die Auswahl zwischen einer Vielzahl von Informations- und Benchmark-Modulen, unter denen *CPU & BIOS Information* die gewünschten Daten bereithält.

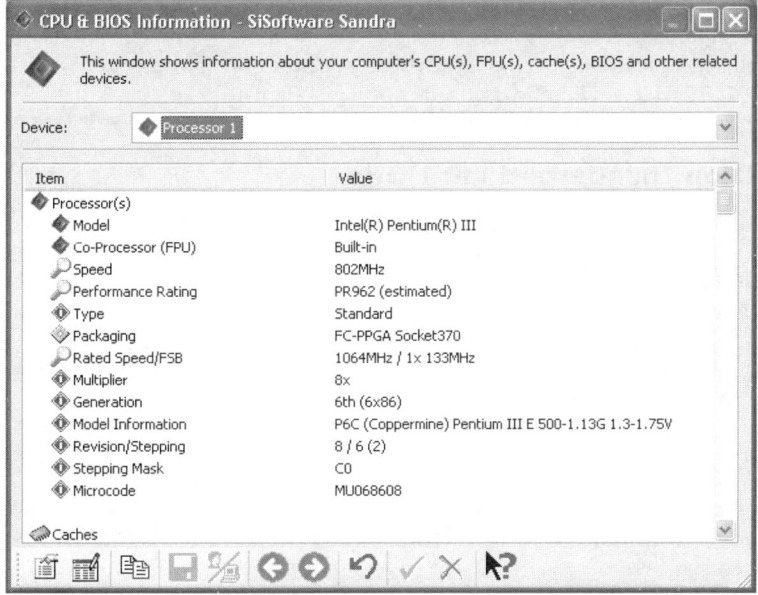

2 Jetzt bekommen Sie alle wichtigen Eckdaten des Prozessors angezeigt: Es handelt sich um einen Pentium III in FC-PGA-Bauweise für den Sockel 370 (mehr zu den unterschiedlichen Bauformen im Anschluss), der mit 800 MHz getaktet ist und einen internen Multiplikator von 8 besitzt. Daraus lässt sich bereits schließen, dass der Systemtakt 100 MHz sein muss, aber der entsprechende Wert lässt sich weiter unten auch direkt ablesen. Weiterhin von Bedeutung ist die Art der Prozessorarchitektur, die sich unter *Model Information* als Coppermine erkennen lässt.

3 Nachdem Sie diese Informationen gesammelt haben, fahren Sie jetzt mit einem Blick in die Tabelle mit den Daten für Sockel 370-Prozessoren ab Seite 392 fort. Wie Sie dort zusätzlich herausfinden werden, benötigt der PIII 800 eine Betriebsspannung von 1,65 Volt. Jetzt wird's natürlich spannend: Welche schnelleren Sockel 370-CPUs mit gleichen Betriebsdaten könnten für ein Update in Frage kommen? Wie Sie eine Sekunde später feststellen werden, endet die Reihe der Coppermine-CPUs mit 1,65 Volt bereits bei 866 MHz. Nun gut, mit einer gewissen Wahrscheinlichkeit beherrscht das Mainboard auch noch eine Betriebsspannung von 1,70 Volt, aber damit ist bereits bei 1 GHz Taktfrequenz Schluss. Die schnelleren PIII mit Tualatin-Architektur besitzen die FC-PGA2-Bauweise und sind auf unserem Mainboard nicht einsetzbar. Hier besteht also bereits die Gewissheit, dass eine Aufrüstung dieses PIII-Rechners höchstens bis 1 GHz möglich ist.

Fazit

Das Fazit unserer Nachforschung muss also lauten: Ein Aufrüsten des PCs mit einem schnelleren Prozessor lohnt sich nicht. Ein Pentium III mit 1 GHz ist zwar noch am Markt erhältlich, bringt für einen Preis von ca. 150 Euro aber nur einen marginalen Geschwindigkeitsgewinn. Und außerdem lässt sich ein PIII allein durch Übertakten bereits ohne Probleme mit rund 900 MHz betreiben (mehr zum Übertakten in Kapitel 12). Die Anschaffung eines neueren Mainboards wäre für einen größeren Tempogewinn unerlässlich, zieht aber zusätzliche Kosten nach sich, weil sich die Speichertechnologie verändert hat und ebenso der Kauf von neuen RAM-Modulen nötig wäre. Der Kauf eines neuen PCs ist in diesem Fall also die deutlich bessere Alternative.

Beispiel 2: Athlon Thunderbird mit 1 GHz

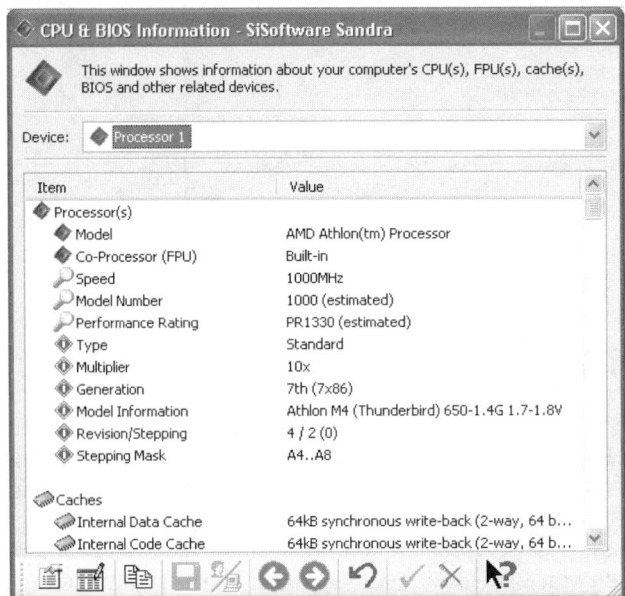

Im zweiten Fall ist ein anderer Beispiel-PC mit einem Athlon-Thunderbird-Prozessor ausgestattet, der 1 GHz Taktfrequenz, einen Systemtakt von 100 MHz und eine Betriebsspannung von 1,75 Volt besitzt. Hier zeigt ein Blick in die Tabelle ab Seite 392, dass AMD Athlon-Prozessoren bis 1.400 MHz mit diesen Betriebsdaten und der gleichen Architektur hergestellt hat. Das Mainboard bietet also in jedem Fall die richtigen Voraussetzungen für die schnellere CPU, hier ist (für einen Kaufpreis von rund 100 Euro) eine Steigerung um 400 MHz ohne Probleme möglich. Um das Risiko einer Überhitzung auszuschließen, muss allerdings der Kauf eines leistungsfähigeren Kühlers mit in die Kalkulation einbezogen werden.

11.3 Bauformen aktueller Prozessoren

Nachdem wir Ihnen mit einem praktischen Beispiel bereits einen schnellen Einstieg in die Bestimmung der Aufrüstchancen gegeben haben, wollen wir Sie jetzt noch mit ein wenig Theorie konfrontieren. So bekommen Sie die Chance, auch etwas kniffligere Fälle zu überblicken, in denen sich Unterschiede zwischen alten und neuen CPUs nicht immer auf den ersten Blick offenbaren. Eines der wichtigsten Merkmale jeder CPU ist ihre Bauform, die für jeden Prozessortyp charakteristisch ist. Welche Prozessoren in welcher Bauweise zurzeit am Markt erhältlich sind, erfahren Sie in diesem Abschnitt.

Nicht mehr up to date: Die Slotbauweise

Die frühere und mittlerweile nicht mehr produzierte Slotbauform (bei Intel: Slot 1, Slot 2; bei AMD: Slot A) baut auf einer eigenen Prozessorplatine auf, die recht groß und schwer ist und ähnlich wie z. B. eine Grafikkarte in einen dafür vorgesehenen Steckplatz gesteckt wird. An dieser Platine werden auch noch zusätzlich Kühlkörper und Lüfter angebracht, die stromführenden Kontakte sind meist vom Plastik eines Prozessorgehäuses verdeckt. Diese Form von Prozessoren wird jedoch schon seit etwa einem Jahr nicht mehr hergestellt.

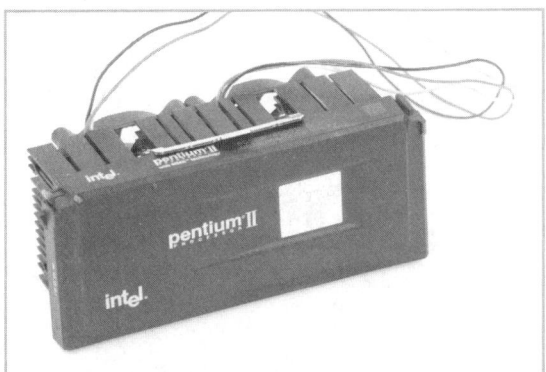

Eine alte Slot-CPU.

Für Profis: Aufrüsten von Slot-Mainboards mit Adapter

Eine Zeit lang wurden am Markt Adapterplatinen angeboten (zum Beispiel von MSI), mit deren Hilfe neuere Sockel 370-Prozessoren auf älteren Slot-Mainboards eingesetzt werden konnten. Falls Sie also zum Beispiel noch ein älteres Pentium II-Mainboard mit BX-Chipsatz (wie das Asus P2B) besitzen, ist mithilfe eines solchen Adapters ein Aufrüsten des Rechners zum Beispiel von einem Pentium II 400 auf einen Pentium III 1 GHz möglich. Dabei ist jedoch unbedingte Voraussetzung, dass das Mainboard die nötigen Spannungswerte für den Pentium III zur Verfügung stellen kann. Zudem muss das Board über ein BIOS-Update mit Informationen über die Betriebswerte des Pentium III bekannt gemacht werden. Die Chancen, einen solchen Adapter zum Einsatz zu bringen, bestehen also nur, wenn der Hersteller des Mainboards genug „Zukunft" in Form von variablen Spannungsreglern und einem gut gepflegten BIOS mit eingebaut hat.

Bei aktuellen CPUs wird nur noch ein kleines Plättchen aus Keramik (z. B. beim Athlon Thunderbird) oder organischem Kunststoff (z. B. beim Athlon XP) verwendet, auf dem der winzige CPU-Kern (Prozessor-DIE) installiert ist. Die Kontakte sind jeweils auf der Unterseite der Platte als kleine Pins angebracht. Diese Bauform besitzt aber auch eine nicht zu unterschätzende Schwäche: Während bei einer Slot-CPU die empfindlichen Bauteile in einer robusten Plastikpanzerung verborgen sind, ragen bei einer Sockel-CPU die elektrischen Kontakte als kleine Beinchen heraus und sind dementsprechend empfindlich. Sie können sehr leicht verbogen werden, und einmal verbogene Kontakte lassen sich nur sehr schwer wieder gerade biegen. Im schlimmsten Fall passt der Prozessor nicht mehr in den Sockel und ist unbrauchbar. Auch die CPU-Kerne liegen häufig frei und können durch äußere Einflüsse leicht beschädigt werden, was die Zerstörung des Prozessors zur Folge hat. Nur die Prozessoren der Pentium 4-Baureihen, die neusten Celerons und die VIA C3-Prozessoren sind mit einem Heatspreader-Blech (Abdeckung für bessere Hitzeverteilung) ausgerüstet, das einen gewissen Schutz vor mechanischen Beschädigungen bietet.

In der unteren Abbildung ist zu sehen, dass der empfindliche Siliziumchip in der Mitte des Prozessors durch ein Wärmeleitblech abgedeckt wurde.

Sockelformen aktueller CPUs

Vor etwa zwei Jahren ist die CPU-Industrie nach einer vorübergehenden Phase von den Prozessoren mit Slotbauweise wieder abgekehrt. Der technische Fortschritt machte dies möglich, denn es gelang den Herstellern, den so genannten Second-Level-Cache (das ist ein schneller Zwischenspeicher, in dem alle Daten vor der Berechnung bereitgehalten werden) in den Silikonchip des CPU-Kerns zu integrieren. Somit konnte man zur kostengünstigeren Sockeltechnologie zurückkehren, die ursprünglich auf dem Prozessormarkt verbreitet war. Dementsprechend sind Slotprozessoren (Slot 1 für Intel Pentium II und III und Slot A für den AMD Athlon) mittlerweile nur noch bei wenigen Händlern in Restbeständen erhältlich. Aber auch Sockelprozessoren der noch älteren Sockel 7- (Intel Pentium MMX) und Super-Sockel 7-Bauform (AMD K6 III) sind bereits fast völlig verschwunden. Mainboards für diese CPUs gibt es ebenfalls kaum noch zu kaufen. Insgesamt existieren zurzeit fünf verschiedene Prozessorbauformen am Markt, unter denen Sie beim Upgrade die Auswahl haben.

Super Sockel 7

Dies ist der älteste Sockel, für den es noch kleine Restbestände an CPUs gibt, weil Prozessoren dieser Bauform relativ lange für den Notebook-Bereich produziert wurden. Der Super Sockel 7 ist eine Weiterentwicklung der Firma AMD und einiger Chiphersteller, die in Konkurrenz zu Intel stehen. Mainboards, die mit diesem Sockel bestückt sind, sind über den Chipsatz in der Lage, den Prozessor mit einem Systemtakt von 100 MHz zu versorgen, mit dem z. B. AMDs K6-2-Prozessoren arbeiten. Nebenbei erlauben diese Chipsätze, wie zum Beispiel der Aladdin V von ALi oder der MVP3 von VIA, einen AGP-Port zu betreiben.

Sockel 370

Dieser Sockeltyp wurde als Erstes mit der zweiten Generation von Celeron-Prozessoren bei Intel eingeführt und später auch für den Pentium III verwendet. Die zugehörige Prozessorbauform nennt sich PPGA (**P**lastic **P**in **G**rid **A**rray). Unter den CPUs für den Sockel 370 gibt es allerdings noch einmal geringe Unterschiede: Um die Wärmeentwicklung bei den später eingeführten Pentium III-Modellen zu verringern, wurde deren Spannungsversorgung abgesenkt, zusätzlich wurden einige Pins des Prozessors genutzt, die vorher keine Funktion hatten. Diese etwas modifizierte Konstruktion des Sockel 370-Chips nennt sich FC-PGA (**F**lip **C**hip **P**lastic **G**rid **A**rray) und ist in der Konsequenz nicht kompatibel zu ihrem älteren Zwilling. Als neuste CPU-Generation in Sockel 370-Bauweise bieten viele Händler den Pentium III und den Celeron mit Tualatin-Kern an, der in strom- und wärmesparender 0,13-µm-Technik produziert wird. Auch hier existieren jedoch noch einmal Unterschiede gegenüber den Vorgängern, die Bauweise für diese letzte Pentium III-/Celeron-Generation nennt sich FC-PGA2.

Sockel 370-CPU.

Sockel A

Ein weiterer „Klassiker" unter den modernen CPU-Bauformen ist Sockel A, der die zurzeit beliebteste Alternative zu den verschiedenen Intel-Formaten darstellt. Er wurde mit dem AMD Athlon Thunderbird, dem Nachfolger des ersten Athlon, eingeführt und beendete im Jahr 2000 recht schnell AMDs kurze Ära mit Slotprozessoren. Seit dem Thunderbird werden sämtliche AMD-Prozessoren mit 462 Pins für diesen Sockel gefertigt. Er ist also für die AMD Athlon Thunderbird-, Duron-, Athlon MP- und Athlon XP-Baureihe einsetzbar. Der AMD-Sockel ähnelt dem Sockel 370 auf den ersten Blick, aber er ist allein aufgrund der unterschiedlichen Zahl der Kontakte vollkommen inkompatibel zu Intel-CPUs.

Sockel A-CPU.

Sockel 423

Intel führte mit dem Pentium 4 eine völlig neue Prozessorfamilie ein, die aufgrund ihrer komplexeren Architektur einen eigenen Sockel mit mehr Kontakten braucht als beim älteren Sockel 370. Die erste Baureihe des Pentium 4 mit Willamette-Architektur, die im Vergleich zu Sockel 370-CPUs recht groß und massiv wirkt, besitzt 423 Pins, was die Namensgebung begründet. Die Kombination aus CPU und Kühler des ersten Pentium 4 nimmt recht viel Platz auf dem Mainboard ein, denn erstmalig sorgt auf dem Board eine Rahmenkonstruktion aus Plastik für einen ausreichenden Halt des schweren CPU-Kühlkörpers.

Sockel 423-CPU.

Sockel 478

Ende 2001 brachte Intel nach nur wenigen Monaten Laufzeit eine äußerlich verkleinerte Version seiner Pentium 4-Prozessoren auf den Markt, die wieder einen neuen Sockel erhielt. Dieser von den Abmessungen her kleinste derzeit erhältliche Sockel besitzt 478 Kontakte und stellt die aktuelle Entwicklungsstufe dar. Der Plastikrahmen um den Sockel wurde ebenfalls kleiner, und somit sind auch spezielle Kühlkörper und Lüfter notwendig. Die aktuellsten, auch im internen Aufbau minimierten Pentium 4-Prozessoren mit Northwood-Architektur werden ausschließlich für den Sockel 478 gefertigt.

Sockel 478-CPU.

Um Ihnen den Überblick zu erleichtern, finden ab Seite 391 eine kompakte Zusammenstellung der charakteristischen Bauformen und Betriebsdaten der wichtigsten Prozessoren.

11.4 Überlegungen vor dem Prozessortausch

Der Austausch der CPU ist stärker als andere Aufrüstaktionen davon bestimmt, welche Verhältnisse Sie in Ihrem PC vorfinden. Je nachdem, mit welchem Prozessor Sie bisher gearbeitet haben, bietet das Mainboard ganz bestimmte Voraussetzungen, die den Betrieb nur einer bestimmten Auswahl von CPUs zulassen.

Wir sagen Ihnen zunächst, worauf Sie achten müssen, wenn Sie Ihren Prozessor gegen einen schnelleren ersetzen möchten. Die Abschnitte sind nach den verschiedenen Sockeln geordnet, durch die alle CPUs mit dem Motherboard verbunden werden. Anhand dieser Schnittstelle entscheidet es sich nämlich, wie gut Ihr Computer für ein Upgrade geeignet ist und ob Sie einen schnelleren Ersatz bekommen. Wenn Sie den Abschnitt gelesen haben, der für Ihren Prozessor maßgeblich ist, können Sie ganz locker loslegen, weil Sie wissen, womit ein problemloses Upgrade möglich ist.

Super-7-Boards: Wenig Möglichkeiten

Da es die Super-7-Boards schon seit 1998 gibt, sind kaum noch ausreichend Prozessoren für diese Leistungsklasse verfügbar, und die erreichbare Leistungsstufe liegt weit unterhalb dessen, was aktuelle Prozessoren zu bieten haben. Sollten Sie hier wirklich noch nach mehr Leistung hungern, ist der Kauf eines neuen Mainboards oder eines neuen Computers die bessere Alternative.

Sockel 370-CPUs: Verwirrung im Bezeichnungsdschungel

Fast alle erhältlichen Celeron-Prozessoren und die Pentium III-Reihe mit Coppermine- oder Tualatin-Architektur wurden als Chip für den Sockel 370 gefertigt. Diese Bauweise nennt sich bei älteren Celerons PPGA (**P**lastic **P**in **G**rid **A**rray), beim Pentium III (Coppermine/Tualatin) und den Celeron-Modellen kommt eine leicht modifizierte Variante namens FC-PGA bzw. FCPGA2 (**F**lip **C**hip **P**in **G**rid **A**rray) zum Einsatz.

Bauformen und Chipsätze

Leider sind die drei Versionen der Sockel 370-Chips nicht zueinander kompatibel, denn alle drei Modelle werden jeweils mit einer anderen Spannung betrieben. Darüber hinaus sind alle Versionen nicht Pin-kompatibel zueinander. Bei einem Austausch des Prozessors ist es also nicht möglich, vollkommen frei unter den gesockelten Celerons und Pentium III auszuwählen, Sie müssen die genaue Bauweise beachten (siehe dazu auch das Beispiel zu Beginn des Kapitels). Unter den noch erhältlichen Sockel 370-CPUs dominieren klar die beiden FC-PGA-Bauformen, die PPGA-Modelle sind fast überhaupt nicht mehr zu haben. Falls Sie also einen Rechner mit einer Celeron-CPU in PPGA-Bauweise aufrüsten möchten, haben Sie nur die Möglichkeit, maximal einen Gewinn von 433 auf 600 MHz zu erreichen. Hier empfiehlt sich also deutlich der Kauf eines anderen Mainboards.

Chipsätze für den Sockel 370 (FC-PGA)

Als die am weitesten verbreiteten Chipsätze für den Sockel 370 (FC-PGA) existieren der Intel 430BX, i810, i815, i815E, der VIA Apollo Pro 133A, Apollo PLE133 und der SiS 630. Mit einem dieser Chipsätze auf Ihrem Mainboard sollten Sie also noch einen passenden Prozessor finden. Pentium III- und Celeron-CPUs mit Tualatin-Architektur benötigen eine bestimmte Version (B-Stepping) des Intel i815EP-Chipsatz, den VIA Apollo Pro133T, den SiS 635T oder 630ST.

BIOS-Update häufig vonnöten

Wenn Sie von einem Celeron auf einen Pentium III aufrüsten, ist in vielen Fällen ein BIOS-Update nötig, damit die neue CPU korrekt arbeitet. Holen Sie sich hierzu die neuste BIOS-Version für Ihr Mainboard von der Website des jeweiligen Herstellers. Hierzu ist allerdings zu sagen, dass nicht jeder Hersteller diesen Service anbietet bzw. die Entwicklung des BIOS über einen längeren Zeitraum fortführt.

In so einem Fall ist unter Umständen der Kauf eines anderen Mainboards nötig, um einen anderen Prozessor einsetzen zu können. Wie Sie ein BIOS-Update sicher durchführen, können Sie in Kapitel 9 nachlesen.

Keine Celeron-Kühleinheiten für den Pentium III verwenden

Beim Upgrade von einem schwächeren Celeron (z. B. Celeron 700) auf einen Pentium III (z. B. Pentium III 1000) sollten Sie einen massiveren Kühlkörper mitsamt stärkerem Lüfter verwenden, da Kühleinheiten für den Celeron für einen Pentium III und dessen starke Wärmeabgabe schlicht unterdimensioniert sind. Die preiswertere Alternative, einem Celeron in Sockelbauweise mehr Leistung abzugewinnen, ist das Übertakten, denn dafür ist der Celeron sehr gut geeignet. Wie Sie das bewerkstelligen, lesen Sie in Kapitel 12.

Klares Konzept und noch Chancen: Sockel 423-CPUs

Einfach und ohne Verwirrspiele sieht es beim Aufrüsten auf einen schnelleren Sockel 423-Prozessor aus: Obwohl der Pentium 4 für diesen Sockel auch schon langsam aus den Angeboten der Händler verschwindet, lohnt sich gerade für Besitzer eines „kleinen" Pentium 4 mit z. B. 1,4 GHz noch ein Upgrade auf z. B. 2 GHz.

Einheitliches Bild bei Chipsätzen und Taktfrequenz

Celerons oder Pentium 4-Modelle mit Northwood-Kern gibt es für diesen Sockel nicht, folgende Chipsätze existieren für den Sockel 423: Intel i850 und i845 und der VIA P4x266 sowie der P4M266. Alle Pentium 4-Chips für den Sockel 423 laufen ausnahmslos mit 100 MHz Systemtakt.

BIOS-Update ist fast nie nötig

Für gewöhnlich werden alle Versionen des Sockel 423-Pentium 4 (1,3 bis 2 GHz) korrekt vom Mainboard erkannt, denn es gibt in dieser Baureihe nur Unterschiede in der Takt-frequenz. Ein BIOS-Update ist normalerweise unnötig.

Auf gute Kühlung achten

Auch hier ist aber gerade beim Aufrüsten auf eine 2-GHz-CPU fast immer auch eine leis-tungsfähigere Kühleinheit mit einem stärkeren Lüfter notwendig, damit es nicht zur Ü-berhitzung der neuen CPU kommt (der 1,3-GHz-Pentium 4 erzeugt deutlich weniger Wärme als die 2-GHz-Variante).

Sockel 478-Prozessoren: Möglichkeiten bis 2.800 MHz

Besitzer von Sockelprozessoren können sich glücklich schätzen, denn die Voraussetzun-gen für ein Prozessor-Upgrade sind sehr günstig. Bei diesem Sockel haben Sie fast die freie Auswahl, weil es sich um die aktuellste der zurzeit gebräuchlichen Bauformen han-delt. Ein Großteil der Prozessoren der aktuellen Celeron- und Pentium 4-Familie in dieser Sockelbauweise hat identische Bedürfnisse in Bezug auf die Betriebsspannung, und es e-xistieren keine Unterschiede hinsichtlich der Pin-Belegung. Nur einige ältere Modelle des Pentium 4 mit Willamette-Architektur für den Sockel 478 sind auf andere Spannungen angewiesen (siehe Tabelle ab Seite 392).

Taktfrequenz und Chipsatz

Älteren Pentium 4-Boards mit Sockel 478, die nur über einen Systemtakt von 100 MHz verfügen, ist durch den fest auf den Prozessoren eingestellten Multiplikator eine Schall-grenze von derzeit 2,6 GHz gesetzt. Pentium 4-Prozessoren mit 133 MHz Systemtakt passen zwar auch in den Sockel 478 eines 100-MHz-Mainboards, aber ihre volle Leistung können sie nie entfalten, da der Multiplikator auf einen Systemtakt von 133 MHz ange-wiesen ist, um den internen Takt der CPU zu erzeugen.

Beim Einsatz auf einem 100-MHz-Board würden aus diesem Grund nur drei Viertel der maximalen Frequenz einer solchen CPU erreicht. Bei einem Kauf würde also unnötig Geld ausgegeben.

133 MHz Systemtakt sind auf Sockel 478-Mainboards mit Intel i845E-, i845G-, 850E-, VIA-Apollo-P4X400- oder SiS 645DX-Chipsatz möglich.

Pentium 4-Mainboards mit 100 MHz Bustakt sind mit dem VIA P4X266, den Intel-Chipsätzen i850, i845, i845D oder den SiS-Chipsätzen 64 und 650 ausgestattet.

Um die korrekte Erkennung aller aktuellen CPUs durch das BIOS sicherzustellen, bieten fast alle Hersteller für ältere Sockel 478-Board mit 100-MHz-Chipset BIOS-Updates an.

> **Pentium 4 mit Northwood-Architektur**
>
> Zusätzlich ist noch zu beachten, dass die neueren Pentium 4 mit Northwood-Architektur auch in den 100-MHz-Varianten eine geringere Kernspannung (1,5 Volt) haben als die älteren CPUs mit Willamette-Kern (1,75 Volt). Sehen Sie hier am besten in Ihrer Mainboard-Dokumentation oder auf der Website Ihres Mainboard-Herstellers nach, ob Ihre Hauptplatine die niedrigere Kernspannung für den Northwood unterstützt.

Damit kann, wenn Sie zum Beispiel von einem Willamette-Prozessor mit 1,7 GHz auf eine 2,4-GHz-Northwood-CPU umsatteln, die Betriebsspannung der neuen CPU automatisch erkannt und eingestellt werden. Bei nicht funktionierender Erkennung kann der richtige Wert aber oft entweder im BIOS oder über Jumper manuell eingestellt werden (mehr dazu lesen Sie ab Seite 385 weiter hinten im Kapitel).

Die neusten Chipsätze für den Sockel 478 (Intel i850E, i845E, i845G, VIA P4X400, SiS 645DX und 651) unterstützen neben dem Pentium 4 mit 100 MHz auch die aktuellsten Modelle mit 133 MHz Bustakt und erkennen die Northwood-Architektur auch ohne BIOS-Update automatisch.

Das passt immer: Die Halterung

Für alle Prozessoren der Pentium 4-Familie für den Sockel 478 gibt es einen kleinen Plastikrahmen rund um den Sockel auf dem Mainboard, der streng nach Intels Spezifikationen konstruiert und bei allen Mainboards gleich ist. Auch die Kühlkörper der Lüfter sind stets in den gleichen Abmessungen gefertigt. Hier sollte es also beim Prozessoraustausch mit einem leistungsfähigeren Modell keine Probleme geben.

Sockel 478-Halterung für den Pentium 4.

Vorsicht beim Willamette in engen Gehäusen

Wenn Sie einen großen MHz-Sprung beim Aufrüsten machen wollen, indem Sie z. B. eine 1,5-GHz-CPU mit Willamette-Kern gegen eine 2-GHz-CPU des gleichen Typs tauschen, dann seien Sie vorsichtig. Gerade der 2-GHz-Willamette-Pentium 4 wird auch beim kleinen Sockel 478 sehr heiß, und der Lüfter der alten 1,5-GHz-Version könnte erst recht in engen Mini- oder Midi-Tower-Gehäusen mit vielen Komponenten zu schwach sein für den neuen Boliden. Damit es nicht zum Leistungsabfall durch Überhitzung kommt (alle Pentium 4-CPUs schalten sich in der Taktfrequenz herunter, wenn die Temperatur zu weit ansteigt), wählen Sie am besten eine Kühleinheit mit einem massiveren Kühlkörper und einem Lüfter, der eine höhere Drehzahl aufweist.

Bei Pentium 4-Modellen mit Northwood-Kern brauchen Sie sich hingegen keine Sorgen zu machen. Selbst die Spitzenmodelle mit 2,6 oder gar 2,8 GHz bleiben auch im engsten Gehäuse mit normalen Standardkühleinheiten auf niedrigen Temperaturen, was sie ihrem feineren Herstellungsprozess und ihrer niedrigeren Kernspannung zu verdanken haben.

Sockel A: Nur für die AMD-CPUs bestimmt

Der Sockel A ist schon seit sehr langer Zeit auf dem Markt, er wurde 1999/2000 mit dem AMD Athlon Thunderbird eingeführt, ist immer noch aktuell, und es gibt ausschließlich AMD-CPUs, die diese Schnittstelle nutzen. Die Modellpalette dieses Prozessors ist seitdem gewachsen, und auch die Zahl der Chipsätze und Mainboards ist gewaltig.

Ein Sockel, viele Chipsätze

Momentan existieren ca. 15 Chipsätze, die für AMD-CPUs geeignet sind: AMDs eigener 761, der ALi M1645 und die VIA Apollo KT 133, KT133A, KT266, KT266A, KT333, KT400, KM266 und KLE133; von Nvidia kommen nForce 420 und 415; SiS steuert noch die Chipsätze 735, 740 und 745 bei.

Abweichungen bei der CPU-Chipset-Erkennung

Natürlich kann es bei vereinzelten Herstellern Abweichungen bei der CPU-Chipset-Erkennung und in der Zusammenarbeit geben, das ist aber nicht die Regel, sondern eher seltene Ausnahme.

Sie alle sind aber keineswegs gleich bei ihrer Erkennungsfähigkeit und der Möglichkeit der korrekten Funktion mit AMDs Prozessorpalette für den Sockel A:

- AMD761-Boards nehmen alle Durons, Thunderbirds und Palomino-Athlons auf.

- Ein Motherboard mit ALi-M1645-Chipset erkennt im Normalfall nur die älteren Spitfire-Durons und Thunderbird-Athlons.

- Mainboards, die mit dem VIA-Chipset KT133 bestückt sind, arbeiten nur mit den Durons mit Spitfire-Kern und den Thunderbird-Athlons der Ausführung B zusammen.

- Wenn VIAs KLE133 oder der KT133A auf Ihrem Mainboard werkeln, können Sie hier alle Durons, Thunderbird- und Palomino-Athlons einsetzen; auch der KT266 erkennt alle diese CPUs.

- Beim VIA KM266, KT266A, KT333 und KT400 lassen sich auf der Hauptplatine im Normalfall zusätzlich noch die neusten Athlon-Prozessoren mit Thoroughbred-Kern betreiben. Boards mit den beiden Nvidia-Chipsätzen nForce 420 und nForce 415 erkennen normalerweise ausnahmslos die gesamte AMD-Palette. Motherboards mit SiS-745-Chipset arbeiten gleichfalls mit allen AMD-Chips für den Sockel A zusammen.

- Bei Mainboards mit SiS 735- und 740-Chipsatz werden im Normalfall sämtliche Duron-CPUs sowie alle Thunderbird- und Palomino-Athlons korrekt erkannt.

> **Abweichungen bei der CPU-Chipset-Erkennung**
> Natürlich kann es bei vereinzelten Herstellern Abweichungen bei der CPU-Chipset-Erkennung und in der Zusammenarbeit geben, das ist aber nicht die Regel, sondern eher seltene Ausnahme.

BIOS-Updates sind bei neuen AMD-CPUs die Regel

Wenn Sie von einer älteren AMD-Baureihe in eine modernere wechseln (z. B. vom Athlon Thunderbird zum Athlon XP mit Thoroughbred-Kern), müssen Sie in fast jedem Fall ein BIOS-Update durchführen, damit der neuere AMD-Prozessor korrekt arbeitet. Nur wenn sie innerhalb einer Baureihe ein Modell mit höherer Taktfrequenz wählen, ist dies im Normalfall unnötig.

AMDs Spitzenmodelle sind hitzköpfig

Keine anderen CPUs, nicht einmal Intels Gigahertz-starke Topmodelle mit weit über 2 GHz, erzeugen so viel Abwärme wie AMDs jeweilige Flaggschiffe in einer Baureihe. Schon der Athlon Thunderbird mit 1,4 GHz kann nur mit leistungsstarken Kühleinheiten mit hochdrehenden Lüftern und sehr massiven und schweren Kühlkörpern betrieben werden. Dasselbe gilt auch für die Athlon XP-Modelle, die über 1,6 GHz schnell sind, ab Athlon XP 2000+, egal ob nun mit Palomino- oder Thoroughbred-Kern. Sie benötigen Highend-Kühleinheiten, am besten mit Kupferkühlkörpern, um in unkritischen Temperaturbereichen zu bleiben. Diese CPUs sind für enge Mini-Tower- oder Slimline-Gehäuse nicht geeignet!

> **Leistungshungrige Prozessoren**
> Die gesamte Athlon-Baureihe, egal ob Thunderbird oder Thoroughbred, hat sich einen Ruf als ausgesprochener Stromfresser erworben. Systeme, in denen ein relativ schwaches Netzteil (weniger als 250 Watt) seinen Dienst versieht, neigen dazu, bei erhöhtem Stromverbrauch instabil zu werden. Achten Sie deshalb darauf, dass Ihr PC über ein ausreichend starkes Netzteil verfügt (300 bis 350 Watt), um einen stabilen Betrieb auch mit schnelleren Athlons zu gewährleisten.

Bedingungen für ein erfolgreiches Prozessor-Upgrade

Folgende Bedingungen müssen erfüllt sein, damit das Prozessor-Upgrade ein voller Erfolg wird:

- Das Mainboard muss die nötigen Betriebsspannungen für den neuen Prozessor bereithalten. Im Fall der unterschiedlichen Sockel 370-CPUs muss das Board sowohl die richtige Spannung bereitstellen als auch für den jeweiligen Typ (FC-PGA, FC-PGA2 oder PPGA) geeignet sein. Auch bei Sockel 478-CPUs müssen die unterschiedlichen Kernspannungen der verschiedenen Baureihen bereitgestellt werden.

- Der Chipsatz bzw. das BIOS müssen mit dem neuen Prozessor und eventuell mit einer höheren Busfrequenz zurechtkommen.

- Im Fall einer sehr hoch getakteten AMD-CPU muss ein genügend großes Gehäuse (mindestens Midi-Tower) mit guter Durchlüftung und starkem Netzteil (mindestens 300 Watt) zur Verfügung stehen

Ohne Arbeitsspeicher keine Leistung

Ein Prozessor-Upgrade ist allerdings nur dann sinnvoll, wenn Ihr Computer bereits mit ausreichend Arbeitsspeicher bestückt ist. Der beste Prozessor kann seine Fähigkeiten in einem System mit nur 64 oder 128 MByte Hauptspeicher nicht ausspielen. Er würde seine Zeit nur damit verbringen, darauf zu warten, dass die Festplatte mit diversen Auslagerungsaktionen fertig wird. Wenn Sie über ein Prozessor-Upgrade nachdenken, sollten Sie eine Erweiterung des Arbeitsspeichers also auf jeden Fall mit in Ihre Überlegungen einbeziehen.

11.5 Her(t)ztransplantation – Austausch der CPU

Nachdem Sie alle anderen Tuning-Maßnahmen (zum Beispiel die Erweiterung des Arbeitsspeichers, siehe Kapitel 3, oder den Tausch der Grafikkarte, siehe Kapitel 4) ausgereizt haben, steht der Tausch der CPU als größte zentrale Aufrüstaktion ins Haus. Nachdem Sie sich mit den technischen Gegebenheiten Ihres PCs vertraut gemacht und letztendlich einen passenden Prozessor gekauft haben, bleibt nur noch der Einbau übrig.

In diesem Abschnitt zeigen wir Ihnen Schritt für Schritt, wie Sie das neue Herz ohne Risiko in Ihren PC verpflanzen. Bevor Sie sich jetzt daran begeben, Ihren Computer aufzuschrauben, sei noch einmal auf Kapitel 1 verwiesen, denn dort können Sie alle Vorsichtsmaßnahmen nachlesen, die Sie ergreifen sollten, wenn Sie am offenen Rechner „operieren". Insbesondere sollten Sie unbedingt darauf achten, sich nicht elektrostatisch aufzuladen. Licht und ausreichend Platz zum Arbeiten gehören ebenfalls dazu.

Austausch einer Sockel-CPU

Für den Austausch eines Pentium III, Pentium 4, Celeron, VIA C3, Duron oder Athlon brauchen Sie folgende Dinge:

- Einen Schraubenzieher mit Kreuzkopf und einen kleinen Schlitzschraubenzieher.
- Eine Pinzette oder Spitzzange, um die nötigen Jumper-Einstellungen auf dem Mainboard vorzunehmen.
- Das Handbuch des Mainboards. Darauf können Sie auf keinen Fall verzichten, weil hier die unterstützten CPUs, mögliche Betriebsspannungen und Taktfrequenzen, die Positionen der Jumper für Taktfrequenz und Betriebsspannung bzw. die entsprechenden Einstellungen im BIOS dokumentiert sind.
- Wärmeleitpaste.

Entladen Sie sich!!!

Der Prozessor ist das empfindlichste Teil in Bezug auf statische Elektrizität. Hier ist es besonders wichtig, dass Sie sich vor der Arbeit entladen. Berühren Sie also einen geerdeten Gegenstand (zum Beispiel eine blanke Stelle an der Heizung oder eine Wasserleitung), bevor Sie irgendein Teil im Inneren des PCs anfassen. Vermeiden Sie es nach Möglichkeit, den Prozessor an den Kontakten zu berühren.

Öffnen des PC-Gehäuses

Damit Sie an alles herankommen, müssen Sie das PC-Gehäuse öffnen.

Die Schrauben befinden sich meist auf der Gehäuserückseite, aber das ist in Einzelfällen auch anders gelöst.

Manchmal muss erst eine Kunststoffblende abgenommen werden, mit der die Gehäuserückseite verkleidet ist.

> **Vorsicht vor scharfen Kanten**
> Oftmals sind die Bleche im Inneren schlecht entgratet und haben scharfe Kanten. Achten Sie bei den Arbeiten darauf, sich nicht an solchen Metallkanten zu schneiden!

Sind die Schrauben entfernt, muss in der Regel nur noch der Gehäusedeckel nach hinten weggezogen und abgenommen werden.

Es gibt aber auch Gehäuselösungen, die gänzlich ohne Schraubarbeiten geöffnet werden können. Mehr zu diesem Thema erfahren Sie in Kapitel 1.

Öffnen des PCs.

Zugängig machen des Prozessors

Im Gegensatz zu den gut zugänglichen Erweiterungskarten sitzt der Prozessor oft etwas versteckt hinter eben diesen Steckkarten, Strom- und Festplattenkabeln o. Ä. verborgen.

Entfernen Sie also zunächst alle Erweiterungskarten, die Sie bei der Arbeit stören könnten, indem Sie die Schrauben an den Slotblechen lösen und die Karten dann herausziehen.

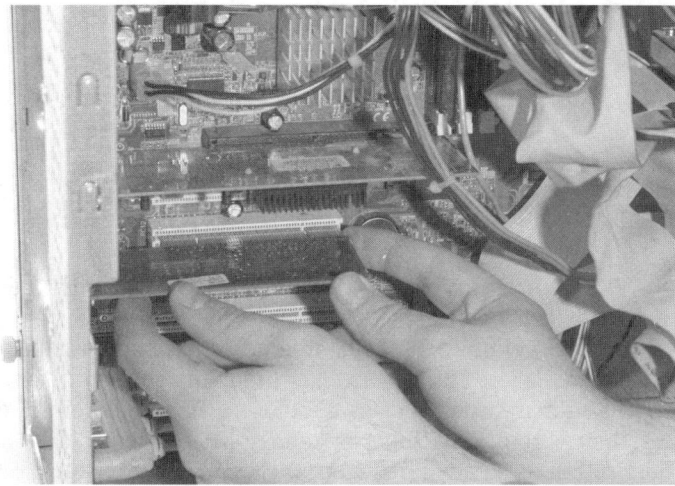

Ausbau der Erweiterungskarten.

- Verwenden Sie dabei keinesfalls Gewalt, sondern „schaukeln" Sie die Karten hin und her, bis sie sich ganz leicht lösen. Vergessen Sie bei der Grafikkarte nicht, vorher eine eventuell vorhandene Verriegelung des AGP-Steckplatzes zu lösen.

- Notieren Sie sich für den Zusammenbau, in welchem Steckplatz jede Karte gesessen hat, damit es keine Verwechslungen gibt.

Falls Ihnen jetzt noch die auf dem Mainboard angeschlossenen Strom- und Datenkabel den Zugriff auf den Prozessor verwehren, ziehen Sie alle störenden Kabel von Ihren Anschlüssen ab. Notieren Sie auch in diesem Fall Lage und Ausrichtung jedes Kabels, um Probleme beim Zusammenbau zu vermeiden.

In seltenen Fällen müssen Sie sogar das Netzteil ausbauen, um gut an die CPU heranzukommen. Im Grunde ist das keine schwierige Arbeit, sie erfordert lediglich ein bisschen Sorgfalt. Wir gehen davon aus, dass Sie selbstverständlich vor dem Öffnen des PCs das Netzkabel herausgezogen haben. Der Arbeitsablauf ist folgender:

1 Lösen Sie die Stecker aller Stromkabel, die aus dem Netzteil herauskommen und die Zusatzgeräte bzw. das Mainboard mit Strom versorgen.

2 Das Netzteil ist mit vier Schrauben am Gehäuse befestigt. Entfernen Sie die Schrauben und nehmen Sie es vorsichtig heraus.

Entfernen der alten CPU

Jetzt, da Sie freien Zugang zum Prozessor haben, können Sie ihn herausnehmen.

1 Ziehen Sie als Erstes den Stecker des Kabels ab, mit dem der Prozessorlüfter mit Strom versorgt wird.

2   Beim Pentium III, VIA C3 und Celeron für den Sockel 370 sowie allen gesockelten AMD-CPUs ist der Kühlkörper mit einer Klammer an kleinen Kunststoffnasen des Sockels befestigt, die mit sanftem bis mäßigem Druck von oben ausgehakt werden muss. Bei hartnäckigen Fällen ist ein Schlitzschraubenzieher hilfreich, um die Klammer von den Plastiknasen des Sockels abzulösen. Seien Sie beim Einsatz des Schraubenziehers aber extrem vorsichtig. Es kann sonst passieren, dass Sie abrutschen und mit der Spitze des Schraubenziehers wichtige Schaltkreise auf dem Mainboard zerstören.

3   Bei einer Sockel 423-CPU gehen Sie ähnlich vor, nur lässt sich hier die Kühleinheit leicht entfernen. Sie ist mit Metall- oder Plastikverankerungen am Kunstoffrahmen um den Sockel befestigt und lässt sich mithilfe eines Schlitzschraubenziehers, der durch entsprechende Kerben gesteckt wird, leicht lösen.

4   Am einfachsten ist die Kühleinheit beim Sockel 478 zu entfernen: Praktische Hebel auf der Oberseite müssen nur kurz umgelegt werden, und die gesamte Kühleinheit löst sich aus ihrer Verankerung im Plastikrahmen um den Sockel.

5 Drücken Sie nach Entfernung der Kühleinheit den Hebel am Sockel nach oben; er entriegelt die CPU und sie kann problemlos entnommen werden. Problematisch ist lediglich bei Sockel 478-Prozessoren die geringe Größe des Arretierungshebels, der sich den Fingern nur allzu leicht entzieht. Wenn Sie es mit bloßen Händen nicht schaffen, den Hebel anzuheben, nehmen Sie einen kleinen Schraubenzieher zu Hilfe.

Einstellen der Werte auf dem Mainboard

Bevor Sie den neuen Prozessor auf das Mainboard zu setzen, sollten Sie gegebenenfalls alle nötigen Einstellungen vornehmen. Denn im Moment ist Ihnen dabei nichts im Weg.

1 Stellen Sie – wenn erforderlich – den Systemtakt ein, mit dem der neue Prozessor betrieben wird. Bei einer Aufrüstung von einer CPU mit 100 auf eine CPU mit 133 MHz Systemtakt müssen Sie die entsprechenden Einstellungen vornehmen. Im Handbuch Ihres Mainboard (oder im Zweifelsfall auf der Internetseite des Herstellers) finden sich die Informationen darüber, welche Jumper oder Dip-Schalter dazu in welche Position gebracht werden müssen. Die interne Betriebsfrequenz des Prozessors wird bei allen aktuellen CPUs mithilfe eines fest verdrahteten Multiplikators, der nicht ohne weiteres verändert werden kann, aus der Systemfrequenz erzeugt. So bleibt Ihnen einzig das Überprüfen und bei Bedarf Einstellen des Systemtakts. Bei den meisten Mainboard-Modellen muss diese Einstellung allerdings erst hinterher im BIOS vorgenommen werden (siehe Kapitel 9).

2 In der Regel muss beim Pentium III, sämtlichen Pentium 4, bei allen Athlons und Durons sowie beim Celeron keine Betriebsspannung von Hand eingestellt werden. Die Prozessoren werden beim Einschalten über bestimmte Datenleitungen identifiziert, und die richtigen Spannungen werden dann automatisch eingestellt. Wenn Sie einen sehr neuen Prozessor auf ein etwas älteres Mainboard setzen, kann es dennoch erforderlich sein, die Werte von Hand einzustellen. (Die schnellsten Athlons mit Thoroughbred-Architektur werden zum Beispiel mit einer niedrigeren Spannung versorgt, die unter Umständen nicht automatisch durch das Board eingestellt werden kann.) Das wird ebenfalls per Jumper, Dip-Schalter oder im BIOS gemacht. Hier hilft wieder der Blick ins Mainboard-Handbuch oder auf die Herstellerseiten im Internet. Sie können sich im Zweifelsfall an den Übersichtstabellen im vorderen Teil dieses Kapitel orientieren, welche Spannungen Ihr neuer Prozessor benötigt.

Ein BIOS-Update spart Arbeit

Oft sorgt ein Update des BIOS auf die neuste Version dafür, dass auch aktuellste CPUs problemlos erkannt werden. Ob ein solches Update möglich ist und was Sie damit bewirken können, erfahren Sie auf der Webseite des Herstellers Ihres Mainboards. Die Liste mit den Adressen der wichtigsten Firmen und wie Sie das BIOS-Update sicher durchführen, können Sie in Kapitel 9 nachlesen. Falls ein solches Update nicht erhältlich ist, hilft nur das Einstellen der richtigen Betriebswerte am Mainboard mithilfe des zugehörigen Handbuchs.

Installation der neuen CPU und der Kühleinheit

Hier gibt es aufgrund der verschiedenen Bauweisen von Athlon, Duron, Pentium III, Pentium 4, C3 und Celeron und deren Sockel einige geringfügige Unterschiede, die vor allen Dingen die Handhabung des Kühlers betreffen. Aber damit haben Sie ja bereits beim Ausbau der alten CPU Bekanntschaft geschlossen, sodass sich daraus keine unbekannten

Schwierigkeiten ergeben. Daneben hat allerdings auch die unterschiedliche Ausführung des Prozessors selbst einen gewissen Einfluss:

■ Alle Pentium III mit Coppermine-Kern für Sockel 370, alle Celerons auf Coppermine-Basis und sämtliche AMD-Prozessoren mit Ausnahme des K6-2 besitzen einen offen liegenden Keramikprozessorkern. Bei all diesen CPUs müssen Sie bei der Montage des Kühlkörpers äußerste Vorsicht walten lassen. Üben Sie niemals starken Druck von oben oder von der Seite aus, denn sonst können leicht Ecken des Kerns abbrechen, und die CPU wäre unwiderruflich zerstört.

■ Alle Pentium 4- sowie Pentium III- und Celeron-Prozessoren mit Tualatin-Kern haben ihren CPU-Kern unter einem dicken Blech, dem so genannten Heatspreader, verborgen. Er schützt den Kern vor Beschädigungen und optimiert die Wärmeverteilung an der Oberfläche des Prozessorkerns. Diese Prozessoren sind recht robust bei der Montage selbst von großen Kühlkörpern.

Die Montage wird wie im Folgenden beschrieben durchgeführt:

1 Setzen Sie die neue CPU in den Sockel ein. Achten Sie darauf, dass der Prozessor plan und mit allen Kontakten in den Löchern des Sockels versenkt wird. Hilfreich bei

der Orientierung ist die abgeschrägte Ecke, die jede Sockel-CPU hat. An dieser Aussparung befinden sich keine Pins auf der CPU-Unterseite. Ein dazu passender Bereich befindet sich auch auf dem Sockel und ermöglicht es so, den Prozessor in der richtigen Ausrichtung einzusetzen. Die CPU muss ohne jeglichen Kraftaufwand in den Sockel gleiten; wenn das nicht der Fall ist, haben Sie die Löcher nicht richtig getroffen, der Prozessor ist nicht richtig ausgerichtet, oder die Verriegelung ist nicht vollständig offen. Nehmen Sie in diesem Fall die CPU hoch und überprüfen Sie noch einmal alles. Jeder Krafteinsatz kann dazu führen, dass die empfindlichen Beinchen an der Unterseite verbogen werden. (Wenn es doch einmal passieren sollte, richten Sie die krummen Kontakte äußerst vorsichtig mit einer Pinzette wieder auf. Dabei darf jedoch auf keinen Fall auch nur ein einziger Pin abbrechen, denn dann ist die CPU endgültig wertlos.)

Wenn die CPU eingesetzt ist, schließen Sie die Verriegelung, indem Sie den seitlich am Sockel sitzenden Hebel nach unten drücken und in seiner Arretierung einrasten lassen.

2 Nun sitzt die CPU wieder in ihrem Sockel, und die Oberfläche des Prozessorkerns sowie die Unterseite des Kühlkörpers müssen als Nächstes mit einem fusselfreien Tuch und etwas Spiritus gereinigt werden, um sie von Verunreinigungen wie Staub oder Fingerabdrücken zu befreien. Entfernen Sie auch eventuell vorhandene Wärmeleitfolien oder -pads von der Unterseite des Kühlkörpers, denn sie sind oft von schlechter Qualität, härten leicht aus und leiten Wärme meistens eher schlecht als recht. Für die Wärmeleitung von der CPU-Oberfläche zum Kühlkörper ist nichts besser als Wärmeleitpaste, die einen extrem dünnen und dauerhaften Film bilden kann.

3 Bestreichen Sie sowohl die Oberfläche des CPU-Kerns als auch die Unterseite des Kühlkörpers hauchdünn mit Wärmeleitpaste, denn auch wenn die gereinigten Bereiche (sei es nun bei CPUs mit oder ohne freiliegenden Kern) spiegelglatt aussehen, wäre bei einer Kühlkörpermontage ohne Wärmeleitpaste der Kontakt zwischen den Oberflä-

> **Wärmeleitpads mit Plastikkarte entfernen**
> Um ein Wärmeleitpad abzuschaben, ist zum Beispiel eine alte Telefonkarte bestens geeignet, denn damit wird die Unterseite des Kühlkörpers nicht zerkratzt.

chen nicht ausreichend, um eine flächendeckende und effektive Ableitung der Hitze zu gewährleisten. Es darf nicht zu viel Paste aufgetragen werden, denn sonst würde sie eher isolieren und einen Hitzestau verursachen. Benutzen Sie am besten Ihre Fingerspitzen zum Auftragen eines hauchdünnen Films (Händewaschen nicht vergessen).

4 Nun können Sie die Kühleinheit (Kühlkörper samt Lüfter) wieder auf die CPU setzen. Bei Sockel 478-Prozessoren müssen Sie die Klammervorrichtung in den Plastikrahmen rund um den Sockel einrasten lassen und die Arretierungshebel an der Oberseite wieder in ihre Ausgangsstellung drücken, bis sie fühlbar einschnappen. Achten Sie peinlich genau darauf, dass die Unterseite des Kühlkörpers einen guten Kontakt zur Oberfläche der CPU hat und absolut parallel aufliegt.

> **Vorsicht vor Kratzern**
> Verwenden Sie auf keinen Fall metallene Gegenstände zum Auftragen der Wärmeleitpaste. Damit würden Sie winzige Kerben in die Oberfläche der CPU und in die Unterseite des Kühlkörpers kratzen, wodurch die Wärmeleitung massiv verschlechtert würde.

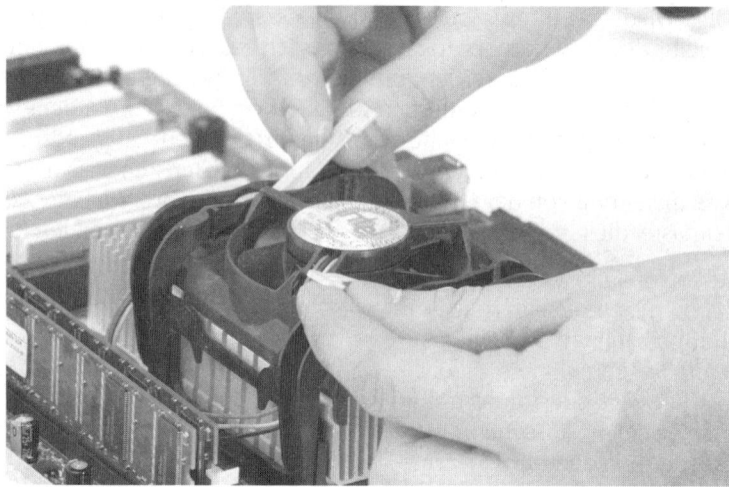

5 Bei Sockel 423-Prozessoren setzen Sie die Kühleinheit fest in den Plastikrahmen um den Sockel und verankern die seitlichen Halterungen, bis sie einrasten.

6 Bei allen AMD-CPUs für Sockel A und Super Sockel 7, den VIA C3-CPUs und den Pentium III- und Celeron-Modellen für den Sockel 370 benutzen Sie die gleiche Vorgehensweise bei der Montage der Kühleinheit:

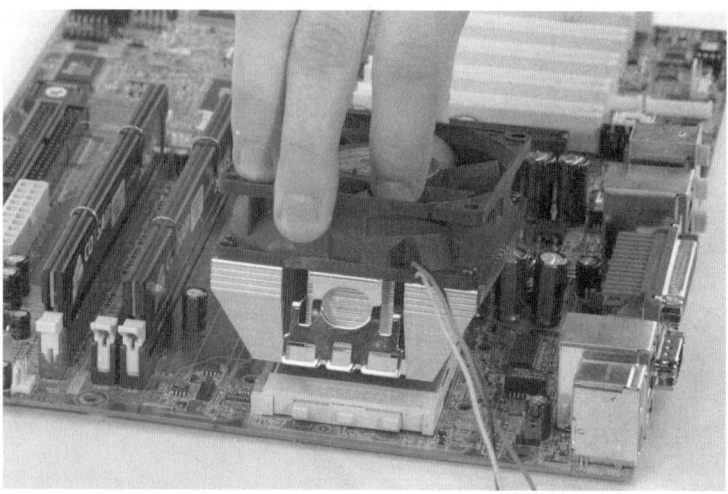

Setzen Sie den Kühlkörper vorsichtig auf (die Stufe an der Unterseite des Kühlers muss in Richtung der Sockelverriegelung weisen), halten Sie ihn ohne viel Kraft in seiner Position und schieben Sie die Halteklammer an einer Seite des Sockels über die Kunststoffnase(n).

Wenn die Klammer an einer Seite verankert ist, spannen Sie sie und schieben auch die andere Seite der Klammer über die Kunstoffnase(n) auf der gegenüberliegenden Seite des Sockels. Wenn der Widerstand zu groß ist, nehmen Sie gegebenenfalls einen kleinen Schraubenzieher zu Hilfe. Aber auch in diesem Fall ist dabei größte Vorsicht geboten, damit Sie nicht abrutschen. Insgesamt kann diese Befestigungsprozedur bestenfalls als „knifflig" bezeichnet werden.

7 Stöpseln Sie zum Schluss den Prozessorlüfter an den vorgesehenen Anschluss an. Der entsprechende dreipolige Anschluss hat meistens die Bezeichnung „CPU FAN".

Tauschen Sie lieber den Kühler

Falls Sie merken, dass sich die Halteklammer nur mit äußerster Gewalt über die Nasen am Sockel zwingen lässt, brechen Sie die Arbeit lieber ab, bevor Sie Mainboard oder Prozessor beschädigen. Ein anderes Kühlermodell ist weit billiger und besitzt eventuell eine weichere Klammer.

Zusammenbau und Überprüfung

Jetzt sollten Sie noch einmal eine abschließende Überprüfung vornehmen:

1. Sitzt der Prozessor korrekt in seinem Sockel?

2. Liegt der Kühler stramm und parallel am Prozessor an?

3. Ist der CPU-Lüfter angeschlossen?

4. Ist die Systemfrequenz richtig eingestellt? (Nur wenn diese Maßnahme erforderlich war.)

5. Stimmt die Einstellung der Kernspannung? (Nur wenn diese Maßnahme erforderlich war.)

Wenn Sie alle Fragen mit ja beantworten konnten, können Sie den PC in umgekehrter Folge wieder zusammenbauen.

Achten Sie auf die richtige Position der Stromversorgung des Mainboards, auf eventuell abgezogene Datenkabel sowie auf die richtige Reihenfolge der Erweiterungskarten.

BIOS-Einstellungen anpassen

Nach dem Einschalten des Rechners bekommen Sie das gewohnte Bild zu sehen, nur dass der Speicher jetzt wesentlich schneller hochgezählt wird.

Bei den meisten Mainboards müssen jetzt noch die Frequenzen für den Systembus und die CPU im BIOS eingestellt werden, denn aus Sicherheitsgründen fahren viele Boards den Rechner mit sehr langsamen Einstellungen hoch, wenn ein neuer Prozessor erkannt wurde.

Je nach Mainboard-Hersteller unterscheidet sich jedoch die Aufteilung des BIOS bzw. die Unterbringung der maßgeblichen Befehle.

Wir zeigen Ihnen zwei weit verbreitete Varianten: Im ersten Beispiel handelt es sich um ein Mainboard, in dessen BIOS ein eigenes CPU-Menü untergebracht ist.

Danach zeigen wir die Einstellungen bei einem Board, das kein eigenes Menü für die Prozessoroptionen besitzt.

Beispiel 1: BIOS-Versionen mit eigenem CPU-Menü

1   Mainboards der Marke Abit z. B. besitzen schon seit langem ein eigenes Menü zur Einstellung der CPU-Parameter. Wechseln Sie ins *Soft Menu III Setup*, um alle Einstellungen vorzunehmen. Bei älteren Mainboards heißt das Menü übrigens *CPU Soft Menu*.

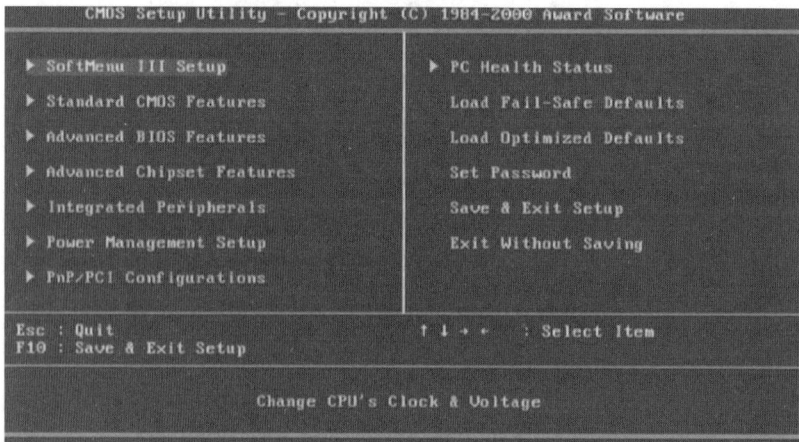

2   Stellen Sie die Taktfrequenz Ihrer CPU auf den richtigen Wert ein, indem Sie die Option *CPU Operating Speed* auswählen, die (Enter)-Taste drücken und im Untermenü den maximalen Wert Ihres Prozessors auswählen. Achten Sie dabei darauf, dass Sie die richtige Paarung aus Systemfrequenz und Multiplikator einstellen. Welche Einstellung Ihr Prozessor benötigt, können Sie den Tabellen ab Seite 392 entnehmen.

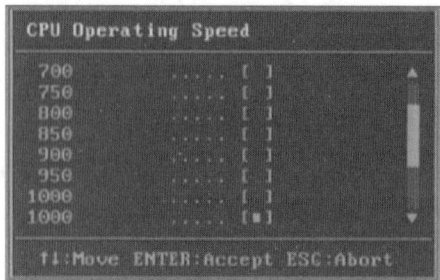

Viele Frequenzen tauchen mehrfach auf

Wenn Sie genau hinschauen, stellen Sie fest, dass einige Frequenzen im *Optionen*-Menü mehrfach vorhanden sind. Damit wird dem Umstand Rechnung getragen, dass es für jede Prozessorfrequenz auf aktuellen Mainboards mindestens zwei Kombinationen aus Systemtakt und Multiplikator gibt. Sollte Ihre CPU beispielsweise einen Systemtakt von 100 MHz benötigen (z. B. bei allen älteren Athlon-Thunderbirds), ist 1.000 MHz, zusammengesetzt aus 100 MHz x 10, die richtige Einstellung. Neuere Modelle des Athlon vertragen aber auch eine Busfrequenz von 133 MHz, sodass 133 MHz x 7,5 die richtige Kombination für die Erzeugung von 1 GHz ist. Sie müssen auf jeden Fall die passenden Werte für Ihre CPU aussuchen, weil der Rechner ansonsten meist erst gar nicht bootet oder wieder mit einer „sicheren" Einstellung startet.

---

3 Die restlichen Optionen im CPU-Menü sind vom verwendeten Chipsatz abhängig und unterscheiden sich von Mainboard zu Mainboard. Mit der Taktfrequenz der CPU haben sie allerdings nicht unmittelbar etwas zu tun. In der folgenden Tabelle haben wir die empfehlenswerten Einstellungen zusammengefasst.

Option	Bedeutung	Optimale Einstellung
Fast CPU Command Decode	Nutzt die Fähigkeiten des Chipsatzes, Prozessorbefehle schnell zu verarbeiten.	Fast
CPU Drive Strength	Mit dieser Option lässt sich die Signalstärke auf dem Prozessorbus (vorsichtig) erhöhen, um in einem übertakteten System den Betrieb zu stabilisieren. Unter Normalbedingungen ist keine (!) Einstellung notwendig.	2
Enhance Chip Performance	Sorgt für die Ausnutzung von temposteigernden Funktionen des Mainboards.	Enabled
Force 4-Way Interleave	Hiermit wird ein 4fach-Interleaving (übergreifendes Ansprechen der Speicherchips) beim Speicherzugriff erzwungen.	Enabled
Enable Dram 4K-Page Mode	Damit wird die Größe einer Speicherseite auf 4 KByte gesetzt.	Enabled
DRAM Clock	Damit setzen Sie den Speichertakt auf Systemfrequenz oder Systemfrequenz +-33 MHz.	je nach Systemtakt und Qualität der Speicherbausteine

4 Verlassen Sie das *Soft Menu III* mit der ⌐Esc⌐-Taste, speichern Sie alle Änderungen ab und starten Sie den Rechner neu, um die neuen Taktfrequenzen zu aktivieren.

Beispiel 2: Award-BIOS ohne eigenes CPU-Menü

1 Auch hier wird der Rechner mit nur 66 MHz Systemtakt hochgefahren, um keinen Schaden an einer langsamen CPU zu riskieren. In diesem Beispiel läuft der Pentium III 1 GHz nur mit 500 MHz.

```
●Award Medallion BIOS v6.0, An Energy Star Ally
 Copyright (C) 1984-2000, Award Software, Inc.

ASUS CUV266-WOAL ACPI BIOS Rev. 1001

Intel(R) Pentium(R) III 500E MHz Processor

DDR DIMM Clock : 200 MHz
Memory Test :   131072K OK

Award Plug and Play BIOS Extension v1.0A



Press DEL to enter SETUP
03/08/2001-VT8633-CUV266
```

2   Die Optionen für die Einstellung der CPU- und Busfrequenzen befinden sich unter
    Advanced.

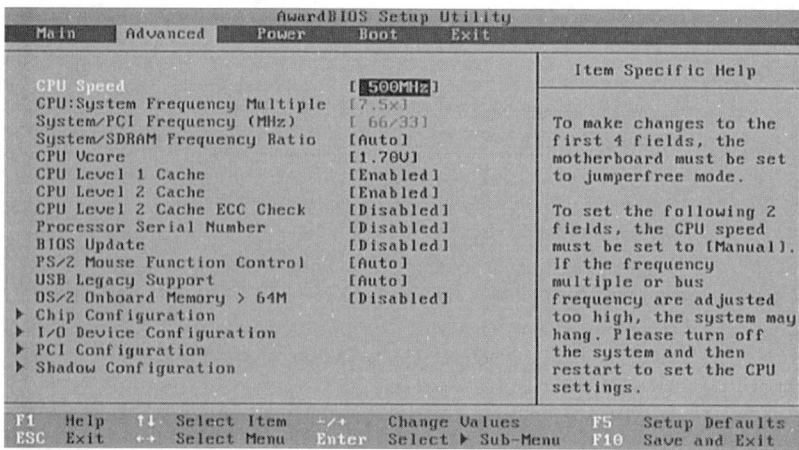

3   Setzen Sie die Einstellung *CPU Speed* auf den richtigen Wert Ihrer CPU.

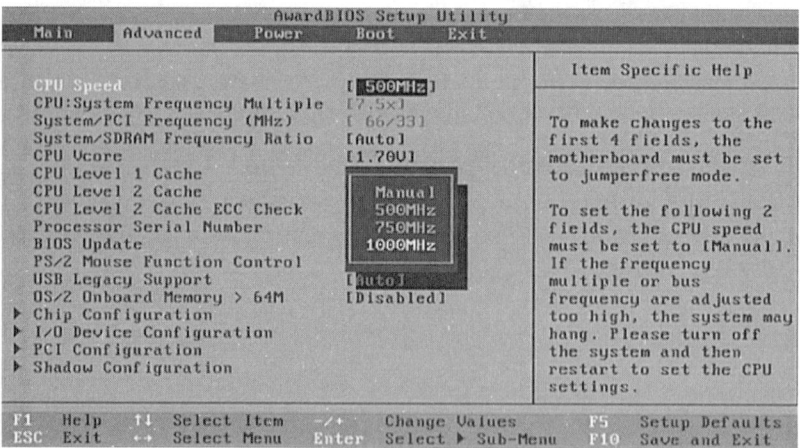

4   Speichern Sie alle Änderungen ab und starten Sie den Rechner neu, um die neuen
    Taktfrequenzen zu aktivieren.

11.6 Troubleshooting: Probleme mit der CPU

In der Regel gehen vom Prozessor die wenigsten Schwierigkeiten während des Betriebs aus, entweder die CPU funktioniert oder sie ist (im normalen Alltag so gut wie nie) kaputt. Angesichts der Tatsache, dass der Prozessor eine der teuersten Einzelkomponenten eines Durchschnitts-PCs ist, kann man darüber auch nur froh sein. Ab und zu kommen dann doch ein paar Probleme vor, die fast immer mit zu hohen Temperaturen zu tun haben. Hier ein paar gängige Schwierigkeiten und wie Sie sie in den Griff bekommen.

Was ist die Ursache, wenn der Rechner nach einiger Zeit unkontrolliert abstürzt?

Ganz klar, die erste Ursache, nach der Sie suchen sollten, ist die Temperatur. Mit aller Wahrscheinlichkeit handelt es sich um ein thermisches Problem.

Der Prozessor wird zu heiß

Wenn der Rechner immer wieder heftig und unkontrollierbar bis in den Keller abstürzt (wie ein Druck auf die Reset-Taste), wird es Ihrem Prozessor zu warm.

- Überprüfen Sie, ob die Taktrate und die Versorgungsspannung für den Prozessor richtig eingestellt sind. Eine (viel) zu hohe Taktfrequenz lässt die CPU zu heiß werden. Dasselbe gilt, wenn die Spannung für den Prozessor nicht 100%ig eingestellt ist. Eine geringfügig zu hohe Einstellung (zum Beispiel 3,52 Volt statt 3,3 Volt) lässt den Prozessor zwar funktionieren, sorgt aber für zu große Hitze.

- Tauschen Sie den Kühler aus. Besonders wenn Sie bisher nur einen relativ kleinen Kühler benutzt haben, kann es sein, dass dessen Kühlleistung nicht ausreicht. Ersetzen Sie ihn durch ein größeres Exemplar, am besten mit einem kugelgelagerten Lüfter. Das gilt natürlich auch, wenn der Lüfter des alten Kühlers kaputtgegangen ist.

- Kontrollieren Sie, ob der Prozessorlüfter angeschlossen ist und funktioniert. Manchmal vergisst man in der Hitze des Gefechts, den Prozessorlüfter an einen Stromanschluss anzuschließen. Holen Sie dies im Zweifelsfall nach. Manchmal geraten auch frei herumhängende Kabel in den Lüfter und blockieren den Propeller. Beseitigen Sie ein solches Hindernis, indem Sie den Störenfried mit Isolierband oder Kabelbindern fixieren.

- Stellen Sie Ihren PC so auf, dass alle Lüftungsöffnungen an der Vorder- und Rückseite einwandfrei zugänglich sind, damit immer frische Luft in das Gehäuse gelangen kann. Der Platz direkt neben der Heizung ist vielleicht auch nicht der beste.

- Wenn alle diese Maßnahmen nicht geholfen haben oder nicht zutreffen, verringern Sie stufenweise die Taktrate des Prozessors. Das gilt aber eigentlich nur dann, wenn Sie Ihre CPU übertaktet haben.

Das Mainboard wird zu heiß

Neben dem Prozessor sind auch einige Bauteile auf dem Mainboard sehr empfindlich gegenüber Hitze. Besonders die Spannungsregler für die Versorgung der CPU (die erkennt man an den auffälligen Kühlkörpern) versagen dann manchmal ihren Dienst, weil sie sich bei Überhitzung abschalten. Sie erkennen das an Abstürzen, bei denen der Bildschirm plötzlich schwarz wird. Auch die Northbridge des Chipsatzes wird häufig sogar aktiv gekühlt und ist sehr empfindlich gegenüber zu viel Wärme.

- Grundsätzlich greifen alle Maßnahmen, mit denen Sie die Kühlung des PCs verbessern können. Insbesondere eine ordentliche Verlegung aller Kabel und die freie Aufstellung des PCs sind wichtig. Vielleicht denken Sie an die Anschaffung eines zusätzlichen Lüfters, der in einen freien Slot eingebaut wird (im Elektronikhandel). Kontrollieren Sie auch bei einer aktiv gekühlten Northbridge Ihres Mainboard-Chipsatzes, ob dessen Lüfter angeschlossen ist und funktioniert.

- Möglicherweise ist das Mainboard mit der Leistungsaufnahme des Prozessors überfordert. In dem Fall hilft nur ein Heruntertakten der CPU – das verringert die Stromaufnahme – oder generell der Austausch des Mainboards bzw. Prozessors.

Was muss ich tum, wenn die Kernspannung zu niedrig eingestellt ist?

Dieser Fehler tritt vor allen Dingen dann auf, wenn die CPU nicht korrekt vom BIOS erkannt und deshalb eine zu geringe Versorgungsspannung eingestellt wurde.

Drei Wege, um das Problem zu beseitigen

- Wechseln Sie ins BIOS und stellen Sie den korrekten Spannungswert von Hand ein. Dabei können Sie sich an den Tabellen weiter vorn im Kapitel orientieren. Die entsprechenden Optionen finden Sie in der Regel im CPU-Menü des BIOS-Setup oder am selben Ort wie die Frequenzeinstellungen der CPU (siehe oben).

- Nicht alle BIOS-Versionen bieten die Möglichkeit, die Spannung zu verändern, sodass Sie eventuell den PC öffnen und den richtigen Wert per Jumper oder Dip-Schalter auf dem Mainboard vornehmen müssen. Die Anleitung dazu finden Sie im Handbuch des Mainboards oder eventuell auf der Internetseite des Herstellers (siehe Seite 311, Tabelle in Kapitel 9).

- Wenn der Rechner ohne Belastung stabil läuft und nur nach längerer Zeit bzw. bei großer Leistung abstürzt, können Sie ein BIOS-Update durchführen, um für eine korrekte Erkennung der CPU zu sorgen. Wie das geht, lesen Sie in Kapitel 9.

Was tun, wenn beim Start des Rechners der Prozessor nicht korrekt erkannt wird?

Das kann mehrere Ursachen haben.

Das BIOS kennt den Prozessor nicht

Vielleicht ist Ihr Mainboard von den technischen Gegebenheiten zwar dazu in der Lage, Ihren neuen Prozessor zu betreiben, aber das BIOS ist zu alt, um den Prozessor richtig zu identifizieren.

- Besorgen Sie sich auf der Website des Mainboard-Herstellers eine aktuelle Version des BIOS, in dem neuere Prozessortypen berücksichtigt sind. Sofern Sie beim Betrieb des Computers keine Probleme haben, ist dieser Schritt nicht unbedingt nötig. Leistungsfreaks sollten aber bei einer neuen CPU-Baureihe unbedingt ein BIOS-Update machen, selbst wenn die neue CPU auf den ersten Blick fehlerfrei zu laufen scheint. Nur so kann man das volle Potenzial des neuen Prozessors auch wirklich ausnutzen. Viele Mainboards schalten z. B. beim Wechsel von einem älteren Athlon oder Duron zu einem Athlon XP dessen SSE-Befehlerweiterungen erst nach einem BIOS-Update frei. Eine Liste der Websites finden Sie ab Seite 311.

Wo liegt die Ursache, wenn die Taktfrequenz falsch angezeigt wird?

Wenn lediglich die Taktfrequenz falsch angezeigt wird, liegt das daran, dass die am Prozessor anliegende Taktfrequenz angezeigt wird. Wenn Sie einen Pentium 4 mit 14 x 112 MHz übertakten, wird Ihnen als Prozessortyp völlig korrekt ein Pentium 1568 angezeigt, obwohl Sie vielleicht nur einen Pentium 4 1400 verwenden.

Warum macht der Prozessorlüfter seltsame Geräusche?

Das ist ein Anzeichen dafür, dass das Lager des Lüfters seinen Geist aufgegeben hat. Früher oder später ist damit zu rechnen, dass er ganz aufgibt. Dann wäre die Kühlung der CPU nicht mehr gewährleistet. Gerade bei Athlon-CPUs ist bei einem solchen Problem Eile geboten! Wenn Sie den Rechner bei kaputtem CPU-Lüfter nicht möglichst schnell abschalten, könnte der sowie schon sehr heiße Athlon gleich welcher Baureihe in Rauch aufgehen.

- Tauschen Sie den Prozessorkühler gegen ein intaktes Exemplar aus. Am besten sind kugelgelagerte Lüfter, die eine wesentlich höhere Lebensdauer haben. Vielleicht entscheiden Sie sich ja auch für ein Modell mit eingebautem Temperaturalarm. Der gibt einen Warnton von sich, wenn es Ihrem Prozessor zu warm wird.

Warum stürzt mein Rechner unmittelbar nach dem Booten immer ab?

Wenn kein grober Fehler vorliegt, sodass es Ihrem Prozessor zum Beispiel extrem zu heiß wird (Kühler funktioniert nicht oder ist vergessen worden, CPU extrem übertaktet), können fehlerhafte Einstellungen im BIOS (Speicher-Timing) dafür verantwortlich sein. Besonders wenn das BIOS des Mainboards die neue CPU nicht korrekt erkennt, liegt diese Vermutung nahe. Es kann aber auch sein, dass ein älteres und schwaches Netzteil einfach nicht mit dem Stromhunger des neuen Prozessors zurechtkommt. Besonders bei den Spitzenmodellen von AMDs Athlon-Baureihen ist dies der Fall. Ein Athlon XP 2200+ lässt sich z. B. kaum mit einem 200-Watt-Netzteil betreiben.

- Ein Update des BIOS sorgt dafür, dass Ihre CPU korrekt erkannt wird und die richtigen Werte zur Verfügung stehen. Wie so ein Update durchgeführt wird, lesen Sie ab Seite 313.

- Wenn Sie bei einem Athlon-System mit einer CPU schneller als 1,333 GHz im Inneren ein Netzteil mit weniger als 300 Watt entdecken, müssen Sie dieses gegen ein leistungsstärkeres Modell mit mindestens 300 Watt austauschen.

11.7 Eckdaten der wichtigsten Prozessoren

Um Ihnen den Überblick zu erleichtern, welche CPUs untereinander kompatibel sind, haben wir in diesem Abschnitt die charakteristischen Bauformen und die Betriebsdaten der wichtigsten Prozessoren in einigen Tabellen zusammengestellt. Anhand dieser Daten können Sie sich orientieren, welche Ansprüche Ihr eigener Prozessor an das Motherboard stellt, also welchen Sockel er hat und welche Spannungsversorgung er benötigt. Für ein Upgrade können Sie sich an den Prozessoren orientieren, die mit den gleichen Betriebsbedingungen zurechtkommen, denn nur damit ist ein Aufrüsten überhaupt möglich. Beachten Sie aber, dass Sie manche CPUs der unteren Leistungsklassen bei den Händlern nur noch vereinzelt im Ausverkauf erhalten können.

AMD-Prozessoren Super Sockel 7

Pro-zessor	Archi-tektur	System-takt/MHz	Prozessor-takt/MHz	Multi-plikator	I/O-Spannung	Core-Spannung	Sockeltyp
K6-2-533	–	97	533	5,5	3,30 V	2,20 V/	Super-Sockel 7
K6-2-550	–	100	550	5,5	3,30 V	2,3 V	Super-Sockel 7

Intel-Prozessoren Sockel 370

Pro-zessor	Archi-tektur	System-takt/MHz	Prozessor-takt/MHz	Multi-plikator	I/O-Spannung	Core-Spannung	Sockeltyp
Celeron 433	Mendo-cino	66	433	6,5	3,30 V	2,00 V	Sockel 370
Celeron 466	Mendo-cino	66	466	7	3,30 V	2,00 V	Sockel 370
Celeron 500	Mendo-cino	66	500	7,5	3,30 V	2,00 V	Sockel 370
Celeron 533	Mendo-cino	66	533	8	3,30 V	2,00 V	Sockel 370
Celeron 566	Mendo-cino	66	566	8,5	3,30 V	2,00 V	Sockel 370 (FC-PGA)
Celeron 600	Mendo-cino	66	600	9	3,30 V	2,00 V	Sockel 370 (FC-PGA)
Celeron 700	Copper-mine	100	700	7	3,30 V	1,75 V	Sockel 370 (FC-PGA)
Celeron 750	Copper-mine	100	750	7,5	3,30 V	1,75 V	Sockel 370 (FC-PGA)
Celeron 800	Copper-mine	100	800	8	3,30 V	1,75 V	Sockel 370 (FC-PGA)
Celeron 850	Copper-mine	100	850	8,5	3,30 V	1,75 V	Sockel 370 (FC-PGA)
Celeron 900	Copper-mine	100	900	9	3,30 V	1,75 V	Sockel 370 (FC-PGA)
Celeron 950	Copper-mine	100	950	9,5	3,30 V	1,75 V	Sockel 370 (FC-PGA)
Celeron 1000	Copper-mine	100	1000	10	3,30 V	1,75 V	Sockel 370 (FC-PGA)
Celeron 1100	Tualatin	100	1100	11	3,30 V	1,475 V	Sockel 370 (FC-PGA2)
Celeron 1200	Tualatin	100	1200	12	3,30 V	1,475 V	Sockel 370 (FC-PGA2)
Celeron 1300	Tualatin	100	1300	13	3,30 V	1,475 V	Sockel 370 (FC-PGA2)
Celeron 1400	Tualatin	100	1400	14	3,30 V	1,475 V	Sockel 370 (FC-PGA2)
Pentium III 700	Copper-mine	100	700	7	3,30 V	1,65 V	Sockel 370 (FC-PGA)
Pentium III 733	Copper-mine	133	733	5,5	3,30 V	1,65 V	Sockel 370 (FC-PGA)
Pentium III 750	Copper-mine	100	750	7,5	3,30 V	1,65 V	Sockel 370 (FC-PGA)

Pro-zessor	Archi-tektur	System-takt/MHz	Prozessor-takt/MHz	Multi-plikator	I/O-Spannung	Core-Spannung	Sockeltyp
Pentium III 800	Copper-mine	100	800	8	3,30 V	1,65 V	Sockel 370 (FC-PGA)
Pentium III 800	Copper-mine	133	800	6	3,30 V	1,65 V	Sockel 370 (FC-PGA)
Pentium III 850	Copper-mine	100	850	8,5	3,30 V	1,65 V	Sockel 370 (FC-PGA)
Pentium III 866	Copper-mine	133	866	6,5	3,30 V	1,65 V	Sockel 370 (FC-PGA)
Pentium III 900	Copper-mine	100	900	9	3,30 V	1,70 V	Sockel 370 (FC-PGA)
Pentium III 933	Copper-mine	133	933	7	3,30 V	1,70 V	Sockel 370 (FC-PGA)
Pentium III 950	Copper-mine	100	950	9,5	3,30 V	1,70 V	Sockel 370 (FC-PGA)
Pentium III 1,0 GHz	Copper-mine	133	1.000	7,5	3,30 V	1,70 V	Sockel 370 (FC-PGA)
Pentium III 1,13 GHz	Tualatin	133	1.133	8,5	3,30 V	1,475 V	Sockel 370 (FC-PGA2)
Pentium III 1,2 GHz	Tualatin	133	1.200	9	3,30 V	1,475 V	Sockel 370 (FC-PGA2)
Pentium III-S 1,13 GHz	Tualatin	133	1.133	8,5	3,30 V	1,475 V	Sockel 370 (FC-PGA2)
Pentium III-S 1,2 GHz	Tualatin	133	1.200	9	3,30 V	1,475 V	Sockel 370 (FC-PGA2)
Pentium III-S 1,26 GHz	Tualatin	133	1.267	9,5	3,30 V	1,475 V	Sockel 370 (FC-PGA2)
Pentium III-S 1,4 GHz	Tualatin	133	1.400	10,5	3,30 V	1,475 V	Sockel 370 (FC-PGA2)

Intel-Prozessoren Sockel 423

Pro-zessor	Archi-tektur	System-takt/MHz	Prozessor-takt/MHz	Multi-plikator	I/O-Spannung	Core-Spannung	Sockeltyp
Pentium 4 1,3 GHz	Willa-mette	100	1300	13	3,30 V	1,75 V	Sockel 423
Pentium 4 1,4 GHz	Willa-mette	100	1400	14	3,30 V	1,75 V	Sockel 423
Pentium 4 1,5 GHz	Willa-mette	100	1500	15	3,30 V	1,75 V	Sockel 423
Pentium 4 1,6 GHz	Willa-mette	100	1600	16	3,30 V	1,75 V	Sockel 423

Pro-zessor	Archi-tektur	System-takt/MHz	Prozessor-takt/MHz	Multi-plikator	I/O-Spannung	Core-Spannung	Sockeltyp
Pentium 4 1,7 GHz	Willa-mette	100	1700	17	3,30 V	1,75 V	Sockel 423
Pentium 4 1,8 GHz	Willa-mette	100	1800	18	3,30 V	1,75 V	Sockel 423
Pentium 4 1,9 GHz	Willa-mette	100	1900	19	3,30 V	1,75 V	Sockel 423
Pentium 4 2 GHz	Willa-mette	100	2000	20	3,30 V	1,75 V	Sockel 423

Intel-Prozessoren Sockel 478

Pro-zessor	Archi-tektur	System-takt/MHz	Prozessor-takt/MHz	Multi-plikator	I/O-Spannung	Core-Spannung	Sockeltyp
Pentium 4 1,5 GHz	Willa-mette	100	1500	15	3,3 V	1,75 V	Sockel 478
Pentium 4 1,6 GHz	Willa-mette	100	1600	16	3,3 V	1,75 V	Sockel 478
Pentium 4 1,7 GHz	Willa-mette	100	1700	17	3,3 V	1,75 V	Sockel 478
Pentium 4 1,8 GHz	Willa-mette	100	1800	18	3,3 V	1,75 V	Sockel 478
Pentium 4 1,9 GHz	Willa-mette	100	1900	19	3,3 V	1,75 V	Sockel 478
Pentium 4 2 GHz	Willa-mette	100	2000	20	3,3 V	1,75 V	Sockel 478
Pentium 4 1,6A GHz	North-wood	100	1600	16	3,3 V	1,5 V	Sockel 478
Pentium 4 1,8A GHz	North-wood	100	1800	18	3,3 V	1,5 V	Sockel 478
Pentium 4 2A GHz	North-wood	100	2000	20	3,3 V	1,5 V	Sockel 478
Pentium 4 2,2 GHz	North-wood	100	2200	22	3,3 V	1,5 V	Sockel 478
Pentium 4 2,4 GHz	North-wood	100	2400	24	3,3 V	1,5 V	Sockel 478
Pentium 4 2,5 GHz	North-wood	100	2500	25	3,3 V	1,5 V	Sockel 478

Pro-zessor	Archi-tektur	System-takt/MHz	Prozessor-takt/MHz	Multi-plikator	I/O-Spannung	Core-Spannung	Sockeltyp
Pentium 4 2,6 GHz	North-wood	100	2600	26	3,3 V	1,5 V	Sockel 478
Pentium 4 2,26 GHz	North-wood	133	2266	17	3,3 V	1,5 V	Sockel 478
Pentium 4 2,4B GHz	North-wood	133	2400	18	3,3 V	1,5 V	Sockel 478
Pentium 4 2,53 GHz	North-wood	133	2533	19	3,3 V	1,5 V	Sockel 478
Pentium 4 2,67 GHz	North-wood	133	2667	20	3,3 V	1,5 V	Sockel 478
Pentium 4 2,8 GHz	North-wood	133	2800	21	3,3 V	1,5 V	Sockel 478
Celeron 1,7 GHz	Willa-mette	100	1700	17	3,3 V	1,75 V	Sockel 478
Celeron 1,8 GHz	Willa-mette	100	1800	18	3,3 V	1,75 V	Sockel 478
Celeron 2 GHz	Willa-mette	100	1800	20	3,3 V	1,75 V	Sockel 478

AMD-Prozessoren Sockel A

Pro-zessor	Archi-tektur	System-takt/MHz	Prozessor-takt/MHz	Multi-plikator	I/O-Spannung	Core-Spannung	Sockeltyp
Athlon T-Bird 800	Thunder-bird	100	800	8	3,30 V	1,75 V	Sockel A
Athlon T-Bird 850	Thunder-bird	100	850	8,5	3,30 V	1,75 V	Sockel A
Athlon T-Bird 900	Thunder-bird	100	900	9	3,30 V	1,75 V	Sockel A
Athlon T-Bird 950	Thunder-bird	100	950	9,5	3,30 V	1,75 V	Sockel A
Athlon T-Bird B 1000	Thunder-bird	100	1000	10	3,30 V	1,75 V	Sockel A
Athlon T-Bird C 1000	Thunder-bird	133	1000	7,5	3,30 V	1,75 V	Sockel A
Athlon T-Bir B1100	Thunder-bird	100	1100	11	3,30 V	1,75 V	Sockel A
Athlon T-Bird B 1200	Thunder-bird	100	1200	12	3,30 V	1,75 V	Sockel A

Pro-zessor	Archi-tektur	System-takt/MHz	Prozessor-takt/MHz	Multi-plikator	I/O-Spannung	Core-Spannung	Sockeltyp
Athlon T-Bird C 1200	Thunder-bird	133	1200	9	3,30 V	1,75 V	Sockel A
Athlon T-Bird C 1333	Thunder-bird	133	1333	10	3,30 V	1,75 V	Sockel A
Athlon T-Bird B 1400	Thunder-bird	100	1400	14	3,30 V	1,75 V	Sockel A
Athlon T-Bird C 1400	Thunder-bird	133	1400	10,5	3,30 V	1,75 V	Sockel A
Duron 600	Spitfire	100	600	6	3,30 V	1,6 V	Sockel A
Duron 650	Spitfire	100	650	6,5	3,30 V	1,6 V	Sockel A
Duron 700	Spitfire	100	700	7	3,30 V	1,6 V	Sockel A
Duron 750	Spitfire	100	750	7,5	3,30 V	1,6 V	Sockel A
Duron 800	Spitfire	100	800	8	3,30 V	1,6 V	Sockel A
Duron 850	Spitfire	100	850	8,5	3,30 V	1,6 V	Sockel A
Duron 900	Spitfire	100	900	9	3,30 V	1,6 V	Sockel A
Duron 950	Spitfire	100	950	9,5	3,30 V	1,6 V	Sockel A
Duron 1000	Morgan	100	1000	10	3,30 V	1,75 V	Sockel A
Duron 1100	Morgan	100	1100	11	3,30 V	1,75 V	Sockel A
Duron 1200	Morgan	100	1200	12	3,30 V	1,75 V	Sockel A
Duron 1300	Morgan	100	1300	13	3,30 V	1,75 V	Sockel A
Athlon XP 1600+	Palo-mino	133	1400	10,5	3,30 V	1,75 V	Sockel A
Athlon XP 1700+	Palo-mino	133	1467	11	3,30 V	1,75 V	Sockel A
Athlon XP 1800+	Palo-mino	133	1533	11,5	3,30 V	1,75 V	Sockel A
Athlon XP 1900+	Palo-mino	133	1600	12	3,30 V	1,75 V	Sockel A
Athlon XP 2000+	Palo-mino	133	1667	12,5	3,30 V	1,75 V	Sockel A

Pro-zessor	Archi-tektur	System-takt/MHz	Prozessor-takt/MHz	Multi-plikator	I/O-Spannung	Core-Spannung	Sockeltyp
Athlon XP 2100+	Palo-mino	133	1733	13	3,30 V	1,75 V	Sockel A
Athlon XP 2200+	Thorough-bred	133	1800	13,5	3,30 V	1,65 V	Sockel A
Athlon XP 2400+	Thorough-bred	133	2000	15	3,30 V	1,65 V	Sockel A
Athlon XP 2600+	Thorough-bred	133	2133	16	3,30 V	1,65 V	Sockel A

12. Übertakten im Rahmen des Sinnvollen – Mainboard und CPU

Natürlich gibt es immer die Möglichkeit, einen PC dadurch schneller zu machen, dass Sie ihm einen neuen Prozessor oder eine neue Grafikkarte spendieren.

Aber an einigen Stellen schlummert verborgenes Leistungspotenzial, das Sie nicht mit Geld zu

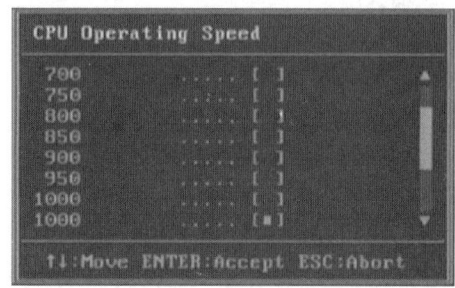

erkaufen brauchen. Toleranzen und Sicherheitsreserven in den Spezifikationen von Prozessoren und Erweiterungskarten lassen einen Spielraum, um die Betriebsfrequenz etwas über ihren ursprünglichen Wert anzuheben.

In diesem Kapitel haben wir uns ganz dieser kostenlosen Variante des PC-Tunings gewidmet. Falls Sie unseren Anleitungen sorgfältig folgen, kann dabei auch relativ wenig passieren. Dennoch müssen wir Sie direkt am Anfang darauf hinweisen, dass durch fast alle Maßnahmen, die im Folgenden beschrieben werden, sämtliche Garantieansprüche verloren gehen. Falls Sie Ihre CPU beschädigen, bekommen Sie also keinen Ersatz durch den Hersteller. Wir lassen es aber gar nicht erst so weit kommen. Unsere Anleitungen sind so gehalten, dass Sie sich eigentlich immer auf der sicheren Seite bewegen. Und wenn es an die Grenze des Machbaren geht, weisen wir Sie rechtzeitig darauf hin. Im hinteren Abschnitt des Kapitels (ab Seite 419) erfahren Sie dann, wie Sie die erreichten Leistungssteigerungen mithilfe von Benchmark-Programmen überprüfen und messen können. Das ist natürlich der Teil, der am meisten Spaß macht ...

12.1 Eignungsprüfung: AMD- und Intel-Prozessoren

Sicherheitsreserven in den Spezifikationen von Prozessoren machen es in vielen Fällen möglich, diese mit Frequenzen oberhalb der Taktrate zu betreiben, die vom Hersteller eigentlich vorgesehen ist.

Dieses Übertakten bietet die (kostenlose) Möglichkeit, das Letzte aus Ihrem Prozessor herauszuholen und so beispielsweise 10 % mehr Leistung für Ihr Lieblingsspiel zu bekommen.

Aber auch bei sehr rechenintensiven Anwendungen wie der Bearbeitung von Bildern unter Photoshop oder dem Enkodieren von MPEG-Videos macht sich der Geschwindigkeitszuwachs deutlich bemerkbar. Gerade beim Rippen (Auslesen) von DVDs kann sich der Transkodierungsprozess (Mehrfachkodierung) um bis zu mehrere Stunden verkürzen.

Unterschiede zwischen den Prozessoren?

Obwohl alle Prozessoren des gleichen Typs identisch aufgebaut sind, gibt es offensichtlich Unterschiede in den Frequenzen, mit denen die verschiedenen Modelle betrieben werden können. Diese Unterschiede kommen dadurch zu Stande, dass es Toleranzen im Fertigungsprozess gibt, die für Schwankungen in der Belastbarkeit sorgen. Erst in der abschließenden Qualitätskontrolle entscheidet sich, ob eine CPU für höhere Taktfrequenzen freigegeben oder zur Sicherheit mit einer niedrigeren Frequenz gekennzeichnet wird.

In der Fachpresse herrscht außerdem weithin die Ansicht, dass das Marketing beim Kennzeichnen der Prozessoren mindestens eine genauso große Rolle spielt wie technische Gründe. Das würde ganz konkret bedeuten, dass sich die unterschiedlich getakteten Prozessoren eines Typs technisch in keiner Weise unterscheiden. Um den Prozessor aber auch in einem niedrigeren Preisbereich zu platzieren, wird ein Teil der Produktion einfach mit einem anderen Schriftzug versehen.

Welche CPUs eignen sich zum Übertakten?

In den letzten Jahren hat sich das Wissen, dass Prozessoren auch jenseits ihrer Spezifikationen betrieben werden können, in weiten Kreisen der Computernutzer herumgesprochen.

Viele Anwender sind daraufhin losgegangen und haben preiswerte CPUs mit den Taktraten wesentlich teurerer Prozessoren betrieben, wodurch den Prozessorherstellern natürlich Umsätze verloren gehen.

Andererseits haben kriminelle Händler gefälschte Markierungen auf billigen CPUs angebracht, um sie als schnellere Exemplare auszugeben.

Diese Umstände haben die beiden Prozessor-Giganten AMD und Intel dazu veranlasst, ihre CPUs mit verschiedenen Sicherungsmechanismen zu versehen, die ein Übertakten durch den Anwender zumindest erschweren.

Wir sagen Ihnen, was trotzdem möglich ist und wo Sie mit Übertaktungsversuchen keinen Erfolg haben werden.

Intel-Prozessoren

Intel-Prozessoren sind allgemein gut dazu geeignet, übertaktet zu werden. Das mag daran liegen, dass „Chipzilla" nicht so sehr darauf angewiesen ist, das letzte Quäntchen Leistung aus seinen CPUs herauszuquetschen, bevor er sie auf den Markt bringt. Die Sicherheitstoleranzen, die dafür sorgen, dass der Prozessor auch unter ungünstigen Bedingungen nicht zerstört wird, sind bei Intel in der Regel größer als bei anderen Herstellern. Bei seiner Pentium 4-Baureihe hat Intel zudem eine wirksame Schutzschaltung eingebaut, die die CPU vor Überhitzung schützt.

Pentium 4 mit Northwood-Kern

Insbesondere der Pentium 4 mit Northwood-Kern ist nach einschlägigen Berichten in der Fachpresse der Übertakter-Gemeinde liebstes Kind. Durch einfaches Anheben des Bustakts lässt sich dieser Prozessortyp im Zusammenspiel mit geeigneten Komponenten um bis zu 500 MHz über seiner Spezifikation betreiben, und als Kühlung reicht in fast allen Fällen ein herkömmlicher Luftkühler aus. Mit Wasserkühlung lassen sich sogar noch höhere Taktraten erreichen.

Leider verhindert ein sehr wirksamer Mechanismus, den Prozessor allein zu übertakten: Intel-CPUs neuerer Bauart, seit Pentium II, besitzen einen fest eingebauten Multiplikator, der nicht – wie bei AMD-CPUs – durch relativ einfache Methoden überwunden werden kann. Ein Übertakten ist daher nur dann möglich, wenn der Systembus, auch Frontside-Bus, erhöht wird. Durch die Möglichkeiten des Mainboards und der anderen Komponenten sind dieser Maßnahme sehr häufig allerdings enge Grenzen gesteckt.

Die Übertaktungsmöglichkeiten im Detail:
Pentium III Coppermine

Beim Pentium III Coppermine (siehe Tabellen ab Seite 392) lassen sich die Modelle von 700 bis 900 MHz mit 100 oder 133 MHz Bustakt gut übertakten, einen leistungsstarken Kühler vorausgesetzt. Hier sind im Idealfall Taktraten bis zu 1,2 GHz möglich.

Beispielsweise: 700 MHz = 100 MHz extern x Multiplier 7. Durch Übertaktung auf 133 MHz x Multiplier 7 = 931 MHz.

Bei den Modellen mit 933 MHz bis 1 GHz ist dagegen kaum etwas zu holen, wenn Sie sie nicht mit einer Wasserkühlung gekühlt werden. Damit wären dann allerdings bis zu 1,3 GHz möglich.

Pentium III mit Tualatin-Kern

Die Pentium III-CPUs mit Tualatin-Kern von 1,13 bis 1,4 GHz sind auch bei Luftkühlung dank ihrer 0,13-µm-Technik und niedriger Kernspannung gute Kandidaten für Übertaktungsprojekte. Hier können Sie mit besonders leistungsstarken Luftkühlern oder mit Wasserkühlung als Optimum ca. 1,6 GHz herausholen.

Pentium 4-Baureihe

Die Pentium 4-Baureihe zeigt sich zweigeteilt, denn einerseits sind die Pentium 4-CPUs auf Willamette-Basis gerade in den oberen Taktfrequenzbereichen auch mit einer Wasserkühlung bei deutlicher Übertaktung nur schwer im stabilen Dauerbetrieb zu halten. Die Modelle von 1,4 bis 1,7 GHz lassen sich noch relativ gut bis ca. 2 GHz übertakten. Dies gilt sowohl für die Willamette-CPUs in Sockel 423- als auch für die in Sockel 478-Bauweise. Andererseits sind die Pentium 4-Prozessoren auf Northwood-Basis die derzeitigen „Stars" der Übertakterszene. Schon mit dem schlichten Intel-Standardlüfter lassen sich über 500 MHz mehr an Taktfrequenz erreichen, eine Wasserkühlung ermöglicht es, beispielsweise ein 2,4-GHz-Modell mit bis zu 3 GHz zu betreiben. Alle Northwood-CPUs von 1,6 bis 2,8 GHz eignen sich gleich gut für das Overclocking.

Celeron auf Mendocino-Basis

Der Celeron auf Mendocino-Basis von 433 bis 600 MHz ist dem Pentium 4 Northwood beim Übertaktungspotenzial ebenbürtig. Mit Luftkühlung lassen sich bis zu 800 MHz erreichen, mit Wasserkühlung sind sogar 900 MHz möglich. Die Baureihe auf Coppermine-Basis von 700 MHz bis 1 GHz ist nicht mehr ganz so flexibel, aber immer noch recht gut. Bis maximal 1,1 GHz sind möglich, bei Wasserkühlung noch 100 MHz mehr. Die Tualatin-Modelle dieses Prozessortyps von 1,1 bis 1,4 GHz können aufgrund ihrer geringeren Kernspannung von 1,475 Volt und ihrem 0,13-µm-Fertigungsprozess trotz höherer Taktfrequenzen etwa um den gleichen Betrag übertaktet werden.

Sie können hier mit einer Heatpipe oder einer Wasserkühlung wie beim Tualatin-Pentium III ca. 1,6 GHz erreichen. Eher schlecht zu übertakten ist dagegen die Celeron-Baureihe mit dem Willamette-Kern, die mit 1,7 bis 2 GHz laufen: Sie sind schon von vornherein mit recht hohen Taktfrequenzen ausgestattet und beim Overclocking ähnlich schwierige Kandidaten wie die

> **Was ist eine Heatpipe?**
> Die Heatpipe ist eine Technik, die eigentlich dazu verwandt wird, eine bessere Wärmeableitung zu erzielen. Der Kühler ist für alle Sockelprozessoren von AMD und Intel geeignet.

Willamette-Pentium 4 ab 1,8 GHz. Hier ist unbedingt eine Wasserkühlung einzusetzen, um auch nur bei geringer Übertaktung einen stabilen Betrieb zu ermöglichen.

AMD-Prozessoren

Bei AMD-CPUs sieht die Situation ebenfalls ziemlich gut aus, jedoch sind die thermischen Probleme der verschiedenen Athlon-Baureihen nicht zu unterschätzen. Beim Übertakten dieser Prozessoren kommt es deshalb auf eine höchst leistungsfähige Kühlung an, eine Wasserkühlung ist hier vorzuziehen. Meist sind aber einige zusätzliche Maßnahmen nötig, bevor die Prozessoren veränderte Takteinstellungen akzeptieren.

Die Übertaktungsmöglichkeiten im Detail:
Athlon Thunderbird-Baureihe

Die Athlon Thunderbird-Baureihe von 800 MHz bis 1,4 GHz ist sehr beliebt in der Overclocker-Gemeinde, denn sie lässt sich gut übertakten, sowohl über den Systemtakt als auch – mithilfe des bekannten „Bleistift-Tricks" (siehe Seite 415) – über den Multiplikator. Lediglich die beiden schnellsten Modelle mit 1,33 und 1,4 GHz benötigen eine Wasserkühlung, um auch übertaktet stabil zu laufen. Maximal 1,6 GHz lassen sich erreichen.

Athlon XP-Baureihe

Bei der Athlon XP-Baureihe mit Palomino-Architektur von 1,4 bis 1,73 GHz hat AMD höhere Hürden eingebaut: Wenn man die CPUs dieser Serie mithilfe des internen Multiplikators übertakten möchte, müssen zuerst einige Veränderungen am Prozessor vorgenommen werden. Ab dem Athlon XP 2000+ wird zudem eine Wasserkühlung benötigt, da die immense Hitzeentwicklung sonst einen stabilen Betrieb unmöglich macht. Die Palomino-Athlons lassen sich damit auf eine Frequenz von bis zu 1,9 GHz hochtakten.

Athlon XP auf Thoroughbred-Basis

Beim Athlon XP auf Thoroughbred-Basis von 1,8 bis 2,13 GHz ist zum Übertakten ebenfalls eine Wasserkühlung zu empfehlen, da die Hitzeentwicklung trotz der 0,13-µm-
Technik sehr stark ist. Auch hier ist es aufgrund der eingebauten Hardwaresperren sehr
aufwendig, den internen Multiplikator zu erhöhen.

Duron-Baureihen mit Spitfire- und Morgan-Kern

Die beiden Duron-Baureihen mit Spitfire- und Morgan-Kern sind sowohl über den Systemtakt als auch über den internen Multiplikator zu übertakten, ähnlich wie es beim
Athlon Thunderbird der Fall ist. Hier sind die Hitzeprobleme aber weitaus geringer, und
eine Wasserkühlung ist nicht unbedingt nötig. Eine starker Kupferkühler reicht aus.
Taktraten von bis zu 1,4 GHz sind möglich.

12.2 Höhere Frequenzen für Bus und CPU

Die Frequenz, mit der ein Prozessor (bzw. der Prozessorkern) betrieben wird, errechnet
sich aus der Busfrequenz und einem internen Multiplikator. Das Produkt der beiden Faktoren, 19 x 133 MHz, ergibt die Prozessorfrequenz. 2.527 MHz werden also erreicht, indem auf dem Mainboard per Jumper oder im BIOS ein Systemtakt von 133 MHz und ein
Multiplikator von 19 eingestellt werden.

Variante 1: Erhöhung des Multiplikators

Diese Methode ist sozusagen der konservative Weg, ein bisschen mehr Leistung aus der
CPU herauszukitzeln: Man erhöht einfach den Multiplikator um einen Schritt und erhält
so einen höheren Prozessortakt. Aus 1.000 MHz (= 100 MHz x 10) werden zum Beispiel
1.100 MHz (= 100 MHz x 11).

Die entsprechende Einstellung wird – wie im Handbuch des Boards beschrieben – entweder per Jumper/Dip-Schalter an der Hardware des Mainboards oder im BIOS-Setup
vorgenommen. Wie weit Sie die Frequenz erhöhen, bleibt letztlich Ihnen überlassen, a-
ber behalten Sie stets CPU-Temperatur und Systemstabilität im Auge.

Manchmal ist die Möglichkeit, mithilfe des Multiplikators zu übertakten, aber nicht so
ohne weiteres gegeben: nämlich immer dann, wenn der maximale Wert bereits eingestellt ist oder wenn (wie im Fall der meisten aktuellen Prozessoren) der Multiplikator fest
eingestellt ist. In so einem Fall gibt es noch eine andere Alternative:

Variante 2: Erhöhung des Systemtakts

Als zweite Variante kann der Systemtakt des gesamten Rechners erhöht werden. Das
steigert die Arbeitsgeschwindigkeit des Rechners deutlich, und zwar wesentlich stärker,
als es durch das reine Übertakten der CPU möglich wäre. Die Erhöhung des CPU-Takts
führt zwar zu häufigeren Zugriffen, ändert jedoch nichts an der Übertragungsgeschwindigkeit der Daten zwischen Speicher und CPU. Erhöhen Sie jedoch den Systemtakt, werden auf dem Systembus zusätzlich schnellere Zugriffe auf den Arbeitsspeicher bzw. auf
den L2-Cache möglich. Damit sind deutlich größere Gewinne bei der Verarbeitungsge-
schwindigkeit zu erreichen als nur beim Einsatz einer schnelleren CPU bzw. dem Übertakten des Prozessors. Bei allen Intel-CPUs ist es zudem die einzige Möglichkeit, mehr
Leistung aus dem Hauptprozessor zu holen.

Erfolgsaussichten beim Erhöhen des Systemtakts

Die Erhöhung des Systemtakts zieht die Erhöhung der Taktung von PCI-Bus, AGP-Schnittstelle und CPU nach sich, sodass dieser Eingriff nur mit sorgfältiger Vorbereitung angewendet werden sollte.

Folgende Auswirkungen sind zu bedenken:

- Der Prozessor wird bei gleich bleibendem Multiplikator unmittelbar durch Erhöhung des externen Frontside-Bustakts übertaktet. Wurde die CPU bei 133 MHz Systemtakt mit 18 x 133 MHz = 2.400 MHz betrieben, erhöht sich die Frequenz bei einem externen Takt von 145 MHz unmittelbar auf 18 x 145 MHz = 2.610 MHz.

- Der PCI-Bus arbeitet auf älteren 100-MHz-Mainboards mit der gedrittelten Systemfrequenz, nämlich 33 MHz, bei 133-MHz-Boards mit einem Viertel, also gleichfalls mit 33 MHz. Im Fall zum Beispiel einer Erhöhung von 100 auf 112 MHz erhöht sich die PCI-Busfrequenz auf den „krummen Wert" von ca. 37 MHz und liegt damit über der Spezifikation des PCI-Bus von 33 MHz. Es ist bei dieser Taktung auf jeden Fall zu überprüfen, ob alle Komponenten am PCI-Bus (SCSI-Controller, Grafikkarte etc.) diese Frequenz vertragen können. Hier stellen gerade PCI-Karten, die mehr als ca. zwei Jahre alt sind, ein oftmals entscheidendes Hindernis beim Overclocking dar, weil sie bei einer PCI-Taktfrequenz von über 37 MHz sehr schnell ihren Dienst versagen. Nur neuere PCI-Karten laufen bei noch höheren PCI-Taktfrequenzen stabil.

- Das Gleiche gilt für die AGP-Schnittstelle, die in der Regel durch einen festen Teiler vom Systemtakt abhängt. Bei den nominalen 133 MHz der aktuellen Boards ist das die Hälfte des Systemtakts, also 66 MHz. Dieser Wert steigt auf stolze ca. 84 MHz an, wenn Sie Ihr Mainboard mit 167 MHz betreiben, was zum Beispiel mit dem VIA KT266A-Chipsatz und einem schnellen Athlon XP oft möglich ist. Damit wird allerdings die Grafikkarte ebenfalls mit einem höheren Takt versorgt, was zu Ausfällen führen kann. Grafikchips werden schon im „Normalbetrieb" ziemlich heiß und können unter Umständen den plötzlichen Hitzetod finden.

- Die Zugriffe auf den Arbeitsspeicher werden deutlich schneller (was ja das eigentliche Ziel der Übung ist). Damit die schnelleren Zugriffe möglich sind, muss der Arbeitsspeicher mitspielen, denn durch den erhöhten Systemtakt wird oft die Leistungsgrenze überschritten. SDRAM-Bausteine für 100 oder 133 MHz Bustakt sind bei guter Markenqualität oft ohne Schwierigkeiten bis 122 bzw. 145 MHz hochtaktbar. Bei DDR-SDRAM mit 200, 266 oder 333 MHz lassen sich Taktraten von 230, 280 oder 360 MHz herausholen. Selbst das sehr schnelle RDRAM mit 800 oder 1.066 MHz Taktrate lässt sich auf 872 oder über 1,1 GHz tunen, guten Markenspeicher vorausgesetzt. Zuverlässigen Arbeitsspeicher mit Overclocking-Reserven bekommen Sie zum Beispiel von Infineon, Samsung, Micron, Kingmax, Apacer und Kingston. Es gibt sogar extremes Overclocking-RAM zu kaufen, das zwar teuer ist, aber von vornherein offiziell zum Übertakten ausgelegt ist und dann sehr stabil läuft. Corsair und Mushkin sind zwei Markennamen, die in diesem Segment für gute Qualität stehen.

Vorsicht mit Noname-Chips

Schauen Sie sich die Speicherbausteine auf Ihrem Mainboard genau an: Sollten Sie dort bekannte Namen wie zum Beispiel Infineon wiederfinden, lässt das auf eine hohe Fertigungsqualität schließen. Mit PC100-Chips sind dann durchaus auch Taktfrequenzen von bis zu 133 MHz möglich. Aber im Einzelfall müssen Sie natürlich die Probe aufs Exempel machen, ob Ihr System dann noch stabil läuft.

Seien Sie bei Noname-Arbeitsspeicher, der zu keiner der oben genannten Marken gehört, beim Overclocking äußerst vorsichtig! Hier können schon geringe Erhöhungen des Systemtakts zu Instabilitäten des PCs führen. Manchmal können dabei sogar die Speicherchips zerstört werden, denn sie stammen häufig aus Margen, die die Qualitätskontrollen der oben genannten Markenhersteller nicht bestanden haben.

Wir haben lange Zeit einen Pentium 4 benutzt, der nominell 1,8 GHz vertragen kann. An Stelle der Taktung mit 100 MHz (400 MHz effektiv) Systemtakt und einem Multiplikator von 18 war die erste Steigerung der Betrieb mit 108 MHz x 18 = 1.944 MHz. Die zweite Stufe bestand in einer weiteren Erhöhung des Systemtakts: 112 MHz x 18 = 2.016 MHz. Probleme mit unerwarteten Abstürzen hat es nie gegeben. Und die Temperatur des Prozessors wird im BIOS mit ca. 48 °C angezeigt – bei 85 °C liegt die kritische Grenze.

12.3 Sicherheitsmaßnahmen zur Risikoverringerung

Bevor Sie sich daran begeben, Ihrer CPU mit neuen Einstellungen die Flötentöne beizubringen, möchten wir Ihnen noch ein paar Hinweise mit auf den Weg geben, die dafür sorgen, dass Sie hinterher noch im Besitz eines funktionierenden Computers sind. Wenn Übertakten auch eine einfache Methode ist, mehr Leistung aus dem System zu kitzeln, so ist sie doch nicht ganz ohne Risiko.

Behalten Sie den Zustand der CPU im Auge

Das erste Anzeichen, dass Ihre CPU die Übertaktung nicht gut vertragen hat, sind plötzliche Systemabstürze. Wenn ein System, das vorher ohne Probleme lief, nach dem Tuning zu häufigen Abstürzen neigt, ist das ein sicheres Zeichen dafür, dass dem Prozessor zu heiß wird oder dass andere Komponenten im PC damit nicht zurechtkommen. Insbesondere ein Hängenbleiben des Rechners bereits während des Bootvorgangs oder ungewohnte Fehlermeldungen während des Starts von Windows deuten auf eine Überlastung hin. Ein weiteres Anzeichen für eine zu hohe Übertaktung ist das „Einfrieren" des Bildschirms bei 3-D-Anwendungen oder Spielen.

In diesem Fall bleibt Ihnen wohl nichts anderes übrig, als das Maß zu reduzieren, um das Sie die CPU übertaktet haben. Wenn das nichts nützt, müssen Sie wohl oder übel den Urzustand wiederherstellen und auf das Übertakten verzichten.

Ein sehr nützliches Mittel, um den Zustand der CPU im Auge zu behalten, ist ein Temperaturfühler, der direkt auf dem Mainboard integriert ist. Mit der zugehörigen Software, die meistens mit dem Motherboard ausgeliefert wird, lassen sich während des Betriebs die Temperatur des Prozessors und die Lüfterdrehzahl überwachen. Bei Über-/Unterschreiten der wichtigsten Werte gibt das Programm Alarm, und Sie können den Computer herunterfahren, bevor irgendetwas kaputtgeht.

Falls Sie den Kauf eines neuen Mainboards anpeilen und Ihre CPU übertakten möchten, achten Sie vielleicht auf dieses Ausstattungsmerkmal.

Genauso nützliche Dienste leistet ein CPU-Kühler, der bei zu hohen Temperaturen einen akustischen Alarm auslöst. Erhältlich ist so etwas im Elektronikhandel (zum Beispiel bei Conrad, *www.conrad.de*).

Regel Nummer 1: Weniger ist mehr

Die wichtigste Regel beim Übertakten heißt wohl: „Weniger ist mehr!", denn was nützt Ihnen ein System, das zwar um 50 % übertaktet ist, aber nicht mehr stabil läuft?

Übertakten Sie Ihre CPU mäßig, also um einen Wert von vielleicht 10 bis 20 %, damit Sie innerhalb der Toleranzen bleiben, die in den Prozessor für einen stabilen Betrieb in allen Lebenslagen „hineinkonstruiert" wurden.

Wie gesagt: Reduzieren Sie das Maß der Übertaktung, wenn Sie Anzeichen wahrnehmen, dass Sie dem Prozessor zu viel zugemutet haben (Instabilität, plötzliche Abstürze). Nur bei einer Wasserkühlung können Sie ins Extreme gehen und eine CPU mit Taktraten betreiben, die noch oberhalb dieser Grenze liegen.

Die Gier nach zu viel Leistung kann Sie ansonsten den Prozessor kosten, und dann haben Sie Ihr Ziel, nämlich mehr Leistung ohne zusätzliche Ausgaben, verfehlt.

Optimale Kühlung ist das A und O

Überhitzung ist – wie erwähnt – die größte Gefahr, die einer übertakteten CPU droht. Ordentliche Kühlung ist deshalb für einen sicheren Betrieb unerlässlich. Im Anschluss finden Sie eine kleine Kühlerkunde, die Ihnen zeigt, wie Sie dafür sorgen, dass Ihrem Prozessor der Hitzetod erspart bleibt.

Suchen Sie sich ein leistungsfähiges Modell aus, um das Risiko der Überhitzung zu verringern. Lesen Sie hierzu auch Kapitel 2.1 ab Seite 42.

Vorsicht walten lassen

Natürlich müssen wir Sie auf die Gefahren hinweisen, die beim Betrieb eines Prozessors jenseits seiner Spezifikationen drohen. Dennoch besteht kein Anlass zur Panik: Ein spezieller Hochleistungskühler oder ein Wasserkühlungssystem sorgen am besten für die nötige Sicherheit und halten die CPU-Temperatur im Zaum. Die kritische Grenze liegt bei 85 Grad, aber selbst wenn eine hochgetaktete Athlon-CPU diesen Wert erreicht, wird sie nicht von einer Sekunde auf die andere zerstört. Dennoch sollten Sie Warnsignale wie plötzliche Abstürze oder ein instabiles Verhalten des Computers ernst nehmen und eine niedrigere Frequenz einstellen.

Prozessorkühlung: Eine Wissenschaft für sich

Bei heutigen CPUs ist die Kühlung zum wichtigsten Thema geworden. Die Zeiten, in denen man den Hauptprozessor mit einfachen Kühlern auf unkritischen Temperaturen halten konnte, sind vorbei. Qualität und Langlebigkeit spielen eine größere Rolle denn je, denn mit den immer höheren Taktfrequenzen steigt auch die Wärmeentwicklung und die Leistungsaufnahme der CPUs stark an. Der Spitzenreiter ist bisher der Athlon Thunderbird C mit 1,4 GHz, der eine Verlustleistung von 72 Watt erzeugt.

Da sich diese Leistung auf eine Fläche von gerade einmal 80 mm² verteilt, erreicht ein Prozessor damit die 30fache Wärmeleistung einer herkömmlichen Herdplatte. Gerade bei AMD-Prozessoren droht aus diesem Grund bei schlechter Kühlung stets der Prozessortod.

Schlechte Kühlung gleich Prozessortod

Dieser Hinweis bezieht sich nur auf AMD-Modelle. Intel hat mittlerweile einen Schutz in seine Prozessoren eingebaut! Wenn Sie also daran denken, Ihren Prozessor mit einer höheren Taktfrequenz zu betreiben, muss auch sehr hochwertiges Equipment her, um die zusätzliche Wärme abzuführen. Achten Sie grundsätzlich auf höchste Verarbeitungsqualität, wenn Sie einen Kühler zum Overclocking kaufen wollen, denn wenn zum Beispiel aufgrund schlechter Verarbeitung im Metall mikroskopische Risse und Brüche auftreten, verschlechtert dies die Wärmeleitfähigkeit drastisch. Meiden Sie also Billigangebote, erst recht diejenigen, die schon rein äußerlich durch Riefen auf der CPU-Auflagefläche oder ungenau gefräste Kühlrippen auffallen. Prinzipiell sind Kühlkörper aus einem Metall (z. B. Kupfer) deswegen leistungsfähiger als Hybrid-(Komposit-)Kühler aus Kupfer und Aluminium.

Passive Kühlelemente

Keine der hier beschriebenen CPUs kann mehr mit passiven Kühlelementen betrieben werden, nicht einmal VIA C3-Prozessoren, die als die CPUs mit der geringsten Wärmeabgabe gelten. Der Versuch würde mit aller Wahrscheinlichkeit zur Zerstörung des Prozessors führen. Selbst ein großer Kühlkörper aus reinem Kupfer oder gar Silber bringt für sich allein nicht genügend Kühlleistung.

Aktive Kühler

Bei einem aktiven Kühler ist in der Regel in einen Aluminiumkühlkörper ein kleinerer (60 mm) oder auch recht großer (80 mm) Lüfter eingesetzt, der die kältere Umgebungsluft durch die warmen Metallrippen bläst. So wird natürlich eine viel bessere Abkühlung erreicht. Mittlerweile setzen sich nach und nach auch Kupferkühler durch, die aufgrund der besseren Wärmeleitung des Metalls eine höhere Kühlleistung aufweisen.

Beliebt ist auch die Komposition aus Kupfergrundplatte und Aluminiumkühlrippen, was die positiven Eigenschaften beider Materialien (hohe Wärmeleitung/niedrige Kosten) miteinander vereinen soll. Sehr selten gibt es solche Kompositkühler mit einer Reinsilbergrundplatte.

Nachteilig bei Kupferkühlern ist allerdings ihr hohes Gewicht von über 300 g, das sie für Athlon- oder Pentium III-PCs nur bedingt geeignet macht. Die Befestigung des Kühlers direkt am Sockel birgt die Gefahr, dass durch Erschütterungen beim Transport die Kunststoffnasen für die Halteklammern abbrechen können.

In diesem Zusammenhang muss noch erwähnt werden, dass beim Pentium 4 der Kühlkörper durch einen zusätzlichen Rahmen festgehalten wird. Abhilfe schaffen nur Kupfer- oder Kompositkühlkörper, die direkt mit dem Mainboard verschraubt werden, wie der MCX 462 von Swiftech, der bei Athlon-Übertaktern sehr beliebt ist.

CPU-Kühler werden aus Aluminium, Kupfer oder einer Kombination aus beiden Werkstoffen angeboten.

Neben dem Kühlermaterial ist aber auch die Größe und Ausführung des Lüfters von Bedeutung. Zur CPU-Kühlung werden am häufigsten 60- und 80-mm-Lüfter verwendet, die mit Metall- oder Plastikclips auf dem Kühlkörper montiert oder damit verschraubt sind. Grundsätzlich sind 80-mm-Lüfter effektiver, weil sie mehr Luft umwälzen, deshalb geringere Drehzahlen benötigen und leiser sind als 60-mm-Modelle. Für Besitzer eines 60-mm-Lüfters besteht aber immerhin die Möglichkeit, mittels eines Adapters einen 80-mm-Lüfter auf einem Kühlkörper zu betreiben, auf den eigentlich nur ein 60-mm-Modell passt.

Achten Sie beim Kauf darauf, dass der Lüfter mit einem Kugellager ausgestattet ist (Ball Bearing), das einen ruhigeren Lauf und größere Haltbarkeit verspricht als Lüfter mit billigeren Nadellagern. Seien Sie jedoch vorsichtig, wenn Sie einen leistungsstärkeren Lüfter für die CPU-Kühlung verwenden und ihn an den *CPU-Fan*-Anschluss auf dem Mainboard anschließen wollen: Damit können nur Lüfter mit bis zu 3,5 Watt Leistung betrieben werden. Bei stärkeren Lüftern könnte der erhöhte Stromverbrauch das Mainboard beschädigen!

Wasserkühlungen

Die sicher effektivste und leiseste, aber auch bei weitem aufwendigste Lösung, einen (übertakteten) Prozessor zu kühlen, ist die Wasserkühlung. Bis vor kurzem nur von Freaks verwendet, erreicht sie mittlerweile die Reife für den Massenmarkt und kommt durchaus als Ersatz für Luftkühler in Frage. Gerade für Overclocker bietet eine Wasserkühlung größere Spielräume als die beste Luftkühlung. Ein Athlon XP 2100+ wird beispielsweise mit den stärksten Luftkühlern auf ca. 61 Grad gekühlt. Mit einer guten Wasserkühlung hingegen lassen sich Temperaturen von ca. 47 Grad bei wesentlich geringerem Lüfterlärm erreichen. Ein vernünftiges Wasserkühlungssystem für den PC besteht aus folgenden vier Komponenten:

- Im Kühl-Element einer Wasserkühlung verlaufen feine Lamellen oder bei den besten Modellen feine und verzweigte Röhrchen, durch die das Kühlmittel strömt und so die Hitze der CPU abführt. Er besteht fast immer aus Kupfer, das hervorragende Wärmeleiteigenschaften besitzt. An ein Wasserkühlungssystem kann durchaus mehr als ein einzelner Kühlkörper angeschlossen werden, sodass neben dem Prozessor auch noch die Grafikkarte, der Chipsatz des Mainboards oder die Festplatte auf diesem Weg gekühlt werden können.

■ Die Umwälzpumpe stellt den „Antrieb" des gesamten Kühlsystems dar und sorgt für den Kreislauf der Kühlflüssigkeit. Hier werden fast immer Pumpen des bekannten Aquarium- und Teichpumpenherstellers Eheim verwendet, die sehr leise und zuverlässig arbeiten.

■ Als dritter Hauptbestandteil sorgt der Radiator oder Wärmetauscher dafür, dass das erwärmte Kühlmittel seine Wärme an die Umgebungsluft abgeben kann. Er besteht in der Regel aus einem Kupferrohr, das in mehreren Windungen durch einen großen Kühlkörper mit sehr feinen Aluminiumrippen läuft. Ein Lüfter mit großem Durchmesser (bis zu 12 cm), der Umgebungsluft durch die Kühlrippen bläst, sorgt dann für einen ausreichenden Abtransport.

■ Der letzte Bestandteil ist der Ausgleichsbehälter. Hier sammeln sich im System verbliebene Reste von Luft, und hier kann bei Bedarf verdunstete Kühlflüssigkeit nachgefüllt werden. Er ist zumeist als eine Art kleiner Wassertank direkt an der Pumpe befestigt.

Alle Bestandteile sind mittlerweile einzeln oder im Set auf dem Markt erhältlich (zum Beispiel von Innovatek), bekannte Händler sind Listan (*www.listan.de*), PC-World (*www.pc-world.de*) oder Blacknoise (*www.blacknoise.de*).

Im Eigenbau müssen die Teile in ein herkömmliches PC-Gehäuse integriert, mit PVC-Schläuchen wasserdicht verbunden und an der Hardware befestigt werden. Wer diese etwas aufwendigeren Arbeiten scheut, bekommt unter den angegebenen Adressen allerdings auch fertig konfektionierte Gehäuse mit integrierter Wasserkühlung.

Peltier-Elemente

Die Hightech-Lösung, um Ihren Prozessor zu kühlen, sind Peltier-Elemente. Diese machen sich elektrophysikalische Vorgänge zu Nutze, die für einen Wärmetransport weg vom Prozessor sorgen. Sozusagen ein Mini-Kühlschrank ohne Pumpe. Damit die Wärme an die Umgebung weitergegeben wird, sitzen sie zwischen der CPU und einem herkömmlichen Kühler.

Peltier-Elemente stellen neben einem Wasserkühlungssystem sicher die aufwendigste Lösung dar, um die CPU zu kühlen: Kostet ein normaler Aktivkühler ca. 40 Euro, so müssen bei Peltier-Elementen leicht 80 Euro einkalkuliert werden, dazu kommt der benötigte Kühler. Und aufgrund des großen Stromverbrauchs (ca. 150 Watt) benötigen sie eine eigene elektrischen Versorgung, die nicht über das PC-Netzteil realisiert werden kann.

Ein weiterer Nachteil ist, dass ein Peltier-Element ganz genau auf eine bestimmte Kühlleistung eingestellt werden muss und nur dort seine optimale Leistung entfalten kann. Im Zweifelsfall bedeutet das, dass der gekühlte Prozessor künstlich dauerhaft auf Maximalleistung gehalten werden muss, um ein Funktionieren des Systems zu gewährleisten.

Sollte es zu einem Absinken der Prozessortemperatur kommen, kühlt das Peltier-Element so stark ab, dass es zur Kondensatbildung kommt.

Insgesamt sprechen die komplizierte Handhabung (und der hohe Preis) also nicht dafür, Peltier-Elemente in einem Computersystem einzusetzen, das in einem privaten Haushalt unter ständig wechselnden Betriebsbedingungen genutzt wird.

Die richtige Befestigung

Wenn man sich die Oberfläche einer CPU unter einer starken Lupe anschauen würde, würde man eine Art „Gebirge" sehen, denn der Keramikkörper ist uneben. Und auch die Oberfläche eines Heatspreader-Blechs, mit dem eine Reihe von CPUs geschützt wird, ist nicht so fein poliert, dass sich auf dieser Vergrößerungsebene eine glatte Fläche ergeben würde. Ein Kühler, der einfach so auf dem Prozessor aufliegt, berührt nur die Spitzen dieser Hügellandschaft, sodass die Wärme schlecht abgeleitet wird. Um einen optimalen Kontakt zum Prozessor zu ermöglichen, muss die Oberfläche mit Wärmeleitpaste eingeschmiert (oder ersatzweise mit einem Wärmeleitpad beklebt) werden. Nur so können auch die tiefer gelegenen „Täler" ihre Wärme an den Kühlkörper abgeben.

Wärmeleitpaste gibt es für ein paar Euro im Elektronikhandel, aber in der Regel liegt einem neuen Kühler bereits ein kleines Tübchen bei. Ein guter Händler wird Ihnen ohne dieses notwendige Zubehör den Kühler gar nicht erst verkaufen. Für Übertakter ist zurzeit die Wärmeleitpaste „Arctic Silver" am besten geeignet. Sie besteht zu über 80 % aus Silberoxid, einer Substanz mit hervorragender Wärmeübertragung. Sie füllt die Unebenheiten perfekt aus, lässt sich sehr dünn auftragen und optimiert die Weiterleitung der Wärme. Hierbei muss erwähnt werden, dass sie auch möglichst dünn aufgetragen werden muss.

> **Vorsicht, Kurzschluss!**
>
> Ein Aspekt, der bei einer Wärmeleitpaste nicht vernachlässigt werden darf, ist, dass sie nicht elektrisch leitend ist, wie z. B „Sub Zero". Hier reicht nämlich schon eine geringe falsche Schmierspur auf leitenden Teilen, und es droht ein Kurzschluss! Besonders bei den Athlon- und Duron-CPUs mit ihrer nicht von einem Heatspreader geschützten Oberseite kann dies leicht passieren.

Um die Übertragung der Wärme endgültig sicherzustellen, ist ein strammer und absolut ebener Sitz des Kühlers auf dem Prozessor notwendig. Für die richtige Ausrichtung sorgen Sie bei der Montage des Kühlers, für den festen Halt ist die jeweilige Haltevorrichtung zuständig.

Der beste Prozessorkühler nutzt nichts, wenn anschließend die warme Luft nicht aus dem PC-Gehäuse transportiert wird. Sorgen Sie deshalb für eine gute Luftzirkulation, indem Sie die Lüfteröffnungen an der Vorder- oder Rückseite des Gehäuses freihalten. Am besten ist es, wenn Sie

Sorgen Sie für Durchzug im Gehäuse

hinter der Gehäusefront einen Lüfter installieren, der durch eine Lüfteröffnung frische Luft von außen in das Gehäuse saugt. Vergessen Sie nicht, davor einen Staubfilter anzubringen, damit er keine unerwünschten Partikel in den Rechner saugt. Bringen Sie dann gegebenenfalls noch einen weiteren Lüfter an eine Lüfteröffnung an der Gehäuserückseite an, der die heiße Luft aus dem Inneren des PCs nach außen bläst.

Der Kabelsalat in Ihrem PC kann bei der Durchlüftung des Rechners ebenfalls im Weg sein. Besonders die breiten Festplattenkabel sind ein ziemliches Hindernis für die Luftzirkulation. Sorgen Sie deshalb möglichst dafür, dass genug Freiraum im Inneren Ihres Computers ist, um die zur Kühlung notwendige Luft ungehindert durchzulassen. Zur Verbesserung der Luftzirkulation bieten sich runde Airflow-Kabel an, die für IDE-Laufwerke und Floppys erhältlich sind. Sie bieten dem Luftzug kaum Widerstand und sorgen zudem für bessere Übersicht im Gehäuseinneren.

Mehr zum Thema Kühlung erfahren Sie in Kapitel 2.1 ab Seite 42.

12.4 So geht's: Höhere Frequenzen für die CPU

Nachdem Sie die Möglichkeiten, Ihre CPU zu übertakten, kalkuliert und mithilfe eines geeigneten Kühlers für ausreichend Sicherheit gesorgt haben, kann es losgehen: Das Übertakten selbst stellt keine große Schwierigkeit dar, denn es sind nur ein paar Einstellungen an der Hardware des Mainboards oder im BIOS-Setup vorzunehmen. Ausschlaggebend ist eigentlich nur, keine zu großen Schritte zu wagen und den PC langsam an seine Leistungsgrenze heranzuführen.

CPU mit dem Multiplikator übertakten

Beim Übertakten einer CPU ohne fest eingestellten Multiplikator (wie zum Beispiel ein K6-2 oder ein „freigeschalteter" Athlon) nehmen Sie die entsprechende Einstellung des Multiplikators im BIOS oder an der Hardware vor, und das war's.

Vornehmen der Einstellungen, 1. Variante

1 Dazu wechseln Sie im BIOS ins CPU-Menü, in diesem Fall das *Soft Menu III*, und setzen die Option *CPU Operating Speed* auf den Wert *User Define*. Hierbei muss erwähnt werden, dass eine solche Einstellungsmöglichkeit nicht bei allen Boards üblich bzw. selbstverständlich ist.

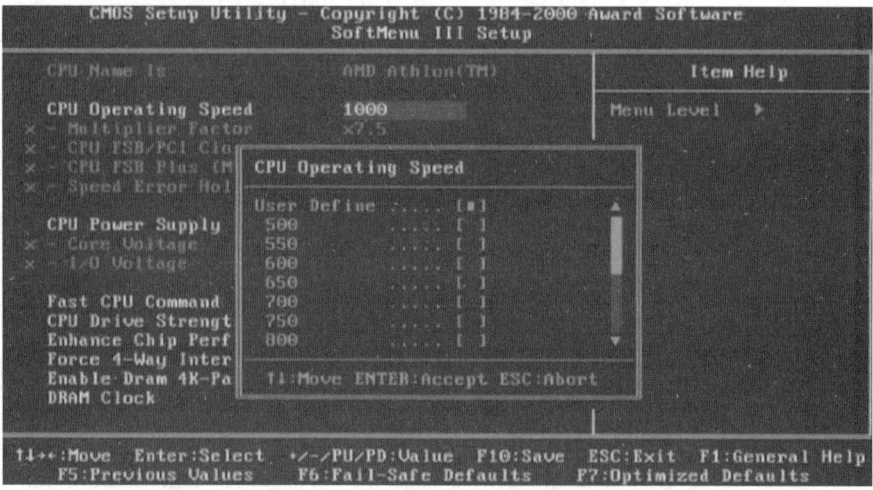

2 Jetzt können Sie den Multiplikator, mit dem die Taktfrequenz prozessorintern erhöht wird, in Stufen von 0,5 heraufsetzen. Das geht, indem Sie entsprechende Werte unter der Option *Multiplier Factor* einstellen.

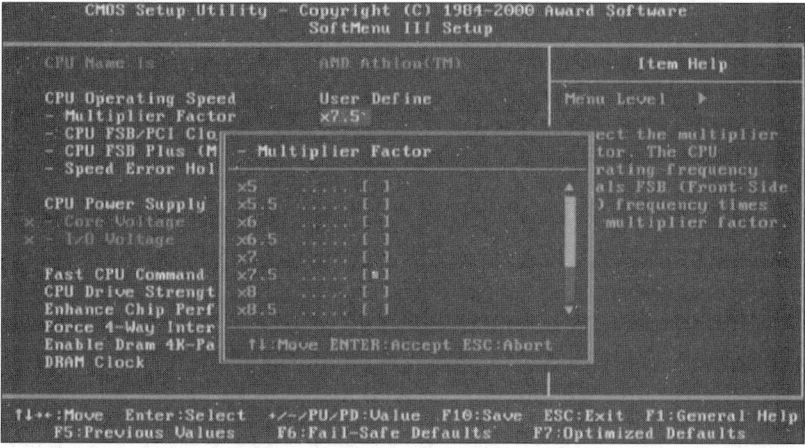

3 Nach jeder Stufe sollten Sie die Veränderung abspeichern, das BIOS-Setup verlassen und das Verhalten des Rechners hinsichtlich Geschwindigkeit und Stabilität austesten.

Vornehmen der Einstellungen, 2. Variante

1 Wechseln Sie im BIOS ins *Advanced*-Menü und setzen Sie die Option *CPU Speed* auf den Wert *Manual*.

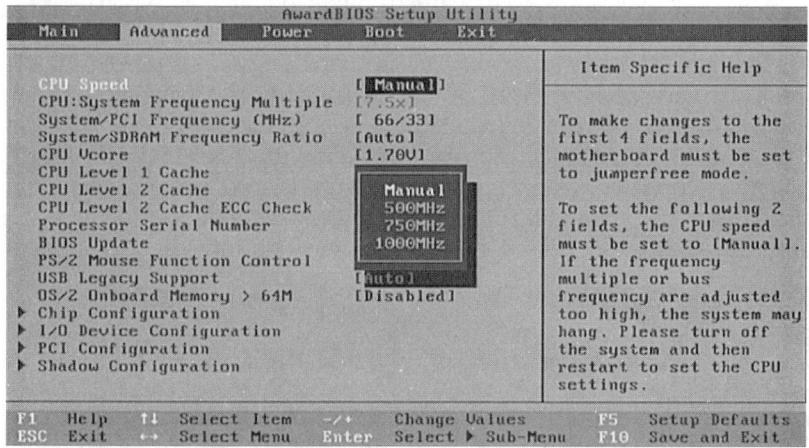

2 Jetzt können Sie den Multiplikator, mit dem die Taktfrequenz prozessorintern erhöht wird, in Stufen von 0,5 heraufsetzen. Das geht, indem Sie entsprechende Werte unter der Option *CPU System Frequency Multiple* einstellen.

3 Nach jeder Stufe sollten Sie die Veränderung abspeichern, das BIOS-Setup verlassen und das Verhalten des Rechners hinsichtlich der Geschwindigkeit austesten.

Wenn der Rechner nicht mehr stabil läuft oder erst gar nicht mehr hochfährt, haben Sie zunächst die Grenze der Übertaktbarkeit erreicht. Jetzt haben Sie zwei Möglichkeiten: Entweder stufen Sie den Multiplikator wieder zurück, oder Sie ergreifen zusätzliche Maßnahmen, wie zum Beispiel die Erhöhung der Betriebsspannung. Wie das geht, lesen Sie weiter hinten in diesem Kapitel.

Einstellen des Multiplikators an der Hardware

Wenn Ihr BIOS keine Optionen bietet, die Prozessorfrequenz zu beeinflussen, haben Sie bei den meisten Mainboards noch die Möglichkeit, die entsprechenden Einstellungen direkt an der Hardware vorzunehmen (immer vorausgesetzt, Ihr Prozessor unterstützt diese Art der Einstellung ebenfalls):

1   Suchen Sie im Handbuch Ihres Mainboards (notfalls online auf den Seiten des Herstellers) in der Rubrik zum CPU-Einbau nach Jumpern oder einem Dip-Schalter mit der Bezeichnung *BUS Frequency Multiplier*. Hier erfahren Sie, welche Einstellungen an der Hardware vorgenommen werden müssen, um später den gewünschten Multiplikatorwert zu erreichen.

2   Stellen Sie anhand dieser Informationen den Multiplikator in Stufen von 0,5 höher und starten Sie nach jeder Veränderung den PC für einen Testlauf.

3   Tasten Sie sich weiter voran, solange der Rechner noch korrekt hochfährt. Bei den ersten Anzeichen für Instabilitäten oder wenn der Rechner gar nicht mehr startet, setzen Sie den Multiplikator wieder um 0,5 zurück.

Erhöhen des Systemtakts

Bei allen Prozessoren, die einen fest eingestellten Multiplikator haben (also alle aktuellen Intel- und AMD-CPUs, sofern sie nicht durch spezielle Maßnahmen freigeschaltet sind, gehen Sie wie folgt vor:

1   Suchen Sie im Handbuch Ihres Mainboards (notfalls online auf den Seiten des Herstellers) in der Rubrik zum CPU-Einbau nach Jumpern oder einem Dip-Schalter mit der Bezeichnung *CPU External Frequency*, mit dem am Mainboard die Einstellung des Systemtakts vorgenommen wird. In der Regel sind die Möglichkeiten, die Systemfrequenz auf diese Weise zu verändern, allerdings nicht sehr umfangreich. Neben 66, 100 und 133 MHz finden sich oft nur Werte, die das Mainboard bereits um einen größeren Betrag übertakten würden, wie zum Beispiel 150 oder 166 MHz. Feinere Einstellungen in 1- oder 2-MHz-Schritten finden sich meist nur dann, wenn das BIOS-Setup eine Option zur Veränderung des Systemtakts aufweist.

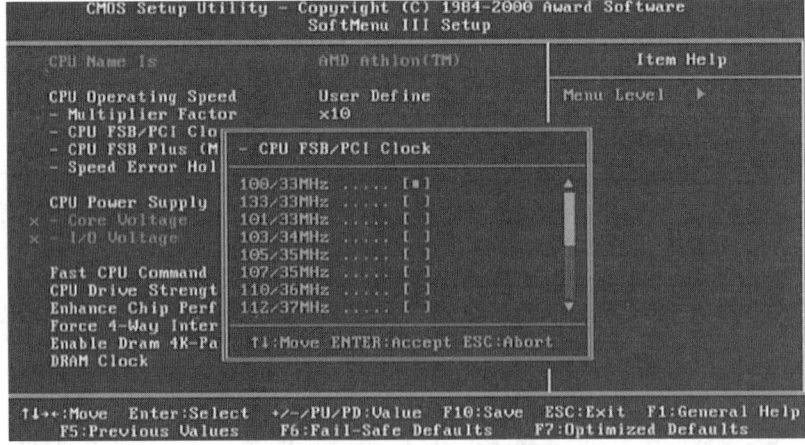

2   Erhöhen Sie die Systemfrequenz an der Hardware oder im BIOS in Schritten von maximal 5 MHz und starten Sie den Rechner für einen Testlauf neu.

3   Tasten Sie sich in 5-MHz-Schritten voran, solange das System einwandfrei bootet.

Wenn der Rechner instabil wird oder nicht mehr bootet, ist die Grenze für das System erreicht.

Reduzieren Sie den Systemtakt dann wieder um 5 MHz, um einen stabilen Betrieb zu erreichen.

Bei Bedarf (und wenn diese Möglichkeit über das BIOS-Setup besteht) können Sie sich jetzt noch einmal in 1-MHz-Schritten an die Grenze herantasten.

Manchmal muss die Stromversorgung gekappt werden

Bei Mainboards, die mithilfe des BIOS-Setups eingestellt werden, kann eine zusätzliche Maßnahme notwendig sein, wenn der Rechner nach dem Übertakten nicht mehr bootet und der Bildschirm schwarz bleibt: Erst nach dem Ausschalten des Netzteils bzw. nach dem Abziehen des Netzkabels erkennt das BIOS, dass die Prozessoreinstellungen fehlerhaft gewesen sind, und stellt mit einer sicheren Einstellung die Bootfähigkeit des Rechners wieder her. Falls auch dieses Vorgehen ohne Erfolg bleibt, hilft nur das Entfernen der BIOS-Batterie auf dem Mainboard, um die vorgenommenen Einstellungen im BIOS rückgängig zu machen.

Versorgungsspannung des Prozessorkerns erhöhen

Einer der Gründe, weshalb ein Rechner nicht mehr bootet, ist der gestiegene Energiebedarf des Prozessors bei höheren Frequenzen.

Mit der ursprünglichen Spannungseinstellung ist das Mainboard nicht dazu in der Lage, genug Strom für den Prozessor zu liefern.

Um den Prozessor mit der überhöhten Frequenz zum Leben zu erwecken, müssen Sie deshalb die Versorgungsspannung des Prozessorkerns erhöhen.

Äußerste Vorsicht ist geboten!

Wenn der Rechner nicht mehr startet, haben Sie unter normalen Betriebsbedingungen bereits die Belastungsgrenze der CPU erreicht. Das deutet darauf hin, dass der Prozessor bereits jetzt enorm belastet wird. Alle weiteren Maßnahmen, die wir in diesem Abschnitt beschreiben, sollten Sie nur unter größter Vorsicht und sehr sorgfältig nachvollziehen.

Voraussetzung ist allerdings, dass das Mainboard entsprechende Einstellungsmöglichkeiten bietet.

Die Einstellung wird entweder per Jumper auf der Platine (siehe dazu das Handbuch des Mainboards) oder über die entsprechende Funktion im BIOS-Setup des Mainboards vorgenommen.

Trotzdem muss an dieser Stelle noch mal ein deutlicher Warnhinweis ausgesprochen werden.

Denn gerade die Erhöhung der Versorgungsspannung kann eine CPU leicht „abrauchen" lassen.

1 Setzen Sie die Option *CPU Power Supply* im CPU-Menü des BIOS-Setup auf *User Define*.

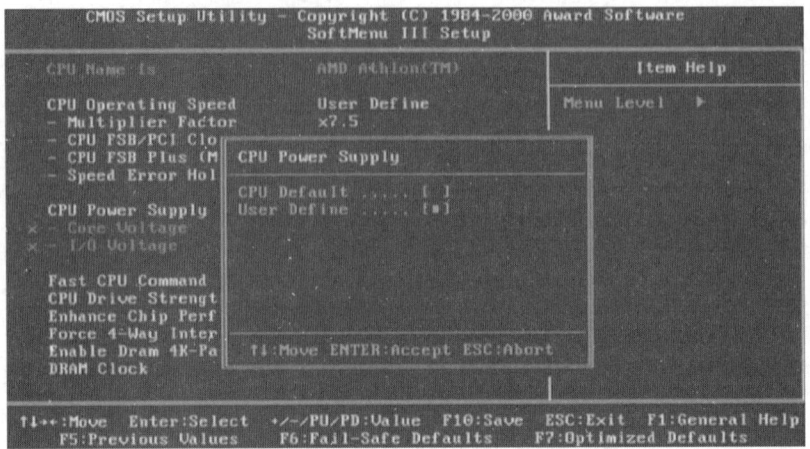

2 Die weitere Vorgehensweise ähnelt der beim Übertakten: Erhöhen Sie die Kernspannung *Core Voltage* um 0,05 Volt (oder – falls möglich – sogar nur um 0,025 Volt), speichern Sie die Veränderungen ab und probieren Sie aus, ob der Rechner wieder startet bzw. stabil läuft. Falls nicht, erhöhen Sie um eine weitere Stufe. Dabei sollten Sie sich an der Tabelle mit den technischen Daten der Prozessoren orientieren, um nicht zu weit zu gehen. Falls Sie z. B. einen Duron 800 auf 1 GHz übertakten möchten, können Sie anhand der Tabelle ersehen, dass ein baugleicher Athlon-Thunderbird bei dieser Taktfrequenz eine Spannung von 1,75 Volt benötigt. Eine einzelne Erhöhung um 0,05 Volt sollte also bereits den gewünschten Erfolg bringen. Der Schritt auf 1,80 Volt sollte ebenfalls noch vertretbar sein, aber wir können Ihnen nicht empfehlen, darüber hinauszugehen.

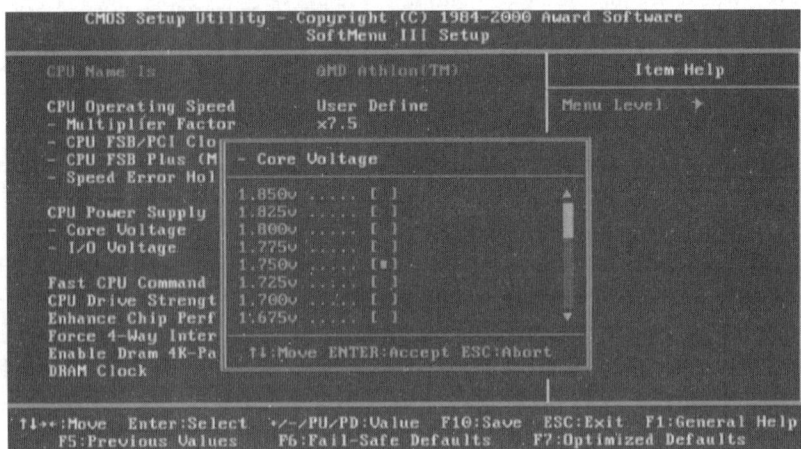

3 Nach einem erfolgreichen Start behalten Sie den Computer eine Zeit lang im Auge: Überprüfen Sie Stabilität und Leistung und kontrollieren Sie die Temperatur des Prozessors.

Athlon und Duron mit Thunderbird-Architektur freischalten

Athlon- und Duron-CPUs mit Thunderbird-Kern von AMD (siehe Tabellen ab Seite 391) besitzen eine Schwachstelle, mit der die feste Einstellung des internen Taktmultiplikators außer Funktion gesetzt werden kann: Die Kodierung findet mithilfe von Metallstegen statt, die auf der Oberseite des Prozessorgehäuses offen zugänglich sind. Bevor bei der Produktion die CPU in eine bestimmte Frequenzklasse eingestuft wird, sind alle Metallbrücken geschlossen, der Multiplikator ist frei einstellbar. Erst nach der Qualitätskontrolle, bei der die Verträglichkeit hoher Taktfrequenzen bestimmt wird, werden einige der Metallbrücken mit einem Laser durchtrennt, und so wird ein fester Multiplikator eingestellt.

Durch erneutes Schließen der Kontakte wird die feste Einstellung des Multiplikators wieder aufgehoben.

1   Um die Metallbrücken wieder zu schließen, genügt ein einfacher Strich mit einem weichen Bleistift oder auch ein bisschen Silberleitlack.

Stellen Sie sicher, dass alle offenen Kontakte in der Sektion „L1" auf der Prozessoroberseite auf diese Weise wieder geschlossen werden.

> **Filigranarbeit**
> Die zu schließenden Kontakte auf dem Prozessor sind sehr klein. Ein unsauberer Strich kann einen Kurzschluss herstellen, der akute Lebensgefahr für Ihre CPU bedeutet. Arbeiten Sie am besten mit einem Vergrößerungsglas und mit einem sehr feinen weichen Bleistift.

Achten Sie unbedingt darauf, dass Sie die verschiedenen Brücken nicht versehentlich untereinander kurzschließen, denn das könnte fatale Folgen haben.

Im Fall eines misslungenen Strichs entfernen Sie Grafit oder Lack vorsichtig mit einem Radiergummi oder einer Rasierklinge.

2   Jetzt können Sie den Taktmultiplikator im BIOS oder auf dem Mainboard erhöhen. Wie das geht, konnten Sie bereits weiter vorn in diesem Kapitel nachlesen.

Athlon XP/Duron mit Thoroughbred-Kern freischalten

AMD verwendet seit der Einführung der Thoroughbred-Prozessoren für beide Baureihen (Athlon XP und Duron) für seine CPUs einen Kunststoff- statt eines Keramikträgers und hat zwischen die L1-Kontakte zusätzlich mit einem Laser Löcher gebrannt, um ein Schließen der L1-Brücken zu verhindern. Das Verfahren, um auch dieses Hindernis zu überwinden, besteht darin, die Löcher mit einem Tropfen Sekundenkleber auszufüllen und dann erst mit Silberlack die Kontakte zu verbinden. Das Problem ist jedoch, dass extrem sorgfältig gearbeitet werden muss. Nacheinander müssen alle Kontakte mit Klebefilm abgedeckt werden, um ein unkontrolliertes Verlaufen des Klebers zu verhindern, ebenso sorgfältig muss der Silberleitlack verarbeitet werden, um Kurzschlüsse zu vermeiden.

Insgesamt erscheinen uns die Arbeiten zu schwierig und zu riskant, um sie hier in allen Einzelheiten zu beschreiben. Nur erfahrene Bastler, die sich die nötige Präzision zutrauen und das Risiko als gering einschätzen, sollten sich daran wagen. Wenn Sie der Meinung sind, dass Sie Ihren Athlon XP/Duron auf diese Weise freischalten möchten, finden Sie im Internet (zum Beispiel unter *www.tomshardware.de*) ausführliche Tipps.

12.5 Der sichere Weg zum kostenlosen Turbo

Nachdem Sie Ihre CPU übertaktet und damit einen stabilen, schnelleren Betrieb erreicht haben, bleibt eigentlich nur noch eine sorgfältige Kontrolle der Temperatur übrig, um auch dauerhaft Freude an diesem Zustand zu haben. Denn mit der gestiegenen Taktfrequenz bzw. der gestiegenen Temperatur erhöht sich auch die physikalische Belastung des Prozessors, was zu einem schnelleren Alterungsprozess führt. Die meisten CPUs sind zwar recht tolerant gegenüber erhöhten Temperaturen und beginnen erst bei etwa 85 °C, Ausfallerscheinungen zu zeigen, aber für einen auf Dauer sicheren Betrieb sollte die Temperatur Ihrer CPU nicht über 60 °C liegen.

Temperaturfühler: Nützliche Hilfe vom Hersteller

Ein sehr nützliches Mittel, um den Zustand der CPU im Auge zu behalten, ist ein Temperaturfühler, der direkt auf vielen Mainboards integriert ist.

Mit der zugehörigen Software, die meistens mit dem Motherboard ausgeliefert wird, lassen sich während des Betriebs die Temperatur des Prozessors und die Lüfterdrehzahl überwachen.

Bei Über-/Unterschreiten der wichtigsten Werte gibt das Programm Alarm, und Sie können den Computer herunterfahren, bevor irgendetwas kaputtgeht.

> **Sicherheitsreserve zu den Herstellerspezifikationen**
>
> Da der Fühler unterhalb der CPU liegt und daher eine niedrigere Temperatur erfasst, als sie an den diversen „Hotspots" der CPU auftreten können, sollte man daher eine gewisse Sicherheitsreserve zu den Spezifikationen des Herstellers einhalten. Wenn der Fühler 60 °C anzeigt, hat die CPU vermutlich einige Grad mehr. Wie viel mehr, kann man wohl nicht genau sagen.

Oft können Sie alle wichtigen Temperaturen aber auch in Ihrem BIOS-Setup überwachen.

1 Wechseln Sie im BIOS-Setup ins *PC Health Status*-Menü.

2 Hier können Sie unter *Current CPU Temp* ablesen, wie warm Ihre CPU und Ihr Motherboard augenblicklich sind.

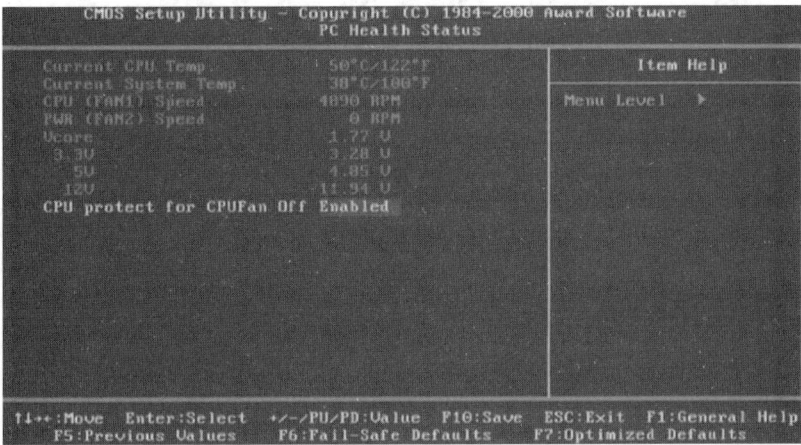

Genauso nützliche Dienste leistet ein CPU-Kühler, der bei zu hohen Temperaturen einen akustischen Alarm auslöst.

Einige Boards zeigen sogar schon beim Systemstart die Temperatur der Systemkomponenten an, aber beim ersten Start ist diese Anzeige natürlich nur von eingeschränktem Nutzen. Damit derartige Anzeigen einen Sinn haben, muss der PC erst eine Weile gelaufen sein und seine endgültige Betriebstemperatur erreicht haben. Sollte Ihr Motherboard zwar einen Temperaturfühler besitzen, aber nicht mit einem Monitorprogramm ausgestattet sein, können Sie ein solches Programm auch separat bekommen.

Ein Beispiel hierfür ist der Motherboard Monitor, den Sie im Internet unter *http:// members.brabant.chello.nl/~a.vankaam/mbm/* herunterladen können.

Optionen im Menü PC Health Status

Im Menü *PC Health Status* werden die aktuellen Betriebstemperaturen von Prozessor und Mainboard angezeigt, die Umdrehungszahl der Kühler, die direkt mit dem Mainboard verbunden sind, und die wichtigsten Spannungswerte, mit denen die Systemkomponenten versorgt werden.

Als ein besonderes Sicherheits-Feature gibt es auch die Option *CPU protect for CPUFan Off*, die dafür sorgt, dass der PC bei einem Versagen des Kühlers oder bei einer Überschreitung einer bestimmten Prozessortemperatur heruntergefahren wird.

Falls Sie diese Notfallsicherung benutzen möchten, setzen Sie den Wert einfach auf *Enabled*.

Der CPU-Lüfter muss am Mainboard angeschlossen sein

Die Option *CPU protect for CPUFan Off* überwacht die Drehzahl eines angeschlossenen CPU-Lüfters und gibt beim Abfallen Alarm bzw. schaltet den PC aus. Dazu muss der Lüfter aber am Mainboard angeschlossen sein. Falls der Lüfter über einen Adapter direkt an der Stromversorgung des Netzteils hängt, bekommt das BIOS an keinem der Lüfteranschlüsse des Boards einen Wert oberhalb von 0 angezeigt und fährt den Rechner erst gar nicht hoch bzw. gibt ständig Alarm.

Bei älteren Mainboards, die noch kein *PC Health*-Menü im BIOS haben, kann die Temperatur oft auch im *Power Management Setup*-Menü überwacht werden.

Hot CPU Tester: Stabilitätstest für die übertaktete CPU

Zum Schluss des Übertaktungsprozesses wartet noch die Feuerprobe: Ein Check mit Hot CPU Tester 3.0 zeigt, ob Ihr System wirklich stabil läuft oder nicht. Sie können sich dieses kleine Programm z. B. unter *www.downloads.com* aus dem Internet herunterladen. Es ist nur ca 50 KByte groß und läuft unter allen Windows-Versionen ab Windows 95. Rufen Sie die selbstentpackende Datei zur Installation auf Ihrem Rechner auf und starten Sie danach das eigentliche Programm. Sie können zwischen einigen Funktionen wählen, mit denen die Stabilität und die Geschwindigkeit Ihres Prozessors getestet werden können.

1 Unter *Diagnostic* wird Ihr Prozessor einer Reihe von Tests unterzogen, bei denen zum Beispiel mathematische Berechnungen, Fließkommaoperationen etc. durchgeführt werden, die eine sehr große Belastung für die CPU darstellen. Im unteren Teil des Fensters wird dabei ein ständig aktualisiertes Diagramm angezeigt, das Auskunft über die Belastung gibt.

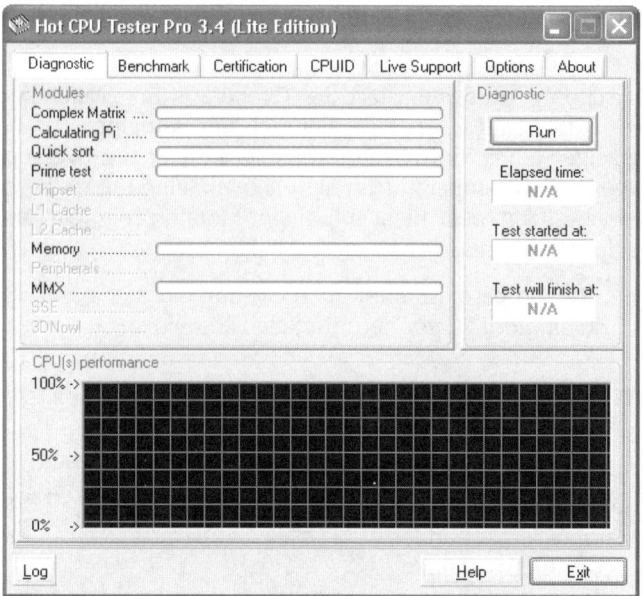

Die Hauptdiagnose von Hot CPU Tester wird einfach mit einem Klick auf Run gestartet.

2 Unter *Options* können Sie in der Rubrik *Testing Modules* die einzelnen Tests anwählen. Versehen Sie für einen wirklich nachhaltigen Systemtest alle Tests mit einem Häkchen. Wenn er den kompletten Test (er dauert mehrere Stunden) ohne Hitzeprobleme oder Aufhänger überstanden hat, können Sie sicher sein, dass Sie die richtigen Übertaktungseinstellungen gewählt haben und Ihr System allen Herausforderungen gewachsen ist. Sollte der PC während des Tests abstürzen, sollten Sie Ihre Übertaktung ein wenig niedriger einstellen und den Test noch einmal durchlaufen lassen, und zwar so lange, bis das System den Test erfolgreich absolviert.

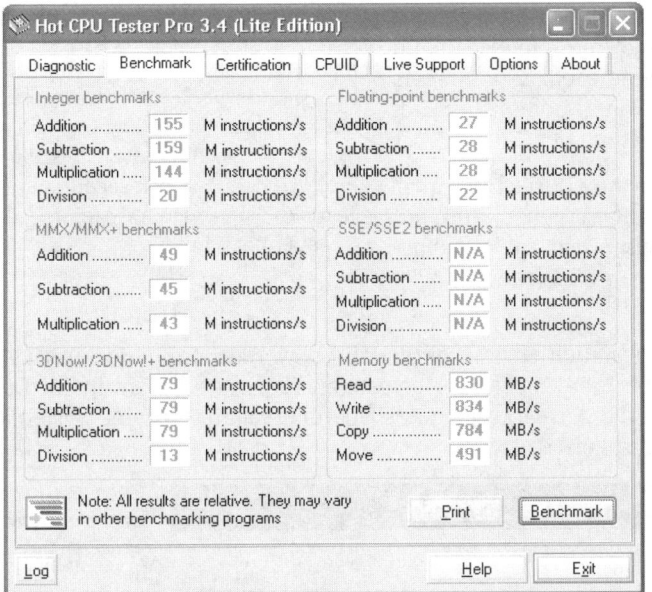

Ein kurzer Benchmark gibt Auskunft über die Entwicklung der CPU-Leistung nach dem Übertakten.

Unter *Benchmark* können Sie noch einen kleinen Kurztest durchführen, der die Rechengeschwindigkeit des CPU-Befehlssatzes, die Fließkommageschwindigkeit und den Speicherdurchsatz misst.

12.6 Benchmarking – Der PC im Leistungstest

Um genaue Auskunft über den Erfolg Ihrer Übertaktungsmaßnahme zu erhalten, können Sie Vergleichsmessungen mit diversen Benchmark-Programmen durchführen, die die Leistung des Rechners vor und nach dem Übertakten ermitteln. Im Folgenden stellen wir Ihnen einige wichtige Benchmark-Programme vor, die sich zu diesem Zweck hervorragend eignen. Einige davon können kostenlos im Internet heruntergeladen werden, andere müssen Sie jedoch als Vollpreisprodukte kaufen.

Benchmarks für den Leistungscheck von 3-D-Spielen

Die Benchmarks für die Messung der Leistung in 3-D-Spielen kann man in zwei Kategorien unterteilen:

Auf der einen Seite gibt es die synthetischen Spiele-Benchmarks, die mit Hilfe von vorgefertigten Programmsequenzen und Ausschnitten aus fiktiven, vom Hersteller entwickelten Spielabschnitten die Geschwindigkeit des jeweiligen Rechners ermitteln und daraus eine bestimmte Punktzahl berechnen. Auf der anderen Seite sind es die Computerspiele selbst, von denen einige versteckte Benchmark-Funktionen besitzen, die mithilfe bestimmter Befehle freigeschaltet werden können.

3DMark2001 SE

Einer der beliebtesten synthetischen Benchmarks für die Erfassung der 3-D-Spieleleistung ist 3DMark2001 SE (**S**econd **E**dition) von Mad Onion. Unter *www.madonion.com* kann man sich die Freewareversion des Programms herunterladen.

In der Vollversion ist 3DMark 107 MByte groß, relativ komplex aufgebaut und bietet anhand kurzer Grafiksequenzen eine Vielzahl von Tests für die verschiedenen 3-D-Funktionen des Grafikchips und die Rechenleistung der CPU.

Der Online Result Browser

Interessant ist auch der Online Result Browser, der in einer datenbankähnlichen Struktur das Archivieren und Vergleichen verschiedenster Benchmark-Projekte und den weltweiten Leistungsvergleich mit anderen Systemen via Internet ermöglicht.

Im Hauptmenü können Sie eine Bezeichnung für jeden Benchmark-Durchlauf vergeben und mit Kommentaren versehen, um Tests mit verschiedenen Einstellungen ablegen und jederzeit wiederholen zu können.

Zusätzlich können alle Tests auch einzeln durchgeführt werden, um eine Aussage ausschließlich über einen einzelnen Aspekt der getesteten Hardware zu ermitteln. Das ist besonders hilfreich, wenn die Auswirkungen des Übertaktens auf einzelne Systemkomponenten ermittelt werden sollen.

3DMark2001 SE testet die Grafik-leistungen des Systems.

Jedi Knight II

Für viele Spieler zählt nur die Leistung des Rechners beim realen Spiel mit den programmeigenen Einstellungsmöglichkeiten.

Das einzig relevante Ergebnis ist die Framerate, also die Anzahl der berechneten Bilder pro Sekunde. Jedi Knight II, ein kommerzielles Spiel, das auf der Quake 3-Grafik-Engine basiert, besitzt eine versteckte Benchmark-Funktion, die die Framerate während eines typischen Multiplayer-Spiels zeigt.

Um die Benchmark-Funktion zu aktivieren, muss Jedi Knight II im Multiplayer-Modus gestartet werden, und danach nehmen Sie am besten im Menü *Setup* die gewünschten Einstellungen an der Grafik wie Auflösung, Farbtiefe, Detailtiefe etc. vor.

1 Mit der Tastenkombination ⌈Umschalt⌋+⌈^⌋ öffnet sich die Befehlskonsole des Programms, wo der Befehl „devmap ffa_bespin" in die unterste Zeile eingegeben und mit ⌈Enter⌋ bestätigt wird.

2 Daraufhin wird ein Multiplayer-Spiel geladen, in dem Sie mit der gleichen Tastenkombination die Konsole öffnen und den Befehl „timedemo 1" sowie danach „disconnect" eingeben, um das eben gestartete Spiel wieder zu verlassen.

3 Zurück im Hauptmenü, wird in der geöffneten Konsole das Kommando „demo jk2ffa" eingegeben, worauf der Benchmark im Multiplayer-Modus automatisch startet. Nach dem Durchlauf erscheint wieder das Hauptmenü, wo nun die Konsole abermals zu öffnen ist. Suchen Sie mithilfe der ⌈Bild↑⌋- und ⌈Bild↓⌋-Tasten eine grüne Textzeile mit den Worten: „Luke! What am I going to tell Han and Leia?" Am Ende der Zeile darunter findet sich die Framerate auf eine Stelle hinter dem Komma genau.

In Jedi Knight II wird die mögliche Framerate während des Spiels ermittelt.

Aquamark

Ein sehr schnell und einfach durchzuführender Benchmark für schnelle fps-Ergebnisse (**f**rames **p**er **s**econd) ist der Aquamark von Massive, der auf der Grafik-Engine des Spiels Aquanox basiert.

Nach dem Start bietet das Menü *Setup* Einstellungsmöglichkeiten für Auflösung und Farbtiefe, Antialiasing, die Menge des Texturspeichers und die Aktivierung des Pixelshaders.

> ### Genaue Messung
> Aquamark misst sehr genau und zeigt nur ca. ein Frame Abweichung zwischen den Durchläufen, sodass sich ein recht guter Indikator für die Leistungsentwicklung des Rechners vor und nach dem Übertakten ergibt.

Der Aquamark startet eine kurze Reise durch die Unterwasserwelt aus Aquanox, währenddessen wird rechts oben im Bild die langsamste, die aktuelle und die höchste erreichte Framerate angezeigt. Nach dem Durchlauf werden die Ergebnisse noch einmal zusammengefasst.

In Aquamark liefert das Testergebnis ebenfalls die Framerate während einer kurzen Spielsequenz.

Benchmarks für Office-Anwendungen und Systemanalyse

Es ist bei einem System für ernsthaftere und rechenintensive Anwendungen im Office- und Grafikbereich wichtig, wie der Datendurchsatz des Arbeitsspeichers, der CPU oder der Festplatten sind.

Die hier aufgeführten Programme ermöglichen teilweise zusätzlich die Analyse der Systemkomponenten auf Fehler, testen die Stabilität des Rechners und geben Tipps für weitere Performancegewinne.

SiSoft Sandra 2002

SiSoft Sandra ist ein sehr leistungsfähiges Benchmark-Programm, mit dem Sie nahezu alle Informationen über Ihr Computersystem abfragen können.

Die Palette der verfügbaren Infos reicht von den unterstützten 3-D-Funktionen der Grafikkarte über alle technischen Daten des Mainboards bis zu falschen Einstellungen im BIOS-Setup.

Wir zeigen Ihnen in diesem Workshop, wie Sie den CPU-Benchmark aufrufen und benutzen.

1   Nach dem Start finden Sie eine unübersichtliche Vielfalt von Systeminfomodulen im Bildschirm von Sandra. Jedes für sich bietet eine spezifische Information über Ihr System.

2 Mit dem Menübefehl *View/Benchmarking Modules* reduzieren Sie die Anzeige lediglich auf die Programmmodule, die Benchmark-Tests bieten.

3 Mit einem Doppelklick auf *CPU Multi-Media Benchmark* rufen Sie einen Leistungstest auf, der die Multimedia-Fähigkeiten Ihrer CPU testet und mit denen anderer Prozessoren vergleicht.

4 Nach ein paar Sekunden liegt das Ergebnis vor, und Sandra hat automatisch eine Reihe von anderen CPUs ausgewählt, um deren Leistungen mit der Leistung Ihres Systems zu vergleichen, aber die Auswahl macht nicht immer Sinn.

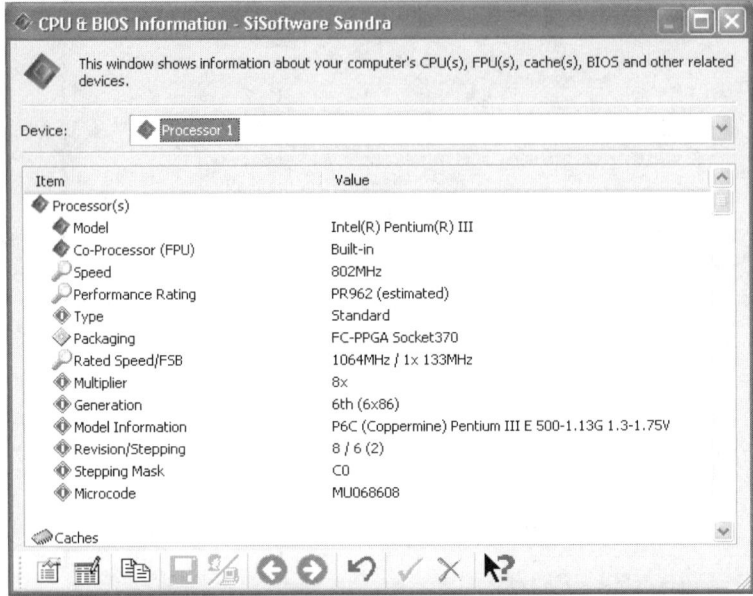

5 Wählen Sie in den Listenfeldern die Prozessoren aus, mit denen Sie Ihren eigenen Prozessor vergleichen möchten. In diesem Fall (AMD Athlon Thunderbird mit 1.020 MHz) wäre natürlich der Bezug zu einem normal getakteten Athlon 1000 viel aussagekräftiger.

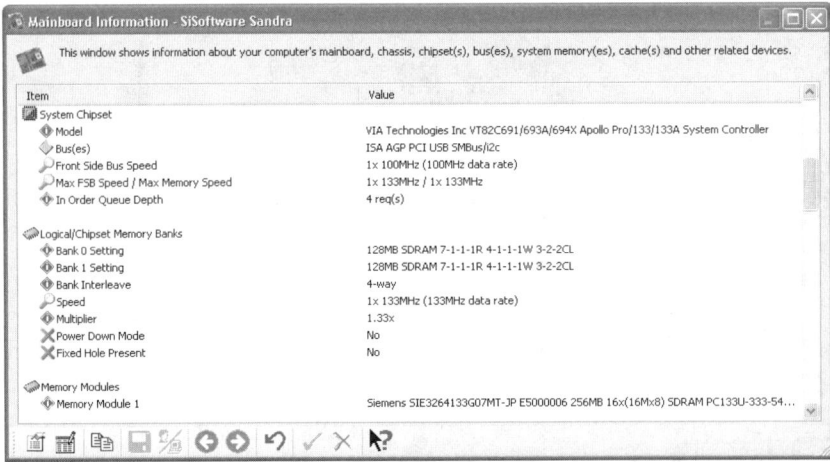

PCMark 2002

PCMark 2002 stammt ebenfalls von Mad Onion.com, dem zurzeit größten Hersteller von Benchmark-Software. Hier werden in ähnlicher Aufmachung wie bei 3DMark2001 SE sechs CPU-, 25 RAM-, ein Festplatten- und ein Simultantest, zwölf 2-D-Windows-Grafiktests, sechs Videoperformance- und fünf Videoqualitätstests angeboten, die man hintereinander oder einzeln durchlaufen lassen kann. Das Angebot ist also ein guter „Rundum-schlag" für allgemeine Leistungschecks rund um den heimischen PC.

Wenn man alle Tests hintereinander laufen lässt, erscheint ein dreigeteiltes Ergebnis, das in CPU-Score (Prozessor), Memory-Score (RAM) und HDD-Score (Festplatte) unterteilt ist. Leider zeigt sich PCMark ziemlich ungenau: Bei gleichen Durchläufen direkt hinter-einander ergeben sich stets Schwankungen von etwa 200 Punkten, was Vergleiche leider sehr schwierig macht.

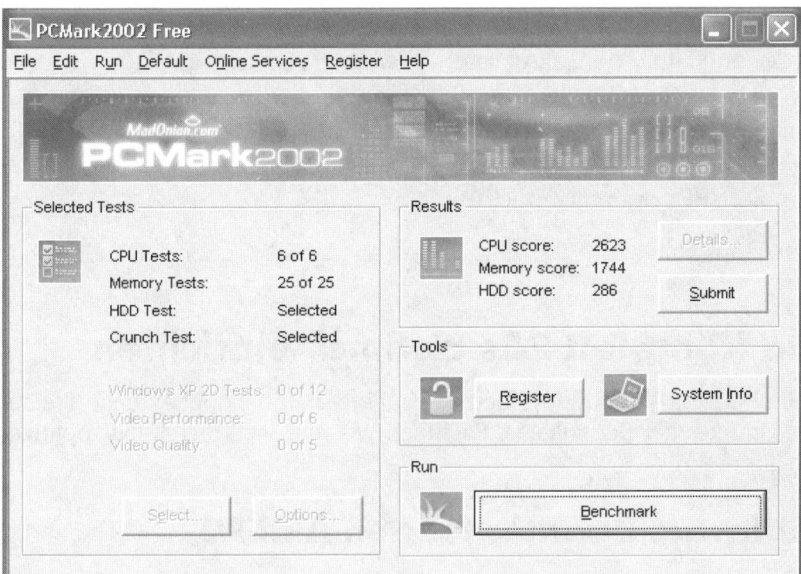

Ein einzelner Klick auf Benchmark startet eine Reihe von Systemtests, die die Office-Leistung des Systems ermitteln.

13. Extra: Die Besonderheiten der Komplett-PC-Systeme

Eigentlich müsste man annehmen, dass ein brandneuer PC, auf dem Windows XP aufgespielt wurde, auch mit den aktuellsten Treibern versorgt ist. Doch gerade Systeme, die ein paar Wochen in den Regalen standen, bevor sie einen Käufer gefunden haben, glänzen nicht gerade mit dem neusten Treiberstand.

13.1 Neue Komplett-PCs optimal einrichten

Wer zudem seinen PC samt Windows XP neu eingerichtet hat, benötigt aktuelle Treiber nicht nur für die Grafik- oder Soundkarte. Beginnen wir mit der Vorstellung wichtiger Software-Updates für den Aldi-PC.

Wichtige Software-Updates für den Aldi-PC

Um die mit den Rechnern mitgelieferte Software auf den neusten Stand zu bringen, gilt: Ihre erste Anlaufstelle sollte die Homepage des Herstellers sein. Hier bekommen Sie Updates und Bugfixes für alle Versionen. Bei Microsoft-Produkten sollten Sie die Seiten *www.microsoft.com/downloads* aufsuchen. Hier finden Sie Service Packs und Updates und können Ihr Betriebssystem aktualisieren.

Medion Titanium MD 3001 2,0 GHZ

Nero Burning Rom: Auf *www.ahead.de* können Sie Ihre Nero-Version aufrüsten. Neben einem Patch auf Version 5.5.8.2 bekommen Sie hier auch die neuen MPEG-2-/SVCD- und WMA-Plug-Ins. Außerdem erhältlich: Nero Express, ein Update, das Nero mit einem neuen Interface und einem automatischen Assistenten versieht.

PowerDVD XP, Power Director 2.0, Power VCR II und Media Show: Für die hier genannten Multimedia-Tools steuern Sie die Hersteller-Page *www.gocyberlink.de* an. Für die aktuelle Version ist zurzeit noch kein Upgrade erhältlich, dennoch werden einige interessante Extras angeboten wie zum Beispiel Language-Packs und zusätzliche Skins für PowerDVD.

Music Match: Unter *www.music-match.com/download/free* bekommen Sie die neusten Upgrades für die MP3-Jukebox. Die aktuelle Version ist Music Match 7.20 in Englisch; deutsche User müssen sich vorerst mit Version 7.0 begnügen.

Medion MD 3001 1,8 GHz und MD 2000 1,0 GHz

WinDVD und Intervideo-Programmpaket: Patches und Upgrades für WinDVD, WinDVR und andere Intervideo-Produkte müssen Sie sich von der englischen Seite *www.intervideo.com/products.jsp* besorgen. Diese sind allerdings noch nicht einmal kostenfrei. Für ein Upgrade von WinDVD 3 auf die aktuelle Version 4 müssen Sie 30 Dollar auf den Tisch legen.

WISO Mein Geld: Vorbildlich! Auf *www.buhl.de/finanzen/meingeld/updates.asp* bekommen Sie Infos zu sämtlichen (zurzeit 13) erhältlichen Produkt-Updates sowie einige gesonderte Plug-Ins, wie das HBCI- und das PIN/TAN-Update zum Homebanking.

Age of Empires: Auf *www.microsoft.com/games/empires/downloads.htm* bekommen Sie einen Patch für den Strategie-Klassiker.

Windows XP-Hardwareerkennung und -Systemanalyse

Windows XP erkennt schon die meisten Hardwarekomponenten direkt bei der Installation – egal ob Grafikkarte mit Nvidia- oder ATI-Chip, Soundkarte aus dem Hause Creative oder TerraTec sowie Chipsatz von Intel, VIA oder SiS.

Allerdings sind die mitgelieferten Treiber nicht gerade die aktuellsten.

So startet der Rechner zwar ordentlich, unterstützt werden aber nur die Grundfunktionen einer Hardwarekomponente.

So arbeitet der Soundchip sicherlich ohne Probleme, das komplette zusätzliche Softwarepaket fehlt allerdings.

Gleiches gilt für die Grafikkarte.

> **Betriebssystem vorher sichern**
> Wie Windows Millennium bietet auch Windows XP eine Möglichkeit zur Systemwiederherstellung an. Das Tool finden Sie über *Start/Alle Programme/Zubehör* im Ordner *Systemprogramme*. Hier lassen sich Wiederherstellungspunkte festlegen, um eine Änderung, beispielsweise eine Deinstallation oder eine fehlerhafte Treiberinstallation, wieder rückgängig zu machen. Wir empfehlen daher vor jedem Aufspielen eines Treibers oder einer Software, einen neuen Wiederherstellungspunkt festzulegen.

Diese funktioniert mit dem mitgelieferten Windows XP-Treiber sicherlich bei Office-Anwendungen ohne Probleme, 3-D-Spiele werden dagegen nicht besonders optimal beschleunigt.

Auch der aktuelle Chipsatz-Treiber ist verantwortlich für eine höhere Performance des Systems sowie aktuelle Windows-Updates, die besonders Sicherheitslücken ausmerzen.

Analysesoftware für den Performancetest

Um überhaupt feststellen zu können, ob ein Rechner mit der optimalen Performance arbeitet, wird eine Analysesoftware benötigt.

Als Grafik-Benchmark empfehlen wir den in Kapitel 4 vorgestellten 3DMark2001 SE Built 330.

Mit Sandra Pro 2002 lassen sich Schwachstellen von Komplett-PC-Angeboten aufdecken und meist durch frische Treiber ausmerzen.

Für die komplette Analyse des PC-Systems empfehlen wir Sandra Pro 2002 von CDV, die sich als Testversion auch kostenlos aus dem Internet herunterladen lässt, und zwar von der Homepage von SiSoftware unter *www.sisoftware.demon.co.uk/sandra*.

Sandra Pro 2002 ist komplett in englischer Sprache gehalten.

Wer auf ein deutschsprachiges Tool zurückgreifen möchte, kann auch Dr. Hardware 2002 verwenden, das ebenfalls von CDV angeboten wird und sich als Testversion unter *www.drhardware.de* downloaden lässt.

Aktuelle Grafikkartentreiber und DirectX

Bei der Installation von Windows XP wird die Grafikkarte in der Regel richtig erkannt, der verwendete Treiber ist aber eher als Startlösung zu betrachten.

Komplett eingerichtete PCs verwenden dagegen nicht immer die neusten Treiber.

Besorgen Sie sich daher auf der Homepage Ihres Grafikkartenanbieters den aktuellen Treiber.

Nvidia bietet für alle Grafikkarten mit 3-D-Chip aus eigenem Hause den Detonator XP-Treiber an und ATI den Catalyst für die Radeon-Familie.

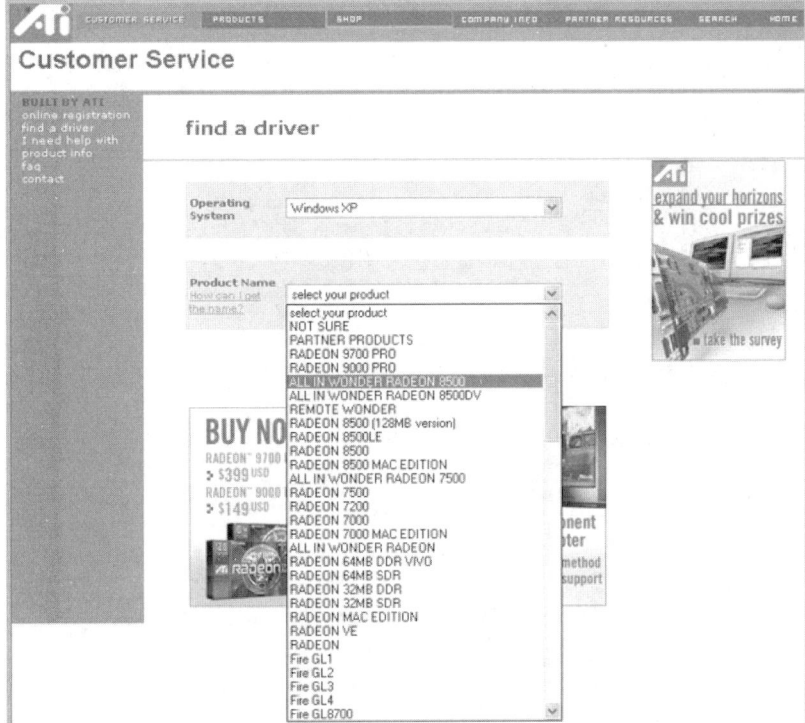

Aktuelle Treiber für alle neuen und älteren 3-D-Karten und -Chips bietet die Internetseite von ATI.

Sollte schon eine Version des Nvidia- oder ATI-Treibers auf dem Rechner installiert sein – gemeint ist nicht der von Windows XP verwendete Treiber –, sollte dieser vorher in der Systemsteuerung im Bereich *Software* deinstalliert werden.

Gleiches gilt für alle anderen Treiber für Grafikkarten anderer Hersteller, beispielsweise mit Kyro-3-D-Chip oder Voodoo-Beschleuniger.

Wie Sie den neuen Grafiktreiber installieren, erfahren Sie in Kapitel 4 anhand einer Beispielinstallation des Detonator XP-Treibers von Nvidia.

Dort befindet Sie auch eine Liste mit Internetadressen, auf denen Sie die neusten 3-D-Treiber finden.

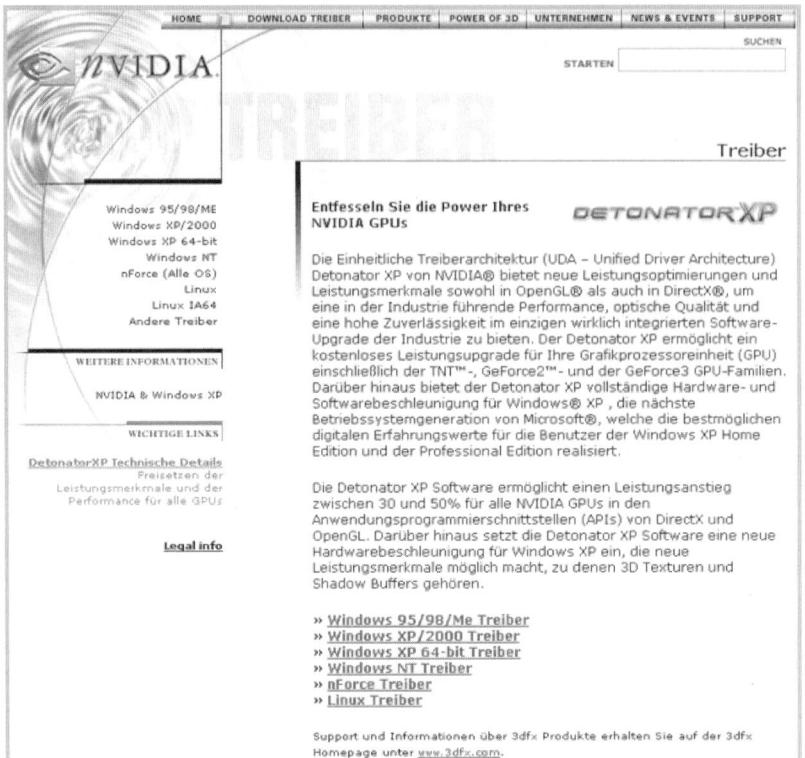

Die Homepage von Nvidia bietet aktuelle Treiber für alle GeForce-Generationen.

3-D-Spiele optimal beschleunigen

Was für den Treiber der Grafikkarte gilt, hat auch für DirectX Gültigkeit. Nur das Zusammenspiel von neustem Treiber und aktueller DirectX-Version ergibt eine optimale Kombination zur Beschleunigung von 3-D-Spielen. Mit Windows XP wird automatisch DirectX 8 aufgespielt. Mittlerweile ist aber schon DirectX 8.1 aktuell, und DirectX 9 steht in den Startlöchern. Besonders neue Grafikkarten wie die Radeon 9700 Pro von ATI zeigen ihr volles Leistungspotenzial erst unter DirectX 9.

DirectX-Versionen und Updates finden Sie auf der Internetseite von Microsoft unter *www.microsoft.com/windows/directx.*

Treiber für Onboard-Soundlösungen

Fast alle Mainboards, vor allem die in Komplett-PC verbauten, bieten einen Soundchip onboard – also direkt auf der Hauptplatine. Je nach Hersteller des Soundchips bzw. des Chipsatzes mit integrierter Soundlösung wird dieser von Windows automatisch erkannt.

Wenn der PC nach dem Neustart stumm bleibt

Allerdings gibt es auch einige Ausnahmen, bei denen der PC nach dem ersten Neustart stumm bleibt. Dies kommt weniger bei komplett installierten Systemen aus dem Fachhandel vor, sondern eher, wenn Windows XP selbst neu aufgespielt wurde. Wird beispielsweise ein Soundchip von Creative, C-Media, Crystal oder ESS erkannt, ist die Suche nach einem Treiber auf der Homepage des Herstellers relativ aussichtslos.

Vielmehr lohnt sich dagegen ein Blick auf die Internetseite des Mainboard-Herstellers. Hier muss man nach neuen Soundtreibern allerdings immer ein wenig suchen, da Service bei vielen nicht gerade groß geschrieben wird.

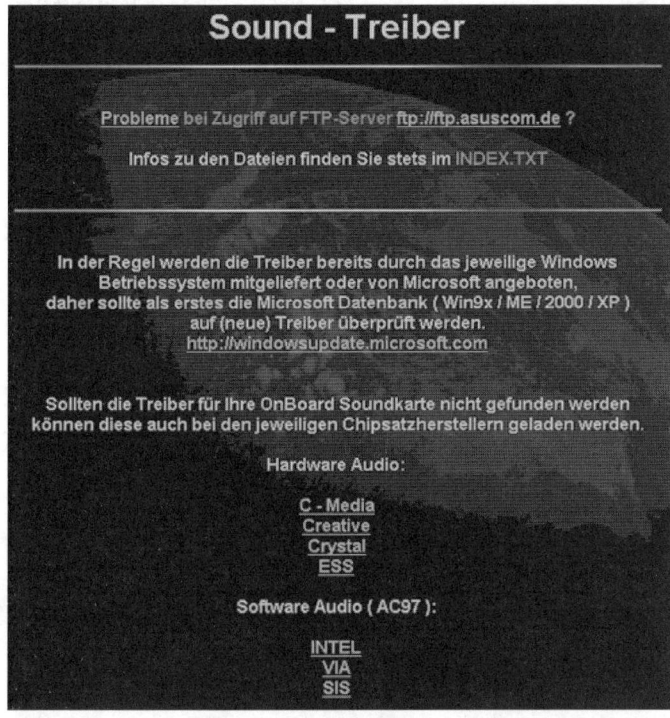

Die Homepage von Asus bietet Soundtreiber für alle Mainboards mit Onboard-Lösungen aus eigenem Haus.

Bei Komplettsystemen von beispielsweise Aldi, Lidl, Plus, Norma, Vobis, Media Markt oder auch Saturn kann die Treibersuche allerdings zum Geduldsspiel werden, da viele Mainboards spezielle für den Anbieter gefertigt wurden und nicht offiziell auf den Homepages der Hersteller gelistet werden. Hier bleibt nur ein Anruf bei der Service-Hotline übrig, oder man greift zwangsläufig auf den Audiotreiber zurück, der beim Mainboard oder beim Komplett-PC auf CD-ROM mitgeliefert wurde.

Anbieter	Link	Treiber
Asus	www.asuscom.de	Mainboards, Grafikkarten
MSI	www.msi-computer.de	Mainboards, Grafikkarten
Gigabyte	www.gigabyte.de	Mainboards, Grafikkarten
Epox	www.epox.de	Mainboards
Elitegroup	www.elitegroup.de	Mainboards
QDI	www.qdieurope.com	Mainboards
Chaintech	www.chaintech.de	Mainboards
Leadtek	www.leadtek.de	Mainboards, Grafikkarten
Fujitsu-Siemens	www.fujitsu-siemens.de	Mainboards

Treiber für reinrassige Soundkarten

Steckt dagegen kein Soundchip auf dem Mainboard, sondern eine klassische Soundkarte im PCI-Steckplatz, sollte man sich auch hier auf die Suche nach einem neuen Treiber machen. Der Vorteil: Hersteller wie Creative, TerraTec oder Hercules bieten nicht nur einen aktualisierten, in der Regel verbesserten Treiber auf der Homepage an, sondern auch Updates für die mitgelieferte Software. So lassen sich auch ältere Soundkarten auf den neusten Stand bringen, beispielsweise durch einen neuen Sound-Codec zum Abspielen komprimierter Musik.

Auch neue Funktionen und Effekte bieten Software-Updates, angefangen bei der verbesserten räumlichen Wiedergabe von Geräuschen in 3-D-Spielen bis hin zur optimierten Soundbearbeitung in Sequenzerprogrammen.

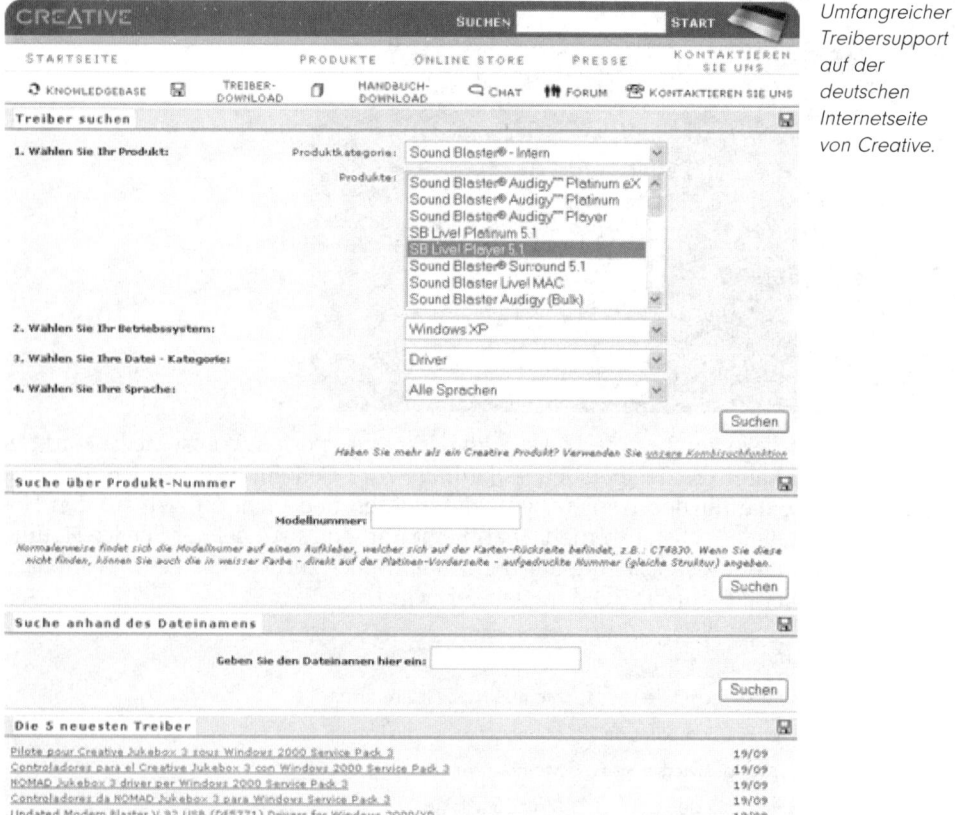

Umfangreicher Treibersupport auf der deutschen Internetseite von Creative.

In der Regel muss ein vorhandener Treiber nicht deinstalliert werden, besonders nicht die schon aufgespielte Software.

Genaue Vorgehensweisen sind aber je nach Soundboard-Hersteller unterschiedlich.

Anbieter	Link	Treiber
Creative	www.europe.creative.com	Soundkarten, Grafikkarten
TerraTec	www.terratec.de	PC- und Profisoundlösungen
Hercules	www.hercules.de	Soundkarten – speziell für Games

Anbieter	Link	Treiber
Turle Beach	www.turtlebeach.com	Soundkarten
Hoontech	www.hoontech.de	Soundkarten

Chipsatz-Treiber für mehr Performance

Besitzer eines AMD-Systems und Windows 98 oder Millennium kennen das Problem schon seit langem.

Ohne Chipsatz-Treiber kann der ganze Rechner nicht zu Höchstleistungen bewegt werden.

Der AGP-Port arbeitet nicht richtig, und auch die Systemanpassung ist nicht optimiert.

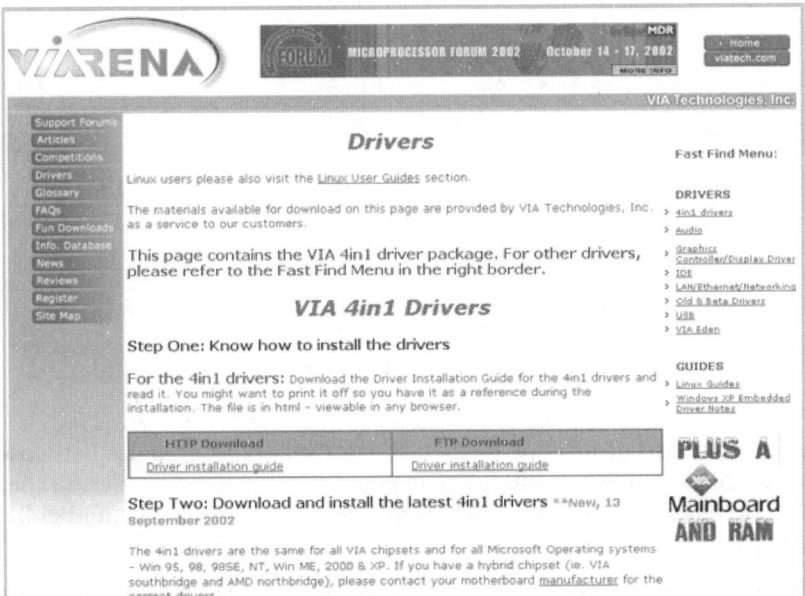

Besonders Mainboards mit VIA-Chipsatz benötigen für optimale Performance den neusten Chipsatz-Treiber.

Mit Windows XP hat sich dies zum Vorteil des Anwenders verändert, da alle gängigen Chipsätze von Intel, VIA, SiS oder ALi auf Anhieb erkannt werden.

Die verwendeten Chipsatz-Treiber sind allerdings so alt wie Windows XP. Neue Mainboard-Chips, wie der i850E von Intel oder der KT400 von VIA, werden daher nur wenig optimal unterstützt.

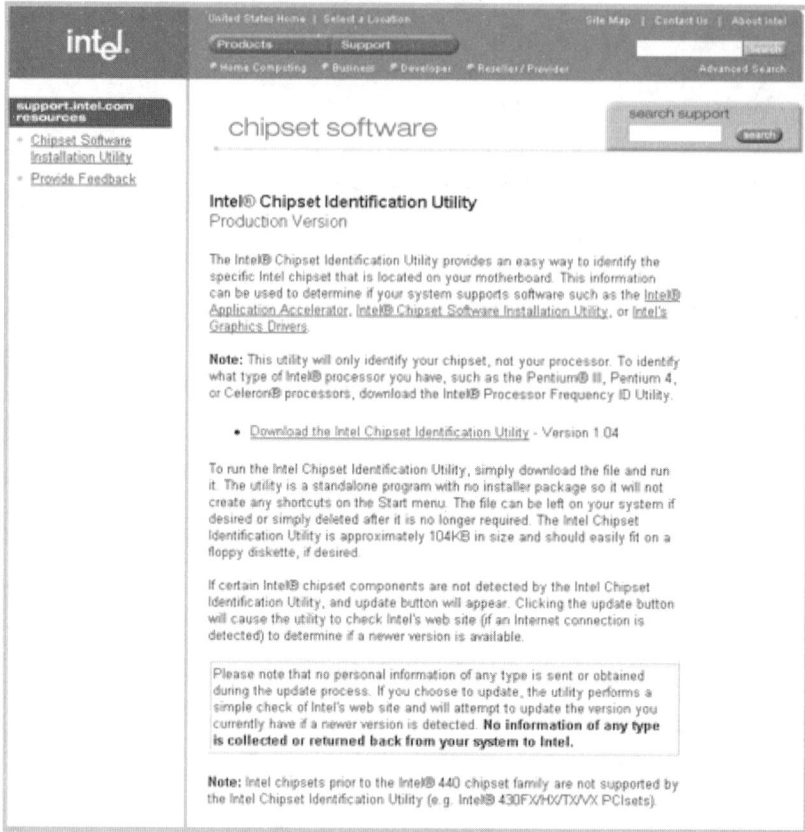

Mit einem Tool lassen sich Chipsätze von Intel vor der Installation eindeutig bestimmen.

Aber auch ältere Chipsätze lassen sich durch einen neuen Treiber besser in das Betriebssystem einfügen. VIA bietet auf seiner Internetseite einen 4-in-1-Treiber an, der für alle VIA-Chipsätze und zudem für fast alle Betriebssysteme verwendet werden kann. Bei Intel sieht dies anders aus.

Hier muss man schon genau wissen, welcher Chipsatz auf dem Mainboard steckt. Ein falscher Treiber kann das ganze System zum Stillstand bringen und eine Neuinstallation erforderlich machen. Damit die Installation nicht zum Abenteuer wird, bietet Intel ein Tool zur Identifikation des Chipsatzes an. Neben den klassischen Anbietern behauptet sich Nvidia und neuerdings auch ATI mit Chipsätzen auf dem Mainboard-Markt, mit integriertem Grafik- und Soundkern. Hier empfiehlt es sich, die speziellen Treiber der Anbieter zu verwenden, beispielsweise von Nvidia für die nForce-Chipsätze. Natürlich findet man auch auf den Homepages der Mainboard-Hersteller Treiber-Updates für die Mainboard-Chipsätze, allerdings muss dann wieder die genaue Bezeichnung des Mainboards bekannt sein.

Wichtig bei allen Chipsatz-Updates!

Der vorherige Treiber sollte deinstalliert werden, damit es zu keinen Reibereien mit dem neuen Treiber kommt. Ein Neustart ist sowohl nach der Deinstallation, als auch nach der Neuinstallation notwendig, sonst können die Chipsatz-Treiber nicht aktiv werden.

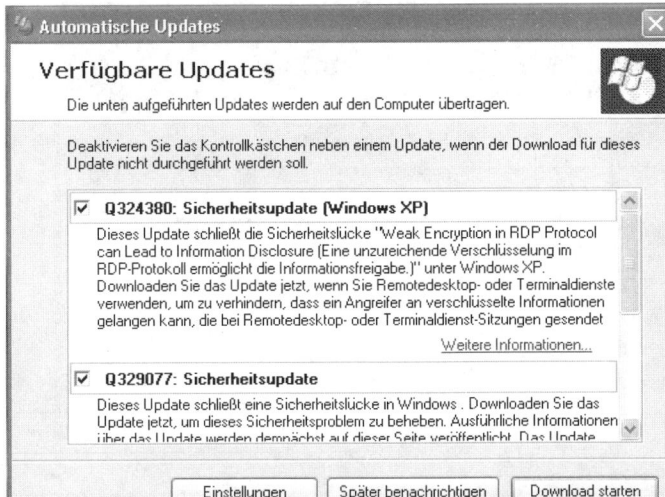

Fast wöchentlich bietet Microsoft-Updates für Windows XP an.

Anbieter	Link	Treiber
Intel	www.intel.de	Chipsätze, Intel-CPUs
VIA	www.viarena.com	Chipsätze, AMD- und Intel-CPUs
SiS	www.sis.com.tw	Chipsätze, AMD- und Intel-CPUs
ALi	www.ali.com.tw	Chipsätze, AMD- und Intel-CPUs
ATI	www.ati.de	Chipsätze, speziell mit Grafik- und Soundkern
Nvidia	www.nvidia.de	Chipsätze, speziell mit Grafik- und Soundkern

Windows XP-Updates und Service Pack 1

Gerade wenn Windows XP neu aufgespielt wurde, fehlen dem System eine Menge an Updates, die Microsoft mit der Zeit nach und nach zum Download angeboten hat. Fast wöchentlich leuchtet auf dem Desktop die Meldung *Neue Updates sind zum Download verfügbar* auf, wenn die automatische Update-Funktion aktiviert ist. Voraussetzung ist allerdings eine schnelle Internetverbindung, beispielsweise per T-DSL oder Firmenstandleitung, sonst kann der Download schnell zum stundenlangen Geduldspiel werden. Zudem – wer eine gekrackte Version von Windows XP besitzt oder Windows XP nicht registriert hat, kommt nicht in den Genuss aller Updates. Gerade das aktuelle Service Pack 1, das nicht nur Treiber-Updates bietet, sondern auch Windows XP um viele Funktionen erweitert, erkennt Kopien des Betriebssystems und verweigert die Installation.

Updates für Windows XP von Hand installieren

1 Starten Sie den Internet Explorer und wählen Sie im Menü *Extras* die Option *Windows Update*. Automatisch gelangen Sie in den Update-Bereich von Microsoft. Starten Sie hier die den angebotenen Service *Updates suchen*.

2 Nach abgeschlossener Suche lassen sich jetzt anhand der Navigation auf der linken Seite die einzelnen Updates ansehen und auswählen.

Mit Klick auf die Schaltfläche *Hinzufügen* lassen sich einzelne Updates zum Download markieren und mit *Entfernen* wieder ausschließen.

Nach erfolgter Auswahl kann der Download samt anschließender Installation im Seitenmenü per *Updates überprüfen und installieren* gestartet werden.

Anschließend ist in der Regel ein Neustart des Systems notwendig.

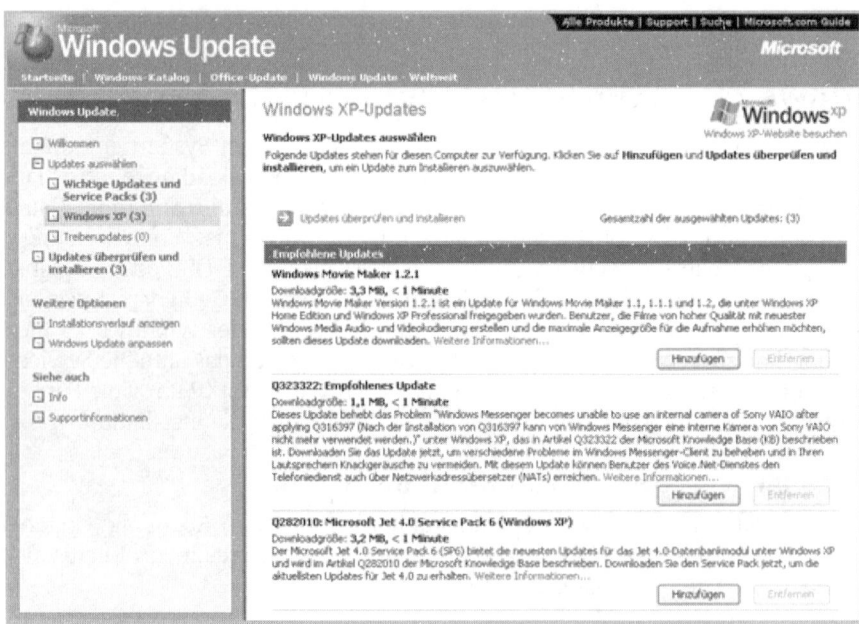

Service Pack 1 für Windows XP

Natürlich erkennt die Update-Funktion über den Internet Explorer auch eine fehlende Installation des Service Pack 1. Da die Update-Funktion allerdings keine eigenständige Datei nach dem Download zur Verfügung stellt, lohnt sich der Download über die Webpage von Microsoft.

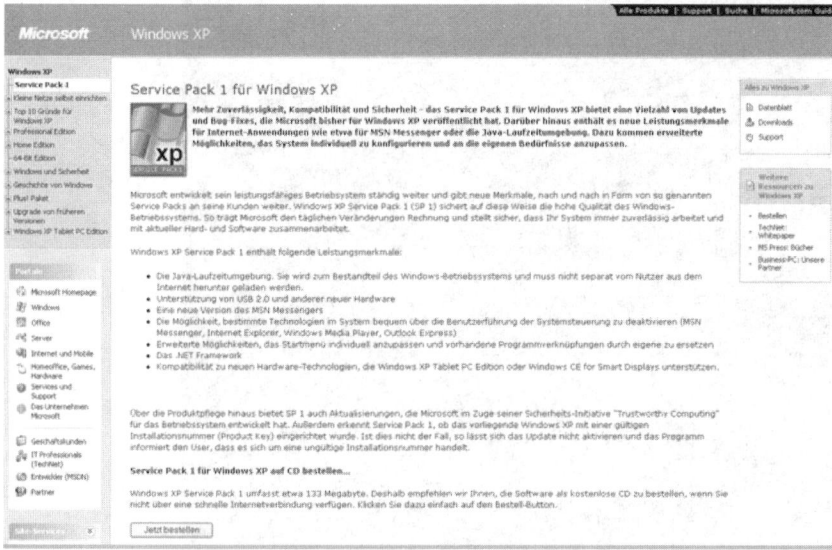

Das Service Pack 1 lässt sich bei Microsoft auch auf CD-ROM bestellen, und zwar kostenlos.

So lässt sich das 133 MByte große Service Pack 1 auch für andere Rechner verwenden, ohne erneut den Download zu starten.

Wir empfehlen, zuerst das Service Pack 1 zu installieren und erst anschließend die Update-Funktion für ergänzende Updates aufzurufen, da das Service Pack 1 auch alle Neuerungen, Treiber und Sicherheits-Updates aus der Vergangenheit bietet.

Wer über keinen schnellen Internetzugang verfügt, kann auch bei Microsoft eine kostenlose Update-CD bestellen.

Unter folgendem Link lässt sich das Service Pack 1 herunterladen und kostenlos auf CD-ROM bestellen: *www.microsoft.com/germany/ms/windowsxp/sp1.*

Tools und Erweiterungen für Windows XP

Nachdem das Grundsystem steht, bietet es sich an, Windows XP mit kleinen Tools und Helfern zu erweitern.

Machen Sie Ihren PC fit mit neuen Codecs für den Media Player, installieren Sie zusätzliche Audio-MP3-Videoplayer für MP3 und Internetradio, machen Sie sich das Packerleben leichter mit WinZip oder greifen Sie auf den Bildbetrachter ACDSee zurück.

Der DivX-Codec erweitert den Media Player von Windows XP.

DivX

DivX ist einer der am meisten verwendeten Codecs für Filme im MPEG- oder AVI-Format die sich im Internet herunterladen lassen. Der Vorteil von DivX – aktuell in der Version 5.0.2: Filme und Trailer lassen sich besonders stark komprimieren, ohne die Qualität zu sehr einzuschränken. So lassen sich die Filmdateien schnell aus dem Internet herunterladen oder per Livestream über den Media Player von Windows XP ansehen. Ist der DivX-Codec nicht installiert, lässt sich die Videodatei nicht abspielen. Den DivX-Codec bekommen Sie kostenlos auf der Webseite *www.divx.com*.

Real Player

Der Real Player spielt wie der Media Player von Windows XP Multimedia-Dateien ab. Das können sowohl Musik- als auch Videodateien sein. Allerdings unterstützt der Media Player das Real-Format nicht, sodass ein gesonderter Player notwendig wird. Beispielsweise der Onlineshop amazon.de bietet an, Ausschnitte aus Musik-CDs zu hören – allerdings nur im Real-Format. Zusätzlich lassen sich per Real Player viele Internetradiosender empfangen, auch Livestreams mit Bild – wie aktuelle Musikvideos. Die kostenlose Version des Real Player 8 lässt sich unter *www.realplayer.de* herunterladen.

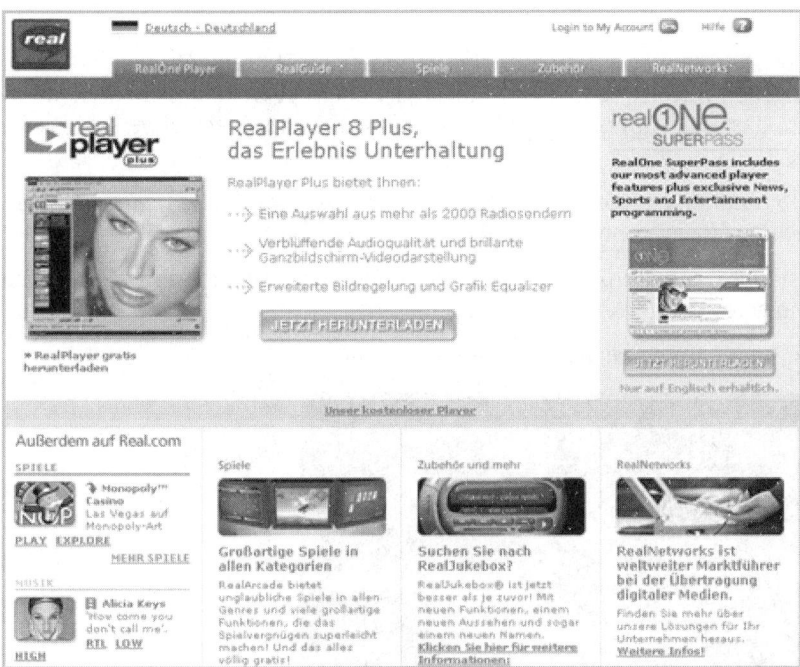

Der Real Player wird für das spezielle Real-Audio-Format benötigt.

Winamp

Spezialisiert auf MP3-Musik ist der Player Winamp. Mit zusätzlichen Plug-Ins lassen sich Musiktitel von normalen Audio-CDs in MP3-Musik umwandeln.

Mittlerweile spielt die aktuelle Version des Winamp-Players sogar Videos im MPEG- und AVI-Format ab. Zusätzlich ermöglicht Winamp Internetradio, beispielsweise über die Internetseite *www.shoutcast.com*. Winamp steht in der Version 3 zum kostenlosen Download unter *www.winamp.com* zur Verfügung.

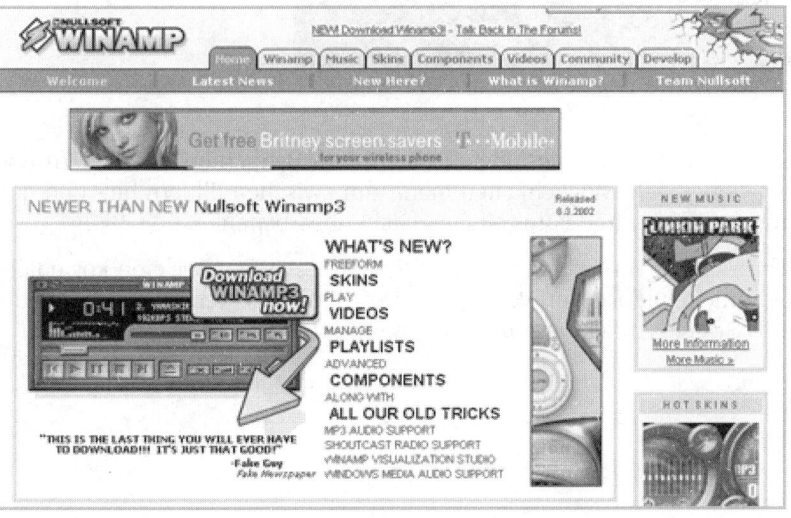

Winamp ermöglicht sogar MP3-Radio per Internet.

WinZip

Der wohl bekannteste Datenkomprimierer für Windows ist WinZip. Zwar bietet Windows XP einen eigenen integrierten Packer – dieser ist aber bei weitem nicht so komfortabel wie WinZip, das viele Optionen zur Verfügung stellt, zum Beispiel verschlüsselte Archive.

Der Packer fügt sich nahtlos in die Oberfläche von Windows XP ein und bietet einen Assistenten, der auch Anfängern unter die Arme greift.

Die aktuelle Version 8.1 von WinZip ist Shareware und kann kostenlos auch über einen längeren Zeitraum getestet und verwendet werden.

Erhältlich ist WinZip 8.1 unter *www.winzip.de*.

WinZip komprimiert komfortabel alle Arten von Dateien.

ACDSee

Windows XP bietet schon komfortable Möglichkeiten zum Betrachten von Bildern und Fotos. ACDSee bietet aber viele Möglichkeiten mehr, um zwischen Bildern hin- und herzuspringen, Archive anzulegen und Fotos einfach nachzubearbeiten.

Die Vollversion von ACDSee 4.0 ist zwar kostenpflichtig, es steht aber eine kostenlose Sharewareversion zum Download zur Verfügung. Der Bildbetrachter lässt sich auf der Homepage von ACD Systems unter *www.acdsystems.com* herunterladen.

ACDSee vereinfacht die Navigation zwischen vielen Fotos und Bildern.

13.2 Die besten Tipps zum Aldi-PC

Dieses Kapitel widmet sich den häufigsten Anwenderfragen zum Aldi-PC.

Hier finden Sie den Intel-Busmaster-Treiber

Um den UDMA-Modus 5 zu installieren, benötigt man einen Busmaster-Treiber von der Intel-Webseite.

Zugegeben, der Treiber zur Festplattenbeschleunigung ist auf der Intel-Website wirklich nicht leicht zu finden. Die benötigte Datei heißt *infinst_enu.exe*.

Starten Sie einfach eine Suchanfrage auf der Intel-Homepage nach *infinst_enu.exe*, und Sie werden ohne Umweg zur Download-Area geführt.

Die Installation ist einfach, da es sich um eine selbstinstallierende EXE-Datei handelt. Per Doppelklick auf *setup.exe* wird die Installation gestartet. Vergessen Sie nicht, danach noch den Intel Application Accelerator zu installieren, den Sie auf Ihrer Festplatte unter *D:/Treiber/Motherboard/Intel Chipset* finden.

Eine genaue Installationsanleitung hierzu finden Sie auf den folgenden Seiten.

Intel-Busmaster-Treiber sauber installieren

Wenn die Busmaster-Installation zu Problemen führt, ist es ratsam, vor der Installation noch einen zusätzlichen Schritt vorzuschalten.

Sie sollten zunächst das Intel Chipset Software Installation Utility auf das System aufspielen.

Die Software finden Sie auf der Intel-Seite unter *http://support.intel.com/support/chipsets/inf/*.

> **Probleme mit dem Busmaster-Treiber**
>
> Es ist in einigen Fällen besser, wenn vor der Installation des Intel-Treibers noch ein weiterer Schritt durchgeführt wird. Wie Sie dazu vorgehen, entnehmen Sie der folgenden Schrittanleitung.

Zuvor müssen Sie allerdings die Konfiguration mit dem Standard-Busmaster-Treiber wiederherstellen:

1 Gehen Sie in der Systemsteuerung auf *System* und wählen Sie auf der Registerkarte *Hardware* den Geräte-Manager. Doppelklicken Sie dann auf den Punkt *IDE ATA/ ATAPI-Controller* und anschließend auf den *Intel Ultra ATA-Treiber*.

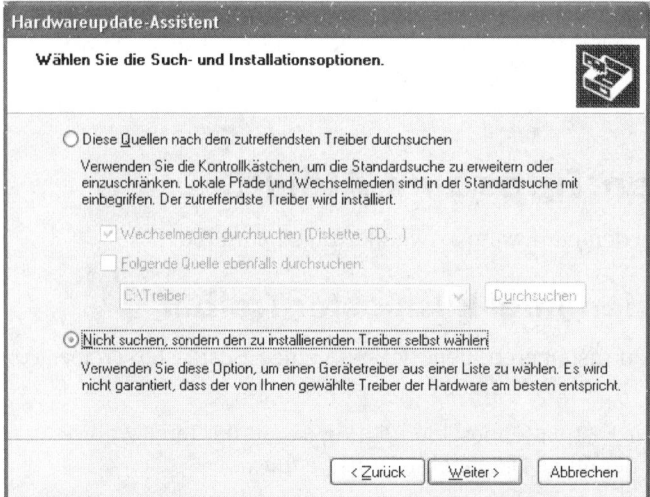

2 In dem jetzt erscheinenden Dialog gehen Sie auf *Treiber* und dann auf *Aktualisieren*. Wählen Sie *Software von einer bestimmten Quelle installieren* und im nächsten Fenster *Nicht suchen*.

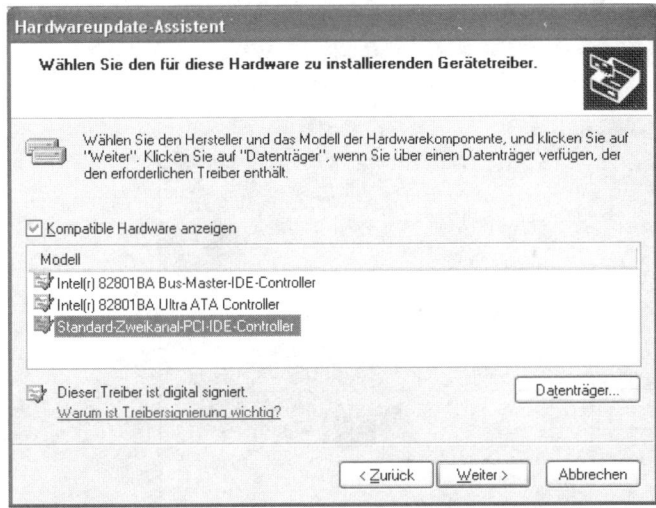

3 Die Auswahlliste sollte Ihnen jetzt *Standard-Zweikanal-PCI-IDE-Controller* anbieten. Wählen Sie diesen aus und folgen Sie den weiteren Anweisungen. Jetzt haben Sie nach einem Neustart des Rechners den Standardtreiber wieder installiert.

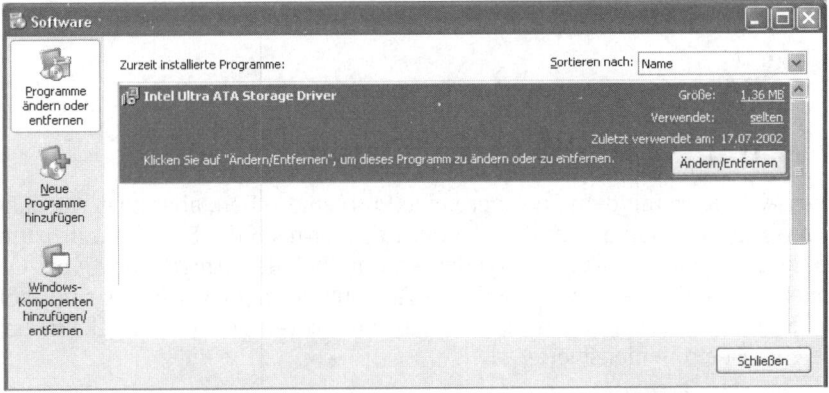

4 Wenn Sie aus irgendwelchen Gründen auch noch den Intel Ultra ATA Storage Driver in Ihrer Komponentenliste entdecken, gehen Sie sicherheitshalber in der Systemsteuerung auf den Punkt *Software* und entfernen dort den Treiber.

5 Nun können Sie zunächst das Intel Chipset Software Installation Utility und anschließend den Intel-Busmaster-Treiber erneut installieren.

Das korrekte Mainboard-BIOS

Bei den von Medion verwendeten Mainboards handelt es sich um spezielle Produkte, die ausschließlich in den Aldi-PCs eingesetzt werden. Vielfach werden einige Mainboards auch als Asus MD2000 bezeichnet. Jedoch werden Sie auf der Asus-Homepage nicht das 100%ig richtige BIOS-Update finden. Stattdessen finden Sie ein BIOS-Update mit der Bezeichnung *MD 2000* unter *www.medion.de*.

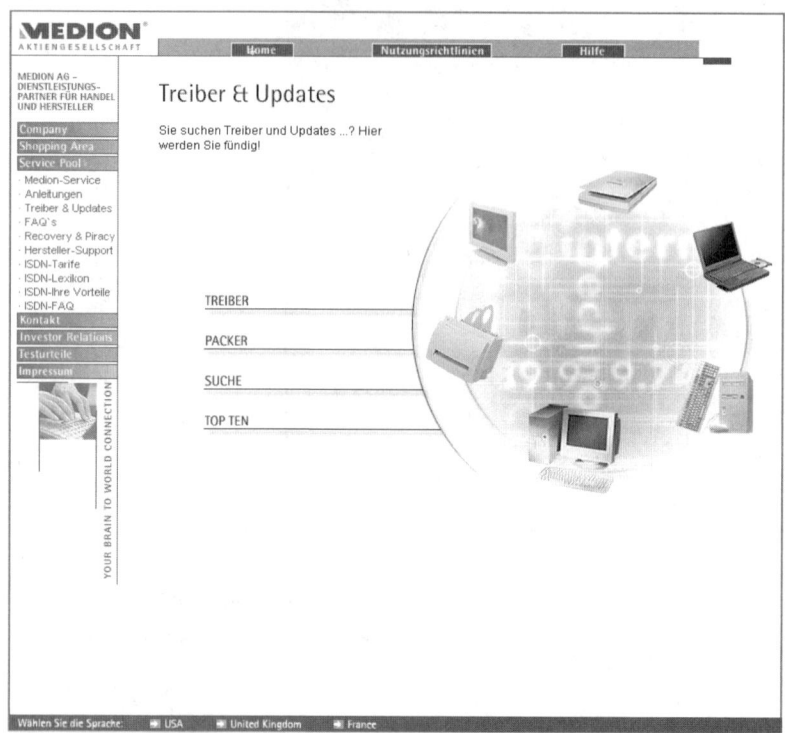

Speicher ohne Probleme aufrüsten

Normalerweise sollte es mit dem Speicher keine Probleme geben, aber zwei Ausnahmen sind durchaus möglich. Sollte zum Beispiel der Rechner nach der Speicheraufrüstung in unregelmäßigen Abständen abstürzen oder kommt bei der Anwendung von Office-Applikationen die Fehlermeldung, dass keine Ressourcen mehr verfügbar sind, könnte der Fehler zum einen daran liegen, das Sie ein minderwertiges Modul gekauft haben. Markenspeicher ist empfehlenswerter.

Zum anderen kann aber auch das Speicher-Timing falsch eingestellt sein. In diesem Fall stellen Sie in den *Advanced Chipset Options* im BIOS die Speicher-Timing-Optionen niedriger ein.

Minderwertige Soundkarte?

In den meisten Fällen sind Onboard-Soundkarten nicht dafür ausgelegt, den Ansprüchen von Musikern gerecht zu werden. Sie dienen vor allem der Klangwiedergabe von DVDs, Spielen oder Standard-Multimedia-Applikationen. Häufig greifen diese Lösungen auch auf Elemente der Board-Architektur zurück, was die Performance schmälert. So muss beispielsweise der Prozessor viele Prozesse übernehmen, die eine vollwertige Soundkarte selbst berechnen würde. Die meisten Anwender bemerken dies jedoch nicht, weil sie den Soundchips nie mehr abfordern, als diese leisten können. Genau darum setzen inzwischen viele Hersteller, wie auch Medion, einfach aus Kostengründen auf den Onboard-Sound.

Kein Internetzugang möglich

Dieser Tipp betrifft primär Besitzer, die einen Aldi-PC mit 1.000 oder 900 MHz verwenden. Da beide Medion-Rechner den VIA Apollo Pro 133-Chipsatz verwenden, sind deren BIOS-Optionen nahezu identisch.

Wenn Sie für den Betrieb einer ISA-Karte im BIOS die Option *Delayed Transaction* aktiviert haben, ist es möglich, dass der Internetzugang blockiert.

Die Ursache für den Fehler bei der Interneteinwahl ist ein nicht antwortendes Modem, hervorgerufen durch die Einstellung *Delayed Transaction*. Diese Übertragungsverzögerung stört die Kommunikation von Windows mit der Modemhardware.

Setzen Sie die Einstellung wieder auf *Disabled*.

Neuen Grafiktreiber plus Videofunktionen installieren

Um die Videofunktionen der Grafikkarte nutzen zu können, müssen Sie neben dem Detonator-Treiber zusätzlich die WDM-Treiber installieren.

Die neuste Version des Detonators sowie den WDM-Treiber finden Sie auf der Nvidia-Homepage. Und so installieren Sie den Treiber:

1 Gehen Sie in den Geräte-Manager und entfernen Sie die installierte Grafikkarte, indem Sie per Rechtsklick das Menü aufrufen und auf *Deinstallieren* klicken.

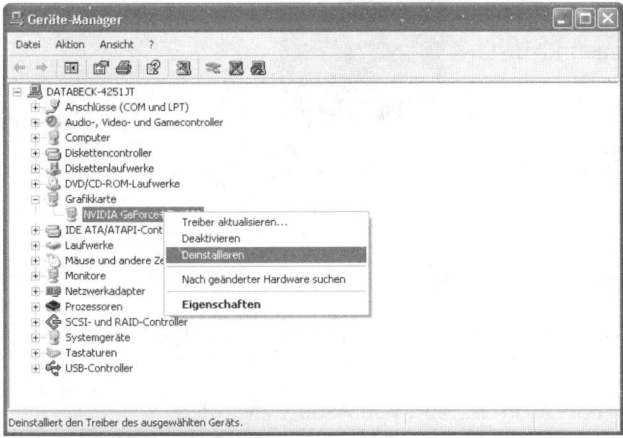

Der Rechner wird daraufhin neu gestartet.

2 Im Windows-Explorer starten Sie die Installation mit Doppelklick auf die soeben heruntergeladene Treiberdatei, hier *30.82_winxp.exe*.

Die nächsten Meldungen bestätigen Sie und starten dann den Rechner neu.

3 Nach dem Neustart passen Sie die Auflösung und die Bildwiederholfrequenz in den *Eigenschaften von Anzeige* Ihren Bedürfnissen an.

Rufen Sie das Menü durch einen Rechtsklick auf den Desktop auf.

Die Einstellungen für die Bildwiederholfrequenz finden Sie unter *Einstellungen/Erweitert*.

4 Installieren Sie nun die WDM-Treiber für die Videofunktionen Ihrer Grafikkarte.

Nach dem Neustart verlangt Windows nach den diversen Treibern, z. B. *nVidia WDM Video Capture*.

Wählen Sie *Automatische Suche*, werden die Treiber gefunden und installiert.

Die eventuelle Meldung unter XP, *Windows Logo Test nicht bestanden*, ignorieren Sie mit *Installation fortsetzen*.

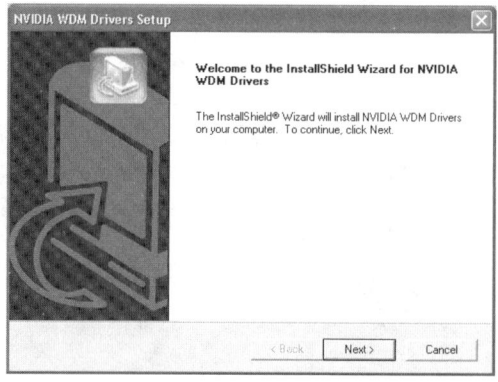

CPU noch schneller machen

Ebenso wie der 1-GHz-PC lässt sich auch der Aldi-PC mit 900 MHz mit dem Tool CPUFSB beschleunigen.

Allerdings müssen Sie ein anderes Motherboard von Asus auswählen.

Mit der Wahl *CUVX4* ist es zwar möglich, den FSB zu verstellen, bei dem von uns eingesetzten Textsystem schaltete sich jedoch gleichzeitig der CPU-Lüfter ab.

Mit der Wahl des Mainboard-Typs *CUV4X-EA* spuckt das Programm zwar die Fehlermeldung aus, dass der PLL-Chip nicht beschrieben werden kann, die getätigten Einstellungen werden aber trotzdem übernommen.

Im Unterschied zur 1-GHz-Variante beträgt der reguläre Bustakt anstatt 133 nur 100 MHz; bei 110 MHz FSB und 989,5 MHz Prozessortakt läuft das System noch stabil und um rund 10 % schneller.

VIA 4-in-1-Treiber korrekt installieren

VIA bietet bei sämtlichen Chipsätzen für alle Windows-Betriebssysteme einen einheitlichen Treiber an, der mehrmals jährlich in einer neuen Version vorliegt. Gerade bei VIAs hauseigenen Chipsets ist es enorm wichtig, dass regelmäßig aktualisiert wird, da mit einem Update nicht nur die neusten Chipsätze unterstützt, sondern auch sehr häufig Bugs von älteren Chipset-Treibern ausgemerzt sowie Leistungsoptimierungen für die Rechengeschwindigkeit integriert werden.

Es ist auf den ersten Blick jedoch nicht ganz einfach, diesen Chipsatz-Treiber für Mainboards auf VIA-Basis korrekt zu installieren und auf dem neusten Stand zu halten.

Wenn Sie ein Treiber-Update im Normalbetrieb unter Windows durchführen, kann das zur Folge haben, dass das gesamte System völlig funktionsunfähig wird.

1   Laden Sie unter *www.via-rena.com* (Menüpunkt *Drivers*) den aktuellsten VIA 4-in-1-Treiber herunter und entpacken Sie ihn.

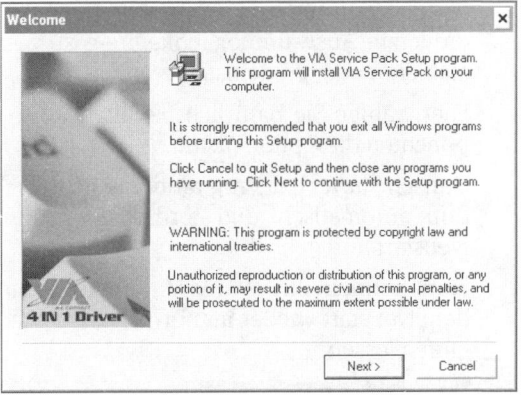

Starten Sie das System neu und drücken Sie beim Booten die Taste F8, um im folgenden Menü den *Abgesicherten Modus* für Windows zu wählen.

Entfernen Sie dann alle Disketten oder CDs/DVDs aus den Laufwerken, um eine störungsfreie Installation zu gewährleisten.

Deaktivieren Sie sämtliche Programme, die Funktionen im Hintergrund ausführen, wie z. B. Virenscanner. Starten Sie nun das Installationsprogramm des VIA 4-in-1-Treibers (VIA Service Pack).

2   Wählen Sie im nächsten Menü den Punkt *Normal Installation*, um besonders bei älteren Systemen, deren Chipsatz-Treiber schon längere Zeit nicht mehr aktualisiert wurde, alle wichtigen Treiberkomponenten zu aktualisieren, was für die Stabilität sehr wichtig ist.

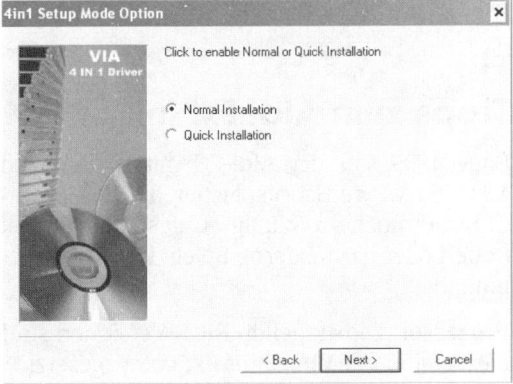

3   Wählen Sie nachfolgend die zu installierenden Treiberkomponenten aus.

Bei Rechnern, die seit ca. sechs Monaten keine Aktualisierung des Chipsatz-Treibers mehr erhalten haben, empfiehlt es sich, sämtliche Komponenten zu installieren.

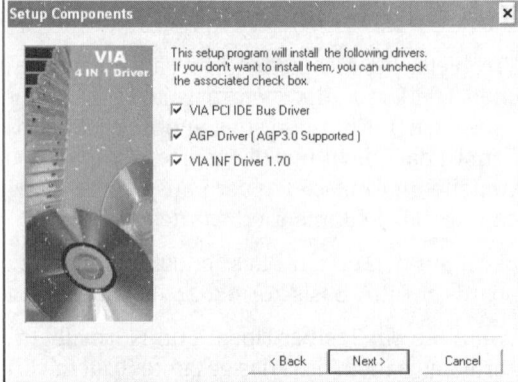

4   Es folgt nun für jede Treiberkomponente die letzte Auswahlmöglichkeit: sie zu installieren oder zu deinstallieren.

Hier wählen Sie natürlich bei allen Komponenten die Option *Install*.

Danach startet das Programm die Installation automatisch und fordert Sie zum Neustart auf.

Nun können Sie Windows direkt nach dem Neustart wieder im normalen Modus laufen lassen.

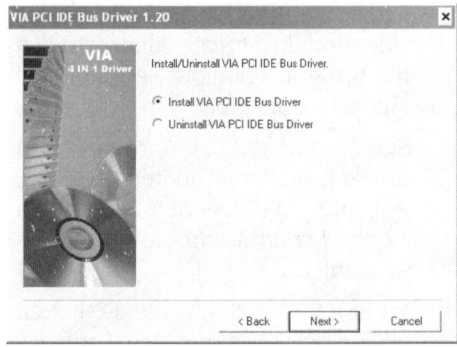

Systemwiederherstellungspunkt setzen!

Um sich gegen mögliche Probleme bei der Aktualisierung des VIA 4-in-1-Treibers abzusichern, setzen Sie am besten vor der Installation unter Windows XP/ME/2000 einen Systemwiederherstellungspunkt unter *Start/Programme/Zubehör/Systemprogramme/Systemwiederherstellung*, um den Zustand des Rechners vor der Aktualisierung zu speichern und im Notfall wieder verfügbar zu machen.

Tipps zum Aldi-PC mit 500 MHz

Ende 1999 war der Aldi-PC mit seinem Pentium III-Prozessor mit 500 MHz, 64 MByte Hauptspeicher, TNT2-M64-Grafikkarte und ZX- oder VIA-Chipsatz noch großzügig ausgestattet. Für aktuelle Multimedia-Applikationen oder gar moderne Spiele ist dieses System jetzt kaum noch zu gebrauchen.

Prozessor: Die aktuellen BIOS-Versionen sind 1.8 für die Intel-ZX-Variante und 1.21 für die Version mit VIA-Chipsatz; vorausgesetzt, Sie finden diese auf der Medion-Homepage (*www.medion.de*) unter *PC-BIOS für MD9901*, können sie für Pentium III-Prozessoren in Slot 1-Bauweise bis 650 MHz eingesetzt werden. Das Problem dabei: Diese CPUs werden nicht mehr hergestellt und sind somit im Handel kaum noch zu finden. Da hilft nur ein Blick auf den Gebrauchtmarkt, z. B. unter *www.ebay.de*. Aber selbst gebraucht müssen Sie etwa 50 bis 60 Euro auf den Tisch legen – für rund 10 % mehr Leistung, ausgehend von einem niedrigen Niveau, eigentlich zu viel. Für mehr Prozessorpower benötigen Sie also ein neues Mainboard. Leider bietet das eingebaute 145-Watt-Netzteil nicht genügend Leistung für moderne Prozessoren, wie zum Beispiel den Athlon von AMD.

Grafikkarte: Mit der Onboard-Lösung des TNT2-M64-Grafikchips war der Aldi-PC schon bei seinem Verkauf nicht besonders für Spiele geeignet, schließlich handelt es sich dabei um eine abgespeckte Version des TNT2-Chips von Nvidia. Durch ein Treiber-Update auf den Detonator 30.82 können Sie die Leistung um ein paar Prozentpunkte steigern. Der Kauf einer neuen Grafikkarte macht leider wenig Sinn, da das Mainboard über keinen AGP-Port verfügt. Aktuelle Grafikkarten für den PCI-Bus würden die Grafikleistung zwar steigern, aber immer noch zu wenig Performance für aktuelle Spiele bieten.

Speicher: Hier liegt der große Schwachpunkt des Systems und gleichzeitig die beste und einfachste Möglichkeit, das Arbeiten durch Aufrüsten flotter zu gestalten. Empfehlenswert ist es, ein 128-MByte-Modul zusätzlich einzustecken, wodurch dann ein Hauptspeicher von 192 MByte zur Verfügung stände.

Da es sich bei dem bereits eingebauten Speicher um ein CL2-Modul von Siemens handelt, ist es ratsam, ebenfalls ein CL2-Modul zu kaufen. 128 MByte, z. B. von Infineon, kosten momentan rund 35 Euro. Sie können dabei ruhig zu PC133-RAM greifen, da dieses abwärtskompatibel zum FSB von 100 MHz ist. Falls Sie vorhaben, den Arbeitsspeicher noch weiter auszubauen, bedenken Sie, dass PC100/133-RAM in aktuellen Systemen nicht mehr eingesetzt wird, also für ein eventuell neues System nicht verwendet werden kann.

Festplatte: Sollten die 13 GByte Speicherkapazität der Seagate-Barracuda-Festplatte nicht mehr ausreichen, können Sie Festplatten bis zu einer maximalen Kapazität von 60 GByte einsetzen.

Fazit: Wenn Sie diesen Aldi-PC in erster Linie als bessere Scheibmaschine verwenden, also für Textverarbeitung, Excel und E-Mail, investieren Sie am besten ein paar Euro in eine Speichererweiterung und eventuell in eine größere Festplatte. Gehören hingegen rechenintensive Applikationen wie 3-D-Spiele, Videoschnitt und Bildbearbeitung zu Ihren Hobbys, haben Sie es wahrscheinlich schon selbst gemerkt: Der PC ist inzwischen zu langsam. Da die Erweiterbarkeit bei diesem Modell stark eingeschränkt ist, bleibt also nur die Empfehlung, sich einen neuen Computer anzuschaffen.

Tipps zum Aldi-PC mit 667 MHz

Anfang 2000 konnte Aldi mit dem MT4 inklusive Pentium III-667-MHz-Prozessor wieder einen großen Verkaufserfolg feiern.

Insbesondere auf eine verbesserte Erweiterbarkeit wurde Wert gelegt, weswegen sich bei diesem Modell an einigen Stellen sinnvolle Modifikationen anbieten:

Prozessor: Das Mainboard mit VIA Apollo Pro 133A-Chipsatz verträgt Pentium III-Prozessoren bis 866 MHz in Sockel 370-Bauweise. Auch diese CPU wird von Intel nicht mehr hergestellt, sodass Sie entweder Restposten aufstöbern oder sich auf dem Gebrauchtwarenmarkt umschauen müssen. Die Preise liegen dabei oft über 100 Euro, wobei der Leistungszuwachs zwischen 10 und 15 % beträgt: also kein günstiges Vergnügen. Wenn Sie einen Motherboard-Tausch erwägen, dürfen Sie nicht vergessen, dass das Netzteil nur 200 Watt bietet. Bei stromfressenden Athlon-Systemen kann das unter Umständen zu wenig sein.

Grafikkarte: Die Nvidia TNT2-Pro-Grafikkarte gehörte seinerzeit zu den absoluten 3-D-Raketen. Heute leider nicht mehr. Als halbwegs ambitionierter Spieler werden Sie deshalb um einen Grafikkartenneukauf nicht herumkommen. Hier können Sie zwei Strategien verfolgen: 1. Sie haben nicht vor, in Zukunft ein neues System aufzubauen und spielen nur gelegentlich und in niedrigen Auflösungen, wie zum Beispiel 800 x 600.

Um 3-D-Actionspiele machen Sie einen Bogen und bevorzugen Echtzeitstrategie. In diesem Fall reicht eine günstige GeForce4 MX-440, wie z. B. die MSI G4MX440-T für rund 100 Euro. 2. Sie planen in Zukunft die Anschaffung eines neuen PCs und wollen dann die neusten Effekte in perfekter Bildqualität? Dann stellt eine Grafikkarte mit GeForce4 Ti4200 mit 64 MByte die erste Wahl dar. Die günstigsten Produkte kommen hier momentan von PNY (Verto GeForce4 Ti4200) und Sparkle. Die Sparkle SP72000T2 Pure bekommen Sie beispielsweise bei *www.alternate.de* für 159 Euro.

Speicher: Laut Medion unterstützt das Mainboard bis zu 1.024 MByte Arbeitsspeicher, die Board-Spezifikationen besagen hingegen, dass bei 256 MByte Schluss ist. Wie auch immer: Windows ME unterstützt sowieso nicht mehr als 512 MByte, und Benchmark-Tests besagen, dass der Unterschied zwischen 258 und 512 MByte bei gängigen Anwendungen ohnehin gleich null ist. Deswegen unsere Empfehlung: Stecken Sie zu den vorhandenen 128 MByte einen weiteren 128-MByte-Riegel. Auch in diesem Fall können Sie zu PC133-DIMMs greifen.

Festplatte: Sie können Festplatten bis zu einer Größe von maximal 80 GByte (Ultra-DM/A66) einbauen.

Fazit: Mit 200 MHz zusätzlicher Prozessorpower, 256 MByte Hauptspeicher und einer vernünftigen Grafikkarte gehört der Aldi-PC MT4 noch lange nicht zum alten Eisen. Ganz billig ist die Aufrüstung mit rund 250 Euro jedoch nicht. Für 750 Euro bekommen Sie schon einen komplett neuen Rechner, der in puncto Ausstattung und Leistung meilenweit vorn liegt.

14. Schnelle Internet-anbindung via Modem, ISDN und (T)DSL

Das Internet ist als eine der wichtigsten Anwendungen des PCs eigentlich nicht mehr wegzudenken, dementsprechend gibt es kaum noch Computer, die nicht mit Hardware zum Herstellen einer Datenverbindung ins Netz ausgestattet sind. Dennoch besteht natürlich immer der Bedarf danach, alte Hardware zu ersetzen oder einen in die Jahre gekommenen PC noch einmal fürs Surfen und das Verschicken von E-Mails fit zu machen.

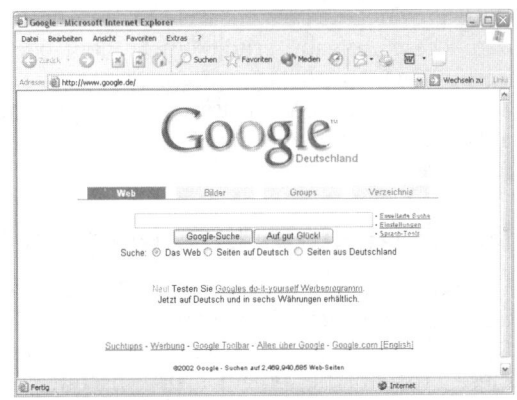

In diesem Kapitel stellen wir Ihnen die unterschiedlichen Möglichkeiten vor, einen Rechner mit dem Internet zu verbinden: ISDN in verschiedenen Varianten sorgt für eine zuverlässige digitale Verbindung, TDSL bietet dasselbe mit einer wesentlich höheren Geschwindigkeit, und für einfache Anwendungen genügt auch ein analoges Modem, das eine etwas langsame Verbindung herstellen kann. Für jede dieser drei Verbindungsmöglichkeiten zeigen wir Ihnen den Einbau der Hardware und die Lösungen der am häufigsten auftretenden Probleme. So bekommen Sie ohne Schwierigkeiten und innerhalb kurzer Zeit eine schnelle und stabile Verbindung zur weltweiten Datenautobahn.

14.1 Besonderheiten: ISDN, DSL oder Analog

Das Internet besteht aus Millionen von großen und kleinen Computern, die durch Datenleitungen zu einem großen Netzwerk verbunden sind. Damit Sie zu Hause daran teilhaben können, muss per Telefon- oder ISDN-Leitung eine Verbindung zum Computer Ihres Providers hergestellt werden, ansonsten können ja keine Daten ausgetauscht werden. Diese Aufgabe erfüllt ein Modem oder eine ISDN-Karte, im Fall einer (T)DSL-Verbindung sind sogar mehrere Geräte daran beteiligt. Je nachdem, welche Ansprüche Sie an die Geschwindigkeit Ihrer Internetverbindung stellen, je nachdem, ob Sie den PC aufschrauben und wie viel Geld Sie ausgeben möchten, kommen eine oder mehrere Alternativen für Sie in Frage.

ISDN: Digitale Übertragung

Wo die Daten bei einer normalen, analogen Telefonleitung vor der Übertragung erst in analoge Signale umgewandelt werden müssen, entfällt diese Prozedur bei einem ISDN-Anschluss, der vollständig digital funktioniert.

> **Achtung, höhere Kosten**
> Bei allen gebotenen Vorteilen fallen allerdings auch größere Kosten an. Denn falls Sie nicht bereits über einen ISDN-Anschluss verfügen, ist natürlich noch ein Antrag fällig, der sowohl Einrichtungsgebühren als auch einen höheren monatlichen Grundpreis nach sich zieht. Außerdem sind Ihr altes Telefon, Ihr Anrufbeantworter oder Faxgerät nur dann nutzbar, wenn Sie einen Adapter oder eine Telefonanlage anschaffen, die den Anschluss analoger Endgeräte erlauben.

Das bringt einige Vorteile für den Internetzugang:

- **Größere Geschwindigkeit**: Ein einzelner ISDN-Kanal erreicht bereits eine Übertragungsrate von 64.000 Bit/s; wenn Sie möchten, können Sie auch beide Kanäle bündeln und so 128 KBit/s nutzen. Der Einwählvorgang und der Verbindungsaufbau gehen ebenfalls deutlich schneller vonstatten.
Mit einem aktiven Kanal dauert die Übertragung von 1,44 MByte knapp über drei Minuten bzw. etwa eineinhalb Minuten bei Kanalbündelung.

- **Größere Stabilität**: Im Gegensatz zu einer analogen Leitung ist eine ISDN-Leitung völlig unempfindlich gegenüber elektrischen Störungen, die Sie im Telefonhörer als Knacksen oder Rauschen hören würden. Analoge Daten werden bei der Übertragung dadurch verfälscht und müssen erneut gesendet werden, was die Gesamtgeschwindigkeit zusätzlich verringert. Über eine ISDN-Leitung können Sie die maximale Übertragungsgeschwindigkeit unter allen Bedingungen ausnutzen. Sie können das vielleicht damit vergleichen, dass eine CD trotz Kratzern einen glasklaren Klang produziert.

- **Sie sind immer erreichbar**: Dank der zwei Kanäle, die ein ISDN-Anschluss bietet, sind Sie auch dann telefonisch erreichbar, wenn Sie mit einem Kanal im Internet surfen.

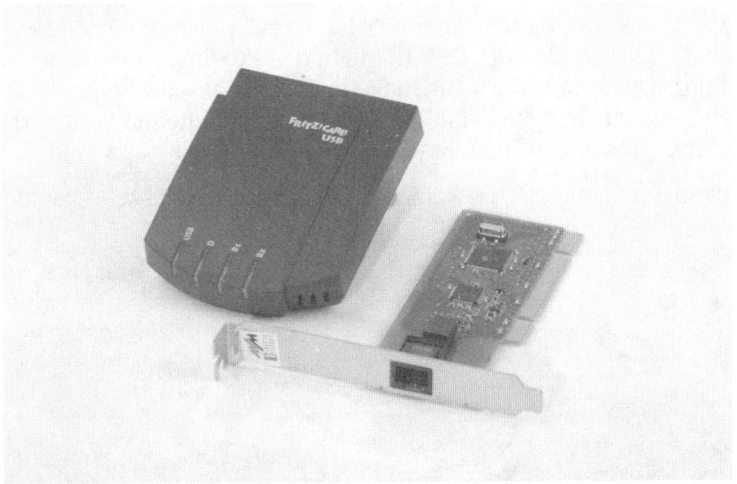

Ausstattung für Ihren PC

Als Ausstattung für Ihren PC benötigen Sie einen ISDN-Adapter, den es als externes „ISDN-Modem" oder als ISDN-Karte zu kaufen gibt. Bei externen Geräten haben sich auch hier USB-Geräte als unkompliziert und schnell herausgestellt. ISDN-Modems für die Parallelschnittstelle sind weniger empfehlenswert, weil die Geschwindigkeit der Schnittstelle die Übertragungsrate bei Kanalbündelung auf 115 KBit/s beschränkt. Am weitesten verbreitet und mit dem besseren Preis-Leistungs-Verhältnis versehen sind die üblichen ISDN-Karten, die von einer Vielzahl von Herstellern angeboten werden. Sie müssen allerdings in den sauren Apfel beißen und die Karte in Ihren PC einzubauen. Dank PCI-Schnittstelle und Plug & Play treten dabei in der Regel jedoch keine Probleme auf. Wie Sie eine ISDN-Karte einbauen oder ein ISDN-Modem anschließen, erfahren Sie direkt im Anschluss an diesen Abschnitt. Dort können Sie auch nachlesen, wie die zugehörigen Treiber unter Windows XP eingerichtet werden.

DSL: Surfen mit Turbo

Für denjenigen, der das Internet als seine private Spielwiese entdeckt hat, ist (A)DSL (**A**symmetric **D**igital **S**ubscriber **L**ine = asymmetrische digitale Kundenleitung) sicherlich die ideale Alternative. Voraussetzung für einen DSL-Zugang ist ein bestehender ISDN-Anschluss, für die Verbindung mit dem PC sind im Normalfall mehrere Geräte nötig: ein „Splitter", der das DSL-Signal aus der ISDN-Leitung herausfiltert, ein „DSL-Modem"

> **Splitter, DSL-Modem und Netzwerkkarte**
> Den Splitter bekommen Sie kostenlos geliefert, wenn der DSL-Zugang bei Ihnen eingerichtet wird, das DSL-Modem und die Netzwerkkarte müssen Sie jedoch separat kaufen.

und eine Ethernet-Netzwerkkarte, die das Signal für den Computer aufbereiten.

Alternative PC-Karten

Als Alternative gibt es mittlerweile PC-Karten, die eine Kombination aus beiden Geräten darstellen und so weniger Kabelsalat und geringere Kosten verursachen. Die Installation einer solchen Anlage ist nicht komplizierter als der Einbau einer ISDN-Karte oder eines internen Modems, Sie müssen lediglich die (Netzwerk- oder DSL-)Karte in den PC einbauen und die Kabelverbindungen zusammenstecken. Dafür können Sie Ihre Daten anschließend mit der sagenhaften Übertragungsgeschwindigkeit von 768 KBit/s aus dem Internet herunterladen, das ist das 12fache der Geschwindigkeit eines einzelnen ISDN-Kanals.

Unter diesen Bedingungen dauert der Download einer 1,44-MByte-Diskette gerade einmal 16 Sekunden.

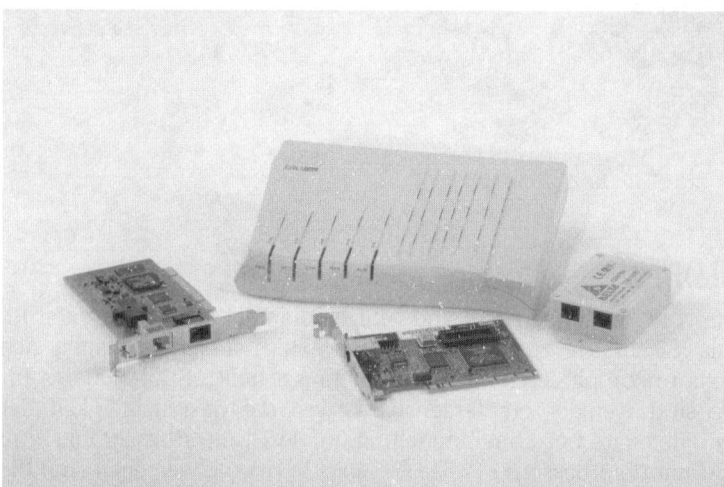

DSL-Anlage mit Modem, Splitter und Netzwerkkarte.

Den Anschluss bzw. Zusammenbau einer DSL-Anlage können Sie ab Seite 481 nachlesen, wir zeigen Ihnen ebenfalls, wie eine kombinierte DSL-/ISDN-Karte in den PC eingebaut und eingerichtet wird.

Modem: Analoge Standardtechnik

Ein analoges Modem stellt die langsamste, aber auch die preiswerteste Lösung dar, ideal für alle, die das Internet gerade erst kennen lernen oder nicht so intensiv nutzen.

Die größte Übertragungsgeschwindigkeit, die Sie auf diesem Weg erreichen können, sind 56.000 Bit/s.

Die Übertragung von 1,44 MByte (also einer 3½-Zoll-Diskette) dauert dabei unter optimalen Bedingungen etwa vier Minuten.

Zum Anschließen benötigen Sie lediglich einen herkömmlichen Telefonanschluss.

Beim Kauf haben Sie ebenfalls die Wahl zwischen externen Geräten, die an die Rückseite des PCs angeschlossen werden, und internen Modems in Form einer Steckkarte.

Am unkompliziertesten (und am teuersten) sind externe Modems mit USB-Schnittstelle, die sogar angeschlossen werden können, während der PC läuft, und keine zusätzliche Stromversorgung brauchen.

Etwas weniger komfortabel, aber auch deutlich preiswerter sind Geräte für die serielle Schnittstelle.

In diesem Fall kann das Modem nicht über den PC mit Strom versorgt werden und benötigt ein eigenes Netzteil.

Auf dem Schreibtisch wird also noch eine freie Steckdose benötigt.

Was Sie bei der Anschaffung beachten sollten

Am günstigsten bekommen Sie ein internes Modem in Form einer Steckkarte. Das externe Gehäuse sowie Netzteil und Anschlusskabel fallen zwar weg, aber der Einbau ist etwas schwieriger. Greifen Sie nach Möglichkeit beim Kauf eines internen Modems auf Karten mit PCI-Schnittstelle zurück, denn sie verursachen die wenigsten Probleme bei der Treibereinrichtung unter Windows. Sie sollten unabhängig von der Bauform unbedingt darauf achten, dass Ihr neues Modem den V.90-Standard beherrscht, nach dem die Kommunikation zwischen 56K-Modems reglementiert ist.

Den Einbau bzw. das Anschließen eines analogen Modems beschreiben wir am Ende des Kapitels ab Seite 494. Hier finden Sie auch ein Troubleshooting nur für Modems, denn die analoge Datenübertragung hält eine Reihe von Stolperfallen bereit.

14.2 ISDN-Karte einbauen und ISDN-Modem anschließen

Beim Einbau und bei der Installation einer ISDN-Karte kann eigentlich kaum noch etwas schief gehen. Durch die zuverlässige Funktion von Plug & Play und die komfortable Treiberverwaltung unter Windows XP sind alle Arbeiten innerhalb weniger Minuten erledigt.

Einbau der ISDN-Karte

Bevor Sie sich daran begeben, Ihren Computer aufzuschrauben, sei noch einmal der Hinweis auf die Vorsichtsmaßnahmen erlaubt, die Sie ergreifen sollten, wenn Sie am offenen Rechner „operieren". Insbesondere sollten Sie dafür sorgen, dass Sie nicht statisch aufgeladen sind, genügend Platz und ausreichende Beleuchtung gehören ebenfalls dazu.

Das PC-Gehäuse öffnen

Damit Sie an alles herankommen, müssen Sie das PC-Gehäuse öffnen. Die Schrauben befinden sich meist auf der Gehäuserückseite, aber das ist in Einzelfällen auch anders gelöst.

Manchmal muss erst eine Kunststoffblende abgenommen werden, mit der die Gehäuserückseite verkleidet ist.

Sind alle Kabel abgezogen und die Schrauben entfernt, muss in der Regel nur noch der Gehäusedeckel nach hinten weggezogen und abgenommen werden.

Eventuell: Ausbau einer anderen Karte

Lösen Sie die Schraube, die das Slotblech am Gehäuse fixiert. Jetzt können Sie die Karte aus dem Steckplatz herausziehen.

Manche Karten sitzen sehr fest, da ist es hilfreich, einen Schraubenzieher als Hebel unter das Slotblech zu setzen.

Benutzen Sie keinesfalls Gewalt, um Erweiterungskarten zu entfernen oder in einen Steckplatz hineinzustecken.

Mit „Schaukelbewegungen", bei denen Sie die Karte hin- und herbewegen, lassen sich fest sitzende Steckkarten fast immer problemlos lösen.

Bei zu viel Kraftaufwand drohen Schäden am Motherboard, weil Haarrisse entstehen könnten.

Einsetzen der ISDN-Karte

1   Nehmen Sie die ISDN-Karte aus der Verpackung. Innerhalb des Kartons ist jede Steckkarte in einen antistatischen Plastikbeutel eingepackt. Dieser eignet sich natürlich bestens als Verpackung für eine ausgebaute Karte.

2   Suchen Sie einen freien Steckplatz und entfernen Sie das Slotblech, das die Öffnung in der Gehäuserückseite verschließt.

3   Stecken Sie die ISDN-Karte in den freien Steckplatz. Das Einstecken erfordert kaum Kraft. Wenn sich die Karte trotzdem nicht einstecken lässt, prüfen Sie, ob sich die Karte verkantet hat und ob Sie den Steckplatz richtig getroffen haben. Manchmal gibt es auch Schwierigkeiten, weil sich das Slotblech am Gehäuse verhakt. Dann ist es am besten, die Karte noch einmal anzuheben und neu anzusetzen.

Die Karte darf nicht mit Gewalt eingesetzt werden. Wichtig ist, dass die Karte am Ende über die gesamte Länge des Steckplatzes fest und bis zum Anschlag eingesteckt ist.

4 Wenn die Karte korrekt sitzt, können Sie sie mit der Schraube am Gehäuse fixieren. Achten Sie beim Anziehen der Schraube darauf, dass sich die Karte nicht wieder aus dem Steckplatz herausbewegt. Im Zweifelsfall müssen Sie das Slotblech ein wenig zurechtbiegen.

Schließen des Gehäuses und Anschluss an den ISDN-Netzabschluss

1 Schließen Sie jetzt wieder Ihr PC-Gehäuse. Wenn Sie alle Kabel an der Rückseite des Computers wieder verbunden haben, können Sie auch das Kabel für den Anschluss an den ISDN-Netzabschluss einstecken.

Der eckige Western-Plug-Stecker ist nicht zu verwechseln – aber eventuell die Karte, in die er eingesteckt werden soll. Die gleiche Steckernorm wird nämlich für Netzwerk- und ISDN-Karten verwendet.

2   Achten Sie also darauf, dass Sie das Telefonkabel wirklich in die ISDN-Karte stecken.

Die ISDN-Karte ist an der eckigen RJ-45-Buchse zu erkennen, in die das ISDN-Kabel gesteckt wird.

Der Stecker kann nur richtig herum eingesteckt werden und rastet mit einem hörbaren Klick ein.

Stecken Sie das Kabel mit dem anderen Ende in den ISDN-Netzabschluss (NTBA) oder an eine geeignete Telefonanlage.

Jetzt ist es fast so weit, dass Sie den Rechner wieder einschalten können.

Erkennung und Softwareinstallation

Windows erkennt beim Start eine Plug & Play-fähige ISDN-Karte automatisch und fordert die Treiber-CD des Kartenherstellers an, sofern die passenden Treiber nicht sogar schon durch Windows mitgebracht werden.

1   Warten Sie den Start des Hardware-Assistenten ab. Wenn die Treiber – wie im Fall der weit verbreiteten Fritz!Card – bereits mit Windows mitgeliefert wurden, können Sie die Option *Software automatisch installieren* aktiviert lassen.

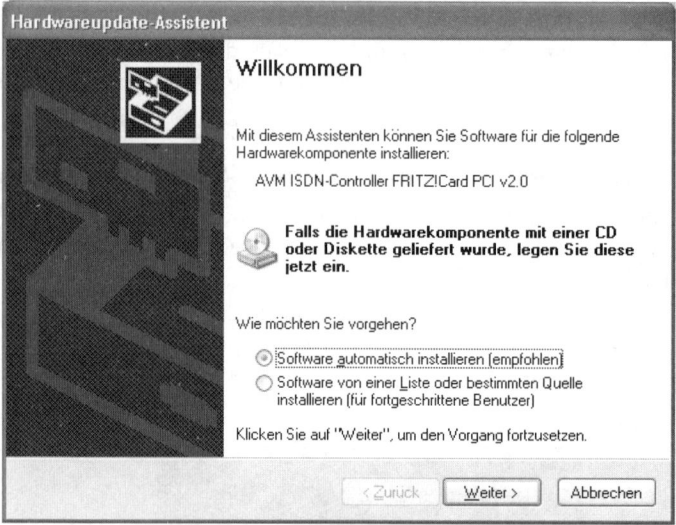

2   Windows beginnt sofort damit, die benötigten Dateien an den richtigen Ort auf der Festplatte zu kopieren.

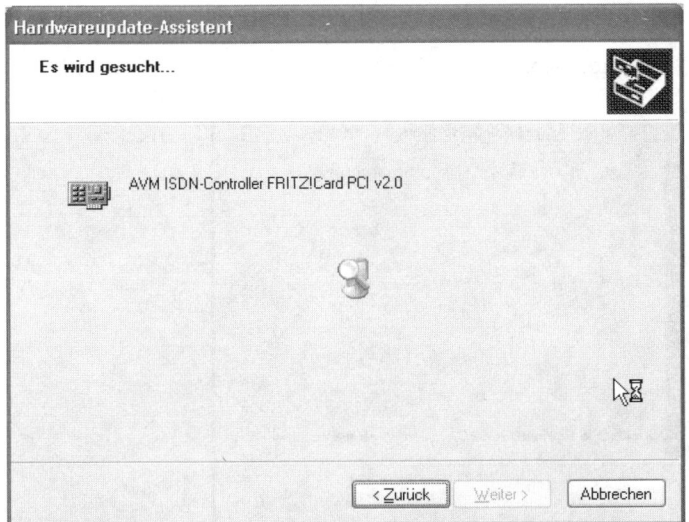

3 Eventuell erscheint eine Warnmeldung, die Sie darauf hinweist, dass die Treibersoftware den *Windows-Logo-Test* nicht bestanden hat. Das muss Sie in diesem Fall nicht weiter stören, weil die Treiber ja im Windows-Paket selbst enthalten waren. Klicken Sie also einfach auf *Installation fortsetzen*.

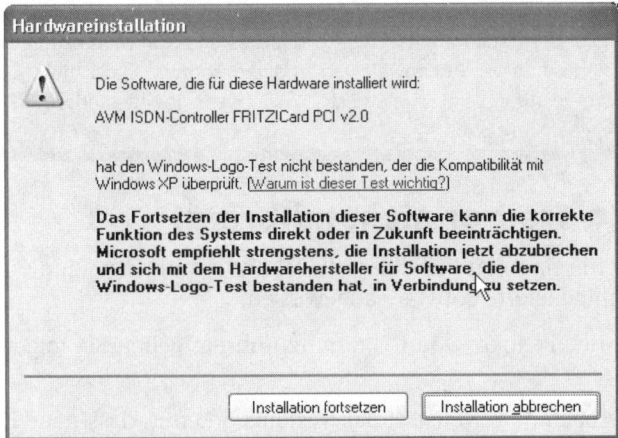

4 Nach dem Abschluss der Kopieroperationen ist die Installation beendet. Sie müssen den Assistenten nur noch mit einem Klick auf *Fertig stellen* abschließen. Danach ist die ISDN-Karte einsatzbereit.

Was hat es mit dem CAPI-Treiber auf sich?

Die Treiber für eine ISDN-Karte werden allgemein als CAPI-Treiber bezeichnet. Diese Abkürzung bedeutet **C**ommon **A**pplications **P**rogramming **I**nterface und heißt so viel wie „allgemeine Anwendungsschnittstelle". Diese Bezeichnung wird deswegen verwendet, weil die Treiber der ISDN-Karte eine besondere Aufgabe haben: Sie müssen nicht nur dafür sorgen, dass die ISDN-Karte durch Windows genutzt werden kann, sondern auch noch sicherstellen, dass alle Kommunikationsprogramme sich über diese Schnittstelle mit der Außenwelt verständigen können. Dazu muss jeder CAPI-Treiber die gleichen Befehle verstehen und mithilfe der ISDN-Karte in (für andere ISDN-Geräte) allgemein verständliche Signale umsetzen.

Wenn Windows die Treiber nicht mitbringt

Falls Windows keine Treiber für eine neu installierte ISDN-Karte mitbringt, sind Sie natürlich auf die mit der Karte mitgelieferte Software angewiesen.

Um den Installationsvorgang mit Treibern von CD durchzuführen, gehen Sie folgendermaßen vor.

1   Warten Sie, bis Windows nach dem Neustart des Systems erkennt, dass neue Hardware eingebaut wurde, und den Hardware-Assistenten startet. Währenddessen legen Sie schon einmal die Treiber-CD des Kartenherstellers ein.

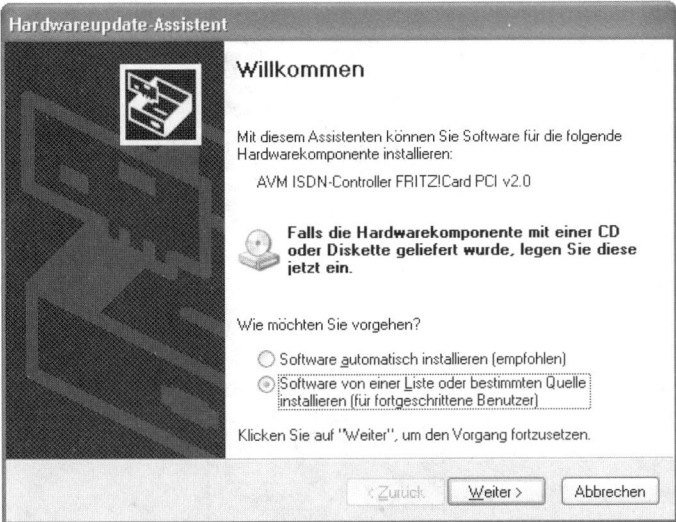

2 Wählen Sie die Option *Software von einer Liste oder bestimmten Quelle installieren* aus und klicken Sie auf *Weiter*.

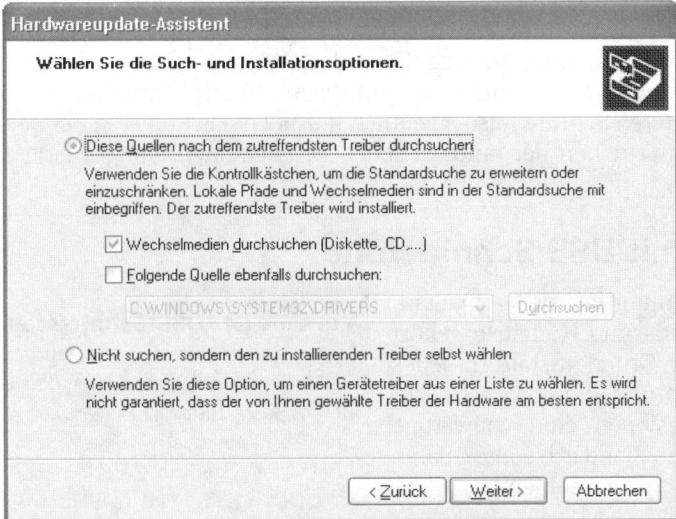

3 Lassen Sie die Option *Diese Quellen nach dem zutreffensten Treiber durchsuchen* aktiviert und kreuzen Sie darunter das Kästchen vor dem Eintrag *Wechselmedien durchsuchen* an.

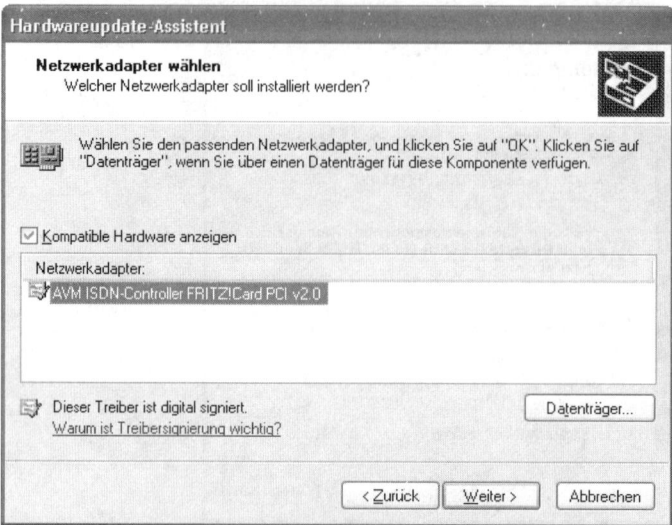

4 Windows durchsucht daraufhin alle eingelegten CDs und Disketten nach passenden Treibern und bietet Ihnen im Ergebnis alle Installationsmöglichkeiten für Ihre ISDN-Karte an. In der Regel sollte natürlich nur ein einzelner Eintrag vorhanden sein, aber in einigen Fällen befinden sich die Treiber zum Beispiel in mehreren Sprachversionen auf der CD, die hier einzeln aufgezählt werden. Wählen Sie die deutsche Treiberversion für Windows XP und klicken Sie auf *Weiter*, um den Installationsprozess zu starten. Alle weiteren Schritte (also eigentlich nur noch das Kopieren der benötigten Dateien) sind mit denen der automatischen Installation (siehe vorheriger Abschnitt) identisch.

ISDN-Modem mit USB-Schnittstelle

Spätestens seit der Einführung des ATX-Standards für PC-Mainboards und -Gehäuse gehört ein USB-Anschluss zur Grundausstattung jedes PCs. Seit Windows 95b und Windows 98 besitzen alle Windows-Versionen eine vollwertige Unterstützung für diesen Standard, sodass nahezu alle aktuellen PCs völlig problemlos damit umgehen können.

Dennoch hat es einige Zeit gedauert, bis sich Peripheriegeräte zu konkurrenzfähigen Preisen am Markt befunden haben, aber seit etwa zwei Jahren ist der Siegeszug von USB-Geräten nicht mehr zu stoppen: Der Preisunterschied zwischen „normaler" Peripherie mit serieller bzw. paralleler Schnittstelle und USB-Geräten ist kaum noch bedeutend, sodass Sie die Anschaffung eines externen ISDN-Adapters auf jeden Fall in Betracht ziehen sollten.

Vorteile der USB-Schnittstelle

Zu der unkomplizierten Installation trägt nicht zuletzt der Umstand bei, dass USB-Geräte kein zusätzliches Netzteil brauchen, das Kabelsalat verursacht und eine zusätzliche Steckdose erfordert. Die Stromversorgung wird über den Bus sichergestellt, deshalb genügt ein einzelnes Kabel zwischen PC und ISDN-Adapter. Ein weiterer Vorteil gegenüber herkömmlichen externen Modems ist der Umstand, dass die Geschwindigkeit der USB-Schnittstelle (im Gegensatz zur seriellen Schnittstelle) problemlos ausreicht, selbst bei Kanalbündelung die volle Übertragungsgeschwindigkeit der beiden ISDN-Kanäle zu bewältigen.

Sie bekommen eine Menge geboten, wenn Sie eine einfache Installation und problemlose Handhabung bevorzugen.

Anschluss des Geräts

Das Anschließen eines USB-Modems oder ISDN-Adapters ist denkbar unkompliziert:

1 Verbinden Sie das Gerät mit dem ISDN-Netzabschluss.

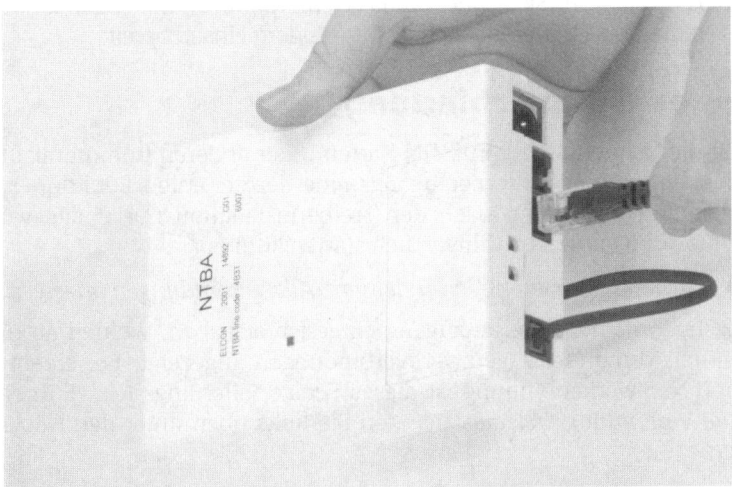

2 Stecken Sie das USB-Buskabel in das Gerät und auf der Rückseite Ihres PCs in einen der beiden Anschlüsse. (Dabei passt das Kabel in jedem Fall nur richtig herum in die entsprechende Buchse.

Einerseits unterscheiden sich die beiden Stecker, die jeweils in den ISDN-Adapter und in den PC gehören, andererseits sind die Stecker jeweils asymmetrisch.)

Installation der Treiber

Seit Windows XP wird die Treiberinstallation für alle Arten von Geräten einheitlich durchgeführt. Das bedeutet, dass sich die Installation eines USB-ISDN-Modems nicht von der einer ISDN-PC-Karte unterscheidet. In beiden Fällen wird nach dem Erkennen des neuen Geräts automatisch der Hardware-Assistent aufgerufen, um die Treiber ins System zu integrieren. Im Fall des USB-Modems müssen Sie jedoch nicht einmal den Computer zum Anschließen herunterfahren. Sie schließen das Gerät an, führen die Installation mit dem Hardware-Assistenten durch, und danach ist das Modem einsatzbereit.

Einrichten einer Wählverbindung

Glücklicherweise ist die Verwendung von ISDN-Karten (oder anderen Kommunikationsgeräten) für die Herstellung eines Internetzugangs eine der zentralen Funktionen von Windows XP. Dementsprechend sind nach der Treiberinstallation nur einige wenige Schritte nötig, bevor Sie den ersten Anwahlversuch starten können.

1 Führen Sie im Startmenü den Befehl *Verbinden mit/Alle Verbindungen anzeigen* aus.

2 Da Sie bis jetzt noch keinen Internetzugang eingerichtet haben, werden an dieser Stelle nur eventuell vorhandene Netzwerkverbindungen angezeigt. Bei einem Einzelplatz-PC ohne Netzwerkanbindung ist dieses Fenster allerdings leer. Führen Sie den Befehl *Neue Verbindung erstellen* aus, den Sie links oben unter den *Netzwerkaufgaben* finden.

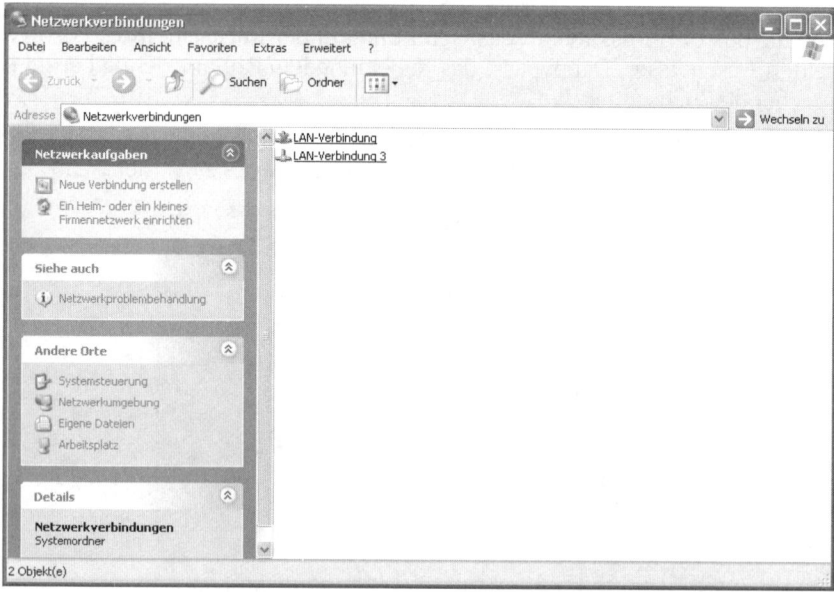

3 Der erste Schritt des Verbindungs-Assistenten informiert Sie wie immer nur über den Start des Vorgangs.

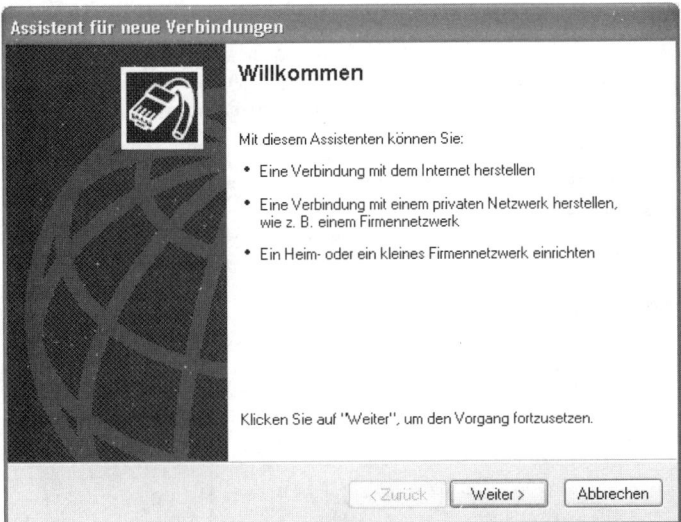

4 Wählen Sie im nächsten Schritt die Option *Verbindung mit dem Internet herstellen aus* bzw. lassen Sie diese Option aktiviert.

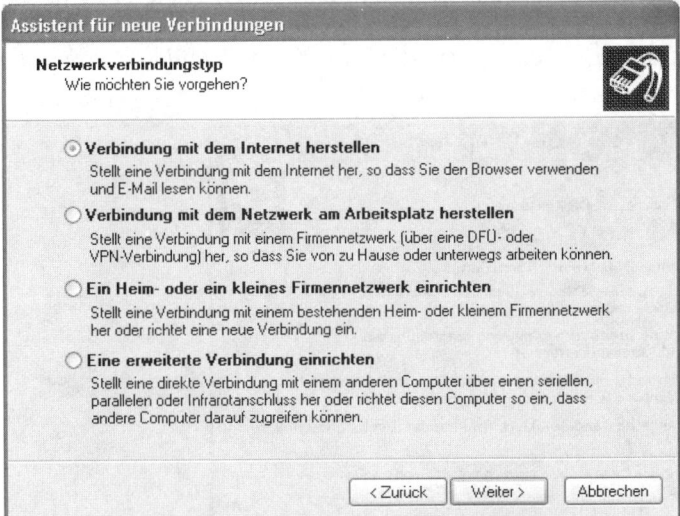

5 Mit der Option *Verbindung manuell einrichten* bekommen Sie später die Möglichkeit, Ihre ISDN-Karte als Kommunikationsgerät und die Verbindungsdaten Ihres Providers anzugeben.

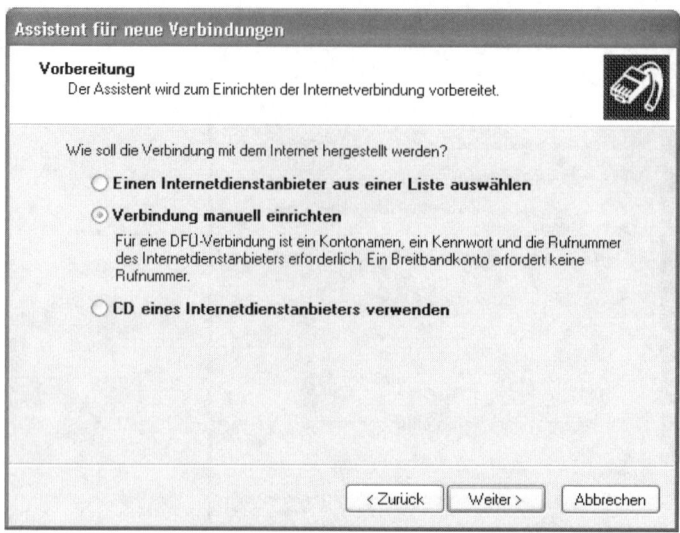

6 Wählen Sie danach die Option *Verbindung mit einem DFÜ-Modem herstellen*. Hinter der Geräteklasse verbergen sich normalerweise alle Modems und ISDN-Karten, die den Zugang ins Internet mithilfe einer Wählverbindung herstellen. Für eine Verbindung mithilfe eines DSL-Modems würden Sie an dieser Stelle die Option *Verbindung über eine Breitbandverbindung herstellen, die Benutzername und Kennwort erfordert* aktivieren.

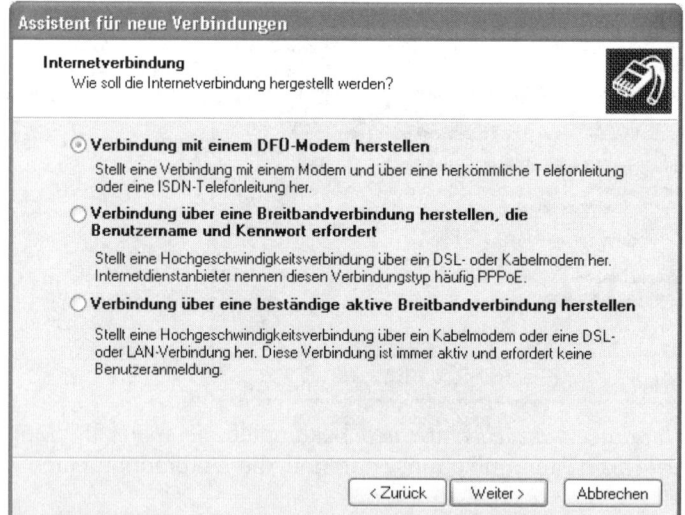

Ausnahme Fritz!Card DSL

Obwohl die Fritz!Card DSL, auf die wir später im Kapitel noch eingehen werden, eine DSL-Breitbandverbindung ins Internet herstellt, wird Sie von den Treibern doch wie eine ISDN-Karte verwaltet. Falls Sie eine solche Karte in Ihrem System besitzen, müssen Sie an dieser Stelle ebenfalls die Option *Verbindung mit einem DFÜ-Modem herstellen* auswählen.

7 Wählen Sie im nächsten Schritt einen oder beide ISDN-Kanäle aus, die von der Treibersoftware als Zugangshardware angeboten wird. Wie Sie in dieser Abbildung sehen, wird auch die Fritz!Card DSL – sofern vorhanden – als ISDN-Karte angeboten. Mit der Option *Alle verfügbaren ISDN-Leitungen sind mehrfach vorhanden* aktivieren Sie übrigens die automatische Kanalbündelung, mit der sie jedes Mal über beide ISDN-Kanäle mit dem Internet verbunden werden. Um unnötige Kosten zu sparen, sollten Sie diese Option deaktivieren und nur bei Bedarf die Kanalbündelung einsetzen.

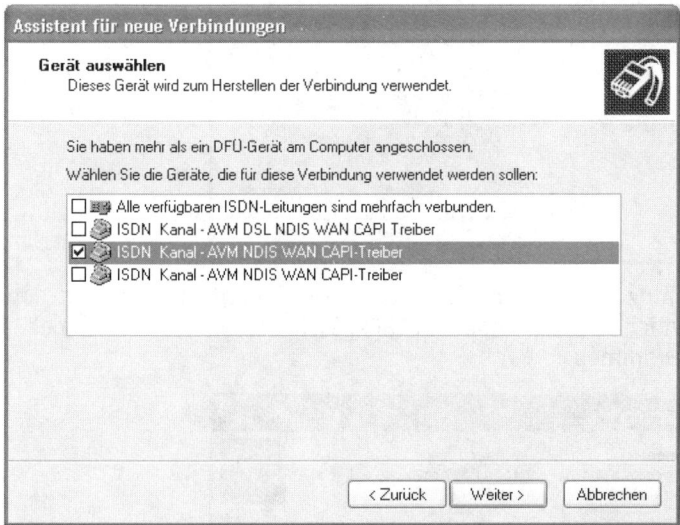

8 Geben Sie als Nächstes den Namen Ihres Internetproviders an, hier „T-Online" als Internetdienstanbieter.

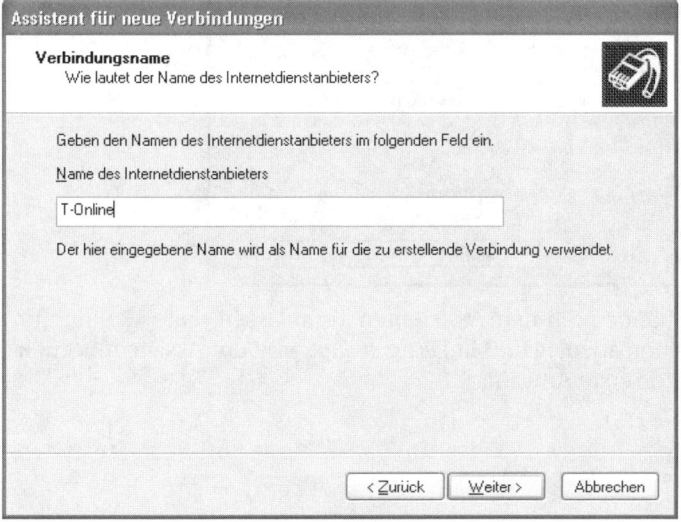

9 Danach geben Sie die Anwahlnummer an.

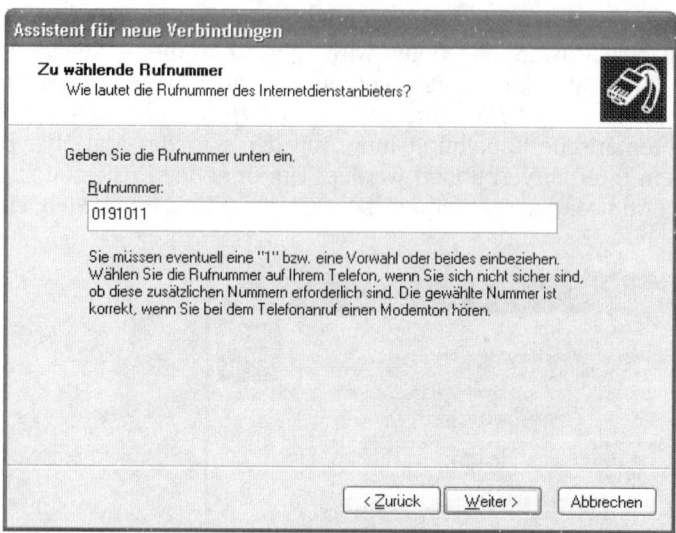

10 Tragen Sie den Benutzernamen mit dem zugehörigen Kennwort ein, mit dem Sie sich bei Ihrem Provider anmelden können. Diese Daten haben Sie im Normalfall per Post zugeschickt bekommen.

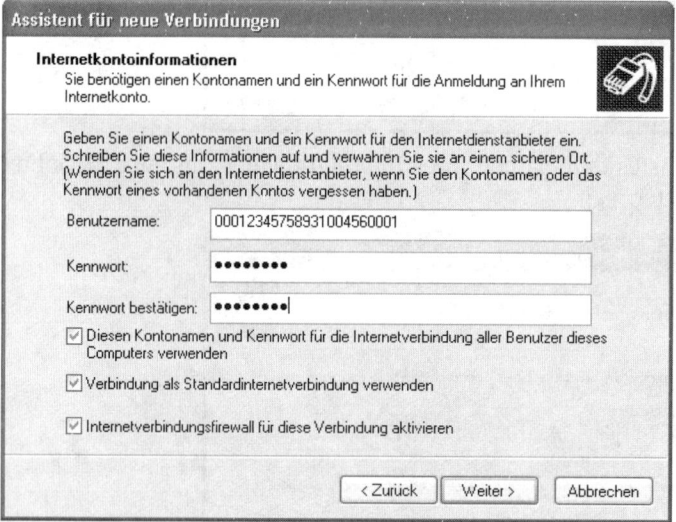

11 Im letzten Schritt können Sie den Assistenten veranlassen, eine Verknüpfung auf dem Windows-Desktop anzulegen. Mit *Fertig stellen* wird der Assistent beendet, und Sie sind bereit für eine erste Anwahl.

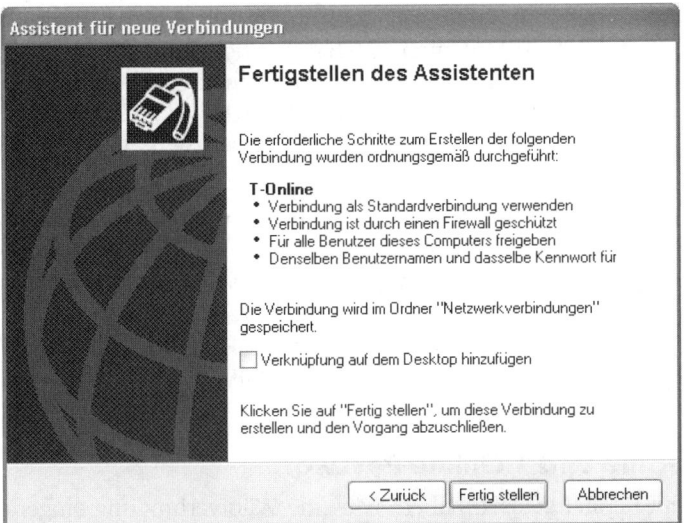

12 Nach einem Klick auf das Symbol auf dem Desktop erscheint der Verbindungsdialog mit Ihren eben eingegebenen Daten. Jetzt müssen Sie nur noch auf *Wählen* klicken, um das Anwählen Ihres Internetproviders zu veranlassen. Nach der Überprüfung Ihres Namen und Ihres Kennworts wird Ihr Rechner im Internet angemeldet, und Sie besitzen eine vollwertige Verbindung. Beenden Sie die Sitzung, indem Sie unten rechts in der Windows-Taskleiste auf das Symbol mit den beiden verbundenen Computern und danach auf den Befehl *Trennen* klicken.

Troubleshooting: T-Online via DFÜ-Netzwerk

Als T-Online-Benutzer werden Sie beim Einrichten des Zugangs auf Ihrem Rechner mit einem umfangreichen Softwarepaket konfrontiert: Neben dem Hauptprogramm (dem T-Online-Decoder mit Einwahlmodul) können zusätzlich der Internet Explorer und/oder

Netscape Navigator installiert werden. Das hat natürlich unbestreitbar den Vorteil, dass Sie einen Rechner in einem Rutsch voll internetfähig machen können. Andererseits nimmt die T-Online-Software ziemlich tiefe Eingriffe in Ihr Computersystem vor, was oft Probleme mit anderen Internetprogrammen (wie z. B. ICQ) nach sich zieht, und die mitgelieferten Versionen von Netscape und Internet Explorer lassen sich ausschließlich in Verbindung mit dem T-Online-Decoder nutzen.

Angesichts der Tatsache, dass auf fast jedem Windows-Rechner alle Programme für einen Internetzugang vorhanden sind (DFÜ-Netzwerk, Internet Explorer, Outlook Express), stellt sich die Frage, ob es nicht einen Weg gibt, auf den zusätzlichen Ballast zu verzichten. Sie können ohne T-Online-Decoder zwar keine BTX-Dienste nutzen, aber das Internet erschließt sich Ihnen voll und ganz. Und es geht tatsächlich: Mit den richtigen Einstellungen können Sie sich per DFÜ-Netzwerk in den T-Online-Server einwählen und alle Internetdienste nutzen.

T-Online-Benutzername und T-Online-Passwort

Wenn Sie weiter oben im Kapitel gelesen haben, wie eine Wählverbindung eingerichtet wird, kommen keine großen Schwierigkeiten auf Sie zu. Legen Sie wie gewohnt eine neue Verbindung an und tragen Sie folgende Parameter ein:

T-Online	Beschreibung
Benutzername	Der Benutzername hat das Format XXXXXXXX#0001 und besteht aus Ihrer zwölfstelligen Anschlusskennung, Ihrer T-Online-Nummer und der Mitbenutzernummer 0001. Bei einem DSL-Zugang muss zudem noch die Endung @t-online.de angefügt werden.
Passwort	Ihr T-Online-Passwort.

Mail und News: Alle Internetdienste nutzen

Natürlich ist es mit der Einrichtung der Wählverbindung nicht getan, wenn Sie wirklich alle Internetdienste nutzen möchten, die T-Online zur Verfügung stellt. Sie benötigen die jeweiligen Adressen, damit auf die entsprechenden Server bzw. Dienste zugegriffen werden kann. Alle wichtigen Angaben finden Sie in der folgenden Tabelle:

T-Online-Server	Adresse
SMTP-Mailausgang	smtp.t-online.de
POP3-Maileingang	pop3.t-online.de
News	news.t-online.de

14.3 Troubleshooting – Keine ISDN-Verbindung

Glücklicherweise gibt es in Beziehung auf ISDN-Karten sehr wenige Fehler, die auftreten können. Sollten Sie die Hardware nach der Anleitung in diesem Kapitel korrekt eingebunden haben, tauchen extrem wenige Fehler auf, die speziell mit der ISDN-Hardware zusammenhängen. Eine Reihe allgemeiner DFÜ-Probleme finden Sie zusätzlich in Kapitel 14.10 gelöst. Sollten Sie hier nicht fündig werden, gibt es dort eine Menge Tipps, die Ihnen sicher weiterhelfen.

Was tun, wenn der S0-Bus eine Störung meldet?

Ähnlich wie die Geräte am SCSI-Bus sind alle ISDN-Geräte über den S0-Bus miteinander verbunden. Obwohl es keine Möglichkeit gibt, ein einzelnes ISDN-Gerät falsch an den S0-Bus anzuschließen, gibt es manchmal Probleme, wenn mehrere Geräte betrieben werden. Beim Versuch, mit Ihrer ISDN-Karte eine Wählverbindung herzustellen, bekommen Sie scheinbar unsinnige Meldungen, die etwas über eine Störung des S0-Bus oder einen Gerätefehler aussagen.

Entweder – Jedes Gerät besitzt eine interne Terminierung, die das „offene" Kabelende mit einem Widerstand elektrisch abschließt und so Störsignale verhindert. Sollte irgendwo ein Kabel mit dem ISDN-Netzabschluss verbunden sein, an das kein Endgerät angeschlossen ist, wird auf diese Weise ein „offenes" Kabelende erzeugt, das keine Terminierung besitzt. Die Störsignale, die in diesem Kabel erzeugt und reflektiert werden, legen den ganzen S0-Bus lahm, sodass keine Verbindung von den anderen Geräten aus möglich ist. Entfernen Sie also jedes Kabel aus dem Netzabschluss, an das kein Endgerät angeschlossen ist.

Oder – Maximal dürfen acht Endgeräte an einen einzelnen ISDN-Netzabschluss angeschlossen werden. Sollte diese Zahl überschritten werden, z. B. weil Sie mehrere Verteiler verwenden, kann es zu Störungen des S0-Bus kommen. Überprüfen Sie also die Anzahl der angeschlossenen Geräte und reduzieren Sie sie auf ein erlaubtes Maß.

Warum kommt keine Verbindung zu Stande?

Dieser Fehler tritt bei einer korrekt eingerichteten ISDN-Karte nur äußerst selten auf. Typisches Symptom ist ein Abbruch des Wählvorgangs bereits nach einer sehr kurzen Zeitspanne mit einer Meldung, die besagt, dass auf der anderen Seite niemand erreicht werden konnte.

Am wahrscheinlichsten hängt dies mit dem Faktor „Amtsholziffer" zusammen. Auch wenn Sie mit Ihrer ISDN-Karte an eine Nebenstellenanlage angeschlossen sind, ist es durchaus nicht immer notwendig, eine Amtsholziffer vorzuwählen. Überprüfen Sie, ob der Fehler immer noch auftritt, wenn Sie die Telefonnummer Ihres Internetproviders direkt anwählen, ohne dass eine Amtsholziffer eingetragen ist. Ebenso ist es natürlich möglich, dass Sie keine Amtsholziffer eingetragen haben, obwohl das an Ihrer Telefonanlage nötig ist. Im Zweifelsfall müssen Sie die entsprechenden Informationen vom Betreiber der Anlage einholen.

14.4 Einrichten einer USB-Telefonanlage mit ISDN

Der Komfort, den USB-Geräte zu bieten haben, hat dafür gesorgt, dass in jüngster Zeit nicht mehr nur einfache ISDN-Adapter für diese Schnittstelle erhältlich sind, sondern dass auch ISDN-Telefonanlagen mit USB-Verbindung zum PC angeboten werden. Damit bekommen Sie alle erdenklichen Funktionen in einem einzigen Paket geboten: Einerseits können Sie den PC auf diesem Weg mit dem Internet verbinden, andererseits haben Sie die Möglichkeit, analoge Endgeräte auch weiterhin mit dem ISDN-Anschluss zu nutzen. Und Sie können die verschiedenen Rufnummern, die Sie zugeteilt bekommen haben, auf die verschiedenen Geräte verteilen, sodass Sie jede Nummer einzeln für Telefon und Fax nutzen können.

Das Anschließen ist ähnlich einfach wie bei einem ISDN-Modem, und die Einrichtung ist dank leicht bedienbarer Software innerhalb von Minuten erledigt. So geht's:

Anschließen der ISDN-Anlage

Der einzige äußere Unterschied zwischen einem ISDN-Modem mit USB-Schnittstelle und einer USB-Telefonanlage ist das Netzteil, das die Telefonanlage zusätzlich benötigt. Gehen Sie folgendermaßen vor:

1 Montieren Sie die Telefonanlage zweckmäßigerweise in der Nähe des ISDN-Netzabschlusses an der Wand. Das ist deshalb empfehlenswert, weil Sie so eine feste Basis für den Anschluss der verschiedenen Endgeräte haben. Eine passende Bohrschablone zum Anbringen der Schrauben sollte sich mit in der Packung befunden haben. Notfalls ist aber auch ein kleiner Tisch o. Ä. zum Aufstellen der Anlage geeignet.

2 Verbinden Sie die Anlage mithilfe des ISDN-Kabels mit dem ISDN-Netzabschluss (NTBA). Dabei können Sie nichts falsch machen, denn das Kabel kann nur richtig herum und in die passenden Anschlüsse gesteckt werden.

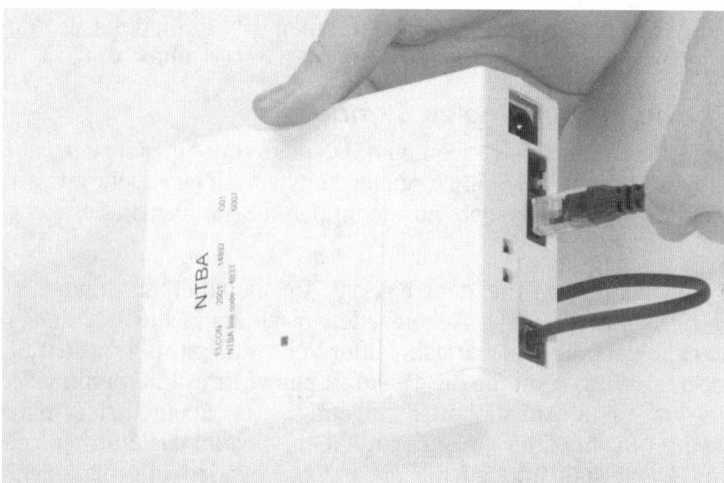

3 Verbinden Sie die Anlage mithilfe des USB-Kabels mit dem PC. Auch hier sorgt die asymmetrische Form der Stecker für Sicherheit beim Einstecken. Es gibt einfach nur eine richtige Methode, das Kabel mit der Telefonanlage und auf der anderen Seite mit dem PC zu verbinden.

4 Schließen Sie das Netzgerät an die Telefonanlage an und stecken Sie es danach in eine freie 220-Volt-Steckdose.

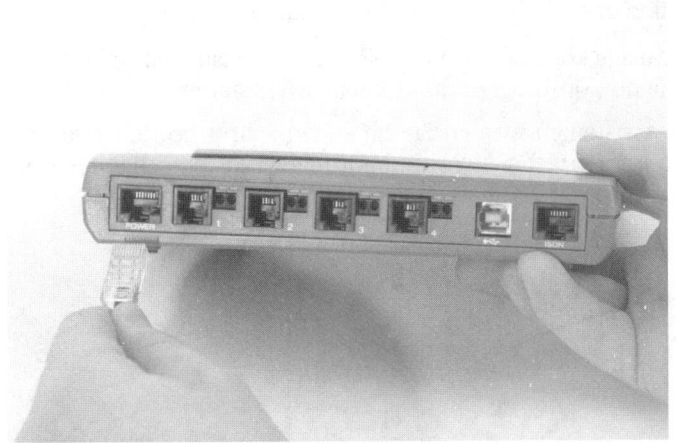

5   Jetzt erkennt Windows, dass neue Hardware angeschlossen wurde, und fordert automatisch die Treiber-CD an. Falls die benötigten Dateien bereits im Windows-Paket enthalten waren, wird die Installation auch ohne CD durchgeführt. Wie das geht, haben wir Ihnen schon weiter oben im Abschnitt über ISDN-Karten beschrieben.

6   Verbinden Sie – gegebenenfalls mithilfe von Adapterkabeln, wie im Fall der Anlage im Bild – Ihr analoges Telefon und andere Endgeräte wie Fax und Anrufbeantworter mit der Anlage.

Einrichten der Telefon-Anlage per Software

Im Lieferumfang aller USB-Telefonanlagen ist eine Software zur Konfiguration enthalten, mit der Sie zum Beispiel die Rufnummern, die Ihnen von der Telefongesellschaft zugewiesen wurden, auf die verschiedenen Anschlüsse der Anlage verteilen können.

Diese Software wird wie jede herkömmliche Anwendung von der CD installiert, die mit der Anlage ausgeliefert wurde.

Im Fall der FritzX!-Anlage, die uns zur Verfügung stand, konnte das entsprechende Programm nach der Installation des Fritz!-Softwarepakets aufgerufen werden.

Für die Einrichtung der Anlage können Sie zum Beispiel die Assistentenfunktion nutzen, die beim Aufruf des Konfigurationsprogramms automatisch gestartet wird.

1 Nach dem Start des Assistenten werden Sie im ersten Schritt begrüßt und über die Möglichkeiten der folgenden Arbeitsschritte informiert. Hier brauchen Sie nur *Weiter* zu klicken.

2 Danach geben Sie im Normalfall die drei Rufnummern (MSNs) ein, die Ihrem ISDN-Anschluss zugeteilt sind.

Die Anlage kann aber auch bis zu zehn Rufnummern verwalten, über die ein einzelner ISDN-Anschluss maximal verfügen kann.

Falls Sie das Leistungsmerkmal „Anrufweiterschaltung" von Ihrer Telefongesellschaft abonniert haben, kann die Eintragung aller Nummern mithilfe der Schaltfläche *Auto-Konfiguration* aber auch automatisch erfolgen.

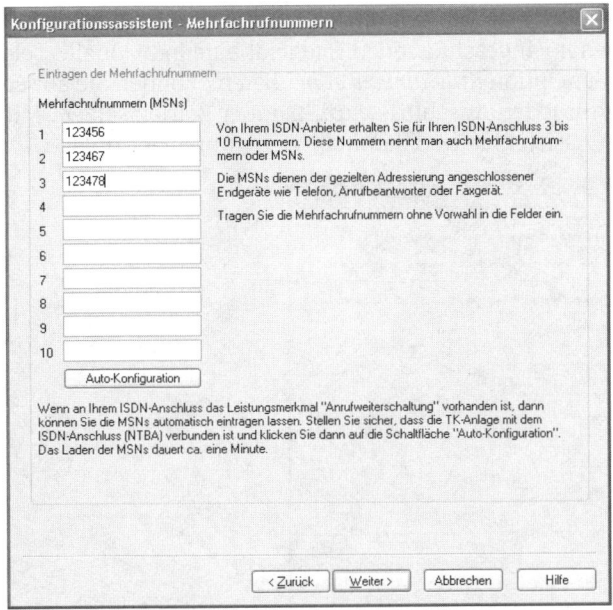

3 Vergeben Sie im nächsten Schritt Namen für die verschiedenen Geräte an den Nebenstellen der Anlage. Das können Bezeichnungen wie „Fax" oder „Anrufbeantworter" sein, aber auch die Namen der Telefonbenutzer, die einen eigenen Apparat bekommen. Die Nummerierung der Felder entspricht dabei der Nummerierung der Anschlüsse an der Anlage. Aktivieren Sie die Option *Anrufbeantworter verwenden* für jeden Anschluss, an dem ein Anrufbeantworter vorhanden ist. So können eingehende Anrufe auch von anderen Anschlüssen aus nachträglich entgegengenommen werden, wenn der Anrufbeantworter bereits abgehoben hat.

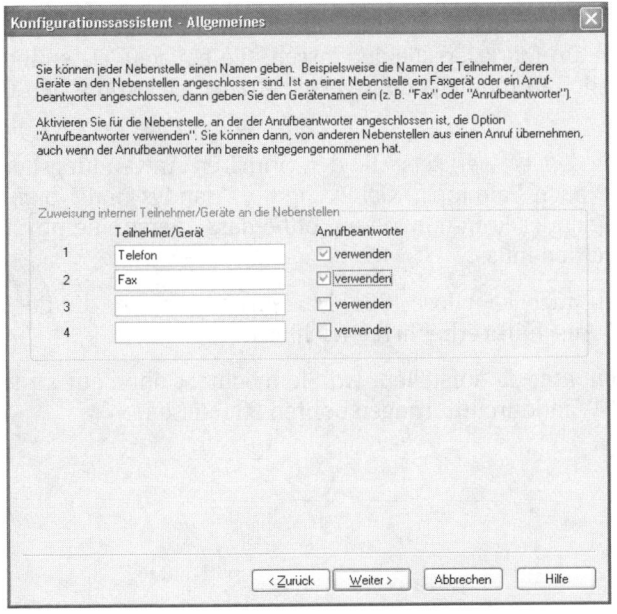

4 Zuletzt verteilen Sie die angegebenen Rufnummern auf die Anschlüsse der Anlage. So haben Sie ganz leicht jedem angeschlossenen Endgerät eine individuelle Telefonnummer zugeordnet. Mit der Option *Rufe abweisen bei Besetzt* können Sie außerdem noch die Anklopffunktion für jeden Anschluss einzeln außer Betrieb setzen. Mit *Fertig stellen* beenden Sie den Assistenten und damit die Einrichtung der Anlage.

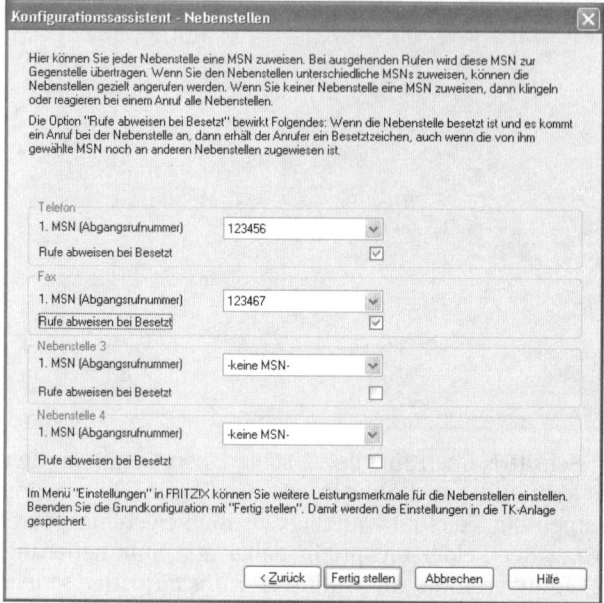

14.5 Wie Sie ISDN komplett drahtlos nutzen

Die Einführung des Bluetooth-Standards für Funknetzwerke hat im letzten Jahr eine Vielzahl von neuen Produkten am Markt erscheinen lassen, die einfache Datenübertragungen ohne Kabelsalat zwischen Computern oder verschiedenen elektronischen Geräten möglich machen.

Dazu gehören natürlich kabellose Netzwerksets, die den primären Anwendungsbereich des Standards darstellen, aber auch Palmtops, Kleincomputer, Handys und Notebooks können auf diesem Weg miteinander kommunizieren, ohne dass zuerst eine physikalische Verbindung hergestellt werden muss.

Und dementsprechend werden auch kabellose ISDN-Modems angeboten, die das Verbinden des PCs mit dem ISDN-Anschluss erheblich erleichtern.

Endlich können Sie Ihren Computer da aufstellen, wo Sie möchten, ohne auf zu kurze Kabel Rücksicht nehmen oder Wanddurchführungen bohren zu müssen.

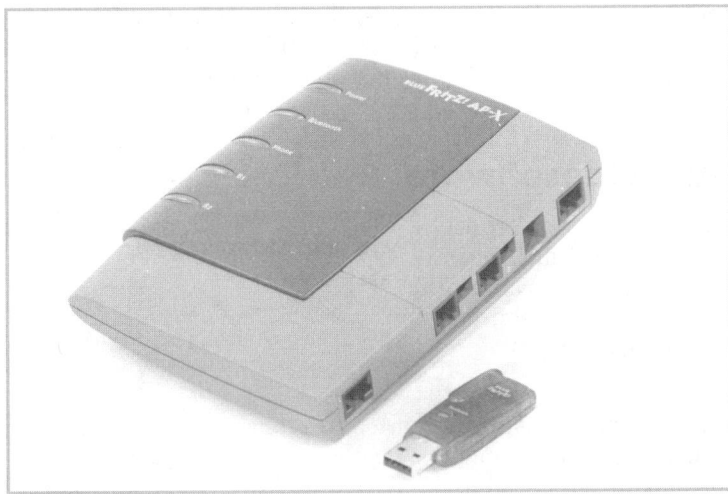

Überraschend übersichtlich: Kabelloses ISDN-Modem von AVM.

Anschließen eines Bluetooth-Modems

Das Anschließen eines kabellosen ISDN-Modems unterscheidet sich überraschend wenig von der Handhabung eines „normalen" Modems mit USB-Kabel, denn letztendlich wird lediglich das Kabel durch eine Funkstrecke ersetzt. Nur die Reihenfolge beim Verbinden der verschiedenen Stecker ist geringfügig anders. Das Set eines kabellosen ISDN-Modems besteht aus einem Access Point genannten Funkmodem und einem kleinen Bluetooth-Sender/Empfänger, der in den USB-Port Ihres Computers gesteckt wird. Gehen Sie beim Anschließen folgendermaßen vor:

1 Verbinden Sie das Bluetooth-Modem mithilfe des ISDN-Kabels mit dem ISDN-Netzabschluss (NTBA). Dabei können Sie nichts falsch machen, denn das Kabel kann nur richtig herum und in die passenden Anschlüsse gesteckt werden.

2 Schließen Sie das Netzgerät an das Modem an und stecken Sie es danach in eine freie 220-Volt-Steckdose.

3 Stecken Sie den Sender/Empfänger in einen freien USB-Port Ihres Computers.

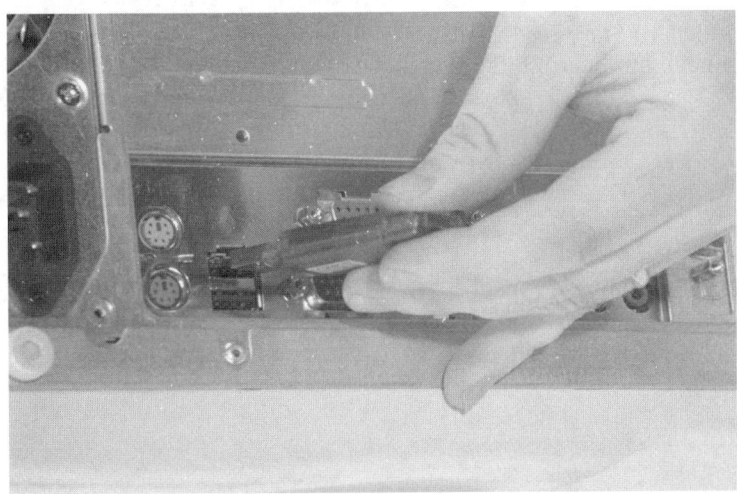

4 Jetzt erkennt Windows, dass neue Hardware angeschlossen wurde, und fordert automatisch die Treiber-CD an. Legen Sie die CD ein und führen Sie die Installation durch. Wie das geht, haben wir Ihnen schon weiter oben im Abschnitt über ISDN-Karten beschrieben.

Einrichten der Anmeldesoftware

Über die Treiberinstallation hinaus erfordert das Einrichten eines Bluetooth-Modems auch noch die Anmeldung des Senders/Empfängers am Access Point (also dem eigentlichen Modem, das am ISDN-Netzabschluss angeschlossen ist).

Das geschieht mithilfe eines kleinen Programms, das bei der Installation in die Windows-Startroutine eingebunden wurde und das danach bei jedem Rechnerstart für eine funktionierende Funkverbindung zwischen den beiden Geräte sorgt.

> **Achtung! Sicherung per Passwort**
>
> Die Sicherung per Passwort ist nötig, damit sich kein Unbefugter von außen Zugang zu Ihrer ISDN-Leitung verschaffen kann. Das Funksignal des Modems kann theoretisch nämlich von außerhalb Ihrer Wohnung bzw. Ihres Hauses angezapft werden.

Um die Anmeldung durchführen zu können, benötigen Sie das spezifische Passwort für Ihr eigenes Bluetooth-Modem. Sie finden das Passwort entweder auf einem Aufkleber an der Unterseite des Geräts oder in den Unterlagen, die der Packung beigelegen haben.

Anmeldung manuell starten

In der Anleitung, die dem Bluetooth-Modem beigelegen hat, wurde die Installation so beschrieben, dass nach dem Kopieren der Treiberdateien automatisch die Anmeldung am Access Point gestartet würde.

Wir haben die Erfahrung gemacht, dass es dabei Schwierigkeiten geben kann bzw. dass dieser automatische Start nicht funktioniert.

Um das Problem zu lösen, haben wir deshalb das Installationsprogramm des Treibersoftware noch einmal von Hand von der CD gestartet.

Unter Windows XP führen Sie dazu die Datei *Setup.exe* im Unterverzeichnis *Windows.XP* aus.

1 Nach dem (manuellen) Start der Installationssoftware von CD werden Sie in einem ersten Schritt einfach nur begrüßt. Bestätigen Sie dies durch einen Klick auf *Weiter.*

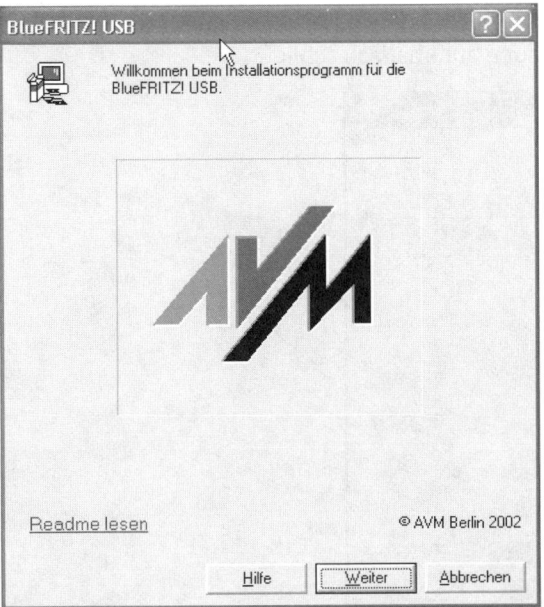

2 Angesichts der Tatsache, dass die eigentlichen Treiberdateien bereits ins System eingebunden sind, ist die Auswahl der *Installation* deaktiviert. Wählen Sie stattdessen die Option *Update*, um ein erneutes Kopieren aller Dateien bzw. ein erneutes Einbinden in die Systemregistrierung durchzuführen.

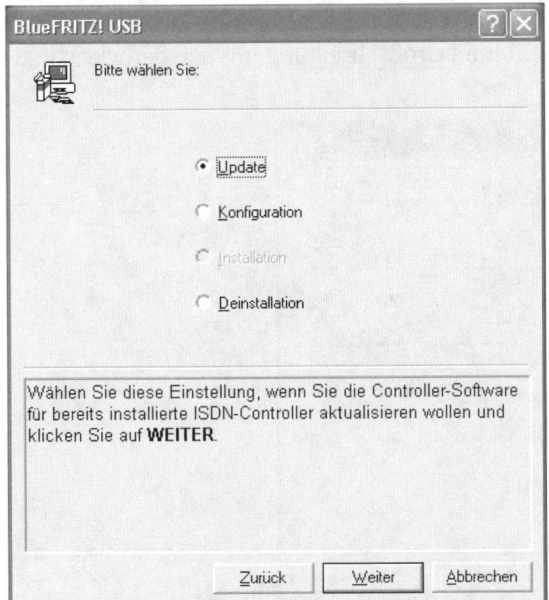

3 Beenden Sie den Installations-Assistenten mit einem Klick auf die gleichnamige Schaltfläche. Nach wenigen Sekunden startet automatisch das Programm, das die Verbindung zwischen Sender/Empfänger in Ihrem PC und dem Modem herstellt. Es erscheint ein kleines Fenster, das die Suche nach erreichbaren Modems dokumentiert und das sich nach 15 Sekunden automatisch schließt.

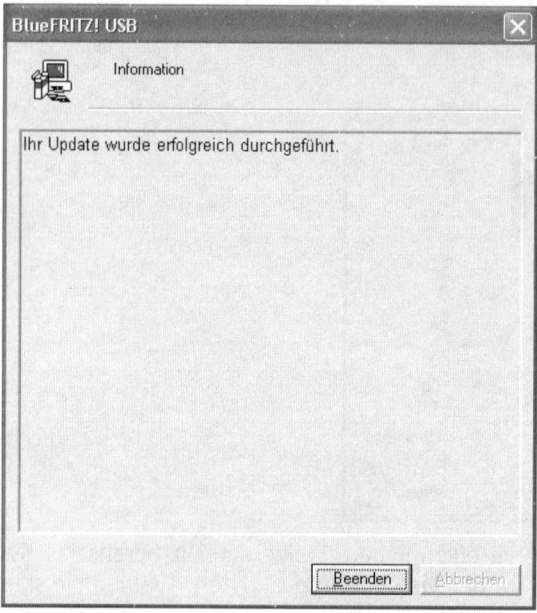

4 Danach erhalten Sie die Möglichkeit, sich durch Eingabe des Gerätepassworts am Modem/Access Point anzumelden. Geben Sie im Feld *Bluetooth-Kennwort* die Zeichenfolge ein, die in den Unterlagen des Modems angegeben ist. Achten Sie dabei auf die genaue Schreibweise, Klein- und Großschreibung müssen berücksichtigt werden.

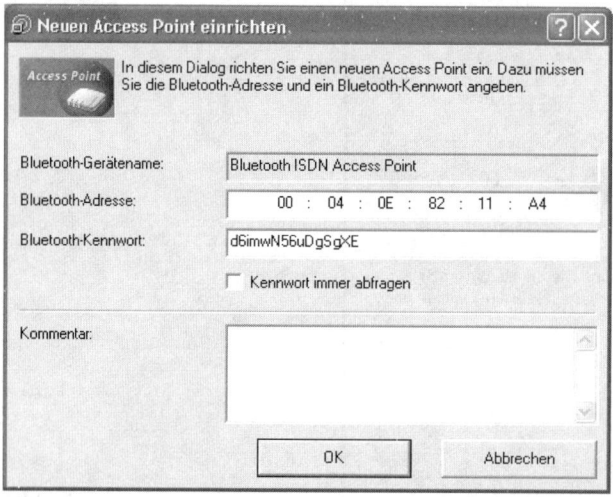

5 Danach steht die Funkverbindung zwischen Ihrem PC und dem ISDN-Modem. Sie können jetzt eine Wählverbindung einrichten und nutzen, als ob Sie per Kabel mit dem ISDN-Netz verbunden wären.

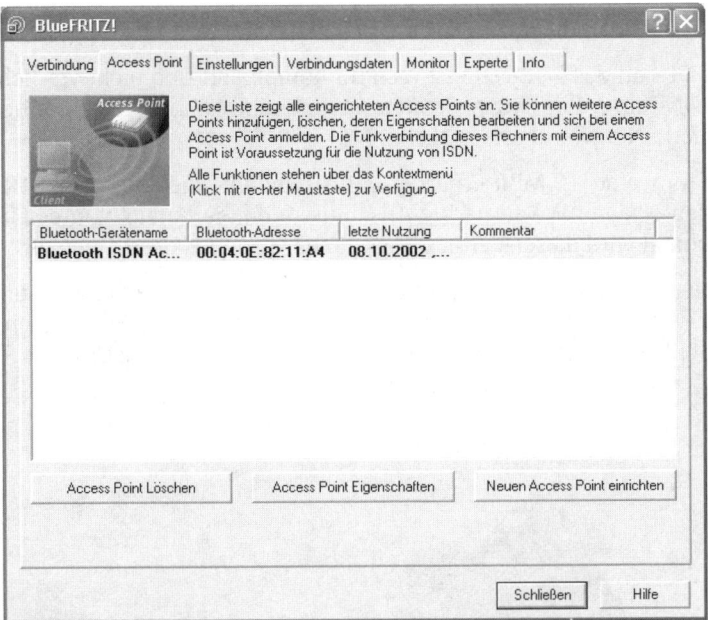

14.6 Einbauen und Einrichten eines DSL-Modems

DSL und ISDN funktionieren zwar nach einem anderen Prinzip, aber sie erfüllen beide die Funktion, eine digitale Verbindung ins Internet herzustellen. DSL bietet dabei allerdings wesentlich höhere Übertragungsgeschwindigkeiten, unter optimalen Bedingungen das Zwölffache der normalen ISDN-Übertragungsrate, das sind ca. 95 KByte/s.

Aufgrund dieses Vorteils wird sich DSL in absehbarer Zeit endgültig als wichtigste Verbindungsart am Markt durchsetzen.

Aus eigener Erfahrung können wir sagen, dass selbst unter ungünstigen Bedingungen der Aufbau einer Internetseite um einiges schneller vonstatten geht, auch wenn dabei bei weitem nicht immer die optimale Übertragungsrate erreicht wird.

Das „World Wide Waiting", also das weltweite Warten, verringert sich so ganz erheblich.

Vorteile eines DSL-Anschlusses

Falls Sie in einer Gegend wohnen, in der DSL bereits verfügbar ist, sollten Sie diese Alternative ernsthaft in Betracht ziehen. Die Kostenstruktur mit günstigen Flatrate-Tarifen und niedrigen Hardwarekosten macht einen Wechsel auch in finanzieller Hinsicht nicht zum Verlustgeschäft. Und noch ein Vorteil bietet sich: Ihre Telefonleitung ist immer frei, auch wenn Sie gerade im Internet surfen. Wir zeigen Ihnen in diesem Abschnitt, wie einfach die Hard- und Software eingerichtet wird, falls Sie sich für den Wechsel entschlossen haben.

Unkompliziert: DSL-Hardware einrichten

Das Anschließen des PCs an das DSL-Netz ist recht unkompliziert und nicht viel schwieriger als bei einer ISDN-Karte. Ein einzige Voraussetzung gibt es aber doch: Sie benötigen eine fertig installierte Netzwerkkarte in Ihrem PC.

Dabei muss es sich um eine 10-MBit-Ethernet-Karte handeln, die über einen RJ-45-Anschluss verfügt (den eckigen Western-Plug-Anschluss, den Sie bereits von der ISDN-Karte kennen). Manchmal wird dieser Verbindungsstandard auch 10Base-T genannt.

Bei einigen DSL-Anbietern gab es eine solche Netzwerkkarte zeitweise zu einem subventionierten Kaufpreis, wenn ein DSL-Anschluss in Auftrag gegeben wird. Sie können sich bei Ihrem lokalen DSL-Anbieter erkundigen, ob das immer noch der Fall ist.

Netzwerkkarte mit RJ-45-Anschluss.

Was sich genau dahinter verbirgt, wie Sie eine Netzwerkkarte in Ihren PC einbauen und die nötigen Treiber installieren, können Sie in Kapitel 15 nachlesen, das sich ganz mit der Vernetzung von PCs befasst.

Weiterhin wird folgende Hardware zum Anschließen des PCs benötigt

Der Splitter: Er wird direkt an die Telefondose angeschlossen und trennt das DSL-Signal von den restlichen Telefonsignalen ab. Im Regelfall bekommen Sie das Gerät kostenlos vom Anbieter Ihres DSL-Anschlusses geliefert.

Das DSL-Modem: Dieses Gerät bereitet die empfangenen Signale für die Verbindung zur Netzwerkkarte auf. Das Gerät wurde bei den meisten Anbietern eine Zeit lang kostenlos ausgeliefert, wenn Sie einen DSL-Anschluss beantragt hatten. Leider wird dieser Service (zumindest von der Telekom) nicht mehr geleistet, sodass Sie selbst für die Anschaffung eines DSL-Modems sorgen müssen. Alternativ können Sie auch zu einer internen DSL-Karte greifen, damit wird dann auch die separate Netzwerkkarte überflüssig.

(Die Netzwerkkarte: Die sollte sich vor dem Anschluss eines externen DSL-Modems bereits in Ihrem PC befinden und fertig eingerichtet sein. Sie empfängt die Daten vom Modem und gibt sie an die Internetsoftware weiter.)

Anschließen der Geräte

Das Anschließen vollzieht sich in wenigen Minuten und hält keine großen Schwierigkeiten bereit:

1 Stecken Sie den Splitter in die TAE-Telefondose in der Wand. Dabei ist es egal, ob Sie einen analogen Telefonanschluss oder einen ISDN-Anschluss besitzen.

Der Stecker ist „F-kodiert", das bedeutet, er passt nur in die (meistens mittlere) Buchse, in die normalerweise das Kabel des Telefons oder des ISDN-Netzabschlusses gesteckt wird.

> **Der Anschluss muss freigeschaltet sein**
>
> Führen Sie die Anschlussarbeiten erst nach dem Termin durch, den Ihre Telefongesellschaft für die Freischaltung der DSL-Leitung angegeben hat. Ansonsten könnte es zu einer Störung kommen.

2 Verbinden Sie Ihr Telefon oder Ihren ISDN-Netzabschluss mit dem passenden Ausgang des Splitters. Je nach Ausführung befindet sich dazu im Splitter selbst eine Telefonbuchse.

3 Jetzt müssen Sie das DSL-Modem an den Splitter anschließen. Dazu ist am Splitter ein drittes Kabel angebracht, das in den Line-Eingang des Modems gesteckt wird. Je nach Ausführung der Hardware kann auch ein separates Kabel vorhanden sein, das an beiden Geräten eingesteckt werden muss.

4 Verbinden Sie die 10Base-T-Buchse des DSL-Modems mit der Netzwerkkarte in Ihrem PC.

Dazu liegt dem Modem ein so genanntes Patchkabel bei, das oft sehr kurz ist.

Im Computer- und Elektronikfachhandel bekommen Sie längere Kabel, die aber aus technischen Gründen nicht länger als zehn Meter sein dürfen.

> **Wandmontage zur besseren Ordnung**
>
> Um später das große Kabelchaos zu vermeiden, empfiehlt es sich, Splitter und Modem an der Wand in der Nähe der Telefondose zu montieren. Beide Geräte besitzen dazu in der Regel Befestigungsmöglichkeiten an der Gehäuserückseite.

Damit sind die Anschlussarbeiten abgeschlossen.

Die Software installieren

Unter Windows XP ist das Installieren von spezieller Software für die Einrichtung eines DSL-Zugangs nicht mehr notwendig. Die Arbeitsschritte, die wir Ihnen im Folgenden beschreiben, müssen nur unter älteren Windows-Versionen durchgeführt werden.

Wie Sie eine Internetverbindung ohne zusätzliche Software unter Windows XP einrichten, können Sie weiter vorn im Kapitel im Abschnitt über ISDN-Karten lesen.

An Stelle eines *DFÜ-Modems* muss im Verlauf des Verbindungs-Assistenten lediglich eine *Breitbandverbindung* als Zugangsmedium ausgewählt werden.

1   Nach dem Einlegen der Installations-CD wird automatisch das Setup-Programm gestartet.

Falls Sie die Autorun-Funktion in Ihrem System abgeschaltet haben, starten Sie das Installationsprogramm von Hand, indem Sie in der Regel die Datei *setup.exe* im Stammverzeichnis der CD aufrufen. (In diesem Fall heißt das Installationsprogramm allerdings *isisDSL.exe* und befindet sich im Unterverzeichnis *install* auf der CD.)

> **Wichtig!**
> Die Verbindungssoftware, die für ältere Windows-Versionen zur Herstellung einer DSL-Verbindung angeboten wird, variiert von Anbieter zu Anbieter. Deshalb können wir Ihnen die Einrichtung des Zugangs nur anhand eines Beispiels demonstrieren. In diesem Fall handelt es sich um die Software der Isis Multimedia-Net GmbH in Düsseldorf, die uns den DSL-Anschluss freundlicherweise zur Verfügung gestellt hat.

2   Nehmen Sie die Nutzungsbedingungen der Software an, indem Sie auf *akzeptieren* klicken.

3   Wählen Sie die Option *Quick Install (accept default settings)*, um die Verbindungssoftware mit den Standardoptionen zu installieren. Falls Sie den anderen Weg einschlagen, wird Ihnen als einzige Veränderungsmöglichkeit die Angabe eines bestimmten Installationsverzeichnisses geboten.

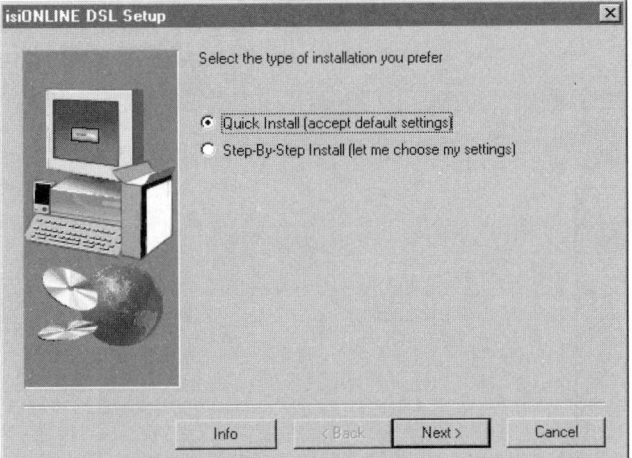

4 Danach werden alle benötigten Dateien auf die Festplatte kopiert. Nach Abschluss des Vorgangs erfolgt der obligatorische Neustart mit einem Klick auf *Finish*.

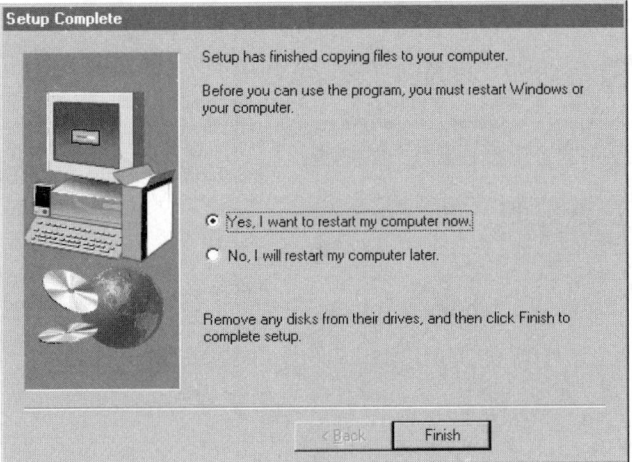

Eine Verbindung einrichten

Zum Schluss müssen Sie noch eine Verbindung zum Server Ihres Providers einrichten. Dazu genügt es im Wesentlichen, Ihren Benutzernamen und Ihr Passwort einzugeben. Stellen Sie sicher, dass das DSL-Modem eingeschaltet ist und alle Verbindungen synchronisiert sind (grüne LEDs), bevor Sie mit den folgenden Schritten fortfahren.

1 Starten Sie die Kommunikationssoftware mithilfe des Eintrags im Startmenü oder benutzen Sie die Verknüpfung auf dem Windows-Desktop.

2 Der Aufbau des Programms ähnelt dem Windows-eigenen DFÜ-Netzwerk. Um eine neue Verbindung einzurichten, doppelklicken Sie auf *Create New Profile*.

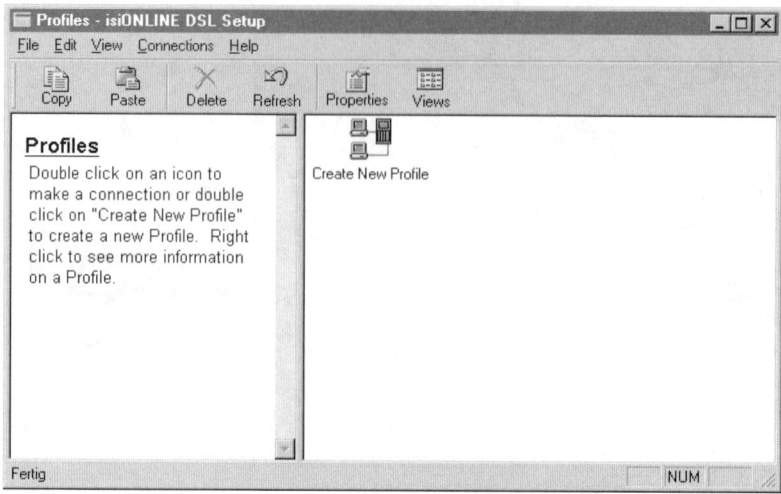

3 Vergeben Sie einen aussagekräftigen Namen für Ihre Internetverbindung. Falls Sie den Zugang mit mehreren Benutzern teilen, bietet sich zum Beispiel Ihr eigener Name an.

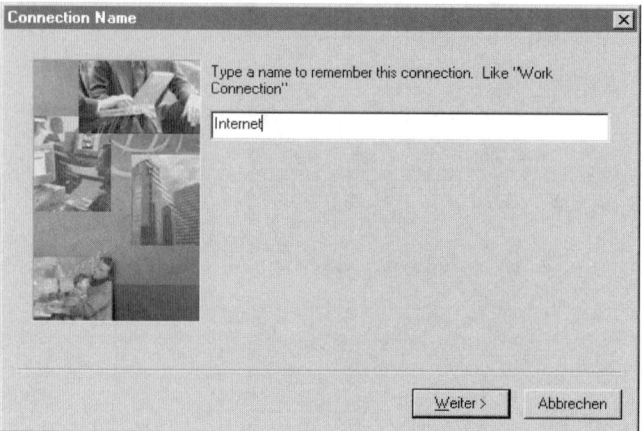

4 Geben Sie Ihren Benutzernamen und Ihr Kennwort an. Wiederholen Sie die Eingabe des Passworts im untersten Feld, um eine falsche Eingabe auszuschließen.

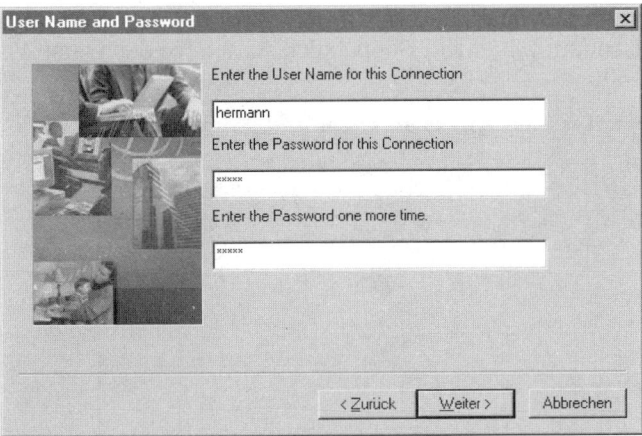

5 Jetzt sucht die Software nach allen verfügbaren DSL-Servern. Bei einem Privatanschluss ist jedoch nur ein einziger Server mit einem einzigen Dienst (nämlich dem Internetzugang) verfügbar.

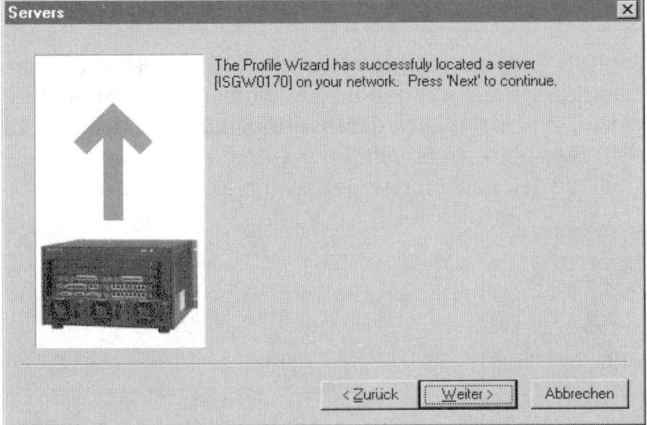

6 Zum Schluss fehlt noch ein Klick auf *Fertig stellen*, um die Einrichtung zu beenden.

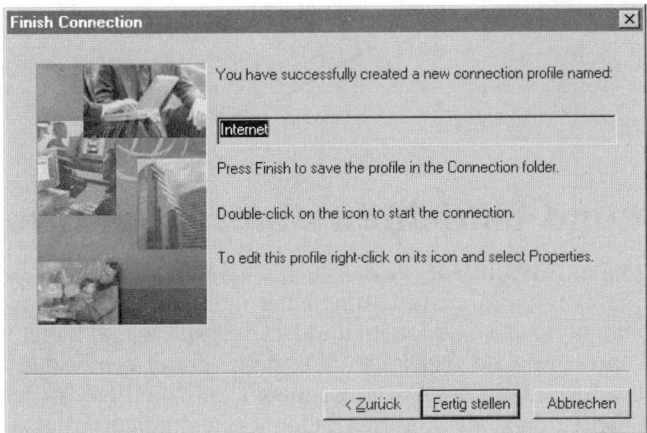

7 Jetzt finden Sie im Fenster der DSL-Software ein Symbol, das Ihre gerade eingerichtete Verbindung repräsentiert. Mit einem Doppelklick starten Sie den ersten Verbindungsaufbau.

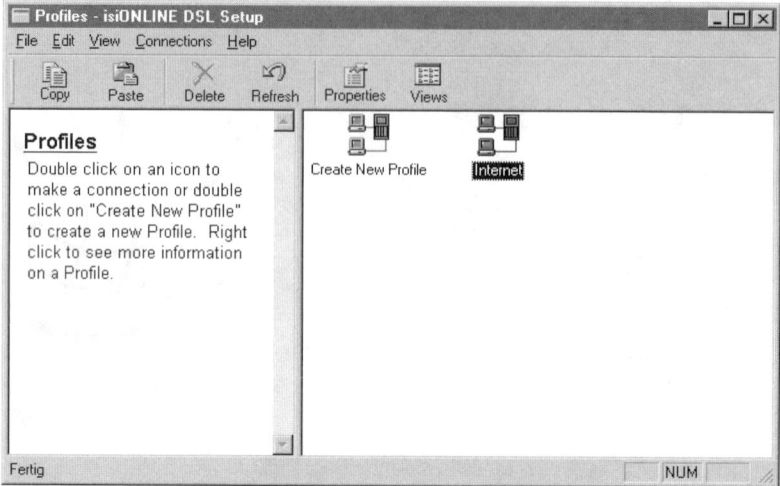

8 Mit *Connect* wählen Sie sich endgültig ins Internet ein. Danach ist alles wie beim DFÜ-Netzwerk: Sie sehen das Symbol mit den beiden blinkenden Computern in der rechten Ecke der Taskleiste, ein Doppelklick darauf ermöglicht es Ihnen, die Verbindung wieder zu beenden. Bis dahin haben alle Programme Zugriff auf das Internet, und Sie sollten erst einmal die neu gewonnene Geschwindigkeit genießen.

14.7 Einbauen und Einrichten einer DSL-Karte

Nachdem wir Ihnen bereits den Anschluss eines externen DSL-Modems gezeigt haben, führen wir Ihnen jetzt den Einbau und die Einrichtung einer internen DSL-Karte vor. So eine Karte ersetzt die Kombination aus DSL-Modem und Netzwerkkarte und bietet weniger Kabelsalat. Spätestens seitdem bei der Telekom außer dem Splitter keines der benötigten Geräte mehr im Leistungsumfang des DSL-Anschlusses enthalten ist, ist deshalb der Kauf einer DSL-Karte – nicht zuletzt aus Kostengründen – eine durchaus interessante Alternative zur Anschaffung von Netzwerkkarte und DSL-Modem.

Passt die Hardware?

Falls Sie Ihren DSL-Anschluss bei einem anderen Anbieter als der Telekom beantragt haben, sollten Sie sich vor dem Kauf erkundigen, ob die gewünschte Karte mit der Hardware bzw. dem DSL-Netzwerk Ihrer Telefongesellschaft kompatibel ist. So kann es Unterschiede bei den verwendeten Anschlussnormen und den Netzwerkprotokollen geben, die das Anschließen der DSL-Karte von vornherein verhindern. Zu diesem Thema ist jedoch fairerweise hinzuzufügen, dass dort, wo die DSL-Hardware des Anbieters nach einem abweichenden Standard ausgewählt wurde, ein DSL-Modem in der Regel kostenlos zur Verfügung gestellt wird. Somit stellt sich in so einem Fall nicht die Frage, ob zusätzliche Hardware angeschafft werden muss.

Wir zeigen Ihnen im Folgenden, wie Sie eine DSL-Karte einbauen, anschließen und danach die benötigte Software einrichten.

Einbauen und Anschließen der Karte

Der Einbau einer DSL-Karte unterscheidet sich nicht von dem einer ISDN-Karte – oder jeder anderen Erweiterungskarte für den PC. Deshalb verzichten wir an dieser Stelle auf eine explizite Beschreibung, sondern geben die Arbeitsschritte noch einmal im Schnellverfahren wieder:

1 Öffnen Sie den PC (nachdem Sie alle Kabelverbindungen auf der Rückseite getrennt haben).

2 Finden Sie einen freien PCI-Steckplatz und entfernen Sie gegebenenfalls das zugehörige Slotblech.

3 Stecken Sie die Karte senkrecht in den PCI-Steckplatz und schrauben Sie sie am Gehäusechassis fest.

4 Schließen Sie den PC und stellen Sie alle Kabelverbindungen wieder her.

Nachdem der Arbeitsablauf so weit keine Überaschungen bereithielt, wird es jetzt wieder interessanter, denn zum Schluss muss die DSL-Karte mit dem Splitter verbunden werden. Dazu verwenden Sie am besten das Kabel, das zu diesem Zweck der Packung beigelegen hat, aber im Zweifelsfall können Sie jedes abgeschirmte 10Base-T-Netzwerkkabel verwenden. Danach können Sie den PC einschalten und hochfahren.

Einrichten der Software

Nach dem Neustart des Rechners läuft die Treiberinstallation ganz so ab, wie Sie das auch von anderen Erweiterungskarten gewohnt sind. Praktischerweise sollten Sie jedoch vor dem Start des Hardware-Assistenten die Treiber-CD eingelegt haben, denn Windows XP bringt keine eigenen Treiber für DSL-Karten mit. Sobald die Treiberinstallation beendet ist, beginnt die Einrichtung der DSL-Verbindung mithilfe der Karte.

1 Nach der Treiberinstallation werden Sie als Erstes darauf hingewiesen, dass die DSL-Karte mit dem Splitter verbunden sein muss, damit die Abstimmung der Karte auf das DSL-Netzwerk erfolgen kann.

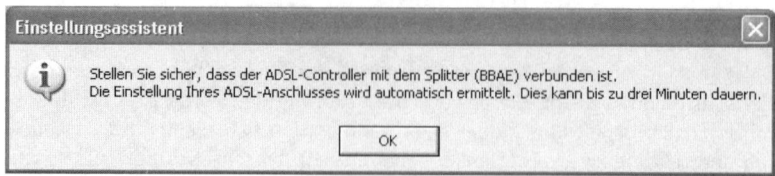

2 Nach dem Bestätigen des Begrüßungsfensters beginnt die Karte, die Verbindung zum Splitter zu überprüfen und die richtigen Betriebsparameter einzustellen. Dieser Vorgang ist nach ein paar Sekunden beendet. Danach können Sie sich die ermittelten Werte auf verschiedenen Registerkarten ansehen und das Fenster schließen.

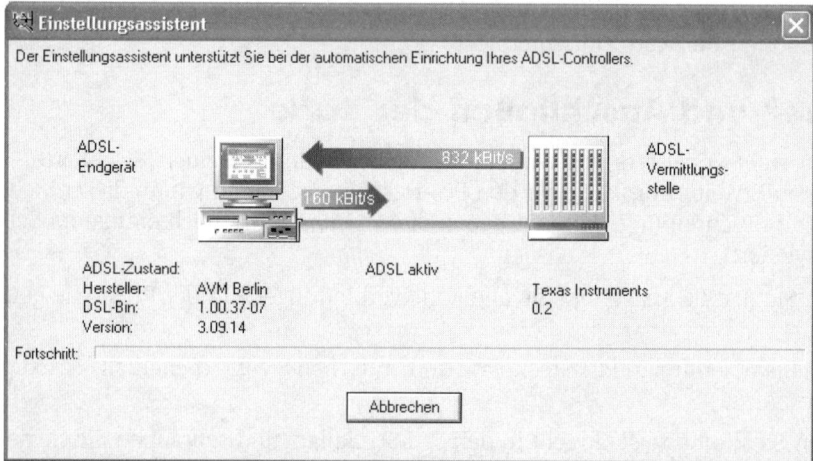

3 Jetzt erscheint die Information, dass die Installation der Fritz!DSL-Software fortgesetzt wird. Hier brauchen Sie die Meldung auch nur mit *OK* zu bestätigen.

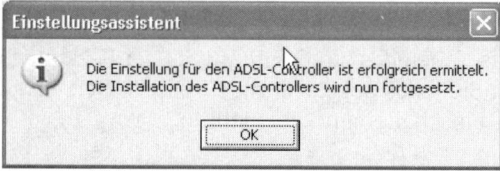

4 Nun folgt die herkömmliche Installation des Kommunikationssoftware, die mit jedem Fritz!-Produkt ausgeliefert wird. Hier sind eigentlich keine besonderen Kenntnisse nötig, sodass wir in diesem Zusammenhang auf eine ausführliche Beschreibung verzichten.

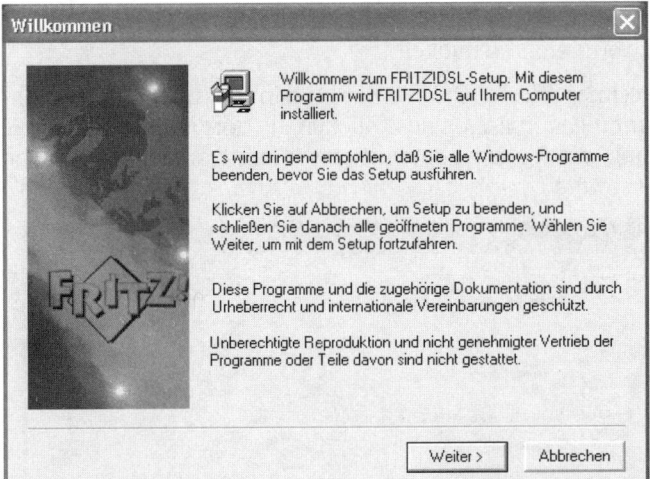

So weit ist die eigentliche Softwareinstallation abgeschlossen. In diesem Zustand ist Ihre DSL-Karte voll betriebsbereit und kann für eine Verbindung ins Internet genutzt werden. Die Einrichtung eines Internetzugangs mithilfe des Windows-DFÜ-Netzwerks haben wir Ihnen bereits weiter vorn in diesem Kapitel im Abschnitt zu ISDN-Karten und im ersten Teil zum Thema DSL gezeigt. Aufgrund der Struktur der mitgelieferten Treiber wird die Fritz!-DSL-Karte wie eine ISDN-Karte behandelt, deshalb können Sie ab Seite 464 nachlesen, wie die Verbindung erstellt wird.

14.8 DSL mit mehreren Rechnern benutzen

Wenn Sie Ihren PC in einem kleinen Heimnetzwerk betreiben, bietet es sich natürlich an, nur einen von mehreren Rechnern mit dem Internet zu verbinden und den Zugang dann von jedem der Arbeitsplätze aus zu nutzen.

So kann Sohnemann vom PC im Kinderzimmer aus spielen, während im Wohnzimmer ferngesehen wird, obwohl hier der Rechner mit dem DSL-Zugang steht.

Glücklicherweise sieht Windows XP die Einrichtung einer solchen Verbindungsfreigabe von vornherein vor, sodass sich die Arbeiten zum Einrichten der Freigabe auf einige wenige Mausklicks beschränken.

Alleinige Voraussetzung für die gemeinsame Nutzung des DSL-Zugangs durch die Rechner im Netzwerk ist das Vorhandensein von zwei Netzwerkkarten im Zugangsrechner.

Denn nur so ist es möglich, einerseits die Daten aus dem Internet zu beziehen und andererseits auf die anderen Netzwerkrechner zu verteilen.

Einrichten der Freigaben

Wir setzen an dieser Stelle voraus, dass Sie bereits ein vollständig eingerichtetes Heimnetzwerk betreiben, in dem alle Rechner miteinander kommunizieren können und in dem alle Netzwerkadressen dynamisch vergeben werden.

Mehr über die Einrichtung und den Betrieb von Netzwerken können Sie in Kapitel 15 nachlesen.

Unter diesen Bedingungen ist die Freigabe einer bestehenden DSL-Verbindung für die anderen Rechner des Netzwerks eine Kleinigkeit:

1 Führen Sie auf dem Rechner mit der DSL-Verbindung im Startmenü den Befehl *Verbinden mit/Alle Verbindungen anzeigen* aus. Klicken Sie dort mit der rechten Maustaste auf die Verbindung, die freigegeben werden soll, und wählen Sie im Kontextmenü den Befehl *Eigenschaften*.

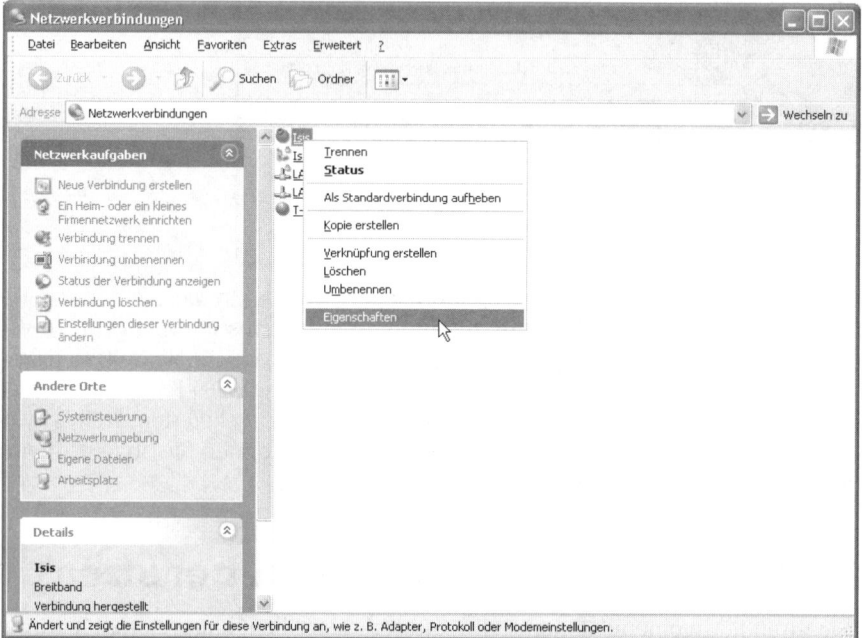

2 Wechseln Sie zur Registerkarte *Erweitert* und aktivieren Sie dort die Option *Anderen Benutzern im Netzwerk gestatten, die Internetverbindung dieses Computers zu verwenden*.

Die beiden nachfolgenden Optionen sind standardmäßig aktiviert und sollten es auch bleiben, um den vollwertigen Internetzugriff von allen Computern aus zu gewährleisten.

Um die Sicherheit Ihres Netzwerks gegenüber Zu- bzw. Angriffen aus dem Internet zu erhöhen, sollten Sie unbedingt auch die Internetverbindungsfirewall im oberen Teil des Fensters aktivieren.

So wird zumindest ein einfacher Schutz gewährleistet, den Sie aber längerfristig durch den Einsatz eines kommerziellen Firewall-Programms erhöhen sollten.

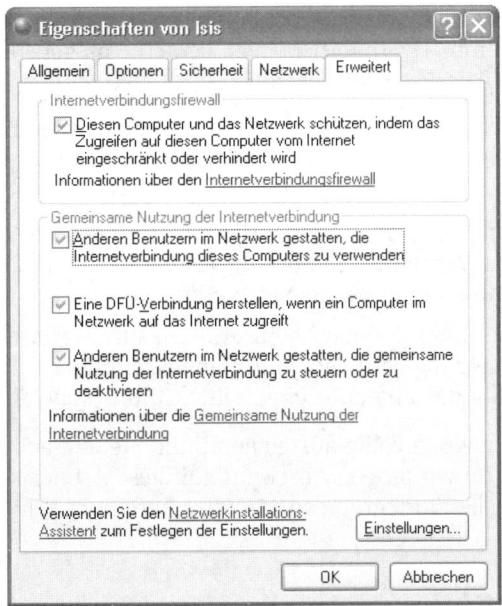

3 Mit einem Klick auf *OK* wird die Freigabe aktiv. Sie werden darüber informiert, dass die Netzwerkadresse des DSL-Rechners statisch auf 192.168.0.1 festgelegt wird. Alle anderen Computer beziehen ihre Netzwerkadressen nach wie vor dynamisch, können jetzt jedoch auf die Verbindungsfreigabe unter der festen Adresse des Gateway-Rechners zugreifen.

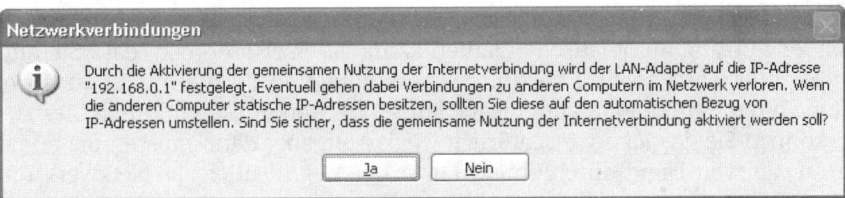

Damit sind die Arbeiten bereits abgeschlossen. In einem funktionierenden Windows-Netzwerk mit dynamischer Adressenvergabe wird von den anderen Computern die fest eingestellte IP-Adresse des Gateway-Rechners (siehe dazu auch folgenden Abschnitt) als Anlaufstelle für Anfragen ins Internet benutzt.

Wichtige Hintergrundinformationen

Obwohl normalerweise alle Computer in einem reinen Windows-Netzwerk gleichberechtigt auftreten (man spricht auch von einem Peer-to-Peer-Netzwerk, „Gleicher unter Gleichen"), verändert sich die Rollenverteilung nach der Installation der Internetverbindungsfreigabe.

Der Rechner, auf dem die Freigabe installiert ist, übernimmt die Rolle eines Gateways, der die Netzwerkadressen beider Netzwerke (des Internets und Ihres eigenen Netzes) verwaltet. Er nimmt die hereinkommenden Daten aus dem Internet entgegen und schickt sie an die interne Adresse des Computers, der die Anfrage gestellt hat. Andersherum registriert er die Anfrage aus dem Netzwerk (stellt bei Bedarf eine Internetverbindung her) und leitet die Daten an die Adresse des Internetservers weiter. Als Benutzer eines der angeschlossenen Computer bemerken Sie nichts davon, d. h., alles verläuft so, als ob Sie direkt mit dem Internet verbunden wären. Der Internetserver bemerkt hingegen ausschließlich den Gateway-Rechner, an den er die Daten schickt.

Damit diese Rollenverteilung einwandfrei klappt, muss die Vergabe der Adressen innerhalb Ihres Netzwerks natürlich eindeutig geregelt sein. Das lässt sich auf zwei verschiedene Arten erreichen:

■ Sie vergeben feste Adressen, die sich niemals ändern. Hierzu benötigen Sie allerdings genaue Informationen über die Verhältnisse in Ihrem Netzwerk und ein gewisses Hintergrundwissen über die Konfiguration von IP-Netzwerken.

■ Sie lassen den Gateway-Rechner die Kontrolle über die IP-Adressen im Netzwerk übernehmen. Bei jeder Netzwerkanmeldung wird dem betroffenen Computer automatisch eine Adresse zugewiesen, die für die laufende Session ihre Gültigkeit behält.

Das zweite Verfahren ist für kleine Netzwerke völlig ausreichend und viel einfacher zu realisieren, und deshalb haben wir uns im vorherigen Abschnitt auf diese Art der Konfiguration beschränkt. Mehr Details über die Einrichtung von Netzwerken unter Windows lesen Sie in Kapitel 15.

Und wie funktioniert das Ganze?

Wenn Sie alle Einstellungen wie beschrieben vorgenommen haben, brauchen Sie sich keine Gedanken um die Funktionsweise zu machen. Sobald Sie mit Ihrem Browser eine Internetadresse aufrufen, wird die Anfrage über das Netzwerk an den Gateway-Rechner weitergeleitet, und dort wird eine Wählverbindung aufgebaut. (Natürlich müssen beide Rechner eingeschaltet und am Netzwerk angemeldet sein, ebenso muss das DSL-Modem bzw. die DSL-Karte betriebsbereit sein.)

Damit dieser Vorgang automatisch ablaufen kann, ist es erforderlich, dass Sie auf dem Gateway-Rechner das Passwort der Internetverbindung abspeichern. Nur so kann eine Verbindung ohne weitere Benutzereingabe aufgebaut werden. Wenn Ihnen dies zu unsicher ist, können Sie das Passwort natürlich weglassen, aber dann müssen Sie immer zuerst die Anwahl von Hand durchführen, bevor der Zugriff über das Netzwerk funktioniert.

Wenn Sie genug gesurft haben, schließen Sie einfach den Webbrowser oder Ihr E-Mail-Programm. Wenn die Internetverbindung eine Weile nicht beansprucht wird, wird sie automatisch getrennt.

14.9 Internet klassisch: Per Modem geht's auch

Obwohl der Trend eindeutig in Richtung digitaler Übertragungstechniken wie ISDN oder ADSL geht, leisten analoge Modems immer noch den Löwenanteil aller Internetverbindungen. Die einfachste und preiswerteste Art, sich das Netz der Netze ins Haus zu holen oder aus dem PC ein Faxgerät zu machen, ist dann auch ein analoger Telefonanschluss und ein Modem. Dabei bleibt die Leistung aktueller Geräte nur wenig hinter einer einzelnen ISDN-Leitung zurück. Mehr zum Thema ISDN erfahren Sie ab Seite 455.

Anschließen eines externen Modems

Das Anschließen eines externen Modems ist wirklich eine einfache Sache, bei der (fast) nichts schief gehen kann. Es werden nacheinander die unterschiedlichen Kabelverbindungen hergestellt, und das war's.

Na ja, nicht ganz. So ein paar Dinge gibt es dann doch zu beachten. Wir sagen Ihnen in diesem Abschnitt, welche das sind.

Stecken Sie das Modemkabel zuerst mit der passenden Seite an den Anschluss an der Rückseite des Modems und ziehen Sie die Befestigungsschrauben an (eventuell mit einem Schraubenzieher).

Verbinden Sie dann die andere Seite des Kabels mit dem Anschluss einer freien (seriellen) COM-Schnittstelle, in der Regel ist das COM1. Falls COM1 durch die Maus belegt ist – das ist meistens bei älteren Computern der Fall –, müssen Sie auf COM2 ausweichen.

Suchen Sie einen freien Anschluss aus, um das Modem anzuschließen.

An einigen Rechnern finden Sie sogar nur noch eine serielle Schnittstelle, weil sich für Mäuse der PS/2-Standard mit einer eigenen Schnittstelle durchgesetzt hat. In dem Fall haben Sie natürlich keine Auswahl.

Anschließen eines USB-Modems

Bei USB-Modems gestaltet sich das Anschließen vollkommen problemlos: Sie müssen nur das USB-Kabel in die Anschlüsse am Modem und an der Rückseite des PCs stecken.

Dabei können Sie nichts falsch machen, weil das Kabel nur richtig herum eingesteckt werden kann.

Die Anschlüsse an Modem und PC sind so konstruiert, dass Sie nichts vertauschen oder verdrehen können.

Installation der Treiber

In dem Moment, in dem Sie das Modem mit dem (eingeschalteten) Computer verbinden, registriert Windows die Anwesenheit eines neuen USB-Geräts und fordert die Treiber-CD des Herstellers an. Normalerweise benötigen Modems keine richtige Treibersoftware, die mit dem Hardware-Assistenten installiert wird (mehr dazu lesen Sie weiter hinten im Kapitel).

Aber die Eigenart von USB-Geräten macht eine herkömmliche Installation notwendig. Für die Installation müssen Sie nur den Schritten des Assistenten folgen, der Sie zuerst über das neue Gerät informiert, dann nach dem Speicherort der Treiberdateien fragt und schließlich die Installation vornimmt. Wie das genau geht, haben wir schon in Kapitel 14.2 über ISDN-Adapter beschrieben. Dort können Sie alle Schritte im Detail nachlesen.

Nach der Treiberinstallation können Sie mit der Verbindung von Modem und Telefondose weitermachen.

Achtung, Stolperfalle: COM-Anschluss

Hier lauert ein lästiges kleines Problem.

Den Anschluss für die serielle Schnittstelle gibt es in zwei unterschiedlichen Größen: 9- und 25-polig.

Bei einem guten Modem liegt in der Regel ein Kabel bei, das auf der Computerseite zwei Stecker für jede der möglichen Ausführungen hat, oder manchmal auch ein Adapter.

> **Worauf Sie beim Kauf achten müssen**
>
> Achten Sie beim Kauf darauf, dass der Adapter in die richtige Richtung zeigt, d. h., dass die Ausrichtung der Stecker (männlich oder weiblich) korrekt ist. Die Seite, die an den Computer angesteckt wird, muss weiblich, also als Buchse ausgeführt sein.

Wenn das nicht der Fall ist und an Ihrem Computer nur eine COM-Schnittstelle mit der falschen Größe frei ist, müssen Sie sich notgedrungen einen Adapter kaufen, der die Verbindung ermöglicht.

Beschriften der Kabel

Beschriften Sie jedes Kabel und jeden Adapter grundsätzlich sofort nach Erwerb, damit später keine Verwechslungen zum Beispiel mit dem Nullmodemkabel passieren.

Verbindung zur Telefondose

Stecken Sie das Telefonkabel mit der passenden Seite in das Modem und mit der anderen Seite in einen TAE-N-Anschluss an Ihrer Telefondose.

Falls Sie gerade ein Modem mit USB-Schnittstelle angeschlossen haben, sind Sie bereits fertig. USB-Geräte benötigen kein Netzteil, weil sie über den PC mit Strom versorgt werden, und die Treiber haben Sie bereits weiter oben installiert. Im Anschluss finden Sie aber noch einige wertvolle Tipps, falls es Probleme mit dem Telefonkabel geben sollte.

Die TAE-Dose

Seit langer Zeit wird von der Telekom als Anschluss für Telefone und Nebenstellengeräte (Anrufbeantworter, Faxgeräte etc.) standardmäßig eine TAE-Dose installiert (TAE steht für **T**elefon-**A**nschluss-**E**inheit).

Diese Dose enthält meistens drei Anschlüsse, von denen der mittlere für Telefone vorgesehen ist, man spricht dabei von einer F-Kodierung (F = **F**ernsprechgerät). Die beiden äußeren Anschlüsse sind N-kodiert (N = **N**ebenstellengerät) und nehmen nur entsprechend kodierte Stecker auf. Im Fachjargon heißt eine solche Telefondose auch NFN-Dose.

Ihr Modem muss also in eine der beiden äußeren Buchsen gesteckt werden, in die mittlere passt der Stecker des Kabels erst gar nicht.

Sollte bei Ihnen eine TAE-Dose installiert sein, die nur einen einzigen (Telefon-)Anschluss besitzt, können Sie sich preiswert in jedem Baumarkt einen Adapter kaufen, der den einen F-Anschluss auf zwei oder drei N- und F-Anschlüsse erweitert.

Achtung, Stolperfalle: Kabel

Wie immer steckt der Teufel im Detail. Hier ist es die Tatsache, dass sich in den seltensten Fällen die Telefondose direkt am Arbeitsplatz befindet. Also muss eine Verlängerung für das Telefonkabel her, das eigentlich gar kein Telefonkabel ist: Wie Sie bei der Beschreibung der TAE-Dose gesehen haben, unterscheiden sich Anschlusskabel für Telefone und Nebenstellengeräte in der Kodierung der Stecker.

Adapter auch kostenlos

Fragen Sie doch auch einmal bei einem T-Punkt-Laden der Telekom: Bei einer Neuanmeldung auf einer alten TAE-Dose bekommt man den Adapter zumeist kostenlos.

Der erste Punkt, der beim Kauf einer Verlängerung beachtet werden will, ist also die richtige Kodierung des TAE-Steckers. Es muss sich ausdrücklich um ein Kabel für Nebenstellengeräte handeln.

Aber es kommt noch komplizierter: In Europa existieren eine Vielzahl von Standards für den Anschluss von Fernmeldegeräten, die bei der Massenproduktion von Modems nicht alle einzeln berücksichtigt werden können. Viele Hersteller in Fernost passen ihre Produkte deshalb mit dem Anschlusskabel an die jeweiligen nationalen Gegebenheiten an, d. h., Modem und Kabel sind untrennbar miteinander verbunden.

Das Kabel, das dem Modem beilag, kann also nicht unbedingt einfach durch eine längere Version aus dem Baumarkt ersetzt werden. Das wird zwar oft funktionieren, aber hier und da funktioniert es eben nicht, und Telefonkabel in ausreichender Länge sind relativ teuer. Ein guter Tipp für günstige Kabel ist @ *www.reichelt.de*.

Wenn Sie ein längeres Kabel kaufen, sollte es also unbedingt eine Verlängerung sein, die das Originalkabel mit einbezieht. Das heißt, die Verlängerung muss an einer Seite eine TAE-N-Buchse und an der anderen Seite einen TAE-N-Stecker besitzen.

Das Netzgerät anschließen

Zum Schluss brauchen Sie jetzt nur noch das Kabel des Netzgeräts in die passende Buchse am Modem und das Netzgerät selbst in eine freie Steckdose zu stecken. Schalten Sie das Modem einmal kurz ein, um zu sehen, ob es funktioniert.

Jetzt ist der Anschluss des externen Modems komplett.

Einbau und Konfiguration interner Modems

Im Gegensatz zum Anschluss eines externen Modems ist der Einbau eines internen Geräts deutlich komplizierter – aber in jedem Fall zu schaffen, wenn man den Stolperfallen geschickt ausweicht.

Wir zeigen Ihnen, wie es geht, und danach haben Sie gut lachen, denn Ihr Modem verrichtet unsichtbar seinen Dienst.

Ein schnelles Modem an einem älteren PC
Wenn Sie an einem älteren (386er oder 486er) Rechner ein schnelles Modem betreiben möchten, kann es vorkommen, dass die vorhandenen COM-Schnittstellen (bzw. die Steuerungsbausteine) einfach zu langsam sind.

Wenn Sie einen älteren Computer besitzen, brauchen Sie sich außerdem nicht um die Geschwindigkeit der COM-Schnittstelle zu kümmern, denn das Modem bringt seine eigene direkt mit. Auf der Modemkarte befinden sich zwei COM-Schnittstellenbausteine, die mit 115.000 bps eine ausreichende Übertragungsgeschwindigkeit zulassen.

Problemlos: Plug & Play-fähige Modems

Der etwas komplizierte Teil bei der Einrichtung eines internen Modems ist die Einbindung der zusätzlichen COM-Schnittstelle mit den zugehörigen Portadressen und IRQs. Wenn Ihr Modem Plug & Play-fähig ist (und Ihr Rechner mit Windows 95/98/2000 ausgestattet ist), werden die wenigsten Schwierigkeiten entstehen. Nach dem Einbau werden die zusätzliche COM-Schnittstelle und das Modem automatisch erkannt werden.

Um unnötige Schwierigkeiten zu umgehen, sollten Sie die Modemschnittstelle so konfigurieren, dass sie an die Stelle des COM2-Ports auf dem Mainboard tritt. Sie können dann dessen Ressourcen (die beim Deaktivieren frei werden) nutzen. Diese Entscheidung wird dadurch begünstigt, dass Kommunikationssoftware das Modem meistens an

COM2 erwartet und dort zuerst nachschaut. Später wird die Installation von Faxprogrammen o. Ä. also deutlich erleichtert.

Vorbereitung: Entfernen der COM2-Schnittstelle

Bevor es ans Einbauen des Modems geht, müssen wir zunächst die Grundlage für die Einbindung ins System legen: Entfernen Sie im Geräte-Manager die COM2-Schnittstelle aus Ihrem System. Dazu klappen Sie die Liste *Anschlüsse (COM und LPT)* auf, markieren den COM2-Eintrag und führen im Kontextmenü den Befehl *Deinstallieren* aus. Die Warnmeldung bestätigen Sie mit einem Klick auf *OK*.

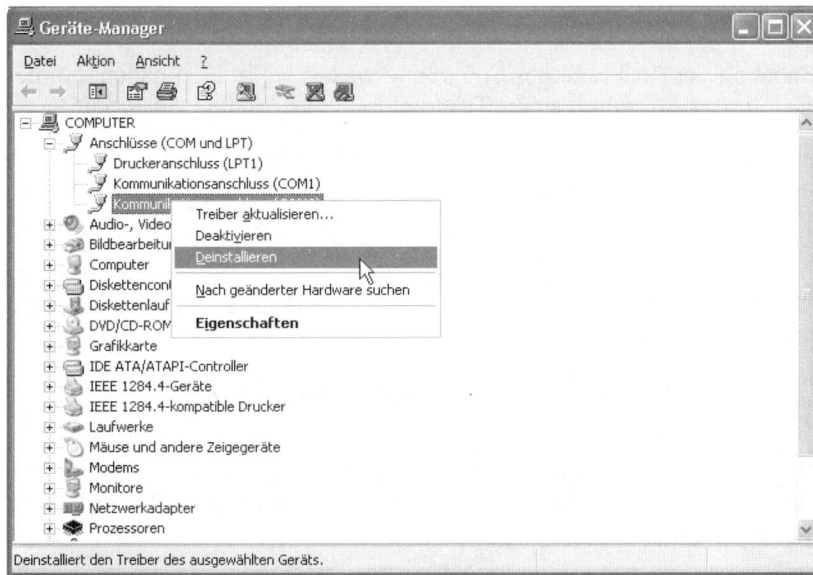

Bevor Sie das Modem einbauen, ist das Entfernen der COM2-Schnittstelle ratsam.

Schließen Sie den Geräte-Manager, fahren Sie den Rechner herunter und schalten Sie ihn aus. Der Einbau des Modems (und eventuell das Entfernen eines alten Modems) vollzieht sich dann wie der Einbau jeder anderen Erweiterungskarte auch.

Gehäuse öffnen

Um das Modem einbauen zu können, müssen Sie natürlich zuerst den PC öffnen. Dazu entfernen Sie einfach die Befestigungsschrauben des Gehäusedeckels an der PC-Rückseite, danach können Sie den Deckel nach hinten ziehen und abheben. Manchmal müssen Sie auch zuerst eine Kunststoffblende abnehmen, mit der die Gehäuserückseite verkleidet ist.

Einbau des Plug & Play-Modems

Nehmen Sie das neue Modem aus der Verpackung. Innerhalb des Kartons ist jede Steckkarte in einen antistatischen Plastikbeutel eingepackt. Dieser eignet sich natürlich bestens als Verpackung für eine ausgebaute Karte. Suchen Sie einen freien Steckplatz und entfernen Sie das Slotblech, das die Öffnung in der Gehäuserückseite verschließt. Stecken Sie das Modem in den freien Steckplatz. Das Einstecken der Karte erfordert kaum Kraft. Wenn sich die Karte trotzdem nicht einstecken lässt, setzen Sie – wie erwähnt – auf keinen Fall Gewalt ein.

Prüfen Sie, ob sich die Karte verkantet hat und ob Sie den Steckplatz richtig getroffen haben. Manchmal gibt es auch Schwierigkeiten, weil sich das Slotblech am Gehäuse verhakt. Dann ist es am besten, die Karte noch einmal anzuheben und neu anzusetzen. Wichtig ist, dass die Karte über die gesamte Länge des Steckplatzes fest und bis zum Anschlag eingesteckt ist. Wenn die Karte korrekt sitzt, können Sie sie wieder mit der Schraube am Gehäuse fixieren. Achten Sie beim Anziehen der Schraube darauf, dass sich die Karte nicht wieder aus dem Steckplatz herausbewegt. Im Zweifelsfall müssen Sie das Slotblech ein wenig zurechtbiegen.

Schließen des Gehäuses und Anschluss des Modems

Schließen Sie jetzt wieder Ihr PC-Gehäuse.

Wenn Sie alle Kabel an der Rückseite des Computers wieder verbunden haben, können Sie auch das Kabel für den Anschluss an die Telefondose in das Modem einstecken.

Der eckige Western-Plug-Stecker ist nicht zu verwechseln. Achten Sie also darauf, dass Sie das Telefonkabel wirklich ins Modem stecken.

Der Stecker kann nur richtig herum eingesteckt werden und rastet mit einem hörbaren Klick ein.

Stecken Sie das Kabel mit dem anderen Ende in Ihre TAE-N-Telefondose. Was es dabei zu beachten gibt, finden Sie ab Seite 497.

Ist nötig: Ressourcen freigeben und COM2 deaktivieren

Nachdem alles fertig ist, schalten Sie den Rechner an. Bevor Sie Windows starten, müssen Sie die COM2-Schnittstelle des Mainboards im BIOS ausschalten, damit Adresse und IRQ dem Modem zur Verfügung stehen. Sie finden diese Einstellung im Menü mit den Chipsatz-Einstellungen (*Chipset Features* o. Ä.).

Setzen Sie den Eintrag für die COM2-Schnittstelle auf *Disabled*. Genauere Hinweise zum Umgang mit dem BIOS lesen Sie auch in Kapitel 9.

Zusätzlich müssen die Ressourcen, die eventuell von Ihrem alten Modem belegt wurden, wieder freigegeben werden. Das ist nötig, damit Windows während der Plug & Play-Konfiguration darauf zurückgreifen kann.

Wechseln Sie also in das Menü zur Plug & Play-/PCI-Konfiguration und stellen Sie den Interrupt Ihres alten Modems wieder auf *PnP/ICU* (oder die Entsprechung Ihres BIOS) ein. Speichern Sie die Änderung und booten Sie den Rechner neu.

Geht automatisch: Treibereinrichtung

Windows sollte beim Start das Plug & Play-Modem automatisch erkennen und einrichten. Die Installation der neuen COM-Schnittstelle und des Modems geht ebenfalls automatisch richtig vonstatten.

Einrichten eines Modems unter Windows

Wie bei jeder neu eingebauten Hardware müssen unter Windows Treiber eingerichtet werden, damit das Betriebssystem korrekt auf Ihr Modem zugreifen kann.

Im Gegensatz zu den Treibern anderer Geräte handelt es sich hierbei aber nur um eine INF-Datei, die Informationen über spezielle Fähigkeiten und Einstellungen des betreffenden Modems enthält.

Mehr noch als zum Beispiel bei den Grafikkarten haben alle Modems übereinstimmende Funktionen, die sich nur in speziellen Einstellungen voneinander unterscheiden. Deswegen ist es auch möglich, alle Geräte mit einem Standardbefehlssatz zu betreiben, der aber meistens nicht den vollen Leistungsumfang ausnutzt. So kann zum Beispiel mit einem Standardmodemtreiber die Lautstärke des Modemlautsprechers nicht eingestellt werden.

Für einen optimalen Betrieb ist es also sinnvoll, Windows mit den richtigen Informationen über Ihr Modem zu versorgen.

Nehmen Sie die Dinge selbst in die Hand: Keine automatische Erkennung

1 Klicken Sie unter *Start/Systemsteuerung* auf *Drucker und andere Hardware* und danach auf *Telefon- und Modemoptionen*.

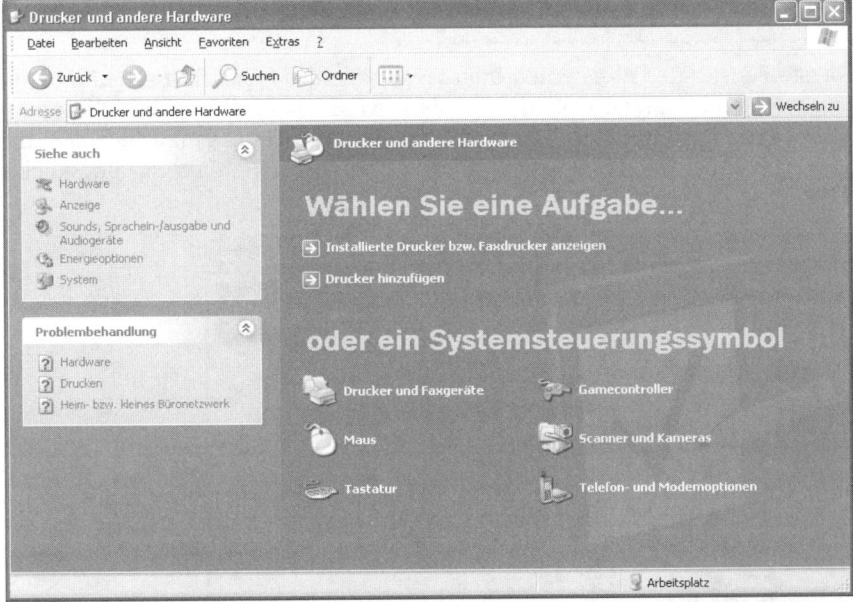

2 Wenn Sie noch nie ein Modem installiert hatten, wird automatisch der Installations-Assistent für Modems aufgerufen. Sollten Sie bereits ein Modem installiert haben, landen Sie im Fenster *Eigenschaften von Modems*. Mit einem Klick auf *Entfernen* können Sie Ihr altes Modem löschen, und ein Klick auf *Hinzufügen* startet den Installations-Assistenten.

3 Das erste Fenster des Assistenten fragt Sie, ob Sie das angeschlossene Modem automatisch erkennen lassen wollen. Leider ist Windows in dieser Disziplin nicht sehr versiert, deshalb empfiehlt es sich, das Modem von Hand einzustellen. Aktivieren Sie also die Option *Modem wählen (keine automatische Erkennung)* und klicken Sie auf *Weiter.*

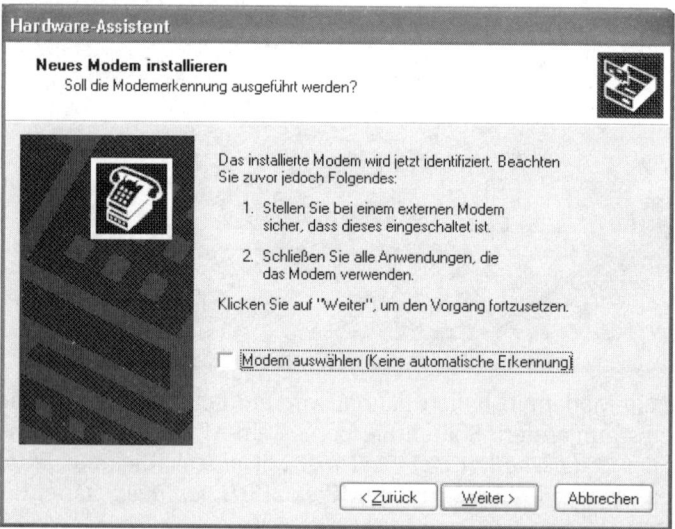

4 Jetzt müssen Sie Hersteller und Modell Ihres Modems angeben. Am besten ist es, Sie verwenden dazu den Treiber, der Ihrem Gerät beigelegen hat. Legen Sie die Diskette oder CD ein und klicken Sie danach auf *Diskette.* Windows durchsucht daraufhin Ihr Diskettenlaufwerk nach der INF-Datei des Herstellers. Wenn sich die Datei in einem Unterverzeichnis oder auf einem anderen Datenträger befinden sollte, müssen Sie Windows den richtigen Ort mit einem Klick auf *Durchsuchen* angeben.

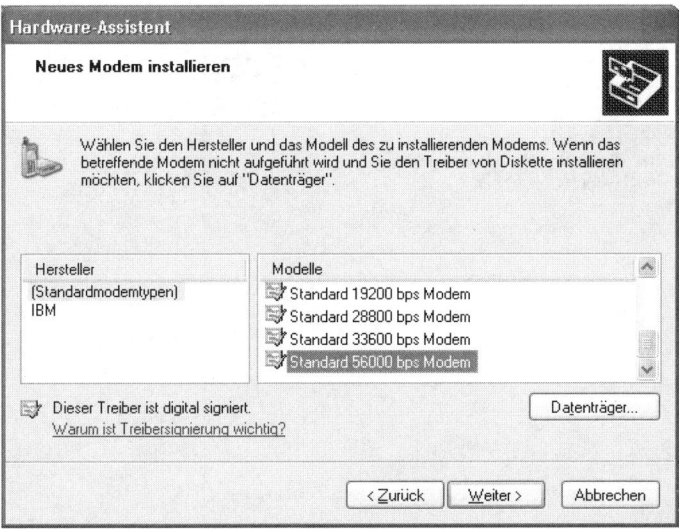

5 Sollte unglücklicherweise Ihrem Modem keine Treiberdiskette oder -CD beigelegt worden sein, müssen Sie sich wohl oder übel mit der Auswahl eines Standardmodems begnügen. Das ist aber nicht allzu schlimm, denn alle relevanten Gerätefunktionen werden wie erwähnt über einen einheitlichen Befehlssatz gesteuert, sodass der Betrieb des Modems nicht gefährdet ist.

6 Wenn alle Stricke reißen, benutzen Sie einen der angegebenen Standardmodemtypen. Nehmen Sie das Modell mit der richtigen Übertragungsgeschwindigkeit (in der Regel sollten Sie ein 56.000-bps-V.90-Modem besitzen) und klicken Sie auf *Weiter*. Damit kommen Sie zumindest so weit zurecht, dass Sie im Internet auf den Seiten des Modemherstellers (siehe nachfolgende Tabelle) nach einem passenden Treiber suchen können.

Hersteller	Internetadresse
3COM	www.3com.com
Dr. Neuhaus	www.neuhaus.de
US-Robotics	www.3com.com
Hayes	www.hayes.co.uk
Diamond	www.diamondmm.de
Creatix	www.creatix.de

7 Jetzt müssen Sie nur noch die Schnittstelle auswählen, an die Ihr Modem angeschlossen ist.

8 Wenn Sie Ihre Wahl getroffen haben (in den meisten Fällen hängt das Modem an COM1 oder COM2), klicken Sie auf *Weiter*.

Das war der letzte Schritt der eigentlichen Modeminstallation. Sollten Sie bereits einmal ein Modem in Ihrem System gehabt haben, genügt jetzt ein Klick auf *Fertig stellen*, um die Installation abzuschließen.

Bei der allerersten Einrichtung gibt sich der Assistent aber nicht mit den bisherigen Angaben zufrieden, sondern will noch mehr wissen.

Die Wahlparameter einstellen

Im nächsten Fenster machen Sie Angaben über den Standort Ihres PCs.

Tragen Sie die aktuelle Vorwahl ein und in welchem Land Sie sich befinden.

Wenn Sie Ihr Modem an einer Nebenstellenanlage betreiben, ist meistens eine Kennzahl notwendig, um eine Amtsleitung zu bekommen.

In der Regel ist das die Null.

Wenn Sie Ihr Modem direkt ans Telefonnetz angeschlossen haben, muss dieses Feld unbedingt leer bleiben.

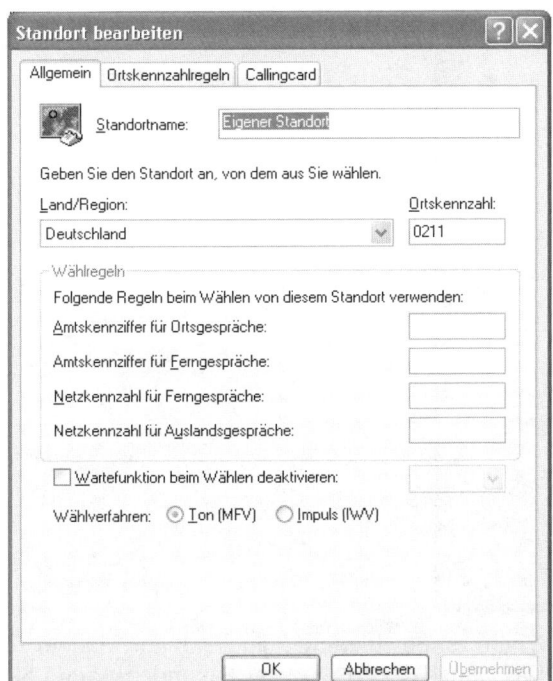

Standortname des Modems eintragen.

Kein Freizeichen an einer Nebenstellenanlage

Beim Betrieb an einer Nebenstellenanlage findet das Modem meistens kein Freizeichen vor, wenn es den Hörer abhebt. Leider sind alle Modems aber so voreingestellt, dass sie ohne Freizeichen nicht anfangen zu wählen. Nachdem Sie die Einrichtung des Modems abgeschlossen haben, müssen Sie diese Einstellung ändern. Klicken Sie im Dialogfenster *Eigenschaften von Modems* auf *Eigenschaften* und wechseln Sie dann zur Registerkarte *Einstellungen*. Dort können Sie die Option *Vor dem Wählen auf Freizeichen warten* deaktivieren.

Im untersten Teil des Dialogfensters müssen Sie noch das Wahlverfahren einstellen. Tonwahl (MFV) ist das modernere und schnellere Verfahren, aber nicht alle Vermittlungsstellen unterstützen es. Wenn Sie sich unschlüssig sind, wählen Sie das Pulswahlverfahren, um auf Nummer sicher zu gehen. Klicken Sie auf *Weiter* und danach auf *Fertig stellen*, um die Modeminstallation abzuschließen.

Funktioniert alles? – Die Diagnose

Nachdem Sie alles eingestellt haben, landen Sie (wieder) im Fenster *Telefon- und Modemoptionen*, der Windows-Schaltzentrale für die Modemeinrichtung.

Sie finden im Register *Modems* neben der Übersicht über die angeschlossenen Modems hinter der Schaltfläche *Eigenschaften* alle wichtigen Einstellungen für die Feinabstimmung, die aber dank der geschickt gewählten Grundeinstellungen von Windows kaum noch nötig ist.

Das Register *Diagnose* zeigt eine Übersicht über alle angeschlossenen Modems.

Mit der Schaltfläche *Modem abfragen* haben Sie die Möglichkeit zu überprüfen, ob die Kommunikation zwischen Ihrem Computer und dem Modem einwandfrei funktioniert.

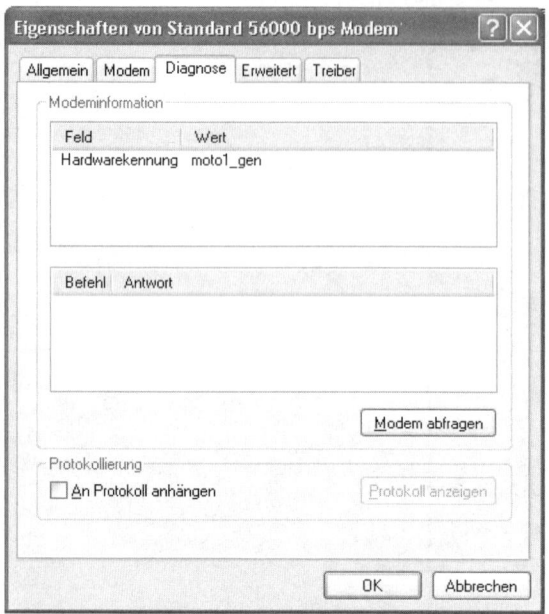

Bei einem Klick auf *Diagnose* beginnt Windows, Befehle und Signale an das Modem zu senden, und wartet auf eine Antwort. Das Ganze dauert ein paar Sekunden. Wenn Sie alles richtig gemacht haben, werden Sie im Anschluss darüber informiert, dass alles klappt.

Wenn Sie keine Erfolgsmeldung erhalten

Sollten Sie keine Erfolgsmeldung erhalten, kann das zum Beispiel an einer losen Kabelverbindung liegen oder daran, dass Sie das Modem nicht eingeschaltet haben. Wenn Sie alle offensichtlichen Fehlerquellen untersucht haben und es immer noch nicht klappt, müssen Sie gegebenenfalls im Register *Allgemein* das Modem noch einmal löschen und den Installationsvorgang wiederholen.

14.10 Troubleshooting: Probleme mit dem Modem

Trotz aller Umsicht kann es mit einem Modem immer zu Problemen kommen. Das liegt daran, dass es eine Vielzahl theoretischer Ursachen gibt, die dafür sorgen können, dass irgendwo eine Lücke in der Verbindung entsteht.

Unter dem Strich sind es aber (besonders im Internetbereich) immer die gleichen Fehler, die auftreten. Wir zählen hier die häufigsten Fehlerquellen auf, mit denen Sie den allergrößten Teil der Probleme beseitigen können. Folgende Aspekte zeichnen den Weg vor, wie Sie dem Fehlerteufel auf die Spur kommen:

Was muss ich tun, wenn das Modem nicht wählt?

Oft ist schon alles vorbei, bevor es überhaupt losgeht: Das Modem hebt zwar ab, aber es beginnt nicht zu wählen. Meistens liegt das daran, dass das Modem kein Freizeichen hört. Folgende Ursachen sind denkbar:

Nebenstellenanlage

Das Modem ist an eine Nebenstellenanlage angeschlossen, die kein normales Freizeichen abgibt.

1 Öffnen Sie in der Systemsteuerung das Fenster *Eigenschaften von Modems*, indem Sie auf das Symbol *Modems* doppelklicken.

2 Klicken Sie auf die Schaltfläche *Eigenschaften*.

3 Wählen Sie das Register *Einstellungen* und deaktivieren Sie dort die Option *Vor dem Wählen auf Freizeichen warten*.

Wenn diese Option ausgeschaltet ist, beginnt das Modem sofort nach dem Abheben mit dem Wählen, auch wenn es kein Freizeichen hört.

Probleme mit dem Kabel

Möglicherweise haben Sie für den Anschluss an die Telefondose ein Verlängerungskabel verwendet, das nicht geeignet ist. Das Modem bekommt kein Freizeichen und wählt nicht. Hier hilft das Deaktivieren der Wartefunktion natürlich nicht, denn es besteht kein elektrischer Kontakt zum Telefonnetz.

Testen Sie, ob das Problem ohne Verlängerungskabel immer noch besteht. Dazu schließen Sie das Modem nur mit dem Originalkabel an die Telefondose an.

Wenn das Problem dadurch behoben ist, tauschen Sie die Verlängerung gegen ein geeignetes Kabel aus. Notfalls finden Sie ein solches Kabel im Computerfachhandel.

Warum kommt keine Verbindung zu Stande, obwohl das Modem abhebt?

Das Modem hebt zwar ab und wählt, aber danach passiert nicht mehr viel. Entweder erreichen Sie niemanden, oder nach dem Abheben der Gegenseite legt das Modem nach kurzer Zeit wieder auf. Folgende Fehler könnten vorliegen:

Wieder schuld: Die Nebenstellenanlage

Nach dem Wählen hören Sie weder Klingel- noch Besetztzeichen oder die Meldung „Kein Anschluss unter dieser Nummer". Wahrscheinlich haben Sie vergessen, die Amtsholziffer einzutragen. Bei Nebenstellenanlagen kann es vorkommen, dass eine bestimmte Ziffer gewählt werden muss, um ein Freizeichen zu erhalten. Diese Ziffer ist meist die Null.

1 Öffnen Sie in der Systemsteuerung das Fenster *Eigenschaften von Modems*, indem Sie auf das Symbol *Modems* doppelklicken.

2 Klicken Sie auf *Wählparameter* und tragen Sie die *Amtsholziffer* ein. Jetzt wählt das Modem automatisch vor jeder Telefonnummer zuerst die eingetragene Ziffer, um eine Amtsleitung zu holen.

Falsches Wahlverfahren

Das Modem wählt mit dem Tonwahlverfahren (unterschiedlich hohe Pieptöne), und danach passiert nichts.

Die lokale Vermittlungsstelle unterstützt wahrscheinlich nur das ältere Pulswahlverfahren.

1 Öffnen Sie in der Systemsteuerung das Fenster *Eigenschaften von Modems*, indem Sie auf das Symbol *Modems* doppelklicken.

2 Klicken Sie auf *Wählparameter* und ändern Sie das *Wählverfahren* von *MFV (Ton)* nach *IWV (Impuls)*.

Falsche Anwahlnummer

Möglicherweise haben Sie sich bei der Angabe der Telefonnummer vertippt oder eine Ziffer ausgelassen.

Überprüfen und korrigieren Sie Ihre Angaben.

Probleme mit dem Kabel

Auch das Kabel kann schuld sein: Wenn Sie eine ungeeignete Verlängerung benutzen, könnte es sein, dass kein elektrischer Kontakt zum Telefonnetz besteht. Wenn Sie die Option *Vor dem Wählen auf Freizeichen warten* ausgeschaltet haben, wählt das Modem, auch wenn es kein Freizeichen hört.

Testen Sie, ob das Problem ohne Verlängerungskabel immer noch besteht. Dazu schließen Sie das Modem nur mit dem Originalkabel an die Telefondose an. Wenn das Problem dadurch behoben ist, tauschen Sie die Verlängerung gegen ein geeignetes Kabel aus. Notfalls finden Sie ein solches Kabel im Computerfachhandel.

Geschwindigkeit einstellen

Eine andere Möglichkeit ist der Umstand, dass Sie ein 56K-Modem benutzen, dessen Standard nicht vom Provider unterstützt wird.

Reduzieren Sie unter *Eigenschaften von Modems/Eigenschaften* die Verbindungsgeschwindigkeit auf 28.800 bps. Diese Geschwindigkeit wird mittlerweile von nahezu jedem Anbieter unterstützt. Wenn diese Verbindungsgeschwindigkeit klappt, versuchen Sie eine Erhöhung auf 33.600 bps oder wechseln den Provider.

Stimmen Name und Kennwort?

Manchmal ist ein ganz banaler Fehler Grund für das Übel: Sie haben sich bei der Angabe von Benutzername und Kennwort vertippt oder die Groß-/Kleinschreibung nicht beachtet.

Überprüfen und korrigieren Sie Ihre Angaben im DFÜ-Netzwerk oder in der Zugangssoftware.

Warum ist die Übertragungsgeschwindigkeit so langsam?

Leider gibt es einige Ursachen für langsame Übertragungen, die Sie nicht direkt beeinflussen können, wie zum Beispiel die Überlastung des Provider zu Stoßzeiten oder eine schlechte Qualität der Telefonleitung. Eine schlechte Leitung erkennen Sie daran, dass zum Beispiel beim Download einer größeren Datei der Datenfluss immer wieder unterbrochen wird. Aus dem dauerhaften Leuchten der „Receive Data"-LED wird dann ein hektisches Blinken von „Receive Data" und „Transmit Data". Um dieses Problem zu lösen, hilft manchmal ein Trennen der Verbindung und die erneute Anwahl. Mit ein bisschen Glück kommt auf anderen Schaltwegen eine bessere Leitung zu Stande – möglicherweise.

Bessere Verbindung mit internationaler Vorwahl

Offenbar benutzt die Telekom auf internationalen Übertragungsstrecken bessere Leitungsverbindungen, denn in der Regel lässt sich allein dadurch eine bessere Verbindungsqualität erzielen, dass Sie an Stelle der einfachen Telefonnummer Ihres Providers die internationale Anwahl mit 0049 + Ortsvorwahl + Telefonnummer benutzen. Bei Verbindungsproblemen ist diese Maßnahme vielleicht einen Versuch wert.

Falsche Schnittstellenparameter

Wenn die Übertragungsgeschwindigkeit immer im Keller ist, können aber auch falsche Schnittstellenparameter daran schuld sein.

Kontrollieren Sie im Geräte-Manager unter den Eigenschaften der COM-Schnittstelle, ob alles optimal eingestellt sind.

15. Heimnetzwerke und kabellose Verbindungen aufbauen

Genauso selbstverständlich wie Computer sind mittlerweile auch Netzwerke geworden. Die Grundidee eines Netzwerks dabei recht einfach: Über Kabel oder Funk werden zwei oder mehr Computer miteinander verbunden und können so Daten austauschen und Ressourcen wie Drucker gemeinsam nutzen. Das Prinzip ist dabei immer dasselbe, ob Sie zu Hause einen alten 486er zum Familienserver deklarieren, ob in der Firma ein Win-

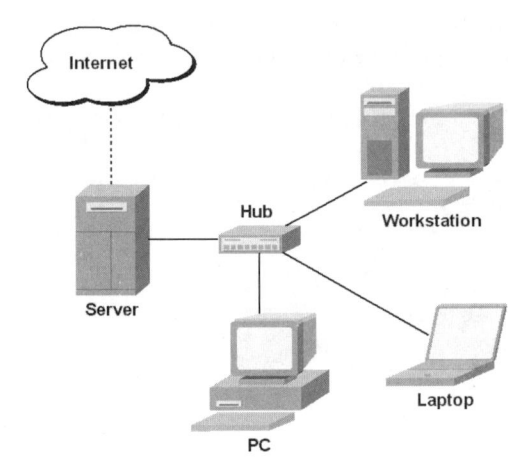

dows-Server als Mail- und Webserver seinen Dienst versieht oder ob Sie ein paar heiße Spiele-PCs für eine LAN-Party verkabeln. Immer sind Netzwerkkarten dabei, dazu meistens Kabel und Verbindungen entweder über ein paar Meter oder rund um die Welt.

15.1 Vorteile eines Heimnetzwerks

Ein Netzwerk zu Hause ist sehr einfach aufzubauen, wie Sie im Verlauf dieses Kapitels noch sehen werden. Sobald mehr als ein Computer vorhanden ist, sei es in der Familie oder auch in einer Wohngemeinschaft, können Sie durch eine Vernetzung mehr Funktionen nutzen und Ressourcen gemeinsam verwenden. Ob Sie dabei ein kabelgebundenes klassisches Netzwerk oder ein Funknetz – oder beides – verwenden, ist dabei egal.

Ressourcen gemeinsam nutzen

Insbesondere die Möglichkeit, Ressourcen gemeinsam nutzen zu können, überzeugt die meisten Anwender. Zu diesen nutzbaren Ressourcen gehören wohl in erster Linie Laufwerke und Drucker. Beliebige Laufwerke wie Festplatten, aber auch CD-ROMs, DVDs, optische und ZIP-Laufwerke können über das Netzwerk zur Verfügung gestellt werden. Das ist sehr praktisch, denn so kann man zum einen Dokumente gemeinsam nutzen, und außerdem erspart man sich beispielsweise den Kauf eines weiteren CD-Brenners und kann stattdessen über einen anderen PC mit Brenner die geliebte MP3-Sammlung auf einem Rohling verewigen. Sogar einen Modem-, ISDN- oder DSL-Anschluss kann man auf diese Weise mit mehreren Rechnern gleichzeitig verwenden.

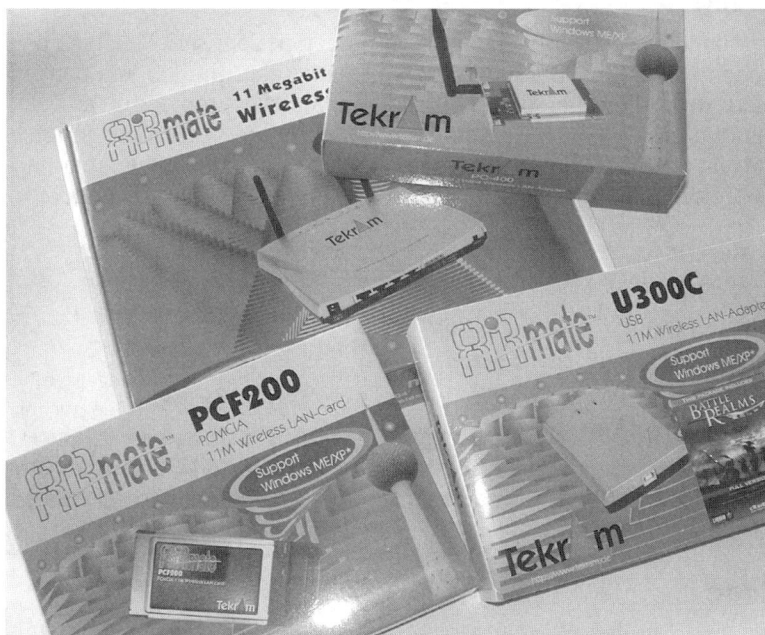

Die Komponenten für ein einfaches Netzwerk kann man auch ganz bequem im Set kaufen.

Beim gemeinsamen Surfen kann man so einiges an Onlinegebühren sparen, und eine einmal heruntergeladene Datei lässt sich gleich im Netzwerk verteilen – ein wichtiges Update etwa muss man so nur einmal downloaden.

Der zweite praktische Nutzen eines Netzwerks ist, von allen angeschlossenen Computern auf einen oder mehrere Drucker zugreifen zu können. Sind beispielsweise am Arbeits-PC ein Laserdrucker und am Spiele-PC ein Tintenstrahldrucker angeschlossen, können beide Rechner neben dem lokalen auch den am jeweils anderen Computer angeschlossenen Drucker direkt für Druckaufträge nutzen. Das spart den Kauf weiterer Drucker oder zumindest eines Druckerumschalters.

Einen Internetanschluss über ein Netzwerk gemeinsam nutzen

Besonders praktisch ist es aber auch, bestimmte Dienste eines Rechners im Netzwerk mitzunutzen, etwa dessen Internetverbindung. Falls sich ein PC also in das Internet einwählen kann, kann dieser Zugang nach ein paar Einstellungen auch von jedem anderen PC im Netzwerk mitbenutzt werden, ganz so, als wären alle Rechner einzeln an das Internet angeschlossen.

Datenaustausch über Kabel, Infrarot und Funk

Der Aufbau eines Netzwerks ist heute übrigens nicht unbedingt an klassische Netzwerkhardware, also Netzwerkkarte und Netzwerkkabel, gebunden. Je nach Budget, örtlichen Gegebenheiten und Anforderungen können Sie verschiedene Lösungen wählen. Das Schöne dabei: Wenn es sein soll, können diese Lösungen sogar zum Teil gemischt werden!

Es gibt viele Möglichkeiten, um Daten zwischen zwei PCs auszutauschen. Grundsätzlich gibt es dabei folgende Verbindungsarten:

Serielle Verbindung

Die wohl einfachste Möglichkeit, zwei Rechner zu verbinden, ist ein serielles, bis zu 25 Meter langes Nullmodemkabel. Ein Nullmodemkabel ist dem Kabel ähnlich, mit dem ein Modem angeschlossen wird. Allerdings sind die Drähte im Kabel gekreuzt, und es befindet sich an beiden Enden ein Stecker. Für Notfälle und nur kleine Datenmengen reicht diese Verbindung aus, ist allerdings auf nur zwei Rechner beschränkt und verlangt nach spezieller Software (LapLink, PC-Direktverbindung von Windows 9x) zur Datenübertragung.

Parallele Verbindung

Wie bei der seriellen Verbindung wird auch bei der parallelen Verbindung eine an jedem gängigen PC vorhandene Schnittstelle verwendet, in diesem Fall der parallele Druckeranschluss.

Notlösung für nur zwei PCs
Auch die parallele Verbindung ist eine Notlösung für nur zwei PCs, die nur mit spezieller Software (LapLink, PC-Direktverbindung von Windows 9x) läuft, aber einen höheren Datendurchsatz gegenüber der seriellen Verbindung aufweist.

Auch hierbei wird ein spezielles, maximal 5 Meter langes Kabel – mit zwei Buchsen – verwendet, in dem einige Drähte gekreuzt sind.

Infrarotverbindung

Infrarotverbindungen sind vor allem bei Notebooks vorhanden und basieren auf dem IrDA-Standard. IrDA wiederum basiert dabei im Grunde auf der seriellen oder der parallele Schnittstelle und stellt dann statt über eine Kabel wie oben beschrieben über Infrarotlicht eine Verbindung her. IrDA kann man nicht nur für den Datenaustausch, sondern auch zum Datenabgleich mit dem PDA oder dem Handy benutzen.

Die drei genannten Möglichkeiten sind Verbindungen und keine Netzwerke und daher immer auf zwei PCs beschränkt. Mit ihnen lassen sich geringe Datenmengen im Notfall austauschen.

USB-Verbindung

Mit speziellen USB-Linkkabeln können Sie zwei PCs direkt und problemlos miteinander verbinden. Diese speziellen Kabel haben auf beiden Seiten einen Typ-A-Stecker (flacher Stecker) und in der Mitte eine automatische Schaltbox. Dank Plug & Play lassen sich so sehr einfach und schnell Verbindungen herstellen, die allerdings nur eine mäßige Datenübertragung ermöglichen. Es gibt auch spezielle USB-Netzwerkkabel, die dann über einen USB-Hub mehrere Rechner vernetzen können.

FireWire-Verbindung

Ebenso wie mit USB sind auch über FireWire (IEEE 1394) Netzwerkverbindungen zwischen zwei PCs möglich. Auch hier braucht man ein spezielles Kabel, die passende Software liefern Windows ME und Windows XP mit. FireWire-Verbindungen sind sehr schnell und reichen bereits an ein normales Netzwerk heran.

Wie USB ist aber auch FireWire eigentlich zum Anschluss von Peripherie und nicht zum Aufbau eines Netzwerks gedacht. USB 1.0/1.1 ist relativ langsam, USB 2.0 und FireWire bieten hingegen schon eine ordentliche Geschwindigkeit, die teilweise über der normaler Netzwerke liegt.

Netzwerk via Kabel

Das klassische Netzwerk wird über Kabel aufgebaut. Diese Kabel verbinden dann alle Computer und sonstige Netzwerkgeräte miteinander. Bei der Verkabelung gibt es unterschiedliche Verfahren und unterschiedliche Stecker, die aber zum Teil auch kombiniert werden können. Beim Netzwerk ist auch eine Sonderform für genau zwei Computer möglich, bei dem man mit einem Crossover-Kabel die PCs direkt verbindet. Normalerweise werden alle Computer aber über ein Kabel an einen zentralen Verteiler, den „Switch" oder „Hub", angeschlossen. Standardnetzwerke sind so schnell, dass man Daten und sogar Programme auf andere Rechner auslagern kann.

Netzwerk via Funk

Voll im Trend liegen Netzwerke, die statt Kabel Funkwellen nutzen. Diese Funknetze oder WLANs funktionieren wie kabelgebundene Netzwerke, es gibt auch zentrale Verbindungspunkte, die hier allerdings Access Points heißen.

Es gibt einige Standards, die sich in der Geschwindigkeit unterscheiden, aber kombinierbar sind.

> **Netzwerktypen miteinander koppeln**
>
> Alle Netzwerke haben ihre Vor- und Nachteile, doch man muss sich nicht zwangsläufig für genau eine Technologie entscheiden: Man kann verschiedene Netzwerktypen auch miteinander koppeln! Dazu später mehr.

Funknetzwerke sind nicht allzu weit ausbaubar, da in der Praxis die Reichweite innerhalb von Gebäuden auf 10 bis 30 Meter und die Anzahl der Teilnehmer begrenzt ist.

Die Geschwindigkeit ist deutlich langsamer als die der kabelgebundenen Netze, reicht aber für den Datenaustausch und das gemeinsame Arbeiten an Dokumenten aus.

Standardlösung: Ein kabelbasiertes Netzwerk

In den meisten Fällen kann man für das Netzwerk zu Hause zu einem kabelbasierten Ethernet-Netzwerk raten.

Alle Komponenten sind mittlerweile ausgereift und günstig zu bekommen, es gibt einiges an Zubehör.

Auch für viele exotische Karten sind Treiber vorhanden.

Wie viel MBit braucht man?

Im Netzwerkbereich wird die maximale Übertragungsrate immer in MBit/s angegeben und bezeichnet die Millionen Bit pro Sekunde, die das Medium übertragen kann.

Obwohl acht Bit ein Byte ergeben, sind aktuelle 100 MBit/s nicht etwa mit 12,5 MByte/s im Netzwerk zu übersetzen. Bei den unterschiedlichen Protokollen geht einiges an Nutzlast verloren. Etwa 9 MByte/s sind bei optimaler Konfiguration unter UNIX möglich, 8 MByte/s unter Windows.

In der Praxis bleibt wesentlich weniger übrig, da die Festplatten nicht mehr Daten liefern können oder ein PC auch andere Aufgaben „nebenbei" erledigen muss.

Was sind 100 MBit in der Praxis?

100 MBit entsprechen dem Durchsatz einer normalen Festplatte, sind 100-mal schneller als T-DSL und übertragen eine CD-ROM in rund eineinhalb Minuten.

Ein weiterer Vorteil der Verkabelung ist die große Verbreitung, und so finden Sie im Freundeskreis bestimmt jemanden, der sich bereits damit auskennt oder der einmal seinen Computer zu einem Netzwerkspiel mitbringt.

Hinzu kommt, dass es eine Menge preiswerter Erweiterungen für derartige Netzwerke gibt, eventuell sogar in Form von gebrauchter Hardware im Bekanntenkreis oder bei einer Onlineauktion.

Der Einstieg ist dabei sogar besonders einfach und preiswert – und das sogar, ohne dass Sie sich einen weiteren Ausbau „verbauen".

Ein kabelgebundenes Netzwerk kann, wenn es sein muss, auf hunderte von Rechnern aufgestockt werden.

Sonderfall: Nur zwei PCs professionell vernetzen

Wenn anfangs nur genau zwei PCs miteinander vernetzt werden sollen, können Sie durch den Kauf eines speziellen Kabels die Kosten für den ansonsten benötigten zentralen Verteiler (Hub/Switch) sparen.

Bei diesem Kabel sind die Anschlüsse miteinander verkreuzt, deswegen wird es als Crossover-Kabel bezeichnet. Auf diese Weise können zwei Netzwerkkarten direkt miteinander verbunden werden, ähnlich einem Nullmodemkabel.

Wenn Sie später das Netzwerk vergrößern wollen, benötigen Sie allerdings doch einen Hub/Switch und „normale" Netzwerkkabel. Kleiner Tipp: Eventuell können Sie das Crossover-Kabel aber auch am meistens vorhandenen Uplink-Port weiternutzen.

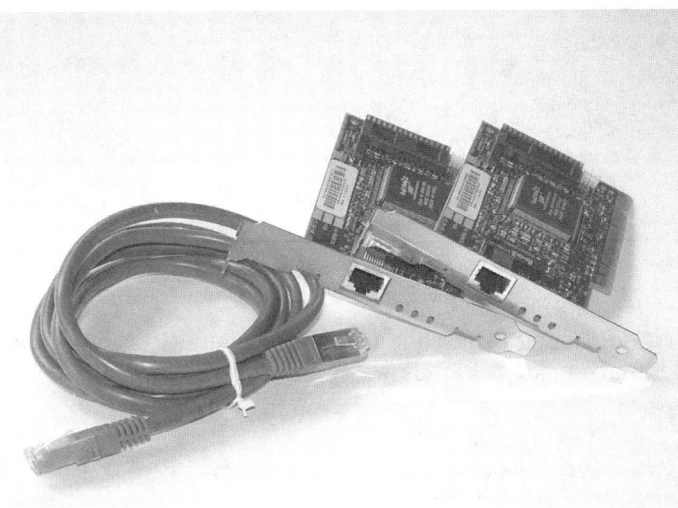

Mit einem Crossover-Kabel und zwei Netzwerkkarten lässt sich bereits ein vollwertiges Netzwerk aufbauen.

Bei den typischen kabelgebundenen Netzwerken gibt es zwei grundlegende Verkabelungsverfahren: das alte BNC und das aktuelle **T**wisted **P**air bzw. TP. BNC erkennen Sie an den fast fingerdicken, silbernen Bajonettverschlüssen für Koax-Kabel, TP an den eher clipsartigen eckigen RJ45-Telefonsteckern mit vier Aderpaaren.

BNC-Komponenten sterben aus!

Neu bekommt man BNC-Komponenten kaum noch, und von einer Neuanschaffung kann man abraten. Sollte bereits ein BNC-Netzwerk bestehen und von der Geschwindigkeit her ausreichen, ist es natürlich leichter, dieses Netz einfach nur zu erweitern. Normalerweise entfernt man dazu an einem der beiden Enden des Netzwerks den nötigen Abschlusswiderstand, fügt ein Kabel in der benötigten Länge an, schließt an dessen Ende über ein T-Stück den neuen PC an und schließt das Ende wiederum mit dem Abschlusswiderstand ab.

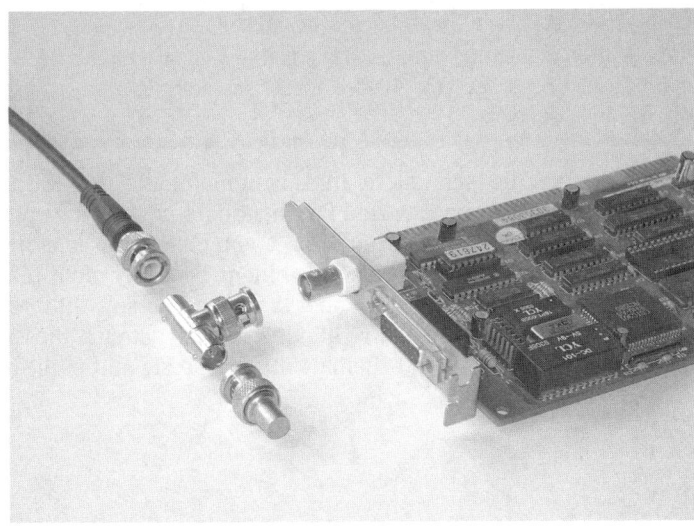

Die BNC-Verkabelung findet sich in alten Netzwerken und basiert auf einem Koax-Kabel. An beiden Enden benötigt das Netzwerk spezielle Abschlusswiderstände.

BNC hat zwei deutliche Nachteile

Es gibt kaum PCI-Karten mit BNC-Anschluss, und sie sind auf maximal 10 MBit festgelegt. Darüber hinaus reagiert ein BNC-Netzwerk sehr empfindlich auf Störungen: Das Netz ist im Grunde ein langer Bus, der aus einem abgeschirmten Draht besteht.

Server

Tritt an einer Stelle auch nur ein kleiner Fehler auf, ist das komplette Netz tot! Andere Netzwerke sind da toleranter und arbeiten zumindest teilweise weiter.

Alter Standard: BNC

BNC ist eine Verkabelung auf Basis eines RG58-Koax-Kabels mit Bajonettsteckern. BNC steht für **B**ayonet **N**eill **C**oncelmann oder auch **B**aby-**N**et-**C**onnector.

Der heutige Standard ist Twisted Pair

Wird heute ein Netzwerk aufgebaut, nutzt man dazu fast immer **T**wisted **P**air bzw. TP. Im Gegensatz zu dem einadrigen, abgeschirmten BNC verwendet es vier Leitungen, die nach außen abgeschirmt sind. Die vier Adern werden dabei jeweils zu zweit miteinander verdrillt (deswegen Twisted Pair = verdrehtes Paar) und schützen die Signale so vor Störeinstrahlung. Trotzdem ist bei den „besseren" TP-Kabeln noch eine Abschirmung in Form einer Art Alufolie um die Adern gewickelt.

Vorteile von Twisted Pair

Das Twisted Pair-Kabel besteht aus vier Litzenpaaren, die jeweils umeinander verdrillt sind. Dies hat den Vorteil, dass Einstrahlungen von außen auf beiden Kabeln eines Paars auftreten und somit die Differenz der Spannungen nicht verändert wird (Potenzialfreiheit). Diese Kabel werden mit Netzwerkkarten oder anderen Geräten über RJ45-Stecker (auch Westernstecker) ähnlich den RJ11-Steckern von Telefonen (nur vier Litzen) verbunden. Im 10- und 100-MBit-LAN werden nur die Paare 2 (rotes und rot-weißes) und 3 (grünes und grün-weißes) Kabel verwendet. Üblicherweise sind auch Paar 1 (blau) und 4 (gelb) verdrahtet. Nur Kabel, die der Cat5-Norm entsprechen, ermöglichen einen störungsfreien Betrieb des Netzes.

Die Abschirmung kennzeichnet dabei die schnellere und heute aktuelle 100-MBit-Technologie. Der vorherige 10-MBit-Standard bei Twisted Pair benötigte noch keine speziell abgeschirmten Kabel oder Stecker und ließ sich auch mit einem einfachen Telefonkabel betreiben. Aus diesem Grund befinden sich übrigens in einem TP-Kabel nicht nur die benötigten zwei, sondern vier Aderpaare! Über ein Kabel kann man so sowohl telefonieren als auch einen Computer an das Netzwerk anschließen. Leider hat sich dieser praktische Doppelnutzen zumindest in Deutschland niemals durchgesetzt, und so liegt das zweite Aderpaar wohl in nahezu allen Kabeln brach.

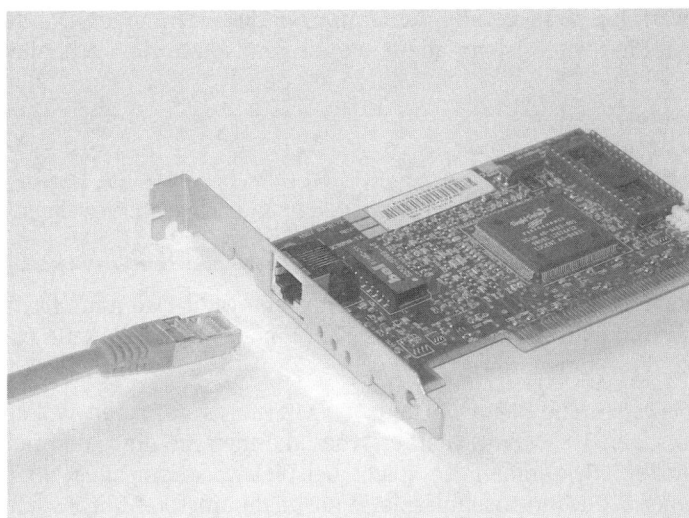

Bei den meisten Netzwerken wird heute die aktuelle 100-MBit-Twisted Pair-Verkabelung gewählt. Das Kabel ist ein abgeschirmtes Cat5-Kabel mit acht Adern und Westernsteckern an beiden Enden.

Bei Twisted Pair-Netzen laufen die Kabel von allen PCs an einer zentralen Stelle zusammen, dem so genannten Hub oder Switch.

Das ist ein kleiner Kasten mit meistens 4 bis 16 Anschlüssen und einer Menge Leuchtdioden. Der Unterschied zwischen einem Hub und einem Switch liegt im Inneren verborgen:

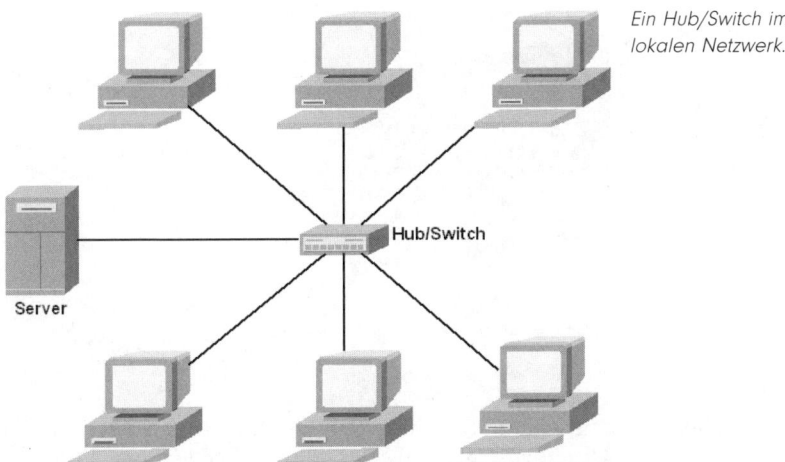

Ein Hub/Switch im lokalen Netzwerk.

- **Hub** – Bei einem Hub sind alle Anschlüsse immer gleichzeitig miteinander verbunden. Da innerhalb eines Netzwerks (bzw. Netzwerksegments) zurzeit immer nur zwei Geräte miteinander kommunizieren können, ist das gesamte Netzwerk in diesem Fall für alle anderen Teilnehmer gesperrt (das wird allerdings innerhalb von Bruchteilen von Sekunden neu verteilt – daher wirkt es so, als seien alle Netzwerkteilnehmer gleichzeitig im Netz).

- **Switch** – Ein Switch wird genauso eingesetzt wie ein Hub, hat aber ein quasi intelligentes Innenleben. Er verbindet nicht einfach das ganze Netzwerk miteinander, sondern immer die beiden Geräte, die gerade miteinander kommunizieren wollen. Sollten zwei weitere Geräte auch Daten austauschen wollen, werden diese ebenfalls verbunden – das Netzwerk hat so insgesamt den doppelten des eigentlichen Durchsatzes. Oder kurz gesagt: Ein Switch ist vor allem in größeren Netzwerken schneller als ein Hub.

Was kaufen: Switch oder Hub?

Vor ein paar Jahren waren Switches mehr als doppelt so teuer wie Hubs, heute sind die Unterschiede nur noch marginal. Da Switches im Zweifelsfall eine bessere Performance haben, sollten Sie also vorzugsweise einen Switch kaufen.

Es gibt sowohl Hubs als auch Switches, die nur 10 oder nur 100 MBit Datendurchsatz bieten, meistens sind das die Modelle am unteren Preislevel. Ein solches Gerät kann ein guter Kauf sein, aber auch zu Problemen führen.

Wenn Sie nämlich beispielsweise eine Netzwerk auf 100-MBit-Basis aufbauen wollen und einen vermeintlich günstigen 100-MBit-Switch erstehen, können Sie dort auch nur 100-MBit-Hardware anschließen. Bekommen Sie später beispielsweise ein altes Notebook oder Ähnliches mit einem 10-MBit-Anschluss, läuft das nicht am 100-MBit-Switch. Umgekehrt ist es natürlich genauso: Reine 100-MBit-Geräte laufen nicht an einem 10-MBit-Hub/-Switch.

Eine gute Lösung für kleine Netzwerke bietet ein 10/100-MBit-Switch mit fünf Ports.

Es gibt einen einfachen Ausweg, kaufen Sie einen 10/100-MBit-Hub/-Switch, daran laufen dann Geräte mit beiden Geschwindigkeiten! Der Aufpreis gegenüber einem reinen 10- oder 100-MBit-Hub/-Switch ist nur gering. Der gemischte Betrieb von 10- und 100-MBit-Geräten läuft dabei ohne irgendwelche Einstellungen oder Konfigurationen ab, die schnelleren Geräte bekommen einfach relativ oft die Aufforderung, ein wenig zu warten.

Ebenfalls kann es sinnvoll sein, einen Hub oder Switch zu kaufen, der zusätzlich noch einen BNC-Anschluss hat, falls Sie ein gemischtes Netzwerk betreiben wollen. Solche Geräte haben dann beispielsweise vier Anschlüsse für Twisted Pair und einen BNC-Stecker. Um daran einen PC mit BNC-Netzwerkkarte anzuschließen, benötigen Sie nur noch zusätzlich das BNC-Kabel und die beiden Anschlusswiderstände.

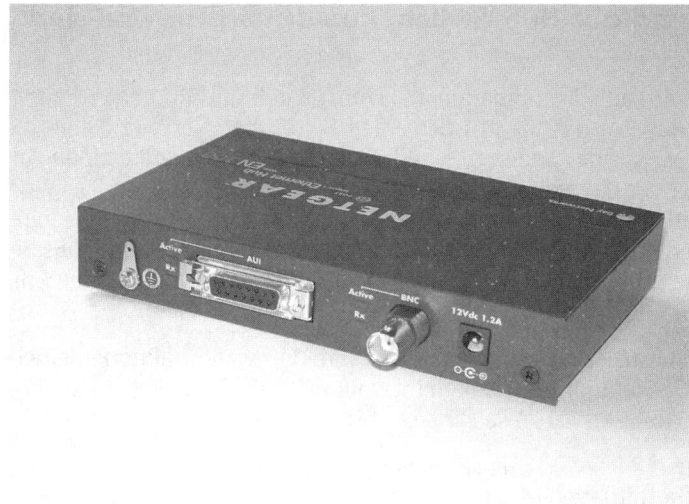

Einige Hubs wie der EN108 von NetGear besitzen sogar noch einen BNC-Anschluss auf der Rückseite (der längliche Anschluss ist übrigens ein seltener AUI-Anschluss).

Wenn Sie ein kleines Netzwerk aufbauen, möchten Sie normalerweise auch mit allen Computern gleichzeitig surfen oder Mail abholen können – das ist aus der Sicht der Netzwerktechnik auch überhaupt kein Problem. Bei einem einzelnen Computer verbinden Sie sich mit dem Internet normalerweise über ein Modem, eine ISDN-Karte oder ein DSL-Modem (das aber über eine Netzwerkkarte angesprochen wird).

Möglichkeiten der Internetverbindung

Es gibt zwei Möglichkeiten, das Netzwerk, das Sie aufbauen wollen, mit dem Internet zu verbinden: Entweder nutzen Sie die bisherige Verbindung eines Computers und installieren auf diesem eine Routersoftware, wie sie etwa in Windows ME und XP vorhanden ist (**I**nternet **C**onnection **S**haring, ICS). Hierbei sind dann allerdings einige Konfigurationsänderungen nötig.

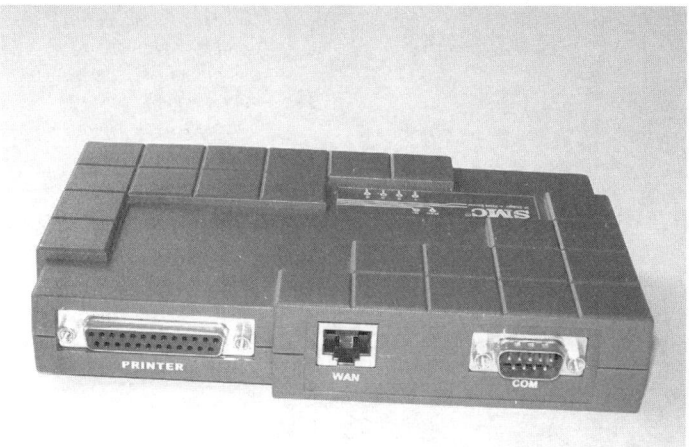

Kleiner Zauberkasten: Ein Gerät wie der SMC Barricade-Router verbindet in einem Gehäuse einen Switch (vorn sind 4 TP-Anschlüsse), einen DSL-Router (WAN), eine Firewall und sogar einen Druckserver (Printerport).

Kombigeräte bestehend aus Hub/Switch, Router und Firewall sind sehr praktisch

Es kann dann geschickter sein, eine Kombination aus Hub/Switch und Router zu kaufen – das ist ein kleines Kästchen, an das Sie auf der einen Seite über Netzwerkkabel die heimischen PCs anschließen. Auf der anderen Seite haben diese Kombigeräte einen Anschluss für ein ISDN-Kabel oder ein weiteres Netzwerkkabel zum DSL-Modem. Der Vorteil dieser Geräte ist die einfache Handhabung und die Tatsache, dass nur dieses kleine Gerät laufen muss, damit jeder Rechner aus dem Netzwerk in das Internet kann. Falls Sie einen PC und ICS verwenden, muss auch der PC laufen, auf dem das ICS installiert wurde.

In den Kombigeräten sind normalerweise auch ausreichende Firewall-Funktionen eingebaut, sodass Sie sich über Hackerangriffe aus dem Internet nicht überaus viele Gedanken machen müssen – beim ICS müssen Sie diese Dinge selbst einstellen.

Mit einem kabelgebundenen Netzwerk machen Sie wenig falsch. Es gibt für jeden Einsatzzweck Hardware, die mittlerweile schnell, sehr ausgereift und größtenteils auch recht preiswert ist.

Es muss nicht immer Kabel sein: Ein Funknetzwerk

Es entwickelt sich ein Trend weg vom Kabel hin zur Übertragung per Funk: Was beim Telefon zu Hause schon lange fast Standard ist, etabliert sich nun auch bei der Vernetzung von Computern. Statt Kabel werden Funkwellen zur Datenübertragung genutzt.

Vorteile eines Wireless LAN

Die kabellosen Netzwerke (**W**ireless **LAN** oder kurz WLAN) haben natürlich den entscheidenden Vorteil, keine Netzwerkkabel zu benötigen und somit niemanden in die Versuchung zu führen, unter dem Teppich, an der Wand oder als Stolperfalle quer über den Fußboden Strippen verlegen zu müssen.

Die Grundausstattung beim WLAN besteht aus einem Access Point mit Antennen und beispielsweise einer PCMCIA-Karten für das Notebook.

Ein Funknetzwerk ist besonders praktisch, wenn Sie beispielsweise zusätzlich zu einem stationärem PC ein Notebook besitzen, dass WLAN bereits eingebaut hat: Sie können dann beim Surfen oder E-Mail-Lesen einfach durch die Wohnung spazieren oder gemütlich auf den Balkon legen (wenn die Sonne nicht allzu sehr blendet).

Grob gesagt, kann man ein WLAN einfach mit dem oben beschriebenen kabelbasierten Netzwerk vergleichen – nur eben mit Funk statt Kabeln. Auch WLANs basieren im Grunde auf den gleichen Standards wie Ethernet und nutzen die gleiche Software. Für eine Anwendung wie den Internet Explorer ist es vollkommen egal und auch nicht zu unterscheiden, ob er über Funk oder durch ein Kabel seine Webseiten empfängt.

Nachteile eines Wireless LAN

Allerdings gibt es auch zumindest zwei relevante Nachteile, die manchem den Umstieg oder den Neukauf eines WLAN vermiesen können: Es ist teuer und relativ langsam!

- **Preis** – Die Hardware kostet erheblich mehr als beim kabelgebundenen Netzwerk. PCMCIA-Karten sind mit dem zwei- bis dreifachen Preis noch einigermaßen im Rahmen, immerhin gewinnt man einiges an Bewegungsfreiheit – und Komfort kostet nun einmal Geld.
  Warum aber PCI-Karten bis zum Zehnfachen einer kabelgebundenen Karte kosten sollen, ist zumindest schleierhaft – zumal es sich manchmal lediglich um PCMCIA-Adapter handelt, in die eine PCMCIA-Karte eingeschoben wird. Auch die Hubs/Switches, die hier Access Points heißen, sind mindestens um das Zwei- bis Dreifache teurer. Einsparungen bei den Kabeln machen das niemals wett, und so bleibt der kabellose Spaß doch ein sehr teurer Luxus.

- **Geschwindigkeit** – Auch bei der Geschwindigkeit kann ein WLAN nicht ganz überzeugen. Aktuell sind 11 MBit möglich, 54 MBit werden ab Anfang 2003 vermehrt in den Markt drängen und im Laufe des Jahres wohl Standard werden. Sie sollten aber nicht auf diese Zahlen aus der Werbung hereinfallen, denn es handelt sich um Werte bei optimalen Bedingungen!
  WLAN reicht bis zu 300 Meter und bietet 11 MBit – theoretisch! 300 Meter gelten für eine Wiese, in der Praxis stört jede Wand die Übertragung erheblich. Der Effekt: Die Datenübertragungsrate sinkt immer weiter bis auf null. Sehr teure Markenhardware kommt auch noch mit voller Geschwindigkeit durch vier Wände, bei den preiswerten üblichen Komponenten ist nach der zweiten Wand nur noch eine minimale Übertragungsrate möglich – Holz- und reine Steinwände stören nicht übermäßig, Stahlbeton hingegen ist Gift für ein WLAN.

Der relativ hohe Preis lässt so manchen Privatanwender dann doch lieber zum Kabel greifen, auch wenn er mit der Geschwindigkeit leben könnte. Emsige Verkäufer versuchen daher besonders gern, kleineren Büros ein WLAN aufzuschwatzen, denn hier sind die Geldmittel meistens noch etwas reichhaltiger. Dabei wird dann aber ein weiterer Aspekt verschwiegen, nämlich die eher geringe Sicherheit bei der Datenübertragung.

Funkwellen eines Wireless LAN

Die Funkwellen eines WLANs dehnen sich von den Antennen etwa kugelförmig aus – also in alle Richtungen. Die Reichweite liegt dann bei den schon beschriebenen paar Metern bis hin zu 300 Metern in freiem Gelände. Das bedeutet dann aber auch, dass das WLAN auf der Straße vor der Tür existiert – man könnte sich also beispielsweise mit einem Notebook und einer WLAN-Karte auf die gegenüberliegende Straßenseite begeben und trotzdem im Netz arbeiten.

Genau dieses kann aber auch jeder andere! Zwar kann ein WLAN verschlüsselt werden (WEP – **W**ired **E**quivalent **P**rivacy), doch das standardmäßige Verfahren arbeitet mit einem Verfahren namens RC4 und 64 oder 128 Bit langen Schlüsseln, die jedoch mit jedem Notebook schnell geknackt werden können – die Software dazu gibt es kostenlos im Internet.

Selbst ein altes Notebook und eine billige WLAN-Karte reichen bereits zum „Warchalking" aus – dem Aufspüren von ungesicherten Funknetzwerken in Ballungsräumen.

Und wer erst einmal in Ihrem Netzwerk ist, kann dort nicht nur alles lesen, er kann es möglicherweise auch löschen, verändern oder gar über Ihren Internetzugang surfen – wenn Sie keine Flatrate haben, kann das sehr teuer werden!

Suchen nach WLANs: Warchalking

Entstanden in London, ist es mittlerweile zum weltweiten Volkssport geworden, durch die Straßen zu gehen (Walking) und nach offenen WLANs zu suchen. Ähnlich dem Grafitti wird auf der Straße oder an der Hauswand ein Symbol angebracht, das beispielweise auf ein offenes WLAN hinweist und dabei gleich zwei wichtige Informationen enthält: den SSID (**S**ervice **S**et **Id**entifier), quasi das Passwort, um auf das Netzwerk zugreifen zu können, und die in etwa verfügbare Bandbreite, die ja je nach Entfernung zum Access Point immer weiter abnimmt. Spätestens wenn Sie ein WLAN betreiben und ein solches Symbol auf der Straße finden, sollten Sie sich Gedanken um die Sicherheit Ihres Netzwerks machen ...

Warchalking Symbole

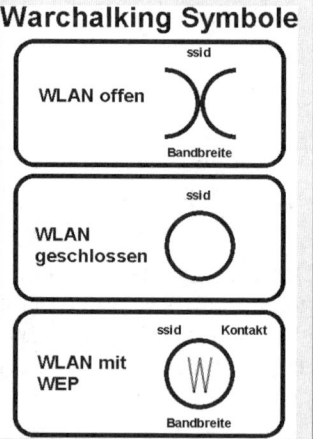

Wer sein WLAN wirklich sicher machen will, sollte unbedingt einen Profi zu Rate ziehen und auf Techniken wie einen RADIUS-Server oder Kerberos setzen, sowie den kompletten Datenverkehr durch ein virtuelles, privates Netzwerk (VPN mit PPTP oder IPsec) tunneln.

Im Wandel: Das WLAN wird schneller

Die Technik des WLAN basiert auf dem 802.11-Standard, der vom IEEE (Institute of Electrical and Electronics Engineers) 1997 verabschiedet. 802.11 garantiert einen Datendurchsatz von bis zu 2 MBit/s und wurde daher zwei Jahre später durch 802.11b abgelöst, das bis zu 11 MBit/s garantiert – die heute aktuellen Geräte arbeiten nach diesem Standard.

Nun kommt aber der Umstieg auf 802.11a und 54 MBit/s, was auch mit einer Änderung des genutzten Frequenzbands einhergeht. Bislang war das für 802.11/802.11b das 2,4-GHz-Band, bei 802.11a wird es das 5-GHz-Band sein. Ein Mischen von Geräten ist so nicht möglich. Hinzu kommt: Prinzipbedingt ist die Reichweite der neuen Geräte geringer.

Trotzdem: Die Chancen, in privaten Wohngegenden Opfer eines Warchalkers zu werden, sind eher gering, da es Warchalker eher auf professionelle Netzwerke in Ballungsräumen, Gewerbegebieten oder Universitäten abgesehen haben – denn dort sind die Bandbreiten meistens sehr viel höher.

Insofern ist ein WLAN eine zwar teure, aber vielleicht gerade für durchdesignte Wohnungen oder Büros eine optisch unauffällige Netzwerklösung.

Alternative Lösungen: USB, FireWire und Bluetooth

Doch es geht auch noch ganz anders. Netzwerke auf Basis der seriellen oder parallelen Schnittstelle oder IrDA sind nicht sinnvoll möglich, aber die beiden modernen Peripherieanbindungen via USB oder FireWire können durchaus zum Netzwerk umfunktioniert werden.

Sowohl USB als auch FireWire kann man dabei auf einfache Weise „nur" zur Datenübertragung nutzen, aber auch tatsächlich ein Netzwerk aufbauen, je nach eingesetzter Software und Verkabelung.

Es sind nicht nur Scanner, Modems und Drucker, die an den USB angeschlossen werden können. Mit seinen 12 MBit/s als USB 1.0/1.1 erreicht der heutige USB-Anschluss

Alternativlösung USB

zwar nicht die Geschwindigkeit der übrigen Netzwerklösungen, trotzdem kann man es für einfache Zwecke auch zu einem Netzwerk umfunktionieren. Interessant dürfte es vor allem werden, wenn sich USB 2.0 mit seinen 480 MBit/s durchgesetzt hat und die Ports auf den Boards diese Geschwindigkeit unterstützen.

Mit diesem Kabel verbinden Sie zwei PCs und installieren auf diesen spezielle Treiber, die dann Netzwerkanfragen nicht auf eine Netzwerkkarte, sondern auf den USB-Port umleiten – für eine Anwendung wie den Internet Explorer sieht das wie ein ganz normales Netzwerk aus.

Das Spiel kann man nur weitertreiben, denn in den zweiten Port der beiden Rechner können Sie wiederum ein USB-Netzwerkkabel stecken und damit weitere PCs anschließen.

Das geht nicht unendlich weit, aber für ein Büro mit einem Dutzend Rechner funktioniert das.

Spezielle Kabel für ein USB-Netzwerk

Sie können allerdings nicht einfach ein normales USB-Kabel nehmen und in zwei PCs stecken, um ein USB-Netzwerk aufzubauen. Stattdessen sind spezielle Kabel nötig, die der Zubehörhandel für etwa 40 bis 60 Euro anbietet. Zu erkennen sind diese Kabel an einem dicken Knubbel in der Mitte, in dem sich ein wenig Elektronik befindet.

Wer will, kann die Kabel auch in einen USB-Hub stecken und so eine ähnliche Struktur wie bei einem „echten" Netzwerk aufbauen.

Mit einem speziellen USB-Netzwerkkabel lassen sich PCs in kleinen Gruppen bis maximal 17 PCs miteinander vernetzen.

Es gibt aber neben der relativ geringen Geschwindigkeit weitere kleine Haken: Die Kabellänge ist auf maximal vier Meter beschränkt, die erhältlichen Kabel sind meistens noch um einiges kürzer – rund zwei Meter sind normal.

Außerdem sollte man die Kosten nicht aus dem Blick verlieren, denn pro Teilnehmer im Netzwerk sind etwa besagte 50 Euro fällig – eine echte Netzwerkkarte plus Fünfmeterkabel kostet höchstens die Hälfte und ist zehnmal schneller!

Ein USB-Netzwerk ist also nur eine Notlösung, wenn aus irgendwelchen Gründen eine normales kabelgebundenes Netzwerk oder ein WLAN nicht möglich sind.

Alternativlösung FireWire

FireWire oder IEEE 1394 finden sich in immer mehr PCs und vor allem Notebooks. Das eigentliche Einsatzgebiet war hier wohl der Anschluss eines DV-Camcorders, von dem man dann problemlos und schnell ganze Filme auf den Rechner überspielen kann – immerhin bietet die aktuelle erste Variante von FireWire bereits 400 MBit/s, 800 MBit/s sind bereits verabschiedet und mehrere weitere Verdopplungen in Planung! Mittlerweile gibt es aber auch externe Festplatten, DVD-Writer, Settop-Boxen, digitale Fernseher und allerhand weitere Peripherie für diesen Anschluss.

Wenn man Notebook mit einem Desktop-PC „mal eben schnell" verbinden will und beide einen FireWire-Anschluss besitzen, geht das sehr leicht und effizient. Insbesondere unter Windows XP wird eine FireWire-Karte automatisch auch immer als Netzwerkkarte (TCP/IP-over-1394) konfiguriert. Besonders praktisch ist dies auch, wenn Sie neben einem PC auch einen Apple Macintosh einsetzen, da die Computer von Apple schon seit langem auf FireWire setzen.

SP/DIF-Audiounterstützung

Dazu kommt noch die Unterstützung von SP/DIF-Audio: digitale Stereoanlage, digitale Lautsprecher, DVD-Player – all diese Geräte können digitale Audiodaten direkt über FireWire austauschen, mit dem PC als zentrale Steueranlage.

Auch wenn ein Rechner bislang kein FireWire besitzt, kann man das über eine PCI-Karte, über einen USB-FireWire-Konverter (langsam wegen USB!) oder eine PCMCIA-Karte problemlos nachrüsten – eine PCI-Karte kostet um die 25 bis 40 Euro.

Die Kabel schlagen mit rund 20 Euro zu Buche und sind in der Regel zwei Meter lang.

> **Achtung, Anschlüsse**
>
> Es gibt Buchsen mit vier und mit sechs Pins, die aber vollkommen identisch arbeiten. Die kleineren Buchsen findet man eher an Notebooks, die größeren dann beim Desktop-PC. Entsprechend der Konfiguration müssen Sie also ein 4:4-, ein 4:6- oder ein 6:6-Kabel kaufen.

Um Treiber müssen Sie sich dabei glücklicherweise nicht kümmern, denn sowohl Windows ME als auch Windows XP bringen spezielle Treiber gleich von Haus aus mit, den so genannten TCP/IP-over-1394-Treiber. Damit können Sie alle Funktionen von TCP/IP nutzen. Es gibt auch umfassendere Lösungen wie Firenet von Unibrain, die es ermöglicht, FireWire-Adapter unter Windows und Mac OS wie normale Ethernet-Adapter anzusprechen.

Bluetooth ist ein Standard für die Datenübertragung per Funk, dabei aber sehr flexibel ausgelegt. Vor allem bei Handys, PDAs und anderen Kleingeräten bis hin zum PC wird Bluetooth gern eingesetzt.

Alternativlösung
Bluetooth

Ein Funknetzwerk gibt es aber bereits mit 802.11b, warum ein weiterer Standard? Nun, beide Techniken haben gänzlich andere Zielsetzungen, und so hinkt dieser Vergleich eigentlich. Die Hersteller von Handys und anderen Kleingeräten haben natürlich auch 802.11-Hardware getestet – und für ihre Zwecke unbrauchbar befunden! Zwar ist 802.11-Hardware deutlich schneller, dafür benötigt sie aber wesentlich mehr Energie und kostet auch eine Menge mehr.

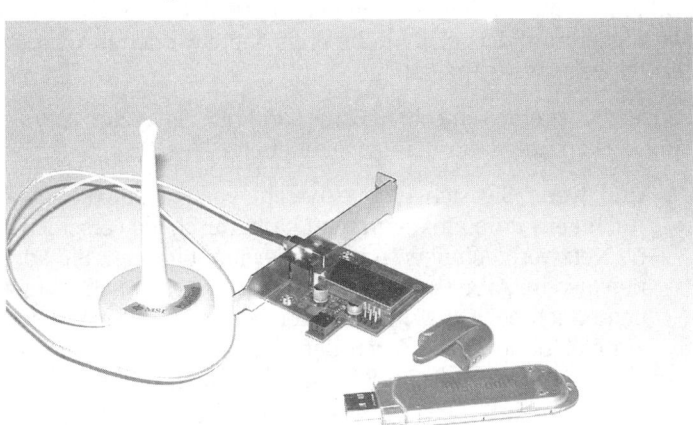

Praktisch für den kleinen Datenaustausch sind Bluetooth-Karten mit Antenne oder der kleine Bluetooth-USB-Stecker für den PC von MSI.

Bluetooth arbeitet wie 802.11 im 2,4-GHz-Band und kann mit bis zu sieben weiteren Geräten kommunizieren und Daten austauschen. In einem Bluetooth-Netzwerk kann dabei jedes Gerät als Master oder als Slave fungieren. Der Master gibt dabei den Takt vor und bestimmt die so genannte Hopping-Sequenz, während die Slaves rein passiv agieren.

Trotzdem kann man über Bluetooth auch PCs „vernetzen", allerdings nur mit einer mehr als bescheidenen Geschwindigkeit.

Bluetooth beherrscht drei Modi: 64 KBit/s synchron oder asynchron 57,6/721 KBit/s bzw. 432,6/432,6 KBit/s – wobei Letzteres für PC-Verbindungen bei Bluetooth genutzt wird.

Umgerechnet bedeutet das maximal 54 KByte/s.

Hohe Preise für Bluetooth-Hardware

Warum eine Bluetooth-Karte für den PC oder einen Palm mit 150 Euro zu Buche schlagen soll, ist bei einem Chippreis von 4 US-Dollar nun wirklich nicht mehr zu erklären – denn viel mehr als den Chip benötigt Bluetooth nun einmal zum Funktionieren nicht.

Ein MByte Daten braucht so mehr als 20 Sekunden, um durch das Netz zu rutschen, insofern reicht das zwar noch zum Surfen oder zum Austausch von kleineren Dokumenten, ein echtes Arbeiten „im Netz" ist damit aber nicht möglich.

Welche Lösung ist für mich optimal?

Nach dem Blick auf die Technik wird auch recht deutlich klar, welche Lösung die für Sie optimale ist: Normalerweise sollte man auf die kabelgebundene Netzwerktechnologie setzen, denn sie ist preiswert, schnell und sehr ausgereift. Falls es aber Gründe gibt, die gegen das Verlegen von Kabeln sprechen, kann man stattdessen auch ein WLAN auf Basis von 802.11b – oder wenn es schneller sein soll 802.11a – aufbauen.

Besitzen PC und Notebook eine FireWire-Schnittstelle und besitzt man vielleicht sogar weitere FireWire-Hardware, bietet sich eine Vernetzung über diesen Standard an, da die Daten so sehr schnell übertragen werden können.

USB bietet sich an, wenn man keine Netzwerkkarten installieren will und kein FireWire zur Verfügung hat, denn USB gibt es mittlerweile in eigentlich jedem PC und jedem Notebook. Die geringe Geschwindigkeit und der relativ hohe Preis dafür werden durch den geringen Aufwand zumindest teilweise wettgemacht.

Bluetooth als Netzwerk einzusetzen ist eine schlechte Lösung und nur als letzter Weg zu beschreiten. Es ist einfach zu langsam und dafür dann viel zu teuer.

Verschiedene Netzwerktypen können gekoppelt werden

Und wenn Sie sich nicht so recht entscheiden können? Auch kein Problem, denn man kann durchaus verschiedene Netzwerktechniken miteinander kombinieren. Sie können also im Arbeitszimmer alles über Kabel vernetzen und dazu auch ein WLAN installieren, um den PC im Kinderzimmer ohne Kabel durch den Flur auch ins Internet zu lassen. Und das Notebook kommt dann eben per FireWire mit ans Netz, um ab und zu Dokumente auszutauschen.

Einziges Stolperdrähtchen: Bluetooth und 802.11b arbeiten nicht zusammen, da sie zum einen im selben Frequenzband arbeiten – was aber nur zu Störungen führen würde – und vor allem identische Treiberteile benutzen, so bekommt man in einem PC nicht beide Systeme ans Laufen.

15.2 Netzwerkaufbau und -komponenten

Wer ein Netzwerk aufbauen will, muss dazu nicht unbedingt ein ausgebildeter Netzwerkspezialist sein – doch gänzlich ohne Grundwissen wird die Sache schnell gefährlich, denn wenn Sie zur Viren- oder Spam-Mail-Schleuder werden oder ein anderes Netzwerk im Internet durch eine Fehlkonfiguration stören, können Sie eine Menge Ärger bekommen. Und auch wenn die Zusammenhänge zwischen Hard- und Software nicht grundlegend bekannt sind, kommt es eventuell zu Fehlkonfigurationen, die nicht sein müssen.

Es geht hier aber nicht um technische Feinheiten, sondern vielmehr um allgemeine Zusammenhänge, die es vielleicht ein wenig leichter machen, die Funktion eines Netzwerks zu verstehen – das erleichtert den Aufbau und hilft bei der hoffentlich nicht notwendigen Fehlersuche ...

Netzwerkhardware für das heimische LAN

Ein Netzwerk besteht immer aus Hard- und Software, wobei alles je nach Aufgabe geschichtet ist. Diese Schichtung hat einen großen Vorteil, denn alle Schichten bauen zwar aufeinander auf, können aber unabhängig voneinander realisiert werden. Ein Beispiel: Bauen Sie aus einem Netzwerk-PC die Netzwerkkarte aus und ersetzen diese durch eine Karte eines anderen Herstellers, muss nur der Treiber gewechselt werden – alle anderen Einstellungen können beibehalten werden. Genauso kann auch das Medium geändert werden: Wenn das Netzwerk plötzlich nicht mehr über eine Netzwerkkarte, sondern über ein FireWire-Kabel läuft – die Netzwerksoftware, die Sie benutzen, bekommt davon gar nichts mit.

Andersherum ist es aus der Sicht des Netzwerks auch egal, wie die Netzwerkkarte an den PC angebunden wird: Ob PCMCIA, PCI, ISA, USB oder was auch immer, es ist nur eine Treiberfrage – auf der einen Seite ist das Netzwerkkabel, auf der anderen die Software, die die Daten vom Treiber bekommt.

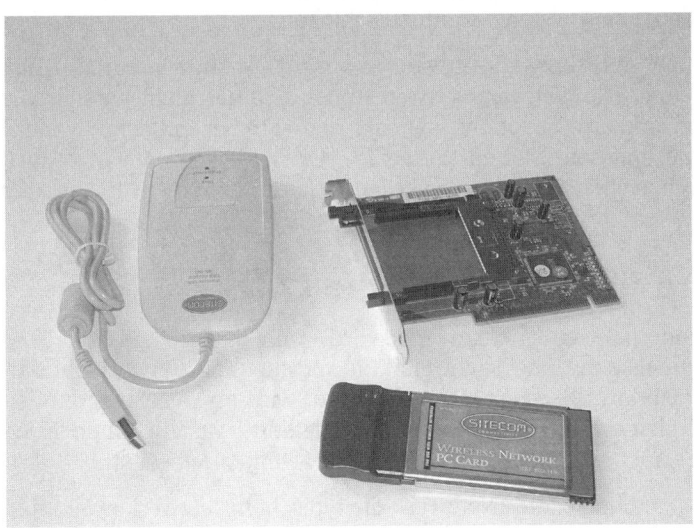

Für das Netzwerk ist der Anschluss an den PC nicht relevant: Egal ob USB (links), PCMCIA (unten) oder PCI, es handelt sich immer um 802.11b-Funknetzwerkkarten.

Das ISO/OSI-Schichtenmodell

Einen schönen Überblick verschafft dabei das schon in die Tage gekommene ISO-/OSI-Schichtenmodell. Was genau das ist, ist hier unwichtig, aber man erkennt daran sehr gut die Trennung zwischen Hard- und Software und sieht, wie alle Komponenten aufeinander aufbauen. Erst ganz oben kommen die Anwendungen, also beispielsweise der Internet Explorer oder Outlook.

Zu der Netzwerkhardware gehört dabei – wie bei Hardware allgemein – alles, was Sie tatsächlich anfassen können, also die Netzwerkkarten, Kabel, Hubs/Switches etc.

	OSI		**TCP/IP**	
Schicht 7	Application (Anwendung)		Telnet www	NFS tftp
Schicht 6	Presentation (Darstellung)	SOFTWARE	ftp smtp rlogin	
Schicht 5	Session (Steuerung)			
Schicht 4	Transport (Transport)		TCP	UDP
Schicht 3	Network (Vermittlung)		ARP, IP, ICMP	
Schicht 2	Data Link (Sicherung)	HARDWARE	Ethernet, FDDI, Token Ring	
Schicht 1	Physical (Bit-Übertragung)			

Die Schichten des OSI-Schichtenmodells.

Der Zugriff auf die Hardware erfolgt dabei wie bei anderen PC-Komponenten auch über einen Treiber. Der Treiber stellt also quasi die Schnittstelle zwischen Hard- und Software da. Nach „unten" hin muss der Treiber die Hardware steuern, also zum Beispiel Daten in den Zwischenspeicher der Netzwerkkarte schreiben und diese dann anweisen, dieses Paket durch das Netzwerk zu einem anderen Gerät zu schicken.

Nach „oben" stellt der Treiber der Netzwerksoftware genormte Funktionen zur Nutzung des Netzwerks zur Verfügung. Die Netzwerksoftware muss also gar nicht wissen, wie man eine bestimmte Netzwerkkarte anspricht, sie sagt dem Treiber einfach: „Schicke diese Pakete an den Rechner mit dem Namen <Server1>." Ob die Pakete nun per Kabel, per Funk oder durch Rauchzeichen übertragen werden, erkennt die Netzwerksoftware gar nicht.

Netzwerksoftware für das heimische LAN

Ein Großteil der Arbeit innerhalb eines Netzwerks wird von Software erledigt. Zum Glück bekommt man davon als Anwender nicht viel mit und muss sich auch nicht darum kümmern. Wenn Sie Windows XP oder ME installieren, wird im Gegensatz zu den Vorgängerversionen auch gleich automatisch alles mitinstalliert, was für einen Netzwerkbetrieb notwendig ist – auch wenn der PC gar keine Netzwerkkarte besitzt!

Das ist nötig, weil nur so auch ohne echtes Netzwerk die typischen Netzwerkanwendungen wie der Internet Explorer oder Outlook nutzbar sind.

15.3 Aufbau eines kleinen Netzwerks

Wie baut man nun ein kleines, einfaches Netzwerk auf? Wenn Sie zu Hause oder im Büro ein kleines Netzwerk aufbauen wollen, benötigen Sie mindestens zwei PCs, ein wenig Netzwerkhardware und netzwerkfähige Betriebssysteme wie Windows, Linux oder andere aktuelle Systeme. Im folgenden Beispiel beschränken wir uns auf Windows 98 und Windows XP, weil diese beiden Systeme weit verbreitet sind und eine gute Basis darstellen. Und wenn ein Netzwerk auf Basis von Windows läuft, können Sie ja immer noch gefahrlos mit anderen Betriebssystemen experimentieren.

Im privaten Bereich findet sich oft die Situation, dass ein älterer Computer mit Windows 98 um einen neuen mit Windows XP ergänzt wird. Genau das werden wir hier auch als Grundlage nutzen, wobei Sie das Netzwerk dann auch ganz einfach auf andere Gegebenheiten anpassen können, egal ob Sie mehr Rechner vernetzen wollen oder beispielsweise nur Windows XP einsetzen.

Das Netzwerk wird dabei aus preiswerten Standardbauteilen aufgebaut und ist somit jederzeit erweiterbar, auch die Geschwindigkeit entspricht dem Stand der Technik.

Wahl der richtigen Netzwerkkarte

Für jeden PC im Netzwerk benötigen Sie natürlich eine Netzwerkkarte. In unserem Beispiel wären das also zwei Netzwerkkarten, und da es sich um noch halbwegs aktuelle PCs handelt, kommen dafür PCI-Karten in Frage.

Die Netzwerkkarte muss zu einem freien Steckplatz im PC passen.

Wenn freie PCI- und ISA-Steckplätze zur Verfügung stehen, sollten Sie unbedingt PCI-Karten wählen, da diese schneller sind und vor allem automatisch konfiguriert werden.

> **Laufen PCI, ISA und PCMCIA auch gemischt?**
> Ob Sie eine PCI-, eine ISA- oder eine PCMCIA-Netzwerkkarte oder gar einen USB-Adapter benutzen, ist für das Netzwerk vollkommen egal. Bei einem Netzwerk kommt es nur auf den gemeinsamen Standard an, also beispielsweise 10/100 MBit, WLAN oder Bluetooth.

Nur in sehr alten Computern oder bei komplett belegten PCI-Steckplätzen müssen Sie auf ISA-Karten ausweichen – aber das ist eine schlechte Lösung.

Welchen Kartenhersteller Sie auswählen, ist von der Funktion her ebenfalls irrelevant, Markenkarten sind meistens nur sehr viel teurer. Allerdings sollten allzu unbekannte Hersteller mit exotischen Netzwerkchips gemieden werden, weil Sie dafür eventuell nach einigen Jahren keine Treiber mehr bekommen.

Karten von Herstellern wie Intel, 3Com, SMC, NetGear und Co. werden auch in ein einigen Jahren noch unterstützt. Doch auch wenn die Karten möglichst preiswert sein sollen, gibt es ein Auswahlkriterium: den Chip.

Kleiner Tipp zum Kauf: Noname-Karten, die auf einem Realtek RTL8139B/C- oder einem DEC21x4x-Chip basieren, laufen unter allen Betriebssystemen hervorragend und werden durch Standardtreiber unterstützt.

Für Notebooks gibt es spezielle, scheckkarten-
große Karten, die so genannten PCMCIA-Karten.

Auch hierbei gibt es zwei verschiedene Systeme,
auch wenn die Karten gleich aussehen und leider
oft auch angeblich identisch als PCMCIA verkauft werden: Ältere Notebooks benötigen oft
die echten, klassischen PCMCIA-1.0-Karten.

> **Faustformel:**
> Notebooks mit mehr als 300 MHz kön-
> nen meistens mit Cardbus umgehen,
> langsamere in der Regel nicht!

Diese PCMCIA-Slots sind eine Abwandlung der ISA-Steckplätze und nicht für hohe Geschwindigkeiten gedacht. PCMCIA 2.0 wird auch als „Cardbus" oder „32-Bit-PCMCIA"
bezeichnet und ist eine PCI-Weiterentwicklung.

Nur diese Karten bieten auch hohe Geschwindigkeiten von 100 MBit.

Falls keine Steckplätze mehr frei sein sollten oder das Gehäuse aus irgendeinem Grund
nicht geöffnet werden kann/darf oder wenn alle PCMCIA-Steckplätze im Notebook besetzt sind, gibt es noch einen letzten Rettungsanker: eine „Netzwerkkarte" mit USB-
Anschluss. Die Netzwerkadapter, die auf der einen Seite einen USB-, auf der anderen einen Netzwerkanschluss besitzen, können einen Computer so über den Umweg USB an
das heimische Netzwerk anschließen.

> **Was darf das kosten?**
> Die Kosten halten sich bei der oben empfohlenen Noname-Hardware stark in Grenzen, eine 100-
> MBit-PCI-Karte kostet zwischen 15 und 25 Euro. Markenkarten kosten mindestens drei- bis vier-
> mal so viel. PCMCIA-Karten liegen im Bereich von 50 bis über 100 Euro, USB-Adapter im Bereich
> von 25 bis 50 Euro.

Wenn Sie passende Karten gekauft haben, können Sie sich an den Einbau wagen.

Schalten Sie zuvor den PC ab (auch am ATX-Netzteil hinten!) und entfernen Sie das 220-
Volt-Stromkabel.

Wie Sie das Gehäuse öffnen, erklärt Ihnen das Kapitel 1.

Einbau einer PCI-Netzwerkkarte im Desktop-PC

Eine Netzwerkkarte bauen Sie so ein wie jede andere Erweiterungskarte auch. Im Folgenden zeigen wir den Einbau einer PCI-Netzwerkkarte – wollen Sie eine ISA-Karte einbauen, gehen Sie genauso vor, der Steckplatz muss dann eben nur ein ISA-Steckplatz
sein.

1 Verschaffen Sie sich zunächst einen Überblick über die bereits vorhandenen Steckkarten. In unserem Beispiel finden sich drei freie Steckplätze links neben der AGP-
Grafikkarte (die Karte mit dem großen Kühler). Da die Grafikkarte sehr viel Wärme
produziert, ist es sinnvoll, links von ihr immer einen Steckplatz frei zu lassen, wenn
das möglich ist. Ansonsten ist es egal, in welchen PCI-Steckplatz Sie die Karte einbauen.

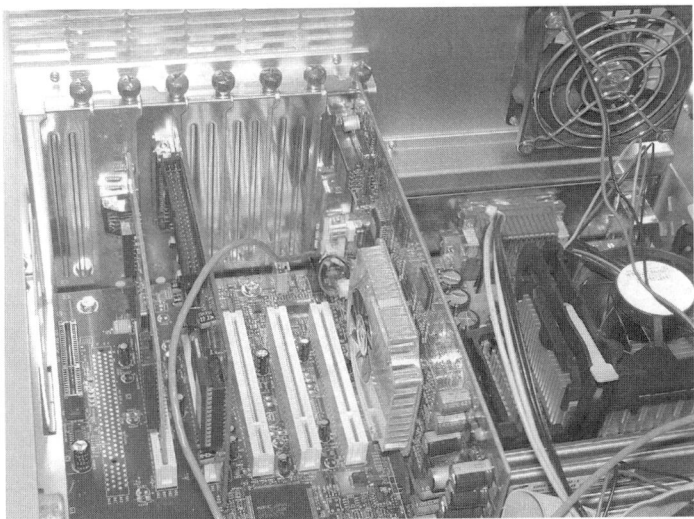

2 Entfernen Sie die Schraube von der rückwärtigen Abdeckung mit einem Kreuzschlitzschraubenzieher. Die Abdeckungen liegen nicht direkt hinter dem Steckplatz,
sondern sind leicht zur Seite verschoben, bei PCI-Karten wie im Bild leicht nach
links, bei ISA-Karten leicht nach rechts (PCI- und ISA-Karten sind auf unterschiedlichen Seiten mit Bauteilen bestückt).

3 Entfernen Sie das kleine Blech, das als Abdeckung dient, und bewahren Sie es auf.
Bei sehr preiswerter Bauweise sind diese Bleche noch nicht ganz ausgestanzt – dann
müssen Sie das Blech erst mit mildem Druck auf oben „herausbrechen", am besten
mit einem Schraubenzieher, denn die Kanten sind rasiermesserscharf! Biegen Sie
dann das Blech so lange hin und her, bis es am unteren Ende abbricht. Ein derartiges
Stück Blech können Sie übrigens wegwerfen, weil es nicht wieder anzubringen ist.

4 Nun stecken Sie die PCI-Netzwerkkarte in den vorgesehenen Steckplatz. Eigentlich sollte das genau waagerecht gemacht werden, die Karten lassen sich aber meistens leichter installieren, wenn Sie sie wie im Bild ein wenig anwinkeln und die Seite mit dem Rückenblech etwas anheben.

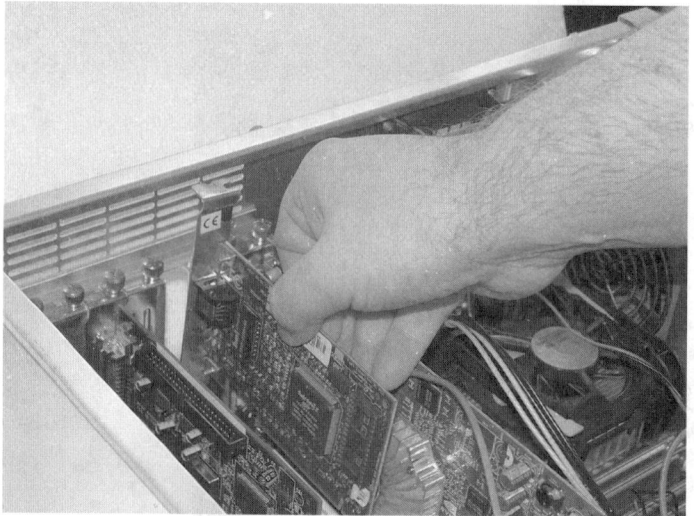

5 Drücken Sie die Karte mit sanfter Gewalt in den Steckplatz. Wenn die Karte richtig angesetzt wird, „flutscht" sie in den Steckplatz und sitzt dann bereits recht fest. Es kann aber sein, dass am hinteren unteren Ende das Blech nicht richtig in den Schlitz im Gehäuse passt, dann sollten Sie die Karte neu einsetzen – rohe Gewalt bringt hier nichts! Wenn es gar nicht passen will, müssen Sie eventuell die Rückenblende der Karte am unteren Ende ein wenig vor- oder zurückbiegen.

6 Zuletzt müssen Sie die Karte mit der vorhin entfernten Schraube wieder festschrauben. Manchmal liegt auch hier die Öffnung des Kartenblechs nicht genau über dem Schraubengewinde des Gehäuses, dann drücken Sie das Blech an der oberen Seite kräftig gegen die Gehäuserückwand und setzen dabei die Schraube ein. Ziehen Sie die Schraube mit dem Schraubenzieher leicht fest, aber keinesfalls zu fest, ansonsten drehen Sie das Gewinde durch.

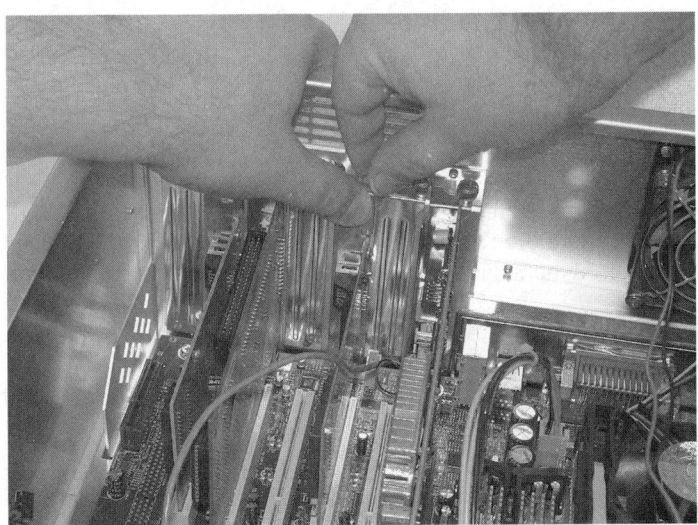

Wichtig! Den Sitz der Karte kontrollieren

Kontrollieren Sie am Ende noch einmal den Sitz der Karte, sie sollte gerade im Steckplatz sitzen. Eventuell können Sie auch noch einmal auf die Karte drücken, falls Sie beim Festschrauben am vorderen Ende ein wenig aus dem Steckplatz herausgerutscht sein sollte. Erst wenn die Karte richtig sitzt, dürfen Sie das Gehäuse wieder schließen und den PC einschalten! Bei einer nicht richtig sitzenden Karte könnte beim Einschalten sowohl die Karte als auch das Board Schaden nehmen.

Damit ist die Arbeit am Desktop-PC bereits erledigt.

Einbau einer Netzwerkkarte im Notebook

Bei einem Notebook haben Sie es natürlich wesentlich leichter, da es für Einsteckkarten hier den PCMCIA-Standard gibt. Dieser Standard ist sogar „hot-plugable", was bedeutet, dass Sie die Karten sogar mitten im Betrieb wechseln können.

Um eine Karte im Notebook zu installieren, müssen Sie meistens zuvor eine Blende oder Klappe entfernen. Dann gehen Sie wie folgt vor:

1 Schieben Sie die Karte mit nur ganz wenig Druck genau waagerecht in den PCMCIA-Schacht – wenn es mehrere gibt, ist es egal, welchen Sie verwenden. Achten Sie darauf, dass die Karte nicht verkantet. Schieben Sie die Karte so weit, bis Sie einen Widerstand fühlen.

2 Drücken Sie die Karte nun die letzten etwa fünf Millimeter kräftig mit dem Daumen in die Verriegelung. Dann wird die Karte auch elektrisch mit dem Notebook verbunden und ist betriebsbereit. Manche Notebooks quittieren dies mit einem Piepton.

Wenn Sie eine PCMCIA-Karte die letzten Millimeter in den Schacht drücken, kommt ein kleiner Hebel zum Vorschein, mit dem Sie die Karte per Druck wieder auswerfen können – die genaue Funktionsweise ist aber je nach Notebook unterschiedlich und wird im entsprechenden Handbuch beschrieben.

Während sich bei PCI- oder ISA-Netzwerkkarten immer eine RJ45-Buchse (ähnlich der am Telefon) befindet, passt eine solche natürlich nicht in eine kleine PCMCIA-Karte. Stattdessen gibt es meistens eine so genannte Peitsche, die auf der einen Seite einen schmalen Stecker für die PCM-CIA-Karte besitzt, auf der anderen eine Buchse für den Netzwerkkabelstecker.

> *Peitsche mit der PCMCIA-Karte verbinden*

Verbinden Sie die Peitsche aus dem Lieferumfang der PCMCIA-Karte vorsichtig mit der PCMCIA-Karte.

Gerade der Stecker der Peitsche ist sehr filigran und deswegen auch sehr zerbrechlich.

Zum Entfernen des Steckers sind an dessen Rand meistens zwei Bügel, die Sie zum Entriegeln zusammendrücken müssen.

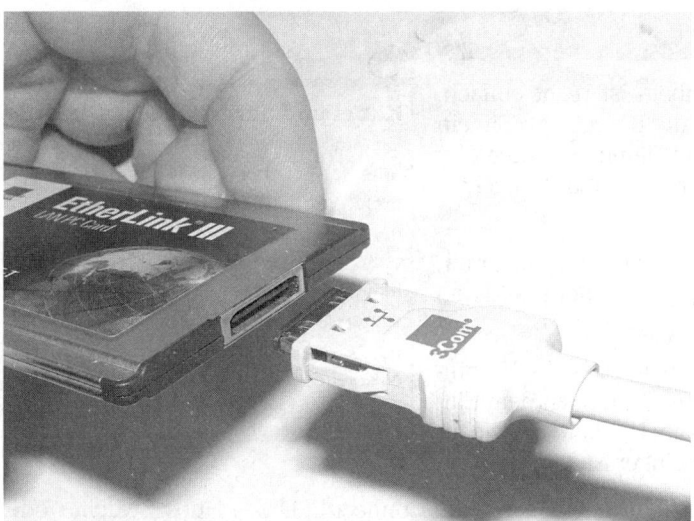

Sowohl PC als auch Notebook sollten nun so weit vorbereitet sein, um das Netzwerkkabel einzustecken.

Netzwerkkabel verlegen und verbinden

Die Netzwerkkabel sind quasi die Adern Ihres Netzwerks und stellen die Verbindungen zwischen den einzelnen Geräten dar.

Netzwerkkabel sind dabei eigentlich unkompliziert zu handhaben – in etwa so wie Telefonkabel.

Zwar gibt es Richtlinien, z. B. sollten die Kabel nicht geknickt werden oder nicht parallel zu Stromkabeln laufen, aber das gilt für viele andere Kabel bekanntlich auch.

In einem heutigen 100-MBit-Netzwerk sollten Sie nur Kabel der Kategorie 5 einsetzen, den nur diese sind abgeschirmt und bieten so die Unanfälligkeit gegenüber Störungen für einen reibungslosen Betrieb.

Gute TP-Kabel für ein 100-MBit-Netzwerk erkennen Sie an den geschirmten Steckern und der Aufschrift Cat5 auf dem Kabel – rechts ein ungeschirmtes TP-Kabel mit gleicher Beschaltung, das allenfalls für 10 MBit oder das Telefon taugt.

Das Verbinden mit TP-Kabeln ist recht einfach, Sie stecken sie einfach in die Buchse, bis Sie ein leises Klicken hören. Dann nämlich ist der Clip eingerastet, der ein Herausfallen des Steckers verhindert.

Das Problem: Manchmal ist der Clip verformt, ausgeleiert oder „klickt" aus einem anderen Grund nicht.

Um Gewissheit zu bekommen, dass die Verbindung stabil ist, ziehen Sie einfach nach dem Einstecken etwas an dem Kabel – fällt es wieder heraus, war der Clip nicht eingerastet.

Kabel und deren Farben

Die Kabel gibt es in vielen Farben und unterschiedlichen Längen. Wer ein etwas umfangreicheres Netzwerk aufbaut, kann hier die einzelnen Segmente durch unterschiedliche Farben kennzeichnen, im Kleinen kann man das auch auf die einzelnen Geräte anwenden: Der DSL-Router bekommt ein rotes Kabel, der Server ein blaues und alle anderen PCs ein gelbes – oder wie auch immer.

Oft wird der Hinweis gegeben, das man auf die Connect-LED des Hubs/Switches oder der Netzwerkkarte sehen soll – leuchtet diese, steht die Verbindung. Das stimmt, aber leider sagt dieses Leuchten nichts über das Einrasten des Clips aus. Und wenn es dann im Betrieb zum Wackelkontakt kommt, das Netzwerk also mal funktioniert und mal nicht, kann man schnell verzweifeln. Machen Sie also den „Zugtest".

Andersherum bekommen Sie ein Netzwerkkabel nicht einfach aus einer Netzwerkkarte oder einem Hub/Switch herausgezogen, wenn Sie die Sperre des Clips nicht entschärfen. Dazu müssen Sie mit der Fingerkuppe den Clip herunterdrücken.

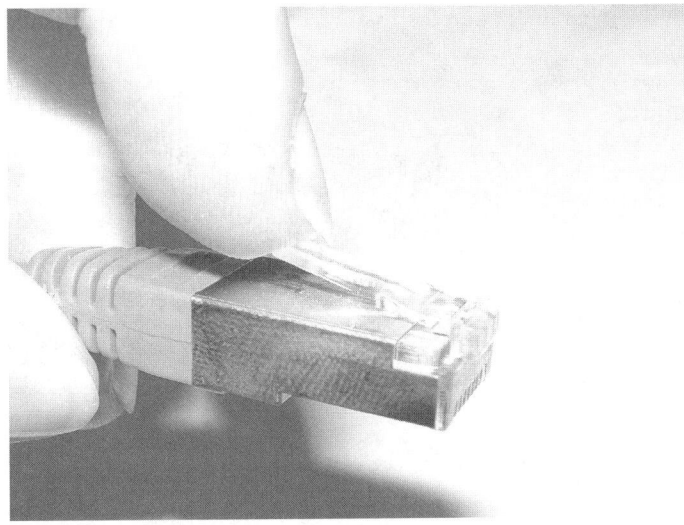

Dieser Clip muss mit einem Klick einrasten, damit die Netzwerkverbindung auch stabil besteht. Zum Entfernen des Kabels müssen Sie den Clip dann drücken, um den Widerhaken zu lösen.

Sollten Sie mit dem Finger nicht an den Clip herankommen, ziehen Sie einfach mit der einen Hand ganz leicht am Kabel und drücken den Clip nun mit einem Schraubenzieher oder Ähnlichem herunter, dann rutscht das Kabel plötzlich heraus.

Hub, Switch und Router anschließen

Auf der anderen Seite müssen die Kabel nun mit dem Hub oder Switch verbunden werden. Das geschieht analog zum Einstecken in die Netzwerkkarte. Sollte der PC oder das Notebook, von dem aus das Kabel kommt, bereits laufen, leuchtet am Hub/Switch normalerweise eine LED mit der Bezeichnung „Connect" auf. Das bedeutet, dass die Verbindung elektrisch stabil ist. Für diese Anzeige ist es irrelevant, ob ein Treiber oder andere Netzwerksoftware auf dem jeweiligen PC geladen sind.

Den Hub oder Switch sollten Sie zumindest am Anfang so aufstellen, dass Sie seine Statusanzeigen gut einsehen können. Die meistens Geräte zeigen nämlich, ob überhaupt eine Verbindung zu einem PC besteht, wie schnell diese ist (10 oder 100 MBit/s) und haben darüber hinaus eine Anzeige für den Datenverkehr des jeweiligen Computers. Letzteres ist entweder in einfacher Form als eine Art Balken realisiert, der die gesamte Netzlast anzeigt, oder es gibt bei jedem Anschluss eine LED, die um so heftiger blinkt, je mehr Daten durch diesen Anschluss fließen.

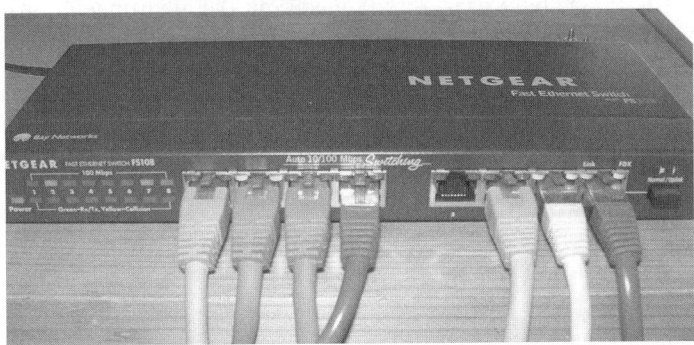

Ein Switch in Action: Wenn die LEDs leuchten, laufen die angeschlossenen Computer. Wenn die LEDs links blinken, findet ein Datentransfer statt.

Wenn Sie diese Anzeigen im Blick haben, haben Sie so auch eine gute Kontrolle über die Funktion des Netzwerks.

Wenn es im Netzwerk rumst

Bei allen Hubs und Switches gibt es eine oder mehrere meistens gelbe LEDs, die mit „COL" oder „Collision" bezeichnet sind. Diese zeigen an, dass im Netzwerk zwei Geräte exakt zur gleichen Zeit Pakete losgeschickt haben und diese nun quasi kollidiert sind – ein Fehler im Netzwerk. Es ist normal, wenn diese LED hin und wieder flackert, nur wenn sie permanent leuchtet, stimmt etwas im Netz nicht – meistens ist dann eine Netzwerkkarte kaputt.

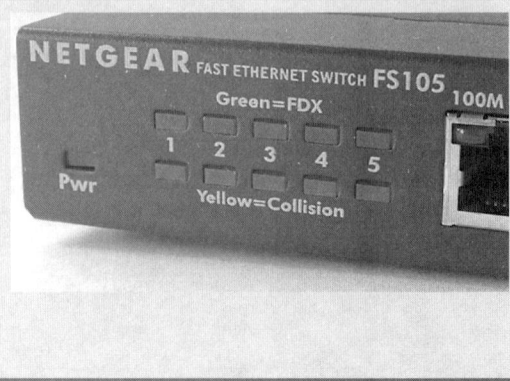

Im Gegensatz zu Hubs werden Switches übrigens durch die aufwendigere Elektronik ziemlich warm.

Da sie fast alle glücklicherweise keinen lärmenden Lüfter haben, sollten Sie sie nicht allzu sehr „zubauen" oder mit anderen Geräten zustellen.

Switches brauchen eine gute Luftzufuhr.

Twisted Pair und BNC zusammen im Netz

Wer noch unbedingt ein altes BNC-Netzwerk aufbauen oder vielleicht eher weiternutzen will, kann dies sehr einfach machen.

Es gibt Hubs, seltener Switches, die zusätzlich zu den TP-Anschlüssen auch einen BNC-Anschluss haben, an den dann der gesamte BNC-Strang angehängt werden kann.

Da es sich bei BNC um eine Bustopologie handelt, reicht dieser eine Anschluss ja auch für etliche Computer aus.

Sie schließen das BNC-Kabel an den BNC-Stecker des Hubs genauso an, wie Sie auch einen Computer mit dem BNC-Netzwerk verbinden würden:

1   Stecken Sie zunächst das T-Stück auf den Stecker des Hubs/Switches. Es ist übrigens nicht möglich, ein BNC-Netzwerk ohne dieses T-Stück aufzubauen, auch wenn die Buchse des BNC-Kabel passt! Wie bei Koax-Verbindungen mit Bajonett üblich, müssen Sie die Steckverbindung durch Drehen des kleinen Rings fixieren.

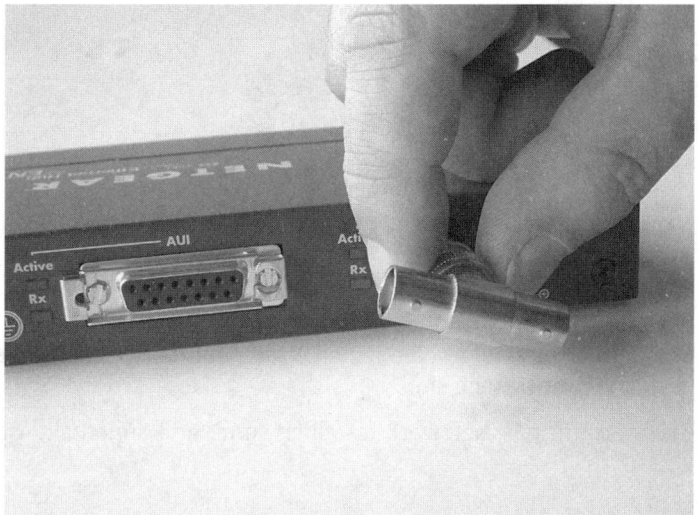

2 An beide Enden des gesamten BNC-Strangs muss ein Abschlusswiderstand aufgesteckt werden. Fehlt diese, läuft das Netzwerk meistens nicht – wenn doch, kommt es zu sehr vielen Fehlern bei der Datenübertragung. Das Ende des BNC-Strangs muss übrigens nicht unbedingt am Hub/Switch liegen, es könnte von hier aus auch weiter zum nächsten Computer gehen.

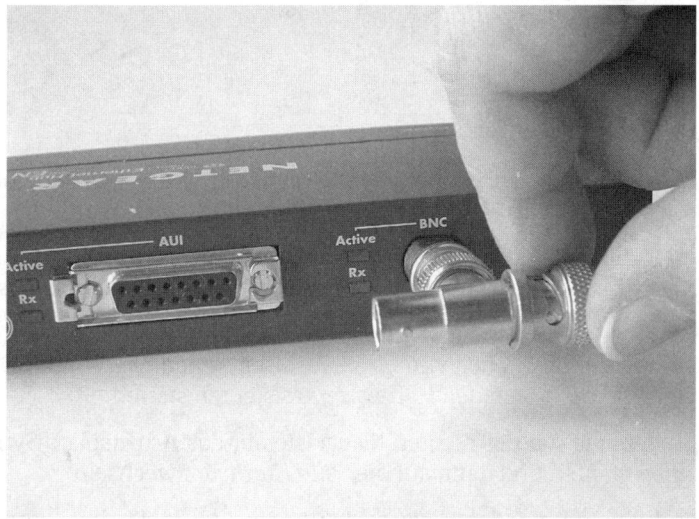

3 An das andere Ende vom T-Stück schließen Sie das BNC-Kabel an. Auch hier hilft eine Status-LED des Hubs/Switches meistens weiter, die grün leuchtet, sobald der BNC-Strang komplett ist und an beiden Enden korrekt mit den Widerständen terminiert wurde.

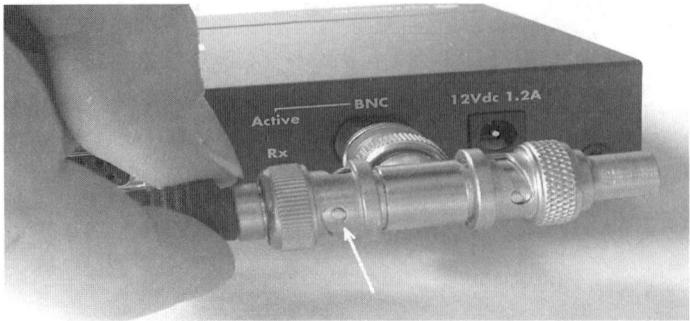

Im letzten Bild sehen Sie übrigens auch gut die kleinen Nasen auf den Steckern, die für die Verriegelung der Stecker verantwortlich sind.

Damit ist bereits die Hardware für das Netzwerk installiert, und Sie können alle Geräte einschalten.

Netzwerktreiber besorgen und installieren

Sowohl Windows ME als auch Windows XP bringen von Haus aus eine stattliche Anzahl von Treibern mit, sodass Sie diese gar nicht unbedingt aus dem Internet besorgen müssen.

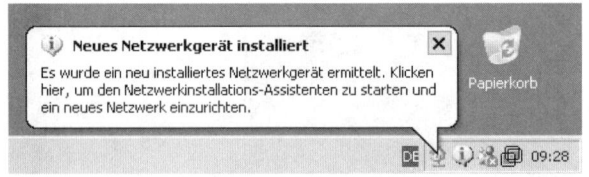

Windows hat ein neues Netzwerkgerät ermittelt.

Beim ersten Hochfahren nach dem Einbau bekommen Sie dann von Windows einfach nur die Mitteilung, dass ein neues Netzwerkgerät gefunden und installiert wurde.

Sollte Windows XP den Treiber nicht bereits mitbringen, werden Sie aufgefordert, den Treiber auf Diskette oder CD-ROM einzulegen – er wird dann von dort aus ins System kopiert.

Sie können diese Hardwareerkennung auch von Hand auslösen, indem Sie Windows neu starten oder in den Systemeigenschaften den Hardware-Assistenten starten.

Sie gelangen dort hin, indem Sie mit der rechten Maustaste auf das Arbeitsplatz-Symbol klicken, dort *Eigenschaften* wählen und dann auf die Seite *Hardware* wechseln.

Sollte es irgendwelche Probleme mit der Netzwerkkarte oder deren Treiber kommen, finden Sie auf obiger Seite auch den Geräte-Manager. Klappen Sie dort den Punkt *Netzwerkadapter* auf, finden Sie dort Ihre Netzwerkkarte.

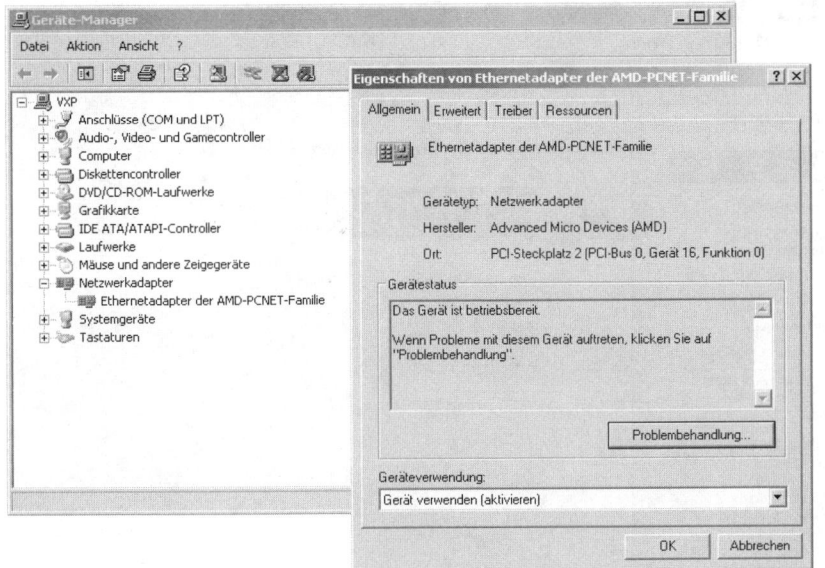

Falls die Netzwerkkarte nicht richtig läuft, können Sie im Geräte-Manager die Problem-behandlung starten.

Sollten Sie einen aktualisierten Treiber auf CD-ROM besitzen, können Sie diesen auf der Seite *Treiber* über die Schaltfläche *Aktualisieren* installieren und so Ihr System auf den neusten Stand bringen.

Protokoll und Clientsoftware konfigurieren

Nur mit einem funktionierenden Treiber und der Hardware allein passiert allerdings noch nicht viel in Ihrem Netzwerk.

Es muss eine gemeinsame Sprache geben, über die alle Computer miteinander kommunizieren, und es muss ein paar kleine Tools geben, mit denen Sie arbeiten können.

Darum muss ein Protokoll und die Clientsoftware installiert werden, was Windows XP aber von Haus aus macht.

Allerdings müssen noch einige Anpassungen vorgenommen werden, bevor Sie Ihr kleine Netzwerk benutzen können: Klicken Sie dazu mit der rechten Maustaste auf das Symbol *Netzwerkumgebung* auf dem Desktop und öffnen Sie im Kontextmenü die *Eigenschaften*.

Sie befinden sich dann in der Schaltzentrale der Netzwerkkonfiguration, den *Netzwerkverbindungen*.

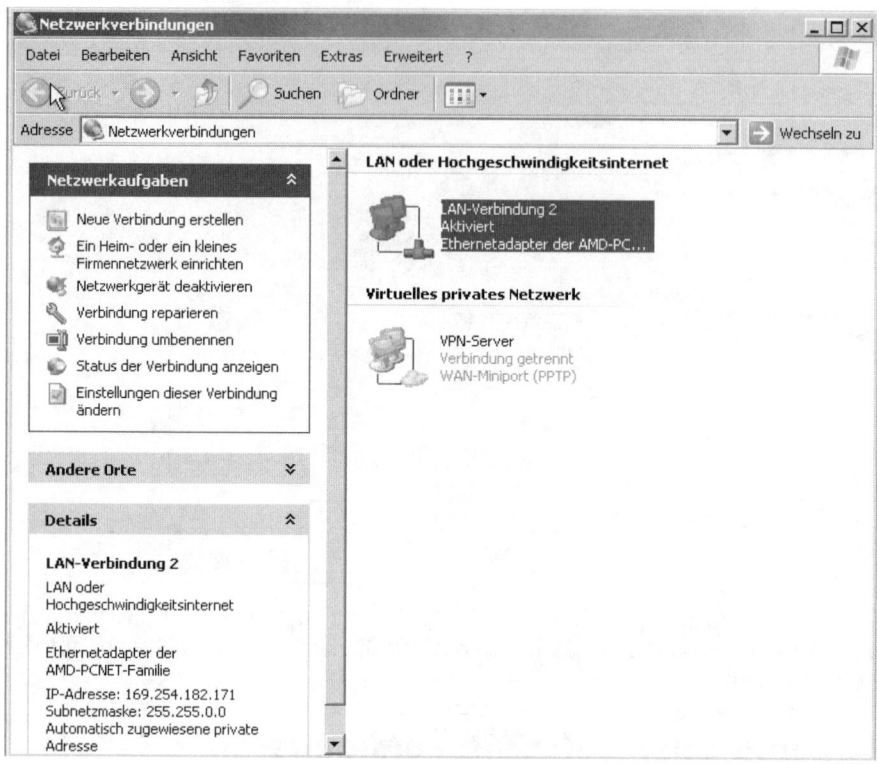

In den Netzwerkverbindungen werden alle nutzbaren Netzwerkverbindungen aufgelistet.

Wer es ganz einfach haben will, kann nun den Assistenten unter *Ein Heim- oder ein kleines Firmennetzwerk einrichten* starten.

Durch einfache Wahlmöglichkeiten und mit vielen Erläuterungen kommen Sie so zu einem ebensolchen Netz.

Per Hand ist die ganze Sache aber auch sehr einfach zu machen, und zusätzlich haben Sie dabei die Möglichkeit, Ihr Netzwerk speziell an Ihre Bedürfnisse anzupassen.

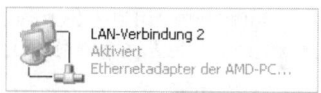

Also zurück zu dem Fenster *Netzwerkverbindungen*. Klicken Sie einmal mit der linken Maustaste auf das rechte Symbol der *LAN-Verbindung 1*, erscheinen links unten unter *Details* ein paar Informationen zu der Netzwerkkarte. Bei der automatischen Installation fällt dann auch gleich auf, dass diese Werte zwar funktionieren, aber zufällig ausgewählt sind und so eine spätere Erweiterung ziemlich erschweren, weil die Übersichtlichkeit fehlt.

Mehrere LAN-Verbindungen

Manchmal kommt es vor, dass sich Windows XP beim Zählen der LAN-Verbindungen vertut, dann werden die LAN-Verbindungen durchnummeriert. So kann es sein, dass Sie zwar nur eine Netzwerkkarte haben, diese aber mit *LAN Verbindung 2* gekennzeichnet wird.

Um hier nun Änderungen vorzunehmen, klicken Sie dasselbe Symbol noch einmal mit der rechten Maustaste an und wählen *Eigenschaften von LAN-Verbindung*. Im erscheinenden Fenster finden Sie unter anderem die beiden oben bereits angesprochenen Punkte über die Clientsoftware und das Protokoll. In einem normalen Windows-Netzwerk sollten hier der *Client für Microsoft-Netzwerke* und das *Internetprotokoll (TCP/IP)* installiert und aktiviert sein. Wollen Sie auch noch Ressourcen im Netzwerk freigeben, also andere auf Ihre Festplatte zugreifen oder den Drucker benutzen lassen, muss auch *Datei- und Druckerfreigabe für Microsoft-Netzwerke* installiert und aktiviert sein. Fehlt eine dieser Optionen, können Sie sie über die Schaltfläche *Installieren* nachträglich installieren.

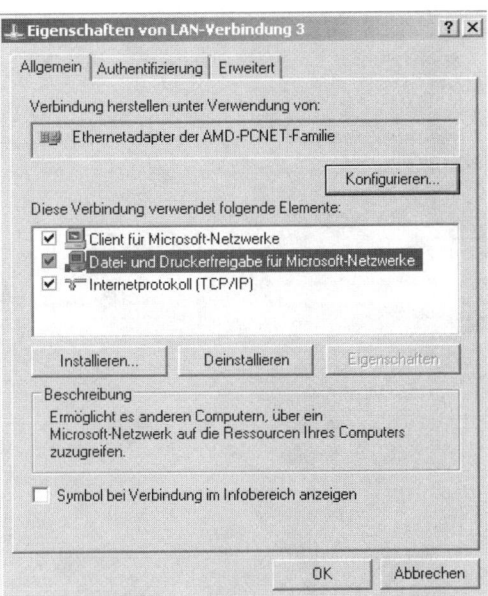

Einzig beim Internetprotokoll, dem TCP/IP, können Sie – nachdem Sie es markiert haben – Änderungen in den Eigenschaften vornehmen. Um ein kleines Netzwerk zu Hause oder in der Firma einzurichten, sollten Sie genau dies machen: Aktivieren Sie *Internetprotokoll (TCP/IP)* und klicken Sie auf *Eigenschaften*.

In dem erscheinenden Fenster *Eigenschaften von Internetprotokoll (TCP/IP)* sollten Sie nun bei jedem Rechner eine eigene IP-Adresse eintragen. Die einzutragenden Zahlen müssen dabei bestimmten Regeln folgen. Möglich sind Werte von jeweils 0 bis 255, wobei 0 und 255 für bestimmte Zwecke reserviert sind.

Es gibt bestimmte IP-Nummernbereiche, die für Testzwecke reserviert sind, die so genannten Private Networks, die Sie in einem kleinen Netzwerk nutzen sollten.

Was ist TCP/IP?

TCP/IP bedeutet **T**ransmission **C**ontrol **P**rotocol/**I**nternet **P**rotocol und ist die Grundlage des Datenverkehrs im Internet. Ein großer Vorteil von TCP/IP ist seine sehr störungssichere, auf Datenpaketen basierende, Routing-fähige Übertragung und hohe Skalierbarkeit. Die einzelnen Teilnehmer werden dabei über vier Zahlen angesprochen, die durch einen Punkt getrennt werden – etwa 194.25.2.129. Es gibt viele Dienste wie Webserver oder Nameserver, die die Nutzung vereinfachen. Nameserver etwa ermöglichen es, Rechner über Domain-Namen anzusprechen, ohne dass man die Netzwerkadressen kennen muss.

Tragen Sie hier einfach irgendwelche Zahlen ein, wird Ihr Netzwerk nicht richtig funktionieren, weil dann IP-Nummern eventuell schon im Internet vorhanden sind.

Einer dieser privaten Netzwerkbereiche ist 192.168.1.1 bis 192.168.1.254 – damit haben Sie Nummern für 254 Rechner, was reichen sollte.

Beim ersten PC tragen Sie also 192.168.1.1 als IP-Adresse ein, der zweite PC erhält 192.168.1.2, der dritte 192.168.1.3 etc. Achten Sie darauf, keine Adresse zweimal zu vergeben!

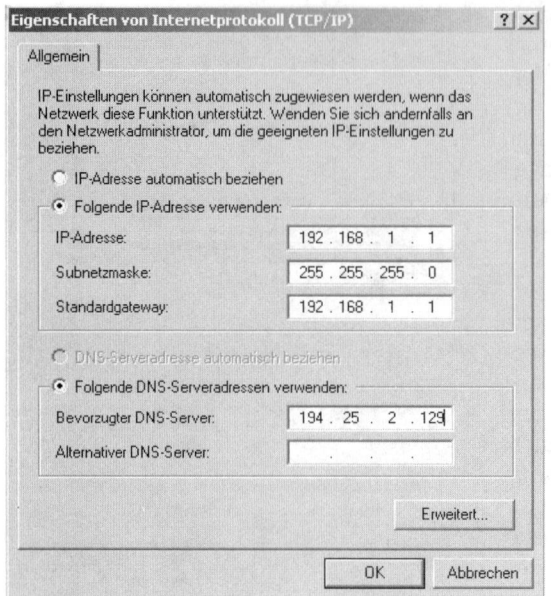

Mit diesen Werten konfigurieren Sie den ersten PC im Netzwerk, bei allen weiteren ändern Sie nur die letzte Ziffer der IP-Adresse auf 2, 3, 4 etc.

Die weiteren Werte haben etwas mit der internen Netzwerkkonfiguration zu tun. Die Subnetzmaske etwa gibt die Größe des Netzwerks an und sollte in diesem Fall 255.255.255.0 betragen. Das Standardgateway ist der Rechner, der die Verbindung zum Internet herstellt – es kann auch ein spezieller kleine Router sein, wie sie gerade in kleinen Netzen gern eingesetzt werden. Alle Datenpakete, die nicht direkt an einen anderen Ihrer PCs gesendet werden können, werden über diesen Zugang zur Außenwelt geschickt.

Wie Sie einen Rechner für den Zugriff auf das Internet einrichten, finden Sie in Kapitel 14.

Der DNS schließlich ist die Adresse des Rechners, der die Namen von Rechnern in Nummern umwandelt – Sie können dann beispielsweise *www.databecker.de* statt 195.71.104 .20 im Internet Explorer eingeben – was sich zugegebenermaßen besser merken lässt.

Wenn Sie einen Router verwenden, können Sie normalerweise auch dessen IP-Adresse eintragen – unser Beispiel 194.25.2.129 ist einer der ganz großen Nameserver der Telekom – der läuft und funktioniert immer!

Wenn Sie alle Eingaben gemacht haben und diese mit einem Klick auf *OK* bestätigen, sollte Ihr Rechner grundlegend fit für das Netzwerk sein. Allerdings wollen Sie später mit Sicherheit auch auf Laufwerke oder Drucker von anderen Rechnern zugreifen, und das geht wesentlich einfacher, wenn Sie den Rechnern richtige Namen geben. Diese Namen haben allerdings nichts mit den Namen von Rechnern im Internet zu tun, es handelt sich um Namen nur für Ihr lokales Windows-Netzwerk.

Klicken Sie dazu mit der rechten Maustaste auf das Symbol *Arbeitsplatz* und wählen Sie dort *Eigenschaften*. Auf der Seite *Computername* können Sie zuerst eine Computerbeschreibung eingeben. Sie können hier eingeben, was Sie wollen, diese Beschreibung wird dann hinterher beim Durchforsten des Netzwerks in der Netzwerkumgebung angezeigt.

> **Computerbeschreibung**
>
> Geben Sie hier eine Beschreibung des Computers ein: z. B. den Eigentümer „Stephanies PC", den Zweck „Arbeits-PC" oder auch die technischen Eckdaten „P4-2.8 mit Tintenstrahler".

Der Computer muss auch noch einen eindeutigen Namen bekommen.

Diesen können Sie eintragen, wenn Sie auf die Schaltfläche *Ändern* klicken.

Im folgenden Fenster können Sie einen Namen eintippen, der möglichst nur aus Buchstaben und Zahlen bestehen sollte – Umlaute und Sonderzeichen führen zu Problemen.

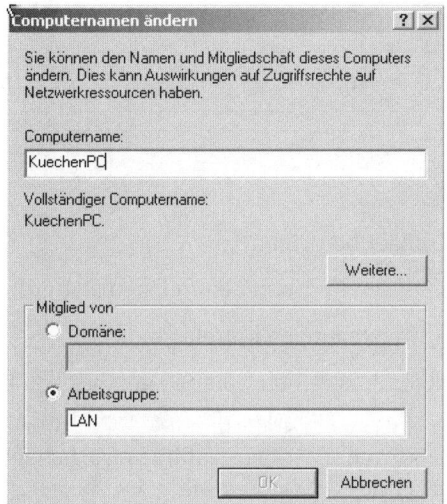

Ändern des Computernamens.

Wichtig ist auch, überall die gleiche Arbeitsgruppe zu wählen.

Auch hier können Sie sich einen Namen ausdenken, den Sie dann aber bei allen beteiligten Rechnern eintragen.

Ein PC kann PCs aus einer anderen Arbeitsgruppe normalerweise nicht „sehen".

Bestätigen Sie Ihre Eingaben mit *OK*.

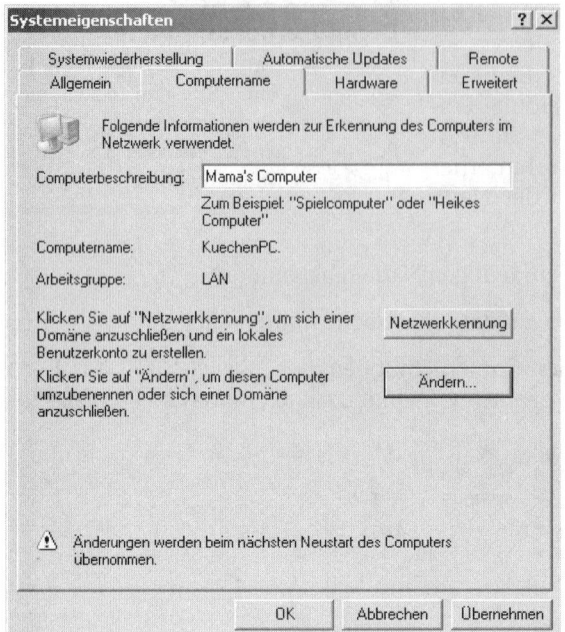

Auf der Seite Computername tragen Sie eine Beschreibung des PCs ein und wählen einen Computernamen.

In der Übersicht können Sie die Eingaben noch einmal überprüfen.

Damit die Änderungen wirksam werden, müssen Sie den Computer einmal neu starten.

Nach dem Neustart sollten Sie kurz prüfen, ob alle Einstellungen korrekt sind.

Das geht am besten mit zwei Tools für Netzwerkadministratoren, die Sie gefahrlos und schnell nutzen können:

1 Klicken Sie auf *Start/Ausführen* und geben Sie „cmd" (ohne Anführungszeichen) ein. Damit starten Sie die Kommandozeile von Windows XP oder ME.

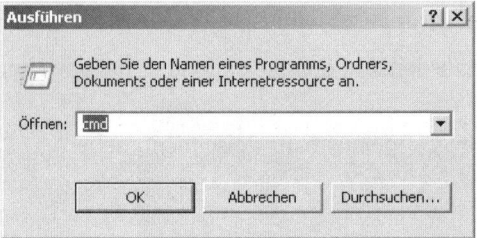

2 An der Kommandozeile überprüfen Sie mit dem *ping*-Befehl zuerst, ob TCP/IP richtig läuft. Ping schickt ein Paket an die Zieladresse und wartet auf eine Antwort.

Kommt diese nicht an, haben Sie bei der Konfiguration von TCP/IP etwas übersehen. Mit dem *net*-Befehl überprüfen Sie dann das Microsoft-Netzwerk.

Angenommen, der PC hat die IP-Adresse 192.168.1.1 und den Namen *KuechenPC*, sollten Sie zuerst prüfen, ob sich der PC selbst sieht: Wenn Sie alles korrekt eingetragen haben, sollte folgendes Bild beim Ausführen der Befehle

```
ping 192.168.1.1
net view kuechenpc
```

erscheinen:

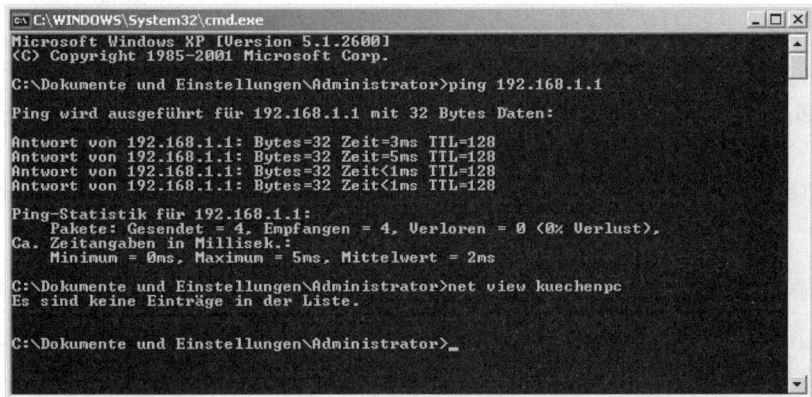

3 Beenden Sie die Kommandozeile durch Eingabe von „exit" oder durch Schließen des Fensters per Maus.

Wenn diese beiden Tests auf dem lokalen PC mit seiner eigenen IP-Adresse und seinem eigenen Namen laufen, können Sie beruhigt sein und den Test auf die IP-Adressen und Namen der anderen Rechner ausweiten.

Dass Sie beim *net view*-Befehl die Antwort *Es sind keine Einträge in der Liste* bekommen, ist normal, weil es noch keine Freigaben für Laufwerke oder Drucker gibt.

Die würden sonst angezeigt werden.

Wenn TCP/IP und/oder das Microsoft-Netzwerk nicht funktionieren, bekommen Sie folgende Ausgaben bei den beiden obigen Befehlen:

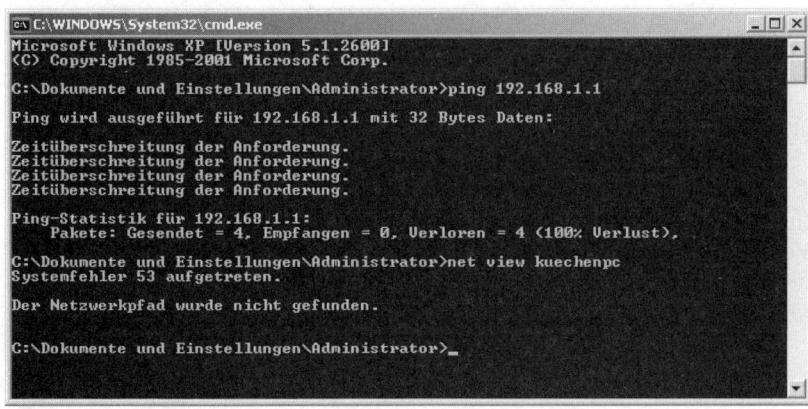

Hier stimmt was nicht: Der Computer kann sich selbst nicht anpingen und findet sich auch nicht im Microsoft-Netzwerk.

Erst wenn Sie den Rechner selbst anpingen können und er sich mit *net view* und seinem eigenen Namen selbst findet, können Sie versuchen, auch die anderen Rechner im Netzwerk anzusprechen.

Das geht dann genauso wie zuvor mit der lokalen IP-Adresse und dem eigenen Microsoft-Netzwerknamen.

Verwenden Sie dazu wieder die Kommandozeile wie oben beschrieben:

```
ping 192.168.1.2
```

würde den zweiten PC im Netzwerk anpingen. Auch hier sollte eine Antwort kommen.

Falls die Fehlermeldung *Zeitüberschreitung der Anforderung* erscheint, ist entweder der zweite oder aber der lokale Rechner nicht richtig konfiguriert.

Überprüfen Sie dann bei beiden Rechnern, ob sie sich selbst anpingen können. Sollte das der Fall sein, könnte es sein, dass irgendein Kabel nicht richtig steckt.

Gemeinsamer Zugriff auf Verzeichnisse und Drucker

Wenn das lokale Netzwerk läuft und *ping* sowie *net view* laufen, können Sie damit loslegen, Verzeichnisse und Drucker frei im Netzwerk zu verteilen und zu nutzen.

Dabei müssen Sie in zwei Schritten vorgehen:

■ **Freigaben einrichten** – Unter Windows müssen Sie ein Verzeichnis oder einen Drucker zuerst „freigeben", bevor Sie diese Ressource von einem anderen Rechner aus nutzen können. Beim Freigeben können Sie festlegen, ob ein Passwort benötigt wird, um die Ressourcen nutzen zu können.

■ **Verbindungen herstellen** – Wenn es Freigaben im Netzwerk gibt, können Sie diese von anderen Computern aus nutzen. Das geht ganz einfach aus den Explorer-artigen *Netzwerkverbindungen* heraus.

Als Erstes müssen Sie eine Freigabe einrichten.

Öffnen Sie den Explorer durch einen Doppelklick auf das Symbol *Arbeitsplatz* und navigieren Sie bis zu dem Verzeichnis oder Laufwerk, das Sie freigeben wollen.

Um beispielsweise ein Verzeichnis namens *Daten* auf dem C-Laufwerk einzurichten und anschließend im Netzwerk freizugeben, gehen Sie wie folgt vor:

1 Öffnen Sie den Explorer durch einen Doppelklick auf das Symbol *Arbeitsplatz*. Doppelklicken Sie auf der rechten Seite auf das Laufwerk C:, um es zu öffnen. Klicken Sie mit der rechten Maustaste unterhalb der angezeigten Verzeichnisse auf einen freien Bereich und wählen Sie *Neu/Ordner*. Benennen Sie diesen Ordner mit *Daten*.

Verzeichnisse freigeben

Es ist zwar praktisch, aber nicht unbedingt geschickt, ein ganzes Laufwerk freizugeben.

Schränken Sie den Zugriff besser auf ein Verzeichnis ein, etwa auf *D:\Daten* oder ähnlich. So behalten Sie Freiraum auf Ihrer Festplatte für persönliche oder vertrauliche Dinge.

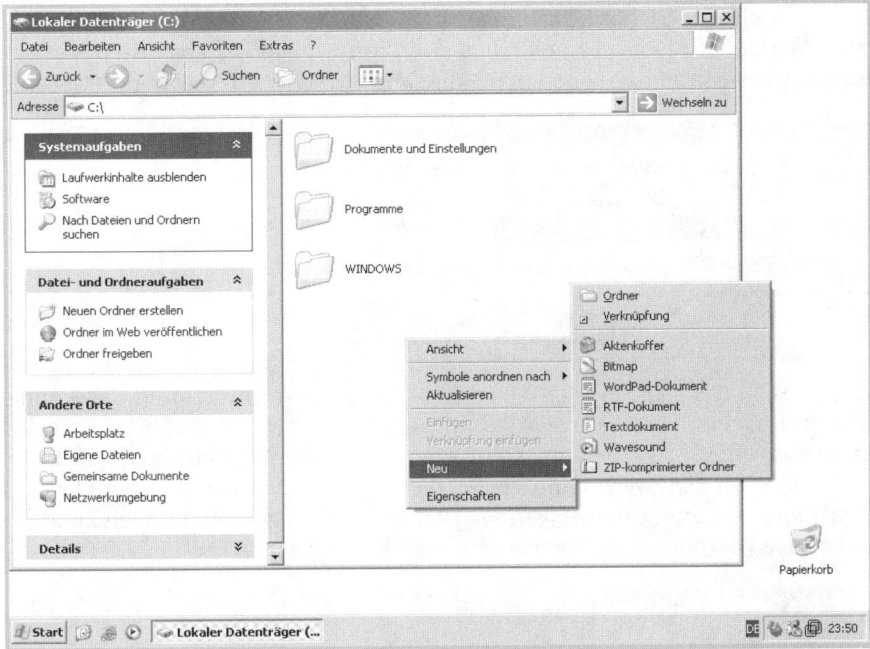

2 Um diesen Ordner freizugeben, klicken Sie ihn mit der rechten Maustaste an und wählen *Freigabe und Sicherheit*. Sie erhalten ein Fenster, in dem Sie am unteren Ende auf einen langen Text klicken müssen, der mit *Klicken Sie hier, wenn Sie sich des Sicherheitsrisikos bewusst sind, aber dennoch ...* beginnt. Im lokalen Netzwerk zu Hause ist das Risiko nicht sonderlich hoch, also brauchen Sie hier keine Angst bekommen.

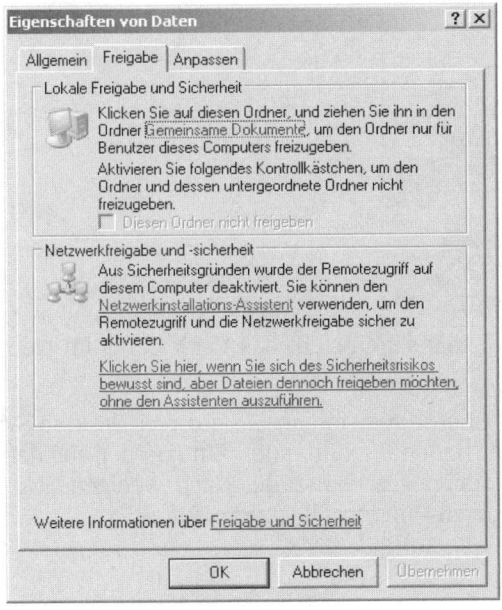

3 Es folgt noch eine Sicherheitsabfrage von Windows, zumindest bei der ersten Freigabe. Markieren Sie hier *Dateifreigabe einfach aktivieren*, ansonsten startet Windows XP hier wieder den schon oben kurz angesprochenen Netzwerk-Assistenten.

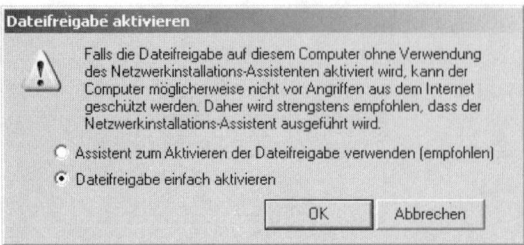

4 Nun hat sich das Dialogfenster aus Schritt 2 verändert. Im unteren Teil können Sie
nun ein Häkchen vor *Diesen Ordner im Netzwerk freigeben* machen. Anschließend
können Sie einen Freigabenamen eintragen – unter diesem Namen sehen die übrigen
Teilnehmer im Netzwerk dann später die Freigabe. Mit der zweiten Option *Netz-
werkbenutzer dürfen Dateien verändern* erlauben Sie anderen, Dateien zu verändern
und eigene Dateien auf der Freigabe zu speichern.

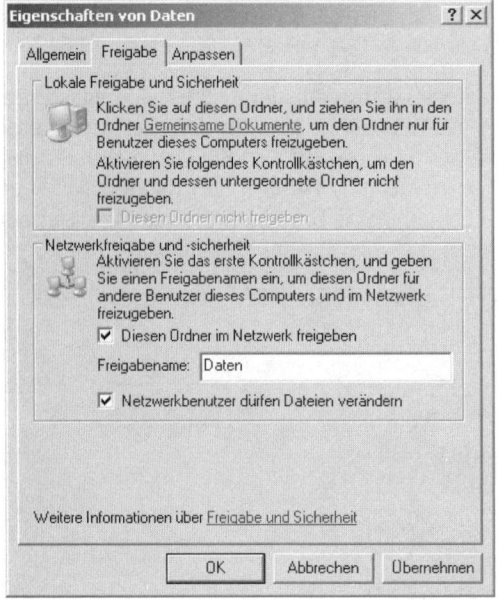

5 Klicken Sie zum Abschluss auf *OK*, und schon steht das Verzeichnis im Netzwerk
zur Verfügung.

Ob alles funktioniert hat, können Sie überprüfen, indem Sie auf das Desktop-Symbol
Netzwerkumgebung doppelklicken. Hier finden Sie nun einen Eintrag, der aus der Freigabe und dem Namen Ihres PCs zusammengesetzt wurde. Nach wenigen Sekunden
taucht diese Freigabe auch auf allen anderen Windows-Rechnern auf.

Um diese Freigabe auf anderen Rechnern zu nutzen, doppelklicken Sie dort einfach auf *Netzwerkumgebung*. Normalerweise tauchen nun alle verfügbaren Freigaben auf der rechten Seite des Fensters auf.

Sollte das nicht der Fall sein, können Sie auf der linken Seite auf *Arbeitsgruppencomputer anzeigen* klicken – dann werden alle momentan im Netzwerk befindlichen Windows-Rechner angezeigt.

Doppelklicken Sie auf einen dieser Rechner, zeigt Ihnen die Netzwerkumgebung alle auf diesem Rechner verfügbaren Freigaben an.

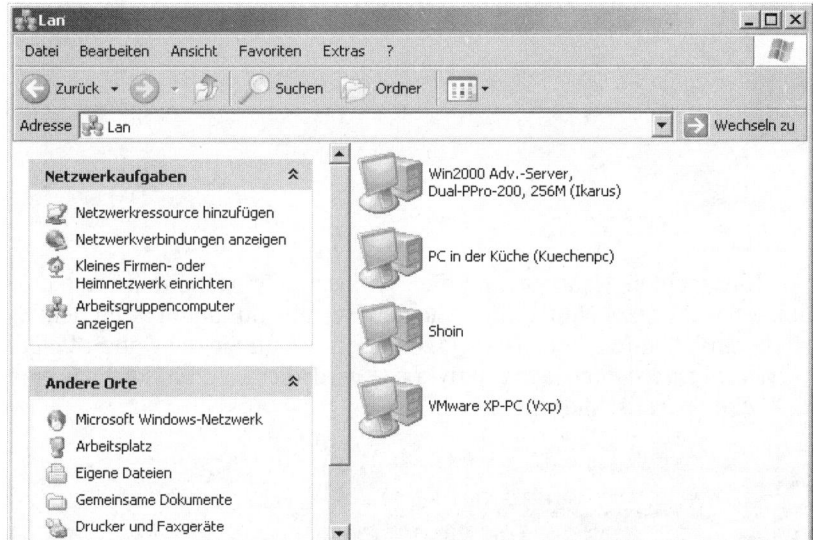

Die Netzwerkumgebung zeigt auf Wunsch alle im Netzwerk vorhandenen Computer an. Durch einen Doppelklick auf einen PC erhalten Sie eine Liste seiner Freigaben.

Die Freigaben können Sie nun wie gewohnt nutzen, indem Sie mit dem Explorer Dateien hineinschieben oder aber Dateien aus der Freigabe doppelklicken.

Manche Anwendungen benötigen aber einen Laufwerkbuchstaben, um aus Daten zugreifen zu können.

Sie können einer Freigabe einen solchen Buchstaben zuordnen, und diese Verbindung dann sogar bei jedem Neustart des Computers automatisch herstellen lassen:

1 Doppelklicken Sie auf *Netzwerkumgebung*. Klicken Sie dann auf *Arbeitsgruppencomputer anzeigen* und doppelklicken Sie auf den Computer, auf dem sich die gesuchte Freigabe befindet.

2 Klicken Sie mit der rechten Maustaste auf die gewünschte Freigabe und wählen Sie *Netzwerklaufwerk verbinden.* Nun können Sie der Freigabe auf dem PC, an dem Sie gerade arbeiten, einen Laufwerkbuchstaben zuweisen. Wenn Sie die Option *Verbindung bei Anmeldung wiederherstellen* aktivieren, wird diese Verbindung zu einer dauerhaften. Klicken Sie anschließend auf *OK.*

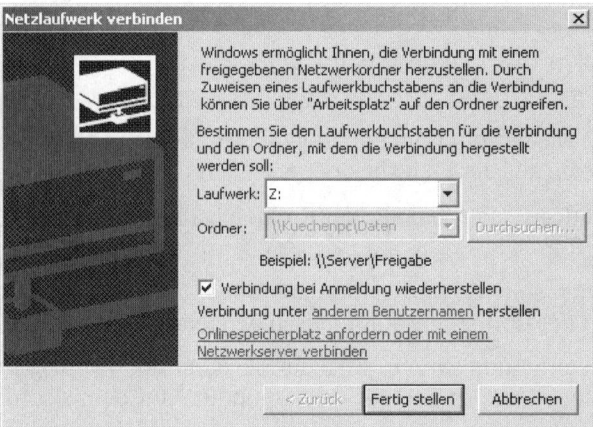

Damit haben Sie eine dauerhafte Verbindung zu einem Verzeichnis auf einem anderen PC Ihres Netzwerks hergestellt. Diese taucht unter dem angegebenen Laufwerkbuchstaben auch direkt im Explorer auf und kann aus jeder Anwendung heraus genutzt werden.

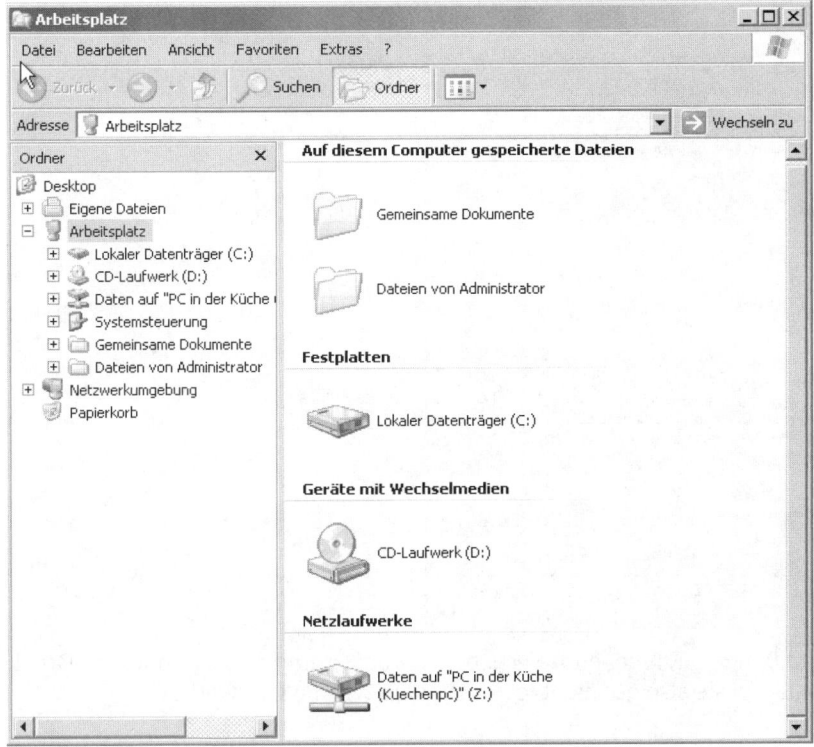

Neben den üblichen Ressourcen finden Sie nach dem Verbinden eines Netzwerklaufwerks auch diese direkt im Explorer unter Netzwerklaufwerke.

Auf diese Weise können Sie auch andere Ressourcen im Netzwerk verteilen: Verzeichnisse, ganze Laufwerke, CD-ROMs, DVDs, ZIPs, optische Laufwerke o. Ä.

Und wie schon angedeutet, geht das auch mit Druckern. Befindet sich also an einem Computer lokal ein Drucker, können Sie diesen wiederum wie oben beschrieben freigeben und dann von anderen PCs aus nutzen.

Einen Drucker im Netzwerk freigeben

Um einen Drucker freizugeben, klicken Sie auf *Start/Einstellungen/Drucker und Faxgeräte*. Hier erhalten Sie eine Liste der bekannten Drucker, in der sich auch der lokal angeschlossene Drucker befindet.

Klicken Sie diesen mit der rechten Maustaste an und wählen Sie *Freigabe*.

Sie befinden sich dann in den Eigenschaften des Druckers im Register *Freigabe*.

Hier aktivieren Sie die Option *Drucker freigeben* und vergeben einen Namen, unter dem der Drucker im Netzwerk auftauchen soll.

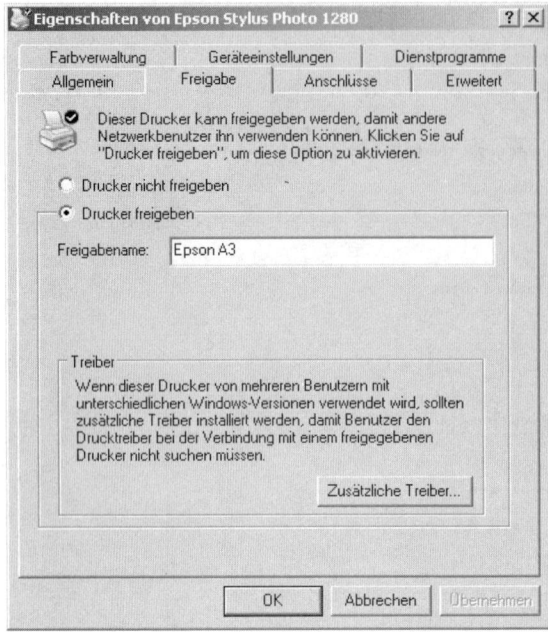

Drucker geben Sie ganz einfach frei, indem Sie die Option Drucker freigeben aktivieren und einen aussagekräftigen Namen vergeben.

Unter Windows XP und ME tauchen freigegebene Drucker automatisch in jedem Druckdialog auf, Sie müssen sie also gar nicht fest verbinden wie die Laufwerke.

15.4 Aufbau eines WLAN im Arbeitszimmer

Wer statt einer Verkabelung lieber auf Funkwellen setzen will, kann das problemlos machen. Für Windows und den Netzwerkbetrieb ist es egal, ob es sich um ein kabelgebundenes oder ein funkbasiertes Netzwerk handelt. Insofern gilt auch für den Aufbau eines Wireless LAN das für kabelgebundene Netzwerke Gesagte – Sie müssen nur keine Kabel verlegen.

WLAN-Karten nach 802.11b gibt es unterschiedlichen Formen: als reine PCI-Karte mit Antenne, als PCMCIA-Karte und als PCI-Adapter für eine PCMCIA-Karte (oben).

In der Infrastruktur gibt es allerdings einen Unterschied. Zum einen kann man ein WLAN analog zu einem kabelgebundenen Netzwerk aufbauen: In der Mitte sitzt ein Access Point (Hub/Switch), und alle Rechner werden über eine Funknetzwerkkarte an diesen Access Point „angebunden".

Ein solches Netz funktioniert also genauso, wie sein Kabelpendant.

Es gibt aber noch einen zweiten Modus bei Funknetzwerken, den so genannten Ad-hoc-Modus. Dieser ist entfernt vergleichbar mit der Verkabelung über ein Crossover-Kabel, denn hierbei wird kein Access Point benötigt.

Ad-hoc-Modus bei Funknetzwerken

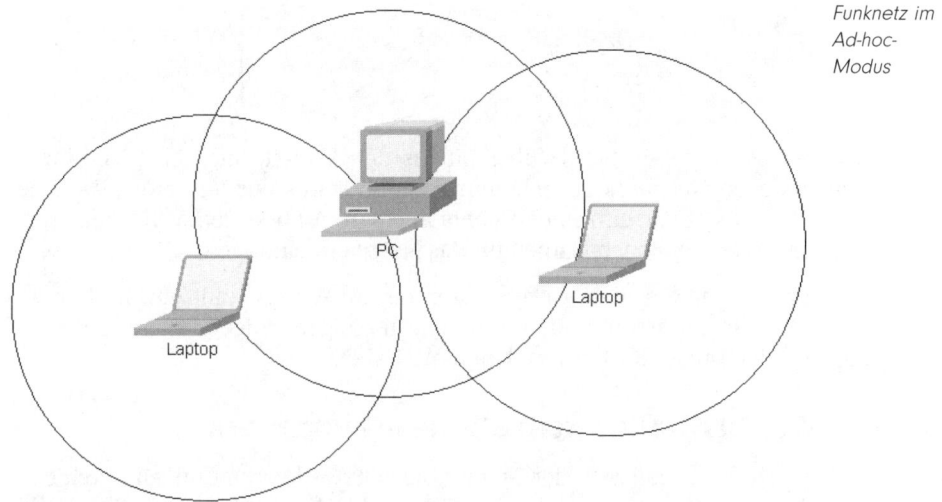

Funknetz im Ad-hoc-Modus

Im Ad-hoc-Modus kommunizieren die Stationen direkt miteinander, es handelt sich also um eine Punkt-zu-Punkt-Verbindung. Jeder Rechner kann mehrere dieser Verbindungen aufbauen, und so lässt sich damit eine Art Netz oder Kette aufbauen.

Problematisch und sehr unpraktisch ist dann aber meistens, dass sich die sehr weit entfernten Computer nicht „sehen".

Es gibt dann zwar vielleicht einen gemeinsamen Ansprechpunkt in der Mitte, aber eine direkte Kommunikation der weit entfernten PCs ist nicht möglich.

Der Ad-hoc-Modus ist somit nur dazu geeignet, sehr kleine Netzwerke aufzubauen, die räumlich nicht weit ausgedehnt sind.

Ein Access Point vermittelt die Daten zwischen den einzelnen Clients. Steht er räumlich also in der Mitte, kann er die Reichweite des gesamten Netzwerks verdoppeln!

Die Clients müssen jeweils nur den Access Point sehen, sich gegenseitig aber nicht – was beim Ad-hoc-WLAN der Fall sein müsste.

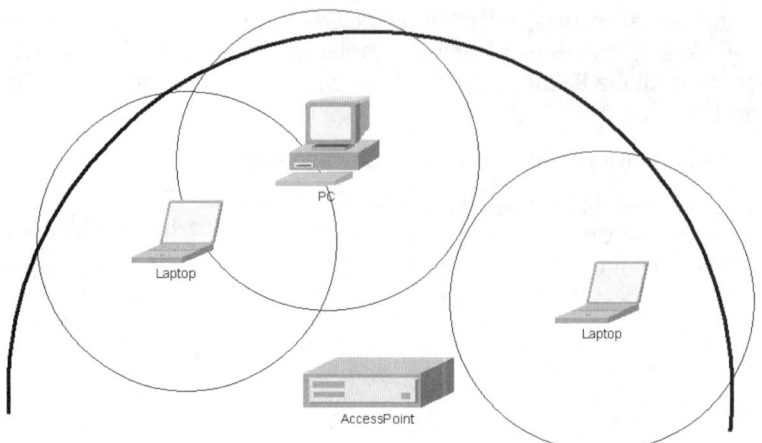

Ein AccessPoint in der räumlichen Mitte eines WLAN.

Mit einem Access Point haben Sie darüber hinaus den Vorteil, auch eine Verbindung zum kabelgebundenen Netzwerk zu bekommen – und sei es nur, um ein DSL-Modem anzuschließen. Damit sich die einzelnen Clients in einem Ad-hoc-Netzwerk sehen, müssen Sie überall einen einheitlichen Namen für das Netzwerk eintragen.

Beim Access Point tragen Sie diesen Namen zentral am Access Point ein, und er wird dann von allen Clients automatisch übernommen. In einigen Dingen unterscheidet sich allerdings die Installation der Karten von denen mit Kabel.

Schritt für Schritt zum kabellosen Netzwerk

1 Öffnen Sie nach der Installation der Treiber die Netzwerkverbindungen durch einen Doppelklick und klicken Sie dort auf *Netzwerkverbindungen anzeigen*. Sie erhalten dann eine Liste aller Netzwerkkarten. Öffnen Sie das Register *Drahtlose Netzwerke* mithilfe der rechten Maustaste.

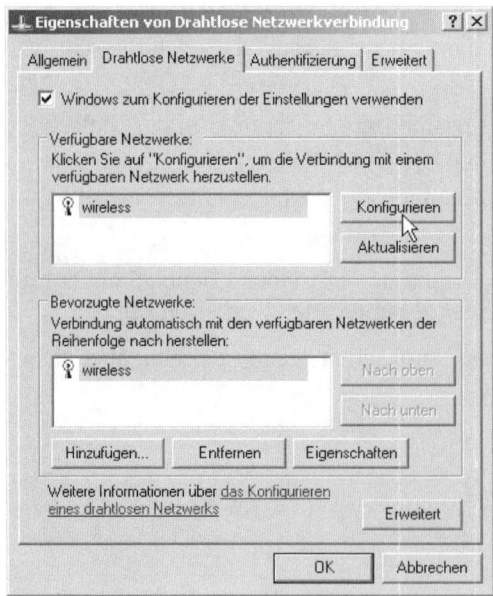

2 Hier klicken Sie auf *Konfigurieren*, um die nötigen Einstellungen für Ihr WLAN vornehmen zu können. Diese können je nach Hersteller variieren, ähneln aber zumindest den hier gezeigten.

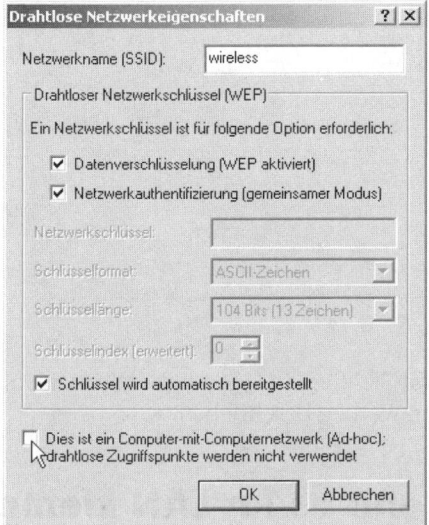

Zunächst einmal müssen Sie netzwerkweit einen einheitlichen Namen (SSID) festlegen. Das kann ganz einfach *wireless* wie im Beispiel sein, aber auch jeder beliebige andere Name.

Da sich im Grunde jedermann auch von der Straße aus mit einem Notebook und einer WLAN-Karte in Ihr Netzwerk einklinken könnte, sollten Sie unbedingt die WEP-Verschlüsselung und die Netzwerkauthentifizierung aktivieren – das bietet zumindest etwas Schutz.

Aktivieren der WEP-Verschlüsselung

Hier gilt nach wie vor: Wer seine Daten schützen will, sollte ein **v**irtuelles **p**rivates **N**etzwerk (VPN) installieren oder von einem Profi installieren lassen!

Schließlich können Sie am unteren Ende des Fensters noch den schon angesprochenen Modus festlegen: Aktivieren Sie Ad-hoc nur dann, wenn Sie keinen Access Point haben.

3 Bestätigen Sie Ihre Einstellungen mit *OK*. Wenn Sie in der Netzwerkumgebung wiederum mit der rechten Maustaste auf die *Drahtlose Netzwerkverbindung* klicken und dort *Status* wählen, können Sie sich die Signalstärke anzeigen lassen und anhand dieser Anzeige vielleicht einen optimalen Aufstellungsort für den Access Point finden.

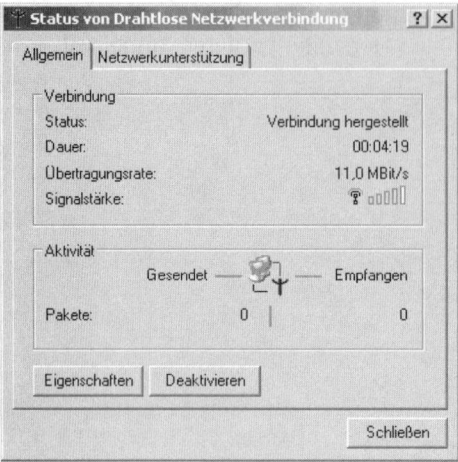

Damit ist das WLAN auch schon installiert, und Sie können Windows-Freigaben anlegen und nutzen, wie bei den kabelgebundenen Netzwerken beschrieben.

15.5 Troubleshooting: Wenn es im LAN klemmt

Was tun, wenn es im LAN klemmt? Wenn das Netzwerk nicht so läuft, wie es soll, ist meistens nur eine Kleinigkeit verstellt. Geht man Schritt für Schritt durch die Konfiguration eines Netzwerks, finden sich Hardware-, Software und Konfigurationsfehler recht schnell.

Manchmal sitzt förmlich der Wurm im Netzwerk – nichts geht, oder einige Dinge funktionieren nicht. Zwar helfen die automatische Reparatur von XP und die Assistenten manchmal, aber wenn nicht, ist leider Handarbeit angesagt.

Am besten gehen Sie bei Problemen noch einmal die Installation Schritt für Schritt durch und überprüfen alle Eingaben. Die meisten Fehler im Netzwerk lassen sich auf versehentliche Falscheingaben des Benutzers zurückführen – manchmal ist es nur eine fehlende Ziffer oder ein fehlender Buchstabe.

Falls dieser Weg nicht zum Ziel führt, können Sie das Netzwerk auch auf die folgende Weise von Grund auf durchchecken:

Netzwerk auf mechanische Probleme checken

Am schnellsten ist der Blick auf die LED am Hub oder Switch, der einem sofort sagt, ob alle Kabel stecken. Das mag etwas dümmlich klingen, aber Techniker sind schon quer durch Deutschland gefahren, nur um ein TP-Kabel richtig einzustecken ...

Außerdem kann man manchmal an der LED ablesen, ob der Treiber richtig installiert wurde: Manche Karten stellen die Verbindung erst beim Einschalten des Rechners her, manche sind im ATX-Rechner auch im ausgeschalteten Zustand aktiv (Wake-On-LAN), viele blinken aber ein-/zweimal kurz, wenn der Treiber initialisiert wird – egal ob Windows oder Linux. Passiert nichts von alledem, rütteln Sie etwas an den Steckern (Hub/Switch und Karte) oder überprüfen, ob die Karte auch richtig in ihrem Steckplatz sitzt. Wenn alles ordnungsgemäß eingesteckt scheint, aber trotzdem keine Verbindung zu Stande kommt, sollten Sie probehalber auch einmal das Netzwerkkabel tauschen – in seltenen Fällen kann hier ein Kabelbruch auftreten. Damit ist der mechanische Teil der Fehlersuche auch schon abgeschlossen, leider findet sich der Fehler hier nicht allzu oft.

Netzwerk auf Hardwareprobleme checken

Manchmal liegt die Ursache eines Fehlers auch in der Hardware der Netzwerkkarte. Diese kann entweder defekt sein oder sich nicht richtig initialisieren lassen. Darum sollte der nächste Blick dem Geräte-Manager gelten, bei dem die Netzwerkkarte als funktionierendes Gerät auftauchen sollte, also ohne gelbe Alarmmarkierung. Sie finden den Geräte-Manager in der Systemsteuerung unter *Systemeigenschaften* auf der Seite *Hardware* unter der Schaltfläche *Geräte-Manager*.

Vermuten Sie doch einen Hardwaredefekt, benötigen Sie die Treiberdisketten des Herstellers (z. B. aus dem Internet) und davon die Hardwarediagnose, die meistens mit dem Setup-Tool kombiniert ist. Sollte die Karte von Anfang an nicht funktioniert haben, können Sie hier auch die Hardwareparameter gemäß Handbuch ändern, beispielsweise die 10/100-MBit-Erkennung und das Full-Duplex auf *automatisch* einstellen. Auch hier kann wieder der oben beschriebene Weg helfen: Tauschen Sie die Karte probeweise aus, um zu erkennen, ob ein Kartendefekt vorliegt.

Netzwerk auf Treiberprobleme checken

An dieser Stelle kommt dann auch schon der Hardwaretreiber ins Spiel, ohne den keine Komponente im PC läuft. Windows XP kommt mit recht vielen Treibern daher, allerdings finden sich auf den Seiten der Hersteller oft neuere Versionen, die manchen Fehler beheben.

Netzwerk auf Protokollprobleme checken

Laufen Hardware und Treiber, ist das Problem bei den Windows-Einstellungen zu suchen. Vor allem muss der Karte an ein Protokoll gebunden sein, normalerweise TCP/IP. Ebenfalls in der Systemsteuerung finden Sie unter *Netzwerkverbindungen* ein Symbol für *LAN-Verbindung* (für jede Netzwerkkarte eine!), auf die Sie mit der rechten Maustaste klicken müssen, um so ihre Eigenschaften aufrufen zu können.

Im Fenster *Eigenschaften von LAN-Verbindung* ist oben die gerade betrachtete Netzwerkkarte aufgeführt, in der Liste darunter die damit verbundenen Elemente. Grundsätzlich sollte der *Client für Microsoft-Netzwerke* und das *Internetprotokoll (TCP/IP)* aktiviert sein; wollen Sie Verzeichnisse oder Drucker im Netzwerk freigeben, muss auch die *Datei- und Druckerfreigabe* aktiviert sein. Sollte eines dieser Elemente fehlen, installieren Sie es über *Installieren* nach. Ist bis hierhin alles okay, funktionieren Hardware und Software für eine IP-Verbindung und sollten entsprechend korrekt installiert sein. Was nun noch fehlt, ist die Ausmerzung von Fehlern in der TCP/IP-Konfiguration.

TCP/IP-Konfigurationsprobleme

Markieren Sie das eben schon angesprochene *Internetprotokoll (TCP/IP)* und wählen Sie *Eigenschaften*, um die IP-Konfiguration zu überprüfen.

Die IP-Adresse sollte zum lokalen Netzwerk passen – klingt trivial, ist es aber nicht. In kleineren Heimnetzen reicht es meistens aus, den hinteren Wert der IP-Adresse hochzuzählen. Um ein Durcheinander zu vermeiden, hat es sich als praktisch herausgestellt, ein bestimmtes System zu verwenden, etwa: Alle Server erhalten IP-Nummern von 1 bis 9, die Workstation von 10 bis 100 sowie Router/Firewall die 254 als letzte mögliche Nummer. Eine 0 oder 255 darf nicht auftauchen!

Dazu passen muss die Netzwerkmaske, die sich nach der gewünschten Größe des Netzwerks richtet. Kleine Netzwerke sind meistens Klasse-C-Netze mit bis zu 254 Geräten, die dann 192.168.0.x als IP-Adresse und 255.255.255.0 als Subnetz- oder Netzwerkmaske nutzen.

Sind diese beiden Parameter (auch auf einem zweiten PC im Netz) korrekt, muss ein Ping von einem auf den anderen PC funktionieren, wenn Sie wechselseitig die beiden IP-Adressen verwenden:

```
ping 192.168.0.1
```

würde also den Server anpingen.

Funktioniert das nicht, liegt es an den weiter oben angesprochenen Problemen, also möglicherweise an Hardware, TCP/IP-Software oder Treibern! Funktioniert ein Ping auf 127.0.0.1, also intern auf die eigene Netzwerkkarte (das so genannte Loopbackdevice), aber alles andere nicht, liegt der Fehler bei der IP-Adresse. Können Sie sich selbst über die eigene IP-Adresse anpingen, aber keines der anderen Geräte im LAN, ist die Subnetzmaske falsch. Falls es sich um einen Windows-Rechner handelt und dieser zumindest eine Freigabe hat, muss jetzt auch der *net*-Befehl funktionieren:

```
net view \\<Zielrechnername>
```

Dies zeigt die verfügbaren Ressourcen auf dem Zielrechner an – falls Ihr lokaler Benutzername und das Passwort dort auch in der Benutzerverwaltung bekannt sind!

Erst wenn bis hierhin alles funktioniert, läuft die TCP/IP-Verbindung korrekt.

Der kleine IP-Nummernguide

Gemäß verwendbaren IP-Nummern werden Netzwerke in die drei Klassen A, B und C eingeteilt. Stellt man die IP-Adresse in binärer Form dar, kennzeichnet ein Klasse-A-Netz eine 0 am Anfang, ein B-Netz eine führende 10 und ein C-Netz eine 110. Etwas verständlicher: Ist die erste Zahl einer IP-Nummer kleiner als 128, handelt es sich um ein A-Netz, bei 128 bis 191 um ein B-Netz und bei 192 bis 223 um ein C-Netz. Werte von 224 bis 239 kennzeichnen ein Multicast-Netz; IP-Nummern darüber werden nicht benutzt und sind für spezielle Zwecke reserviert.

Für experimentelle Zwecke hat die IANA (**I**nternet **A**ssigned **N**umbers **A**uthority) gemäß RFC 1597 spezielle Bereiche reserviert, die bei einem „normalen" Router im Internet auch nicht weitergeleitet werden – Fehlkonfigurationen sorgen also nicht für ein Datenchaos im Internet. Die Testnummer für ein Klasse-A-Netz ist die 10.0.0.0/255.0.0.0, also als Netzwerk 10 mit rund 16 Millionen Rechnern (10.x.x.x) und der Netzwerkmaske 255.0.0.0. Für Klasse-B-Netze sind die Bereiche 172.16.0.0/255.255.0.0 bis 172.31.0.0/ 255.255.0.0 reserviert, was immerhin noch gute 65.000 Rechner (172.16...31.x.x) pro Netz ausmacht. Klasse-C-Netze schließlich gehen von 192.168.0.0/255.255.255.0 bis 192.168.255.0/255.255.255.0 und ermöglichen bis zu 254 Rechner (192.168.0...255.x) pro Netz. Wer ein eigenes Netz aufbaut und damit auch ins Internet möchte, sollte sich einen dieser Adressräume aussuchen und verwenden. Bei Fehlkonfigurationen mit tatsächlich im Internet vorhandenen Nummern kann man sich nämlich eine Menge Probleme einhandeln.

16. Notebooks professionell nachrüsten

Den Notebooks gehört die Zukunft – was sich hochtrabend anhört, ist bei genauer Betrachtung nichts anderes als die logische Konsequenz aus der technischen Entwicklung der letzten Jahre. Immer leistungsfähigere Komponenten beanspruchen immer weniger Raum und werden zu stetig sinkenden Kosten produziert.

So kommt es, dass Einsteiger-Notebooks zu Preisen ab 1.000 Euro für die breite Masse der Computernutzer erschwinglich geworden sind.

Und anders als ihre Vorgängermodelle sind sie drauf und dran, leistungsmäßig mit PCs derselben Preisklasse gleichzuziehen.

Immer mehr Anwender verzichten daher mittlerweile ganz auf einen Desktop- oder Tower-PC und verlassen sich voll und ganz aufs Notebook. Und glücklicherweise können auch mobile Computer mit den Ansprüchen ihrer Besitzer wachsen.

Dieses Kapitel beweist, dass moderne Notebooks in allen wichtigen Hardwarebereichen problemlos aufgerüstet und erweitert werden können.

Außerdem gibt es mittlerweile unzählige nützliche Helferlein, die Sie an Ihr Notebook anschließen können – die wichtigsten und die ausgefallensten stellen wir Ihnen vor.

16.1 Neue Speichermodule in das Notebook einbauen

Speichermodule für Notebooks verfügen über eine eigene Bauform, die wesentlich kompakter ist als bei den Modulen, die in den geräumigen PC-Gehäusen Verwendung finden.

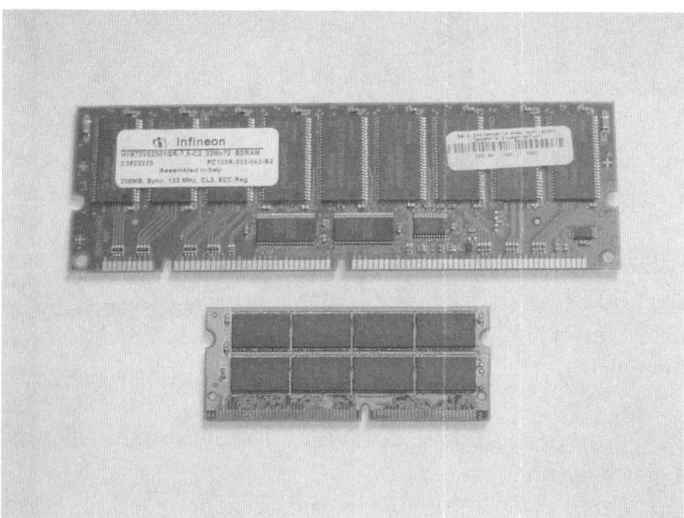

Notebook-Speicher (SO-DIMM, unten) besitzt eine wesentlich kompaktere Bauform als Standardspeicher (SDRAM, darüber).

Die aufwendigere Produktion und die geringeren verkauften Stückzahlen führten lange Zeit dazu, dass Notebook-Speicher immer etwas deutlich teurer war als PC-Speicherriegel gleicher Kapazität.

Die Notebook-Hersteller zogen daraus allzu oft die Konsequenz, nur so viel Speicher in ihre Geräte einzubauen, wie für ein sinnvolles Arbeiten zwingend notwendig war.

Speichererweiterungen stehen deshalb ganz oben auf der Wunschliste der meisten Notebook-Besitzer.

In diesem Kapitel erfahren Sie, wo sich das RAM beim Notebook üblicherweise versteckt und woran Sie erkennen, ob ein weiterer Speicherriegel eingebaut werden kann oder ob der alte Speicher durch ein neues Modul ersetzt werden muss.

Das Speicher-Upgrade ist mit ein paar Handgriffen erledigt und erfordert in der Regel keine weiteren Eingriffe ins Betriebssystem.

Wenn Sie aber auch die letzten Leistungsreserven aus Ihrem System herauskitzeln wollen, bietet Kapitel 3 einige Tipps zur Optimierung unter Windows und im BIOS.

Speicher-Obergrenzen

Generell gilt für moderne Betriebssysteme wie Windows XP: Je mehr Speicher, desto besser. Aber wie viel Speicher verträgt Ihr Notebook tatsächlich? Diese Frage lässt sich pauschal leider nicht beantworten, denn die maximal adressierbare Speichermenge ist von verschiedenen Faktoren wie Prozessor- und Speichertyp, Mainboard-Chipsatz, Betriebssystem etc. abhängig. Das Handbuch oder die Hotline des Herstellers sollten hier aber Auskunft geben können.

Die Obergrenzen einiger Discount-Notebooks können Sie Kapitel 16.9 auf Seite 593 entnehmen. Als Faustregel geht man davon aus, dass 256 MByte ausreichend sind, 512 MByte einen angenehmen Luxus bedeuten und 1.024 MByte RAM (oder noch mehr) nur für Spezialanwendungen mit besonders großen Datenmengen notwendig sind.

Viel Arbeitsspeicher wirkt sich bei Notebooks zudem Akku-schonend aus, da nicht so häufig auf die Festplatte zugegriffen werden muss.

Bestandsaufnahme der aktuellen Speichermodule

1   Zunächst gilt es herauszufinden, welche Speichermodule in Ihrem Notebook verbaut wurden und wo diese sich befinden. Über beides sollte das Handbuch Aufschluss geben.

Wenn dieses nicht zur Hand ist, können Sie sich auch selbst auf die Suche begeben.

Wegen ihrer relativ hohen Wärmeabgabe liegen die Speicherriegel meist direkt unter einer Blende auf der Gehäuseunterseite nahe dem Gehäuselüfter oder einem Lüftungsschlitz.

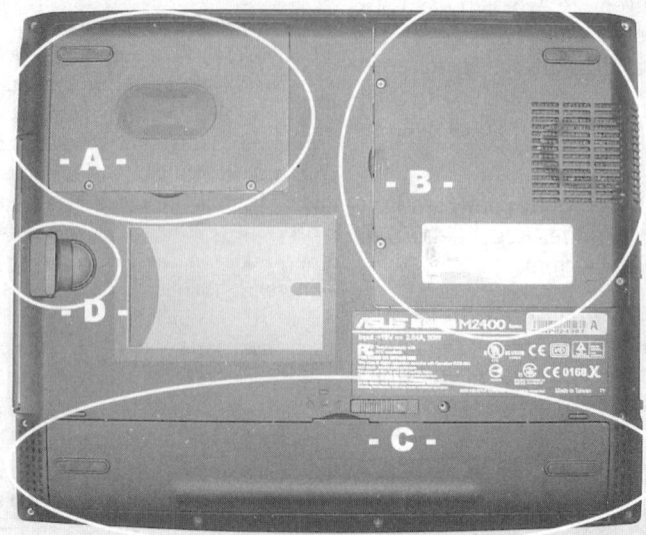

Bei diesem Asus-Notebook befindet sich der Speicher nahe dem Lüfter (mit B gekennzeichneter Gehäusedeckel; A: Festplatte, C: Akku, D: Entriegelung für Combo-Laufwerk.

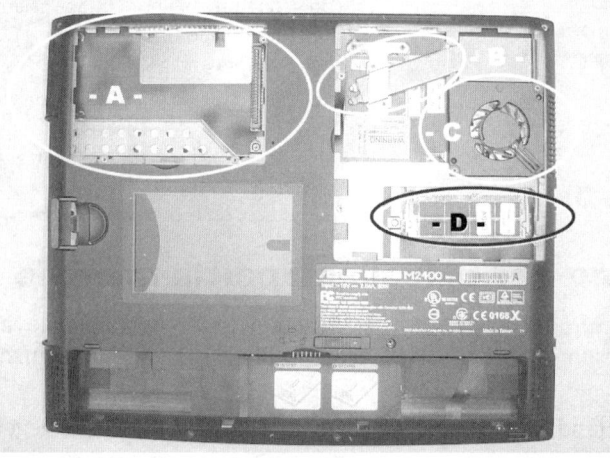

Der Speicher (D) belegt den einzigen freien Steckplatz. Ein Upgrade ist hier nur durch Modultausch möglich (A: Festplatte, B: Kühlkörper mit Heatpipe, C: Lüfter).

Bei einigen Modellen befindet sich der Speicher auch unter der Tastatur oder seitlich neben dem Touchpad. In der Regel müssen nur ein oder zwei Schrauben entfernt oder ein Entriegelungsmechanismus betätigt werden, damit die Gehäuseklappe entfernt werden kann, unter der sich der Speicher verbirgt.

2 Identifizieren des Modultyps: In Pentium I-Notebooks werden noch alte EDO-DIMM-Speicher verwendet, die nicht mehr ohne weiteres zu bekommen sind. Diese Module erkennen Sie daran, dass sie über 72 Steckkontakte (36 auf jeder Seite) und eine Einkerbung an einer Ecke verfügen, die verhindern soll, dass das Modul falsch herum eingesetzt wird (siehe Abbildung).

Die alten EDO-DIMMs (oben) sind kleiner als moderne Notebook-SDRAM-Module und haben eine seitliche Einkerbung. Dafür haben sie weniger Kontakt-Pins (unten), während SDRAM-Module an der Kontaktreihe über eine spezifische Einbuchtung verfügen.

Bei SO-DIMMs der neueren Generation (SDRAM für Notebooks – SO bedeutet **S**mall **O**utline) sitzt die Kerbe in der Mitte der Steckkontakte, von denen es hier 144 gibt.

Zu guter Letzt existieren auch für Notebooks SO-DIMMs des neueren, schnellen DDR-RAM-Typs, die in letzter Zeit immer häufiger verbaut werden (für Pentium 4-Systeme). Diese lassen sich leicht dadurch identifizieren, dass die Kerbe sich nicht in der Mitte der Kontaktleiste, sondern seitlich versetzt zwischen Kontakt 40 und 41 befindet.

Diese drei Speichertypen sind nicht miteinander kombinierbar bzw. sind nicht zueinander kompatibel. Eine Speichererweiterung ist nur mit Modulen desjenigen Typs möglich, den Sie in Ihrem Notebook vorfinden.

3 Bestimmung des Speicher-Timings: Ältere Speichermodule werden mit 66 MHz Bustakt betrieben, neuere SO-DIMMs mit mindestens 100, häufiger 133 MHz. Die schnellen Module sind abwärtskompatibel. DDR-RAM-Module schaffen 266 bzw. 333 MHz durch Verdopplung der Signaldichte bei 133 und 166 MHz Bustakt. In aller Regel verrät ein Aufkleber auf dem Modul oder eine Prägung auf der Speicherplatine die maximale Taktfrequenz. Wenn dies nicht der Fall sein sollte, finden Sie in Kapitel 3 einige Hinweise darüber, wie die Taktfrequenz dennoch identifiziert werden kann.

> **Taktfrequenzen bei Discount-Notebooks**
>
> Wenn Sie einen Discount-PC z. B. bei Aldi, Lidl oder Plus erworben haben, bieten zahlreiche Fanseiten im Internet Aufschluss über die Taktfrequenz des verwendeten Speichers – beispielsweise auf eingescannten Werbeprospekten der Discounter, die diese Angabe oft enthalten.
>
> Beispiele: *www.supermarktcomputer.de* und *www.pcent.de/aldifan/aldipc.htm*

Aufkleber dieser Art geben Aufschluss über die Größe des Moduls und den maximal möglichen Bustakt. Leider findet man sie nicht an allen Modulen.

Den bestehenden Speicher erweitern

1 Wenn Sie den Speicher im Gehäuse lokalisiert haben, werden Sie schnell sehen, ob noch eine freie Speicherbank vorhanden ist. Sollte Ihr Laptop über zwei Speicherbänke verfügen, sind diese entweder nebeneinander oder als „Sandwich" übereinander angeordnet. Im Beispiel auf der Abbildung ist noch Platz: Die untere Speicherbank ist frei, darüber befindet sich bereits ein Modul. Bei dem „Sandwich" auf der nächsten Abbildung kann über dem vorhandenen Speicher ein weiterer Riegel eingesetzt werden.

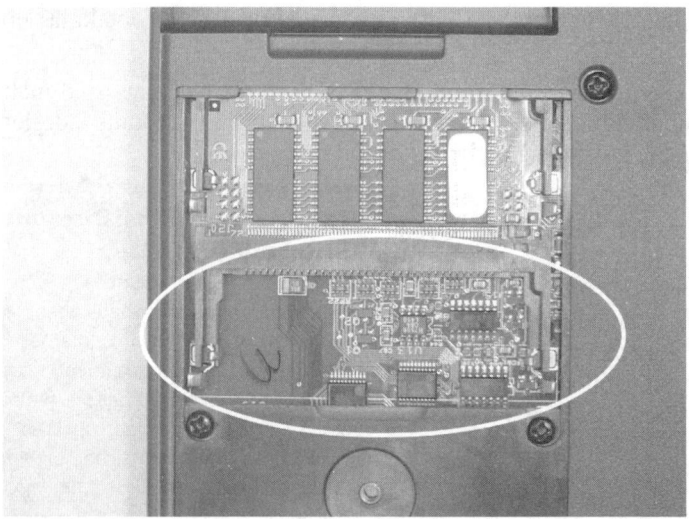

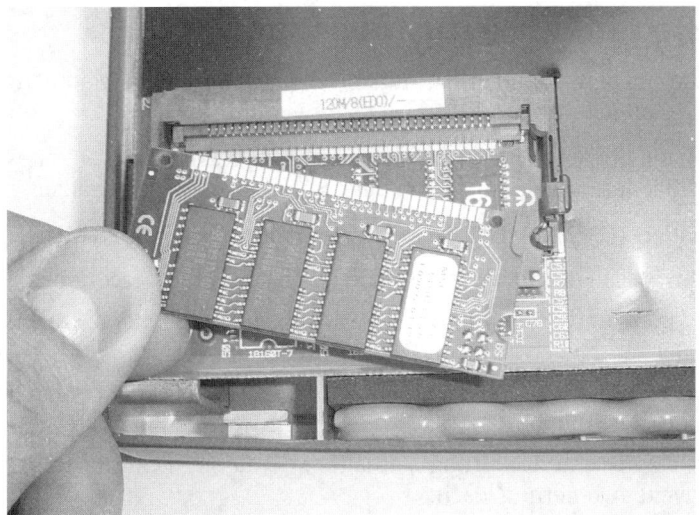

2 Bei abgeschaltetem Gerät können Sie jetzt ein zusätzliches Speichermodul in die freie Bank einsetzen. Dazu setzen Sie das Modul in einem Winkel von 30 bis 45 Grad an und schieben es mit leichtem Druck in den Sockel. Die Kerbe im Modul (an der Kontaktreihe) sorgt dafür, dass die Kontakte mit den richtigen Pins verbunden werden. Sollte sich das Modul nicht problemlos einsetzen lassen, drehen Sie es herum und versuchen es erneut in dieser Orientierung.

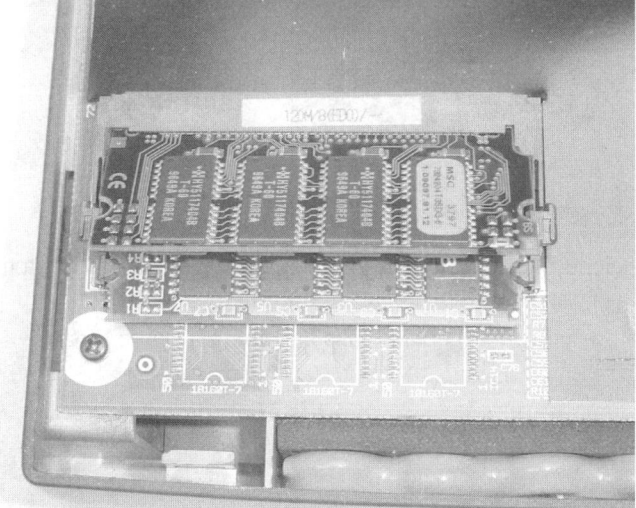

Das Modul wird im flachen Winkel eingesetzt und anschließend heruntergedrückt.

3 Sind die Kontakte im Sockel fast vollständig verschwunden, drücken Sie das Modul jetzt in die Waagerechte, bis die beiden Klammern an den Seiten hörbar einrasten.

4 Verschließen Sie das Gehäuse und starten Sie das Notebook. Der neue Speicher wird automatisch erkannt. Tipps zur Speicheroptimierung und Leistungssteigerung finden Sie in Kapitel 3 dieses Buches.

Alte Module gegen neue austauschen

Wenn kein freier Sockel mehr vorhanden ist, müssen Sie sich von alten Modulen trennen, um den Speicher zu erweitern.

Aber selbst wenn noch ein Sockel frei ist, kann es sinnvoll sein, zusätzlich ein altes Modul von geringer Kapazität auszubauen und zwei neue Speicherriesen einzusetzen.

Besser als die Kombination 16 + 128 MByte ist sicher der Einsatz von 2 x 128 MByte.

1   Lokalisieren Sie den Speicher, wie im vorangegangenen Abschnitt beschrieben.

2   Die Speicherriegel sind entweder durch zwei Metallklammern oder zwei Plastikspangen in ihrem Sockel arretiert.

Mit einem flachen Schraubenzieher oder einem Messer können Sie die beiden Halterungen nacheinander zur Seite biegen.

Eventuell müssen Sie die eine Halterung festhalten, damit sie nicht zurückspringt, während Sie die zweite Arretierung lösen.

Mit einem Schraubenzieher lässt sich die Arretierung des Speicherriegels lösen.

3   Das entriegelte Speichermodul federt in eine schräg nach oben gerichtete Position und kann in diesem Winkel aus dem Sockel genommen werden.

Wiederholen Sie diese Schritte gegebenenfalls bei einem zweiten Modul.

In dieser Position kann das Speichermodul aus dem Sockel gezogen werden.

4   Anschließend können Sie die neuen Speicherriegel einsetzen, wie im vorangegangenen Abschnitt beschrieben.

16.2 Austausch einer Festplatte im Notebook

Die alte Platte ist lahm, laut, voll, altersschwach oder sogar defekt? Raus damit – der Hardwaretausch ist schnell erledigt, und das alte Laufwerk lässt sich an einem PC oder auch am Notebook weiterbetreiben.

Vorüberlegungen

Die schlechte Nachricht dieses Kapitels lautet: Ein Notebook, in das Sie eine zweite Festplatte einbauen können, werden Sie vergeblich suchen.

Die gute Nachricht: Diese Tatsache fällt immer weniger ins Gewicht.

Denn erstens sorgen bei aktuellen Notebooks Kapazitäten zwischen 20 und 80 GByte dafür, dass einige Zeit ins Land geht, bis der Nutzer über mehr Plattenplatz nachdenken muss.

> **Kleines Notebook, große Platte?**
> Abhängig vom Alter Ihres Notebooks, dem verwendeten BIOS und dem Betriebssystem kann es sein, dass Festplatten nur bis zu einer bestimmten Größe erkannt werden. Nähere Hinweise hierzu finden Sie in Kapitel 6.6.

Zweitens gibt es mittlerweile verschiedene problemlose Möglichkeiten, eine externe (Zweit-)Platte an das Notebook anzuschließen, die sich in stabilen Gehäusen auch gut mit auf Reisen nehmen lassen.

Bevor Sie also den Schraubenzieher zücken und die alte Platte aus dem Laptop verbannen, sollten Sie sich überlegen, ob die Vorschläge, die wir in diesem Kapitel zur Weiterverwendung der alten Festplatte machen, nicht auch eine Lösung für die neue Platte als externes Laufwerk sein könnten. Ist die alte Platte aber quälend langsam oder gar kurz davor, den Geist aufzugeben, sollten Sie vor dem Ausbau die Hinweise zur Datenrettung und zum Spiegeln des Betriebssystems auf die neue Festplatte beachten, die wir Ihnen in Kapitel 6.1 geben.

Ausbau der alten Festplatte

1 Ähnlich wie der Speicher kann sich auch die Festplatte an unterschiedlicher Stelle im Notebook-Gehäuse finden.

In aller Regel muss eine Klappe an der (Unter-)Seite abgeschraubt werden.

Die Festplatte ist dort mit weiteren Schrauben am Rahmen fixiert.

2 Sind diese gelöst, lässt sie sich – manchmal mithilfe eines an ihr befestigten Plastikstreifens – aus dem Gehäuse heben.

Beim Asus M2 verbirgt sich die Festplatte unter einem eigenen Gehäusedeckel an der Unterseite.

> **Typischer Aufrüstkandidat: Medion P-III-600**
>
> Vor gut zwei Jahren verkaufte Aldi ein Medion-Notebook mit einer auch damals schon zu klein geratenen 4,8-GByte-Festplatte. Leider ist bei diesem Modell der Austausch etwas erschwert, weil die Platte aus einer Schublade geschraubt, eines Einbaurahmens entledigt und von einem Steckadapter getrennt werden muss. Eine ausführliche Schrittanleitung finden Sie im Internet unter *www.supermarktcomputer.de/tests/ nobo2000/platte.htm*.

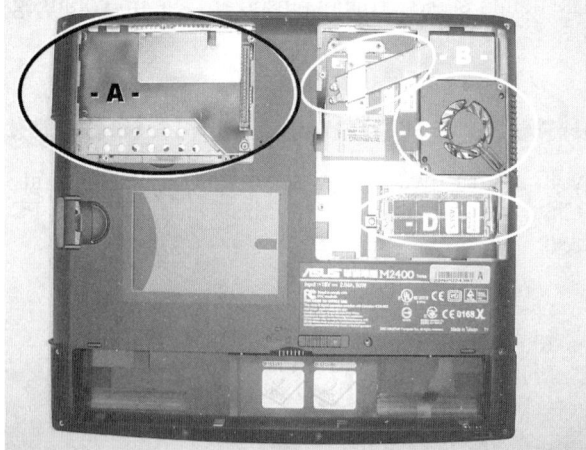

Sind alle Schrauben gelöst, wird bei der Platte in der Abbildung gleichzeitig der Steckkontakt getrennt, wenn sie aus dem Gehäuse entfernt wird. Auf ein Datenkabel wurde verzichtet.

3 Wenn sich die Festplatte in einem Einbaurahmen befindet, muss auch dieser abgeschraubt werden. In diesem wird anschließend die neue Festplatte befestigt.

4 Zuletzt muss die Platte von ihrem Datenkabel getrennt werden, das sie auch mit Strom versorgt. Eventuell zwischengeschaltete Steckeradapter müssen ebenfalls entfernt werden. Achtung: Bevor Sie das Datenkabel oder den Steckeradapter vom Laufwerk trennen, finden Sie heraus, an welcher Seite des Anschlusses sich Pin 1 des Laufwerks befindet. Dieser ist auf der Platine der Festplatte markiert. Prägen Sie sich ein, welche Seite des Datenkabels bzw. Adapters an Pin 1 angeschlossen werden muss, um einen polrichtigen Anschluss der neuen Festplatte zu gewährleisten.

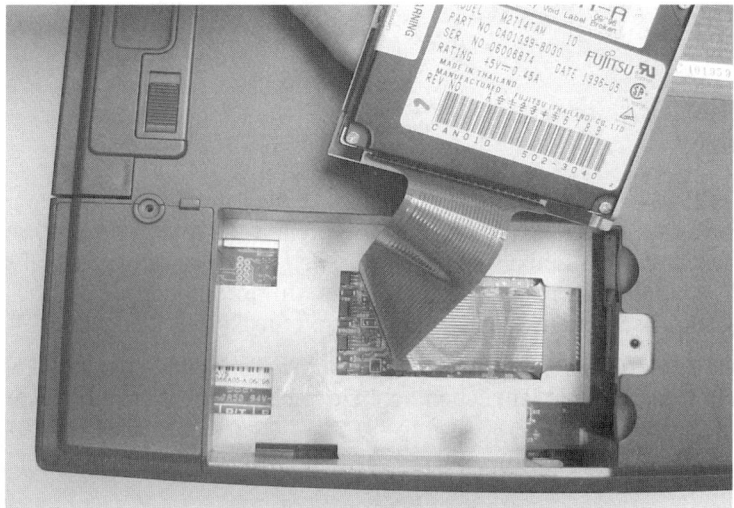

Die Festplatte in der Abbildung ist am Gehäusedeckel verschraubt und durch ein sehr empfindliches Foliendatenkabel mit dem Mainboard verbunden.

Einbau der neuen Festplatte

Nach dem Ausbau des alten Laufwerks kann die neue Festplatte in das Gehäuse eingebaut werden, indem die oben beschriebenen Schritte in umgekehrter Reihenfolge wiederholt werden. Achten Sie darauf, Datenkabel und etwaige Adapter richtig herum anzuschließen.

Ein Jumpern der Platte ist in der Regel nicht erforderlich, da die Festplatte als einzelnes Gerät betrieben wird, was der werkseitigen Voreinstellung der Festplattenhersteller entspricht.

Wenn das Gehäuse wieder verschraubt ist, können Sie das Notebook in Betrieb nehmen und ins BIOS wechseln, um die neue Platte dort anzumelden. Diesen und die folgenden Schritte (Partitionieren und Formatieren) beschreibt ausführlich das Kapitel 6.3.

Weiterverwenden der alten Festplatte in einem PC

Die alte Festplatte lässt sich problemlos in einem PC-Gehäuse weiter verwenden. Im Fachhandel sind passende Sets, bestehend aus einem Einbaurahmen und einem Adapter, erhältlich.

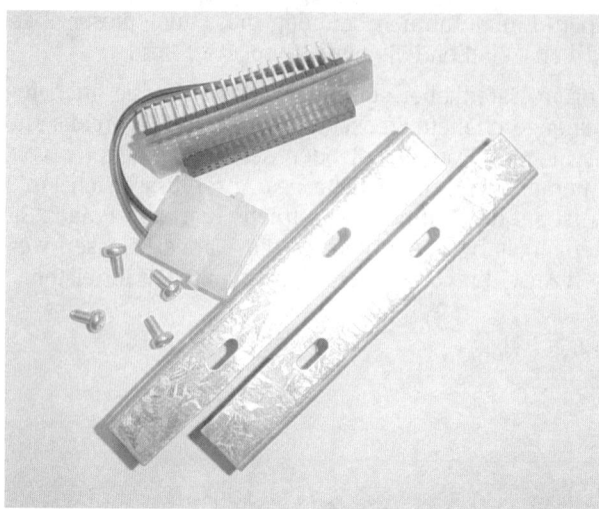

PC-Einbauset für Notebook-Festplatten mit Rahmen und IDE-/Stromadapter.

Der Einbaurahmen verbreitert die Maße der 2½ Zoll breiten Platte auf 3½ Zoll, sodass die Montage in einem freien PC-Einbauschacht für Disketten- oder Festplattenlaufwerke möglich wird. Der Adapter ermöglicht den Anschluss an ein Standard-IDE-Kabel und stellt einen Stromanschluss über einen genormten 12-Volt-Stecker zur Verfügung.

1 Der Rahmen wird mittels der mitgelieferten Schrauben von beiden Seiten so an die Festplatte geschraubt, dass die länglichen Schlitze nach innen, die runden Schraubgewinde nach außen weisen.

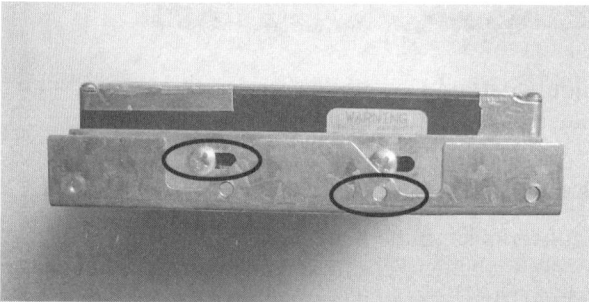

2 Identifizieren Sie jetzt Pin 1 an Festplatte und Adapter, um einen polrichtigen Anschluss zu gewährleisten. Pin 1 ist in der Regel deutlich gekennzeichnet. Die vier Kontakte ganz rechts dienen der Stromversorgung.

3 Anschließend wird der Adapter auf die Fesplatte gesteckt. Vorsicht, die dünnen Pins verbiegen schnell. Ein abgebrochener Pin macht die Platte unbrauchbar!

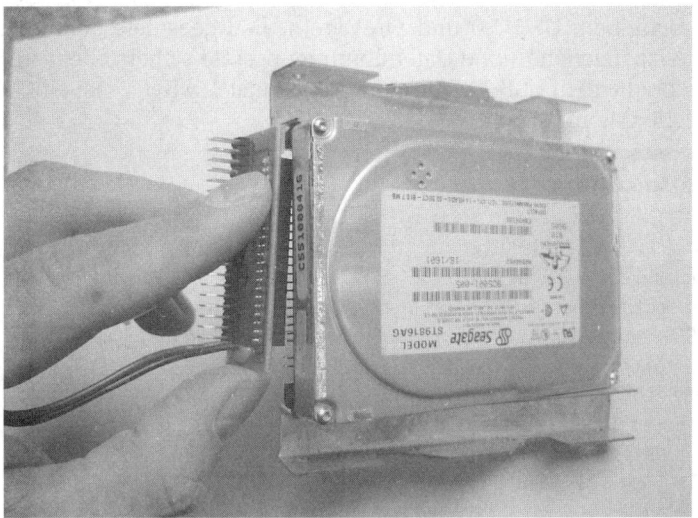

4 Die fertige Komposition kann jetzt in das PC-Gehäuse geschraubt und mit einem Strom- und IDE-Kabel verbunden werden.

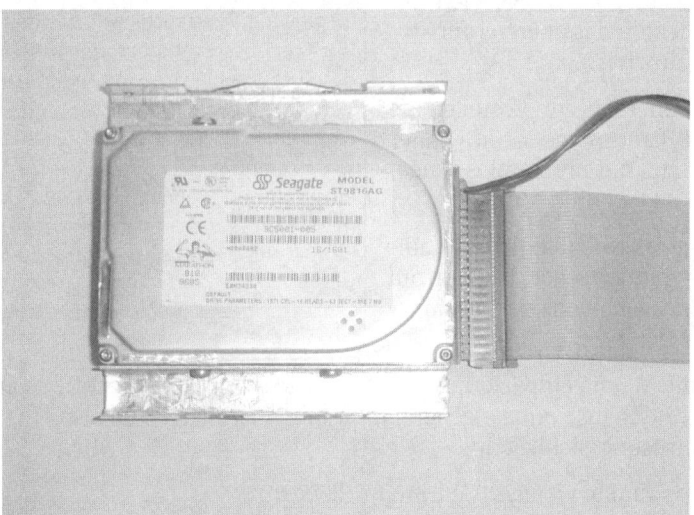

5 Nehmen Sie den PC in Betrieb und befolgen Sie die Schritte zur Anmeldung im BIOS sowie zum Partitionieren und Formatieren wie in Kapitel 6 beschrieben.

Notebook-Platten können den PC ausbremsen!

Notebook-Festplatten sind klein, sehr leise – und meist alles andere als schnell. Daher sollten Sie die Platte im PC als Zweitlaufwerk und nur für Daten verwenden, auf die Sie nicht allzu oft zugreifen. Vermeiden Sie den Parallelbetrieb mit einem schnellen UDMA-Laufwerk an einem gemeinsamen IDE-Port, da erfahrungsgemäß das schnelle Laufwerk ansonsten ausgebremst würde. Besser verträgt sich ein CD-ROM- oder DVD-Laufwerk mit der Notebook-Platte.

Alte Festplatte als Zweitlaufwerk am Notebook

Natürlich können Sie die alte Festplatte nach ihrem Ausbau auch am Notebook als Zweitlaufwerk weiter betreiben. USB 2.0 und FireWire stellen geeignete Schnittstellen zur Verfügung, die eine ausreichend hohe Datenübertragungsrate sicherstellen. Vermeiden Sie aber den Betrieb an einem USB 1.1-Anschluss. Maximal 1 MByte/s ist einfach zu langsam für heute übliche Datenmengen.

USB- oder FireWire-Anschluss nachrüsten

Verfügen Sie über keinen USB 2.0- oder FireWire-Anschluss, lässt sich beides auch für Notebooks nachrüsten. Eine entsprechende PCMCIA-Steckkarte (auch PC-Card genannt) passt in jedes Notebook der Pentium-Klasse. Da diese Karten aber nicht billig sind, sollten Sie überlegen, ob der Nutzen, den Ihnen ein externes Zweitlaufwerk bietet, tatsächlich die Ausgaben für Steckkarte und externes Laufwerk rechtfertigt.

Zwei USB 2.0-Anschlüsse bietet diese PCMCIA-Steckkarte.

Wenn Ihr Notebook über einen USB 2.0- oder FireWire-Anschluss verfügt, können Sie sich ein externes Laufwerk zulegen, dass bereits für weniger als 100 Euro erhältlich ist.

Diese Gehäuse vereinen mehrere Vorteile: Sie sind auf die 2½-Zoll-Bauform genormt, daher kann die Notebook-Festplatte problemlos eingebaut werden.

Sie benötigen kein eigenes Netzteil, da das Laufwerk über den USB-/FireWire-Port mit Strom versorgt werden kann. Gleichwohl sind optionale Netzteile erhältlich.

Komplettlösungen

Natürlich gibt es auch fertige Komplettlösungen, bestehend aus einem USB- oder FireWire-Gehäuse mit bereits integriertem Laufwerk. Die Preise sind allerdings ungleich höher als die Summe der Einzelkomponenten. Wenn Sie der Preis nicht schreckt, können Sie Ihr Notebook mit mehr Festplattenplatz versorgen, ohne das alte Laufwerk ausbauen zu müssen.

Und schließlich: Da die Wärmeentwicklung von Notebook-Festplatten nicht besonders hoch ist, kommen diese Gehäuse ohne eigenen Lüfter aus. Hier bietet sich also eine sehr Nerven schonende Aufrüstmöglichkeit an.

Montage und Anschluss sind in wenigen Schritten vollzogen:

1   Viele externe USB-Gehäuse haben eine rutschfeste Gummiverkleidung, die gleichzeitig als Vibrationsdämpfer dient und das Laufwerk schützt. Um das Gehäuse zu öffnen, müssen Sie das Gummi entfernen, hier beim Advance iFire (zu beziehen z. B. über *www.alternate.de*).

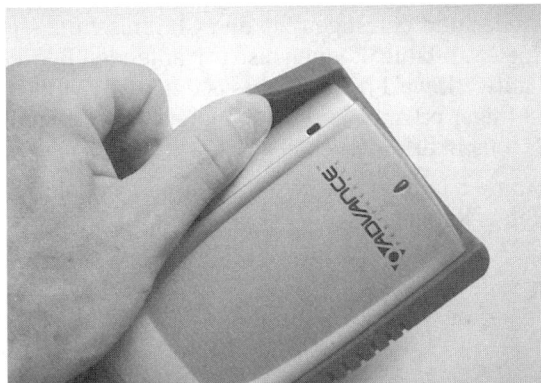

2 Darunter befinden sich noch Schrauben oder Plastikriegel, die sich leicht mit einem Schraubenzieher öffnen lassen.

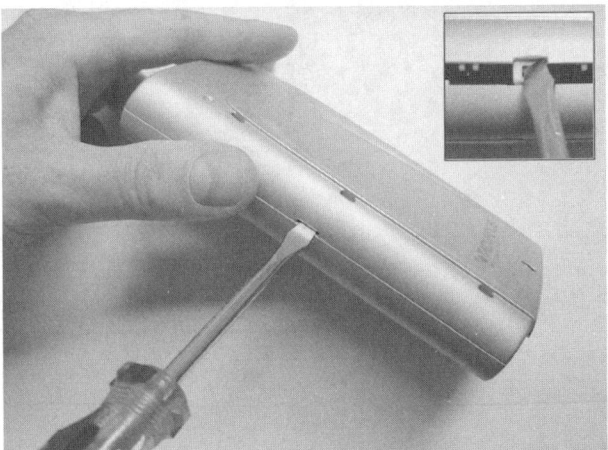

3 Wenn das Gehäuse geöffnet ist, lässt sich die Platine herausnehmen. Die Festplatte kann jetzt mit dem Stecksockel der Platine verbunden werden. Solange die Oberseite der Festplatte oben bleibt, kann hier nichts falsch gemacht werden.

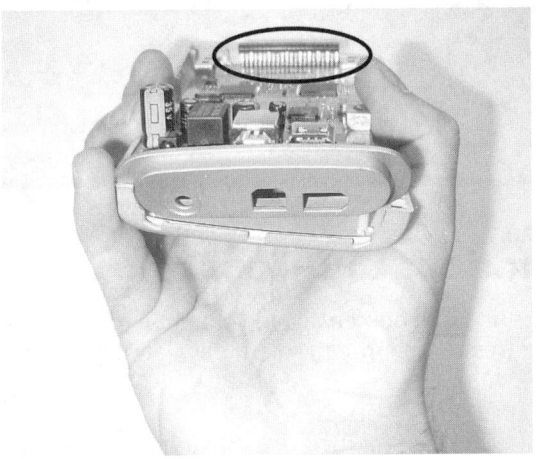

4 Verschließen Sie das Gehäuse wieder und befestigen Sie den Gummischutz – fertig. USB und FireWire-Geräte sind Hot-Swap-fähig, können also im laufenden Betrieb an- und abgestöpselt werden. Das Laufwerk wird bei Betriebssystemen ab Windows 98 SE automatisch als Wechseldatenträger erkannt und im Explorer zur Verfügung gestellt. Eine Anmeldung am BIOS ist nicht erforderlich!

5 Ein neues Laufwerk kann jetzt direkt unter Windows partitioniert und formatiert werden. Wie das geht, erfahren Sie in Kapitel 6.3.

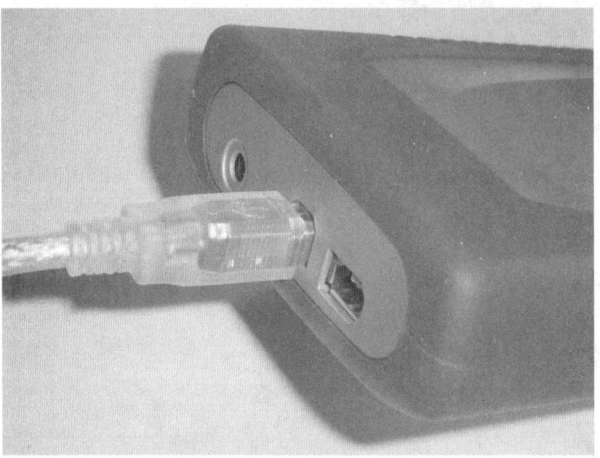

Vorsicht mit Festplatten voller Bauhöhe
Einige Notebook-Festplatten, die in voller Bauhöhe (ca. 1,7 cm Höhe) gefertigt wurden, passen nicht in jedes externe USB-/FireWire-Gehäuse. Wenn Sie sich unsicher sind, lassen Sie sich vom Händler ein Rückgaberecht zusichern.

16.3 Herztransplantation: CPU-Tausch

Bevor Sie einen Prozessortausch für Ihr Notebook erwägen, sollten Sie die Garantiebedingungen des Verkäufers respektive Herstellers prüfen, sofern der Gewährleistungszeitraum noch nicht abgelaufen ist.

Operation ohne Garantie?

Denn oft ist der – im Vergleich zu anderen Hardwarebasteleien vergleichsweise riskante – Eingriff am CPU-Sockel mit dem Verlust der Garantie verbunden.

Beim Entfernen der CPU dieses Notebooks würde der Aufkleber mit dem aufgedruckten Warnhinweis zerstört, und die Garantie erlischt.

Dies betrifft dann unter Umständen nicht nur eine defekte CPU, sondern auch alle anderen Komponenten. Oft weist auch ein Aufkleber auf den drohenden Garantieverlust hin – entfernt man die darunter liegende CPU, löst sich der Aufkleber in Wohlgefallen auf und mit ihm auch die Garantie.

Wenn Sie die Garantie nicht verlieren wollen, bietet sich eventuell die Möglichkeit, den Prozessortausch durch einen autorisierten Vertragshändler durchführen zu lassen, der anschließend wieder ein neues Garantiesiegel anbringen kann.

Kann der Prozessor überhaupt ausgetauscht werden?

Nicht alle Notebooks bieten die Möglichkeit eines Prozessor-Upgrades.

Bei einigen Modellen ist der CPU-Sockel schlicht und ergreifend nicht zugänglich, weil er sich in den Tiefen eines nicht zu öffnenden Gehäuses verbirgt.

In anderen Fällen ist die CPU zwar gut versteckt, aber dennoch zugängig (siehe Abbildung).

Beachten Sie auch das Kapitel 11, das sich ausführlich und mit vielen nützlichen Tipps des Themas Prozessortausch annimmt.

Warnung vor Hitzeproblemen

Bei Notebooks ergibt sich schnell das besonders kritische Problem mangelnder Hitzeabführung, dem im Gegensatz zum PC nicht durch den Einbau zusätzlicher Lüfter begegnet werden kann. Normalerweise sind die thermischen Maßnahmen bei Notebooks recht gut auf das jeweilige CPU-Modell ausgelegt. Baut man einfach ein schnelleres und meist auch heißeres Modell ein, könnte es aber leicht zu Thermikproblemen kommen. Nur wenn der Lüfter nicht im Dauerbetrieb ist und das Gehäuse sich nicht stark erhitzt, sollten Sie einen CPU-Tausch tatsächlich in Betracht ziehen!

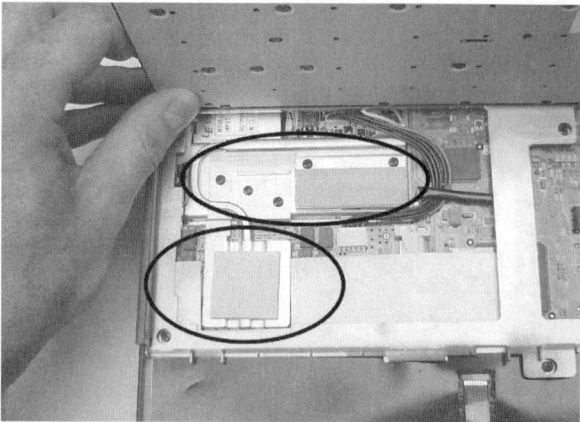

In diesem Notebook versteckt sich die CPU (unten) unter einer mit Gummipuffern versehenen Metallverblendung. Auch die oberen Schrauben müssen entfernt werden.

Prozessorausbau Schritt für Schritt

1 Zunächst muss der CPU-Sockel freigelegt werden.

Aus Platzgründen befindet sich meist kein Lüfter direkt über der CPU, wie man es vom PC gewohnt ist. Stattdessen führt eine so genannte Heatpipe aus gut leitendem Aluminium oder Kupfer die Wärme ab. Diese muss zunächst entfernt werden.

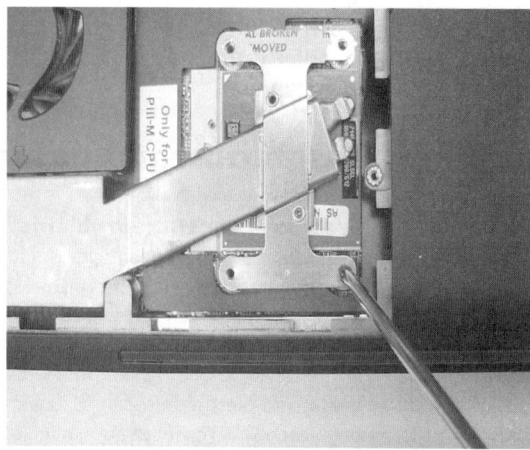

2 Beim hier abgebildeten Modell ist die Heatpipe mit einem Kühlköper verbunden, der die Wärme an einen Lüfter abgibt. Auch der Lüfter muss ausgebaut werden, damit der Kühlkörper dem Gehäuse entnommen werden kann. Der Stromstecker des Lüfters (oben im Bild) muss bei extrem kurzen Kabeln abgezogen werden.

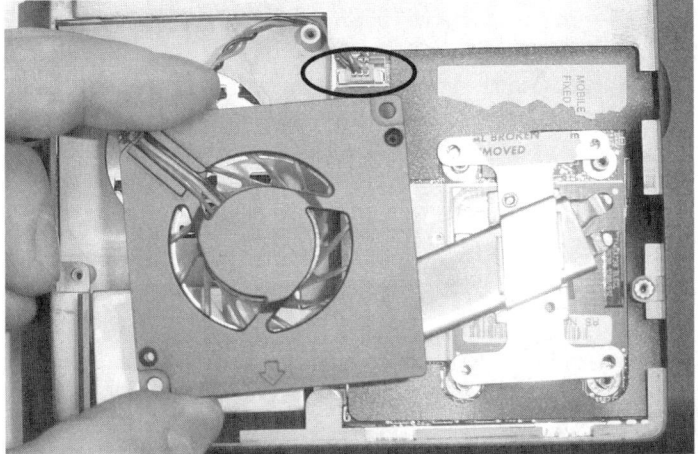

3 Entriegeln Sie dann den CPU-Sockel: Drehen Sie die Arretierungsschraube um 180 Grad, um die CPU entnehmen zu können. Es existieren auch Prozessoren, die einfach nur auf den Sockel aufgesteckt und nicht verriegelt werden. Im Bild werden PIII-Mobile-CPUs an einer Schraube entriegelt. Auf dem eigentlichen Prozessor befindet sich Wärmeleitpaste oder ein Leitpad.

4 Der Prozessor lässt sich jetzt problemlos entnehmen. Wenn er haken sollte, überprüfen Sie, ob die Arretierungsschraube wirklich ganz gelöst wurde. Ziehen Sie die CPU gerade nach oben aus dem Sockel, um keine Pins zu verbiegen.

5 Jetzt kann die neue CPU eingesetzt werden. Für den Pin-richtigen Anschluss sorgt ein fehlender Kontakt an einer der vier Ecken, der auf der CPU zusätzlich mit einem kleinen Dreieck markiert ist.

6 Anschließend kann die CPU wieder durch die Schraube arretiert werden. Vergessen Sie nicht, Wärmeleitpaste (ein kleiner Tropfen genügt!) oder ein Wärmeleitpad auf den CPU-Kern aufzutragen, bevor Heatpipe oder Lüfter wieder montiert werden.

7 Bei älteren Prozessoren müssen eventuell noch die neuen Taktraten mithilfe von Jumpern eingestellt werden. Informationen hierzu liefert das Handbuch oder die Homepage des Herstellers.

8 In umgekehrter Reihenfolge können jetzt die oben entfernten Komponenten wieder eingesetzt werden.

9 Bei noch geöffnetem Gehäuse sollten Sie jetzt einen Testlauf unternehmen. Schalten Sie das Notebook ein und überzeugen Sie sich, dass die CPU nicht sofort übermäßig heiß wird. In letzterem Fall müssen Sie sofort die Stromverbindung trennen. Konsultieren Sie vorsichtshalber einen Fachmann!

10 Ging alles glatt, kann das Gehäuse jetzt wieder verschlossen werden. Die neue CPU wird beim Hochfahren des Systems automatisch vom BIOS erkannt.

16.4 Frischzellenkur: Neue Energie für Akku und Netzteil

Es soll Leute geben, die ihr Notebook als „defekt" und unrettbar verloren in den Keller vebannen, wenn der Akku eines Tages seinen Geist aufgibt. Und dieser Tag kommt garantiert.

Kein Saft – Was tun, wenn der Akku streikt?

Kein Akku hält ewig, im Gegenteil: Ni-Cd-Akkus, die noch vor ein paar Jahren der Standard waren, haben eine durchschnittliche Lebenserwartung von ca. drei Jahren.

Dem allmählichen Akku-Sterben kann man auf unterschiedliche Weise begegnen. Erstens bieten viele Notebook-Hersteller (selbst noch einige Jahre, nachdem das jeweilige Modell aus dem Handel verschwunden ist) Ersatz-Akkus an. Ein Besuch auf der Homepage des Herstellers lohnt also. Auch auf den Vertrieb von Batterien spezialisierte Händler halten Akkus für viele Notebook-Modelle bereit (siehe Kasten).

Zweitens kann ein Akku runderneuert werden. Für etwas mehr als 100 Euro plus Versandkosten können defekte Ni-Cd- und Ni-MH-Akkus an spezialisierte Dienstleister geschickt werden, wo sie geöffnet, mit neuen Zellen bestückt und wieder verschweißt werden. Da die Händler versprechen, sofern möglich, höherwertige Zellen als die bisherigen zu verwenden, erhöht sich auch die Akku-Laufzeit.

Drittens können Sie vorbeugen. Wenn das Notebook über einen längeren Zeitraum nicht benutzt wird, sollten Sie es dennoch hin und wieder aufladen, um eine Tiefenentladung der Akkus zu vermeiden.

Ni-Cd-Akkus sollten zudem immer erst nach vollständiger Entladung neu aufgeladen werden (siehe Kasten zum Memory-Effekt auf Seite 583).

> **Spezialisten für Energiefragen**
>
> *www.akkutheke.de* – Hier erhalten Sie Ersatz-Akkus für viele Notebook-Modelle.
>
> *www.batteries.de/reparatur.html* – Angebot zur Runderneuerung defekter Akkus. Außerdem großes Angebot von Ersatz-Akkus und -Netzteilen.
>
> *www.grs-batterien.de* – Informationen zur Entsorgung alter Akkus.

> **Vorsicht bei Li-Ion-Akkus: „Frischzellenkur" taugt nichts!**
>
> Das mancherorts angebotene „Resulfing", das Auffrischen verbrauchter Lithium-Ionen-Zellen, ist technisch unausgereift und bietet kein zufrieden stellendes Ergebnis. Bei diesem Akku-Typ sollten Sie einen Neukauf vorziehen! Glücklicherweise handelt es sich bei Li-Ion-Akkus aber um den langlebigsten Typ – allerdings auch um den teuersten.

Welcher Akku-Typ ist zu bevorzugen?

Es gibt drei Typen von Akkus, die am häufigsten Verwendung in Notebooks finden: **Ni**ckel-**Cad**mium- (Ni-Cd), **Ni**ckel-**M**etall**h**ybrid- (Ni-MH) und **Li**thium-**Ion**en-Akkus (Li-Ion). Jeder Akku-Typ besitzt spezifische Vor- und Nachteile, die Sie der unten stehenden Tabelle entnehmen können. Bei modernen Notebooks haben Sie allerdings kaum noch eine Wahl: Hier finden fast ausschließlich die langlebigen Li-Ion-Akkus Verwendung. Die Wahl haben Sie vor allem beim Nachkauf von Ersatz-Akkus oder beim Kauf eines Secondhand-Notebooks älteren Datums.

Ni-Cd-Akkus fanden früher in Notebooks nicht nur wegen des vergleichsweise günstigen Preises häufige Verwendung, sondern auch, weil mobile Rechner damals noch leistungshungriger waren als moderne, für geringen Energieverbrauch optimierte Geräte.

Zwar liefert ein Ni-MH-Akku doppelt so lange Strom wie ein Ni-Cd-Akku gleicher Größe, Ni-Cd-Akkus sind aber besser geeignet, hohe Ströme zur Verfügung zu stellen.

> **Lithium-Polymer-Akkus**
>
> Vor allem in flachen und ultraleichten Subnotebooks kommt dieser Akku-Typ zum Einsatz, da er wenig wiegt und leicht formbar ist (kann sehr flach sein). Nachteil: Geringere Akku-Laufzeit und die Notwendigkeit, den Akku regelmäßig über das BIOS des Notebooks zu kalibrieren.

Wenn Sie über ein Notebook mit Ni-Cd-Akkus verfügen, sollten Sie also auch Ersatz-Akkus gleichen Typs kaufen, da andere Akkus möglicherweise durch die Leistungsspitzen des Notebooks überfordert sein könnten.

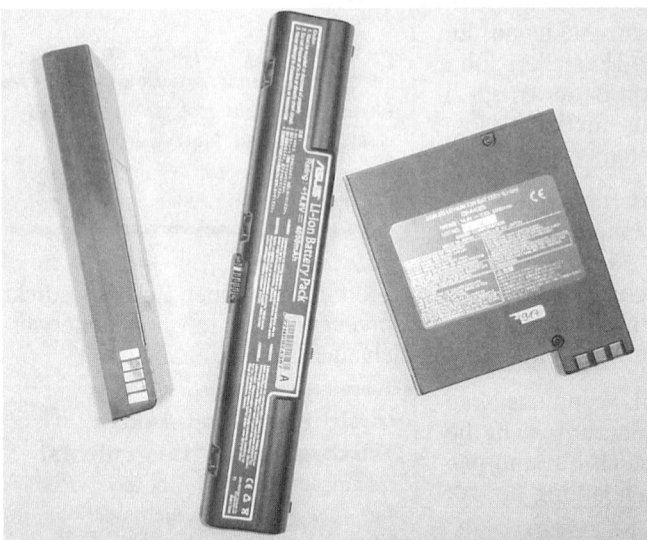

Notebook-Akkus gibt es in verschiedenen chemischen Zusammensetzungen und unzähligen Formen. Deshalb ist Ersatz nicht immer leicht zu bekommen.

Vor- und Nachteile: Akku-Typen im Vergleich

Nickel-Cadmium (Ni-Cd)	Nickel-Metallhybrid (Ni-MH)	Lithium-Ionen (Li-Ion)
geringe Akku-Laufzeit	längere Akku-Laufzeit	sehr lange Akku-Laufzeit
Memory-Effekt	kein Memory-Effekt	kein Memory-Effekt
kurze Lebensdauer (3 bis 4 Jahre)	längere Lebensdauer als Ni-Cd	lange Lebensdauer
vor erneutem Aufladen ist vollständiges Entladen erforderlich	Entladen nicht erforderlich	Entladen nicht erforderlich, benötigt aber spezielle, teure Ladeelektronik
preiswert	bestes Preis-Leistungs-Verhältnis	teuer
hohes Gewicht	hohes Gewicht	geringes Gewicht
Temperatur-unempfindlich	hitzeempfindlich beim Aufladen	Temperatur-unempfindlich
hohe Umweltbelastung	geringere Umweltbelastung	geringere Umweltbelastung

Tipps für längere und zusätzliche Akku-Laufzeiten

Wenn der Akku Ihres Notebooks länger durchhalten soll, empfiehlt sich folgender Maßnahmenkatalog:

1. Aktivieren Sie das Power-Management von BIOS und/oder Betriebssystem. Festplatte, Prozessor und Display schalten dann in den energiesparenden Schlafmodus oder schalten sich ganz ab, wenn sie während eines variabel einstellbaren Zeitraums nicht beansprucht werden. Wählen Sie diesen Zeitraum aber für die Festplatte nicht zu klein (nicht unter drei Minuten), da das Wiederhochfahren des Laufwerks viel Strom benötigt.

2. Vergrößern Sie das Intervall der automatischen Schnellspeicherung bei Anwendungen wie Word. So vermeiden Sie, dass die Festplatte ständig durch die Schnellspeicherung „geweckt" wird.

3. Verzichten Sie auf aufwendige Bildschirmschoner. Ein schwarzer Bildschirm tut es auch (einmal abgesehen davon, dass TFT-Displays gar keinen Bildschirmschoner benötigen, da sich das Bild nicht wie bei einem Monitor in die Bildröhre einbrennen kann).

4. Reduzieren Sie die Helligkeit des Displays so weit wie möglich

5. Klappen Sie den Notebook-Deckel zu, wenn Sie eine kurze Pause machen. Das Display schaltet sich dann automatisch ab. Sollte das Notebook darauf in den Standby-Modus schalten, also auch die Festplatte stoppen, empfiehlt sich diese Maßnahme allerdings nur für längere Pausen ab etwa 15 Minuten.

6. Verzichten Sie so weit wie möglich auf den Betrieb des CD-/DVD-ROM-Laufwerks. Diese Geräte sind wahre Energiefresser.

7. Bei Audioanwendungen benötigen kleine Ohrhörer weniger Strom als große Kopfhörer oder die integrierten Lautsprecher.

8. Laden Sie Ni-Cd-Akus immer erst nach einer (fast) vollständigen Entladung auf. Sie beugen damit der Gefahr eines Memory-Effekts vor, der ansonsten zu immer kürzer werdenden Akku-Laufzeiten führen würde.

9. Für den Fall, dass Ihnen die Laufzeit eines einzelnen Akkus nicht ausreicht, bieten einige Notebook-Hersteller auch externe Zweit-Akkus an, mit denen sich die Entfernung von der nächsten Steckdose verdoppeln lässt. Es existieren auch Modelle, bei denen ein internes CD- oder Diskettenlaufwerk gegen einen zweiten Akku ausgetauscht werden kann.

Was ist der Memory-Effekt, und wo tritt er auf?

Der Memory-Effekt ist ein Problem, das ausschließlich bei Ni-Cd-Akkus auftritt. Wenn der Akku regelmäßig neu aufgeladen wird, ohne vorher vollständig entleert worden zu sein, führt dies allmählich zu einer chemischen Reaktion, bei der sich Kristalle im Akku bilden, die die Stromabgabe blockieren. Diese Kristalle vergrößern sich mit jedem vorzeitigen Aufladen des Akkus. Die Folge ist, dass der Akku für immer kürzere Zeiträume Strom liefern kann, bis er schließlich schon nach wenigen Minuten scheinbar leer ist. Ni-MH und Li-Ion-Akkus können dagegen jederzeit aufgeladen werden, unabhängig von ihrem aktuellen Ladestand.

Wenn das Netzteil schlappmacht

Handelt es sich um ein internes Netzteil, bleibt Ihnen nur die Reparatur. Bei einem externen Netzteil finden Sie beispielsweise unter *http://www.batteries.de/netzteil.html* Ersatz in Form eines Universalgeräts mit einstellbarer Spannung und einem Satz von Steckeradaptern. Sollte keiner der beigefügten Stecker passen, verpflichtet sich der Anbieter übrigens zur Rücknahme des Geräts. Darüber hinaus besteht mit etwas Glück die Möglichkeit, ein neues Originalnetzteil beim Hersteller oder einem der Händler, die auch Ersatz-Akkus anbieten, zu bekommen.

CMOS-Batterie auswechseln

Das BIOS, genauer gesagt der Teil, der die für das Notebook „lebensnotwendigen" Konfigurationseinstellungen des BIOS speichert, wird durch eine Batterie gepuffert, die den Chip auch dann mit Strom versorgt, wenn das Gerät ausgeschaltet ist. Wenn diese Batterie (fast) leer ist, meldet das Notebook beim Systemstart *CMOS battery dead*. Dem Handbuch können Sie entnehmen, wo sich diese Batterie befindet und wie Sie sie freilegen. Es handelt sich um eine Knopfbatterie vom Durchmesser eines Zehn-Cent-Stücks. Drücken Sie die Batterie zum Entfernen gegen die Haltefeder und ziehen Sie sie nach oben aus der runden Halterung. Die neue Batterie sollte unmittelbar darauf eingesetzt werden.

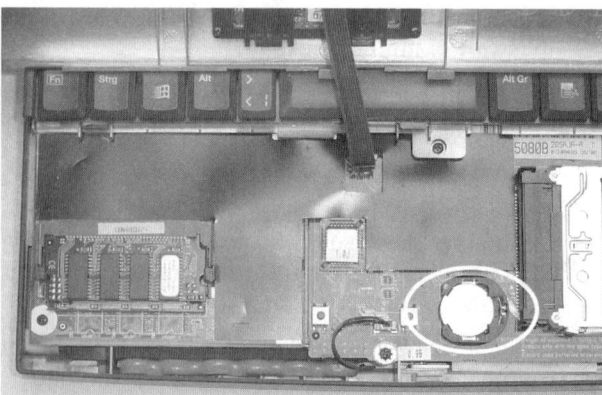

Bei diesem Notebook befindet sich die CMOS-Batterie unterhalb der Tastatur.

Einige Geräte verfügen statt der CMOS-Batterie über einen Hochleistungs-Akku. Ein Austausch erübrigt sich hier, da die Lebensdauer solcher Akkus die durchschnittliche Lebenserwartung eines Computers weit übersteigt.

16.5 Schnittstellen ausreizen: Externe Lösungen

Serieller Druckerport: Einfache Fahrt oder hin und zurück?

In Zeiten von USB verliert der serielle Port an Bedeutung. Deshalb sparen einige Notebook-Hersteller mittlerweile Kosten ein und verzichten auf ein bidirektionales Interface. Das ist ärgerlich, wenn Sie einen älteren Drucker besitzen, der noch nicht über einen USB-Anschluss verfügt und daher auf den Parallelport angewiesen ist. Denn bei unidirektional verringert sich die Druckgeschwindigkeit auf fast die Hälfte. Abgesehen von dieser Problematik fristet der Parallelport ein Dasein als Anschluss für diverse Software-Dongles und Uraltscanner und ist akut vom Aussterben bedroht.

COM-Port: Der Anschluss fürs Grobe

Die meisten Notebooks haben nur einen COM-Port, und der ist meist verwaist. Mäuse und externe Tastaturen bevorzugen schon seit langem PS/2-Anschlüsse und rangeln mittlerweile mit PDAs, Scannern, Druckern und externen Speichermedien um die USB-Anschlüsse. Klassischer COM-Port-Kandidat war lange Zeit noch das Modem, aber das ist in den meisten Notebooks neueren Datums schon eingebaut. So kann auch auf den COM-Port gut verzichtet werden.

IrDa: Infrarot für kurze Wege

Die IrDa-Schnittstelle ist unkompliziert, weil sie drahtlos ist. Wenn man es dem Note-book im Geräte-Manager nicht ausdrücklich verbietet, funkt es ständig im Umkreis von ca. zwei Metern um sich, um andere Geräte mit Infrarotschnittstelle automatisch zu er-kennen. Nützlich für den Abgleich weniger Daten, z. B. mit PDAs, nicht hilfreich bei großen Datenmengen, da die Übertragungsgeschwindigkeit zu wünschen übrig lässt.

FireWire-Anschluss: Gut, wenn man ihn hat

FireWire ist der Standard im Bereich der Camcorder und digitalen Videogeräte, während digitale Fotoapparate auf USB setzen. Außerdem ist es die vielseitigste Schnittstelle in Apples Mac-Welt. Entsprechend groß ist das Angebot an Hardware mit FireWire-An-schluss. Mittlerweile glänzt USB aber mit besseren Übertragungsraten und ist vor allem bei Gehäuse-PCs praktisch zum Standard geworden.

PCMCIA: Der Alleskönner

Die auch als PC-Cards bezeichneten, sehr flachen und kompakten Steckkarten passen in fast jedes Notebook. Denn jedes Notebook besitzt zumindest einen PCMCIA-Slot. Es e-xistieren aber noch ein paar ältere Karten voller Bauhöhe, die zwei Slots benötigen. Neue Geräte sind grundsätzlich flach genug für einen einzelnen Slot.

Eigentlich ist PCMCIA der Tausendsassa unter den Interfaces am Notebook, denn hierfür gibt es einfach alles: vom zusätzlichen IDE-Controller über Adapter für Flash-Cards, ult-raflache Festplatten und USB-/FireWire-Adapter bis hin zu SCSI- und RAID-Controllern. Dank PCMCIA gibt es für den Gehäuse-PC nichts, was es nicht auch für das Notebook gäbe. Die Karten sind zudem Hot-Swap-fähig, können also im laufenden Betrieb ein- und ausgesteckt werden, und die Geräte werden von Windows automatisch erkannt. Der große Nachteil ist aber der Preis, bedingt durch die kompakte Bauform. PCMCIA ist schick, aber es ist zu teuer. Und deshalb greifen doch die meisten zu USB. Außerdem können maximal zwei PCMCIA-Karten am Notebook betrieben werden, dagegen aber mehr als 100 USB-Geräte. Wenn Ihr Notebook freilich von Hause aus über keinen USB-Port verfügt, ist ein enstprechender USB-Adapter für den PCMCIA-Port eine sehr lohnen-de Anschaffung.

Mit dieser PCMCIA-Karte lässt sich USB 2.0 für fast jedes Notebook nachrüsten.

USB: Rising Star unter den Schnittstellen

Aus den vorigen Abschnitten ging es schon hervor: USB ist der Schnittstellentyp der Wahl, wenn es darum geht, externe Geräte an Ihr Notebook anzuschließen. Seit USB 2.0 und einer theoretischen Datentransferrate von maximal 60 MByte/s ist USB auch zum Anschließen moderner Festplatten interessant geworden. Daneben gibt es eine Fülle neuer Peripheriegeräte, die teilweise extra für USB entwickelt wurden. Ab Seite 588 in diesem Kapitel stellen wir Ihnen einige nützliche und einige exotische USB-Geräte vor. Detailliertere technische Informationen zu USB und FireWire liefert Ihnen außerdem Kapitel 6.9.

Bluetooth: Die Zukunft hat begonnen

Bluetooth ist der neue Standard für drahtlose Kommunikation zwischen Endgeräten aller Art. Nicht nur PCs, Handys und Palms sollen nach dem Willen der Entwickler über Bluetooth-Interfaces Daten miteinander austauschen, sondern auch Haushaltsgeräte wie Waschmaschinen und Fernseher sollen in Zukunft über Bluetooth-Protokolle angesprochen werden können. Die ersten Bluetooth-fähigen Notebooks kamen im Sommer 2002 auf den Markt, und noch gibt es kaum Anwendungsmöglichkeiten. Aber das wird sich schnell ändern, und so ist ein Notebook mit einer solchen Schnittstelle sicher ein Stück zukunftssicherer.

16.6 Mobile Sicherheit: Diebstahlschutz für unterwegs

Einen Schutz besonderer Art bieten Registrierungsmöglichkeiten bei international tätigen Betreibern von Sicherheitsdatenbanken.

Vertrauen ist gut, Registrieren ist besser

Beim „Bring-Back-System" (*www.bring-back.com*) können Sie beispielsweise für ein paar Euro Ihr Notebook samt Seriennummer registrieren lassen. Sie erhalten dann einen Satz Aufkleber, die Sie auf Ihrem mobilen Geräten anbringen können. Diese schrecken Diebe mit etwas Glück ab, informieren aber vor allem den ehrlichen Finder, damit er das Gerät über die Bring-Back-Website melden und seinem Besitzer wieder zuführen kann. Pro Aufkleber zahlen Sie mindestens 2 Euro – dafür gilt der Service dann für die gesamte Lebensdauer des Geräts, auf dem der Aufkleber sitzt!

Die Bring-Back-Plakette bringt Sicherheit – und häufig verlorene Geräte zurück.

Eine Alternative ist die „S.T.O.P."-Plakette (*www.stop-network.net*), die ebenfalls eine Registrier- und eine Hotline-Nummer sowie eine Internetadresse enthält. Der Clou: Wenn diese Plakette entfernt wird, kommt darunter ein eingeätztes Tattoo zum Vorschein, das auf den rechtmäßigen Besitzer hinweist und sich nicht entfernen lässt. Langfinger, die diese Form von Diebstahlschutz kennen, werden um derart markierte Geräte wahrscheinlich einen Bogen machen, da sie sich nicht weiterverkaufen lassen.

Das Notebook an die Leine nehmen

Sehen Sie sich Ihren mobilen Rechner einmal von allen Seiten genau an. Vielleicht entdecken Sie einen kleinen, unscheinbaren Spalt, der Ihnen vorher noch nie bewusst aufgefallen ist (siehe unten stehende Abbildung). Ein kleines Schlosssymbol legt die Vermutung nahe, dass es sich hier um ein bisher unerkanntes Sicherheits-Feature handelt.

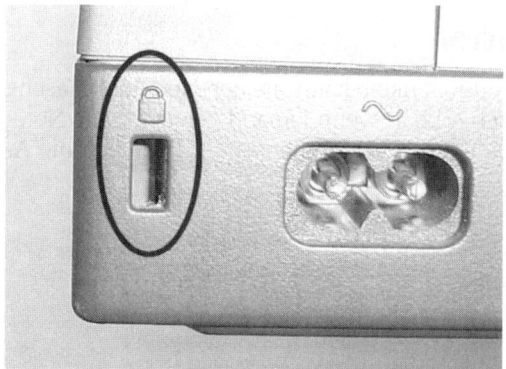

Dieses Interface für das Kensington Lock, hier direkt neben dem Stromanschluss, ist in 98 % aller Notebooks integriert.

Und tatsächlich handelt es sich um ein Interface für das so genannte Kensington Lock.

Die Wahrscheinlichkeit, dass auch Ihr Notebook über diesen nützlichen Schlitz verfügt, ist hoch: 98 % aller Notebooks sind damit ausgestattet.

Die Firma Kensington (*www.kensington.de*) bietet hierfür passende Steckschlösser, die mit einem massiven Kabel verbunden sind, das am Ende mit einer Drahtschlaufe versehen ist.

Kensington Lock mit Kabel und Schlaufe.

Das Kabel kann um fest installierte Gegenstände herumgeführt werden, an die das Notebook entsprechend der Fahrradschlossmethode angekettet wird.

Eine Variante für zwei Geräte stellt der „Twin MicroSaver" dar.

Ein zweites Schloss lässt sich entlang des 2,2 Meter langen Kabels frei verschieben, sodass beispielsweise auch ein weiter entfernt stehendes externes Gerät, z. B. ein Beamer, mitgesichert werden kann.

Lautstarker Bewegungsmelder

Ein Bewegungsmelder mit justierbarer Empfindlichkeit kann an der Notebook-Tasche befestigt werden und macht sich lautstark bemerkbar, wenn jemand versucht, das Notebook wegzutragen – mit 100 Dezibel! Mit einem Infrarottaschensender lässt sich die Alarmbereitschaft ein- und ausschalten.

Bewegungsmelder (unten) samt Fernbedienung (Bild: Dicota).

Das Prinzip ist dasselbe wie die Fernentriegelung beim Auto. Sollten Sie einmal vergessen haben, das Gerät zu aktivieren, lässt sich der Alarm mit der Fernbedienung auch aus Entfernungen bis zu 10 Metern auslösen, falls Sie beobachten sollten, dass sich jemand für das Notebook „interessiert".

Diese Lösung ist vor allem hilfreich, wenn das Notebook im Gedränge abgestellt werden muss, beispielsweise am Flughafenschalter. Infos finden Sie unter *www.dicota.de*.

16.7 Nützliche Hilfsmittel für mobile Computer

Für Notebook-Besitzer sind goldene Zeiten angebrochen: Die Tatsache, dass das Notebook mit seinen zahlreichen Schnittstellen ein „offenes System" ist, macht sich immer stärker positiv bemerkbar. Seit einiger Zeit überbieten sich die Hardwarehersteller gegenseitig darin, neue pfiffige Zusatzprodukte auf den Markt zu werfen, die das mobile Arbeiten auf vielfältige Art und Weise erleichtern.

Einige dieser Lösungen stammen von kleinen Unternehmen und sind daher noch recht unbekannt, nichtsdestotrotz aber sehr nützlich. Eine Auswahl möchten wir Ihnen hier vorstellen.

FlyLight – Arbeiten an düsteren Orten

Im Flugzeug fällt die Bordbeleuchtung aus? Der Zug rast durch einen endlosen Tunnel, der Zugführer hält Licht im Abteil aber für überflüssig?

Ohne Ihren schlafenden Partner wecken zu wollen, möchten Sie noch schnell den Geschäftsbericht fertig tippen – liegen aber schon im Bett?

Das FlyLight (*www.kensington.de*) schafft Abhilfe.

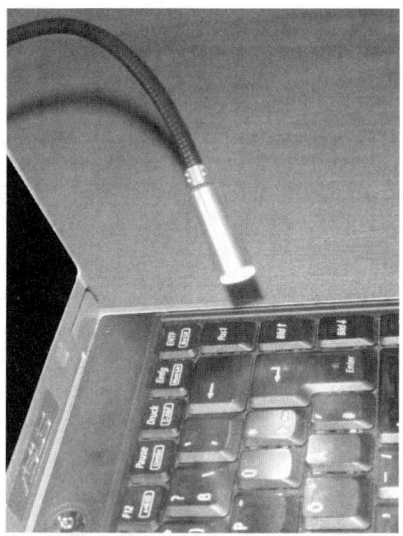

Das FlyLight ermoglicht die Arbeit an düsteren Orten (Bild: Kensington).

Eine Punktleuchte erhellt die Tastatur, den Strom bezieht sie vom USB-Port. So können Sie auch bei totalem Stromausfall weiterarbeiten!

FlyFan für kühle Köpfe

Ebenfalls von Kensington stammt dieser Lüfter, der in den USB-Port gesteckt wird. Der biegsame Schwanenhals sorgt für zielgenaue Frischluftzufuhr an heißen Orten oder in stickigen Konferenzräumen.

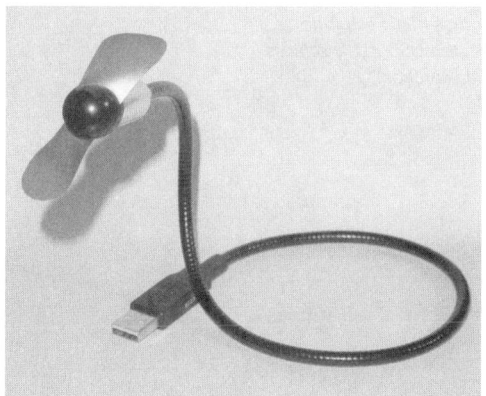

Viel Wind macht der FlyFan am Arbeitsplatz.

Frei skalierbare Lasertastatur

Die engen Tasten des Notebooks sind oft eine unüberwindbare Herausforderung für klobige oder wenig zielsichere Finger. Aber sollen Sie deshalb eine zweite Tastatur mit sich herumtragen? Die Antwort lautet: Ja! Ab Anfang 2003 ist ein nur wenige Gramm schweres Gerät der Firma VKB (*www.vkb.co.il*) erhältlich, das sich an Notebooks und Organizer anschließen lässt und mittels eines Infrarotlasers eine Tastatur auf jede beliebige Oberfläche projiziert. Sie tippen einfach auf der Tischplatte – oder wo auch immer!

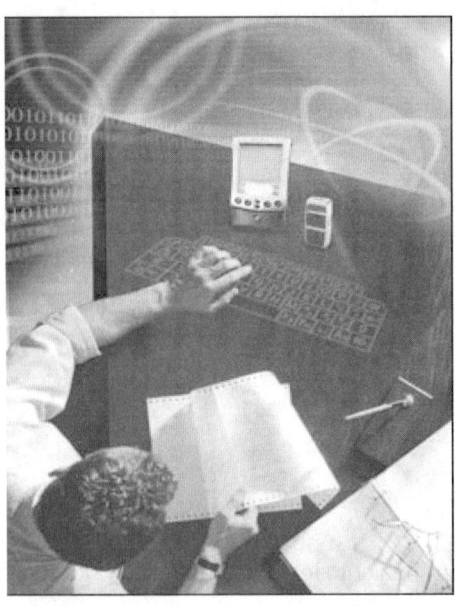

Die frei skalierbare
Lasertastatur
(Bild: VKB).

Mini-Festplatte als Zweitlaufwerk

7 x 12 cm groß und 13 mm hoch – dieses Festplattengehäuse passt locker noch mit in die Notebook-Tasche und bietet je nach Modell 10 bis 40 GByte Kapazität. Die Datenübertragungsrate gemäß UDMA/33-Standard ist nicht die schnellste, aber für die meisten Zwecke ausreichend (*www.archos.com*).

Archos-Mini-Festplatte
für den USB 2.0-Anschluss
(Bild: Archos).

Kleinster externer CD-Brenner

Mit 135 mm Durchmesser ist dieser besonders kleine CD/RW-Brenner für den USB 2.0- oder FireWire-Port nur unwesentlich größer als ein CD-Rohling. CDs liest das Gerät mit 24facher Geschwindigkeit, geschrieben wird mit 8x-Speed. Die Li-Ion-Akkus des 400 Gramm schweren Winzlings schonen den Notebook-Akku (*www.archos.com*).

Mobiles CD/RW-Laufwerk
von Archos (Bild: Archos).

USB-Sticks und USB-Disks

Keine zehn Zentimeter lang sind die USB-Sticks, die mittlerweile etliche Anbieter im Programm haben (z. B. *www.qdi.com* und *www.freecom.de*). Mit Kapazitäten zwischen 32 und 1.024 MByte und ähnlichen Übertragungsraten wie bei einem ZIP-Laufwerk stellen sie interessante Alternativen zu mobilen Festplatten dar. Die Technik, die hier zum Einsatz kommt, ist die gleiche wie bei Flash-Memory-Karten, die beispielsweise in Digitalkameras Verwendung finden. Zwar sind die Geräte vergleichsweise langsam, vertragen dafür aber Erschütterungen, Feuchtigkeit und Temperaturen zwischen minus 40 und plus 70 Grad Celsius. Damit bieten sie sich als bevorzugtes Outdoor-Speichermedium an.

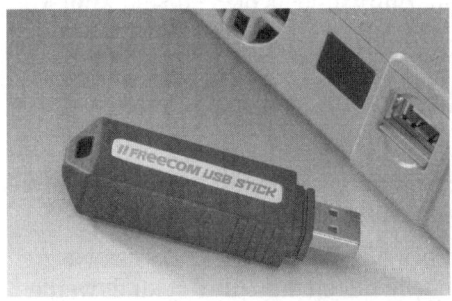

Der USB-Stick der Firma Freecom
ist handlich und sehr robust
(Bild: Freecom).

16.8 Das Notebook als PC-Ersatz?

Wie zu Beginn dieses Kapitels erwähnt, verzichten viele Anwender mittlerweile auf den klobigen, lauten PC und arbeiten nur noch mit dem Notebook. Die allermeisten Anwendungen lassen sich mit einem mobilen PIII- oder Celeron-Prozessor bereits problemlos erledigen. Aufgrund der Besonderheiten von Notebooks ist aber bei einigen Anwendungen nach wie vor Vorsicht geboten:

Für welche Zwecke reicht das Notebook nicht aus?

- **Echtzeit-Video- und Soundbearbeitung**: Hier wird auch in Zukunft gelten: Je mehr Prozessorpower, desto besser. PCs mit ihrer leicht austauschbaren CPU sind für diesen Zweck zukunftssicherer und besser skalierbar, da auch das Mainboard ausgetauscht und so für die nächste Prozessorgeneration Platz geschaffen werden kann.

- **Grafikintensive Anwendungen:** CAD, die Arbeit an großformatigen Druckvorlagen (wegen des Speicherbedarfs) und Spiele mit schneller 3-D-Grafik. Bei aufwendigen Echtzeitspielen ist nicht nur die CPU gefordert, sondern auch noch der Grafikchip. Ein Notebook mit Shared-Memory-Grafikchip, der den langsamen Hauptspeicher für den Bildaufbau nutzt, ist hier hoffnungslos überfordert. Außerdem kann die Grafikkarte im Notebook nicht ausgetauscht werden. Fazit: mangelnde Zukunftssicherheit, selbst wenn die Grafikkarte aktuellen Anforderungen noch gewachsen ist.

- **Speicherintensive Lösungen**: Große Datenbanken mit vielen schnellen Zugriffen erfordern schnelle und große Festplatten – beides hat ein Notebook nicht zu bieten!

- **Hohe Rechenzeiten**: Spiele, wissenschaftliche Anwendungen, Statistikprogramme und dergleichen fordern dem Prozessor einiges ab – zu viel für so manches Notebook!

- **Aufwendige Formatvorlagen**: Arbeiten Sie beispielsweise mit Word-Dokumentvorlagen, die haufenweise Formatierungen und Grafikelemente beinhalten, ist das Notebook die falsche Wahl. Selbst ein profanes Programm wie Word kann (aufgrund mangelhaften Softwaredesigns) einen Rechner mit langsamer CPU in die Knie zwingen. Jenseits der 1-GHz-Grenze treten diese Probleme aber kaum noch auf.

- **Skalierbarkeit**: Wenn Sie Wert auf ein System legen, das über mehrere Jahre mit den aktuellen Softwareanforderungen mitwächst, ist ein Notebook die falsche Wahl. Diesen Luxus bieten nur die „offenen Kisten" der PC-Gehäuse. Langfristig wird Ihr Notebook immer langsamer werden, denn die Aufrüstmöglichkeiten sind zwar vorhanden, aber begrenzt.

Wege zum flüsterleisen Arbeitsplatz

Notebooks bieten den unschätzbaren Vorteil, dass sie auf geräuscharmes Arbeiten ausgelegt sind. Daher lässt sich leicht eine flüsterleise Konfiguration zusammenstellen, die sich angenehm von den lärmenden Highend-PCs abhebt. Hier einige Tipps:

- **Netzteil**: Das Notebook sollte über ein externes Netzteil verfügen. Da das Netzteil viel Abwärme produziert, müssen interne Modelle mit einem Lüfter gekühlt werden. Und gerade die kleinen Netzteillüfter produzieren einen unangenehmen, hochfrequenten Lärm.

- **CPU**: Noch immer kommen neue Laptops mit Pentium III-Mobile-Prozessor auf den Markt. Zwar gibt es längst den P4 in der mobilen Version, dieser muss aber viel intensiver gekühlt werden. Und das bedeutet: laute Lüfter. Da ein PIII jenseits der 1-GHz-Grenze für die meisten Standardanwendungen völlig ausreicht (Ausnahmen siehe vorheriger Abschnitt), bietet sich hier eine preiswerte und geräuscharme Alternative an.

- **CD-ROM-/DVD-Laufwerk**: Mal ehrlich: Brauchen Sie wirklich ein 40x-CD-Laufwerk, das auch DVDs in achtfacher Geschwindigkeit abspielt? Wenn nicht, wählen Sie die langsamere Alternative. Die ist nämlich leiser. Es gibt aber auch Software, die ein röhrendes Laufwerk zähmt (siehe *www.cd-bremse.de*).

- **Festplatte**: Hier können Sie beruhigt sein: Die internen Laufwerke der Laptops waren von jeher extrem leise. Ob Sie den mit den langsamen Drehzahlen verbundenen Performanceverlust verschmerzen können, hängt vor allem von den Anwendungen ab, für die Sie den Computer benötigen. Für Videoschnitt empfiehlt sich beispielsweise eine schnell drehende (lautere) Festplatte, die aber im externen Gehäuse nachgerüstet und bei Nichtgebrauch abgeschaltet werden kann. Wenn dagegen nicht Speed, sondern vor allem viel Plattenplatz für Sie zählt und Sie deshalb eine geräuscharme Zweitplatte benötigen, befolgen Sie einfach die Tipps zu leisen externen Gehäusen, die wir Ihnen ab Seite 574 dieses Kapitels gegeben haben. Auf diese Weise lässt sich sogar ein flüsterleises RAID-Array über einen Software-RAID-Controller aufbauen!

Docking-Station und Portreplikator

Zwei weitere Nachteile von Notebooks sind die oft nicht in ausreichender Zahl vorhandenen Schnittstellen und die Tatsache, dass unzählige Kabel abgezogen werden müssen, bevor der mobile PC auf Reisen gehen kann. Abhilfe für beide Probleme schaffen Docking-Stations oder Portreplikatoren. Beide Lösungen sind allerdings bei vielen Herstellern nur zu recht happigen Preisen erhältlich, deshalb sind Kosten und Nutzen genau abzuwägen. Portreplikatoren sind schmale Leisten, die an ein herstellerspezifisches Interface des Notebooks angeschlossen werden. Auf ihrer Rückseite verfügen sie über alle Schnittstellen, die das Notebook selbst auch aufweist. Der Vorteil: Die heimischen Geräte wie Drucker, Monitor, externes Modem und Boxen bleiben dauerhaft am Replikator eingesteckt, sodass das Notebook nur noch vom Replikator-Interface abgezogen werden muss. Docking-Stations dienen einem ähnlichen Zweck. Sie stellen eine Art „Raumstation" dar, an die das Notebook nach seinen Ausflügen andocken kann. Die Docking-Station stellt nicht nur die Anschlüsse zur Verfügung, sie kann auch CD-, DVD- und Diskettenlaufwerke beherbergen, die unterwegs nicht gebraucht werden. Das Notebook wird einfach in die Station eingeklinkt, und alle Geräte stehen zur Verfügung. Vor allem ultraflache, ultraleichte Subnotebooks können so zu einem vollwertigen PC aufgerüstet werden.

16.9 Übersicht: Notebooks aus dem Supermarkt

Discounter wie Aldi, Lidl, Plus und neuerdings auch Tchibo haben schon seit geraumer Zeit erkannt, dass ihre Kunden zwischen Pasta- und Kaffeeregal nicht nur gern mal zum Komplett-PC, sondern auch zum Notebook greifen. Seit einiger Zeit erscheinen bei Lidl und Aldi Notebooks im regelmäßigen Wechsel mit PCs – zweimal im Jahr stellt jede der Supermarktketten ein neues Notebook ins Regal. Selbst eingefleischte Aldi-Fans verlieren schnell den Überblick. Als Orientierungshilfe bieten wir Ihnen hier eine Auswahl (eine vollständige Liste würde den Rahmen sprengen) von Discounter-Notebooks, die in den letzten Jahren verkauft wurden.

Name	Cytron-Tchibo Edition
Händler	Tchibo
Verkaufsstart	20.09.2002
Hersteller	Medion
Prozessor	Athlon XP 1800+
Speicher	384 MByte SDRAM (1.024 max.)
Display	14,1'' XGA TFT
Festplatte	40 GByte
Diskettenlaufwerk	integriert
CD-Laufwerk	DVD/CD-RW Combo
Akku	Li-Ion
Sound	16 Bit
Grafik	S3 Savage 32 MByte shared
Netzteil	extern
Betriebssystem	Windows XP Home
Sonstiges	2 x PCMCIA 2 x USB FireWire 56K-Modem 10/100-MBit-Ethernet [t2]

Name	Titanium MD 9783
Händler	Aldi
Verkaufsstart	22.05.2002
Hersteller	Medion
Prozessor	P4 2,0 GHz
Speicher	256 MByte DDR (512 max.)
Display	14,1'' XGA TFT
Festplatte	20 GByte
Diskettenlaufwerk	integriert
CD-Laufwerk	DVD/CD-RW Combo
Akku	Li-Ion
Sound	16 Bit, SPDIF-out
Grafik	ATI Mobility Radeon M6-P, 32 MByte DDR-RAM
Netzteil	extern
Betriebssystem	Windows XP Home
Sonstiges	2 x PCMCIA 2 x USB FireWire internes 56K-Modem 10/100 MBit Fast-Ethernet-LAN

Name	Targa Visionary
Händler	Lidl
Verkaufsstart	18.09.2002
Hersteller	Targa
Prozessor	AMD Athlon 1800+
Speicher	512 MByte SDRAM
Display	15 '' TFT
Festplatte	40 GByte
Diskettenlaufwerk	integriert
CD-Laufwerk	DVD/CD-RW Combo
Akku	Li-Ion
Sound	16 Bit 3-D Stereo
Grafik	S3 Savage 32 MByte shared
Netzteil	extern
Betriebssystem	Windows XP Home
Sonstiges	2 x PCMCIA 2 x USB FireWire TV-out Mini-DIN internes 56K-Modem 10/100 MBit Fast-Ethernet-LAN

Name	Platinum MD 9703
Händler	Aldi
Verkaufsstart	02.2002
Hersteller	Medion
Prozessor	P III 1,2 GHz
Speicher	256 MByte SDRAM (512 max.)
Display	14,1'' XGA TFT
Festplatte	30 GByte
Diskettenlaufwerk	intern
CD-Laufwerk	DVD/CD-RW Combo
Akku	Li-Ion
Sound	16 Bit 3-D Full-Duplex
Grafik	ATI Mobility Radeon M6-P, 32 MByte DDR-RAM
Netzteil	extern
Betriebssystem	Windows XP Home
Sonstiges	integrierter Audioplayer, FireWire internes 56K-Modem 2x USB FireWire 10/100 MBit Fast-Ethernet LAN

Name	Supersonic M6-T
Händler	Lidl
Verkaufsstart	14.01.2002
Hersteller	Gericom
Prozessor	P III 1,2 GHz
Speicher	512 MByte SDRAM
Display	14,1" TFT bzw. 15" TFT
Festplatte	30 GByte
Diskettenlaufwerk	intern
CD-Laufwerk	DVD/CD-RW Combo
Akku	Li-Ion
Sound	16 Bit 3-D Full-Duplex
Grafik	ATI Mobility Radeon M6-P, 32 MByte DDR-RAM
Netzteil	extern
Betriebssystem	Windows XP Home
Sonstiges	FireWire internes 56K-Modem 2x USB FireWire Infrarot Fast IrDa 1.1 10/100 MBit Fast-Ethernet LAN

Name	Supersonic ME1
Händler	Lidl
Verkaufsstart	10.2001
Hersteller	Gericom
Prozessor	P III 1,2 GHz
Speicher	512 MByte SDRAM (512 max.)
Display	15,1" XGA Aktiv Matrix
Festplatte	30 GByte
Diskettenlaufwerk	intern
CD-Laufwerk	DVD/CD-RW Combo
Akku	Smart Li-Ion
Sound	16 Bit 3-D Full-Duplex
Grafik	ATI Mobility Radeon M6-P, 32 MByte DDR-RAM
Netzteil	intern
Betriebssystem	Windows XP Home
Sonstiges	2x USB FireWire Ifrarot Fast IrDa 1.1 internes 56K-Modem 10/100 MBit Fast-Ethernet LAN

Name	Medion MD
Händler	Aldi Nord
Verkaufsstart	12.10.2001
Hersteller	Medion
Prozessor	P III 1,0 GHz
Speicher	256 MByte SDRAM (512 max.)
Display	14,1" XGA TFT
Festplatte	20 GByte
Diskettenlaufwerk	intern
CD-Laufwerk	8x DVD-ROM
Akku	Li-Ion
Sound	16 Bit 3-D Full-Duplex
Grafik	8 MByte AGP
Netzteil	extern
Betriebssystem	Windows XP Home
Sonstiges	2 x USB Infrarot Fast-IrDa internes 56K-Modem 10/100 MBit Fast-Ethernet LAN

Name	Supersonic 1000MHz
Händler	Lidl
Verkaufsstart	05.07.2001
Hersteller	Gericom
Prozessor	P III 1,0 GHz
Speicher	256 MByte SDRAM (512 max.)
Display	14,1" XGA TFT
Festplatte	30 GByte
Diskettenlaufwerk	intern
CD-Laufwerk	DVD/CD-RW Combo
Akku	Smart Li-Ion
Sound	16bit 3D Full-Duplex
Grafik	Cyber Blade 8 MByte shared
Netzteil	extern
Betriebssystem	Windows ME
Sonstiges	2x USB internes 56K-Modem

Name	Medion LT
Händler	Aldi
Verkaufsstart	05.2001
Hersteller	Medion

Name	Medion LT
Prozessor	P III 850 MHz
Speicher	128 MByte SDRAM
Display	14,1" TFT
Festplatte	10 GByte
Diskettenlaufwerk	intern
CD-Laufwerk	8x DVD-ROM
Akku	Li-Ion
Sound	16 Bit Crystal Stereo
Grafik	S3 Savage 8 MByte
Netzteil	extern
Betriebssystem	Windows XP Home
Sonstiges	internes 56K-Modem 10/100 MBit Fast-Ethernet LAN 2x USB Infrarot Fast IrDa 1.1 TV-out Mini-DIN

Name	Medion LT
Händler	Aldi Nord
Verkaufsstart	15.12.1999
Hersteller	Medion
Prozessor	P II 300 MHz
Speicher	64 MByte (256 max.)
Display	12,1" SVGA TFT
Festplatte	4,8 GByte
Diskettenlaufwerk	integriert

Name	Medion LT
CD-Laufwerk	24x CD-ROM
Akku	Li-Ion 4.500 mAh
Sound	Creative 3-D 16 Bit
Grafik	
Netzteil	extern
Betriebssystem	Windows 98 SE
Sonstiges	internes 56K-Modem

Name	MD/MT 9888
Händler	Aldi
Verkaufsstart	12.1998
Hersteller	Medion
Prozessor	P II 233 MHz
Speicher	32 MByte SDRAM
Display	13,3" TFT
Festplatte	3,2 GByte
Diskettenlaufwerk	Intern
CD-Laufwerk	24x CD-ROM
Akku	Li-Ion
Sound	16 Bit ESS 1688 Stereo
Grafik	Trident Cyber 3-D, 4 MByte
Netzteil	extern
Betriebssystem	Windows 98
Sonstiges	1x USB, Infrarot IrDA

17. Häufige Druckerprobleme schnell und einfach lösen

Ein Drucker gehört beim Computerkauf zwar meist nicht zum Standardpaket eines Komplett-PC-Angebots dazu. Dennoch steht fast neben jedem heimischen Rechner ein Drucker, und auch viele Discounter bieten zum selben Zeitpunkt, zu dem ein neuer Billig-PC in die Regale kommt, einen passenden Tintenstrahler an. Größter Beliebtheit erfreuen sich seit Jahren die Farbtintenstrahldrucker, deren Anschaffung immer preiswerter, gleichzeitig die Qualität der Ausdrucke immer besser wird.

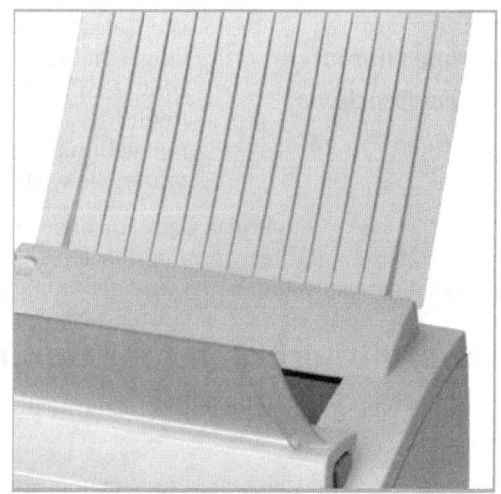

In diesem Kapitel erfahren Sie, wie häufige Hard- und Softwareprobleme mit Tintenstrahlern schnell behoben werden können, wie alternde Drucker wieder flott gemacht werden, wie Sie die Ergebnisse Ihrer Ausdrucke verbessern und was bei der Auswahl unterschiedlicher Druckmedien wie Papier, Karton, Folien und Etiketten beachtet werden sollte. Den in letzter Zeit wieder beliebter gewordenen Laserdruckern ist ein Abschnitt mit Tipps gewidmet, der sich an alle richtet, die die Anschaffung eines solchen Geräts in Erwägung ziehen.

17.1 Druckermechanik wieder aufpolieren

Die Hersteller von Tintenstrahldruckern integrieren den Druckkopf, je nach Modell, entweder in den Drucker oder in die Tintenpatrone.

Im ersten Fall handelt es sich um einen hochwertigen Druckkopf, der den gesamten Lebenszyklus des Druckers überdauert, im zweiten Fall um ein Einwegprodukt, das zusammen mit der leeren Patrone weggeworfen wird.

Patronen mit integriertem Druckkopf benötigen Pflege

Die Tatsache, dass der Druckkopf in aller Regel deutlich länger halten würde, als er bis zur vollständigen Entleerung der Patrone muss, machen sich die Hersteller einiger Refill-Kits zu Nutze, indem sie Tinten anbieten, die in einen gebrauchten Druckkopf gefüllt werden. Mehr dazu erfahren Sie weiter hinten ab Seite 603.

Wichtig ist zunächst einmal, dass Patronen mit integriertem Druckkopf intensivere Pflege benötigen als die fest installierten Druckköpfe, die durch ausgefeiltere Schutz- und Selbstreinigungsmechanismen weniger anfällig gegenüber Schmutz sind.

Generalüberholung für den Druckkopf

Wenn Sie viel und regelmäßig drucken, wird eine Reinigung der Patronen selten nötig sein.

Sollte der Drucker aber mehrere Wochen unbenutzt geblieben sein, kann es passieren, dass Kontakte nicht mehr richtig leiten und eingetrocknete Tintenreste die Düsen des Druckkopfs verkleben.

Entnehmen Sie in diesem Fall dem Drucker die Patronen für eine Generalüberholung.

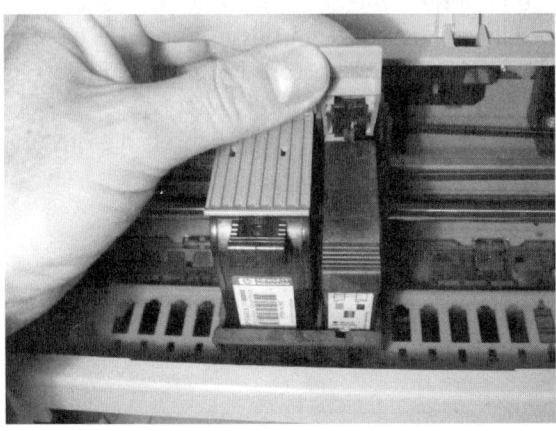

Patronen mit integriertem Druckkopf sollten dem Drucker ab und zu entnommen und generalüberholt werden.

Zunächst sollten Sie Ihre Aufmerksamkeit dem Druckkopf selbst widmen.

Die Düsen sind so klein, dass sie mit bloßem Auge nicht zu erkennen sind.

Sie bilden eine Matrix, die sehr druckempfindlich ist, gehen Sie also bei der Reinigung mit äußerster Vorsicht vor!

Zum Reinigen des Druckkopfs genügt ein weiches, feuchtes Tuch, das keine Fusseln hinterlassen darf.

Die Tinte ist wasserlöslich und lässt sich gut entfernen.

Tupfen Sie das Tuch vorsichtig auf die verschmutzten Stellen.

> **Probier was Neues!**
> Druckkopfreinigen bei 70 Grad! Bei manchen Patronen verstopft eingetrocknete Tinte nicht nur von außen, sondern auch von innen die Düsen. Tauchen Sie diese Kandidaten einfach für ein paar Sekunden in heißes Wasser (ca. 70 Grad). So wird die Tinte gelöst und durch die hohe Temperatur gleichzeitig aus den Düsen gedrückt. Wenn sich das Wasser färbt, sollten Sie die Patrone wieder einsetzen und gleich einen Probeausdruck machen, um frische Tinte hinterherzuschießen.

An diesem Druckkopf haben sich viele Tintenreste abgelagert, die den Ausdruck verschmieren und die Düsen verkleben können.

Nachdem der Druckkopf gereinigt wurde, sollten Sie einen Selbsttest unter Windows durchführen und die Patronen neu ausrichten. Informationen hierzu finden Sie weiter unten ab Seite 610. Zuvor empfiehlt es sich aber, auch die Kontakte zu reinigen.

Kontakte an der Patrone reinigen

Wenn der Drucker nicht richtig druckt, kann das auch daran liegen, dass einige Kontakte nicht leiten. Einzelne Düsen bekommen dann keinen Impuls, der sie zum Drucken veranlasst. Sehen Sie sich die Kontakte an der Patrone einmal genau an: War die Patrone bereits einmal in den Drucker eingesetzt worden, müsste jeder Kontakt eine kleine blanke Stelle aufweisen, an der der zugehörige Kontakt-Pin des Druckers gesessen hat. Fehlt an einem oder mehreren Kontakten diese Stelle, ist dies ein sicheres Indiz dafür, dass hier die Ursache für die fehlerhaften Ausdrucke liegt.

Setzen Sie die Patrone noch einmal ein, wobei Sie sie fest in die Verschalung drücken. Arretieren Sie die Patrone und überprüfen Sie, ob sie korrekt sitzt. Jetzt können Sie die Patrone wieder entnehmen und die Kontakte nochmals überprüfen. Wiederholen Sie den Vorgang gegebenenfalls.

Oft übersehene Fehlerursache: Nicht leitende Kontakte

Zusätzlich können Sie die Kontakte mit einem in Feuerzeugbenzin getränkten Wattestäbchen vorsichtig abreiben, um Schmutz und Fett zu entfernen und die Leitfähigkeit zu erhöhen.

Reinigen der Kontakte einer Patrone. Diese Fehlerursache wird bei der Diagnose oft vergessen.

Auch die Kontaktstifte an den Patronenhalterungen des Druckers können Sie auf diese Weise behandeln. Zu guter Letzt hilft Kontaktspray aus dem Elektronikfachhandel, die Daten wieder fließen zu lassen.

Den Pins, die den Kontakt zu den Patronen herstellen, kann mit Kontaktspray zu mehr Anschlussfreude verholfen werden.

Papiereinzug – Walzen und Rollen reinigen

Wenn der Drucker im Laufe der Jahre das Papier nicht mehr richtig einzieht, es schief bedruckt oder immer öfter das Blatt überhaupt nicht mehr zu fassen bekommt, ist das kein ernstes Zeichen von Altersschwäche. Meist sind lediglich die Gummiwalzen nicht mehr griffig genug. Diese Walzen verfügen im fabrikneuen Zustand über eine aufgeraute Oberfläche, deren Struktur sich aber mit der Zeit abnutzt und mit feinem Papierstaub zusetzt.

Wenn das Papier nicht mehr richtig eingezogen wird

Dem kann leicht abgeholfen werden: Zunächst sollten Sie mit einem feuchten Lappen Schmutz und Papierstaub von den Walzen entfernen. Dazu drücken Sie den Lappen nacheinander gegen jede der Walzen und betätigen die Taste oder Tastenkombination an Ihrem Drucker, mit der sich normalerweise das Papier auswerfen lässt.

Die Walzen drehen sich und können rundum gereinigt werden.

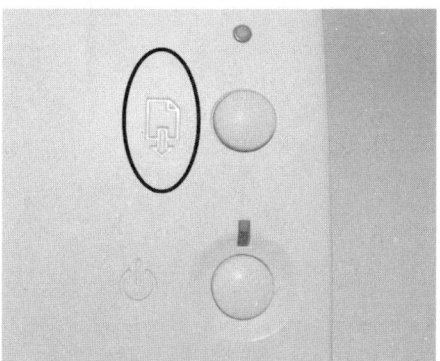

Die Taste für den Papiervorschub hilft beim Reinigen der Walzen.

Wiederholen Sie den Vorgang ein paarmal, bis sich kein Schmutz mehr an dem Tuch abreibt. Jetzt können die Walzen wieder aufgeraut werden.

Dazu verwenden Sie am besten einen unbenutzten Topfreinigerschwamm.

Drücken Sie die Seite mit dem Scheuervlies gegen die Walze und betätigen Sie wieder die Taste(n) für den Papiervorschub.

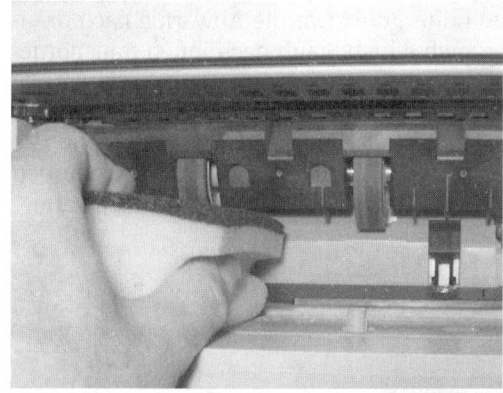

Mit einem Topreiniger lassen sich die Walzen des Druckers wieder aufrauen, wenn sie das Papier nicht mehr einziehen.

Halten Sie die Taste etwa eine Minute lang gedrückt. Dann kommt die nächste Walze an die Reihe. Wenn Sie alle Walzen auf diese Weise bearbeitet haben, folgt ein Funktionstest. Der Drucker sollte das Papier jetzt wesentlich freudiger aufnehmen als zuvor.

Wenn er es schief einzieht, ist die Walze auf der Seite, auf der das Papier noch am weitesten aus dem Drucker herausragt, nicht rau genug und muss nachbehandelt werden.

Wenn Walzen und Patronen wieder blitzen und blinken, sollten Sie das Gehäuse noch einmal genau inspizieren: Sie werden vermutlich ein paar mechanische Teile wie Rollen, Zahnräder oder Rädchen entdecken, an denen sich Schmutz abgelagert hat.

Auch diese Teile sind für den reibungslosen Ausdruck mitverantwortlich und sollten ebenfalls mit einem Tuch und gegebenenfalls Wattestäbchen und Feuerzeugbenzin gereinigt werden.

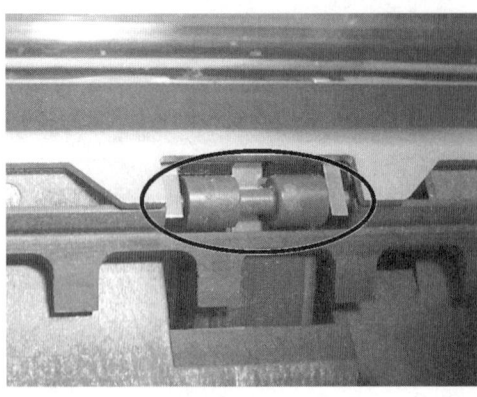

Kleine Rollen und Getriebeteile setzen Schmutz an, der die Funktionsfähigkeit beeinträchtigen kann.

Druckergehäuse in neuem Glanz

Nachdem alle mechanischen Teile gereinigt wurden, sollten Sie noch mit einem Staubsauger, den Sie mit einer schmalen Düse versehen, das Innere des Druckers von Staub und Flusen befreien. Die Innenseiten des Gehäuses und alle anderen Bauteile können Sie ebenfalls mit einem feuchten Tuch abwischen – und der Drucker ist wie neu!

Endreinigung und Vorsorge gegenüber Verschmutzung

Hier noch ein Tipp zur Vorsorge: Viele Drucker verfügen über eingebaute Lüfter, die zwar die Abwärme nach draußen, leider aber auch feinen Staub nach innen transportieren. Zusätzlich kann sich grober Schmutz bei offenen Papierkassetten auf dem obersten Blatt ablagern. Erkundigen Sie sich beim Händler oder Hersteller, ob eine optionale Abdeckung für die Papierkassette Ihres Druckermodells erhältlich ist und ob man den Schacht, über den Luft ins Innere des Druckers gelangt, mit einem Filter versehen kann.

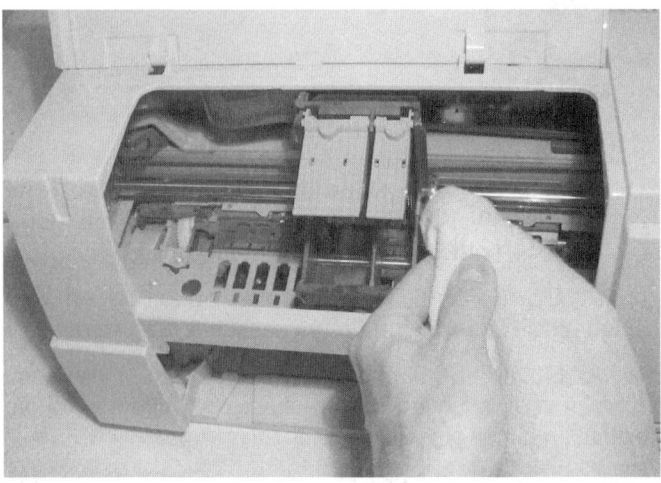

Mit einem feuchten Tuch lassen sich die mechanischen Teile reinigen. Den Rest erledigt der Staubsauger.

Viel Geld sparen mit Refill-Systemen

Das Kalkül der Druckerhersteller ist einfach: Sie haben erkannt, dass eine effiziente Kundenbindung das Instrument ist, mit dem sie sich langfristig ihre Einnahmequellen erschließen.

Folglich werden die Drucker sehr preiswert abgegeben, um die Käufer an das eigene, in der Regel patentgeschützte Patronensystem zu binden.

Die Tintenpatronen werden dann zu weit höheren Preisen abgegeben, als es deren Produktion allein rechtfertigen würde.

> ### Refills: Kostenersparnis berechnen mit dem Sparkulator
>
> Mit den Refill-Systemen lassen sich die Druckkosten problemlos um 50 % und mehr reduzieren, abhängig von Druckerhersteller, Geräte- und Patronentyp.
>
> Wie groß die Kostenersparnis sein kann, kann man sich bei DATA BECKER (*www. databecker.de\tinte*) im „Sparkulator" errechnen lassen.

Auf diese Weise wird das Verlustgeschäft beim Verkauf des Druckers wettgemacht und obendrein die Entwicklung neuer Systeme finanziert.

So kommt es, dass der Preis für einen Satz Patronen mittlerweile häufig über dem Kaufpreis eines neuen Druckers liegt. Hier hat sich eine Marktlücke aufgetan, die die Hersteller von Refill-Systemen und Anbieter von preiswerteren Tinten in kompatiblen Patronen geschickt schließen. Im Folgenden wollen wir Ihnen die Handhabung eines Refill-Systems am Beispiel der Inkjet-Nachfüllstation von DATA BECKER vorführen. Das Wiederbefüllen einer leeren HP-Deskjet-Patrone mit integriertem Druckkopf für schwarze Tinte vollzieht sich in folgenden Schritten:

1 Die leere schwarze Patrone sollte, wie in Kapitel 17.1 ab Seite 598 beschrieben, gereinigt und anschließend mit dem Druckkopf nach oben in die Station der Nachfüllstation eingesetzt werden. Beachten Sie, dass das System nur mit vollständig entleerten Patronen funktioniert!

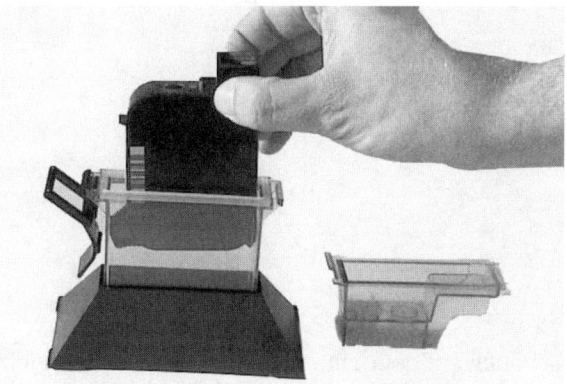

2 Jetzt wird der Deckel an der Station befestigt, umgeklappt und mit dem Clip verschlossen. Tintenspritzer sind so ausgeschlossen.

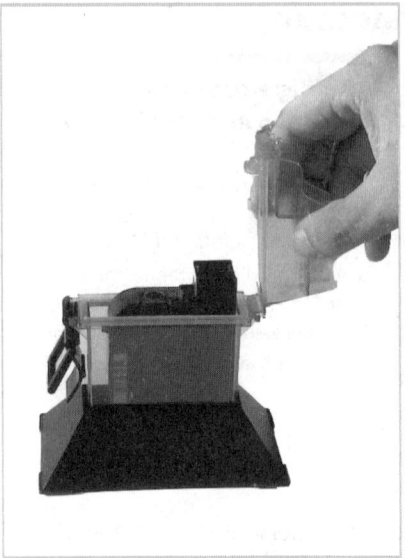 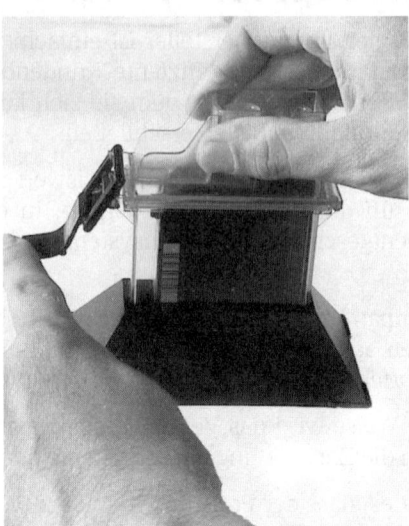

3 Stecken Sie anschließend den Tank fest auf die Station. Achtung: Der Tank passt nur von einer Seite auf die Aussparung!

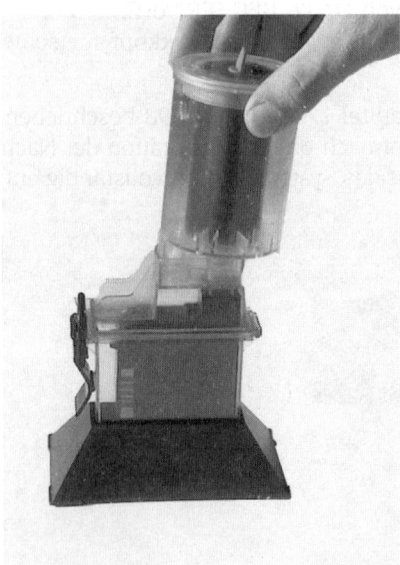

4 Entfernen Sie den roten Stöpsel oben auf dem Tintentank. Die Patrone wird jetzt befüllt. Warten Sie ca. fünf Minuten, bis keine Tinte mehr in die Patrone läuft.

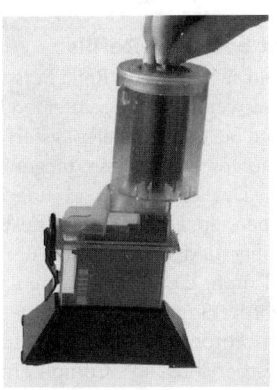 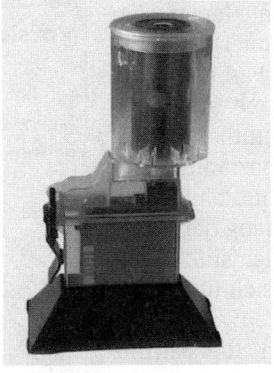

5 Drücken Sie danach die mitgelieferte schwarze Scheibe in den ausgesparten Ring des Tintentanks. Dies dient der Regulierung des Drucks und dem Entfernen überschüssiger Tinte in der Patrone.

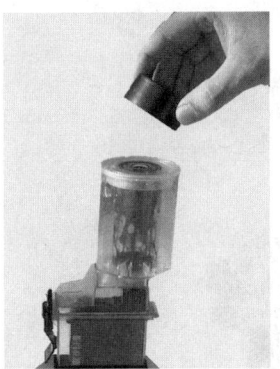 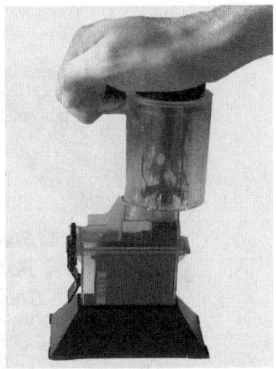

6 Jetzt kann der Tank von der Station abgezogen werden. Sicherheitshalber sollten Sie die Patrone noch einige Minuten in der Station belassen.

7 Entfernen Sie überschüssige Tinte mit einem feuchten Tuch vom Druckkopf und setzen Sie die Patrone wieder in den Drucker ein. Jetzt kann ein Selbsttest wie ab Seite 610 beschrieben durchgeführt werden.

Für jeden Patronentyp der verschiedenen Hersteller existiert ein anderes optimiertes Refill-System. So werden beispielsweise Farbpatronen, die alle Farben in nur einer Patrone unterbringen, wiederbefüllt, indem die Kammern angebohrt und mit Flaschen, die die Spezialtinte enthalten, gefüllt werden. Bohrer, Schutzhandschuhe und Klebeetiketten sind im Umfang der Refill-Kits enthalten, sofern sie erforderlich sind. Gerade bei den Kombipatronen ergibt sich durch das Wiederbefüllen ein großer Kostenvorteil. Sie sind nicht mehr dazu gezwungen, die Patrone mit mehreren halbvollen Kammern wegzuwerfen, nur weil eine der Farben zur Neige geht. Stattdessen können Sie die leeren Kammern einzeln nachfüllen.

Vorsicht bei Billig-Refills

So viel Geld sich auch mit Refill-Sets sparen lässt, so wenig tun Sie sich einen Gefallen, wenn Sie nur die allerbilligsten Angebote kaufen. Denn diese taugen oft nicht viel. Das Ergebnis sind unechte, blasse Farben, die zudem schnell ausbleichen, streifige und verschmierte Ausdrucke und Tinten, die zum Trocknen teilweise mehrere Stunden benötigen – auf speziellem Fotopapier mitunter sogar Tage. Testberichte in Computerzeitschriften geben verlässliche Kaufempfehlungen ab!

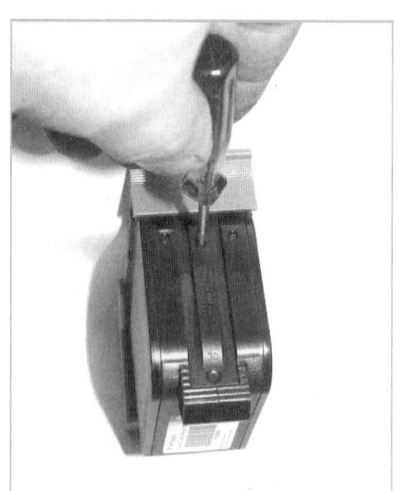 

Mit einem speziellen Bohrer oder einem Schraubenzieher werden die Kammern ...

... jeder einzelnen Farbe angebohrt und mit der Spezialtinte befüllt.

DATA BECKER Nachfüllsysteme für alle gängigen Drucker

Für alle gängigen Modelle der großen Druckerhersteller Hewlett-Packard, Epson, Canon und Lexmark bietet DATA BECKER eine passende Refill-Option an. Unter *www.databecker.de* erhalten Sie ausführlich Informationen zu den einzelnen Systemen und deren Handhabung, Preisen und Einsparpotenzial. Die Garantie von 24 Monaten, die DATA BECKER auf Tinte und Refill-Systeme gewährt, erstreckt sich auch auf den Drucker, falls dieser wider Erwarten nachweislich durch die Refill-Tinte beschädigt worden sein sollte.

17.2 Alles über Papier, Pappe & Co.

Seit die Tintenstrahldrucker in der Lage sind, in „Fotoqualität" zu drucken, gibt es ein ständig wachsendes Sortiment von Papieren, Folien, Kartons, Aufklebern und Etiketten, das kaum noch Verwendungswünsche offen lässt.

Ob T-Shirt-Bügelfolie, CD-Etiketten mit silberner Oberfläche oder Fotokartons verschiedenster Oberflächenbeschaffenheit und Dicke: Die spezialbeschichteten Materialien sind erforderlich, damit die Druckertinte tatsächlich einen fotoähnlichen (Ein-) Druck erzeugen kann. Dabei kommt es nicht nur auf die richtige Wahl des Papiertyps, sondern auch auf die optimale Kombination von Drucker und Papier an.

Eine große Auswahl an Papieren und anderen bedruckbaren Materalen finden Sie unter *www.databecker.de.* Ehrliche Hersteller führen alle relevanten Informationen auf der Verpackung auf. Auf folgende Angaben sollten Sie achten:

- **Oberflächenbeschaffenheit des Papiers**: Matt, seidenmatt, glänzend oder hochglänzend – letztlich eine Frage des Geschmacks. Glänzende Papiere sorgen für mehr Brillanz und Farbkontrast, dafür sieht man aber Fingerabdrücke, Fett- und Wasserflecken umso deutlicher.

- **Grammatur**: Echter Fotokarton jenseits der 180 Gramm/m² wirkt sehr edel und hängt auch im Passepartout nach Jahren noch nicht durch. Leider können viele Drucker die dicken Kartons nicht bedrucken, da der Papierweg durch den Drucker eine 180-Grad-Kehre beinhaltet und die dicken Pappen dafür zu steif sind. Informieren Sie sich im Handbuch Ihres Druckers, wie schwer das Papier maximal sein darf.

- **Maximale Auflösung in dpi**: Dieser Wert gibt an, wie viele Druckpunkte auf einen Quadratzoll Papier gesetzt werden können. Der hier angegebene Wert sollte der Auflösung Ihres Druckers mindestens entsprechen, damit Sie Ausdrucke in höchstmöglicher Qualiät auf Papier bringen können.

- **Geeignet für Inkjetdrucker**: Laserdrucker-Besitzer aufgepasst: Nur wenn Ihr Druckertyp hier ausdrücklich genannt wird, ist der Einsatz im Laserdrucker unbedenklich. Reine Inkjetfolien können schmelzen und die Walzen im Drucker verkleben. Die meisten Klebeetiketten und Spezialpappen existieren mittlerweile aber auch in einer laserfesten Variante.

- **Angabe der Druckerhersteller**: Nicht jedes Papier ist kompatibel zu jeder Tinte. Papiere, die in einem Canon-Drucker perfekte Ergebnisse liefern, harmonieren vielleicht mit einem Gerät von Epson überhaupt nicht. Hier hilft nur Ausprobieren. Tipp: Kaufen Sie zu Anfang nur kleine Pakete, z. B. zu je zehn Bögen, von verschiedenen Anbietern. Von einigen Herstellern gibt es auch Sortimente mit je drei bis vier Blatt der verschiedenen Papiere und Folien.

Eigentlich kann man bei der Verwendung der Druckmedien nicht allzu viel falsch machen, da sie technisch weitestgehend ausgereift sind.

Fragt man Hersteller und Verkäufer, worauf das Gros der dennoch auftretenden Probleme zurückzuführen ist, lautet die Antwort einstimmig: darauf, dass niemand die Gebrauchsanweisung liest! Also: Tun Sie sich selbst und Ihrem Drucker den Gefallen, vor dem ersten Druckversuch die Hinweise des Herstellers zu studieren und genau zu befolgen. Sie werden durch das Ergebnis Ihrer Ausdrucke belohnt werden!

> **CD-Etiketten gut zentrieren!**
> Wenn Sie über ein schnelles CD-Laufwerk verfügen, das CDs mit 40x-Speed oder mehr ausliest, sollten Sie CD-Etiketten – wenn überhaupt – nur mit einer Zentrierhilfe auf die CD oder den Rohling kleben. Ein schief aufgeklebtes Etikett führt bei der hohen Umdrehungszahl zu einer Umwucht, und auf Dauer kann die Laufwerkmechanik Schaden nehmen.

> **Strukturpappe: Vorsicht mit Laserdruckern**
> Strukturpappe kann Laserdruckern zu schaffen machen, wenn die Täler in der Struktur zu tief sind, der Abstand zur Oberfläche der Pappe also zu groß ist. Laserdrucker erwarten eine nahezu plane Materialoberfläche. In den Tälern von Strukturpappen kann es beim „Sintern", dem Vorgang des Verschmelzens und Einbrennens des Toners in das Papier, passieren, dass der Toner nicht vollständig auf dem Papier fixiert wird, wenn die Walzen nicht genügend Druck ausüben können, um bis in die Täler zu gelangen. Das Tonerpulver liegt dann mehr oder weniger lose auf dem Papier. Das Ergebnis sind schwarze Finger, wenn man solche Ausdrucke anfasst. Gerade bei Visitenkarten ist der so erzeugte erste Eindruck beim Gegenüber ziemlich kontraproduktiv ;-)

17.3 Schriften installieren und problemlos drucken

Hat Ihnen auch schon einmal jemand ein Dokument geschickt, das eine exotische Schriftart enthielt, die Sie nicht ausdrucken konnten? Viele Firmen arbeiten mit Hausschriften, vergessen aber regelmäßig, diese zusammen mit dem Dokument zu verschicken, das diese Schrift verwendet. Windows ersetzt eine fehlende Schriftart (Font) gemäß einer Ersetzungstabelle, die versucht, eine möglichst ähnliche Schriftart zuzuordnen – mit sehr mäßigem Erfolg. Oft bekommen Sie doch nur die gute alte Times oder Arial zu sehen. Word zeigt im Dokument allerdings den Namen der Originalschriftart an, mit der das Dokument erstellt wurde, auch wenn tatsächlich die Ersatzschriftart verwendet wird.

Eine neue Schritart installieren

Um diese Schrift sehen und ausdrucken zu können, müssen Sie sie aber zunächst installieren. Dazu gehen Sie wie folgt vor:

1 Über *Start/Systemsteuerung/Schriftarten* öffnen Sie den Ordner, der alle installierten Schriftarten enthält. Es handelt sich hierbei nicht um einen simplen Ordner, sondern um die Schriftartenverwaltung von Windows.

2 Wählen Sie unter *Datei* den Punkt *Neue Schriftart installieren* aus. Im folgenden Dialogfenster sollten Sie zunächst sicherstellen, dass das Kontrollkästchen *Schriftart in den Ordner Fonts kopieren* mit einem Häkchen versehen ist.

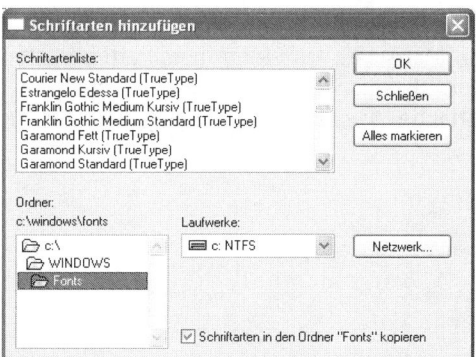

3 Anschließend können Sie im unteren Teil des Fensters Laufwerk und Ordner angeben, in dem die neue Schriftart enthalten ist.

4 Im oberen Fenster erscheint eine Liste der gefundenen Schriftarten. Markieren Sie die zu installierende(n) Schrift(en) und klicken Sie auf *OK*. Schriften können auch per Drag & Drop in den Schriftenordner übertragen werden. Windows verhindert, dass Dateien anderen Typs hier gespeichert werden.

Anzeige des neuen Zeichensatzes und Probeausdruck

Die installierte Schrift können Sie nun betrachten, indem Sie im Ordner *Schriftarten* mit der rechten Maustaste auf den Namen des gerade installierten Fonts klicken und *Öffnen* wählen. Es öffnet sich der Windows Font Viewer.

Der Windows Font Viewer zeigt einen Font in verschiedenen Schriftgraden an.

Über die Schaltfläche *Drucken* können Sie einen Testausdruck starten. Wenn Sie jetzt ein Dokument beispielsweise in Word öffnen, das diese Schriftart enthält, wird der Text mit dem korrekten Zeichensatz dargestellt.

Besonderheit TrueType-Schriften

Während viele Schriftarten entweder für den Ausdruck oder die Darstellung am Bildschirm optimiert sind, bieten TrueType-Fonts geeignete Informationen für beide Verwendungsarten. Daher erfreuen sich die Schriftarten Times New Roman und Arial neben einigen anderen so großer Beliebtheit: Es handelt sich bei beiden um TrueType-Schriften. PostScript-fähige Drucker, meist sind dies Laserdrucker, bieten die Option an, eine TrueType-Schrift durch eine geräteinterne PostScript-Schriftart zu ersetzen oder den TrueType-Font als so genannten Softfont in den Drucker zu laden.

1   Um eine dieser Optionen auszuwählen, klicken Sie in Windows XP unter *Start/ Drucker und Faxgeräte* mit der rechten Maustaste auf einen installierten PostScript-Drucker. Wählen Sie *Eigenschaften* und klicken Sie im Register *Allgemein* des sich öffnenden Dialogfensters auf die Schaltfäche *Druckeinstellungen*. Im Register *Papier/ Qualität* klicken Sie auf *Erweitert*.

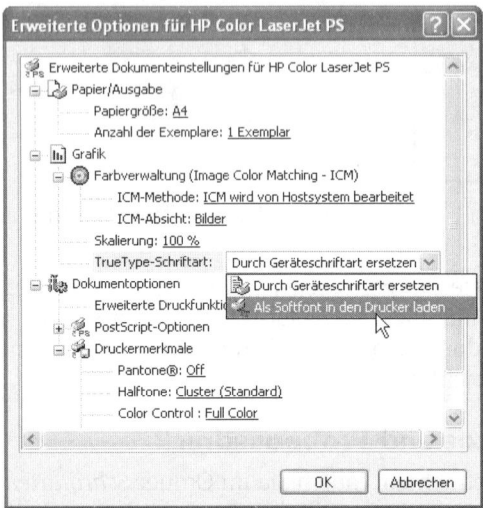

2   Es öffnet sich das Fenster *Erweiterte Optionen* für den ausgewählten Drucker, in dem Sie unter dem Punkt *Grafik* zwischen den Einstellungen *Durch Geräteschriftart ersetzen und Als Softfont in den Drucker laden* wählen können.

3   Im ersten Fall kann der Ausdruck schneller erzeugt werden, da der Ausdruck direkt im Drucker aus einem PostScript-Font berechnet wird. Die Druckerbeschreibungssprache PostScript dient genau diesem Zweck: der schnellen Berechnung eines frei skalierbaren Druckbilds direkt im Drucker. Der Rechner selbst wird so entlastet. Im zweiten Fall wird der TrueType-Font in den Drucker geladen. Moderne Drucker benötigen nur die Daten, die die Umrisse des Zeichensatzes festlegen, und berechnen dann wiederum intern die Rasterung und skalieren den Ausdruck auf die gewünschte Größe.

4   Wenn Sie die Softfont-Option eingestellt lassen, stellen Sie sicher, dass jedes Dokument, das einen TrueType-Font enthält, beim Ausdruck so auf dem Papier erscheint, wie Sie es auch am Bildschirm sehen. Aber wie gesagt: Nur PostScript-fähige Drucker bieten diese Option.

17.4 Optimal drucken unter Windows XP

Die Windows-eigene Druckerverwaltung ist in Zeiten von Windows XP so komfortabel geworden, dass es nicht mehr nötig ist, proprietäre Druckertreiber des Herstellers mit eigenem grafischen Interface zu installieren. Jeder Hersteller bietet für seine Geräte auch Treiber an, die sich in die Oberfläche der Windows-Druckermenüs integrieren und von dort ansteuern lassen. In diesem Abschnitt finden Sie einige Hinweise, wie Betrieb und Wartung des Druckers unter Windows am komfortabelsten gehandhabt werden. Am Beispiel des HP-Deskjet-Druckertreibers werden die wichtigsten Menüpunkte vorgestellt, die sich so oder ähnlich auch in den Druckertreibern anderer Hersteller finden.

Selbsttest Drucken und Kalibrieren der Druckköpfe

Wenn ein neuer Drucker installiert wird oder Probleme im Betrieb vermutet werden, stellt der Ausdruck einer Testseite die erste Instanz bei der Fehlersuche dar.

1 Über *Start/Drucker und Faxgeräte* gelangen Sie bei Windows XP zur Übersicht der installierten Drucker.

   Klicken Sie mit der rechten Maustaste auf das gewünschte Gerät und wählen Sie *Eigenschaften.*

   Auf der Registerkarte *Allgemein* können Sie den Ausdruck einer Testseite veranlassen, indem Sie auf die Schaltfläche *Testseite drucken* klicken.

2 Die Testseite liefert wichtige Hinweise zu möglichen Fehlern und deren Ursachen. Kommt sie gar nicht an, ist entweder der Drucker in Windows falsch konfiguriert, oder die Datenübertragung wurde unterwegs gestört – das kann auch die Kabel betreffen! Fehlerhafte Ausdrucke deuten dagegen auf ein Treiberproblem oder eine nicht intakte Mechanik hin, z. B. einen fehlerhaften Papiervorschub oder verstopfte Düsen am Druckkopf. Möglicherweise sind die Druckköpfe auch einfach nicht richtig justiert.

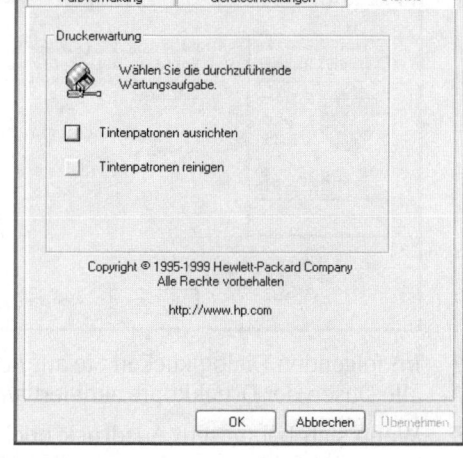

3 Das lässt sich leicht herausfinden: Klicken Sie auf die Registerkarte *Dienste.* Dort finden Sie die Option *Tintenpatronen ausrichten.* Wählen Sie diese aus.

4 Es wird ein Ausdruck mit Linienmustern erstellt. Folgen Sie den Anweisungen auf dem Bildschirm, indem Sie die Muster mit den nahtlosesten Übergängen anhand der Zahlen- und Buchstabencodes auswählen.

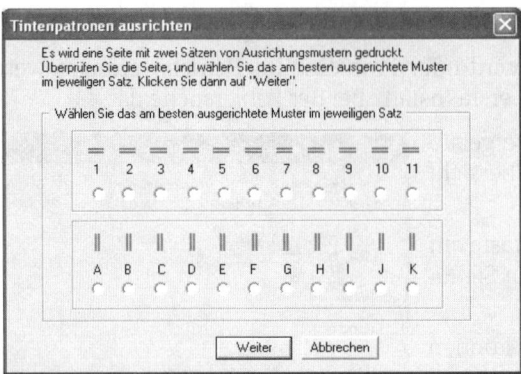

Auf diese Weise werden die Druckköpfe der Farb- und Schwarzpatronen optimal zueinander eingestellt.

Reinigen der Druckköpfe

Wenn der Ausdruck verschmiert ist oder Streifen und Linien hinterlässt, sollten Sie noch vor einer mechanischen Reinigung, wie sie in Kapitel 17.1 beschrieben wird, versuchen, ob nicht eine Düsenreinigung über die Druckersteuerung schon ihren Dienst tut.

1 Dazu wählen Sie wiederum das Register *Dienste* aus. Klicken Sie diesmal auf *Tintenpatronen reinigen*.

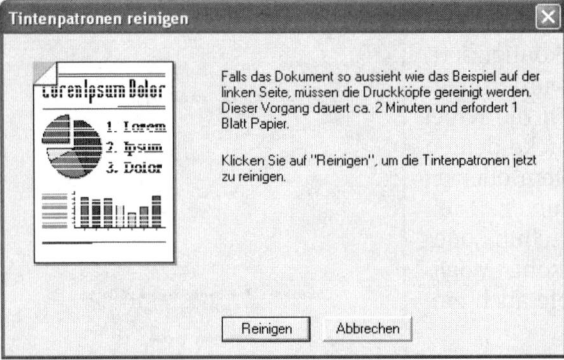

2 Im folgenden Dialog klicken Sie auf *Reinigen*. Es wird eine Seite ausgedruckt, bei der alle Düsen der Druckköpfe aktiviert werden.

3 Wenn sich bei diesem Ausdruck noch Fehler zeigen, sollten Sie auch den nächsten Test durchführen, der die eigentliche Düsenreinigung beinhaltet. Klicken Sie auf *Initialisieren*.

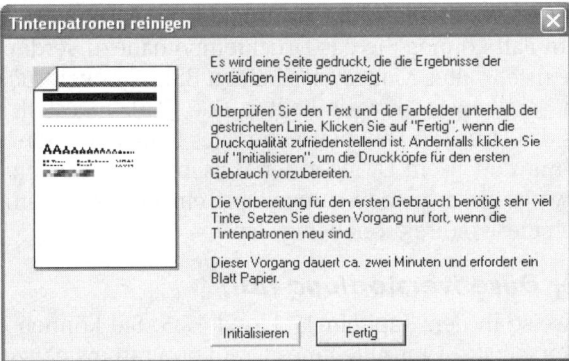

4 Die oberen Balken dieses Ausdrucks müssten von links nach rechts immer kräftiger und streifenfreier werden. Solange Sie mit dem Ergebnis nicht zufrieden sind, können Sie den Vorgang wiederholen. Spätestens nach dem zweiten Versuch ist das aber Tintenverschwendung und obendrein sehr teuer.

5 Stattdessen sollten Sie an diesem Punkt, wenn der Ausdruck immer noch nicht zu Ihrer Zufriedenheit ist, die Tipps zur Patronenreinigung in Kapitel 17.1 befolgen.

17.5 Troubleshooting: Drucken wie geschmiert

Ein gut gewarteter Drucker ist ein treuer Diener – dennoch kann im laufenden Betrieb das ein oder andere schief gehen. Verschleiß ist natürlich eine der Hauptursachen. Andere Probleme kann man von vornherein ausschließen, wenn man schon vor der Inbetriebnahme eines neuen Druckers weiß, worauf zu achten ist.

Der Drucker ist eingeschaltet, aber er arbeitet nicht.
Wie kann ich ihn zum Leben erwecken?

Prüfen Sie, ob der Drucker sich im empfangsbereiten Modus befindet oder ob er Fehler meldet, ob Kontrolllämpchen blinken oder dergleichen. Ist das Kabel an den Drucker und den PC angeschlossen? Öffnen Sie über die Druckersteuerung die Druckerschlange per Doppelklick auf den Druckernamen. Ist die Druckerschlange leer, oder hängt hier womöglich ein Druckauftrag fest? Löschen Sie diesen gegebenenfalls und schalten Sie den Drucker aus und wieder ein. Sollte der Drucker gerade frisch installiert worden sein, überprüfen Sie die Treiber und vergewissern sich, dass kein Gerätekonflikt vorliegt. Wenn der Drucker am Parallelport betrieben wird, ist möglicherweise der Interrupt, der der Druckerschnittstelle zugeteilt wurde, durch ein weiteres Gerät belegt. Tipps zu diesem Fall erhalten Sie in Kapitel 5: Checken Sie im BIOS, ob der Druckerport auch tatsächlich aktiviert ist. Lässt sich der Drucker optional über USB betreiben, können Sie es zunächst einmal an einem freien USB-Anschluss probieren.

Der Drucker druckt wesentlich langsamer, als es laut maximaler
Anzahl von Seiten pro Sekunde eigentlich möglich sein sollte.
Was bremst ihn?

Wahrscheinlich ist die Druckerschnittstelle nicht so eingestellt, dass der Drucker im Bidirektionalmodus drucken kann. Wenn das Druckergehäuse es zulässt, dass Sie dem Druckkopf bei der Arbeit zusehen, beobachten Sie einmal, ob der Druckkopf immer nur in eine Richtung das Papier bedruckt und dann, ohne zu drucken, wieder an den Ausgangspunkt zurückfährt. In diesem Fall können Sie das Drucktempo nahezu verdoppeln (es sei denn, es handelt sich um ein sehr altes Modell, das keinen Bidirektionaldruck beherrscht). Im BIOS muss für den Parallelport als Protokolltyp *ECC/ECP* eingestellt werden. Achten Sie auch darauf, dass das Druckerkabel bidirektionales Drucken unterstützt. Sollten Sie Switches verwenden, mit denen ein Drucker per Umschalter mit einem von zwei oder mehr PCs verbunden werden kann (oder umgekehrt ein PC mit einem von mehreren Druckern), müssen auch diese bidirektionalfähig sein.

Was tun, wenn der Drucker Düsenverstopfung hat?

Beachten Sie dazu die Pflegehinweise in den Kapiteln 17.1 und 17.5. Sie können auch versuchen, zusätzlich zum Druckerselbsttest mithilfe eines Grafikprogramms ganze Seiten mit je einer der Basisfarben zu bedrucken, bis die Düsen wieder frei sind. Diese Methode ist aber sehr kostspielig, da sie Unmengen an Tinte verbraucht. Wir empfehlen eine intensive mechanische Reinigung, insbesondere im Heißwasserbad.

Das Papier verkantet oder verknickt im automatischen Einzug. Wie kann ich das verhindern?

Vermutlich sind die Gummiwalzen, die das Papier einziehen, abgenutzt und/oder verschmutzt. Beachten Sie die Wartungstipps in Kapitel 17.1. Dort finden Sie eine Anleitung, wie die Walzen wieder hergestellt werden können.

Wie beseitige ich streifige und verwaschene Ausdrucke?

Beides kann ein Anzeichen für verschmutzte Düsen des Druckkopfs sein, den Sie gemäß der Anleitung in Kapitel 17.1 reinigen können. Ein anderer Grund kann eine mangelhafte Kalibrierung des Druckkopfs sein. Über die Druckersoftware des Herstellers, die Sie gegebenenfalls von dessen Homepage herunterladen können, lassen sich die Druckköpfe feinjustieren, sodass beispielsweise Farb- und schwarze Patrone genau aufeinander abgestimmt sind. Dieses Feature ist für die meisten Drucker auch über die Windows-Druckerwartung zugänglich, wie in Kapitel 17.5 beschrieben.

Fehlende Düsen beim Tintenstrahler auch nach Patronenwechsel?

Wenn eine frisch eingesetzte Patrone die gleichen Aussetzer hat wie zuvor die alte, kann das zwei Ursachen haben: Bei einem Drucker mit fest installiertem Druckkopf muss dieser entweder gereinigt oder getauscht werden. Ist der Druckkopf aber in die Patrone integriert, fällt der Verdacht auf die Kontakte an Patrone und Patronenhalter im Drucker, die womöglich nicht richtig leiten. Eine Anleitung zu Reinigung der Kontakte finden Sie in Kapitel 17.1.

Wie lagere ich Tintenpatronen richtig?

Aufgrund der begrenzten Haltbarkeit sollten Tintenpatronen nicht kistenweise auf Vorrat gekauft werden. Ein Ersatzexemplar reicht völlig, solange der Handel das Modell noch führt. Lagern sollte man die Patronen im ungeöffneten Originalkarton möglichst fern von direktem Tageslicht und bei Zimmertemperatur. Angebrochene Patronen sind am besten im Drucker aufgehoben, da dieser in der Parkposition die Kartuschen durch ein spezielles Kissen vor Austrocknung schützt. Entnehmen Sie neue Patronen immer erst unmittelbar vor ihrer Nutzung der (Vakuum-)Verpackung und entfernen Sie schützende Aufkleber, Plastiklaschen o. Ä. nicht, solange es nicht nötig ist.

Hilfen, Tools und Informationen im Web

Druckerhersteller	Internetadresse
Canon	www.canon.de
Epson	www.epson.de
Fujitsu-Siemens	www.fujitsu-siemens.de
Hewlett-Packard	www.hp.com
Kyocera	www.kyocera.de
Lexmark	www.lexmark.de
Mannesmann Tally	http://tally.de
NEC	www.fr.necd.de
OKI	ww.oki-osd.com
Panasonic	www.panasonic.de
QMS Minolta	www.qms-gmbh.de
Samsung	www.samsung.de
Xerox	www.xerox.de

Wer tief in die Materie und damit ins Innere seines Druckers einsteigen will, dem stellt Hewlett-Packard für seine Modelle unter *http://partsurfer.hp.com* die geeignete Informationsbasis zur Verfügung. Hier finden sich Konstruktionszeichnungen zu allen erhältlichen Modellen sowie Hinweise zum Austausch von Einzelteilen.

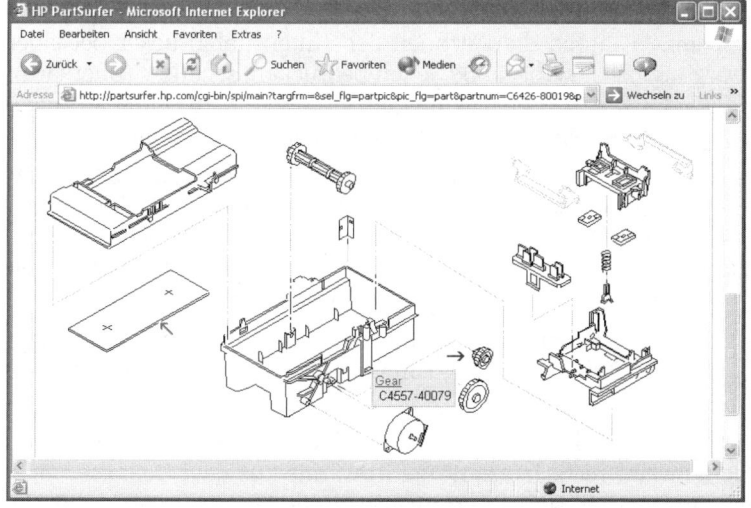

http://partsurfer.hp.com – HP-Konstruktionszeichnungen.

17.6 Wieder auf dem Vormarsch: Laserdrucker

Für Sie als Anwender hat die Entwicklung viel Gutes, heißt das doch, dass Sie nicht viel falsch machen können, wenn Sie mit einem Laserdrucker der Preisklasse von 150 bis 400 Euro liebäugeln. Die Technik wurde über viele Jahre entwickelt und ist ausgereift. Abstriche bei der Qualität werden bei den Billiglasern keine nennenswerten gemacht, Testberichte bestätigen brauchbare Druckergebnisse bei Grafiken und sehr gute Qualität bei

Text. Und es gibt noch einige weitere handfeste Vorteile, die Laserdrucker bieten. Die wichtigsten haben wir für Sie hier zusammengetragen:

1. **Gestochen scharfer Textdruck**: Die präzisen Laserdrucker spielen ihre Stärke beim Ausdruck von Text voll aus und sind für den Korrespondenzdruck zumindest im Geschäftsbereich nach wie vor unverzichtbar.

2. **Preiswert im Unterhalt**: Die Druckkosten liegen mit etwa 3 Cent pro Seite deutlich unter denen der Tintenstrahler (6 bis 10 Cent, Farbe entsprechend teurer). Eine Tonerkartusche bedruckt etwa die zweieinhalbfache Seitenmenge wie eine Tintenpatrone, kostet aber kaum das doppelte. Natürlich gibt es Ausnahmen von dieser Regel. Vergleichen Sie vor dem Kauf und informieren Sie sich durch Testberichte.

3. **Wartungsfreiheit**: Bei den preiswerteren Modellen ist die Druckereinheit samt Trommel in die Tonerkartusche integriert. Daher muss die Trommel weder separat ausgetauscht noch gewartet werden, wie es bei teuren Profidruckern üblich ist. Die fest installierten Komponenten sind so konstruiert, dass sie bei einem mittleren Druckvolumen von maximal 1.000 Seiten pro Monat mehrere Jahre ohne Wartung auskommen. Ein Wartungsvertrag ist daher nicht nötig. Außerdem bieten einige Hersteller von Laserdruckern an, nach Ablauf der zweijährigen Garantiezeit die Gewährleistung für eine Gebühr von ca. 10 bis 30 Euro pro Jahr zu verlängern.

4. **Geschwindigkeit**: Zwar werben viele Anbieter von Tintenstrahlern mit sagenhaften 15 bis 18 Seiten pro Sekunde Druckgeschwindigkeit, im Test konnte aber noch keines der Geräte solche Leistungen als Durchschnittsgeschwindigkeit unter Beweis stellen. Laserdrucker dagegen halten, was sie versprechen: 12 Seiten pro Sekunde sind hier auch für die Einsteigermodelle kein Problem.

5. **Langlebige Kartuschen**: Während die Patronen der Tintenstrahldrucker bei einer 5%igen Seitenschwärzung meist keine 1.000 Seiten bedrucken, schaffen Tonerkartuschen meist 2.500 Seiten. Oft haben die Händler auch größere Kartuschen im Angebot, die 5.000 Seiten und mehr bedrucken, bevor sie getauscht werden müssen.

6. **Langlebigkeit des Ausdrucks**: Während Tinte mit den Jahren verblasst, hat sich der Toner im Laserdrucker mit dem Papier zu einer Einheit verbunden. Dokumentenecht und wasserfest trotzt er Tageslicht, Wasser, umgekippten Kaffeetassen und – nicht zuletzt – Textmarkern, die den Ausdruck eines Tintenstrahlers verschmieren würden.

7. **Geräuscharmut**: Im Gegensatz zu einigen Tintenstrahlern, die ihren Druckkopf recht geräuschvoll über das Papier bewegen, kann ein Laserdrucker angenehm leise arbeiten.

   Kann, denn hier ist Vorsicht geboten: Da Laserdrucker mit Hitze arbeiten, verfügen sie über Lüfter, die teilweise recht lautstark die Abwärme aus dem Gehäuse transportieren. Informieren Sie sich auf den Homepages der Hersteller über die Geräuschentwicklung im Standby-Modus und während des Ausdrucks. Die Datenblätter in der Produktbeschreibung sollten hierüber Auskunft geben.

8. **Arbeitsspeicher**: Den wenigen hundert KByte Arbeitsspeicher der Inkjet-Drucker setzen die Laserprinter bereits in der Grundausstattung mehrere MByte entgegen, erweiterbar meist auf satte dreistellige Werte. Damit können Texte und vor allem große Grafiken in einem Rutsch an den Drucker übertragen werden und belasten nicht mehr das Betriebssystem und das RAM des PCs, wo ansonsten das Druckbild berechnet werden müsste.

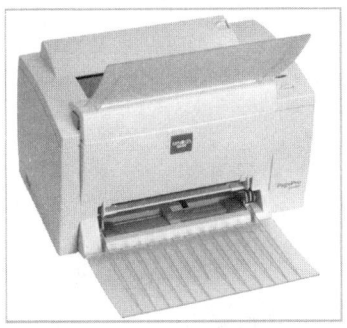

Laserdrucker der Einstiegsklasse,
hier der Page Pro 1200W
von Minolta QMS, bieten viel
Leistung für wenig Geld
(Bild: Minolta QMS).

Ein Nachteil von Laserdruckern soll hier nicht verschwiegen werden: Viele Modelle setzen FCKW frei. Ganz abgesehen davon, dass es sich um ein ozonschädigendes Umweltgift handelt, ist es auch für den Menschen gesundheitsschädlich. Deshalb stehen in Büros Fotokopierer und große Drucker in der Regel auf dem Flur. Zwar sind die Schadstoffemissionen bei neuen Produktgenerationen drastisch gesenkt worden, und viele Geräte emittieren überhaupt kein Ozon mehr. In den gleichen Raum, in dem ein Bett steht, gehört ein Laserdrucker aber dennoch nicht. Und auch in einem Arbeitsraum sollten Sie den Drucker an einem gut durchlüfteten Ort aufstellen und für regelmäßige Frischluftzufuhr sorgen.

18. Frühjahrsputz: So reinigen Sie PC und Zubehör

Ein frisch ausgepackter PC duftet – oder stinkt, je nach Geschmack – nach frischem Plastik und ist natürlich blitzsauber. Im Lauf der Zeit aber wird er immer unansehnlicher, da sich Staub und anderer Dreck überall ablagern. Fettränder auf der Tastatur sind zumindest unansehnlich, eine ruckelnde, weil innen verstaubte und verklebte Maus stört, und ein durch Staub verstopfter Lüfter kann den Prozessor im Endeffekt das Leben kosten.

Mit einfachen Mitteln können Sie aber nicht nur die Optik, sondern auch die Funktion Ihres PCs und der angeschlossenen Geräte verbessern.

Und wer arbeitet nicht lieber an einem sauberen PC statt an einer „Bazillenschleuder"?!

18.1 Er ist überall – Problemfall Staub

Staub ist überall, selbst in den Reinräumen der Chipindustrie. Laut Definition besteht Staub aus winzigen, festen Teilchen (0,00001 bis 0,05 mm Korngröße) und ist ständig in der Luft enthalten. Zu viel und vor allem bestimmter Staub (wie der von Asbest) kann Krankheiten und Allergien, im schlimmsten Fall auch Krebs auslösen.

Doch man muss nicht in Panik verfallen! Unser Hausstaub ist eher ungefährlich und einfach nur unansehnlich. Nur wer eine Hausstauballergie hat, sollte sich vor ihm in Acht nehmen – wobei Hausstauballergiker im Übrigen nicht gegen den Staub an sich, sondern gegen den Kot der überall vorkommenden Hausstaubmilben allergisch sind.

Im PC und der Peripherie führt Staub allerdings leicht zu Funktionsstörungen, im schlimmsten Fall zum Defekt.

Ursprünge der Verschmutzung

Am Arbeitsplatz kommen dabei ganz unterschiedliche Verschmutzungen zusammen, die auch nach einer unterschiedlichen Reinigung verlangen: Von außen vergilben alle Teile mit der Zeit, weil feinste Fettpartikel und vor allem Zigarettenqualm darauf kondensieren. Bei Nichtrauchern dauert dieser Vorgang mehr als zwei- oder dreimal so lang.

Der PC verschmutzt im Laufe der Zeit erheblich und sollte aus ästhetischen und hygienischen Gründen regelmäßig gereinigt werden.

Die Tastatur hat den Nachteil, permanent mit unseren Fingern und Handballen in Kontakt zu kommen und so auch bei vermeintlich trockenen Händen mit Schweiß, Fett und Hautabrieb verschmutzt zu werden. Hinzu kommen allerlei Krümel von Knabbereien oder dem „Brötchen zwischendurch".

Der berühmte Kaffee oder die Cola sind dann die endgültige Katastrophe. Die Maus leidet wiederum unter Schweiß, Fett und den Krümeln – wobei die Oberfläche leicht zu reinigen ist, die eigentlichen Probleme aber im Inneren auftreten, nämlich an den winzigen Rollen, die die Bewegungen der Maus übertragen.

Der Monitor schließlich bekommt im Laufe der Zeit immer eine Art Dusche ab, denn fast jeder muss – meistens im Herbst – einmal vor dem PC niesen oder versprüht beim Husten und Sprechen einen ganz feinen Nebel aus dem Mund. Mit einer regelmäßigen, sanften Reinigung können Sie diesem Staub und Dreck jedoch recht gut begegnen, und wenn es mal nötig sein sollte, kann man den PC auch einer Generalreinigung unterziehen. Wie das so einfach wie preiswert möglich ist, zeigen wir im Folgenden.

18.2 Wie reinigt man Elektronik?

Im Grunde genommen ist es ganz einfach: Einen PC reinigt man so wie etwa auch die Hi-Fi-Anlage, den Fernseher oder eine Kamera – also nicht gerade mit einem Scheuerschwamm und einem ätzenden Haushaltsreiniger. Sanftheit ist gefragt, und dazu gehören neben einem weichen Staublappen und am besten einem Pinsel auch der Staubsauger und allenfalls ein feuchter Lappen oder Fensterreiniger sowie Küchentücher.

Bevor Sie mit einem feuchten Tuch am PC putzen, ziehen Sie das Netzkabel!

Staubablagerungen auf der Zentraleinheit, dem Monitor oder der Peripherie kommen Sie am besten mit dem klassischen trockenen Staublappen bei. Der Vorteil dieser Methode ist, dass sie diese Reinigung sogar im Betrieb machen können. Allerdings bekommen Sie mit dem Staublappen auch wirklich nur den Staub weg, stärkere Verschmutzungen und Fettränder bleiben so unberührt. Ebenfalls praktisch ist ein am besten regelbarer Staubsauger auf niedrigster Stufe, versehen mit einem Aufsatz für Möbelreinigung. Manche Staubsauger haben sogar eine kleine Bürste als Aufsatz – das wäre ideal. Kleine Handgeräte gibt es auch batteriebetrieben im Zubehörhandel (PC-Staubsauger), sie sind allerdings meistens äußerst leistungsschwach und ziemlich teuer.

Einfacher Saugpinsel selbst gemacht

Es gibt zwei Möglichkeiten, sich einen einfachen Saugpinsel selbst zu bauen:

1. Sie arbeiten mit zwei Händen – mit der einen Hand pinseln Sie den Staub aus dem Gerät, mit der anderen Hand halten Sie die Staubsaugerdüse etwa fünf Zentimeter vom Pinsel entfernt – so wird der auffliegende Staub sofort eingesaugt!

2. Wem das zu unhandlich ist, der kann mit Paketklebeband oder starken Gummibändern auch den Pinsel am Staubsaugerrohr befestigen, sodass der Pinsel ein paar Zentimeter übersteht. Auch dann pinseln Sie den Staub auf, und der Staubsauger saugt ihn sofort weg.

Niemals direkt mit der Staubsaugerdüse über Motherboard & Co. saugen!

Was Sie niemals versuchen sollten, ist, mit einem leistungsstarken Staubsauger direkt über Platinen oder andere Innereien des Computers zu saugen. Hierbei können Sie zum einen sehr leicht Teile abbrechen und den Computer unbrauchbar machen, zum anderen aber auch kleine Stecker und vor allem Steckbrücken absaugen. Danach funktioniert der PC meistens nicht mehr oder aber verhält sich sehr merkwürdig.

Die nächste Stufe ist das Abwischen mit einem feuchten Tuch, da hierbei auch stärkere Verschmutzungen gelöst werden – außerdem fliegt der Staub so nicht durch die Gegend. Ganz wichtig dabei ist es, vorher den Computer, den Monitor und auch Drucker, Scanner etc. abzuschalten und den Netzstecker zu ziehen!

Durch die Feuchtigkeit kann es zu Funktionsstörungen in der Elektronik kommen, im schlimmsten Fall können Sie bei unvorsichtiger Arbeitsweise einen elektrischen Schlag bekommen!

Das „feuchte" Tuch ist dabei wörtlich zu nehmen, auf keinen Fall sollte es nass sein und tropfen – wringen Sie es sehr kräftig aus. Da vor allem Fett gelöst werden muss, sollten Sie auch ein wenig Spülmittel benutzen, am einfachsten tauchen Sie den Putzlappen zuvor also in das normale Spülwasser für Geschirr.

Auch hier gilt: nicht zu viel! Ansonsten bekommen Sie einen schmierigen Film auf den Geräten, der den Staub dann auch noch wie ein Kleber bindet und für mehr Verschmutzung sorgt.

> **Spülmittel und Essig ja – andere Reinigungsmittel nein!**
> Überhaupt gilt hier: Verzichten Sie möglichst auf sämtliche Reinigungsmittelchen, außer auf Spülmittel und eventuell Essig. Diese beiden Zusätze, sparsam verwendet, lösen nämlich bereits die beiden wichtigsten „Dreckarten": Fett und Salz!

Im Spülmittel befinden sich vor allem Tenside, und diese lösen das Fett von Oberflächen. Da Tenside aber nicht nur fett-, sondern auch wasserlöslich sind, bilden sie eine winzige Schicht um den Schmutz und transportieren diesen so mit dem Wasser ab.

Ganz normale Kernseife etwa ist ein natürliches Tensid, das auch biologisch gut abgebaut werden kann. Tenside werden gebraucht, um das Fett aus dem Schweiß der Finger zu entfernen.

Schweiß ist auch salzig, und so landet eine (durch das Fett) unsichtbare Salzschicht vor allem auf Maus und Tastatur. Salzen wie etwa Kalkrändern von Regentropfen rückt man mit einem alkalischen Reiniger zu Leibe – zu Deutsch mit Säure, also Essig oder Zitronensaft. Fensterputzmittel basieren auch auf diesem Prinzip.

> **Preiswertes Putzmittel selbst gemacht**
> Sie müssen nicht auf teure Spezialreiniger für den PC zurückgreifen, es geht auch mit Haushaltsmitteln, die schon unsere Großmütter kannten:
> Mischen Sie in einer Schüssel einfach
> 1 Liter warmes Wasser,
> 1 Teelöffel Spülmittel und
> 3 Esslöffel Essig
> Mit einem weichen, fusselfreien Tuch nehmen Sie die Flüssigkeit auf, wringen den Lappen kräftig aus und wischen damit über die zu reinigenden Oberflächen. Mit dieser Mischung lassen sich auch prima Fenster, Schränke oder Hi-Fi-Geräte putzen.

Da auf allen spiegelnden Flächen eventuell die winzigen, zurückbleibenden Lösungstropfen zu hässlichen Streifen führen könnten, sollten Sie mit einem trockenen Geschirrtuch nachwischen.

Wie reinigt man nun konkret die typischen Komponenten eines Computers?

18.3 Reinigung von Tastatur, Maus und Monitor

Am meisten Dreck bekommen die Geräte auf dem Schreibtisch ab, also Tastatur, Maus und Monitor. Da der Monitor am einfachsten zu reinigen ist, beginnen Sie am besten mit ihm. Auch hier gilt wieder: Ziehen Sie zuerst den Netzstecker!

Für klare Sicht: Der Monitor

Wer einen Staubsauger einsetzen möchte, kann zuerst die Lüftungsschlitze an der Seite und an der oberen und unteren Gehäuseseite absaugen.

Damit entfernen Sie den Staub, und der Monitor bekommt wieder mehr Luft für die Kühlung der Elektronik.

Dann wischen Sie mit einem feuchten Lappen und der Essig-Spülmittel-Lösung über alle Kunststoffteile und trocknen mit einem Geschirrhandtuch nach.

Bei der Bildröhre wird die Sache schon etwas komplizierter, denn diese ist bei den meisten Röhrenmonitoren mit einer speziellen Antireflexionsschicht ausgestattet. Diese Schicht darf nicht beschädigt oder „zugekleistert" werden. Mit obiger Spüllösung können Sie die Oberfläche aber bedenkenlos reinigen.

Trocknen Sie die Bildschirmoberfläche anschließend sehr sorgfältig ab, da eintrocknende Tropfen hier besonders störend wirken.

Testen Sie Reinigungsmittel vor Gebrauch an der Rückseite des Monitors

Viele „PC-Reinigungsmittel" dürfen Sie hier keinesfalls verwenden, denn diese besitzen oft ein spezielles Antistatikmittel.

Dieses legt sich wie ein dünner Film auf die Oberfläche und soll angeblich das statische Anziehen von Staub verhindern.

Genau dieser Film zerstört aber die Antireflexionsschicht, und Sie sehen hinterher vielleicht ein klarerer Bild, spiegeln sich aber im Monitor.

Mit einem sehr weichen Tuch und unserer Spüllösung können Sie auch TFTs reinigen. Hierbei müssen Sie aber besonders vorsichtig sein, da TFTs bei schon geringem Druck kaputtgehen können.

Auch scheiden hier alle aggressiveren Reiniger und selbst Fensterreiniger aus, da diese oft Alkohol enthalten. Der löst zwar gut Fett, aber leider manchmal auch den Kunststoff des TFTs auf.

Auch sieht man auf TFTs ganz besonders deutlich Antistatikmittel, der Bildschirm wirkt dann extrem stumpf.

> **Die kleine Reinigung zwischendurch**
>
> Um den Bildschirm „mal eben schnell" von einer störenden Staubschicht zu befreien, können Sie auch ganz wenig Fensterreiniger auf ein Küchentuch sprühen und damit den Bildschirm säubern.
>
> Aber Achtung! Das gilt wegen des enthaltenen Alkohols nicht für TFT-Bildschirme!

Sauber schreiben: Die Tastatur

Der größte Schmutzfänger beim PC ist wohl die Tastatur. Erst wenn man genauer hinsieht, erkennt man die recht ekeligen Fettränder an den Seiten der Tasten, und erst wer die Tastatur auseinander nimmt, findet manchmal sogar totes Krabbelgetier.

Normale Tastaturen sind relativ unempfindlich und können mit dem weichen, mit der Spüllösung angefeuchteten Lappen abgerieben werden. Die Lösung kann hier ruhig etwas konzentrierter sein, da es meistens viel Schmutz zu lösen gilt. Auch können Sie hier durchaus schärfere Reiniger verwenden.

Allerdings müssen Sie hier etwas aufpassen und keinesfalls einen zu feuchten Lappen verwenden, ansonsten läuft die abgewaschene „Suppe" an den Tasten herunter und in die Elektronik – und das war es dann mit der Tastatur.

Ist die Tastatur sehr stark verdreckt, können Sie auch mit einer Spül- oder Handbürste arbeiten.

Wischen Sie dazu zuerst die Tastatur feucht ab und „schrubben" Sie sie dann mit der ebenfalls angefeuchteten Bürste.

Anschließend wischen Sie erneut mit Lappen den abgelösten Schmutz ab. Notfalls kann man diese Prozedur mehrfach wiederholen.

Durch Abwischen reinigen Sie die Tastatur zumindest oberflächlich.

> **Tastenhebel**
>
> Im Elektronikhandel gibt es zum Herausziehen aus den Fassungen ein spezielles Werkzeug, eine so genannte IC- oder Chipzange. Einfache Versionen sehen fast aus wie ein umgedrehtes „U" und besitzen unten kleine Haken. Mit diesem Werkzeug für ein paar Euro lassen sich die Tastenköpfe auch ohne Auseinandernehmen der Tastatur abziehen.

Wer eine Grundsanierung durchführen will, muss die Tastatur zerlegen – aber das sollte nur machen, wer einigermaßen handwerkliches Geschick besitzt!

Warum zerlegen? Halten Sie die Tastatur kopfüber über den Schreibtisch und klopfen Sie sie vorsichtig auf den Tisch.

Nach kurzer Zeit finden Sie Krümel, Staub und Haare – das alles sammelt sich im Laufe der Zeit unter den Tasten an!

Nur für Profis: Zerlegen der Tastatur

1 Drehen Sie die Tastatur um und suchen Sie nach Schrauben. Falls vorhanden, entfernen Sie diese mit einem Kreuzschlitzschraubenzieher.

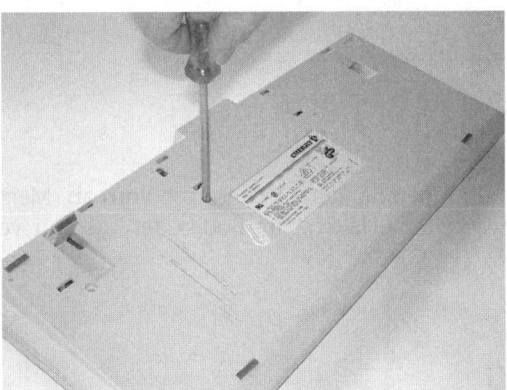

2 Lösen Sie nun der Reihe nach alle Plastikklammern mit dem Schraubenzieher. Dabei sollten Sie mit der anderen Hand den Boden der Tastatur etwas anheben – sonst schnappt die Plastikklammer gleich wieder zu.

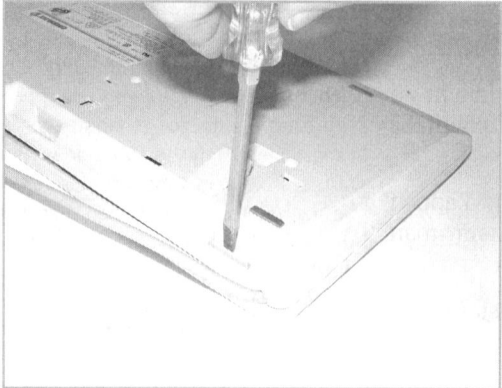

3 Am besten fangen Sie damit an einer Seite an und arbeiten sich bis zur anderen Seite durch – hebeln Sie dabei den Tastaturboden immer weiter ab, bis er an der Rückseite komplett gelöst ist.

4 Drehen Sie nun die Tastatur um und kippen Sie den Deckel nach vorn ab. Meistens ist der Deckel vorn mit zwei abgewinkelten „Haken" am Boden der Tastatur verankert. Brechen Sie diese nicht ab!

5 Nun können Sie die Tasten einzeln abziehen. Dabei muss ein vorsichtig dosierte Gewalt angewandt werden. Ein Abwinkeln mit dem Schraubenzieher ist keine gute Idee, weil die einfache Verbindung ansonsten brechen können.

> **Porentief rein – Tastenwäsche bei 30 °C**
>
> Die einzelnen Tastenköpfe kann man nun, wenn man viel Zeit hat, einzeln von Hand säubern. Viel raffinierter ist es aber, die Tasten in einen Stoffsack zu packen – etwa ein Kopfkissenbezug mit Reißverschluss, eine Baumwolleinkaufstasche oder ein Handtuch, das dann zusammengewickelt und mit einem Band zugebunden wird.
>
> Den Sack legen Sie einfach zusammen mit der nächsten 30-°C-Wäsche in die Waschmaschine ... vorzugsweise ohne Weichspüler, da dieser die Tasten eventuell etwas schmierig machen kann.
>
> Die Tastenköpfe sollten Sie gut abtrocknen bzw. zumindest einen Tag auf der Heizung trocknen lassen und dann wieder montieren. In der Zwischenzeit können Sie das Tastaturgehäuse abwaschen und den ganzen Dreck von der Platine oder der Gummimatte saugen.

Sollten Sie beim Zusammenbau der Tastatur vielleicht nicht mehr so ganz genau wissen, welche Taste wohin gehört, hilft neben dem Blick auf eine zweite Tastatur auch ein kleiner Trick: Starten Sie Windows und dort beispielsweise das Notepad. Dann drücken Sie mit einem Kugelschreiber oder Schraubenzieher vorsichtig einen „Tastenstumpf" – schon sehen Sie, welche Taste dort hingehört.

Übrigens: Alle Notebook-Tastaturen und sogar einige wenige Desktop-Tastaturen lassen sich nicht auseinander nehmen!

Gut gezielt: Die Maus

Die Maus leidet ähnlich wie die Tastatur vor allem unter Schweiß und Staub. Das Äußere lässt sich dabei sehr leicht reinigen, verwenden Sie dazu wiederum unsere obige Spüllösung.

Optische Mäuse sind nach einer Oberflächenreinigung und einem kurzen Putzen des Untergrunds bereits wieder einsatzfähig. Die eigentlichen Probleme tauchen aber auf, wenn es um die Mechanik bei Kugelmäusen geht. Die Kugel nimmt nämlich im Laufe der Zeit Fett, Staub und anderen Schmutz auf und lagert diesen an den kleinen Rollen im Inneren der Maus ab. Sie merken das daran, dass die Maus nicht mehr „butterzart" läuft und auf dem Monitor immer mehr ruckelt. Irgendwann können Sie gar nicht mehr gezielt einen bestimmten Punkt anfahren.

Um die Mauskugel und die Rollen reinigen zu können, müssen Sie die Maus nicht auseinander nehmen, sondern Sie entfernen nur die Kugel.

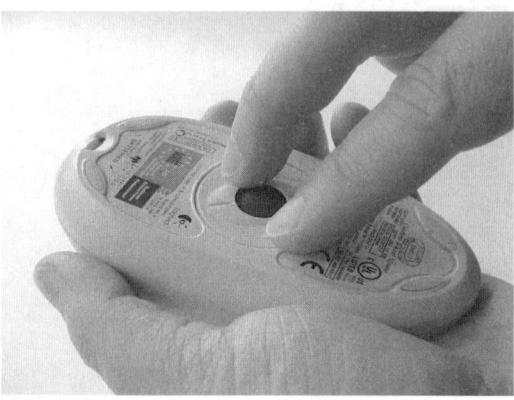

Die Mauskugel können Sie herausnehmen, nachdem Sie den Verschluss kräftig mit zwei Fingern gegen den Uhrzeigersinn gedreht haben.

Die Kugel selbst reinigen Sie wieder mit einem Lappen und der Spüllösung. Bei den Rollen wird es komplizierter. Leichtere Verschmutzungen können Sie eventuell mit einem Wattestäbchen entfernen, dummerweise drehen sich dabei aber immer die Rollen, und Sie bekommen den Dreck nicht richtig zu fassen. Wenn der Schmutz sehr faserig ist, kann man ihn eventuell mit einer Pinzette abheben.

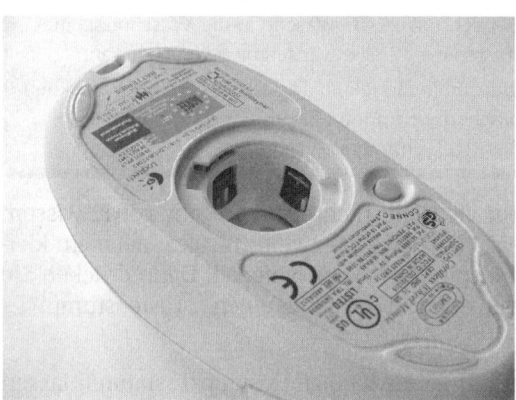

Auf den kleinen schwarzen Rollen befindet sich ein sehr fester Schmutzring, den man am besten mit den Fingernägeln entfernt.

Als Universallösung empfiehlt es sich aber, den Schmutz mit dem Fingernagel abzukratzen, weil Sie so sowohl Druck ausüben können und sich die Rolle nicht dreht als auch den manchmal sehr fest klebenden Schmutz zu fassen bekommen. Zugegeben etwas unappetitlich, aber mit Abstand die einfachste Lösung.

18.4 Reinigung der Zentraleinheit

Den eigentlichen Computer kann man von außen genauso säubern wie einen Monitor: Mit einem Staubsauger und einem Pinsel rücken Sie den ganzen Schlitzen zu Leibe, um den dort haftenden Staub zu entfernen.

Der PC pustet Luft durch das Netzteil heraus

Der Staub sammelt sich an jedem Einlassschlitz!

Das hat nebenbei den Vorteil, dass Ihr PC mehr Luft bekommt, also besser kühlen kann.

Auch bei den Laufwerken mit einer Öffnung vorn am Rechner lohnt dies, denn normalerweise wird die Luft auch durch diese „Öffnungen" in das Gehäuse gesaugt. – der Staub bleibt im Laufwerk hängen. Wenn man hier also gegen den üblichen Luftstrom saugt, säubert man damit meistens gleich die Laufwerke ein wenig von innen. Hinten am Netzteillüfter und an Lüftern überhaupt sollte man mit einem Staubsauger übrigens vorsichtig sein: Durch die starke Saugleistung eines Staubsaugers beginnen die Lüfterschaufeln wie ein Windrad zu laufen und drehen dann mit viel zu hohen Drehzahlen! Dabei können die einfachen Lager leicht kaputtgehen! Ansonsten kann als zweiter Waschgang auch hier wieder ein weicher Lappen mit der Spüllösung eingesetzt werden. Dabei gilt: Vorsicht, Spannung! Schalten Sie das Netzteil aus – nicht nur vorn am PC, sondern auch hinten am Schalter des Netzteils – und ziehen Sie auch den Stromstecker!

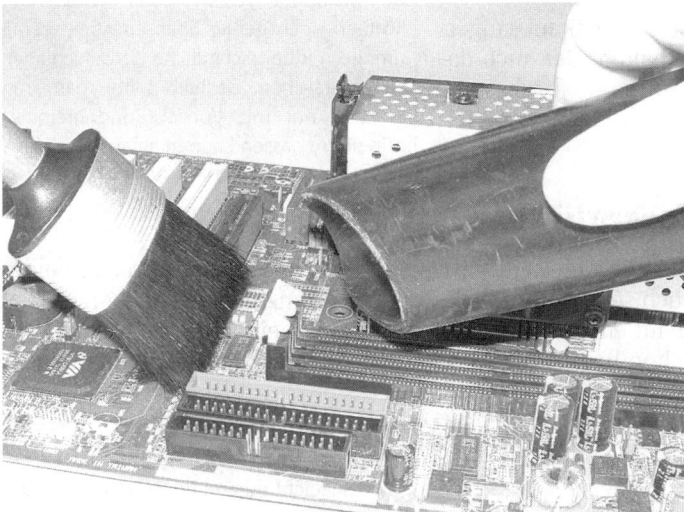

So bekommen Sie den Staub aus dem PC: Mit einem Pinsel aufwirbeln – und dabei mit dem Staubsauger gleich wegsaugen (das Board wurde nur für das Foto ausgebaut).

Und auch hier können Sie wieder sehr gut mit einem Pinsel und dem Staubsauger in kurzer Entfernung arbeiten. Staub, etwa hinter der Fronttür oder unter den Slots für die Einsteckkarten, wird mit dem Pinsel aufgewirbelt und sofort mit der Staubsaugerdüse aufgesaugt.

Reinigung der PC-Innereien

Von außen kann man einen PC sehr leicht und schnell reinigen, nach ein paar Jahren oder in einer sehr staubhaltigen Umgebung kann aber auch einmal eine Reinigung „von innen" sinnvoll sein. Hier gilt es, ganz besondere Vorsicht walten zu lassen! Der feuchte Lappen hat im Inneren übrigens nichts zu suchen, beschränken Sie sich auf ein trockenes Staubtuch oder einen Pinsel/Staubsauger. Staub sammelt sich im PC an allen Stellen, an denen die Luft um Ecken oder durch kleine Schlitze fließen muss, sowie auf allen waagerechten Flächenoberseiten. In der Praxis heißt das:

■ beim Desktop: auf dem Motherboard, am Prozessor-/Grafikkartenkühler und den Schlitzen des Netzteils

■ beim (Midi-)Tower: auf dem Boden, an der Rückseite der Grafikkarte, an der Vorderseite aller PCI-Karten, am Prozessor-/Grafikkartenkühler und den Schlitzen des Netzteils

Am besten „fegen" Sie mit einem Pinsel zuerst alle Flächen wie den Gehäuseboden, die Rückseite der Grafikkarte und die Vorderseiten der PCI-Karten ab und saugen dann den dabei aufwirbelnden Staub mit dem Staubsauger auf. Wer will, kann so den gesamten Innenraum des Rechners entstauben.

Auch Laufwerke wie Festplatten und vor allem CD-Brenner sollten Sie entstauben, denn der Staub isoliert und verhindert so die nötige Wärmeabgabe an die Umluft.

Beim Netzteil können Sie sogar die Staubsaugerdüse direkt auf die Schlitze halten. Der auch dadurch erhöhte Luftdurchsatz sorgt für bessere Kühlung und macht den PC ein klein wenig leiser.

> **Staubsaugerdüse schützen**
>
> Das Einsaugen von Kleinteilen zu verhindern Sie durch ein Stück Nylonstrumpf vor der Staubsaugerdüse!

> **Vorsicht am Netzteil!**
>
> Auch ein Netzteil, das abgeschaltet und vom Netz getrennt ist, kann noch geladen sein. Die Elektrolytkondensatoren können noch genug Spannung besitzen, um gesundheitsschädliche Stromschläge zu verursachen. Deshalb sollte man am Netzteil nur mit Vorsicht und niemals mit einem nassen Lappen agieren!

Problemfall Prozessorlüfter

Der Prozessorkühler/-lüfter ist in den meisten Fällen besonders stark verdreckt. Leider ist gerade der Lüfter aber auch sehr empfindlich, was Berührungen anbelangt – meistens läuft das Lüfterrad nämlich auf einem billigen Nadellager statt einem teuren Kugellager. Und ein Nadellager kann schon beschädigt werden, wenn Sie nur leicht mit dem Finger auf das Lüfterrad tippen.

Der Staubbelag im und um den Kühlkörper verhindert eine optimale Abfuhr der Wärme vom Prozessor.

Wird der Prozessor zu heiß, kann er zerstört werden, aber auch eine permanent etwas erhöhte Temperatur verkürzt die Lebensdauer.

Oft reicht es bereits, mit Pinsel und Staubsauger einmal rund um den Prozessorkühler zu fahren.

> **Tipp für Wagemutige**
>
> Wer vielleicht gerade bei einem schon älteren Prozessorlüfter oder dem Chipsatz-Lüfter den Staub doch gern mit dem Staubsauger entfernen möchte, sollte dies in ganz kurzen Schüben machen: Dazu setzen Sie die Staubsaugerdüse ein paarmal für nur etwa eine Sekunde auf den Lüfter auf – so verhindern Sie eine allzu hohe Drehzahl.

Das Aufsetzen des Staubsaugers auf den Prozessorlüfter ist nicht zu empfehlen, da hierbei durch den sehr starken Luftstrom der Lüfter eine viel zu hohe Drehzahl bekommt und so wieder das Lager beschädigt werden kann.

Ist der Kühlkörper allerdings im Inneren allzu stark verschmutzt, können Sie notfalls auch den Lüfter abschrauben und dann den Kühler gründlich reinigen. Auf diese Weise kommen Sie auch an den Staub „unterhalb" des Prozessorlüfters.

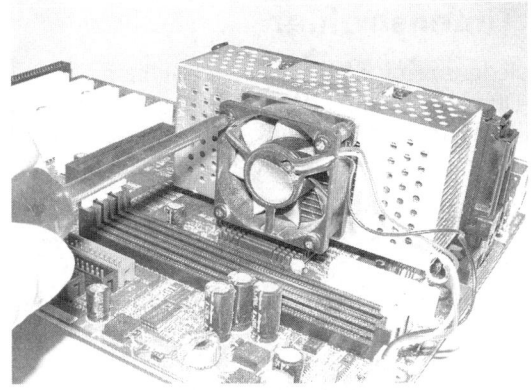

Wenn Sie die vier Schrauben am Prozessorlüfter lösen, kommen Sie gut an den Staub unterhalb des Lüfters heran (das Board wurde nur für das Foto ausgebaut).

Sollten Sie wider Erwarten den Lüfter beschädigen, ist das auch nicht überaus dramatisch: Im Fachhandel bekommen Sie einen passenden neuen Lüfter für maximal 15 Euro, den Sie dann auf den vorhandenen Kühlkörper aufschrauben können. Nehmen Sie am besten den defekten Kühler mit zum Händler.

18.5 Immer eine saubere Peripherie

Auch die Peripherie wie Drucker, Scanner und Co. leiden unter dem überall vorhandenen Staub. Beim Scanner kann sich zusätzlich Schmutz von den Vorlagen oder von den Fingern auf dem Vorlagenglas ablagern, beim Drucker kommt allgemein noch der Papierstaub hinzu – beim Tintenstrahler dann danebengegangene Tinte, beim Laserdrucker der Toner.

Für die Peripherie gilt bei der Außenreinigung dasselbe wie für das PC-Gehäuse; setzen Sie also einen Staubsauger für die Schlitze und dann einen Lappen mit der Spüllösung ein.

Durchblick für den Scanner

Beim Scanner sollte das Vorlagenglas immer blitzsauber sein, weil Sie ansonsten Fehler in Ihre Scans bekommen. Vorlagenglas ist dabei nicht wörtlich zu nehmen oder gilt allenfalls für ältere Modelle, heute wird fast überall Kunststoff in Form von Plexiglas oder Ähnlichem eingesetzt.

Damit scheiden alle scharfen Reiniger und eventuell auch Glasreiniger aus. Aber das ist kein Problem, weil es sich meistens sowieso nur um „Fettfinger" handelt, die Sie wiederum mit dem Lappen und der Spüllösung gut entfernen können. Wichtig ist hierbei das zum Bildschirmglas Gesagte: Reiben Sie gründlich mit einem trockenen Handtuch nach, um Trockenränder zu vermeiden.

An den Innereien eines Scanners sollten Sie sich besser nicht versuchen, da hier normalerweise nichts zu reinigen ist und sich die filigrane Mechanik allzu leicht verstellt – und dann bekommen Sie zwar saubere, aber unscharfe Scans ...

Brillante Farben aus dem Tintenstrahler

Tintenstrahldrucker können von außen wiederum mit Staubsauger und einem Lappen mit der Spüllösung gut gereinigt werden. Durch den Staub, den das Papier verliert, verdrecken Tintenstrahler aber auch sehr stark im Inneren. Zusammen mit kleinen Tintentröpfchen gibt das eine harte Masse – die sich aber mit der Spüllösung aufweichen und abwischen lässt.

Im Inneren sollten Sie also Pinsel und Staubsauger walten lassen, achten Sie dabei aber auf die Führungsstange für den Druckkopf, die meistens aus Metall ist und einen Fettfilm aufweist. Diese Fettfilm ist wichtig, gibt zusammen mit dem Papierstaub aber einen sehr klebrigen Brei. Wenn der Drucker schon mehrere Jahre alt ist, können Sie eventuell auch diese Stange reinigen. Dann muss sie hinterher aber wieder ganz sparsam eingefettet werden. Als Fett kann hier Kettenfett aus dem Fahrradzubehör oder richtige Schmiere verwendet werden. Nähmaschinenöl und andere Öle sind meistens harzhaltig und eignen sich daher nicht – sie verwandeln sich nach einiger Zeit in eine Art Kleber und greifen vor allem auch das Plastik an.

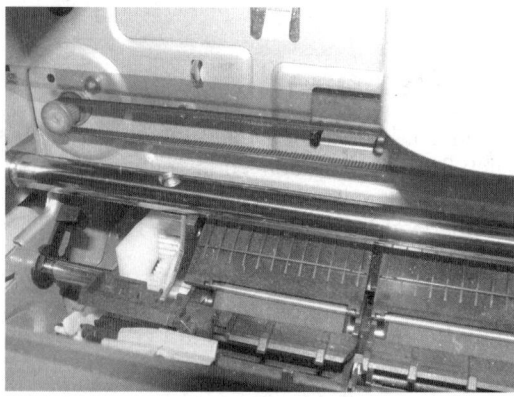

In Druckern sammelt vor allem Papierstaub. Bei Tintenstrahlern darf das Fett von der metallenen Führungsstange nicht entfernt werden!

Wenn der Drucker einige Wochen ungenutzt herumstand, sollten Sie übrigens das erste Blatt Papier entfernen, weil auch dieses vollgestaubt ist und somit keinen vernünftigen Ausdruck zulässt. Siehe hierzu auch Kapitel 17 ab Seite 597.

Scharfe Linien vom Laserdrucker

Beim Laserdrucker sollten Sie außen vor allem mit dem Lappen und der Spüllösung arbeiten, Schlitze können mit einem Pinsel freigelegt werden. Der Einsatz des Staubsaugers wird zwar gern empfohlen, ist aber nicht ungefährlich! Das liegt daran, dass der Toner im Verdacht steht, Krebs auslösen zu können, wenn man ihn einatmet.

Eine Lösung wäre es also allenfalls, einen schon recht vollen Staubsaugerbeutel zu verwenden, um den Laserdrucker auszusaugen und dabei den Raum kräftig zu lüften. Anschließend werfen Sie den Staubsaugerbeutel weg und reinigen den Staubsauger innen mit einem feuchten Tuch.

Von der Drucktrommel sollten Sie auch unbedingt die Finger lassen, denn zum einen kann diese Trommel sehr heiß sein, zum anderen ist sie äußerst empfindliche gegenüber Licht und Fett von den Fingern – einmal angefasst, muss man sie in der Regel ersetzen.

Stichwortverzeichnis

B

C

D

H

I

O

P

T

U

V

W

X

Y

Z

▶▶▶ Wenn Sie an dieser Seite angelangt sind ...

dann haben Sie sicher schon auf den vorange-gangenen Seiten gestöbert oder sogar das ganze Buch gelesen. Und Sie können nun sagen, wie Ihnen dieses Buch gefallen hat. Ihre Meinung interessiert uns!

Uns interessiert, ob Sie jede Menge „Aha-Erlebnisse" hatten, ob es vielleicht etwas gab, bei dem das Buch Ihnen nicht weiterhelfen konnte, oder ob Sie einfach rundherum zufrieden waren (was wir natürlich hoffen). Wie auch immer – schreiben Sie uns! Wir freuen uns über Ihre Post, über Ihr Lob genauso wie über Ihre Kritik! Ihre Anregungen helfen uns, die nächsten Titel noch praxisnäher zu gestalten.

Was mir an diesem Buch gefällt: _____

_____

_____

Das sollten Sie unbedingt ändern: _____

_____

Mein Kommentar zum Buch: _____

442 282

_____

❑ Ja   Ich möchte DATA BECKER Autor werden. Bitte schicken Sie mir die Infos für Autoren.

❑ Ja   Bitte schicken Sie mir Informationen zu Ihren Neuerscheinungen

Name, Vorname _____

Straße _____

PLZ, Ort _____

Ihre Ideen sind gefragt!

Vielleicht möchten Sie sogar selbst als Autor bei

DATA BECKER

mitarbeiten?
Wir suchen Buch- und Software- Autoren. Wenn Sie über Spezial-Kenntnisse in einem bestimmten Bereich verfügen, dann fordern Sie doch einfach unsere Infos für Autoren an.

Bitte einschicken an:
DATA BECKER GmbH & Co. KG
Postfach 10 20 44
40011 Düsseldorf

Sie können uns auch faxen:
(02 11) 3 19 04 98

Apropos: die ◀ ◀ ◀
nächsten Versionen. Wollen Sie am Ball bleiben?
Wir informieren Sie gerne, was es Neues an Software und Büchern von **DATA BECKER** gibt.

DATA BECKER
Internet: http://www.databecker.de